금융 전문가를 위한
머신러닝 알고리즘

파이썬으로 배우는 금융 머신러닝 알고리즘의 원리와 활용

금융 전문가를 위한
머신러닝 알고리즘

파이썬으로 배우는 금융 머신러닝 알고리즘의 원리와 활용

지은이 얀네스 클라스

옮긴이 박진수

펴낸이 박찬규   엮은이 김윤래   디자인 북누리   표지디자인 Arowa & Arowana

펴낸곳 위키북스   전화 031-955-3658, 3659   팩스 031-955-3660

주소 경기도 파주시 문발로 115 세종출판벤처타운 311호

가격 35,000   페이지 508   책규격 188 x 240mm

초판 발행 2021년 01월 07일
ISBN 979-11-5839-232-1 (93000)

등록번호 제406-2006-000036호   등록일자 2006년 05월 19일
홈페이지 wikibook.co.kr   전자우편 wikibook@wikibook.co.kr

'Copyright © Packt Publishing 2018.
First published in the English language under the title
'Machine Learning for Finance - (9781789136364)'
Korean translation copyright © 2021 by WIKIBOOKS

이 책의 한국어판 저작권은 저작권자와 독점 계약한 위키북스에 있습니다.
신저작권법에 의해 한국 내에서 보호를 받는 저작물이므로 무단 전재와 복제를 금합니다.
이 책의 내용에 대한 추가 지원과 문의는 위키북스 출판사 홈페이지 wikibook.co.kr이나
이메일 wikibook@wikibook.co.kr을 이용해 주세요.

이 도서의 국립중앙도서관 출판시도서목록 CIP는
서지정보유통지원시스템 홈페이지(http://seoji.nl.go.kr)와
국가자료공동목록시스템(http://www.nl.go.kr/kolisnet)에서 이용하실 수 있습니다.
CIP제어번호 CIP2020052335

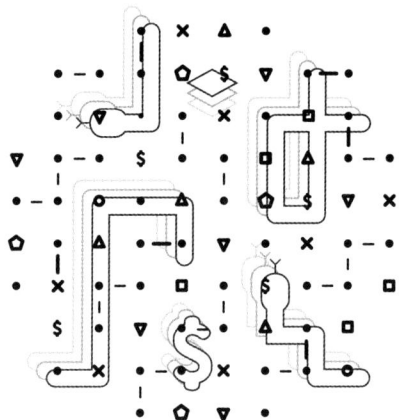

금융 전문가를 위한
머신러닝 알고리즘

파이썬으로 배우는 금융 머신러닝 알고리즘의 원리와 활용

얀네스 클라스 지음

박진수 옮김

위키북스

저자 소개

얀네스 클라스(Jannes Klaas)는 경제학 및 금융 분야 배경을 지닌 정량분석 연구원이다. 현재 옥스퍼드 대학교의 대학원생인 그는 이전에 두 차례에 걸쳐 머신러닝 부트 캠프를 이끌었고 여러 금융 회사와 함께 데이터 중심 애플리케이션 및 거래 전략을 연구했다.

그의 활발한 연구 관심사에는 시스템 리스크뿐만 아니라 대규모 자동 지식 발견도 포함된다.

감수자 소개

제임스 레(James Le)는 현재 로체스터 기술 연구소에서 컴퓨터 과학 석사 과정을 밟고 있는 학생이다. 그는 딥러닝을 사용하는 컴퓨터 비전에 관해 연구 과정을 밟아 가고 있다. 그는 머신러닝/딥러닝, 추천 시스템, 데이터 분석/시각화 등을 전문 분야로 삼아 프리랜서 데이터 과학자 및 데이터 저널리스트로 활동하고 있다.

01 신경망과 경사도 기반 최적화

이 책에서 할 여행	2
머신러닝이란?	4
지도학습	5
비지도학습	6
강화학습	6
데이터의 비합리적인 효과	7
모든 모델이 잘못되었다	8
작업 환경 구성	10
캐글 커널 사용	11
노트북을 로컬에서 실행하기	13
AWS의 딥러닝 AMI 사용	15
함수를 근사하기	15
전방 전달	17
로지스틱 회귀기	18
선형 회귀기를 파이썬으로 구현하기	20
모델 파라미터 최적화	22
모델 손실 측정	23
경사 하강법	25
역전파	26
파라미터 갱신	28
종합	29
더 깊은 망	32
케라스에 대한 간략한 소개	36
케라스 가져오기	37
케라스 내의 2개 계층 모델	37
케라스와 텐서플로	41
텐서와 계산 그래프	41
연습문제	44
요약	44

02

정형 데이터에 머신러닝을 적용하기

데이터	47
휴리스틱, 특징 기반, 단대단 모델들	49
머신러닝 소프트웨어 스택	51
휴리스틱 접근 방식	52
휴리스틱 모델을 사용해 예측하기	52
F1 점수	53
혼동행렬을 사용해 평가하기	54
특징 공학적 접근	55
직관에서 비롯된 특징: 사기꾼은 잠들지 않는다	57
전문가의 통찰력: 이체 후 즉시 현금 인출	59
통계적 문제: 잔액 오류	60
케라스 라이브러리에서 쓸 수 있게 데이터를 준비하기	61
원핫 인코딩	62
엔터티 임베딩	63
케라스를 사용해 예측 모델들을 만들기	67
표적 추출	67
훈련용 집합을 만들기	68
검증용 집합을 만들기	69
훈련용 데이터를 과다표집하기	69
모델 구축	70
트리 기반 방법에 대한 간단한 입문서	75
간단한 결정 트리	75
랜덤포레스트	76
엑스지부스트	78
단대단 모델링	79
연습문제	80
요약	80

03
컴퓨터 비전을 활용하기

합성곱 신경망	83
MNIST에 쓰이는 필터들	84
두 번째 필터 추가	86
컬러 이미지 처리에 쓰이는 필터	88
케라스 안에 합성곱 신경망을 쌓기 위한 블록들	89
Conv2D	89
MaxPooling2D	94
평탄화	96
조밀	96
MNIST 훈련	97
우리의 신경망을 더 도드라지게 하는 부분	103
모멘텀	103
Adam 최적화기	104
정칙화	106
드롭아웃	109
배치 정규화	111
큰 이미지 데이터셋을 사용해 작업하기	113
사전훈련 모델을 사용해 작업하기	116
VGG-16 수정	118
임의 이미지 확장	119
모듈성 상반관계	122
분류를 넘어서는 컴퓨터 비전	123
얼굴 인식	124
경계 상자 예측	126
연습문제	129
요약	129

04 시계열을 이해하기

판다스로 데이터를 가시화하고 준비하기	133
전역 특징 통계량 집계	134
표본 시계열 검사	138
정상성 종류	142
정상성이 중요한 이유	143
시계열이 정상성을 띠게 하기	143
정상성 문제를 무시해도 될 때	144
고속 푸리에 변환	145
자기상관	148
훈련 요법 및 테스트 요법 구축	151
사후검정에 대한 참고 사항	153
중앙값 예측	154
ARIMA	156
칼만 필터	160
신경망을 이용해 예측하기	165
데이터 준비	166
Conv1D	172
확대된 합성곱과 인과적 합성곱	174
단순 RNN	176
LSTM	178
캐리	179
재귀 드롭아웃	181
베이즈 딥러닝	182
연습문제	186
요약	187

05
자연어 처리 기법 기반 텍스트 분석

spaCy 입문 과정 안내	189
개체명 인식	192
NER 미세 조정	198
품사 태깅	201
규칙 기반 일치	203
사용자 정의 함수들을 정합기에 추가하기	206
파이프라인에 정합기를 추가하기	208
규칙 기반 시스템과 학습 기반 시스템을 조합하기	209
정규 표현식	210
파이썬의 정규식 모듈을 사용하기	211
판다스의 정규식	212
정규식을 사용해야 할 때와 사용하지 말아야 할 때	212
텍스트 분류 작업	213
데이터 준비	213
문자 정리	214
표제어 추출	215
표적치 준비	216
훈련 집합과 테스트 집합을 준비하기	217
단어 주머니	217
TF-IDF	219
토픽 모델링	220
단어 임베딩	223
단어 벡터를 사용해 훈련할 준비하기	223
사전 훈련 단어 벡터 적재	227
단어 벡터 사용 시계열 모델	230
단어 임베딩으로 문서 유사도를 계산하기	232
케라스의 함수형 API 둘러보기	234
주의	237

seq2seq 모델	241
seq2seq 아키텍처 개관	242
데이터	242
인코딩 문자들	244
추론 모델 생성	250
번역하기	252
연습문제	255
요약	255

06 생성 모델 사용

오토인코더를 이해하기	258
MNIST용 오토인코더	260
신용카드용 오토인코더	263
t-SNE를 이용한 잠재공간 시각화	268
변분 오토인코더	273
MNIST 예제	274
람다 계층 사용	275
쿨백-라이블러 발산	276
사용자 지정 손실 만들기	279
VAE로 데이터를 생성하기	280
단대단 부정사용 탐지 시스템을 위한 VAF	282
시계열을 위한 VAE	283
GAN	285
MNIST용 GAN	287
GAN 잠재벡터 이해	295
GAN 훈련 기법	295
적은 데이터 사용 – 능동학습	298
레이블 처리 비용을 절약하기	299
레이블을 다는 사람을 기계가 크게 돕게 하기	300

레이블이 없는 데이터에 유사 레이블을 달기		301
생성 모델 사용		301

부정사용 탐지용 SGAN — 302
연습문제 — 310
요약 — 310

07 금융시장을 위한 강화학습

캐치 – 강화학습에 대한 빠른 안내서 — 312
- 강화학습을 지도학습으로 바꾸는 Q 학습 — 315
- Q 학습 모델 정의 — 318
- 캐치를 플레이하기 위한 훈련 — 318

마르코프 과정 및 벨만 방정식: 강화학습에 대한 공식적인 소개 — 321
- 경제학 분야의 벨만 방정식 — 326

우위 연기자–비평가 모델들 — 327
- 균형을 향한 학습 — 329
- 거래를 학습하게 하기 — 341

진화전략과 유전알고리즘 — 346

강화학습이라는 기초공학을 위한 실용적인 요령 — 348
- 우수한 보상 함수를 설계하기 — 348
- 강건한 강화학습 — 351

최첨단 강화학습 — 351
- 다중 에이전트 강화학습 — 352
- 학습하는 방법을 학습하게 하기 — 353
- 강화학습을 통해 두뇌를 이해하기 — 354

연습문제 — 355
요약 — 356

08 프라이버시, 디버깅, 런칭

데이터 디버깅 ... 358
- 작업용으로 쓰기에 데이터가 적절한지를 확인하는 방법 ... 359
- 데이터가 충분하지 않은 경우에 수행할 작업 ... 360
- 데이터 단위 테스트 ... 362
- 데이터를 비공개로 하고 법규를 준수하기 ... 366
- 훈련용 데이터 준비 ... 368

어떤 입력이 어떤 예측으로 이어지는지를 이해하기 ... 370

모델 디버깅 ... 372
- 하이페라스를 이용한 하이퍼파라미터 탐색 ... 372
- 효율적인 학습속도를 알아내기 ... 378
- 학습속도 스케줄링 ... 380
- 텐서보드를 사용해 훈련 과정을 살펴보기 ... 383
- 경사도 폭증 및 소실 ... 387

배포 ... 389
- 신속한 출시 ... 390
- 계량을 이해하고 관찰하기 ... 391
- 데이터의 출처를 이해하기 ... 392

성능을 높이기 위한 묘책 ... 393
- 문제에 알맞은 하드웨어를 사용하기 ... 394
- 텐서플로의 추정기들을 분산 훈련에 사용하기 ... 394
- CuDNNLSTM 같은 최적화 계층을 사용하기 ... 396
- 파이프라인 최적화 ... 396
- Cython으로 코드 실행 속도를 높이기 ... 399
- 빈번한 요청을 캐싱하기 ... 402

연습문제 ... 402

요약 ... 402

09 편향과 싸우기

머신러닝 시에 불공정성이 생기는 이유	405
법적 관점	406
관찰 가능 공정성	407
공정성을 띠게 하기 위한 훈련	413
인과적 학습	425
인과 모델 획득	426
도구변수	427
비선형 인과적 모델	429
공정성을 보장하기 위한 모델 해석	431
복잡계 실패로 인한 불공정성	437
공정성을 띠는 모델을 개발하기 위한 점검표	439
연습문제	441
요약	442

10 베이즈 추론 및 확률계획법

베이즈 추론에 대한 직관적인 안내	444
평탄 사전분포	445
50% 이하 사전분포	448
사전분포와 사후분포	449
마르코프 연쇄 몬테칼로	452
메트로폴리스-헤이스팅스 MCMC	458
얕은 확률 계획법부터 깊은 확률적 계획법까지	463
요약	464

작별 인사	466
더 읽어 볼 만한 것	467

옮긴이 _ 머리말

이 책은 금융 분야에 머신러닝(딥러닝 포함)을 적용하는 방법을 실무적인 수준에서 다루는 책입니다. 아마도 금융 분야에 머신러닝을 적용하려면 꼭 읽어 봐야 할 책이 아닐까 싶을 정도의 느낌을 가지게 하는 책입니다. 이 책에 나오는 다양한 기술들 중에 한두 가지만 적용해도 큰 성과를 이루어 낼 수 있지 않을까라는 생각을 조심스럽게 해 보게 한 책입니다.

그러다 보니 이 책에는 수학, 통계학, 경제학(계량경제학, 축차경제학 등의 하위 분야 포함), 금융공학 등에서 가져온 기반 지식이 다양하게 나옵니다. 그러므로 어떤 면에서 보면 무척 어려운 책일 수 있는데, 또 어떻게 보면 이만큼 머신러닝 분야를 종합한 책도 드물다고 할 수 있습니다. 그러면서도 다양한 그림을 동원해 가면서 기초적인 개념부터 고급 기술까지 이해하기 쉽게 설명하고 있습니다. 또한 다양한 참고문헌을 제시하고 있어, 더 깊이 연구해 보고 싶은 사람들에게 아주 좋은 길잡이 역할을 하고 있습니다. 다양한 머신러닝 기술을 종합할 뿐만 아니라 최신 머신러닝 기술까지 종합하는 번역서로는 이 책이 유일할 것 같습니다(번역하는 시점 기준).

그래서 이 책은 머신러닝에 관한 정점에 올라 머신러닝 분야를 전부 조망해 보고 싶은 사람이 읽기에도 적당해 보입니다. 정점에 서면 그게 금융 분야이든 아니든 간에 다양한 응용 분야를 사방으로 내려다볼 수 있습니다. 제가 머신러닝 분야와 관련된 도서를 여러 권 번역했는데, 이 책만큼 온갖 기술을 기초부터 최고 수준까지 아우른 책이 없었습니다. 머신러닝 분야를 개관하고 싶다면 한 번쯤 읽어 두면 좋을 책이라고 생각합니다. 새가 하늘에서 멀리 넓게 보고 나서 표적을 정해 내리꽂듯이, 머신러닝 기술들을 넓게 멀리 보고 나서 자신이 선호하는 한 가지 기술을 정해서 파고들 수 있게 하는 일종의 길잡이 같은 역할을 해 줄 책입니다. 금융 분야뿐만 아니라 기타 분야에도 응용할 수 있을 만한 기술들을 많이 소개하는 책이어서 그렇기도 합니다.

다만, 그러자면 먼저 머신러닝에 관한 기초 지식 정도는 갖추어야 할 것으로 생각합니다. 이러한 지식을 갖추는 데 필요한 도서는 이미 시중에 많이 나와 있으니, 그런 류의 책을 두서너 권 읽고서 이 책을 읽으면 머신러닝 기술들을 조망할 수 있을 것이라고 생각합니다.

그리고 독자에게 양해를 구할 일이 있는데, 이 책에는 표집(sampling)이라든가 축차(recursive)라든가 계획법(programming)이라든가 하는, 어쩌면 독자에게는 익숙하지 않은 낱말들이 나옵니다. 컴퓨터과학을 전공하는 사람이나 주로 이쪽 분야에서 일한 사람들에게는 이런 용어보다는 오히려 샘플링, 재귀, 프로그래밍이라는 말이 더 익숙한 게 사실입니다. 그러나 다양한 기존 용어 용례와 통일성을 갖추게 한다든가, 개념을 정확히 전달해야 한다든가 하는 여러 가지 이유로 인해 실무 현장의 관례를 따르기보다는 다소 학술적이고 사변적인 용어를 선택했습니다.

그뿐만 아니라 동일한 전문 용어에 대한 번역어가 통일되어 있지 않은 경우에는 영어를 병기한 다음에 그 옆에 다르게 번역되어 쓰이는 용어도 병기함으로써 이해를 돕고자 했습니다.

아무쪼록 이 책이 금융 분야에 머신러닝을 적극적으로 도입하는 길을 보여주는 책 중에 하나가 되기를 바라면서, 이 책을 번역하는 동안 오래 기다려 주신 출판사에 감사하는 마음을 전합니다.

2020년, 박진수(arigaram@daum.net)

머리말

방대한 양의 데이터 계산 자원을 쓸 수 있게 되면서 머신러닝(machine learning, ML) 분야가 크게 발전했다. 정보처리 기업 중에서도 중심 자리를 차지하는 금융 관련 기업들은 이러한 신기술을 도입해 볼 만한 기회를 엄청나게 많이 맞닥뜨리고 있다.

이 책은 현대적인 머신러닝을 금융업에 적용하기 위한 방법을 실용적으로 안내하기 위한 책이다. 가장 유용한 머신러닝 알고리즘의 작동 방식을 코드 중심으로 설명함으로써 코드를 사용해 현실 문제를 해결하는 방법을 알려준다.

이 책을 읽어야 할 사람

이 책에서 가장 많은 혜택을 볼 수 있는 사람들을 크게 세 부류로 나눌 수 있다.

- 금융 분야로 진출하고 싶어 하며 있음직한 애플리케이션들과 관련 문제들을 알고 싶어 하는 데이터 과학자
- 기술을 발전시켜 고급 머신러닝 분석 기법을 모델링 과정에 통합하려고 하는 핀테크 사업이나 정량적 금융을 전문으로 하는 개발자
- 노동 시장의 변화에 대비하면서 고용주가 중요하다고 생각하는 실용 기술을 배우려고 하는 학생

이 책에서는 독자가 선형대수 · 통계 · 확률론 · 미적분학과 관련된 실무 지식을 어느 정도 지녔다고 가정한다. 그러나 이러한 주제들에 대해 전문가 수준에 도달해 있어야 한다는 말은 아니다.

코드 예제를 따르려면 파이썬 · 판다스 · 넘파이 · 맷플롯립처럼 가장 널리 쓰이는 데이터 과학 라이브러리에 익숙해야 한다. 이 책에 나오는 예제 코드를 주피터 노트북 형태로 작성해 두었다.

금융 분야에 대한 지식이 도드라져 보이지 않아도 된다.

이 책에서 다루는 내용

1장 '신경망 및 경사도 기반 최적화' 에서는 머신러닝의 종류를 살펴볼 뿐만 아니라, 다양한 금융 분야에서 머신러닝을 사용하는 이유를 살펴본다. 그러고 나서 신경망의 작동 방식을 배워 처음부터 새로 구축해 볼 것이다.

2장 '정형 데이터에 머신러닝을 적용하기' 에서는 관계형 데이터베이스처럼 고정된 필드에 들어 있는 데이터를 다룬다. 휴리스틱을 형성하는 일부터 시작해서 공학적으로 처리된 특징들을 가지고 간단한 모델을 작성하는 일을 거쳐 학습 과정을 다 거친 솔루션을 만드는 일에 이르기까지 겪게 될 모델 생성 과정을 살펴보자. 이렇게 하는 중에 우리는 사이킷런으로 모델을 평가하는 방법, 랜덤포레스트 같은 트리 기반 방법을 훈련하는 방식과 이 작업에 필요한 신경망을 케라스로 구축하는 방법을 알아본다.

3장 '컴퓨터 비전을 활용하기' 에서는 컴퓨터 비전 기술을 사용해 어떤 식으로 현실 세계를 대규모로 인식하고 해석할 수 있는지를 알아본다. 이번 장에서는 컴퓨터가 이미지의 내용을 식별하는 방법을 학습할 수 있게 하는 메커니즘을 알아본다. 우리는 최신 컴퓨터 비전 모델을 설계하고 훈련하는 데 필요한 합성곱 신경망과 케라스 빌딩 블록에 대해서도 익힐 것이다.

4장 '시계열을 이해하기' 에서는 시간과 관련 있는 데이터를 분석하는 데 사용되는 도구들을 많이 살펴본다. 이 4장에서는 먼저 업계 전문가들이 시계열을 모델링하는 데 사용한 것들 중에서 "최고 인기"를 끈 것들과 이것들을 파이썬에서 효율적으로 사용하는 방법을 설명한다. 그러고 나서 최신 머신러닝 알고리즘이 시계열에서 패턴을 찾는 방법과 기존 방법들을 가지고 어떻게 보완할 수 있는지를 알아본다.

5장 '자연어 처리 기법 기반 텍스트 데이터 분석' 에서는 spaCy 라이브러리와 다양한 뉴스를 사용해 개체명 인식 및 정서 분석 같은 일반적인 작업을 빠르고 효율적으로 수행할 수 있는 방법을 논의한다. 그러고 나서 케라스를 사용해 우리만의 사용자 지정 언어 모델을 작성하는 방법을 익힌다. 이 5장에서 우리는 케라스의 함수형 API를 도입한다. 이 함수형 API를 사용하면 훨씬 더 복잡한 모델을 구축할 수 있는데, 그러한 예를 들자면 서로 다른 언어로 작성된 글들을 번역하는 번역기도 만들 수 있다.

6장 '생성 모델 사용' 에서는 생성 모델을 사용해 데이터를 새로 만들어 내는 방법을 설명한다. 이는 데이터가 충분하지 않을 때나 모델이 데이터를 인식하는 방법을 학습하게 해서 데이터를 분석해야 할 때 유용하다. 이번 장에서는 (변분) 오토인코더와 생성적 적대 모델을 익힌다. 우리는 t-SNE 알고리즘을 사용해 생성적 적대 모델들을 이해하는 방법과 신용카드 부정사용을 잡아내는 일처럼 전통적이지 않은 목적으로 해당 모델들을 사용하는 방법을 배울 것이다. 머신러닝으로 사람이 레이블을 다는 작업을 보완함으로써 데이터 수집 및 레이블링 작업을 간소화하는 방법에 대해 알아본다. 마지막으로, 능동학습을 사용해 가장 유용한 데이터를 수집하고 데이터 요구를 크게 줄이는 방법을 배운다.

7장 '금융 시장을 위한 강화학습' 에서는 강화 학습에 관해 다룬다. 강화학습 방식으로 모델을 훈련할 때는 사람이 "정답"을 알려주지 않아도 되며, 보상 신호만으로도 학습을 할 수 있다. 이 7장에서는 Q 학습부터 A2C에 이르는 몇 가지 강화학습 알고리즘에 대해 논의하고 구현한다. 우리는 기반이 되는 이론, 그리고 이 이론이 경제학과 어떤 관련이 있는지를 논의하고, 실제 사례를 통해 강화학습을 사용해 포트폴리오 구성에 직접 정보를 제공하는 방법을 살펴본다.

8장 '프라이버시, 디버깅, 런칭' 에서는 복잡한 모델을 구축해 배포할 때 실수할 만한 경우를 설명한다. 데이터를 디버깅하고 테스트하는 방법, 모델을 훈련하는 동안에 민감한 데이터를 비공개로 유지하는 방법, 훈련하기에 적당하게 데이터를 준비해 두는 방법, 모델이 예측을 할 때 왜 그런 식으로 예측하는지에 대한 이유를 풀이해 보는 방법을 논의한다. 그리고 나서 모델의 하이퍼파라미터를 자동으로 조율하는 방법, 학습속도를 사용해 과적합을 줄이는 방법, 폭증하거나 소멸하는 경사도를 진단하고 피하는 방법을 살펴본다. 그런 다음에 운영단계에서 올바른 계량을 살펴보며 이해하는 방법을 설명한다. 마지막으로 모델의 속도를 높이는 방법을 설명한다.

9장 '편향과 싸우기' 에서는 머신러닝 모델이 불공정한 정책을 배운다거나 차별 금지법을 어기는 방법을 설명한다. 여기에는 피벗 학습 및 인과적 학습을 포함해 모델 공정성을 개선하기 위한 몇 가지 접근 방식이 강조되어 있다. 이러한 접근 방식들은 모델들을 점검하고 편향을 탐지해내는 방법을 보여준다. 마지막으로, 모델이 포함된 복잡계에서 불공정성이라는 장애가 어떤 식으로 일어날 수 있는지를 논의해 보고 편향을 줄이는 데 도움이 되는 점검 목록을 제공한다.

10장 '베이즈 추론 및 확률적 계획법' 에서는 PyMC3로 하는 확률적 계획법의 이론적 장점과 실제 장점을 설명한다. 자체 표집기를 구현하고, 베이즈 정리를 수치적으로 이해하고, 마지막으로 주식의 변동성 분포를 유추할 수 있는 방법을 익힌다.

이 책을 최대한 활용하려면

이 책의 모든 코드 예제는 캐글에서 가져왔다. 캐글은 무료로 사용할 수 있을 뿐만 아니라, GPU 한 개를 무료로 이용할 수 있으므로 코드를 훨씬 빠르게 실행할 수 있다. GPU가 장착된 강력한 컴퓨터가 없다면 캐글에서 코드를 실행하는 편이 훨씬 더 편할 것이다. 이 책의 깃허브 페이지인 https://github.com/PacktPublishing/Machine-Learning-for-Finance에서 모든 노트북에 대한 링크를 찾을 수 있다.

이 책을 읽으려면 먼저 선형대수·통계·확률이론·미적분학 같은 수학적 개념을 알고 있어야 한다. 그렇다고 해서 전문가 수준의 지식이 필요한 건 아니다.

아울러 파이썬·판다스·맷플롯립처럼 인기 있는 데이터 과학 라이브러리도 알고 있어야 한다.

예제 코드 파일을 내려받기

이 책의 예제 코드는 아래 사이트에서 내려받을 수 있다.

- 위키북스 깃허브

    https://github.com/wikibook/finml

- 원서 깃허브

    https://github.com/PacktPublishing/Machine-Learning-for-Finance

코드가 업데이트되는 경우 위 깃허브 저장소에도 업데이트된다.

- 위키북스의 홈페이지

    https://wikibook.co.kr/finml/

파일을 내려받은 뒤에는 다음에 나오는 것들의 최신판을 사용해 폴더의 압축을 풀어야 한다는 점에 유념하자.

- 윈도우용 WinRAR 또는 7-Zip
- 맥용 Zipeg, iZip, UnRarX
- 리눅스용 7-Zip이나 PeaZip

색깔 그림 내려받기

우리는 또한 이 책에서 사용된 화면과 보기를 색깔 그림으로 나타낸 PDF 파일도 제공한다. 색깔 그림을 아래 아래 원서 출판사 사이트나 위키북스 홈페이지에서 내려받을 수 있다.

- http://www.packtpub.com/sites/default/files/downloads/9781789136364_ColorImages.pdf
- https://wikibook.co.kr/finml/

사용된 규칙

우리는 글자 표기 규칙을 정해 두고 이 책 전반에 걸쳐서 사용했다.

코드 부분을 다음과 같은 글꼴로 표시했다.

```python
import numpy as np
x_train = np.expand_dims(x_train,-1)
x_test = np.expand_dims(x_test,-1)
x_train.shape
```

코드 블록 중에 특정 부분을 강조해야 할 때는 해당 줄이나 해당 항목을 굵게 표시했다.

```python
from keras.models import Sequential
img_shape = (28,28,1)
model = Sequential()
model.add(Conv2D(6,3,input_shape=img_shape))
```

명령줄 입력 내용이나 명령줄 출력 내용을 다음과 같은 모양으로 표시한다.

```
Train on 60000 samples, validate on 10000 samples Epoch 1/10
60000/60000 [==============================] - 22s 374us/step - loss: 7707.2773 - acc: 0.6556 - val_loss: 55.7280 - val_acc: 0.7322
```

강조: 새 용어, 중요한 단어, 화면에서 보게 되는 단어(예: 메뉴 또는 대화 상자)를 이 글꼴로 나타낸다. 예를 들면 이렇다. "**System info**를 **Administration** 패널에서 선택하라."

 경고 내용이나 주요 참고사항을 이 모양으로 나타냈다.

 요령(tips)과 비결(tricks)은 이 모양으로 나타냈다.

01

신경망과 경사도 기반 최적화

금융 서비스 산업이란 것은 기본적으로 정보처리 산업과 다름이 없다. 투자기금은 정보를 처리해야 투자를 평가할 수 있고, 보험회사는 정보를 처리해야 보험료를 책정할 수 있고, 소매은행은 정보를 처리해야 어떤 제품을 어떤 고객에게 제공할지를 결정할 수 있다. 따라서 금융업이 컴퓨터 산업 초기부터 컴퓨터를 도입한 것은 우연히 벌어진 일이 아니었다.

최초의 주식 시세 표시기는 1867년에 발명된 인쇄 방식 전신기였다. 금융업을 직접 겨냥한 최초의 기계식 가산기에 대한 특허가 1885년에 등록되었다. 그리고 나서 1971년에는 고객이 플라스틱 카드를 사용해 현금을 인출할 수 있는 현금 자동 입출금기에 대한 특허가 등록되었다. 같은 해에 최초의 전자 증권거래소인 나스닥이 문을 열었고, 11년 후인 1982년에는 최초의 블룸버그 단말기가 설치되었다. 금융 부문과 컴퓨터 부문이 서로 잘 결합되는 이유는(특히 투자 부분에서 더욱더 그런 이유는) 정보에 있어서 우위에 설수록 성공하는 경향이 있기 때문이다.

월가의 초기에는 길드 시대의 전설이라고 불릴 만한 인물들이 뻔뻔스럽게도 개인 정보를 남용했다. 예를 들어, 당시 가장 부유한 사람 중 한 사람이었던 제이 굴드는 미국 정부에 첩자를 심어 두었다. 첩자가 정부의 금 판매량을 알려주면 이를 통해 율리시스 S. 그랜트 대통령과 그의 비서에게 영향을 끼치려고 했다. 1930년대 말까지 미국 증권거래위원회(SEC)와 미국 상품선물거래위원회(CFTC)는 투자자들 사이에서 그러한 정보 우위를 차지했다.

시장보다 나은 성과를 내는 일에 정보 우위가 믿을 만한 출처가 될 수 없게 되자, 그 자리를 똑똑한 금융 모델이 차지했다. **헤지펀드**라는 용어는 1949년에 다시 정의되었으며, 1953년에는 해리 마코위츠 모델이 출판되었고, 1973년에는 블랙-숄즈 공식이 처음으로 출판되었다. 그 이후로 이 분야가 크게 발전하며 금융 상품이 폭넓게 개발되었다. 그러나 이러한 모델에 대한 지식이 널리 보급됨에 따라 모델을 사용함으로써 얻게 되는 수익이 줄어들었다.

현대적인 컴퓨터 처리와 결합된 금융업을 다시 살펴보면 정보 우위가 원래 자리를 다시 차지한 것이 확실해 보인다. 이번에는 내부자 정보를 이용한다거나 추잡한 거래를 하는 형태로 나타난 게 아니라, 방대한 분량의 공개 정보를 자동으로 분석하는 형태로 나타났다.

오늘날의 자산운용사(즉, 펀드 매니저)들은 이전의 사람들이 꿈꿔왔던 것보다 더 많은 정보에 접근할 수 있다. 그러나 많은 정보에 접근할 수 있다는 것만으로는 유용하지 않다. 예를 들어 뉴스 보고서를 생각해보자. 인터넷에 연결하기만 하면 뉴스를 얻을 수 있을 정도로 뉴스를 접하기는 쉽지만, 이것을 제대로 활용하려면 컴퓨터가 뉴스를 읽고 이해해 뉴스에 담긴 맥락을 우리가 알 수 있게 해줘야 한다. 컴퓨터는 특정 기사에 실린 내용이 어떤 회사에 관한 것인지, 기사가 담고 있는 것이 좋은 소식인지 아니면 나쁜 소식인지, 기사에 언급된 특정 회사와 다른 회사 간의 관계는 어떠한지를 학습할 수 있어야 한다. 이러한 사례들은 이야기를 맥락화(contextualizing)[1]하는 사례들 중 몇 가지에 불과하다. 이처럼 **대안 데이터**(alternative data)라고 불리는 것을 뽑아내는 일에 능숙한 기업들이 종종 정보 우위를 차지하게 될 것이다.

그러나 이런 효과만으로 끝나는 게 아니다. 금융 전문가들은 보통 사람들보다 여섯 배에서 일곱 배나 많은 봉급을 받으면서 세상에서 가장 비싼 사무실 공간을 차지하는 비싼 사람들이다. 많은 금융 전문가가 현명하고 교육을 잘 받았을 뿐만 아니라 열심히 일하는 편이므로 이런 사람이 귀한 반면에 수요는 많기 때문에 값지게 취급받는 게 당연하다. 그렇기 때문에 모든 회사는 이러한 사람들의 생산성을 극대화하는 데 관심을 기울인다. 최고의 직원들로부터 더 많은 이익을 뽑아내야 기업이 제품을 더 저렴하면서도 더 다양하게 공급할 수 있다.

예를 들어 외환 거래형 펀드를 통해 수동적으로 투자하는 경우라면, 다루는 금액은 크지만 관리할 일은 별로 없다. S&P500 지수를 추종하는 펀드처럼 수동적 투자수단에 대한 수수료는 대체로 1% 미만이다. 그렇지만 현대적인 컴퓨터 처리 기술이 발달하면서 이제 기업들은 자금 관리자의 생산성을 높일 수 있게 되었고, 이에 따라서 수수료를 줄여 경쟁력을 유지할 수 있게 되었다.

이 책에서 할 여행

이 책에서는 금융 부문의 투자나 거래에 관한 면을 다루기도 하지만, 컴퓨터와 금융 간의 사랑에 따른 직접적인 결과를 훨씬 더 많이 다룬다. 투자회사의 고객 중에는 종종 보험회사나 연기금이 있는데, 이들이

---

[1] (옮긴이) 맥락주의(contextualism)라는 철학 사조에 대해서 알아보면 이 용어를 더 깊이 이해할 수 있을 것으로 보인다.

야말로 금융 서비스업 회사나 다름없으며, 이는 다시 말하자면 이러한 연금이나 보험에 가입한 평범한 사람들이 투자회사의 고객이라는 말이기도 하다.

대부분의 은행 고객 또한 평범한 사람들이며, 사람들이 주로 휴대전화용 앱을 사용해 은행·보험사·연기금과 거래하는 일이 점점 늘고 있다.

수십 년 전에는 사람들이 현금을 뽑거나 은행과 거래하려면 직접 소매은행의 지점 창구로 가서 직원과 얼굴을 맞대야 했다. 일단 사람들이 은행에서 일을 보게 되는 상황에서 담당 직원은 사람들에게 담보대출 상품이나 보험 상품 등을 더 팔 수도 있을 것이다. 오늘날의 고객들은 여전히 모기지나 보험에 가입하고 싶어 하지만, 더 이상 지점에서 직접 가입하지 않아도 된다. 오늘날에는 세계적으로 은행들이 앱이나 웹 사이트를 통해 온라인으로 고객에 대한 상담을 진행하는 편이다.

이러한 온라인 국면은 은행이 데이터를 통해 고객의 요구를 이해하고 온라인에서 맞춤형 경험을 제공할 수 있는 경우에만 가능한 일이다. 마찬가지로 이제는 고객들도 보험 청구서를 전화로 제출하기만 해도 즉시 응답을 받을 수 있을 것으로 기대한다. 오늘날 세계 각지에 있는 보험사들은 고객의 요구에 맞추려면 자동으로 청구서 내용을 평가해서 결정을 내릴 수 있어야 한다.

이 책에서는 돈을 빨리 벌기 위한 거래 알고리즘을 작성하는 방법을 다루지 않는다. 이 책은 금융업에 유용한 머신러닝 중심 시스템을 구축하는 데 필요한 기술과 기법을 활용하는 데 초점을 맞춘다.

가치 있는 것을 세우는 일에는 많은 시간과 노력이 든다. 지금 당장은 가치 있는 것들을 만드는 시장, 즉 경제에 비유할 수 있는 시장은 무척 비효율적이다. 머신러닝 애플리케이션들이 향후 수십 년 동안 업계를 변화시킬 텐데, 이 책에서는 여러분이 그러한 변화에 적응할 수 있게 도구 상자를 제공할 것이다.

이 책에 나오는 많은 예제에서는 "금융 데이터" 영역 밖에 자리 잡은 데이터를 사용한다. 이 책에서는 주식 시장 데이터를 전혀 사용하지 않는데, 이렇게 결정한 근거는 세 가지다.

먼저, 이 책에 나오는 예제에서는 일반적으로 그 밖의 데이터셋에도 쉽게 적용할 수 있는 기술이 쓰인다. 따라서 여러분과 마찬가지로 전문가가 직면할 몇 가지 일반적인 도전 과제로 쓰기에 적합하고 계산하기 쉬운 데이터셋을 선택했다.

둘째, 금융 데이터는 기본적으로 시간에 의존한다. 이 책을 더 오래 유용한 책으로 남게 하고 머신러닝이 더 두드러질수록 이 책이 중요한 도구들을 제공하는 수단으로 남을 수 있게 하려고, 우리는 이 책에서 거론한 데이터가 여전히 관련성을 띨 수 있게 일부러 금융적이지 않은 데이터를 사용했다.

마지막으로 한마디 더 보태자면, 대안 데이터나 고전적이지 않은 데이터를 사용하며 처리하는 과정에서 더불어 사용해 볼 만한 그 밖의 데이터에 대해서도 생각해 보게 될 것이다. 드론으로 촬영한 영상을 이용해 농작물 현황을 파악함으로써 곡물 가격 모델을 보강한다든가, 웹에서 정보를 검색하는 행동 방식을 바탕으로 적절한 금융 상품을 제공하는 식으로 말이다. 주변에 널려 있는 데이터를 활용하고 싶다면 고착된 사고 방식부터 버려야 한다.

머신러닝이란?

> "머신러닝은 명시적으로 프로그래밍하지 않아도 컴퓨터가 스스로 학습하는 능력이 있게 하는 컴퓨터 과학의 하위 분야다."
>
> – 아서 사무엘, 1959

머신러닝(machine learning, 기계학습)이란 무엇을 의미하는가? 지금은 대부분의 컴퓨터 프로그램을 인간이 직접 작성한다. 소프트웨어 기술자는 소프트웨어의 동작 방식을 관리하는 모든 규칙을 신중하게 작성한 후에 이를 컴퓨터 코드로 변환한다.

이 책을 전자책으로 읽는 중이라면 지금 화면을 살펴보자. 소프트웨어 기술자가 어딘가에서 만든 규칙 때문에 여러분이 전자책을 볼 수 있는 것이다. 이런 접근 방식 덕분에 상당히 많은 발전이 이뤄졌지만, 그렇다고 해서 무슨 일이든 가능하다고 말하는 건 아니다. 때로는 인간이 쓰기에 규칙이 지나치게 많을 수 있다. 가장 똑똑한 개발자조차도 생각해 낼 수 없을 정도로 규칙이 복잡해서 우리가 그런 규칙을 생각할 엄두를 내지 못하기 때문일 수도 있다.

간단한 연습 문제로 삼을 수 있게, 잠시 시간을 내어, 모든 개를 묘사하면서도 개가 아닌 모든 동물과 개를 구분해 내는 규칙을 목록으로 작성한다고 해 보자. 털이 있는가? 고양이도 털이 있다. 개가 조끼를 걸치고 있어도 개라고 할 수 있을까? 조끼를 걸친 개도 개일 뿐이다. 연구원들은 이런 식의 규칙을 다듬기 위해 수년을 보냈지만 성공하지 못했다.

반면에 인간은 개가 개인 이유를 완벽하게 말로 설명하지는 못할지라도 개를 보면 그게 개라는 사실을 안다. 생물학적으로 보면 1개 종에 불과한 인간에게는 특정 동물을 개라고 분류해 낼 수 있는 패턴 검출 능력이 있는 것 같은데, 이런 능력을 구체적으로 설명하기는 어렵다. 머신러닝이란 인간이 하는 방식과 동일한 방식으로 패턴을 감지해 보려고 하는 분야이다. 규칙을 일일이 직접 다듬는 대신에 컴퓨터에서 패턴을 감지하게 해 스스로 규칙을 개발할 수 있게 하자는 것이다.

이렇게 할 수 있는 방법으로는 지도학습·비지도학습·강화학습이라는 세 가지 유형이 있는데, 이제 이 세 가지 유형별 학습 방식을 살펴볼 생각이다.

지도학습

개를 분류하는 분류기를 다시 생각해 보자. 사실 이런 종류의 분류기들은 오늘날 많이 사용되고 있다. 예를 들어 여러분이 구글에서 "개"라는 단어로 이미지를 검색하면 구글은 이미지 분류기를 사용해 개 사진을 표시한다. 이런 종류의 분류기들은 지도학습(supervised learning, 감독학습)이라는 패러다임에 맞춰 훈련된 것이다.

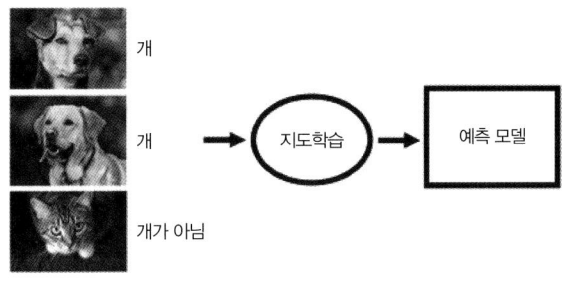

지도학습

지도학습 시에는 동물의 이미지와 같은 많은 훈련 사례가 있어야 하고, 각 훈련 사례에서 예상 결과가 무엇인지를 설명하는 레이블(label, 표찰)이 있어야 한다. 예를 들어, 앞의 그림에는 "dog"라는 레이블이 붙어 있고, 고양이 그림에는 "dog"가 아닌 레이블이 붙어 있다.

레이블이 지정된 훈련 사례(training examples)가 아주 많다면 분류기(classifier)를 훈련해 모든 동물과 개를 서로 구별하는 데 쓰일 미묘한 통계 패턴을 탐지하게 할 수 있다.

 이때 해당 분류기는 개가 근본적으로 무엇인지까지 알지는 못한다. 분류기는 훈련을 받는 중에 개와 그림을 연결시킨 통계적 패턴을 알 수 있을 뿐이다.

지도학습 방식으로 훈련하는 분류기가 훈련 데이터와 아주 다른 동물 사진을 찾은 경우, 해당 분류기는 종종 혼란스러워하며 말도 안 되는 결과를 내놓기도 한다.

비지도학습

지도학습이 지난 몇 년 동안 크게 발전했으므로 이 책에서는 대체로 레이블이 있는 예제를 다루는 데 중점을 둘 것이다. 그러나 때로는 레이블이 없을 수도 있다. 이런 경우일지라도 우리는 여전히 머신러닝을 사용해 데이터에서 숨겨진 패턴을 찾을 수 있다.

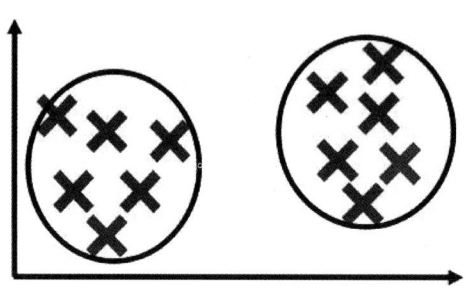

군집화는 흔한 비지도학습 방식 중 한 가지다.

자사 제품 사용 고객이 많은 회사가 있다고 해 보자. 이러한 고객들을 서로 다른 틈새시장별로 묶을 수도 있겠지만, 우리는 그와 같은 틈새시장들이 서로 어떻게 다른지를 모른다. 그렇다고 해서 고객들에게 어떤 틈새시장에 속해 있느냐고 대놓고 물어볼 수도 없다. 고객도 그걸 모를 것이기 때문이다. 고객은 샴푸 시장 중에서 어떤 틈새시장에 속해 있는가? 샴푸 회사들이 고객을 어떤 틈새시장에 속해 있다고 분류해 놓았는지 아는가?

이번 예제에서 우리는 많은 고객 데이터를 관찰한 후에 틈새시장별로 고객을 묶는 알고리즘을 원한다. 이런 식으로 학습하게 하는 것이 비지도학습이다.

머신러닝 분야 중에서도 비지도학습 분야는 지도학습보다 훨씬 덜 발전했지만, 여전히 큰 잠재력이 있다.

강화학습

강화학습(reinforcement learning) 시에는 도로 위의 자율주행차가 그렇듯이 환경에 맞춰 행동하는 에이전트(agent, 행위자, 대리자)를 훈련한다. 레이블이 없다는 말은 특정 상황에서 어떻게 해야 적절한 행동인지를 알 수 없다는 말과 같지만, 이런 경우일지라도 보상과 처벌을 부여할 수 있다. 예를 들어, 우리는 차간 간격을 적절히 유지할 때 보상을 할 수 있다.

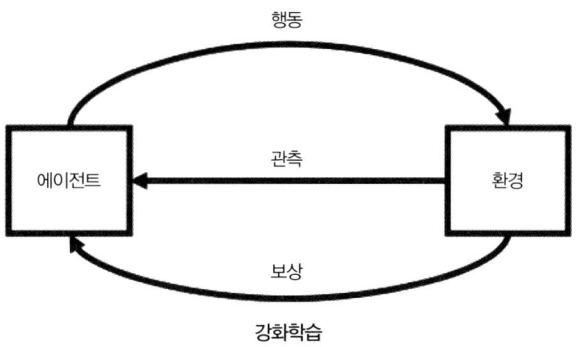

운전 강사는 학생에게 "운전대를 오른쪽으로 2도 움직이면서 브레이크를 반쯤 밟아라"라는 식으로 말하기보다는 오히려 그 학생이 잘하고 있는지나 잘못하고 있는지만 말해 주는 게 일반적이며, 이런 경우에 학생들은 브레이크를 얼마만큼 밟아야 할지를 스스로 파악하게 된다.

강화학습은 또한 지난 몇 년 동안 놀랍게 발전했는데, 지금은 많은 사람이 일반 인공지능(즉, 사람만큼 똑똑한 인공지능)을 만들기 위한 유력한 방법으로 여기고 있다.

데이터의 비합리적인 효과

2009년에 구글에서 근무하는 기술자 세 명이 "*The unreasonable effectiveness of data*(데이터의 비합리적인 효과)"라는 제목으로 획기적인 논문을 발표했다. 이 논문에서 그들은 오랫동안 주변만 맴돌만큼 비교적 간단한 머신러닝 시스템일지라도 구글이 서버에 보유하고 있던 엄청난 양의 데이터를 제공했을 때 훨씬 더 나은 성능을 보여주게 되는 이유를 설명했다. 사실, 그들은 더 많은 데이터만 공급한다면, 그렇게 단순한 시스템으로, 이전에는 불가능하다고 생각했던 작업까지 숙달할 수 있다는 점을 발견했다.

그때부터 연구원들은 오래된 머신러닝 기술을 다시 살펴보기 시작했고 인공 신경망을 방대한 데이터셋으로 훈련하면 특히 잘 작동한다는 점을 발견했다. 마침 그 당시는 컴퓨터 성능이 이전보다 훨씬 더 큰 망을 훈련해도 될 만큼 저렴하고 풍부해지던 시기였다.

이 더 큰 인공 신경망은 아주 효과적이었는데, 이후로 심층신경망(deep neural networks, 딥뉴럴넷, 깊은 신경망)이라고 불리게 되었으며, 이러한 신경망을 이용해 학습하는 방식을 딥러닝(deep learning, 심층학습, 깊은 학습)이라고 부르게 되었다. 심층신경망은 패턴 검출에 아주 적합하다. 심층신경망으로 얼굴에 보이는 명암의 통계 패턴 같은 복잡한 패턴을 찾아낼 수 있는데, 그렇기 때문에 충분한 데이터만 주어진다면 심층신경망은 이런 일을 자동으로 할 수 있다.

따라서 머신러닝을 컴퓨터 프로그래밍 방식의 패러다임 변화로 여기는 것이야말로 머신러닝을 제대로 이해하는 방식이다. 규칙을 신중하게 수작업으로 다듬기보다는 컴퓨터에 방대한 양의 정보를 제공해서 규칙 자체를 컴퓨터가 작성하게 컴퓨터를 훈련하는 방식 말이다.

이 방법은 규칙이 매우 많은 경우에 뛰어난 효과를 내며, 규칙을 설명하기 어려운 경우에도 그렇다. 따라서 현대적인 머신러닝은 금융업이 직면한 방대한 양의 데이터를 결합하는 데 이상적인 도구인 셈이다.

모든 모델이 잘못되었다

통계학에는 "*all models are wrong, but some are useful*(모든 모델이 잘못되었지만 그 중에는 건질만 한 게 있다)"는 말이 있다. 머신러닝은 예를 들어 사람이 해석할 수 없는 딥러닝을 하는 경우에 믿기 힘들 만큼 아주 복잡한 통계모형을 만들어 내기도 한다. 그러한 모델들은 확실히 유용하고 가치도 크지만, 여전히 잘못된 것이다. 머신러닝 모델을 블랙박스처럼 여긴다면, 이러한 블랙박스는 복잡할 뿐만 아니라 정확한 질문을 해야 하는데도 머신러닝 모델이 블랙박스 형태로 되어 있다는 이유로 질문을 하지 않는 경향이 있기 때문이다.

2008년에 있었던 금융 위기 때 진행된 **CDO**(Collateralized Debt Obligation, 고급 담보부 채무) 모델이 그랬던 것처럼 가장 정교한 심층신경망일지라도 근본적으로 잘못된 예측을 할 때가 올 것이다. 더 나쁜 점은 대출 승인이나 보험 가입에 대한 수백만 건의 결정을 내리고 일상적인 사람들의 삶에 영향을 미치는 블랙박스형 머신러닝 모델이 언젠가는 잘못된 결정을 내릴 수도 있다는 점이다.

때때로 머신러닝 모델들이 편향될 수도 있다. 머신러닝의 품질은 언제나 우리가 공급하는 데이터나 보여지는 내용에 종종 편향될 수 있는 데이터에 따라 달라질 수 있으며, 이번 장의 뒷부분에서 살펴볼 내용만큼만 좋다. 이러한 면은, 우리가 이러한 알고리즘을 생각 없이 배포하는 일에 관해 짬을 내어 잘 생각해 봐야 하듯이, 우리가 많은 시간을 내서라도 다뤄야 하는 점인데, 이는 또 다른 금융위기를 불러일으킬 수도 있는 차별(discrimination)마저도 우리가 자동화할 것이기 때문이다.

이러한 측면은, 종종 사람들의 삶에 심각한 영향을 미치는 알고리즘을 사용하면서도 동시에 그러한 알고리즘을 감춰야만 하는 금융업에서는, 자명한 현실인 것이다. 수학을 지나치게 많이 도입함으로써 사람들이 채택해 쓸 수밖에 없게끔 만든 비밀스러운 블랙박스는, 영화에서 볼 수 있듯이, 스스로 자각해 세계를 장악해 가는 인공지능보다 사회에 훨씬 더 위협적이다.

이 책이 윤리 서적은 아니지만, 이 책에서 주장하듯이 이 분야의 실무자라면 누구라도 자신의 작품에 담길 윤리적 함의를 잘 파악해야 한다. 나는 여러분이 캐시 오닐(Cathy O'Neil)의 《대량살상 수학무기》(흐름출판 2017, 원제는 'Weapons of math destruction')을 읽어 보기 바라며, "*The Modelers Hippocratic Oath*(모델 작성자의 히포크라테스 선서)"에 따라 맹세하기를 요청한다. 이 선서는 정량 금융 연구원인 에마뉴엘 더만(Emanuel Derman)과 폴 윌모트(Paul Wilmott)가 2008년에 있었던 금융 위기를 겪은 이후에 개발한 것이다.

> "나는 내가 세계를 만들지 않았으므로 세상을 내 방정식으로는 풀 수 없다는 점을 기억할 것이다. 나는 모델을 대담하게 사용해 값을 추정하기는 하겠지만, 그렇다고 해서 지나치게 수학에 감명을 받지는 않을 것이다. 나는 내가 왜 그렇게 했는지를 설명하지 않고는 결코 우아함을 위해 현실을 희생하지는 않을 것이다. 또한 내 모델을 사용하는 사람이 모델의 정확성을 과신하지 않게 할 것이다. 모델을 명시하기보다는 나는 가정한 내용과 간과한 내용을 명시할 것이다. 나는 내 작품이 사회와 경제에 막대한 영향을 미칠 수도 있다는 점과 그러한 영향 중 상당수가 나의 이해력을 넘어선다는 점을 이해한다."

최근 몇 년에 걸쳐 연구원들이 큰 발전을 이끌어낸 덕분에 이전에는 해결할 수 없었던 작업까지 머신러닝으로 해결할 수 있게 되었다. 이미지에서 물체를 검출해 내는 일부터 음성을 녹음하는 일과 바둑처럼 복잡한 보드게임을 하는 일에 이르기까지 현대적인 머신러닝은 눈부실 만큼 다양한 분야의 필요한 작업에서 인간만큼 해왔을 뿐만 아니라 인간을 넘어서기도 한다.

흥미롭게도 딥러닝(deep learning)은 이러한 모든 발전의 배경을 이루는 방법이다. 사실, 대부분의 발전은 심층신경망(deep neural networks)이라고 하는 딥러닝의 하위 분야에서 비롯된 것이다. 많은 실무자들이 회귀와 같은 표준 계량경제 모델에 익숙하지만, 이 새로운 모델링(modeling, 모형화) 형태에 익숙한 사람은 별로 없다.

이 책에서는 거의 딥러닝에 초점을 맞춘다. 딥러닝은 가장 유망한 머신러닝 기술 중 하나인데, 누구라도 딥러닝을 배운다면 불가능하다고 여겨지는 작업을 처리할 수 있는 능력을 갖출 수 있다.

이번 장에서는 이러한 주제를 근원부터 이해할 수 있게 신경망이 어떤 식으로 동작하는지와 왜 작동하는지를 살펴본다.

작업 환경 구성

시작하기 전에 여러분이 이 책을 배우는 동안에 쓸 작업 환경을 구성해야 한다. 이 책에 나오는 모든 예제는 모두 주피터 노트북(Jupyter notebook)에서 실행된다. 주피터 노트북은 데이터 과학 애플리케이션에 주로 사용되는 대화식 개발 환경으로, 데이터 중심 애플리케이션을 구축하기 위한 환경으로 여겨지기도 한다.

주피터 노트북을 로컬 컴퓨터에서도 실행할 수 있지만, 클라우드에 속한 서버나 캐글 같은 웹 사이트에서도 실행할 수 있다.

이 책에 나오는 모든 코드 예제는 위키북스 깃허브 https://github.com/wikibook/finml나 원서 깃허브 https://github.com/PacktPublishing/Machine-Learning-for-Finance에서 볼 수 있으며, 1장에 대해서는 https://www.kaggle.com/jannesklaas/machine-learning-for-finance-chapter-1-code를 참조하자.

딥러닝 시에는 컴퓨터 자원이 많이 필요한데, 이 책에 나오는 모든 예제에 나오는 데이터의 크기가 기가바이트 이상이기 때문이다. 비디오 렌더링 및 게임 렌더링을 위해 개발된 GPU(graphics processing unit)를 사용하면 그래픽 처리 속도를 더 빠르게 할 수 있다. GPU를 지원하는 로컬 컴퓨터라면 예제를 실행할 수 있다. 이러한 머신이 없다면 캐글 커널 등의 서비스를 사용하는 것이 바람직하다.

GPU가 비싼 하드웨어이기 때문에 일반적으로 딥러닝을 배우는 데는 많은 돈이 필요하고는 했다. 저렴한 GPU도 있지만, 고성능 GPU를 구입한다면 최대 120여만 원을 지불해야 하고, 클라우드에서 빌려쓰려면 시간당 약 0.80달러를 지불해야 한다.

오래 훈련해야 하는 작업이 많다면 GPU가 있는 "딥러닝용" 컴퓨터를 아예 조립해 쓰는 것이 좋다. 이런 딥러닝용 컴퓨터를 조립하는 방법을 설명하는 내용을 온라인에서 수없이 찾아볼 수 있으며, 제대로 된 컴퓨터가 되게 조립하려면 최소한 수십만 원이 필요하고, 어쩌면 600만 원 이상이 들 수도 있다.

이 책에 나오는 예제는 모두 캐글에서 무료로 실행해 볼 수 있다. 실제로, 예제들은 이 사이트를 사용해 개발된 것이다.

캐글 커널 사용

구글이 소유한 캐글(Kaggle)은 인기 있는 데이터 과학 웹 사이트다. 캐글은 처음에는 여러 참가자가 예측용 머신러닝 모델을 구축해 서로 경쟁해 보는 곳이었다. 하지만 수년 동안 캐글은 인기 있는 토론장과 온라인 학습 체계뿐만 아니라, 우리에게 가장 소중한 주피터 서비스까지 제공했다.

캐글을 사용하려면 https://www.kaggle.com/로 접속하면 된다. 사이트를 이용하려면 계정을 만들어야 한다.

계정을 만든 후에는 다음 화면처럼 메인 메뉴에서 Kernels(커널)를 클릭해 Kernels 페이지로 가야 한다.

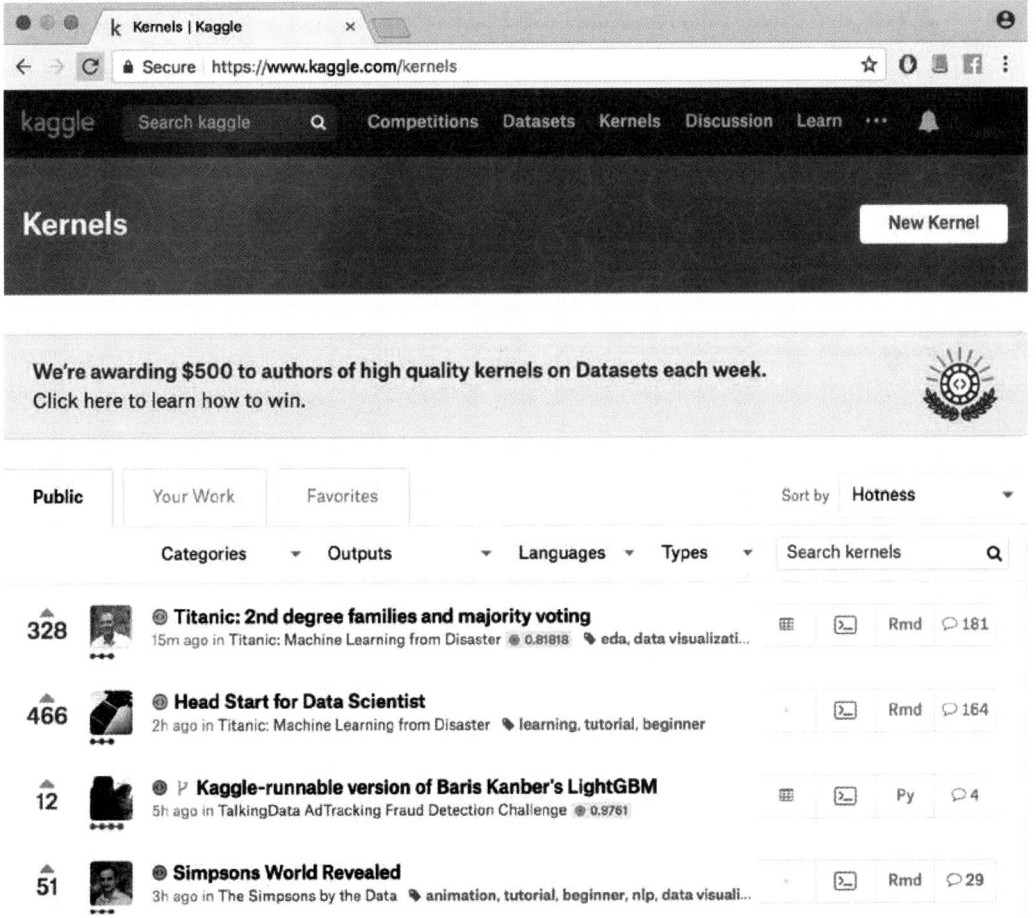

공개 캐글 커널들

앞에 나온 화면을 보면 다른 사람들이 작성해 게시한 커널(kernel)이 많다. 커널은 비공개일 수 있지만, 커널을 공개함으로써 기술을 보여주고 지식을 공유할 수 있다.

새 커널을 시작하려면 New Kernel(새 커널)을 클릭한다. 다음에 나오는 대화 상자에서 Notebook(노트북)을 선택한다.

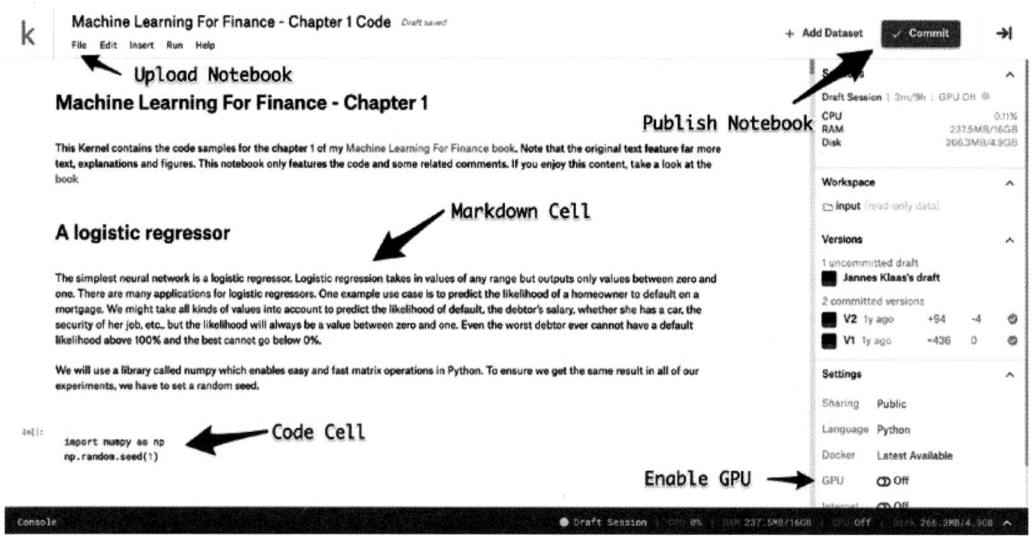

커널 에디터

커널 에디터로 들어가면 앞의 그림과 같은 화면을 볼 수 있다.

캐글은 커널을 반복해서 개선하므로 어떤 요소들의 위치가 바뀌어 있을 수는 있지만, 기본 기능은 같다. 노트북의 가장 중요한 부분은 코드 셀(code cell)이다. 여기서 왼쪽 하단의 실행 버튼을 클릭하거나 시프트+엔터 키를 눌러 코드를 입력하고 실행할 수 있다.

한 셀에서 정의한 변수는 환경 변수가 되므로 다른 셀에서도 해당 변수에 접근할 수 있다. 마크다운 셀(Markdown cell)을 사용하면 마크다운 형식으로 텍스트를 작성해, 코드에서 진행 중인 작업에 대한 설명을 추가할 수 있다. 오른쪽 상단 모서리에 있는 작은 클라우드 버튼들을 눌러 노트북을 올려두거나 내려받을 수 있다.

커널 편집기에서 노트북을 게시하려면 먼저 Commit & Run(승인 및 실행) 버튼을 누른 다음에 settings(설정)에서 노트북을 Public(공개)으로 설정하자. 노트북에서 GPU를 활성화하려면 오른쪽 하단에 있는 Enable GPU(GPU 활성화) 버튼을 클릭한다. 이렇게 하면 노트북이 다시 시작되므로 환경 변수가 손실된다는 점에 유념하자.

코드를 실행하면 run(실행) 버튼이 stop(정지) 버튼으로 바뀐다. 코드가 중단되면 stop 버튼을 클릭해 중단할 수 있다. 모든 환경 변수를 지우고 새로 시작하려면 오른쪽 하단 모서리에 있는 restart(다시 시작) 버튼을 클릭하면 된다.

이 시스템을 사용하면 캐글에서 호스팅되는 모든 데이터셋에 커널을 연결하거나 새 데이터셋을 즉시 적재할 수 있다. 이 책에 나오는 노트북들에는 데이터 연결이 이미 제공된다.

캐글 커널에는 가장 자주 사용되는 패키지가 미리 설치되어 있으므로 대부분의 경우에 패키지 설치를 걱정하지 않아도 된다.

때때로 이 책은 기본적으로 캐글에 설치되지 않은 사용자 정의 패키지를 사용한다. 이번 경우에는 설정 메뉴 하단에서 사용자 정의 패키지를 추가할 수 있다. 이 책에서 사용자 지정 패키지를 사용할 때는 사용자 정의 패키지 설치 지침이 제공된다.

캐글 커널을 무료로 사용할 수 있고 이를 사용하면 많은 시간과 비용을 절약할 수 있으므로 캐글에서 예제 코드를 실행하는 것이 바람직하다. 노트북을 복사하려면 각 장의 코드 단원 시작 부분에 제공된 링크로 이동한 다음에 Fork Notebook(포크 노트북)을 클릭하자. 캐글 커널을 최대 여섯 시간 동안 실행할 수 있다.

노트북을 로컬에서 실행하기

딥러닝 작업을 수행할 수 있는 강력한 기계가 있다면 예제 코드를 로컬 컴퓨터에서 실행할 수 있다. 이번 경우에는 아나콘다(Anaconda)를 통해 주피터를 설치하는 것이 바람직하다.

아나콘다를 설치하려면 https://www.anaconda.com/download로 접속해 배포판을 내려받자. 그림으로 알기 쉽게 표시해 주는 설치 프로그램이 아나콘다를 시스템에 설치하는 데 필요한 각 과정을 안내한다. 아나콘다를 설치할 때 이 책 전체에서 사용될 넘파이(numpy) 및 맷플롯립(matplotlib) 같은 유용한 파이썬 라이브러리도 설치된다.

아나콘다를 설치한 후에 컴퓨터에서 터미널 프로그램을 열고 다음 명령을 입력하면 주피터 서버를 로컬로 시작할 수 있다.

```
$ jupyter notebook
```

그러고 나서 터미널에 표시된 URL로 접속한다. 이렇게 하면 여러분의 로컬 컴퓨터를 서버에 연결할 수 있다.

새 노트북을 시작하려면 오른쪽 상단에서 New(새로 만들기)를 클릭한다.

이 책의 모든 예제 코드에서는 파이썬3를 사용하므로 여러분의 로컬 노트북에서 파이썬3를 사용하고 있는지를 확인하자. 노트북을 로컬로 실행한다면 이 책 전체에서 사용되는 두 개의 딥러닝 라이브러리인 텐서플로(TensorFlow)와 케라스(Keras)를 모두 설치해야 한다.

텐서플로 설치

케라스를 설치하기 전에 먼저 텐서플로를 설치해야 한다. 터미널 창을 열고 다음 명령을 입력하면 텐서플로를 설치할 수 있다.

```
$ sudo pip install TensorFlow
```

GPU를 사용할 수 있게 텐서플로를 설치하는 방법을 알고 싶다면 https://www.tensorflow.org/로 접속하자.

CUDA를 사용할 수 있게 텐서플로를 실행하려면 CUDA 지원 GPU가 필요하다. CUDA 설치 방법을 https://docs.nvidia.com/cuda/index.html에서 볼 수 있다.

케라스 설치

텐서플로를 설치했다면 텐서플로를 설치한 방법과 같은 방법으로 케라스를 설치할 수 있는데, 다음과 같이 명령하면 된다.

```
$ sudo pip install Keras
```

케라스는 이제 자동으로 텐서플로를 백엔드(back-end, 후단부, 기반 프레임워크)로 여기고 사용한다. 텐서플로 1.7에는 케라스가 내장되어 있으며 이번 장의 뒷부분에서 이 내용을 다룰 것이다.

데이터를 로컬에서 사용하기

이 책에 나오는 예제 코드에 들어갈 데이터를 로컬에서 사용하려면 캐글의 노트북을 방문한 후에 연결된 데이터셋을 내려받는다. 데이터 저장 위치에 따라서 데이터 파일 경로도 달라지므로 노트북을 로컬로 실행할 때는 파일 경로를 바꿔야 한다.

캐글에서는 데이터를 더 쉽게 내려받을 수 있는 명령줄 인터페이스도 제공한다. 이렇게 하는 방법을 알고 싶다면 https://github.com/Kaggle/kaggle-api를 방문하자.

AWS의 딥러닝 AMI 사용

아마존 웹 서비스(Amazon Web Services, AWS)는 클라우드에서 딥러닝을 실행할 방법을 미리 구성해서 제공하므로 우리는 이것을 쉽게 이용할 수 있다.

아마존 머신 이미지(Amazon Machine Image, AMI)를 구성하는 방법에 대해서는 https://aws.amazon.com/machine-learning/amis/에서 볼 수 있다. AMI는 유료지만, 캐글 커널보다 오래 실행할 수 있다. 따라서 대규모 프로젝트라면 캐글 커널을 사용하기보다는 AMI를 사용하는 편이 더 낫다.

이 책에 나오는 노트북들을 AMI에서 실행하려면 먼저 AMI를 설정한 후에 깃허브에서 노트북들을 내려받아 AMI에 올려보자. 캐글에서 데이터도 내려받아야 한다. '로컬에서 데이터를 사용하기' 단원에서 이 절차를 알 수 있다.

함수를 근사하기

신경망을 가장 잘 묘사하는 방법에 대해서는 다양한 의견이 난무하지만, 아마도 가장 유용한 방법은 신경망을 함수 근사기(function approximators)로 여기는 것일 게다. 수학 함수는 입력치인 x와 출력치인 y를 관련시킨다. 이 점을 다음과 같은 공식으로 나타낼 수 있다.

$$y = f(x)$$

이때 쓰이는 함수 중에 간단한 예를 보면 다음과 같다.

$$f(x) = 4*x$$

이번 경우에는 입력치로 x를 넣으면 함수의 값은 네 배가 된다.

$$y = f(2) = 8$$

학교에서 공부할 때 이러한 함수를 본 적이 있겠지만, 이보다 더 많은 일을 함수로 할 수 있다. 예를 들어, 한 집합(함수가 허용하는 값의 모음)의 원소를 또 다른 집합의 원소에 대응하게 할 수(즉, 사상할 수) 있다.[2] 이런 집합들로는 숫자로만 된 집합이 아닌 것도 있다.

예를 들어, 함수는 어떤 이미지를 같은 이미지 안에 있는 어떤 한 가지 식별소(identification, 識別素)[3]로 대응하게 할 수도 있다.

$$\text{이미지\_내용} = f(\text{이미지})$$

이 함수는 고양이 한 마리를 보여주는 이미지를 '고양이'라는 레이블에 대응(map, 사상, 매핑)하게 하는데, 이런 측면을 다음 보기에서 볼 수 있다.

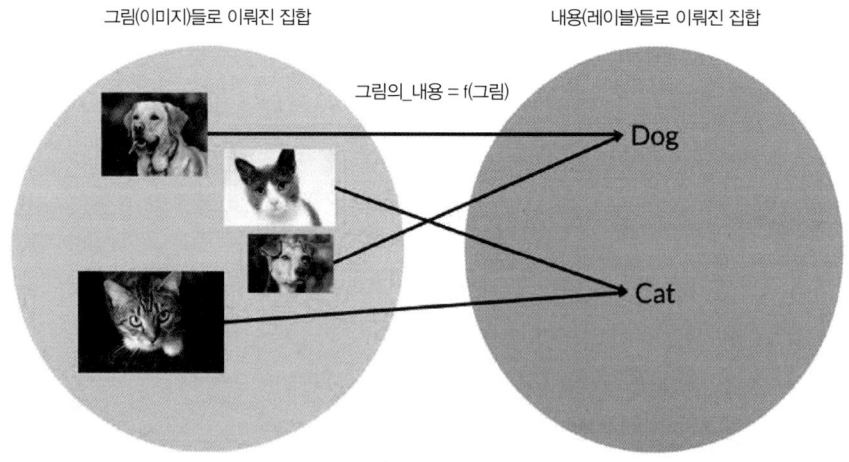

이미지를 레이블에 대응하게 하기

---

2   (옮긴이) 내가 비판을 받아 가면서까지 set을 '셋'이 아닌 '집합'으로 번역했던 이유가 바로 이것이다. 인공지능 분야에서 테스트 세트라든가 검증 세트 등으로도 부르는 용어에서 세트는 한 벌이나 1개 조라는 뜻이 아니라 1개 집합이라는 뜻이다. 그리고 이러한 집합 간의 대응 관계(사상 관계)를 표현하는 방식을 찾아내는 게 인공지능 모델이나 신경망 모델이 하는 일인 것이다.

3   (옮긴이) 새로 만든 번역어다. 어떤 것(어떤 이미지) 안에 있는 여러 것(여러 요소)들 중에서 다른 것과(다른 요소와) 서로 구별해 인식할 수 있는 것을 말한다. 식별소가 들어간 것들을 사용해 구성한 것은 '식별체(식별체)'가 된다. 여기서 말하는 식별소란 이미지의 레이블이다.

컴퓨터에서는 이미지가 숫자로 가득 찬 행렬로 표현되며, 이미지 내용에 대한 설명이 숫자 행렬로 저장된다는 점에 유의하자.

신경망이 충분히 크면 어떤 함수든지 근사(approximate)할 수 있다. 무한히 큰 망(network, 즉 '신경망')으로는 모든 함수를 근사할 수 있다는 것이 수학적으로 입증되었다. 무한히 큰 망을 사용할 필요는 없겠지만, 우리는 확실히 매우 큰 망을 사용하는 편이다.

현대의 딥러닝 아키텍처에는 수십 개에서 수백 개에 이르는 계층과 수백만 개의 파라미터가 있는 편이므로 모델(model, 모형)을 저장하는 데만도 몇 기가바이트가 소요된다. 이는 신경망이 충분히 크면 이미지를 내용에 사상하는 함수 f를 근사할 수도 있다는 의미다.

신경망이 "충분히 커야 한다"는 조건을 통해서 왜 심층신경망(다시 말하면 큰 신경망)이 커지는 방향으로 발전할 수밖에 없었는지를 이해할 수 있다. "충분히 큰" 신경망이 있다면 어떤 함수도 근사해 볼 수 있다는 사실은 신경망이 수많은 과업에 유용할 수 있다는 점을 의미하기 때문이다.

전방 전달

이 책을 통해 우리는 매우 복잡한 함수를 근사할 수 있는 강력한 신경망을 구축할 것이다. 텍스트를 이름이 부여된 엔터티(entity, 존재)에, 이미지를 내용(content)에, 뉴스 기사를 요약(summaries)에 대응시킬 것이다. 하지만 일단은 경제 분야와 금융 분야에서 모두 사용되는 인기 기술인 로지스틱 회귀로 해결할 수 있는 간단한 문제부터 다뤄볼 것이다.

우리는 간단한 문제 하나를 해결해 볼 것이다. 입력 행렬 X가 주어졌을 때 행렬의 첫 번째 열인 X_1을 출력할 생각이다. 이번 예제에서 우리는 무슨 일이 일어나고 있는지를 직관적으로 파악할 수 있게 문제를 향해 수학적으로 접근할 것이다.

이번 장의 뒷부분에서는 이렇게 설명한 내용을 파이썬으로 구현할 것이다. 우리는 데이터가 있어야만 신경망을 훈련할 수 있다는 점을 이미 알고 있으므로 다음과 같이 표시한 데이터를 연습문제용 데이터셋으로 삼을 생각이다.

X_1	X_2	X_3	y
0	1	0	0
1	0	0	1
1	1	1	1
0	1	1	0

이 데이터셋에 나오는 행마다 입력 벡터인 X와 출력인 y가 있다. 이 데이터는 다음 공식을 따른다.

$$y = X_1$$

근사하려는 함수는 다음과 같다.

$$f(X) = X_1$$

이번 예로 보여주는 함수는 비교적 간단히 작성할 수 있는 함수다. 그러나 대체로 심층신경망에 의해 표현되는 함수가 아주 복잡해질 수 있으므로 함수를 글로 써서 표현하기가 불가능하다는 점에 유념하자.

이번에 나오는 간단한 함수를 근사하는 데는 계층(layer, 레이어)이 한 개뿐인 얕은 신경망으로 충분하다. 이런 일을 담당하는 얕은 망들을 로지스틱 회귀기(logistic regressors)라고 부를 수 있을 것이다.

로지스틱 회귀기

방금 설명한 것처럼 로지스틱 회귀기는 가장 간단한 신경망에 해당한다. 로지스틱 회귀기에서 사용하는 데이터 값의 범위는 제한이 없지만, 출력 값들의 범위는 0에서 1 사이여야 한다.

로지스틱 회귀분석기는 광범위한 응용 분야에 적합하다. 그 중에 한 가지 예를 들자면, 주택 소유자가 주택 담보 대출(모기지)에 대해 채무불이행 가능도(likelyhood, 우도, 공산)를 예측하는 경우를 들 수 있다.

채무 불이행 가능도를 예측하려고 할 때 모든 종류의 값(예를 들면 채무자의 월급, 자동차 보유 여부, 직업의 안정성 등)을 고려할 수 있지만, 가능도는 항상 0과 1 사이의 값이 된다. 최악의 채무자조차도 채무 불이행 가능도가 100%를 넘을 수는 없으며 가장 좋은 채무자일지라도 가능도가 0% 아래로 내려갈 수 없다.

다음 도표는 로지스틱 회귀기를 보여준다. X는 입력 벡터다. 여기서는 X_1, X_2, X_3이라는 세 가지 성분으로 표시된다.

W는 세 개의 가중치(weights)로 구성된 벡터다. 이 벡터를 세 가지 줄의 줄별 두께로 여겨도 된다.[4] W는 X의 각 값이 다음 계층으로 얼마나 들어갈지를 결정하는 데 쓰이는 값이다. b는 편향치(bias)이며 계층의 출력값을 위나 아래로 옮기는 역할을 한다.

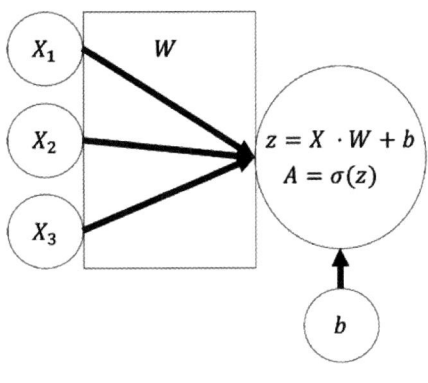

로지스틱 회귀기

회귀기의 출력을 계산하려면 먼저 **선형 단계(linear step)**를 수행해야 한다. 입력치의 점곱(dot product)인 X와 가중치인 W를 계산한다. 이것은 X를 구성하고 있는 각 값에 가중치를 곱한 후에, 이렇게 곱해서 나온 값들을 모두 합산하는 것과 같다. 그런 다음에 이 숫자에 편향치인 b를 추가한다. 그리고 나서 **비선형 단계(nonlinear step)**를 수행한다.

비선형 단계에서 **활성함수(activation function)**를 통해 선형 중간 곱인 z를 실행한다. 이번 경우에 활성함수는 시그모이드 함수(sigmoid function, S자형 함수)다. 시그모이드 함수는 입력값을 0에서 1 사이의 출력으로 내보낸다.

---

4 (옮긴이) 신경세포의 축삭 부분의 두께에 비유할 수 있는 것이며, 이는 인공신경망 내 각 뉴런 간에 이어진 연결선의 두께를 의미한다고 보아도 무방할 것이다.

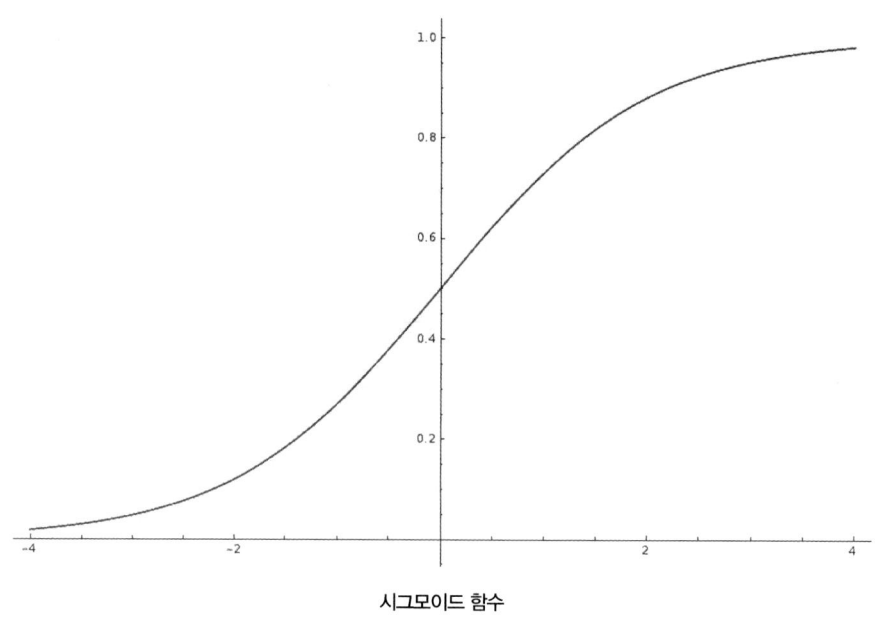

시그모이드 함수

선형 회귀기를 파이썬으로 구현하기

앞서 나온 모든 수학이 너무 이론적이기는 했는데, 이제는 기뻐해도 된다. 똑같은 내용을 이번에는 (수학이 아닌) 파이썬으로 구현할 것이기 때문이다. 이번 예제에서는 넘파이(NumPy)라는 라이브러리를 사용한다. 이 라이브러리는 파이썬 내에서 쉽고 빠르게 행렬을 다룰 수 있게 해준다.

넘파이는 아나콘다 및 캐글 커널에 미리 설치되어 나온다. 모든 실험에서 동일한 결과를 얻으려면 랜덤 시드(random seed, 난수용 씨앗값)를 설정해야 한다. 다음 코드를 실행해 이 작업을 수행할 수 있다.

```
import numpy as np
np.random.seed(1)
```

데이터셋이 무척 작으므로 다음처럼 수작업을 통해 넘파이 행렬로 정의한다.

```
X = np.array([[0,1,0],
              [1,0,0],
              [1,1,1],
              [0,1,1]])

y = np.array([[0,1,1,0]]).T
```

활성함수의 일종인 시그모이드 함수를 파이썬 함수 형태로 직접 정의할 수 있는데, 이 함수는 모든 값을 0과 1 사이의 값들로 압착해 넣는 역할을 한다.

```
def sigmoid(x):
    return 1/(1+np.exp(-x))
```

지금까지는 그런대로 잘해온 것 같다. 이제 W를 초기화해야 한다. 이번 경우에 우리는 W에 어떤 값이 실제로 있어야 하는지를 이미 알고 있다. 그러나 아직 함수에 대해서 잘 모르므로 그 밖의 문제들을 알 수 없다. 따라서 가중치를 임의로 할당해야 한다.

일반적으로 가중치의 평균이 0이 되게 임의로 할당하며, 편향치는 대개 기본적으로 0으로 설정한다. 넘파이의 random 함수는 임의행렬(random matrix, 막 행렬, 무작위 행렬)의 모양이 튜플 형식으로 전달될 것으로 기대하므로 random((3,1)) 꼴로 함수를 호출하면 함수는 3×1 행렬을 생성한다. 기본적으로 생성된 난수 값은 0과 1 사이이며 평균은 0.5이고 표준편차는 0.5이다.

우리는 난수 값의 평균이 0이고 표준편차가 1이 되기를 바라므로 먼저 생성된 값에 2를 곱한 후에 1을 뺀다. 다음 코드를 실행하면 이렇게 할 수 있다.

```
W = 2 * np.random.random((3,1)) - 1
b = 0
```

이 코드가 실행되고 나면 모든 변수가 설정된다. 이제 선형 단계를 수행할 수 있는데, 이는 다음과 같이 달성된다.

```
z = X.dot(W) + b
```

이제 다음과 같이 실행되는 비선형 단계를 수행할 수 있다.

```
A = sigmoid(z)
```

이제 A를 출력하면 다음과 같은 결과가 나온다.

```
print(A)
```

출력 내용:

```
[[ 0.60841366]
 [ 0.45860596]
 [ 0.3262757 ]
 [ 0.36375058]]
```

그렇지만 기다려 보라! 이 출력치는 우리가 원하는 출력인 y와 전혀 다르게 보인다! 분명히 회귀기가 일부(some) 함수를 나타내지만 우리가 원하는 함수와는 거리가 멀다.

우리가 바라는 함수를 더 잘 근사하게 하려면 가중치인 W와 편향치인 b를 조정해야 한다. 이를 위해 다음 단원에서 모델 파라미터를 최적화해 보겠다.

모델 파라미터 최적화

앞에서 이미 우리가 바라는 함수에 더 가깝게 근사하기 위해 모델의 가중치들과 편향치들(이 모든 것을 아울러서 파라미터라고 부름)을 조정해야 한다는 점을 살펴봤다.

즉, 가능한 한 함수 f를 가장 가깝게 근사하는 함수를 찾으려면 우리의 모델이 표현할 수 있는 함수들의 있음직한 공간을 꿰뚫어 봐야 한다.

우리가 원하는 것과 일치하는 $\hat{f}$ 그러나 우리가 얼마나 원래 함수에 가까이 다가섰는지를 어떻게 알 수 있는가? 사실, 우리는 f를 알지 못하기 때문에 가설 $\hat{f}$이 얼마나 f에 가까운 것인지를 바로 알 수는 없다. 그렇지만 $\hat{f}$의 출력이 f의 출력과 얼마나 잘 일치하는지는 측정할 수 있다. X가 주어졌을 때 f의 기대 출력은 y(레이블들을 나타냄)다. 그러므로 X가 주어졌을 때의 출력이 y인 함수 $\hat{f}$을 찾음으로써 f를 근사할 수 있는 것이다.

우리는 다음과 같은 사실을 알고 있다.

$$f(X) = y$$

또한 다음을 알고 있다.

$$\hat{f}(X) = \hat{y}$$

다음 공식을 사용하여 최적화하면 f를 찾을 수 있다.

$$\underset{f \in \mathcal{H}}{minimize}\, D(y, \hat{y})$$

이 공식에서 $\mathcal{H}$는 가설 공간(hypothesis space)이라고도 부르는, 우리 모델로 표현할 수 있는 함수들의 공간이며, D는 $\hat{y}$과 y가 얼마나 가까운지를 평가하는 데 사용되는 거리 함수(distance function)다.

 이 접근법에서는 데이터 X와 레이블 y가 원하는 함수 f를 나타내는 것으로 가정하고 있다. 그렇지만 항상 그런 것은 아니다. 데이터에 편향치들이 체계적으로 포함되어 있으면 우리 데이터에 적합하면서도(적응하면서도) 우리가 바랐던 함수와는 다른 함수를 얻을 수 있다.

모델의 파라미터들을 최적화하는 예를 인적자원관리에서 찾아볼 수 있다. 누가 대출을 받아야 할지를 결정하기 위해 채무자의 채무불이행 가능도를 예측하는 모델을 구축하려고 한다고 해 보자.

여러분은 수년에 걸쳐 사람인 은행 관리자가 내린 대출 결정을 훈련용 데이터로 쓸 수 있다. 그러나 이러한 관리자가 편향될 수 있으므로[5] 문제가 발생할 여지가 있다. 예를 들어, 흑인 같은 소수 인종은 역사적으로 볼 때 쉽게 대출을 받지 못했다.

우리가 그런 식으로 형성된 훈련 데이터를 사용한다면 우리의 함수도 그러한 편향치를 반영하게 될 것이다. 누가 좋은 채무자인지를 예측하는 데 도움이 되는 함수를 지니게 되기는커녕, 인간의 편향을 반영하거나 증폭하는 함수만 지니는 꼴이 되고 말 것이다.

흔히 사람들은 신경망이 직관적인 함수(우리가 찾는 함수)를 찾을 것이라고 믿는 실수를 한다. 신경망이 실제로는 우리가 바라는 함수인지 여부에 관계없이 데이터에 가장 적합하게 된 함수를 찾고는 한다.

모델 손실 측정

거리 함수 D를 최소화함으로써 파라미터를 최적화하는 방법을 앞에서 살펴봤다. 손실함수(loss function)라고도 부르는 이 거리 함수는 있음직한 함수들을 평가하는 데 쓸 수 있는 성능 측도(performance measure)다. 머신러닝에서는 손실함수로 모델의 성능이 얼마나 나쁜지를 잰다. 손실함수의 값이 크면 정확도가 낮다고 보면 되고, 손실함수의 값이 작으면 모델이 제대로 작동한다고 보면 된다.

---

5 (옮긴이) 즉, 편견을 지닐 수 있으므로

이번 경우에 우리는 이항 분류 문제를 논의 거리로 삼아 보겠다. 설명을 위해 이항 교차 엔트로피 손실(binary cross-entropy loss)을 사용할 텐데, 이 손실을 다음 공식으로 표현한다.

$$D_{BCE}(y,\hat{y}) = -\frac{1}{N}\sum_{i=1}^{N}\left[y_i log(\hat{y}_i) + (1-y_i)log(1-\hat{y}_i)\right]$$

한 걸음씩 나아가며 이 공식을 짚어 보자.

- D_{BCE}: 이것은 이항 교차 엔트로피 손실에 대한 거리 함수다.
- $\frac{1}{N}\sum_{i=1}^{N}$: N개의 사례를 모아 만든 배치(batch, 집단)에 대한 손실은 모든 예의 평균 손실이다.
- $y_i * log(\hat{y}_i)$: 이 손실 부분은 y_i가 1인 경우(즉, 참인 경우)에만 작동한다. y_i가 1이라면 우리는 $\hat{y}_i$가 가능한 한 1에 가깝기를 바라는데, 그래야 손실이 작아지기 때문이다.
- $(1-y_i)log(1-\hat{y}_i)$: 이 손실 부분에서는 y가 0일 때 제 역할을 한다. 그러므로 우리는 마찬가지로 $\hat{y}_i$가 0에 가깝기를 바란다.

파이썬에서는 이 손실함수를 다음과 같이 구현한다.

```
def bce_loss(y,y_hat):
    N = y.shape[0]
    loss = -1/N * (y*np.log(y_hat) + (1 - y)*np.log(1-y_hat))
    return loss
```

우리의 로지스틱 회귀기에서는 출력 A가 $\hat{y}$과 같으므로 이항 교차 엔트로피 손실을 다음처럼 계산할 수 있다.

```
loss = bce_loss(y,A)
print(loss)
```

출력 내용:

0.82232258208779863

여기서 볼 수 있듯이 손실이 상당히 크므로 이번에는 모델을 개선할 방법을 찾아봐야 한다. 여기서는 이 손실을 0으로 만들거나 적어도 0에 가까워지게 하는 것을 목표로 삼는다.

서로 다른 함수 가설들을 일종의 표면이라고 여겨도 되는데, 그래서 때로는 "손실 표면(loss surface, 손실 곡면)"이라고 부르기도 한다. 손실 표면은 산의 정상부와 골짜기의 낮은 지점이 많기 때문에 산맥의 모양과 아주 비슷하다.

우리의 목표는 산맥에서 가장 낮은 계곡, 다시 말해서 계곡 중에서도 가장 깊은 부분인 "전역최소(global minimum, 최솟값, 최소)"를 찾는 것이다. 전역최소는 함수 가설 공간에서 손실이 가장 낮은 점을 말한다.

대조적으로 "국소최소(local minimum, 국부최소, 극소)"는 바로 인접해 있는 주변 공간보다 상대적으로 손실 표면이 낮은 지점을 말한다. 표면(face) 값에서 사용하기에는 국소최소가 좋은 함수처럼 보일 수 있지만, 이보다 훨씬 더 좋은 함수들이 있다는 점에서 문제가 된다. 함수 공간에서 최소를 찾는 방법인 경사 하강법을 진행하면서 이 점을 명심하자.

경사 하강법

이제 우리의 후보 모델인 $\hat{f}$을 우리가 어떻게 판단하는지를 알았으므로 더 나은 모델을 얻으려면 파라미터를 어떻게 조율해야 할까? 신경망에 가장 널리 사용되는 최적화 알고리즘을 경사 하강법(gradient descent, 언덕 내려가기 방법)이라고 한다. 이 방법을 쓰는 경우, 우리는 손실함수의 도함수(derivative)인 기울기(slope)를 따라 천천히 이동한다.

등산을 하던 중에 숲속에 들어가게 되었는데, 어딘가에서 길을 잃어버려 숲속에서 다시 계곡의 맨 아래쪽을 찾으려고 한다고 해 보자. 여기서 문제는 나무가 너무 많기 때문에 계곡의 가장 아래쪽을 볼 수는 없고, 발아래의 땅만 볼 수 있다는 것이다.

이제 "어떻게 해야 길을 찾을 수 있을까?"라는 질문을 떠올려 보자. 현명한 접근 방법 중 하나는 기울어진 곳 중에서 기울기가 아래로 향하는 곳을 따라가는 것이다. 이것이 경사 하강법 알고리즘의 접근 방식과 똑같다.

논점으로 되돌아가면, 이와 같은 숲속 상황에서 손실함수는 산에 해당하고,[6] 알고리즘은 손실이 적어지게 손실함수의 도함수인 기울기를 따른다. 산을 따라 내려가면서 이에 맞춰 위치 좌표를 갱신한다.

다음 도표에서 볼 수 있듯이 알고리즘도 이런 식으로 신경망의 파라미터를 갱신한다.

---

6 (옮긴이) 정확히 말하면 산의 높이에 해당하고.

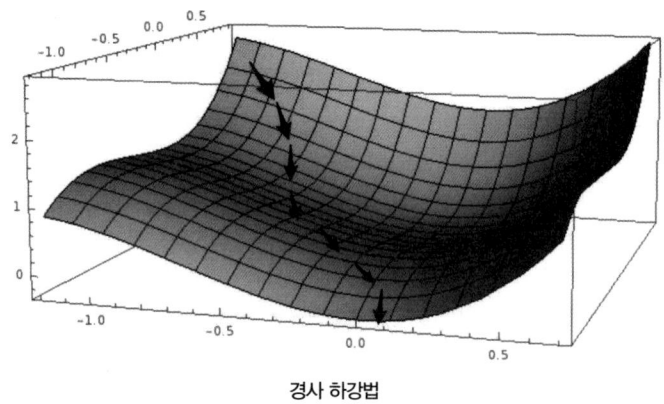

경사 하강법

경사 하강법에서는 최적화하려는 파라미터와 관련해 손실함수를 미분해야 한다. 이 방법은 대부분의 지도학습 문제에 잘 적용되지만, 두드러진 도함수가 없는 문제를 해결하기는 쉽지 않다.

또한 경사 하강법으로는 우리 모델의 가중치들과 편향치들에 해당하는 파라미터들만 최적화할 수 있다. 모델의 위상(topology)과 관련해 경사도를 계산할 수 있는 방법이 없기 때문에 모델에 얼마나 많은 계층이 있어야 하는지나 어떤 활성함수를 사용해야 하는지를 최적화할 수는 없다.

경사 하강법으로 최적화할 수 없는 이러한 설정값들을 통틀어 하이퍼파라미터(hyperparameters)라고 하며, 일반적으로 사람이 직접 하이퍼파라미터 값들을 구성해야 한다. 방금 손실함수를 점차 줄여나가는 방법을 알아봤는데, 어떻게 해야 파라미터를 갱신할 수 있을까? 이를 위해 역전파라는 다른 방법이 필요하다.

역전파

역전파(backpropagation)라는 방법을 사용하면 모델의 파라미터를 경사 하강법에 맞춰 갱신할 수 있다. 파라미터를 갱신하려면 가중치 및 편향치와 관련해 손실함수의 도함수를 계산해야 한다.

우리 모델에 들어 있는 파라미터들이 숲에 비유한 이야기에 나오는 지리적 좌표와 같은 것이라고 여긴다면, 파라미터에 대한 손실 도함수를 계산하는 일은 마치 북쪽으로 향하는 산비탈을 살펴보고 나서 북쪽으로 갈지 아니면 남쪽으로 갈지를 결정하는 일과 같다.

다음 그림은 로지스틱 회귀기를 통한 순방향 전달(forward pass, 정방향 전달) 및 역방향 전달(backward pass)을 보여준다.

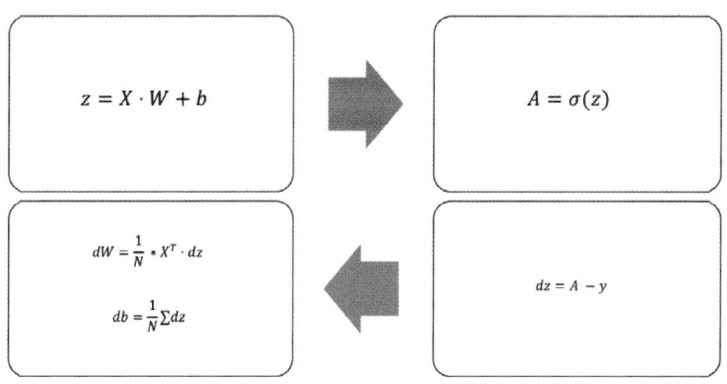

로지스틱 회귀기를 통한 순방향 전달 및 역방향 전달

간단히 다룰 수 있게 손실함수의 도함수를 어떤 변수에 대한 d 변수라고 하자. 예를 들어, 가중치에 대한 손실함수의 도함수를 dW로 쓰는 식이다.

모델의 다른 파라미터와 관련된 경사도를 계산하기 위해 연쇄법칙(chain rule)을 사용할 수 있다. 여러분은 연쇄법칙이 다음과 같다는 점을 떠올릴 수 있을 것이다.

$$\bigl(f\bigl(g(x)\bigr)\bigr)' = g(x)' * f'\bigl(g(x)\bigr)$$

이 법칙을 때때로 다음과 같이 나타낸다.

$$\frac{dy}{dx} = \frac{dy}{du}\frac{du}{dx}$$

기본적으로 중첩함수(nested function) 여러 개를 통해 도함수를 취하려면 안쪽에 있는 함수의 도함수에 바깥쪽에 있는 함수의 도함수를 곱해야 한다는 점을 연쇄법칙을 통해 알 수 있다.

신경망과 로지스틱 회귀기가 중첩함수이기 때문에 연쇄법칙이 유용하다. 입력한 내용이 입력치(inputs)와 가중치(weights)와 편향치(biases)를 다루는 함수 한 개를 거치게 되는데, 이 함수를 선형 단계라고 부른다면 선형 단계 z에서 나온 출력치(outputs)는 활성함수를 거치게 된다.

따라서 가중치 및 편향치와 관련해 손실 미분을 계산할 때는 먼저 선형 단계 z의 출력에 대한 손실 미분을 계산하고, 이를 사용해 dW를 계산한다. 코드로 구현한다면 다음과 같다.

```
dz = (A - y)

dW = 1/N * np.dot(X.T,dz)

db = 1/N * np.sum(dz,axis=0,keepdims=True)
```

파라미터 갱신

이제 경사도들을 지니게 되었는데, 어떻게 해야 이 경사도들을 사용해 모델을 개선할 수 있을까? 산에 다시 비유해 본다면, 이제 산이 북쪽과 동쪽으로 높아지고 있다는 점을 알았다면 어디로 가야 할까? 물론 남쪽이나 서쪽으로 가야 한다!

수학적으로 말하면 경사도(gradient)와[7] 반대되는 방향으로 가야 한다는 말이다. 어떤 한 가지 파라미터와 관련된 경사도가 양수이면, 다시 말해서 언덕이 위쪽으로 기울어져 있다면 해당 파라미터를 줄여야 할 것이다. 경사도가 음수라면, 다시 말해서 아래로 향하는 언덕이라면 파라미터를 늘려야 할 것이다. 기울기가 가파를수록 더 움직여서 경사도를 재면 된다.

파라미터 p를 갱신하는 규칙은 다음과 같다.

$$p = p - \alpha * dp$$

여기서 p는 모델 파라미터(즉, 어떤 한 가지 가중치이거나 한 가지 편향치)이고, dp는 p에 대한 손실 도함수이며, α는 학습속도(learning rate, 학습률)다.

학습속도는 자동차 내의 가속 페달과 비슷하다. 학습속도로 한 번에 얼마만큼 경사도를 갱신할지를 결정하기 때문이다. 학습속도는 수작업으로 설정해야 하는 하이퍼파라미터 중 하나이므로 다음 장에서 따로 다루겠다.

파라미터 갱신 작업을 코드로 구현한다면 이렇다.

```
alpha = 1
W -= alpha * dW
b -= alpha * db
```

---

[7] (옮긴이) 수학적으로 보면 경사도와 기울기(slope)의 개념이 다르지만, 이 책에서 저자는 두 용어를 같은 것으로 본다.

종합

지금까지 잘 따라와 주었다! 우리는 이제 신경망을 훈련하는 데 필요한 부분을 모두 살펴봤다. 다음 몇 단계에 걸쳐서 로지스틱 회귀기라고 하는 1개 계층으로 구성된 신경망을 훈련해 볼 것이다.

먼저 데이터를 정의하기 전에 넘파이 라이브러리를 가져온다. 다음 코드를 실행하면 넘파이를 가져와 쓸 수 있다.

```python
import numpy as np
np.random.seed(1)

X = np.array([[0,1,0],
              [1,0,0],
              [1,1,1],
              [0,1,1]])

y = np.array([[0,1,1,0]]).T
```

다음 단계로 시그모이드 활성함수와 손실함수를 정의해야 하는데, 다음 코드로 이렇게 할 수 있다.

```python
def sigmoid(x):
    return 1/(1+np.exp(-x))

def bce_loss(y,y_hat):
    N = y.shape[0]
    loss = -1/N * np.sum((y*np.log(y_hat) + (1 - y)*np.log(1-y_hat)))
    return loss
```

그러고 나서 다음 코드를 사용해 모델을 임의의 값으로 초기화한다.

```python
W = 2*np.random.random((3,1)) - 1
b = 0
```

이 처리 과정에서 하이퍼파라미터 중에 일부분도 구성해야 한다. 첫 번째로 구성할 하이퍼파라미터는 알파인데, 여기서는 그냥 1로 설정한다. 알파를 스텝(step, 걸음)의 크기로 이해하면 딱 알맞다. 알파가 크면 모델이 빠르게 훈련되지만, 표적(target, 목표)을 지나쳐 버릴 수도 있다. 알파 값이 작으면 큰 경우에 비해서 경사 하강법 실행 시 각 스텝을 더 세밀하게 밟아 나가므로 더 작은 계곡도 찾아낼 수 있다.

두 번째로 훈련 과정을 몇 번이나 반복해서 실행할지를 정하면 되는데, 이 반복 실행 횟수를 에포크 수라고도 부른다. 다음 코드를 사용해 파라미터를 구성할 수 있다.

```
alpha = 1
epochs = 20
```

표본 개수(number of samples) 또한 훈련 루프에 사용되므로 우리 데이터에 있는 표본의 수를 정의해 두는 게 바람직하다. 또한 시간이 흐르면서 변화하는 모델 손실을 추적할 수 있게 빈 배열 하나를 정의해 두자. 이를 위해 간단히 다음 코드를 실행하면 된다.

```
N = y.shape[0]
losses = []
```

이제 훈련 루프의 핵심을 다룰 차례에 다가섰다.

```
for i in range(epochs):
    # 전방 전달
    z = X.dot(W) + b
    A = sigmoid(z)

    # 손실 계산
    loss = bce_loss(y,A)
    print('Epoch:',i,'Loss:',loss)
    losses.append(loss)

    # 미분계수 계산
    dz = (A - y)
    dW = 1/N * np.dot(X.T,dz)
    db = 1/N * np.sum(dz,axis=0,keepdims=True)

    # 파라미터 갱신
    W -= alpha * dW
    b -= alpha * db
```

이 코드를 실행하면 다음과 같은 결과가 나타난다.

출력 내용:

```
Epoch: 0 Loss: 0.822322582088
Epoch: 1 Loss: 0.722897448125
Epoch: 2 Loss: 0.646837651208
Epoch: 3 Loss: 0.584116122241
Epoch: 4 Loss: 0.530908161024
Epoch: 5 Loss: 0.48523717872
Epoch: 6 Loss: 0.445747750118
Epoch: 7 Loss: 0.411391164148
Epoch: 8 Loss: 0.381326093762
Epoch: 9 Loss: 0.354869998127
Epoch: 10 Loss: 0.331466036109
Epoch: 11 Loss: 0.310657702141
Epoch: 12 Loss: 0.292068863232
Epoch: 13 Loss: 0.275387990352
Epoch: 14 Loss: 0.260355695915
Epoch: 15 Loss: 0.246754868981
Epoch: 16 Loss: 0.234402844624
Epoch: 17 Loss: 0.22314516463
Epoch: 18 Loss: 0.21285058467
Epoch: 19 Loss: 0.203407060401
```

출력 내용을 순서대로 살펴보면 손실 값이 0.822322582088에서 시작해 0.203407060401에 이르기까지 꾸준히 줄어든다는 점을 알 수 있다.

손실을 그래프로 그려서 나타내면 이 점을 더 잘 파악할 수 있다. 이를 위해 다음 코드를 실행하면 된다.

```
import matplotlib.pyplot as plt
plt.plot(losses)
plt.xlabel('epoch')
plt.ylabel('loss')
plt.show()
```

그러면 다음 차트가 출력된다.

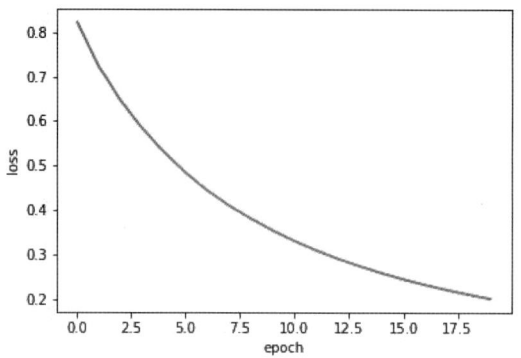

앞서 나온 코드의 출력으로, 시간에 따른 손실률 개선을 보여준다.

더 깊은 망

이번 장의 앞부분에서 더 복잡한 함수를 근사하려면 더 크고 더 깊은 망이 필요하다는 점을 역설했다. 더 깊은 망을 만들려면 계층들을 차곡차곡 쌓아 올리면 된다.

이번 단원에서는 다음 도표와 같은 2개 계층 신경망을 구축한다.

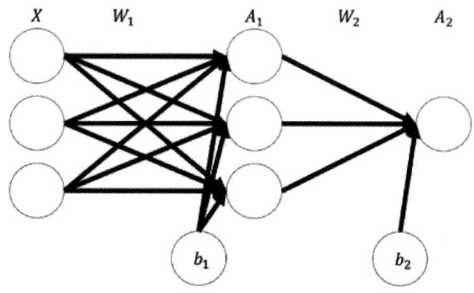

2개 계층으로 된 신경망의 밑그림

입력치에 첫 번째 가중치 집합 W_1을 곱해 중간 생성물인 z_1을 생성한다. 그러고 나서 이 값이 활성함수를 거치며 첫 번째 계층의 활성치들인 A_1을 산출해 낸다.

그러고 나서 이러한 활성치들에 두 번째 계층의 가중치들인〈메모: 원문에는 가중치들의 두 번째 계층이라고 되어 있는데 이해하기 쉽게 문장의 순서를 바꿈〉 W_2를 곱해 중간 생성물인 z_2를 산출해 낸다. 이 z_2는 두 번째 활성함수를 거치며 우리 신경망의 출력 A_2를 산출해 낸다.

```
z1 = X.dot(W1) + b1

a1 = np.tanh(z1)

z2 = a1.dot(W2) + b2

a2 = sigmoid(z2)
```

 이번 예제에 나오는 코드를 이 책과 함께 제공되는 깃허브 저장소에서 모두 찾을 수 있다.

보면 알겠지만, 첫 번째 활성함수는 시그모이드(sigmoid, S자) 함수가 아니고 실제로는 쌍곡탄젠트 (tanh) 함수다. tanh는 은닉 계층(hidden layers, 은닉층)이나 은닉된 작업에 널리 사용되는 활성함수 이며, 0과 1 사이의 범위가 아닌 −1과 1 사이의 범위에 있는 값들을 압착한다는 점을 빼고는 시그모이 드 함수와 비슷한 역할을 한다.

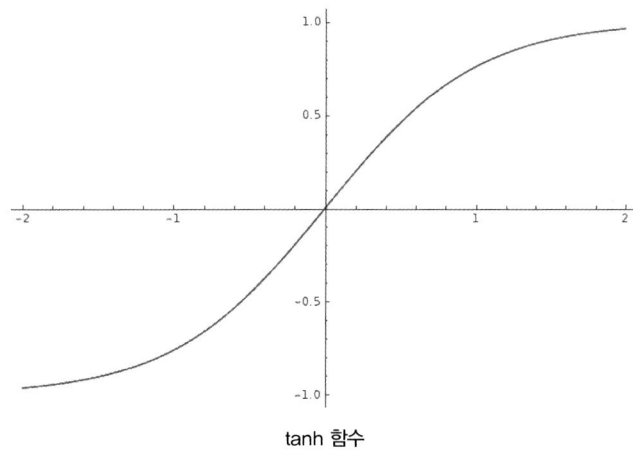

tanh 함수

더 깊은 망을 통한 역전파도 연쇄법칙에 따라 작동한다. 우리는 망을 차례로 거쳐 가며 도함수 (derivatives, 미분계수)를 곱해 간다.

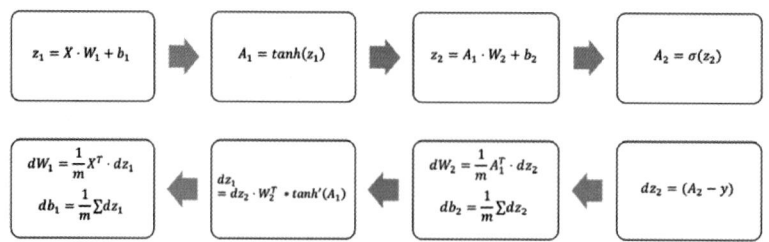

2개 계층 신경망을 통한 순방향 전달 및 역방향 전달

위의 방정식을 다음과 같이 파이썬 코드로 표현할 수 있다.

```
# 출력치에 관한 손실 도함수를 계산한다.
dz2 = bce_derivative(y=y,y_hat=a2)

# 두 번째 계층의 가중치들에 관한 손실 도함수를 계산한다.
dW2 =(a1.T).dot(dz2)

# 두 번째 계층의 편향치들에 관한 손실 도함수를 계산한다.
db2 = np.sum(dz2, axis=0, keepdims=True)

# 첫 번째 계층에 관한 손실 도함수를 계산한다.
dz1 = dz2.dot(W2.T) * tanh_derivative(a1)

# 첫 번째 계층의 가중치들에 관한 손실 도함수를 계산한다.
dW1 = np.dot(X.T, dz1)

# 첫 번째 계층의 편향치들에 관한 손실 도함수를 계산한다.
db1 = np.sum(dz1, axis=0)
```

입력치의 크기와 출력치의 크기는 문제에 맞게 정해야 하지만, 은닉 계층의 크기만큼은 여러분이 자유롭게 선택할 수 있다. 은닉 계층의 크기도 하이퍼파라미터이므로 조정할 수 있다. 은닉 계층의 크기가 클수록 함수를 더 복잡하게 만들 수 있다. 그러나 모델이 과적합(overfit, 과적응)할 수도 있다는 부작용도 있다. 즉, 잡음(noise, 소음, 노이즈)에까지 적합하게 되면서도 정작 실제 데이터 관계에는 적합되지 않는 복잡한 함수가 개발될 수 있는 것이다.

다음 그림을 보자. 여기서 보는 것은 명확하게 분리될 수 있는 2개 달에 대한 데이터가 있는 데이터셋이지만, 지금은 많은 잡음이 있어서 사람도 명확히 구분하기 어렵다. 2개 계층 신경망에 대한 전체 코드와 1장에서 쓰는 깃허브 저장소에서 이러한 표본을 생성하는 데 필요한 전체 코드를 찾을 수 있다.

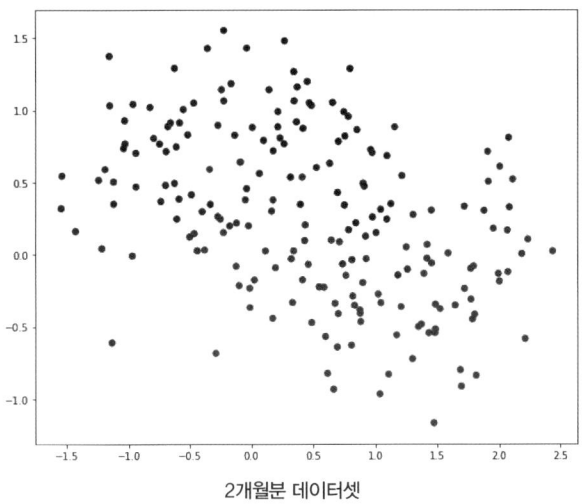

2개월분 데이터셋

다음 도표는 결정 경계, 즉 모델이 2개 계급(classes)을[8] 분리하는 선을 은닉 계층의 크기가 1인 것을 사용해 시각화하는 것을 보여준다.

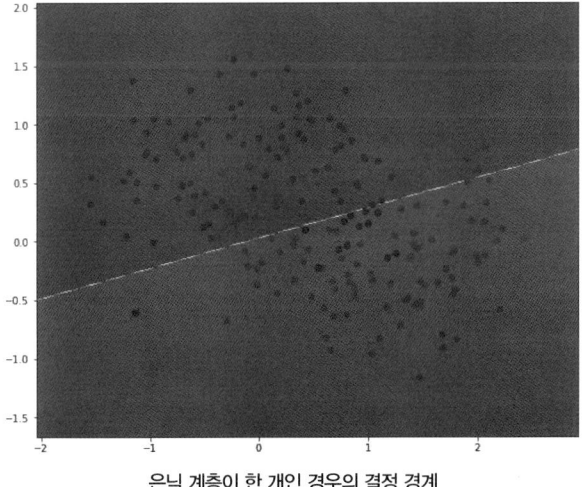

은닉 계층이 한 개인 경우의 결정 경계

---

8 (옮긴이) 데이터 과학 분야에서 보통 '클래스'라고 음차해서 부르기도 하는 용어로, 원래는 '부류'라는 말이 가장 정확한 번역어겠지만 이 말을 쓰는 사람이 별로 없으므로 통계학 용어인 '계급'이라는 용어를 차용했다. 그냥 클래스라고 부르게 되면 객체지향 프로그래밍 용어인 '클래스(class)'와 혼동할 수 있기 때문이다.

보다시피 망은 데이터의 실제 관계를 포착하지 않는다. 신경망이 너무 단순하기 때문이다. 다음 도표에는 은닉 계층 크기가 500인 망이 그린 결정 경계(decision boundary)가 표시된다.

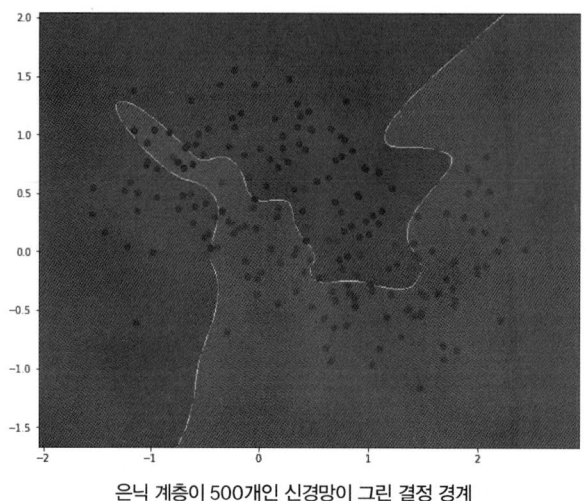

은닉 계층이 500개인 신경망이 그린 결정 경계

이 모델은 잡음에도 잘 적합되지만 각 달에는 적합되지 않는다. 이번 경우, 올바른 은닉 계층의 크기는 약 3이다.

효과적인 학습 모델을 설계하려면 은닉 계층의 적절한 크기와 개수를 찾아야 한다. 넘파이를 사용해 모델을 작성하면 조금은 어색할 뿐 아니라 잘못되기 쉽다. 운 좋게도 훨씬 쉽고 빠르게 신경망을 구축할 수 있게 해 주는 도구인 케라스가 있다.

케라스에 대한 간략한 소개

케라스(Keras)는 데이터 흐름에 맞춰 프로그램을 작성할 수 있게 한 라이브러리인 텐서플로를 밑단으로 삼아 실행되는 고급 신경망 API다. 다시 말해서, 케라스를 사용하면 신경망에 필요한 작업을 고도로 최적화된 방식으로 실행할 수 있다는 뜻이다. 따라서 텐서플로를 사용할 때보다 훨씬 빠르게 익혀 쉽게 사용할 수 있다. 케라스가 텐서플로의 인터페이스 역할을 하기 때문에 케라스를 사용하면 훨씬 복잡한 신경망을 더 쉽게 구축할 수 있다.

이 책의 나머지 부분에서는 케라스 라이브러리를 사용해 신경망을 구축할 것이다.

케라스 가져오기

케라스를 가져올 때는 사용할 모듈만을 가져오는 편이 더 일반적이다. 이번 경우에는 두 가지 유형의 계층이 필요하다.

- Dense(조밀) 계층은 우리가 이번 장에서 알게 된 계층으로, 특별한 꾸밈이 없는 계층이다.
- Activation(활성) 계층을 통해 활성함수를 추가할 수 있는데, 다음 코드를 실행해 이 두 가지 계층을 간단히 프로그램 안으로 가져올 수 있다.

```
from keras.layers import Dense, Activation
```

케라스를 사용할 때는 두 가지 방식으로 모델을 구축할 수 있는데, 한 가지는 순차적 API(sequential API)를 사용하는 방식이고, 다른 한 가지는 함수형 API(functional API)를 사용하는 방식이다. 순차적 API를 사용하기가 더 쉽고 이것을 사용하면 모델을 더 빠르게 작성할 수 있으므로 책에 나오는 내용 중 대부분에서 이것을 사용할 것이다. 그러나 다음에 나오는 여러 장에서는 함수형 API도 살펴볼 생각이다. 다음 코드를 통해 순차적 API에 액세스할 수 있다.

```
from keras.models import Sequential
```

케라스 내의 2개 계층 모델

순차적 API를 사용할 때는 다음과 같은 방식으로 신경망을 구축한다.

계층들을 겹쳐 쌓기

먼저 계층이 없이 비어 있는 순차적 모델부터 만든다.

```
model = Sequential()
```

그러고 나서 model.add()를 사용해서 접시를 겹쳐 쌓듯이 계층들을 모델에 추가할 수 있다.

첫 번째 계층이라면 계층에 입력되는 크기를[9] 지정해야 한다. 우리 예제의 데이터에는 두 가지 특징이 있는데, 이 특징들은 점의 좌표들을 말한다. 다음 코드를 사용해 크기가 3인 은닉 계층을 추가할 수 있다.

```
model.add(Dense(3,input_dim=2))
```

model.add() 안에서 함수들을 중첩하게 하는 방법에 주목하자. 우리는 Dense 계층을 지정하고 있는데, 위치 인수(positional argument)로는 계층의 크기를 나타낸다. 이 Dense 계층은 이제 선형 단계만 수행한다.

tanh 활성함수를 추가하려면 다음과 같이 호출한다.

```
model.add(Activation('tanh'))
```

그리고 나서 다음과 같이 호출해 동일한 방식으로 출력 계층의 선형 단계와 활성함수를 추가한다.

```
model.add(Dense(1))
model.add(Activation('sigmoid'))
```

그런 다음, 모델에 있는 모든 계층에 대한 개요를 얻으려면 다음 명령을 사용할 수 있다.

```
model.summary()
```

그러면 모델에 대한 개요가 다음과 같이 나타난다.

출력 내용:

Layer (type)	Output Shape	Param #
dense_3 (Dense)	(None, 3)	9
activation_3 (Activation)	(None, 3)	0
dense_4 (Dense)	(None, 1)	4

---

[9] (옮긴이) 여기서 크기란 입력치의 개수, 다시 말하면 입력 차원을 말한다.

```
activation_4 (Activation)        (None, 1)              0
=================================================================
Total params: 13
Trainable params: 13
Non-trainable params: 0
```

계층별 출력 모양(output shape)과[10] 계층별 파라미터 개수가 잘 나열된 것을 볼 수 있을 것이다. 출력 모양을 지정하는 자리에 나오는 None은 계층에서 입력 크기를 따로 지정하지 않은 채로 공급되는 모든 항목을 수용할 수 있음을 의미한다. 우리의 경우에 None은 해당 계층에서는 표본 개수가 몇 개든지 간에 받아들인다는 의미다.

거의 모든 망에서는 첫 번째 차원의 입력 크기를 이처럼 가변적으로 지정하는데, 이는 표본 개수와 상관없이 입력되는 표본을 다 받아들이기 위해서다.

모델 컴파일

모델을 훈련하기 전에 모델을 어떤 식으로 훈련할지를 정확히 지정해야 하며, 그보다 더 중요한 일은 최적화기(optimizer)와 손실함수로 무엇을 쓸지를 지정하는 일이다.

지금까지 사용한 간단한 최적화기를 확률적 경사 하강법(stochastic gradient descent, SGD)이라고 한다. 그 밖의 최적화기까지 알아보려면 **2장 '정형 데이터에 머신러닝을 적용하기'**를 참조하자.

이 이항 분류(binary classification) 문제에 사용하는 손실함수를 이항 교차 엔트로피라고 한다. 훈련 중에 추적할 계량(metrics, 계량기준, 측정기준, 측정항목, 메트릭)을 지정할 수도 있다. 우리의 경우에는 acc로 표시한 정확도(accuracy)를 따져보는 게 좋을 것 같다.

```
model.compile(optimizer='sgd',
              loss='binary_crossentropy',
              metrics=['acc'])
```

---

[10] (옮긴이) 여기서 말하는 '출력 모양'이라는 말은 눈에 띄는 도형의 모양 같은 것을 의미하는 말이 아니라, '행렬의 모양'이라고 말할 때처럼 출력치 차원의 개수와 각 차원의 크기를 아우르는 개념이다.

모델 훈련

이제 훈련 과정을 실행할 준비가 되었다.

```
history = model.fit(X,y,epochs=900)
```

이 문장에 의해 900번에 걸쳐 반복하며 모델을 훈련하게 될 텐데, 이렇게 한 차례 반복하는 과정을 에포크(epoch)라고 한다.[11] 출력 내용은 다음과 비슷하게 나올 것이다.

```
Epoch 1/900
200/200 [==============================] - 0s 543us/step -
loss: 0.6840 - acc: 0.5900
Epoch 2/900
200/200 [==============================] - 0s 60us/step -
loss: 0.6757 - acc: 0.5950
...
Epoch 899/900
200/200 [==============================] - 0s 90us/step -
loss: 0.2900 - acc: 0.8800 Epoch 900/900
200/200 [==============================] - 0s 87us/step -
loss: 0.2901 - acc: 0.8800
```

훈련 과정에 나오는 출력 내용 중에 일부를 중간에 잘라냄으로써 책의 지면을 절약했지만, 어쨌든 간에 정확도가 커질수록 손실이 지속적으로 줄어드는 면을 볼 수 있다. 다시 말하면, 신경망 훈련에 성공한 것이다!

이 책에 나오는 학습 과정 대부분에 걸쳐서 이러한 방법들에 매력적인 기능을 더 추가할 것이다. 어쨌든 현 상황에서 우리는 딥러닝 이론을 상당히 정확하게 이해한 셈이 되었다. 다만 빠진 퍼즐 조각이 딱 한 개 남아 있다. '케라스가 실제로는 어떻게 동작하는가, 텐서플로란 무엇인가, 왜 GPU에서 더 빠르게 딥러닝이 되는가'라는 질문들로 이뤄진 조각이 그것이다.

이번 장의 마지막 단원에서 이러한 질문에 답변할 생각이다.

---

11 (옮긴이) 여기서 에포크는 우리말로 하면 '한 바퀴'라는 뜻이다. 훈련 과정은 한 차례(run, 1연, 한 번 달리기), 한 바퀴(epoch, 한 바퀴 달리기), 한 걸음(step, 한 걸음 달리기)이라는 위계 구조로 이루어져 있다.

케라스와 텐서플로

케라스는 고급 라이브러리이며 텐서플로를 더욱 단순하게 사용할 수 있게 하는 인터페이스로 여겨 사용할 수 있다.

이는 케라스가 자체적으로 계산을 수행하지 않음을 의미하며, 케라스는 단지 그 배경에서 실행되는 텐서플로와 상호작용하는 간단한 방식에 불과하다.

텐서플로는 구글이 개발한 소프트웨어 라이브러리이며 딥러닝 분야에서 큰 인기를 끌고 있다. 이 책에서는 보통 케라스를 거쳐서 텐서플로로 작업하려고 하는데, 이러는 편이 텐서플로로 직접 작업하는 경우보다 더 쉽기 때문이다. 그러나 때로는 일부를 텐서플로 코드로 작성해서 고급 모델을 구축하는 경우도 있다.

딥러닝에 필요한 계산을 가능한 한 빨리 실행하는 것이 텐서플로의 목표다. 그 이름에서 알 수 있듯이 텐서플로는 데이터 흐름 그래프에서 텐서를 사용해 계산 작업을 수행하기 때문에 계산을 빨리할 수 있는 것이다. 1.7 버전부터 케라스는 이제 텐서플로의 핵심 부분이 되었다.

다음 코드를 실행해 케라스 계층을 가져올 수 있다.

```
from tensorflow.keras.layers import Dense, Activation
```

이 책에서는 케라스를 독립형 라이브러리로 취급한다. 그러나 import 문을 더 짧게 작성하면 코드가 더 깔끔해지므로 언젠가 케라스의 백엔드 라이브러리로 텐서플로 대신에 다른 것을 사용하기를 바랄 수도 있을 것이다.

텐서와 계산 그래프

텐서(tensors)란 특정 규칙에 따라 변환되는 숫자 배열을 일컫는 용어다. 가장 간단한 종류의 텐서는 단일 숫자로 된 것이다. 이것을 스칼라(scalar)라고 부르기도 한다. 스칼라는 때때로 0차 텐서(rank-zero tensor)라고도 한다.

이보다 차수가 높은 텐서를 벡터라고 부르기도 하고 1차 텐서(rank-one tensor)라고도 한다. 그 다음으로 차수가 높은 텐서는 2차 텐서라고 부르기도 하는 행렬(matricies)이고, 그 다음은 3차 텐서라고 부르기도 하는 3차원 행렬(cube matrices, 입방 행렬) 등과 같은 식으로 쭉 이어진다. 다음 표에서 차수(rank, 계수)를 확인할 수 있다.

계수	이름	표현
0	스칼라	크기
1	벡터	크기와 방향
2	행렬	숫자들로 구성된 표
3	3차 행렬	숫자들의 입방체
n	n차 행렬	여러분은 이제 개념을 알게 되었을 것이다.

이 책은 주로 3차 텐서 이상인 경우에만 텐서라는 단어를 사용한다.

텐서플로 및 그 밖의 모든 딥러닝 라이브러리는 계산 그래프(computational graph)를 따라가며 계산을 수행한다. 계산 그래프에서 행렬곱이나 활성함수와 같은 연산은 망의 마디점(nodes, 정점, 노드)으로 표시한다. 텐서는 서로 다른 연산들 사이에 놓인 그래프의 변(edge, 간선, 에지)을 따라 전달된다.

간단한 신경망을 통한 순방향 전달을 그래프로 표현하면 다음과 같다.

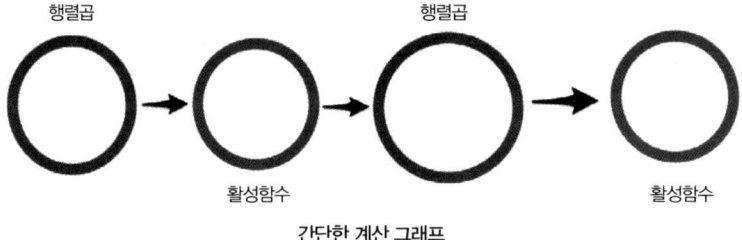

간단한 계산 그래프

계산 작업을 그래프로 구성하면 마디점들을 더 쉽게 병렬로 처리할 수 있다는 장점이 있다. 병렬 계산을 하면 처리속도가 아주 빠른 기계가 필요하지 않을 뿐만 아니라, 속도가 상대적으로 느린 컴퓨터일지라도 더 많은 컴퓨터에 작업을 나눠서 계산을 수행하기 때문에 오히려 더 빠르게 계산할 수 있다.

그래서 GPU가 딥러닝에 아주 유용한 것이다. GPU에는 몇 개의 빠른 코어만 있는 CPU와 달리 작은 코어가 아주 많이 들어 있다. 최신 CPU에는 코어가 네 개만 있을 수 있지만, 최신 GPU에는 수백 개에서 수천 개에 이르는 코어가 있을 수 있다.

아주 간단한 모델일지라도 이것을 전부 그래프로 나타내려고 한다면 그래프가 상당히 복잡해 보이겠지만, 이렇게 하면 여러분은 조밀 계층을 이루는 각 구성요소들을 살펴볼 수 있게 된다. 살펴볼 수 있다. 조밀 계층에는 편향치와 ReLU 활성함수를 추가하는 행렬 곱셈(matrix multiplication, matmul)이 있다.

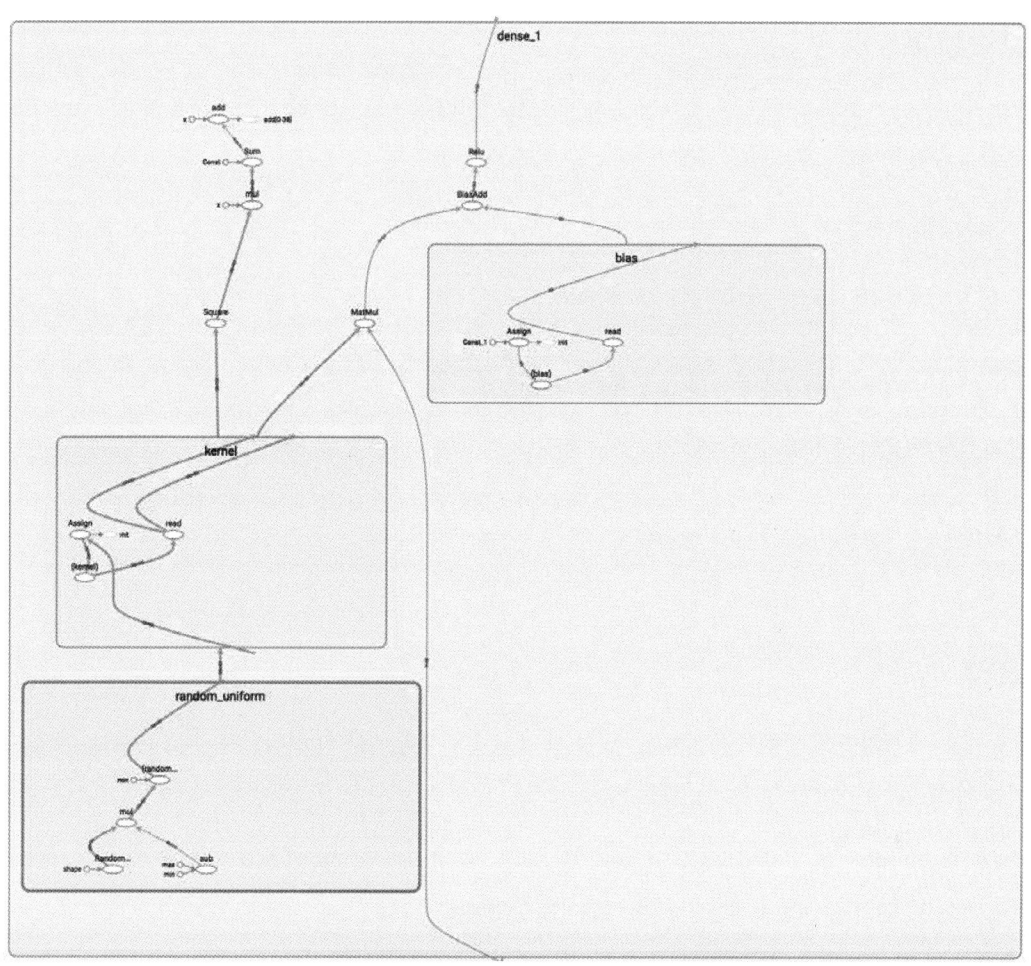

텐서플로 내 단일 계층의 계산 그래프. 텐서보드의 화면.

이와 같은 계산 그래프를 사용하면 텐서플로 및 기타 라이브러리가 이 그래프를 따라 도함수를 신속하고 자동으로 계산할 수 있다는 장점도 있다. 이번 장에서 살펴본 바와 같이, 신경망을 훈련할 때는 도함수들을 계산해 내야 한다.

연습문제

흥미진진한 여정 중의 하나인 첫 번째 장을 마쳤으므로, 여러분이 도전할 만한 과제를 뽑았다! 이번 장에서 다룬 주제를 바탕으로 연습문제를 모두 풀 수 있을 것이다!

그러니 다음 연습 문제들을 풀어 보자!

1. 파이썬에서 2개 계층 신경망을 3개 계층으로 확장하자.
2. 깃허브 저장소에 1 Excel Exercise라고 이름 지은 엑셀 파일이 있다. 품종 데이터에 따라 세 가지 유형의 포도주를 분류하는 것이 학습 목표다. 로지스틱 회귀기 한 개를 엑셀로 구축해 보자.
3. 엑셀에서 2개 계층 신경망을 구축해 보자.
4. 2개 계층 신경망의 은닉 계층 크기와 학습속도를 이리저리 조절해 보자. 최저 손실을 만들어 내는 선택지는 무엇인가? 최저 손실로도 진정한 관계를 파악할 수 있는가?

요약

이렇게 해서 신경망의 작동 방식을 배웠다. 이 책의 나머지 부분에서 더 복잡한 함수를 근사할 수 있게 하는 더 복잡한 신경망을 구축하는 방법을 살펴보자.

결과적으로 이미지 인식 같은 특정 작업에서 잘 작동하게 하려면 신경망의 기본 구조를 약간 조정해야 한다. 그러나 이번 장에서 소개한 기본 아이디어는 동일하게 유지된다.

- 신경망은 근사기(approximators, 근사 장치, 어림 장치) 역할을 한다.
- 우리는 근사된 함수인 $\hat{f}$이 얼마나 잘 수행되는지를 손실함수를 사용해 측정한다.
- 모델의 파라미터는 파라미터와 관련된 손실함수의 도함수에 반대되는 방향으로 갱신함으로써 최적화된다.
- 모델은 역전파라는 과정을 밟으며 연쇄법칙을 사용해서 도함수들을 역으로 계산해 낸다.

이번 장의 핵심 내용은 함수 f를 찾는 동안에 데이터셋에서 f처럼 수행하게 함수를 최적화해 찾을 수 있다는 점이다. 미묘하면서도 중요한 차이는 $\hat{f}$이 f처럼 작동하는지를 전혀 알 수 없다는 점이다. 자주 인용되는 사례 중에 사진 속에서 전차를 찾아내는 일에 딥러닝을 사용하려는 군사 프로젝트가 있다. 이 모델은 데이터셋에 대해 잘 훈련되었지만, 미국 국방성이 새로운 전차 탐지 장치를 시험해 보고 싶어 했을 때 비참하게 실패했다.

전차 사례에서 펜타곤은 모델을 개발하는 데 사용된 데이터셋에서 전차가 나오는 모든 사진이 흐린 날에 촬영되었고, 전차가 없는 사진은 화창한 날에 촬영되었다는 점을 알아냈다. 모델은 전차를 발견하는 방법을 학습하기보다는 회색 하늘을 발견하는 법을 배웠던 것이다.

이것은 우리가 생각하는 방식과 아주 다른 방식으로 모델이 작동하거나 계획을 세우는 방식의 한 가지 예일 뿐이다. 데이터에 결함이 있으면 모델을 폐기할 생각까지 해야 할 수 있으며, 때로는 모델이 잘못되었는지조차 눈치채지 못할 수도 있다. 그러나 모든 실패 사례 못지않게 딥러닝에는 많은 성공 사례도 있다. 딥러닝은 금융의 모습을 바꾸는 효과적인 기술 중 하나다.

다음 장에서 우리는 금융 분야에서 흔하게 쓰이는 데이터 형식인 정형화된 테이블 형식 데이터를 가지고 힘써 일해 볼 생각이다. 더 구체적으로 말하자면, 많은 금융 기관이 어쩔 수 없이 다뤄야 하는 문제이자 현대적인 머신러닝 기술을 늘 곁에 도구처럼 두고 써야 할 문제인 부정사용(fraud, 사기, 기만)[12] 문제를 다룰 것이다. 우리는 케라스와 사이킷런(scikit-learn) 및 엑스지부스트(XGBoost)를 사용해 데이터를 준비하고 예측하는 일을 살펴볼 생각이다.

---

12 (옮긴이) fraud에 대한 금융 관련 법률 용어는 '부정사용'이다. 이 책에서는 이에 맞춰 부정사용으로 번역했다.

02

정형 데이터에
머신러닝을 적용하기

정형 데이터(structured data)란 레코드나 파일 안의 고정 필드에 들어가 있는 데이터를 일컫는 용어로서, 이러한 정형 데이터의 두 가지 예를 들자면 관계형 데이터베이스에 들어 있는 데이터와 스프레드시트에 들어 있는 데이터를 들 수 있다.

일반적으로 정형 데이터에서 각 열(columns)은 값의 종류(type of data)를[1] 나타내고 각 행(raws)은 새 입력 항목을 나타내는 꼴로 된 테이블로 표시할 수 있다. 이처럼 테이블(table, 표) 형태로 정형화된 형태는[2] 이러한 정형 데이터가 기존 통계분석에 적합하다는 것을 의미하며, 대부분의 데이터 과학 및 분석 작업이 정형 데이터에 대해 수행되는 이유이기도 하다.

일상생활에서 정형 데이터는 사업 분야에 가장 일반적으로 사용되는 데이터 형태이며 금융에서 해결해야 하는 대부분의 머신러닝 문제에서는 정형 데이터를 서로 다른 방식으로 처리한다. 현대적인 기업의 일상적인 운영 시의 기본은 거래 · 주문서 · 옵션가 및 공급업체 등에 관한 정보가 수록된 정형 데이터를 기반으로 구축되며, 이러한 정형 데이터의 일반적인 저장 형태를 스프레드시트나 데이터베이스에서 볼 수 있다.

이번 장에서는 신용카드 부정사용과 관련된 정형 데이터 문제를 소개할 생각이며, 특징 설계를 사용해 데이터셋에서 부정사용을 성공적으로 식별할 것이다. 또한 일반적인 재정 문제를 해결할 수 있도록 **단대단(end-to-end, E2E)** 접근 방식의 기본 사항을 소개한다.

---

1 (옮긴이) 여기서 값의 종류(type of values)는 값의 데이터 형식을 말하는 게 아니고, 그냥 다양한 종류를 의미한다.
2 (옮긴이) 여기도 형태(type)는 데이터 형식(type of data)이나 데이터 종류(type of data)가 아닌 데이터 형태(type of data)를 의미한다. 영어로는 모두 같은 말이지만, 우리말로는 세 가지 개념을 각기 구분할 수 있어서, 이에 맞춰 번역했다.

부정사용은 모든 금융 기관이 처리해야 하는 불행한 현실이다. 시스템을 보호하려는 회사와 그러한 보안을 철저히 해치우려는 부정사용자(fraudsters)[3] 사이에 끊임없는 경쟁이 벌어진다. 오랫동안 부정사용 탐지는 간단한 휴리스틱 기법에 의존했다. 예를 들어, 고객이 일반적으로 머물러 있지 않던 국가에서 대규모 거래가 이뤄진다면 해당 거래에 표시해 두고 지켜볼 필요가 있다.

그러나 부정사용자가 이와 같은 규칙을 이해하고 계속해서 우회하기 마련이므로 신용카드 회사들은 이에 대응하기 위해 점점 더 정교한 머신러닝 시스템을 배포하고 있다.

이번 장에서는 실제로 은행이 부정사용 문제를 해결하는 데 쓰는 방법을 살펴보자. 이는 데이터 과학자 팀이 경험을 바탕으로 기준을 세워 업무에 착수한 후에, 해당 함수에 대한 이해도를 높이면서, 부정사용을 감지할 수 있는 점점 더 정교한 머신러닝 모델을 구축하는 방법을 실제로 탐구해 보자는 것이다. 우리가 사용할 데이터는 합성 데이터이지만, 부정사용을 해결하는 데 사용할 개발 과정 및 개발 도구는 세계적인 소비자 대상 은행에서 매일 사용하는 도구 및 과정과 비슷하다.

그렇다면 어디서부터 출발해야 할까? 익명의 부정사용 탐지 전문가는 이렇게 말했다. "나는 나를 고용한 사람에게서 어떤 식으로 훔칠지를 계속 생각함으로써 부정사용자를 잡는 데 필요한 몇 가지 특징을 뽑아낸다. 부정사용자를 잡기 위해 마치 내가 부정사용자인 것처럼 생각한다." 그러나 가장 독창적인 특징 공학자(feature engineers, 특징 설계자)조차도 미묘하고 때로는 직관적이지 않은 부정사용 징후를 모두 파악해 낼 수는 없으므로 업계가 완전히 단대단 훈련 시스템으로 서서히 갈아타는 중이다. 머신러닝 외에도 부정사용에 플래그를 지정하기 위해 일반적으로 사용되는 몇 가지 접근법을 살펴볼 이번 장에서는 이러한 시스템들을 (머신러닝 외의 것들을 포함해서) 집중해서 살펴볼 생각이다.

이번 장은 **6장 '생성 모델 사용'**의 중요한 기준으로 작용하며, 오토인코더를 사용해 전체 단대단 모델에 대한 신용카드 부정사용 문제를 다시 검토할 것이다.

데이터

우리가 작업하는 데 쓸 데이터셋은 지불 시뮬레이터가 생성한 거래들을 합성해 만든 것이다. 이번 사례 연구의 목표와 이번 장의 초점은 많은 금융 기관이 다루는 고전적인 머신러닝 문제인 데이터셋 내에서 부정사용을 찾는 것이다.

---

[3] (옮긴이) 즉, 사기꾼이나 범죄자.

코드의 디지털 사본을 다음 두 주소를 통해 온라인으로 액세스할 수 있다.

이번 장에 나오는 코드가 포함된 대화형 노트북을 https://www.kaggle.com/jannesklaas/structured-data-code에서 찾을 수 있다.

이 책의 깃허브 저장소에서도 코드를 찾을 수 있다(https://github.com/PacktPublishing/Machine-Learning-for-Finance).

우리가 사용하는 데이터셋은 E. A. Lopez-Rojas, A. Elmir 및 S. Axelsson의 'PaySim:A financial mobile money simulator for fraud detection'이라는 논문에서 나온 것이다. 캐글 주소 https://www.kaggle.com/ntnu-testimon/paysim1에서 해당 데이터셋을 찾을 수 있다.

다음 설명으로 넘어가기 전에, 이번 장에서 사용할 데이터셋을 잠시 살펴보자. 기억하겠지만, 앞에서 언급한 주소에서 이 데이터를 내려받을 수 있다.

step	type	amount	nameOrig	oldBalanceOrig	newBalanceOrig	nameDest	oldBalanceDest	newBalanceDest	isFraud	isFlaggedFraud
1	PAYMENT	9839.64	C1231006815	170136.0	160296.36	M1979787155	0.0	0.0	0	0
1	PAYMENT	1864.28	C1666544295	21249.0	19384.72	M2044282225	0.0	0.0	0	0
1	TRANSFER	181.0	C1305486145	181.0	0.0	C553264065	0.0	0.0	1	0
1	CASH_OUT	181.0	C840083671	181.0	0.0	C38997010	21182.0	0.0	1	0
1	PAYMENT	11668.14	C2048537720	41554.0	29885.86	M1230701703	0.0	0.0	0	0
1	PAYMENT	7817.71	C90045638	53860.0	46042.29	M573487274	0.0	0.0	0	0
1	PAYMENT	7107.77	C154988899	183195.0	176087.23	M408069119	0.0	0.0	0	0
1	PAYMENT	7861.64	C1912850431	176087.23	168225.59	M633326333	0.0	0.0	0	0
1	PAYMENT	4024.36	C1265012928	2671.0	0.0	M1176932104	0.0	0.0	0	0
1	DEBIT	5337.77	C712410124	41720.0	36382.23	C195600860	41898.0	40348.79	0	0

첫 번째 행에서 볼 수 있듯이 데이터셋에는 11개 열이 있다. 다음 단계로 넘어가기 전에 각 열이 무엇을 나타내는지를 설명하겠다.

- **step**: 이 단계는 시간에 대응하는 것으로, 각 단계는 한 시간에 해당한다.

- **type**: 거래 형식을 말하며 CASH_IN(현금 입금), CASH_OUT(현금 출금), DEBIT(인출), PAYMENT(지불) 또는 TRANSFER(이체)일 수 있다.

- **amount**: 거래 금액이다.

- **nameOrig**: 거래를 시작한 원래 계좌. C는 고객 계좌와 관련이 있으며 M은 판매자 계좌다.

- **oldbalanceOrig**: 원래 계좌의 이전 잔액을 나타낸다.

- newbalanceOrig: 거래 금액이 추가된 후 원래 계좌의 새 잔액을 나타낸다.
- nameDest: 대상 계좌를 말한다.
- oldbalanceDest: 대상 계좌의 이전 잔액을 나타낸다. 이 정보는 이름이 M으로 시작하는 판매자 계좌에는 사용할 수 없다.
- newbalanceDest: 대상 계좌의 새로운 잔액. 판매자 계좌에는 이 정보를 사용할 수 없다.
- isFraud: 거래가 부정사용인지 아닌지를 나타낸다.
- isFlaggedFraud: 이전 시스템이 거래를 부정사용 거래라고 표시했는지 여부를 나타낸다.

앞의 표에서 10행에 걸친 데이터를 볼 수 있다. 데이터셋에는 약 630만 건의 거래가 있다는 점에 유념해야 한다. 그러므로 우리가 본 것은 전체 분량 중 극히 일부에 불과하다. 우리가 보고 있는 부정사용은 TRANSFER 또는 CASH_OUT으로 표시된 거래에서만 발생하므로 다른 모든 거래는 중단될 수 있으며 약 280만 건의 사례를 남길 수 있다.

휴리스틱, 특징 기반, 단대단 모델들

부정사용을 탐지할 모델을 개발하기 전에 잠시 시간을 내어 우리가 구축할 수 있는 다양한 종류의 모델을 숙고해 보자.

- 휴리스틱 기반 모델은 순전히 사람이 "경험칙"에 근거해서 만든 것이다. 일반적으로 휴리스틱 모델을 만들려면 문제에 대한 전문가 수준의 지식이 있어야 한다.
- 특징 기반 모델을 만드는 경우라면, 사람이 데이터를 수정해 새롭고 의미 있는 특징들을 생성해야 하며, 그러고 나서야 (단순한) 머신러닝 알고리즘에 해당 데이터가 제공된다. 이 접근 방법은 전문 지식을 활용하는 기법과 데이터 학습 기법을 혼합한 것이다.
- 단대단 모델은 순전히 데이터로부터 학습하게 하는 방식이다. 인간의 전문 지식이 사용되지 않으며 모델은 관측치(observations)로부터 직접 모든 것을 학습해 낸다.

우리 예제에서는 모든 거래에 TRANSFER(이체) 거래 유형과 $200,000 이상의 금액을 부정사용으로 표시하기 위해 휴리스틱 기반 모델을 만들어 볼 것이다. 휴리스틱 기반 모델은 빠르게 개발할 수 있고 쉽게 구현할 수 있다는 장점이 있다. 하지만 선행 비용이 수반되며, 때때로 좋지 않은 성능이 나오기도 하고, 부정사용자가 쉽게 시스템을 우회할 수도 있다. 우리가 앞에서 언급한 휴리스틱 기반 모델을 사용했는데 정작 부정사용 한도 내에서 199,999달러를 전송함으로써 부정사용자가 탐지를 회피할 것이라고 가정해 보자.

주식 거래 분야에서 중요한 휴리스틱 전략 중 하나는 모멘텀 전략(momentum strategy)이다. 모멘텀 전략은 오르는 주식은 더 오르는 경향이 있으므로 사람들이 그러한 주식을 구매할 것이라는 점에 승부를 거는 전략이다. 이 전략이 너무나 단순해서 좋을 것 같지만, 사실 초단타 거래와 정량적 아웃렛이야말로 오늘날에 사용하는 전략 중에 합리적으로 성공한 전략이다.

특징들을 만들기 위해 전문가는 부정사용 거래와 진정사용 거래를 구별할 수 있는 특징들을 만든다. 이는 종종 통계 데이터 분석을 사용해 수행되며, 초기에 제안한 휴리스틱 기반 모델과 비교할 때 더 오래 걸리지만, 더 나은 결과를 얻을 수 있다는 이점이 있다.

특징 설계 기반 모델은 데이터 모델과 인간 형성 규칙 모델 사이의 중간쯤에 해당하는 모델로, 인간이 지식과 창의력을 동원해 좋은 특징들을 뽑아내면 머신러닝 시스템이 데이터와 이러한 특징을 활용해 모델을 형성해 내는 방식이다.

단대단 모델은 전문 지식을 사용하지 않고 순전히 수집된 데이터만 사용해서 학습하는 방식이다. 이전에 논의한 바와 같이, 이는 종종 훨씬 더 나은 결과를 낳지만 완성품에 이르기까지 상당한 시간이 소요된다. 이 방법에는 생각해야 할 몇 가지 추가 요소가 있다. 예를 들어, 사람이 수백만 개의 레코드에 레이블을 지정해야 하기 때문에 학습하는 데 필요한 데이터를 대량으로 수집하려면 많은 비용이 든다.

현재, 산업계에서 일하는 많은 사람은 빈약한 모델이라도 배포하는 편이 아예 배포하지 않는 편보다는 더 낫다고 여기는 편이다. 결국 부정사용에 대비하기 위해 조금이라도 보안을 강화하는 편이 아예 아무것도 하지 않는 편보다는 나은 것이다.

모든 부정사용 거래(fraudulent transactions) 중 절반을 놓치게 되더라도 휴리스틱(heuristic, 경험적 접근, 발견적 접근)을 사용하는 편이 부정사용을 아예 탐지해 내지 않는 편보다는 낫다. 그래프는 이전에 소개한 세 가지 모델의 성능과 구현 시간 대비 성능을 보여준다.

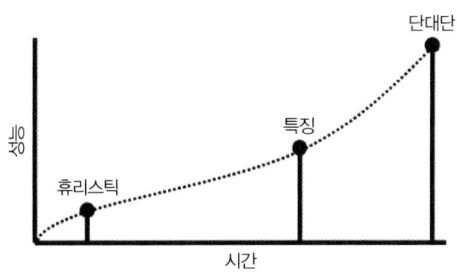

개발 중 사용된 방법들과 시스템 성능

가장 좋은 방법은 세 가지를 모두 사용하는 것이다. 우리가 달성하고자 하는 작업에 기본적으로 필요한 사항을 충족하는 휴리스틱 모델을 배포하고자 한다면 그렇게 해도 될 것이다. 이 방법을 사용함으로써 휴리스틱 방식은 다른 접근 방식이 넘어야 할 기준이 된다. 여러분이 만든 휴리스틱 모델을 일단 배포한 후라면 특징 기반 모델을 구축하는 데 모든 노력을 기울여야 하며, 이 특징 기반 모델이 처음에 배포한 휴리스틱 모델보다 더 좋아진 이후부터는 특징 기반 모델을 조금씩 수정해 가면서 배포할 수 있을 것이다.

앞에서 논의했듯이 특징 기반 모델은 종종 정형 데이터(structured data)를 가지고 하는 작업에 대해 꽤 좋은 성능을 보인다. 그렇기 때문에 이로 인해 기업들은 단대단 모델을 구축하는 데 필요한 긴 시간과 많은 작업량을 감수할 수 있게 하며, 이 단대단 모델이 특징 기반 모델을 일단 넘어선다면 외부로 실어 보낼 수 있을 것이다. 우리가 구축할 모델 유형들을 이해했으니, 이번에는 모델을 구축하는 데 필요한 소프트웨어를 살펴보자.

머신러닝 소프트웨어 스택

이번 장에서는 머신러닝에 흔히 쓰이는 다양한 라이브러리를 사용해 볼 것이다. 잠깐 시간을 내어 다음에 나오는 소프트웨어 스택을 살펴보자.

- **케라스(Keras)**: 텐서플로에 대한 단순화된 인터페이스 역할을 할 수 있는 신경망 라이브러리.
- **넘파이(NumPy)**: 대규모의 다차원 배열과 광범위한 수학 함수 모음집을 추가로 지원한다.
- **판다스(Pandas)**: 데이터를 다루며 분석하기 위한 라이브러리. 마이크로소프트의 엑셀과 비슷하지만, 판다스는 테이블을 다루기 위한 데이터 구조들을 제공할 뿐 아니라, 데이터 구조들을 다루는 데 필요한 도구들도 제공한다.
- **사이킷런(Scikit-learn)**: 광범위한 알고리즘 및 유틸리티를 제공하는 머신러닝 라이브러리.

- **텐서플로(TensorFlow)**: 신경망 작업을 용이하게 하는 데이터 흐름을 바탕으로 프로그램을 작성하는 데 필요한 라이브러리다.
- **맷플롯립(matplotlib)**: 그림을 그리는 데 쓰는 라이브러리다.
- **주피터(Jupyter)**: 개발 환경이다. 이 책에 나오는 모든 예제 코드는 주피터 노트북 형태로 제공된다.

이 책에서는 케라스 라이브러리를 사용해 대부분의 코드를 작성하지만, 이번 장에서만큼은 앞에서 언급한 그 밖의 라이브러리도 많이 사용한다. 이번 장에서는 다양한 라이브러리의 모든 요령과 비결을 가르치는 일을 목표로 삼기보다는 예측 모델을 만드는 과정에 라이브러리들이 어떻게 통합되는지를 보여주는 일을 목표로 한다.

이번 장에 필요한 모든 라이브러리는 기본적으로 캐글 커널들에 설치된다. 이 코드를 로컬 컴퓨터에서 실행하는 경우에 1장 '신경망 및 경사도 기반 최적화'에 나온 환경 구성 지침을 참조해 필요한 모든 라이브러리를 설치하자.

휴리스틱 접근 방식

이번 장의 앞부분에서는 부정사용을 탐지하는 데 사용할 세 가지 모델을 소개했는데, 이번에는 각 모델을 자세히 살펴보자. 휴리스틱 접근 방식부터 시작하겠다.

간단한 휴리스틱 모델을 정의하고 부정사용 비율을 측정하는 데 얼마나 효과가 있는지를 측정해 보자.

휴리스틱 모델을 사용해 예측하기

우리는 이 휴리스틱 모델이 부정사용을 예측하는 데 얼마나 효과적인지를 알기 위해 전체 훈련 데이터셋에 대해 휴리스틱 접근 방식을 사용해 예측을 수행할 것이다.

다음 코드는 Fraud_Heuristic이라는 새 열을 만들고, 유형이 TRANSFER(이체)이고 금액이 $200,000를 초과하는 행에서 1의 값을 할당한다.

```
df['Fraud_Heuristic '] = np.where(((df['type'] == 'TRANSFER') & (df['amount'] > 200000)),1,0)
```

단 한 줄의 코드로도 간단한 계량(metric, 메트릭, 계량기준, 측정기준, 측정항목)을 쉽게 쓰고 빠르게 배치할 수 있음을 잘 이해할 수 있다.

F1 점수

한 가지 중요한 점은 모든 모델을 평가할 수 있는 공통 계량이 필요하다는 점이다. **1장 '신경망 및 경사도 기반 최적화'**에서는 정확도를 에뮬레이션 도구로 사용했다. 그러나 앞에서 보았듯이 진정사용 횟수보다 부정사용 횟수가 훨씬 적다. 따라서 모든 거래를 진정사용 거래로 분류하는 모델은 정확도가 아주 높을 것이다.

이러한 왜곡된 분포를 처리하게 설계된 계량 중 하나는 F1 점수(F1 score)이며, 다음 도표에서 볼 수 있듯이 F1 점수에서는 참 양성과 거짓 양성, 그리고 참 음성과 거짓 음성을 따진다.

	음성으로 예측함	양성으로 예측함
진짜로 음성임	참 음성(true negative, TN)	거짓 양성(false positive, FP)
진짜로 양성임	거짓 음성(false negative, FN)	참 양성(true positive, TP)

먼저 다음과 같은 공식을 사용해 양성일 것으로 예측했는데, 실제로도 양성인 비율을 지정하는 모델의 정밀도(precision)를 계산할 수 있다.

$$precision = \frac{TP}{TP+FP}$$

재현율(recall)은 이 공식에서 볼 수 있듯이 실제 양성 수에 대한 예측 양성의 비율을 측정한다.

$$recall = \frac{TP}{TP+FN}$$

그리고 나서, F1 점수는 다음 공식에서 볼 수 있는 두 측정값의 평균인 조화평균으로부터 계산된다.

$$F_1 = 2 * \frac{precision * recall}{precision + recall}$$

파이썬에서는 이 계량을 계산하기 위해 사이킷런(즉, sklearn)의 metrics 모듈을 사용할 수 있다.

```
from sklearn.metrics import f1_score
```

우리가 예측한 것을 감안할 때 이제 다음 명령으로 F1 점수를 간단히 계산할 수 있다.

```
f1_score(y_pred=df['Fraud_Heuristic '],y_true=df['isFraud'])
```

출력 내용:

0.013131315551742895

앞의 명령에 따라 0.013131315…로 시작하는 숫자가 출력된다는 점을 볼 수 있다. 이 숫자가 의미하는 것은 휴리스틱 모델의 F1 점수가 1이고 최악이 0이므로 휴리스틱 모델이 제대로 수행되지 않는다는 것이다. 우리의 경우에 이 숫자는 부정사용으로 표시된 모든 것에 대해 정확히 잡아낸 부정사용의 비율과 모든 부정사용에 대해 정확히 잡아낸 부정사용의 비율의 조화 평균을 나타낸다.

혼동행렬을 사용해 평가하기

혼동행렬(confusion matrix)을 사용하면 모델을 더 정성적이면서도 해석 가능하게 평가할 수 있다. 이름에서 알 수 있듯이 행렬은 분류기가 계급을 뒤섞는 방법을 보여준다.

먼저 plot_confusion_matrix 함수의 코드 부록을 살펴보자.

```
from sklearn.metrics import confusion_matrix
cm = confusion_matrix( y_pred=df['Fraud_Heuristic '],y_true=df['isFraud'])
plot_confusion_matrix(cm,['Genuine','Fraud'])
```

이 코드를 실행하면 다음과 같은 그림을 생성한다.

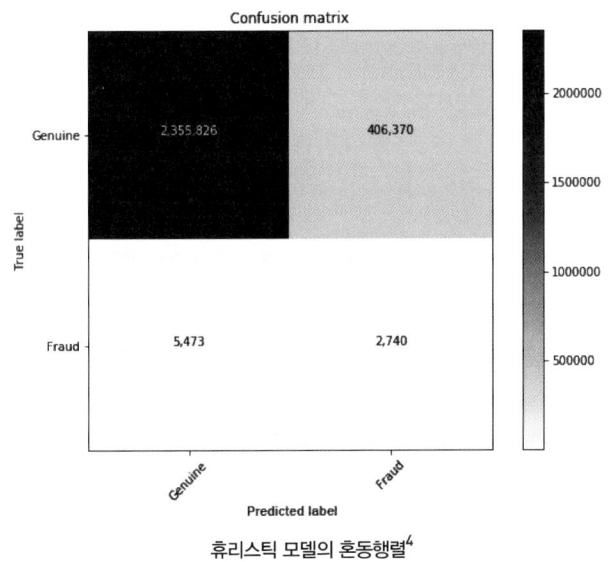

휴리스틱 모델의 혼동행렬[4]

그나저나 모델이 얼마나 정확했을까? 혼동행렬에서 볼 수 있듯이 2,770,409개의 데이터셋에서 2,355,826은 정확히 진정사용(genuine)으로 분류되었으며 406,370은 부정사용(fraud)으로 잘못 분류되었다. 실제로 2,740개의 사례만 부정사용으로 올바르게 분류되었다.

휴리스틱 모델이 거래를 부정사용으로 분류했을 때, 이는 99.3%에 해당한다. 총 부정사용의 34.2%만을 잡아냈다. 이 모든 정보가 우리가 공식화한 F1 점수에 포함된다. 그러나 앞에서 보았듯이 생성된 혼동행렬 그래프에서 이것을 쉽게 읽을 수 있다. 휴리스틱 모델과 F1 점수를 모두 사용한 이유는 어떤 모델이 더 나은지 알려주는 단일 숫자와 해당 모델이 어떻게 더 나은지에 대해서 그래프를 그려서 통찰하는 게 바람직하기 때문이다.

솔직히 말해서, 휴리스틱 모델은 성능이 좋지 않아서 부정사용의 34.2%만 감지해냈다. 따라서 다음 단원에서 다른 두 가지 방법을 사용해 더 잘할 수 있는지 살펴보자.

특징 공학적 접근

특징 공학(feature engineering, 특징 설계)의 목적은 인간의 질적인 통찰력을 활용해 머신러닝 모델을 더 좋게 만드는 데 있다. 인간 기술자는 일반적으로 직관(intuition) · 전문 지식(expert domain

---

[4] (옮긴이) True label → 참 레이블, Fraud → 부정사용, Genuine → 진정사용, Confusion Maxtrix → 혼동행렬

knowledge) · 통계분석(statistical analysis)이라는 세 가지 통찰력을 발휘한다. 종종 직관을 통해 문제에 대한 특징을 생각해낼 수 있다.

부정사용을 예로 들면, 부정사용자가 부정사용 계획에 대한 새 계좌를 만들고 식료품점에 지불하는 것과 동일한 은행 계좌를 사용하지 않는 것이 직관적인 것처럼 보인다.

특정 분야에 대한 전문가는 다른 직관의 예를 생각해내기 위해 문제에 대해서 광범위한 지식을 활용할 수 있다. 전문가는 부정사용자의 행동 방식을 자세히 알고 있으므로 그러한 행동을 나타내는 특징들을 기발하게 뽑아낼 수 있다. 이 모든 직관은 일반적으로 통계분석에 의해 확인되며, 이로 인해 새로운 특징들을 발견할 수도 있다.

통계분석은 때로는 예측 가능한 특징들로 전환될 수 있는 단점을 야기할 수 있다. 그러나 이 방법을 사용할 때 기술자는 **데이터 덫(data trap)**에 주의해야 한다. 데이터에서 발견된 예측 가능 특징들은 데이터셋이 충분히 오랫동안 가공된다면 어떤 데이터셋이든 예측 가능한 특징들을 뱉어낼 것이기 때문이다.

데이터 덫이란 기술자가 데이터에만 깊이 파고들며 특징들을 찾아내는 경우를 일컫는 말인데, 그런 기술자들은 자신들이 찾고 있는 특징들이 관련성이 있는지 따위는 따지지 않는다.

데이터 덫에 매달리는 데이터 과학자들은 특징들을 찾아내는 일에 열광하겠지만, 나중에 가서는 그 모든 특징을 지닌 모델이 오히려 제대로 작동하지 않는다는 점을 깨달을 뿐이다. 훈련 집합(training set, 훈련셋)에서 강력한 예측 가능 특징들을 찾아내는 일은 데이터 과학 팀에게는 일종의 마약과 같다. 정말로 그렇다. 특징들을 찾아내는 일에는 즉석 보상이나 기술 검증 같은 승리가 곧바로 주어지기 때문이다. 그러나 많은 마약과 마찬가지로 데이터 덫은 팀이 이러한 특징들을 찾아내는 작업에 쓴 몇 주나 몇 달이라는 시간이 실제로는 쓸모가 없다는 것을 깨닫고 후유증을 앓는 일로 이어질 수 있다.

잠깐 시간을 내어 여러분도 그러지 않는지에 대해서 자문자답해 보자. 분석만을 위한 분석을 하고, 가능한 한 모든 방법으로 데이터를 변환해 가며 상관 값들을 추적하고 있다면 데이터 덫에 갇힐 가능성이 아주 크다.

데이터 덫을 피하려면 이 통계적 예측 가능 특징들이 존재하는 이유나 데이터셋 외부에 존재해야 하는 이유에 대한 **정성적 근거(qualitative rationale)**를 확립해야 한다. 이 이론적 근거를 확립함으로써 자신과 팀 모두에게 쓸데없는 게 되고 마는 과도한 특징들을 피하는 일에 주의를 기울이게 될 것이다. 데이터 덫이란 잡음 속에서 과도하게 패턴을 적합시켜 찾아내는 인간 행동 양태라고 할 수 있는데, 이는 모델에도 문제가 된다.

사람은 잡음에 적응되는 일을 피하기 위해 정성적 추론 기술(qualitative reasoning skills)을 사용할 수 있는데, 이게 인간이 기계보다 뛰어난 점이다. 데이터 과학자라면 이 기술을 사용해 모델을 더 일반화할 수 있어야 한다.

이번 단원의 목표는 데이터셋에서 수행할 수 있는 모든 특징 공학적 기능을 소개하는 데 있는 것이 아니라, 세 가지 접근 방식을 강조하고 이러한 접근방식들을 어떤 식으로 특징으로 전환할 수 있는지를 강조하는 데 있다.

직관에서 비롯된 특징: 사기꾼은 잠들지 않는다

부정사용에 대해 많이 알지 못한 채로 그저 부정사용자를 어둠 속에서 행동하는 음산한 사람들이라는 식으로 직관적으로 묘사할 수 있다. 사람들이 밤에 잠을 자는 경향이 있으므로 이 진정사용 행위는 대체로 낮에 이뤄진다.

우리가 쓰는 데이터셋의 시간대(time steps)는 각기 한 시간을 나타낸다. 따라서 24로 나눈 후에 그 나머지를 취함으로써 하루 중 시간을 생성할 수 있다.

```
df['hour'] = df['step'] % 24
```

그러고 나서, 서로 다른 시간에 이뤄지는 부정사용 횟수와 진정사용 횟수를 계산할 수 있다. 이를 계산하려면 다음 코드를 실행해야 한다.

```
frauds = []
genuine = []
for i in range(24):
    f = len(df[(df['hour'] == i) & (df['isFraud'] == 1)])
    g = len(df[(df['hour'] == i) & (df['isFraud'] == 0)])
    frauds.append(f)
    genuine.append(g)
```

마지막으로, 하루 동안 진정사용과 부정사용이 차지하는 비율을 차트에 그려낼 수 있다. 이렇게 하려면 다음 코드를 실행해야 한다.

```
fig, ax = plt.subplots(figsize=(10,6))
ax.plot(genuine/np.sum(genuine), label='Genuine')
ax.plot(frauds/np.sum(frauds),dashes=[5, 2], label='Fraud')
plt.xticks(np.arange(24))
legend = ax.legend(loc='upper center', shadow=True)
```

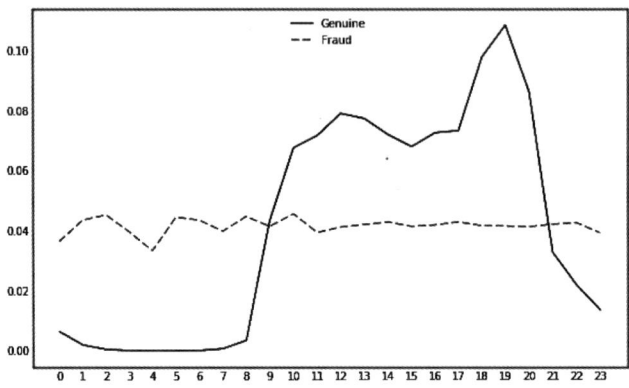

하루 중에서도 한 시간 동안 진행된 부정사용 대 진정사용 비율[5]

위의 차트에서 볼 수 있듯이 밤에는 진정사용이 훨씬 적으며 부정사용은 하루 종일 계속된다. 밤이야말로 부정사용을 잡아낼 수 있는 시간임을 확실히 하기 위해 부정사용 횟수를 모든 거래의 일부로 표시할 수도 있다. 이렇게 하려면 다음 명령을 실행해야 한다.

```
fig, ax = plt.subplots(figsize=(10,6))
ax.plot(np.divide(frauds,np.add(genuine,frauds)), label='Share of fraud')
plt.xticks(np.arange(24))
legend = ax.legend(loc='upper center', shadow=True)
```

---

[5] (옮긴이) Genuine → 진정사용, Fraud → 부정사용

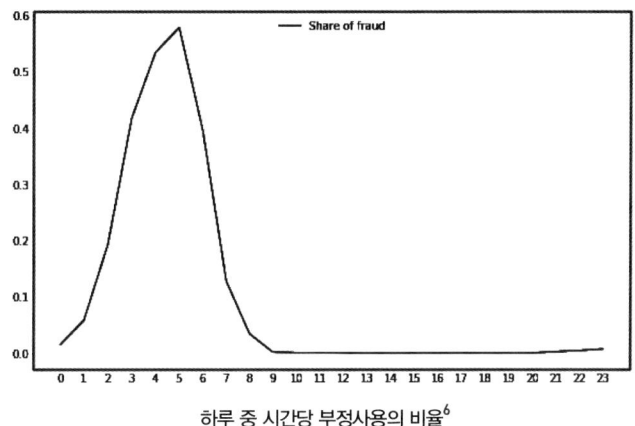

하루 중 시간당 부정사용의 비율[6]

코드를 실행하면 새벽 다섯 시경에 모든 거래의 60% 이상이 부정사용인 것으로 보이므로 이 시간대는 부정사용을 포착하기에 좋은 시간대로 보인다.

전문가의 통찰력: 이체 후 즉시 현금 인출

부정사용자가 할 만한 행동을 설명하는 내용이 데이터셋 설명서에 들어 있다. 먼저, 부정사용자들은 자신이 관리하는 은행 계좌로 돈을 이체한다. 그리고 나서 ATM에서 그 돈을 현금으로 인출한다.

다음 코드를 실행해 부정사용에 따른 현금 인출(fraudulent cash outs, 사기성 현금 인출)을 할 수 있게 한 부정사용에 따른 이체(fraudulent transfers, 사기성 이체) 대상 계정이 있는지를 확인할 수 있다.

```
dfFraudTransfer = df[(df.isFraud == 1) & (df.type == 'TRANSFER')]
dfFraudCashOut = df[(df.isFraud == 1) & (df.type == 'CASH_OUT')]
dfFraudTransfer.nameDest.isin(dfFraudCashOut.nameOrig).any()
```

출력 내용:

False

결과에 따르면, 부정사용에 따른 현금 인출의 원인이 되는 부정사용에 따른 이체가 없는 것 같다. 전문가가 기대하는 행동이 우리의 데이터에서는 보이지 않다. 이는 두 가지를 의미할 수 있다. 첫째, 부정사용

---

[6] (옮긴이) Share of fraud → 부정사용 비율

자가 현재 다른 방식으로 행동을 하는 경우이고, 두 번째로 우리의 데이터가 부정사용자의 행동을 파악하지 못한 것임을 의미할 수 있다. 어느 쪽이든, 우리는 예측 모델링에 이 통찰력을 사용할 수 없다.

통계적 문제: 잔액 오류

데이터를 자세히 살펴보면 거래 금액이 0이 아니지만, 대상 계좌의 이전 잔액 및 새 잔액이 0인 일부 거래가 있음을 알 수 있다. 이것은 무엇인가 이상하거나 기발한 거래에 해당하므로 이러한 유형의 확률이 예측력을 제공하는지 여부를 조사하려고 한다.

이러한 속성을 사용해 부정사용에 따른 거래의 점유율을 다음과 같은 코드로 계산할 수 있다.

```
dfOdd = df[(df.oldBalanceDest == 0) &
           (df.newBalanceDest == 0) &
           (df.amount)]
len(dfOdd[(df.isFraud == 1)]) / len(dfOdd)
```

출력 내용:

```
0.7046398891966759
```

보다시피 부정사용의 비율이 70%에 이르므로 이 문제는 거래 중에서 부정사용을 감지하는 데 유용한 특징인 것 같다. 그렇지만 이러한 이상한 면이 어떻게 우리의 데이터에 처음으로 기록되었는지를 자신에게 물어봐야 한다. 한 가지 가능성은 거래가 전혀 이뤄지지 않았을 수 있다는 점이다.

거래를 차단하는 다른 부정사용 방지 시스템이 있거나 이체 시의 원래 계좌에 자금이 충분하지 않은 등의 여러 가지 이유로 인해 이런 일이 발생할 수 있다.

다른 부정사용 방지 시스템이 있는지를 확인할 방법은 없지만, 원래 계좌에 잔고가 부족한지는 확인할 수 있다. 이렇게 하려면 다음 코드를 실행해야 한다.

```
len(dfOdd[(dfOdd.oldBalanceOrig <= dfOdd.amount)]) / len(dfOdd)
```

출력 내용:

```
0.8966412742382271
```

결과에서 볼 수 있듯이, 이상한 거래의 90%에 가깝게 원래 계좌에 자금이 부족하다. 이를 통해 부정사용자가 일반인보다 더 자주 모든 자금의 은행 계좌를 인출하려고 하는 근거를 구성할 수 있다.

데이터 덫을 피하려면 우리에게는 이러한 근거가 필요하다. 일단 이 근거가 확립되면 해당 근거를 지속적으로 면밀히 조사해야 한다. 이번 경우에는 비표준 거래(odd transaction)의[7] 10%를 설명하지 못했으며 이 수가 증가하면 실제 운영 시에 모델의 성능이 저하될 수 있다.

케라스 라이브러리에서 쓸 수 있게 데이터를 준비하기

1장 '신경망 및 경사도 기반 최적화'에서 신경망에서는 수치만을 입력 내용으로 사용할 수 있다는 점을 살펴봤다. 데이터셋에서 문제가 되는 점은 테이블의 모든 정보가 숫자로만 표시되는 게 아니라 일부 정보는 문자로도 표시된다는 점이다.

따라서 이번 단원에서는 케라스에서 의미 있게 작업할 수 있게 데이터를 준비해 볼 것이다.

이렇게 하기 전에 명목(nominal), 서수(ordinal) 및 수치(numerical)라는 세 가지 유형의 데이터부터 살펴보자.

- 명목 데이터(nominal data, 공칭 자료): 이는 순서를 매길 수 없는 이산적인 범주들로 이뤄진다. 우리의 경우에 이체 유형은 명목 변량(nominal variable)이다. 이산적인 자금 이체 유형이 네 가지이지만, 이것들 사이에는 순서 관계가 없다. 예를 들어, TRANSFER(이체)는 CASH_OUT(현금인출)과 크기를 비교할 수 있는 게 아니고 그저 서로 개별적인 범주일 뿐이다.

- 서수 데이터(ordinal data, 순서 자료): 이 또한 서로 별개인 범주이기는 하지만, 명목 데이터와 달리 서로 간에 순서를 정할 수 있다. 예를 들어, 커피 용량을 대형·중형·소형으로 지정한 경우에 이것들 사이에 크기를 비교할 수 있으므로 서로 확실히 구별할 수 있는 범주다. 대형 커피잔에는 소형 커피잔보다 더 많은 커피가 담긴다.

- 수치 데이터(numerical data, 수치 자료): 이것 간에는 순서를 정할 수 있을 뿐만 아니라 수학적으로 계산할 수도 있다. 이러한 데이터의 예로는 펀드 개수를 들 수 있는데, 이 개수를 비교하거나 빼거나 더할 수 있다.

명목 데이터와 서수 데이터는 이산적인 범주를 나타내므로 **범주형 데이터**(categorical data)다. 수치 데이터는 신경망에서 잘 작동하지만, 범주형 데이터를 신경망에서 바로 사용할 수 있게 하려면 특별한 처리 과정을 거쳐야 한다.

---

[7] (옮긴이) 비표준 거래라는 말은 비표준일 거래(odd date transaction)를 기준 삼아 만든 번역어이며, 비표준 거래의 반대말로는 표준 거래(even transaction)를 만들어 볼 수 있다.

원핫 인코딩

범주형 데이터를 인코딩(encoding, 부호화)하는 데 가장 일반적으로 사용되는 방법을 원핫 인코딩(onehot encoding, 1개 활성 부호화)이라고 한다. 원핫 인코딩을 할 때는 각 범주에 대해 소위 임시변수(dummy variable, 가변수, 허깨비 변수)라는 새 변수를 만든다. 그리고 나서, 거래가 특정 범주의 성원이면 임시변수를 1로 설정하고 그렇지 않으면 0으로 설정한다.

이를 데이터셋에 적용하는 방법의 예는 다음과 같다.

따라서 이것은 원핫 인코딩 이전의 범주형 데이터다.

거래	유형
1	TRANSFER(이체)
2	CASH_OUT(현금인출)
3	TRANSFER(이체)

다음은 원핫 인코딩을 한 후의 데이터 모양이다.

거래	Type_TRANSFER	Type_CASH_OUT
1	1	0
2	0	1
3	1	0

판다스(Pandas)라는 소프트웨어 라이브러리는 임시변수를 즉시 생성할 수 있는 함수를 제공한다. 그러나 그렇게 하기 전에 모든 실제 거래 유형 앞에 Type_을 추가하는 게 바람직하다. 임시변수는 범주의 이름을 따서 명명된다. 이름의 첫 부분에 Type_을 붙여두면 이러한 임시변수들의 유형을 알 수 있다.

다음 코드 줄은 세 가지 작업을 수행한다. 우선, df['type'].astype(str)이라는 코드는 Type 열의 모든 항목을 문자열로 변환한다. 둘째로, Type_이라는 접두어가 문자열들을 결합한 결과로 추가된다. 셋째로, 결합된 문자열의 새 열은 원래 Type 열을 대체한다.

```
df['type'] = 'Type_' + df['type'].astype(str)
```

이제 다음 코드를 실행해 임시변수를 얻을 수 있다.

```
dummies = pd.get_dummies(df['type'])
```

get_dummies() 함수가 새로운 데이터프레임(data frame)을 만든다는 점에 주목하자. 다음으로 이 데이터프레임을 기본 데이터프레임에 연결한다. 기본 데이터프레임은 다음 코드를 실행해 수행할 수 있다.

```
df = pd.concat([df,dummies],axis=1)
```

앞의 코드에서 볼 수 있듯이 concat() 메서드는 두 개의 데이터프레임을 연결한다. 축 1을 따라 연결함으로써 데이터프레임을 새 열로 추가한다. 임시변수가 기본 데이터프레임에 있으므로 다음 코드를 실행해 원래 열을 제거할 수 있다.

```
del df['type']
```

자! 우리는 범주형 변수를 신경망이 쓸 수 있는 것으로 바꿨다.

엔터티 임베딩

이번 단원에서는 임베딩(embeddings)과[8] 케라스의 함수형 API를 모두 사용해 일반적인 작업 흐름을 보여준다. 이 두 가지 주제는 **5장 '자연어 처리 기법 기반 텍스트 데이터 분석'**에서 소개하고 탐구한다. 여기서는 여기에 제시된 일반적인 아이디어를 넘어서 구현 같은 주제에 대해 논의할 것이다.

지금 설명하는 내용을 모두 이해하지 못해도 된다. 어려운 내용을 다룬 단원이기 때문이다. 이 두 가지 기법을 모두 사용하고 싶다면 이 책을 잘 읽으면 되는데, 이 책의 전체에 걸쳐서 이 두 가지 방법의 상이한 요소들을 설명할 것이기 때문이다.

이번 단원에서 우리는 범주형 데이터에 대한 임베딩 벡터를 생성해 볼 것이다. 이렇게 하기 전에 임베딩 벡터가 범주형 값을 나타내는 벡터임을 이해해야 한다. 우리는 신경망의 입력으로 임베딩 벡터를 사용한

---

8 (옮긴이) 여기서 말하는 임베딩이란 수학 용어로는 '매장'에 해당한다. 어떤 수학적 공간에서 다른 수학적 공간으로 어떤 것을 사상할 때 사상의 대상이 되는 수학적 공간에 해당할 때는 '매장지' 또는 '묻는 장소'로 표현할 수 있지만, 한 공간에서 다른 공간으로 사상(mapping, 대응, 매핑)하는 행위를 수학 분야에서는 '매장'이나 '묻기'라고 한다. 이런 면에서 수학적 공간에 어떤 게 사상되어 새로 형성된 것은 '매장체'라고 부를 수 있다. 이처럼 영어 단어로는 embedding이라는 한 가지 방식으로만 표기되지만, 우리말로는 '매장(사상하다는 개념)', '매장하기(묻기)', '매장지(매장 공간)', '매장체(매장해서 구성한 것)'라는 식으로 각 개념을 구분해 부를 수 있다. 그래서 앞으로는 임베딩이라는 용어보다는 매장, 매장지, 매장체라는 식으로 개념을 구분해서 표기하는 때가 오기를 바라지만, 이 책에서는 출판사와 현장의 관례를 따라 '임베딩'이라는 말을 음차해 모든 개념을 뭉뚱그려 표현했다.

다. 우리는 신경망과 함께 임베딩을 훈련해서 시간이 흐를수록 더 유용한 임베딩을 얻을 수 있다. 임베딩은 우리가 사용할 수 있는 아주 유용한 도구다.

임베딩이 왜 그렇게 유용할까? 임베딩은 원핫 인코딩을 통해 인코딩하는 데 필요한 차원 수를 줄여 메모리 사용을 줄일 뿐만 아니라 입력 활성치의 희박성(sparsity, 희소성)을 줄임으로써 과적합(overfitting, 과적응)을 줄이는 데 도움이 되고 의미론적 의미를 벡터로 인코딩하게 해준다. **5장 '자연어 처리 기법 기반 텍스트 데이터 분석'**에서는 텍스트에 임베딩을 유용하게 쓰는 것과 마찬가지의 장점을 범주형 데이터에 대해서도 발휘하게 할 수 있다는 점을 다룰 것이다.

범주 토큰화

텍스트와 마찬가지로 임베딩 계층으로 보내기 전에 입력을 토큰화해야 한다. 이를 위해서는 범주를 토큰에 대응하게 하는 대응 사전을 만들어야 한다. 다음 코드를 실행해 이를 달성할 수 있다.

```
map_dict = {}
for token, value in enumerate(df['type'].unique()):
    map_dict[value] = token
```

이 코드는 모든 고유한 유형 범주를 반복하면서 계산한다. 첫 번째 범주는 토큰 0을 취하고, 두 번째 범주는 1을 취하고, 나머지도 이런 식이다. map_dict는 다음과 같이 보일 것이다.

```
{'CASH_IN': 4, 'CASH_OUT': 2, 'DEBIT': 3, 'PAYMENT': 0, 'TRANSFER': 1}
```

이제 이 대응을 데이터프레임에 적용할 수 있다.

```
df["type"].replace(map_dict, inplace=True)
```

결과적으로 모든 유형이 이제 토큰으로 대체된다.

우리는 데이터프레임의 비 범주형 값을 별도로 처리해야 한다. 다음과 같이 유형(type)도 아니고 표적(target)도 아닌 열 목록을 만들 수 있다.

```
other_cols = [c for c in df.columns if ((c != 'type') and (c != 'isFraud'))]
```

입력 모델 만들기

우리가 만들고 있는 모델에는 두 개의 입력치가 있다. 하나는 임베딩 계층이 있는 유형들에 대한 것이고 다른 하나는 범주가 아닌 다른 변수에 대한 것이다. 나중에 더 쉽게 결합하기 위해 우리는 두 개의 배열로 입력치와 출력치를 추적한다.

```
inputs = []
outputs = []
```

유형에 대한 입력 역할을 하는 모델은 1차원 입력을 받아 임베딩 계층(즉, '매장 계층')을 통해 구문을 분석한다. 다음 코드에서 볼 수 있듯이 임베딩 계층의 출력은 평탄한 배열들로 재구성된다.

```
num_types = len(df['type'].unique())
type_embedding_dim = 3

type_in = Input(shape=(1,))
type_embedding = Embedding(num_types,type_embedding_dim,input_ length=1) (type_in)
type_out = Reshape(target_shape= (type_embedding_dim,)) (type_embedding)

type_model = Model(type_in,type_out)

inputs.append(type_in)
outputs.append(type_out)
```

여기에서 type 임베딩에는 세 개의 계층이 있다. 이것은 임의로 선택한 것들이며, 차원의 크기를 다르게 하여 실험하면 더 좋은 결과가 나올 수도 있다.

그 밖의 모든 입력의 경우, 범주가 아닌 변수만큼 많은 차원을 갖고 활성함수가 없는 단일한 조밀 계층(dense layer)으로 구성된 다른 입력을 만든다. 조밀 계층은 선택 사항이다. 입력을 머리 모델(head model)에 직접 전달할 수도 있다. 다음 내용을 포함해 더 많은 계층을 추가할 수도 있다.

```
num_rest = len(other_cols)

rest_in = Input(shape = (num_rest,))
rest_out = Dense(16) (rest_in)
```

```
rest_model = Model(rest_in,rest_out)

inputs.append(rest_in) outputs.append(rest_out)
```

이제 두 개의 입력 모델을 만들었으므로 두 모델을 결합할 수 있다. 연결된 두 가지 입력 모델 외에 머리 모델도 구축할 것이다. 이 과정에 착수하려면 먼저 다음 코드를 실행해야 한다.

```
concatenated = Concatenate()(outputs)
```

그러고 나서, 다음 코드를 실행해 전체 모델을 빌드하고 컴파일할 수 있다.

```
x = Dense(16)(concatenated)
x = Activation('sigmoid')(x)
x = Dense(1)(concatenated)
model_out = Activation('sigmoid')(x)

merged_model = Model(inputs, model_out)
merged_model.compile(loss='binary_crossentropy',
                     optimizer='adam',
                     metrics=['accuracy'])
```

모델 훈련

이번 단원에서는 입력치가 여러 개인 모델을 훈련해 볼 것이다. 이를 위해서는 각 입력치에 대한 X 값 목록을 제공해야 한다. 따라서 먼저 데이터프레임을 분할해야 한다. 다음 코드를 실행해 이 작업을 수행할 수 있다.

```
types = df['type']
rest = df[other_cols]
target = df['isFraud']
```

그러고 나서, 다음 코드에서 볼 수 있듯이 입력치들로 이뤄진 리스트와 표적치들로 이뤄진 리스트를 제공해 모델이 학습하게 할 수 있다.

```
history = merged_model.fit([types.values,rest.values],
                            target.values,
                            epochs = 1,
                            batch_size = 128)
```

출력 내용:

```
Epoch 1/1
6362620/6362620 [==============================] - 78s 12us/step - loss: 0.0208 - acc: 0.9987
```

케라스를 사용해 예측 모델들을 만들기

우리의 데이터는 이제 다음과 같은 열들을 포함한다.

```
amount,
oldBalanceOrig,
newBalanceOrig,
oldBalanceDest,
newBalanceDest,
isFraud,
isFlaggedFraud,
type_CASH_OUT,
type_TRANSFER,
isNight
```

이제 열들을 입수해 데이터를 준비했으므로 이를 사용해 모델을 만들 수 있다.

표적 추출

모델을 훈련하려면 신경망에 표적치(target, 목표치)가 필요하다. 우리의 경우에는 isFraud가 표적치이므로 나머지 데이터와 표적치를 분리해야 한다. 다음 코드를 실행해 이 작업을 수행할 수 있다.

```
y_df = df['isFraud']
x_df = df.drop('isFraud',axis=1)
```

첫 번째 단계는 isFraud 열만 반환하고 y_df에 할당한다.

두 번째 단계는 isFraud를 제외한 모든 열을 반환하고 x_df에 할당한다.

또한 판다스 데이터프레임에서 넘파이 배열로 데이터를 변환해야 한다. 판다스 데이터프레임은 넘파이 배열 위에 구축되었지만, 이전에 수행했던 모든 전처리를 가능하게 하는 매력적인 부가 기능이 함께 제공된다. 그러나 신경망을 훈련하려면 다음 코드를 실행해 얻을 수 있는 기본 데이터만 있으면 된다.

```
y = y_df.values
X = x_df.values
```

훈련용 집합을 만들기

모델을 훈련할 때는 과적합(overfitting, 과적응)이라는 위험이 도사린다. 과적합 모델이라는 말은 이 학습 데이터셋의 x와 y 간의 대응 관계는 기억하지만, x와 y 간의 실제 관계를 설명하는 함수를 찾지 못한 모델이라는 뜻이다. 일단 우리가 훈련에 쓴 표본 없이 모델을 실행하면, 즉 훈련 집합에 없는 데이터에 대해서는 모델의 성능이 저하될 수 있기 때문에 문제가 된다. 이를 방지하기 위해 소위 테스트 집합(test set, 검정 집합, 테스트셋)을 작성한다.

테스트 집합은 보류해 둔 데이터셋으로, 아직 보지 못한 데이터에서 성능이 얼마나 좋은지를 보기 위해 모델이 상당히 잘 수행되고 있다고 생각되면 모델을 평가하는 데만 사용된다. 테스트 집합은 일반적으로 전체 데이터에서 임의로 추출된다. 다음 코드에서 볼 수 있듯이 사이킷런에는 편리한 함수 하나가 있다.

```
from sklearn.model_selection import train_test_split
X_train, X_test, y_train, y_test = train_test_split(X, y, test_size=0.33, random_state=42)
```

train_test_split(훈련 및 테스트 분할부) 요소는 훈련 집합이나 테스트 집합에 행들을 임의로 할당한다. 테스트 집합에 들어가는 데이터의 비율인 test_size(이번 경우에는 33%)와 임의의 상태를 지정할 수 있다. random_state(임의의 상태)를 할당하면 프로세스가 의사 난수지만, 프로세스가 항상 동일한 분할부를 반환하므로 작업을 더 쉽게 재현할 수 있다. 실제로 선택된 숫자(예: 42)는 사실 중요하지 않다. 중요한 것은 모든 실험에서 같은 숫자가 사용된다는 점이다.

검증용 집합을 만들기

이제 테스트 집합을 가지고 실제로 높은 성능을 얻을 때까지 다양한 모델을 시험해 보고 싶을 것이다. 그러나 자신에게 물어보자. 우연히 테스트 집합에서 잘 작동하지만 실제 환경에서는 작동하지 않는 모델을 선택했다는 것을 어떻게 알 수 있는가?

대답은 테스트 집합에서 평가할 때마다 약간의 "정보 유출(information leakage)", 즉 테스트 집합의 정보가 선택한 모델에 영향을 미쳐 모델로 유출되는 것이다. 이렇게 되면 점차 테스트 집합의 가치는 떨어진다. 검증 집합은 일종의 "오염된 테스트 집합(dirty test set)"에 해당하므로 염려 없이 표본 성능에서 모델을 자주 테스트하는 데 사용할 수 있다. 우리는 테스트 집합을 너무 자주 사용하고 싶어 하지는 않지만, 테스트 집합은 여전히 표본 외 성능(out-of-sample performance)을 측정하는 데 자주 사용된다.

이를 위해 우리는 개발용 집합(development set)이라고도 부를 수 있는 "검증 집합(validation set)"을 작성할 것이다.

단지 훈련 집합을 다시 분할함으로써 테스트 집합을 생성한 것과 동일한 방식으로 이 작업을 수행할 수 있는데, 이를 다음 코드에서 볼 수 있다.

```
X_train, X_test, y_train, y_test = train_test_split(X_train, y_train,
                                                    test_size=0.1, random_state=42)
```

훈련용 데이터를 과다표집하기

우리의 데이터셋에서 아주 적은 양의 거래만이 부정사용이었으며, 거래 내용이 항상 진짜인 것으로 분류하는 모델은 매우 높은 수준의 정확도를 가짐을 기억하자. 진정한 관계에서 모델을 훈련하기 위해 훈련 데이터를 과다표집(oversample, 지나치게 많은 표본추출, 과다추출, 지나친 샘플링, 과대표집)할 수 있다.

이는 진정사용과 같은 분량에 해당하는 부정사용이 있을 때까지 부정사용 데이터를 데이터셋에 추가할 것이라는 점을 의미한다.

 이러한 종류의 작업에 유용한 라이브러리는 imblearn이며, 여기에는 SMOTE 함수가 들어 있다. http://contrib.scikitlearn.org/imbalanced-learn/를 살펴보자.

SMOTE(Synthetic Minority Over-sampling Technique, 합성 소수 과다표집 기법)는 똑똑한 과다표집 방법이다. 이 방법은 계급에 대해 동일한 결정 경계를 유지하면서 새 표본을 작성하려고 한다. 다음 코드를 간단히 실행하면 SMOTE로 과다표집할 수 있다.

```
From imblearn.over_sampling import SMOTE
sm = SMOTE(random_state=42)
X_train_res, y_train_res = sm.fit_sample(X_train, y_train)
```

모델 구축

우리는 몇 가지 주요 학습 요점을 성공적으로 해결했으며 이제 마지막으로 신경망을 구축할 시간이다! **1장 '신경망 및 경사도 기반 최적화'**에서 그랬던 것처럼 다음 코드를 사용해 필요한 케라스 모듈을 가져와야 한다.

```
from keras.models import Sequential
from keras.layers import Dense, Activation
```

실제로 많은 정형 데이터 문제에서는 학습속도를 아주 느리게 해야 한다. 경사도 하강 최적화기의 학습 속도를 설정하려면 최적화기도 가져와야 한다. 다음 코드를 실행해 이 작업을 수행할 수 있다.

```
from keras.optimizers import SGD
```

단순한 기준선을 정하기

더 고급스러운 모델을 다루기 전에 간단한 로지스틱 회귀 기준선부터 다뤄보는 것이 바람직하다. 이는 모델이 실제로 성공적으로 훈련되게 하기 위한 것이다.

간단한 기준선을 만들려면 다음 코드를 실행해야 한다.

```
model = Sequential()
model.add(Dense(1, input_dim=9))
model.add(Activation('sigmoid'))
```

여기에서 여러분은 로지스틱 회귀기를 볼 수 있다. 이는 단층 신경망과 같다.

```
model.compile(loss='binary_crossentropy',
              optimizer=SGD(lr=1e-5),
              metrics=['acc'])
```

여기서, 우리는 모델을 컴파일할 것이다. SGD를 전달하기 위해 확률적 경사 하강법(stochastic gradient descent)에 대한 최적화기를 지정하는 대신에 학습속도를 0.00001로 설정하는 SGD의 사용자 정의 인스턴스를 작성한다. 이번 예제에서는 F1 점수를 사용해 모델을 평가하므로 추적 정확도가 필요하지 않다. 다음 코드에서 볼 수 있듯이 여전히 흥미로운 동작을 보여준다.

```
model.fit(X_train_res, y_train_res,
          epochs=5,
          batch_size=256,
          validation_data=(X_val,y_val))
```

데이터와 레이블을 저장하는 튜플을 만들어 검증 데이터를 케라스로 전달한 방법에 주목하자. 우리는 이 모델을 5에포크에 걸쳐 훈련할 것이다.

```
Train on 3331258 samples, validate on 185618 samples
Epoch 1/5 3331258/3331258 [==============================] - 20s 6us/step - loss: 3.3568 - acc: 0.7900 - val_loss: 3.4959 - val_acc: 0.7807
Epoch 2/5 3331258/3331258 [==============================] - 20s 6us/step - loss: 3.0356 - acc: 0.8103 - val_loss: 2.9473 - val_acc: 0.8151
Epoch 3/5 3331258/3331258 [==============================] - 20s 6us/step - loss: 2.4450 - acc: 0.8475 - val_loss: 0.9431 - val_acc: 0.9408
Epoch 4/5 3331258/3331258 [==============================] - 20s 6us/step - loss: 2.3416 - acc: 0.8541 - val_loss: 1.0552 - val_acc: 0.9338
Epoch 5/5 3331258/3331258 [==============================] - 20s 6us/step - loss: 2.3336 - acc: 0.8546 - val_loss: 0.8829 - val_acc: 0.9446
```

여기서 몇 가지 사항에 주목하자. 먼저 약 330만 개의 표본을 가지고 훈련했는데, 이때 쓰인 데이터는 처음보다 더 많다. 이번 장의 앞부분에서 과대표집을 하면서 데이터가 급증했기 때문이다. 둘째, 훈련 집합의 정확도는 검증 집합의 정확도보다 상당히 낮다. 그 이유는 훈련 집합은 균형을 유지하지만, 검증 집합은 균형이 맞지 않기 때문이다.

현실 생활 속에서 벌어지는 사례보다 더 많은 부정사용 사례를 훈련 집합에 추가해 데이터를 과다표집했는데, 이는 우리가 논의했던 것으로, 모델이 부정사용을 더 잘 감지하는 데 도움이 되었다. 과다표집하지 않은 경우에 훈련 집합의 대부분의 표본이 진정사용이므로 모든 거래를 진정사용으로 분류하는 경향이 있다.

부정사용 사건을 추가함으로써 모델은 부정사용 사건을 구별하는 방법을 학습하게 된다. 그러나 우리는 실제 데이터를 가지고 모델을 검증하기를 바란다. 따라서 검증 집합에는 인위적으로 많은 부정사용 사건이 포함되어 있지 않다.

모든 것을 진정사용으로 분류하는 모델은 검증 집합에서 99% 이상의 정확도를 보이지만, 훈련 집합에서는 50%의 정확도를 보인다. 정확도는 이러한 불균형 데이터셋에 대해 결함을 보이는 계량인 것이다. 이런 계량은 절반 정도만 제대로 일을 해주는 대리인인 셈이지만, 그래도 단순한 손실보다는 해석하기 쉽기 때문에 케라스에서 이 계량을 추적하는 것이다.

모델을 평가하려면 이번 장의 시작 부분에서 논의한 F1 점수를 사용해야 한다. 그러나 케라스에서는 F1 점수 계산이 다소 느려서 모델 훈련 속도가 느려지기 때문에 훈련 시에 F1 점수를 직접 추적할 수는 없다.

 모델의 성능이 좋지 않더라도 불균형 데이터셋의 정확도가 아주 높을 수 있다.

모델이 균형 훈련 집합에서 볼 수 있는 것보다 불균형 검증 집합에서 정확도가 더 높은 경우라면 정확도로는 모델의 성능을 알기 어렵다.

훈련 집합의 성능과 이전 훈련 집합의 성능을 비교하고, 마찬가지로 검증 집합의 성능과 이전 검증 집합의 성능을 비교하자. 그러나 훈련 집합의 성능을 불균형이 높은 데이터에 대한 검증 집합의 성능과 비교할 때는 주의하자. 여러분이 지닌 데이터의 균형이 잘 잡혀 있다면 검증 집합과 훈련 집합을 비교함으로써 과적합 여부를 잘 측정해 낼 수 있다.

우리는 이제 기준선을 평가하기 위해 테스트 집합을 가지고 예측을 해볼 수 있는 위치에 있다. 테스트 집합으로 예측을 해보기 위해서는 model.predict를 사용해 시작하자.

```
y_pred = model.predict(X_test)
```

기준을 평가하기 전에 모델에서 제공한 확률을 절대 예측치들로 전환해야 한다. 이번 예제에서는 부정사용 확률이 50% 이상인 모든 것을 부정사용으로 분류한다. 이렇게 하려면 다음 코드를 실행해야 한다.

```
y_pred[y_pred > 0.5] = 1
y_pred[y_pred < 0.5] = 0
```

우리의 F1 점수는 휴리스틱 모델용 F1 점수보다 이미 훨씬 뛰어난데, 기억을 다시 떠올려본다면 0.013131315551742895라는 속도만 달성한 것을 알 수 있다.

```
f1_score(y_pred=y_pred,y_true=y_test)
```

출력 내용:

0.054384286716408395

혼동행렬을 띄워서 특징 기반 모델이 휴리스틱 모델에서 실제로 개선되었음을 확인할 수 있다.

```
cm = confusion_matrix(y_pred=y_pred,y_true=y_test)
plot_confusion_matrix(cm,['Genuine','Fraud'], normalize=False)
```

이 코드는 다음과 같은 혼동행렬을 생성해야 한다.

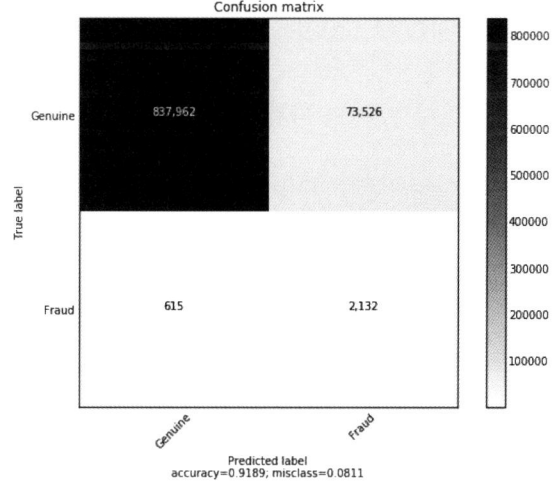

간단한 케라스 모델을 위한 혼동행렬[9]

---

9 (옮긴이) True label → 참 레이블, Fraud → 부정사용, Genuine → 진정사용, Confusion matrix → 혼동행렬, Predicted Label → 예측된 레이블, accuracy → 정확도, misclass → 오분류

그러나 이제 막 구축한 모델보다 더 미묘한 관계를 표현할 수 있는 더 복잡한 모델을 만들고 싶다면 어떻게 해야 할까? 이번에 그러한 모델을 구축해 보자.

더 복잡한 모델들을 구축해 보기

간단한 기준선을 만든 후에는 더 복잡한 모델을 만들어 볼 수 있다. 다음 코드는 2개 계층 망의 예이다.

```
model = Sequential()
model.add(Dense(16,input_dim=9))
model.add(Activation('tanh'))
model.add(Dense(1))
model.add(Activation('sigmoid'))

model.compile(loss='binary_crossentropy',
              optimizer=SGD(lr=1e-5),
              metrics=['acc'])

model.fit(X_train_res, y_train_res,
          epochs=5, batch_size=256,
          validation_data=(X_val,y_val))

y_pred = model.predict(X_test)
y_pred[y_pred > 0.5] = 1
y_pred[y_pred < 0.5] = 0
```

해당 코드를 실행한 후에 F1 점수로 다시 성능을 따져 볼 것이다.

```
f1_score(y_pred=y_pred,y_true=y_test)
```

출력 내용:

0.087220701988752675

이번 경우에는 더 복잡한 모델은 이전에 만든 간단한 기준선 모델보다 낫다. 복잡하고 더 깊은 망이 거래 데이터를 부정사용에 대응시키는 함수를 더 잘 추정할 수 있는 것처럼 보인다.

이번 단원에서는 부정사용 탐지용 신경망 모델을 단순한 형태와 복잡한 형태로 구축하고 평가했다. 처음에 훈련할 때 쓰지 않았던 데이터를 가지고 성능을 측정하기 위해 검증 집합을 사용하는 데 주의를 기울였다.

이 모든 과정을 통해 우리는 훨씬 복잡한 신경망을 구축할 수 있다. 그러나 먼저 현대 기업용 머신러닝의 핵심인 트리 기반 방법을 살펴볼 것이다.

트리 기반 방법에 대한 간단한 입문서

정형 데이터를 다룬 이번 장을 완결하려면 랜덤포레스트(random forests, 임의의 숲) 또는 엑스지부스트(XGBoost, 극단적 경사도 증폭)와 같은 트리 기반 방법을 꼭 다뤄야 할 것으로 보인다.

정형 데이터를 바탕으로 예측하는 모델링(modeling, 모형화) 분야에서는 트리 기반 방법(tree-based methods)이 크게 성공했기 때문에 트리 기반 방법을 알아야 한다. 그러나 이미지 인식이나 '시퀀스 대 시퀀스(sequence-to-sequence)' 모델링처럼 고수준 작업에서는 오히려 트리 기반 방법의 성능이 떨어진다. 그래서 책의 나머지 부분에서는 트리 기반 방법을 다루지 않을 것이다.

 엑스지부스트에 대해 자세히 알아보려면 엑스지부스트 설명서가 나온 페이지에서 자습서를 찾아보자(http://xgboost.readthedocs.io). 웹 사이트의 자습서 단원에서 트리 기반 방법 및 그래이디언트 부스팅(gradient boosting, 경사도 증폭, 경사도 부가)이 이론 및 실습에서 어떻게 작동하는지를 잘 설명하고 있다.

간단한 결정 트리

트리 기반 방법의 기본 개념을 구현한 것이 결정 트리(decision tree)다. 결정 트리는 데이터를 분할함으로써 결과가 최대로 차이가 나게 한다.

isNightfeature가 부정사용을 가장 잘 예측하는 예측기라고 잠시 가정해 보자. 결정 트리는 거래가 밤에 발생했는지 여부에 따라 데이터셋을 분할한다. 모든 야간 거래를 살펴보고 부정사용에 대한 차기 최고 예측기를 찾고 모든 주간 거래에 대해서도 동일하게 수행한다.

사이킷런에는 편리한 결정 트리 모듈이 있다. 다음 코드를 실행해 데이터를 위한 데이터를 만들 수 있다.

```
from sklearn.tree import DecisionTreeClassifier
dtree=DecisionTreeClassifier()
dtree.fit(X_train, y_train)
```

결과로 나오는 트리는 다음과 같다.

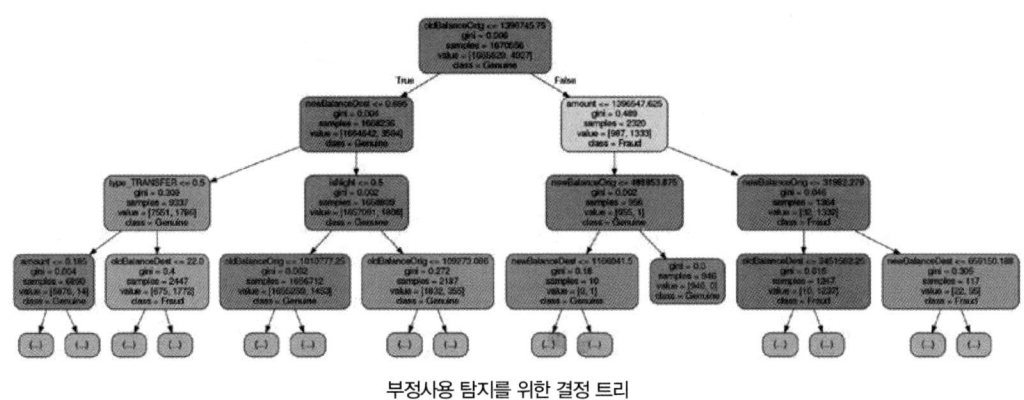

부정사용 탐지를 위한 결정 트리

우리가 만든 것처럼 간단한 결정 트리는 데이터를 잘 통찰할 수 있게 한다. 예를 들어, 결정 트리에서 가장 중요한 함수는 원래 계좌의 트리의 첫 번째 노드라는 점을 고려할 때 원래 계좌의 이전 잔액인 것 같다.

랜덤포레스트

간단한 결정 트리의 고급 버전은 결정 트리들의 모음이라고 할 수 있는 랜덤포레스트다. 1개 포레스트(forest, 숲)는 훈련 데이터의 부분집합(subset, 하위집합, 서브셋)과 해당 부분집합에 대한 훈련 결정 트리(tree, 나무)들을 사용해 학습된다.

종종 이러한 부분집합에는 훈련 데이터의 모든 특징이 들어 있지 않다. 이런 식으로 서로 다른 결정 트리들은 데이터의 다른 측면에 적합하게 되므로 집합체(aggregate)에 대한 추가 정보를 포착할 수 있다. 다수의 트리가 작성된 후, 최종 예측을 작성하기 위해 예측기들이 내놓은 예측들을 가지고 평균을 낸다.

트리에서 표시되는 오차들이 서로 상관성이 없으므로 여러 트리를 사용해 오차를 소거해 나간다는 생각인 것이다. 다음과 같이 랜덤포레스트 분류기를 만들고 훈련할 수 있다.

```
from sklearn.ensemble import RandomForestClassifier
rf = RandomForestClassifier(n_estimators=10,n_jobs=-1)
rf.fit(X_train_res, y_train_res)
```

방금 생성한 코드를 사용하면 랜덤포레스트에서는 조율할 꼭지가 신경망보다 훨씬 적어진다. 이 경우에는 추정기(즉, 추정량)의 개수, 즉 포레스트에 두기를 원하는 트리 수만 지정한다.

n_jobsargument는 랜덤포레스트에 몇 개의 트리를 병렬로 훈련하고 있는지 알려준다. -1은 "CPU 코어 수만큼"을 나타낸다는 점에 유념하자.

```
y_pred = rf.predict(X_test)
f1_score(y_pred=y_pred,y_true=y_test)
```

출력 내용:

```
0.8749502190362406
```

랜덤포레스트의 F1 점수가 최대 점수인 1에 가까우므로 크기의 정도(order of magnitude) 면에서 볼 때 신경망보다 더 우수하다. 다음과 같이 랜덤포레스트의 혼동 플롯을 통해 랜덤포레스트가 거짓 양성(false positives, 가양성, 위양성) 수를 크게 줄였다는 것을 보여준다.

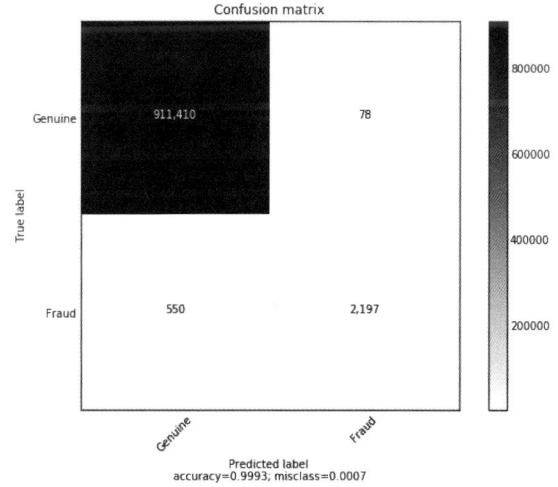

랜덤포레스트에 대한 혼동행렬

랜덤포레스트와 같은 얕은 학습 접근법(shallow learning approach, 천층 학습 접근법)은 종종 비교적 간단한 문제에 대한 깊은 학습 접근법(deep learning approach, 심층학습 접근법, 딥러닝 접근법)보다 낫다. 그 이유는 차원 수가 적은 데이터 내의 차원 간의 간단한 관계를 딥러닝 방식으로는 학습하기 어려울 수 있기 때문으로, 딥러닝 모델에서는 간단한 함수에 일치시키기 위해서라도 여러 파라미터를 정확하게 적합시켜야만 모델하기 때문이다.

이 책의 뒷부분에서 살펴보겠지만, 딥러닝은 특징 간의 관계가 복잡해질수록 더 빛을 발하는 접근법이다.

엑스지부스트

엑스지부스트(XGBoost)는 극단적 경사도 증폭(eXtreme Gradient Boosting, 극단적 경사도 강화, 극단적 경사도 증진)을 간단히 나타내는 말이다. 그래이디언트 부스팅(gradient boosting, 경사도 증폭, 경사도 강화, 경사도 증진)이라는 것의 기본 개념은 결정 트리를 학습한 후에 첫 번째 결정 트리에서 발생한 오류에 대해 두 번째 결정 트리를 학습하는 것이다.

이 방법을 통해 여러 계층의 결정 트리를 추가할 수 있으므로 총 모델 오차 수가 천천히 줄어든다. 엑스지부스트는 그래이디언트 부스팅 기법을 매우 효율적으로 구현한 것으로 인기를 끌고 있는 라이브러리다.

 엑스지부스트는 기본적으로 캐글 커널에 설치된다. 이번 예제를 로컬에서 실행 중인 경우에 엑스지부스트 매뉴얼을 참조하자. 설치 지침 및 추가 정보를 http://xgboost.readthedocs.io에서 볼 수 있다.

다음 코드에서 보겠지만, sklearn을 가지고 랜덤포레스트를 만들어 훈련하듯이 그래디언트 부스팅 분류기들을 만들어 훈련할 수 있다.

```
import xgboost as xgb
booster = xgb.XGBClassifier(n_jobs=-1)
booster = booster.fit(X_train, y_train)
y_pred = booster.predict(X_test)
f1_score(y_pred=y_pred,y_true=y_test)
```

출력 내용:
0.85572959604286891

경사도 증폭기(gradient booster, 경사도 증진기, 경사도 강화기)는 이 작업에서 랜덤포레스트와 거의 동일한 수준에서 수행된다. 사용되는 일반적인 접근 방식은 랜덤포레스트와 경사도 증폭기를 모두 사용하고 더 나은 모델을 얻기 위해 예측을 평균화하는 것이다.

오늘날에 이뤄지는 업무에 필요한 대량의 머신러닝 작업은 비교적 간단한 정형 데이터로 수행된다. 오늘날에는 우리가 배운 방법, 즉 랜덤포레스트 및 그래이디언트 부스팅이야말로 대부분의 실무자들이 업무 현장에서 표준으로 여기고 사용하는 도구다.

대부분의 기업용 머신러닝 애플리케이션에서는 모델을 신중하게 조정하거나 멋진 아키텍처를 만듦으로써 가치가 창출되는 게 아니라, 데이터를 대량으로 수집하고 좋은 특징들을 만듦으로써 가치가 창출된다. 그러나 작업이 점점 복잡해지고 비정형 데이터에 대한 의미론적 이해가 필요해지면서 이러한 도구가 실패하기 시작한다.

단대단 모델링

현재 접근 방식은 특징 공학에 의존한다.[10] 이번 장의 시작 부분에서 논의했듯이 대체 방법은 단대단 모델링(end-to-end modeling, E2E modeling)이다. 단대단 모델링에서는 거래에 대한 원시 데이터(raw data) 및 비정형 데이터(unstructured data)가 모두 사용된다. 여기에는 이체 내역을 담은 글자, 현금 인출기를 관찰하는 카메라가 송출하는 영상 및 그 밖의 데이터 출처가 포함될 수 있다. 사용 가능한 데이터가 충분하다면 단대단 방식을 써서 성공하는 경우가 특징 공학을 동원해서 성공하는 경우보다 더 많다.

유효한 결과를 얻고 단대단 모델로 데이터를 성공적으로 훈련하려면 수백만 가지 사례가 필요할 수 있다. 그러나 종종 단대단 방식은 우리가 받아들일 만한 결과를 얻기 위해 쓸 수 있는 방법 중에 유일한 경우일 때가 있으며, 특히 무언가에 대한 규칙을 체계화하기 어려운 경우라면 더욱더 그렇다. 인간은 이미지를 보고 그 안에 그려져 있는 물체를 잘 알아차릴 수 있지만, 사물을 구별해 내는 규칙을 정확히 설명하기는 어려운데, 이런 면을 단대단이라는 방식에 비춰 볼 수 있다.

이번 장에 사용된 데이터셋에서는 더 많은 데이터에 접근할 수는 없지만, 이 책의 나머지 장에서는 다양한 단대단 모델을 보여준다.

---

10 (옮긴이) 원문을 직역하면 '재설계한 특징에 의존한다(relies on engineered features)'이다. 그러나 재설계는 특징 공학의 한 측면일 뿐이고, 더 넓은 개념은 특징 공학에 근거한 사전 준비 작업이고 저자가 말하고자 하는 의도가 이것이므로 이에 맞춰 번역했다.

연습문제

https://kaggle.com을 방문해 정형 데이터를 쓰는 경진대회 모델을 검색해 보자. 타이타닉 경진대회(Titanic competition)가 그 예다. 여기에서 새로운 커널을 만들고, 일부 특징 공학을 수행하고, 예측 모델을 만들어 볼 수 있다.

특징 공학과 모델을 수정하는 일에 시간을 투자한다면 얼마나 개선할 수 있는가? 문제에 대한 단대단 접근 방식이 있는가?

요약

이번 장에서는 원시 데이터를 바탕으로 삼아 강력하고 안정적인 예측 모델을 만들어 내는 식으로 정형 데이터 문제를 해결했다. 휴리스틱과 특징 공학 및 단대단 모델링에 관해서도 배웠다. 또한 평가 계량들과 기준선들을 명확하게 하는 일의 가치도 살펴봤다.

다음 장에서는 딥러닝이 크게 빛을 발하는 분야인 컴퓨터 비전에 관해 살펴볼 생각이다. 여기서는 간단한 모델들을 가지고 하는 작업에서부터 강력한 전처리 소프트웨어로 보강된 아주 깊은 망에까지 이르는 컴퓨터 비전 파이프라인을 발견할 것이다. 컴퓨터가 사물을 "보는" 능력을 키울 수만 있다면 컴퓨터를 완전히 새로운 분야에 응용할 수 있다.

03

컴퓨터 비전을 활용하기

스냅챗(Snapchat)이 처음으로 영상 속에서 귀여운 핫도그가 춤을 추게 하는 필터를 출시했을 때 이 회사의 주가는 크게 올랐다. 그러나 투자자들은 핫도그의 물구나무서기에 관심을 보인 것이 아니라, 실제로는 스냅챗이 강력한 형태의 컴퓨터 비전 기술을 성공적으로 구축했다는 사실에 매료된 것이었다.

우리는 이제 스냅챗 앱으로 사진을 찍을 수 있을 뿐만 아니라, 사진 내에서 핫도그가 춤을 출 부분을 찾아내게 할 수도 있다. 그리고 나서 스냅챗 앱은 해당 부분에 핫도그를 찰싹 달라붙게 할 것이고, 사용자가 휴대 전화를 들고 움직일 때도 핫도그는 그 자리에서 벗어나지 않은 채로 계속 춤을 춘다.

춤추는 핫도그는 컴퓨터 비전의 효과를 조용히 보여준 애플리케이션 중 하나에 불과할 수도 있지만, 컴퓨터 비전 기술의 잠재력을 전 세계에 널리 알리는 데 성공했다. 카메라로 가득 찬 세상, 예를 들면 매일 사용되는 수십억 대의 스마트 폰과 보안 카메라 및 위성에서 사물인터넷(Internet of Things, IoT) 장치에 이르기까지 다양한 카메라가 사용되는 세상에서 이미지의 의미를 해석해 낼 수만 있다면 소비자와 생산자는 큰 이득을 얻을 수 있다.

컴퓨터 비전 기술을 동원하면 현실 세계를 대규모로 인식하고 해석할 수 있다. 여러분은 '어떤 분석가도 광산을 표시하고 활동 상황을 시간의 흐름에 맞춰 추적하기 위해 수백만 개의 위성 촬영 사진을 다 살펴볼 수 없다. 이건 그냥 불가능한 일일 뿐이다'라고 생각할 수 있을 것이다. 그러나 컴퓨터를 동원한다면 이런 일이 가능할 뿐만 아니라, 바로 지금 여기에서 현실화할 수 있다.

실제로, 몇몇 회사가 현실 세계에서 사용할 수 있게 응용한 예를 들면, 특정 기간의 상품 판매량을 추정하기 위해 주차장에 있는 자동차의 수를 세는 소매점을 들 수 있다.

컴퓨터 비전의 또 다른 중요한 응용 사례들을 금융 분야, 특히 보험 분야에서 볼 수 있다. 예를 들어, 보험사가 드론을 지붕 위로 날려 현장을 촬영함으로써 현장에서 발생할 만한 문제를 미리 발견할 수도 있다. 이런 식으로 응용 범위를 넓혀 간다면 컴퓨터 비전을 사용해 공장 및 장비를 검사하는 일까지도 할 수 있을 것이다.

금융권의 또 다른 사례를 살펴보자면, **KYC(Know-Your-Customer)** 규칙을 준수해야 하는 은행들은 후방 부서의 업무 처리 과정 및 신원 확인 업무를 자동화할 수 있다. 금융 거래 시에는 봉 차트에서 새로운 패턴을 찾아내는 기술 분석을 컴퓨터 비전 기술로 처리할 수 있다. 컴퓨터 비전 분야의 실용적인 응용물을 소개하는 데만 이 책의 지면을 모두 써야 할 수도 있다.

그러므로 이번 장에서는 컴퓨터 비전 모델을 구축하는 데 필요한 기본 요소만 다룰 것이다. 여기에서는 다음 주제에 중점을 둔다.

- 합성곱(convolution, 컨볼루션) 계층.
- 채우기(padding, 패딩).
- 풀링(pooling, 병합, 합동).
- 과적합을 방지하기 위한 정칙화.
- 모멘텀(momentum, 운동량) 기반 최적화.
- 배치 정규화(batch normalization, 집단 정규화).
- 분류를 넘어서는 컴퓨터 비전을 구현하기 위한 고급 아키텍처.
- 라이브러리에 관한 참고사항.

시작하기 전에 이번 장에서 사용할 그 밖의 라이브러리들을 모두 살펴보자.

- **케라스(Keras)**: 고급 신경망 라이브러리이며 텐서플로에 대한 인터페이스 역할을 한다.
- **텐서플로(TensorFlow)**: GPU 가속 계산에 사용하는 데이터 흐름 프로그래밍에 쓰이는 머신러닝 라이브러리다.
- **사이킷런(Scikit-learn)**: 많은 고전 알고리즘과 평가 도구를 구현한 머신러닝 라이브러리로 인기를 끌고 있다.
- **오픈시브이(OpenCV)**: 규칙 기반 데이터 확장(data augmentation, 데이터 증대, 데이터 증강, 데이터 보강)에 사용할 수 있는 이미지 처리 라이브러리다.
- **넘파이(NumPy)**: 파이썬에서 행렬을 다루기 위한 라이브러리다.

- **시본(Seaborn)**: 그림을 그리는 데 쓰는 라이브러리다.
- **티큐디엠(tqdm)**: 파이썬 프로그램의 진행 상황을 살펴볼 때 쓰는 도구다.

오픈시브이를 제외한 모든 라이브러리를 설치할 때는 pip를 쓰면 된다. 예를 들어, pip install keras와 같은 식으로 명령을 내리면 된다.

오픈시브이를 설치하는 절차는 조금 더 복잡하다. 오픈시브이를 설치하는 과정까지 이 책에서 다루지는 않지만, 잘 정리된 오픈시브이 설명서를 https://docs.opencv.org/trunk/df/d65/tutorial_table_of_content_introduction.html에서 온라인으로 볼 수 있다.

참고로, 캐글과 구글 코랩(Google Colab)에는 오픈시브이가 미리 설치되어 있다. 이번 장의 예제를 실행하려면 오픈시브이가 설치되어 있어야 하므로 import cv2 형태로 프로그램에서 가져올 수 있는지를 미리 확인해 두자.

합성곱 신경망

합성곱 신경망(convolution neural networks, 컨볼루션 뉴럴넷)을 간단히 합성망(ConvNet, 컨브넷)이나 CNN이라고 부르는데, 이 신경망은 컴퓨터 비전의 원동력 역할을 한다. 합성망들을 사용하면 망을 적절한 크기로 유지하면서 더 큰 이미지로 작업할 수 있다.

합성곱 신경망이라는 이름은 일반적인 신경망과 구별되는 수학적 연산에서 비롯된 것이다. 합성곱(convolution)은 한 행렬을 다른 행렬 위로 미끄러뜨리며 하는 연산을 적절하게 나타낸 수학 용어다. 다음 단원에서 MNIST에 대한 필터를 살펴보며, 이것이 합성망에 중요한 이유와 도대체 이게 왜 가장 좋은 이름이 아닌지, 그리고 실제로 합성망을 필터 망(filter nets)이라고 부른다는 것을 살펴볼 생각이다.

여러분은 "왜 필터 망이라고 불러야 하는가?"라고 물어볼 수도 있다. 이에 대해서는 그저 필터를 사용하기 때문에 그렇게 부른다고 답변할 수 있다.

다음 단원에서는 컴퓨터 비전 응용 사례로, 표준 "Hello, World!" 같은 역할을 하는, 손으로 쓴 숫자 모음인 MNIST 데이터셋을 다루겠다.

MNIST에 쓰이는 필터들

컴퓨터가 어떤 이미지를 보고 있다고 가정할 때, 컴퓨터가 실제로는 무엇을 보는 것일까? 사실 컴퓨터는 숫자로 저장할 수 있는 픽셀(pixel, 화소)값을 보고 있다. 따라서 컴퓨터가 7이라는 숫자를 표현한 흑백 이미지를 본다면 실제로는 다음 그림과 비슷한 것을 보는 셈이다.

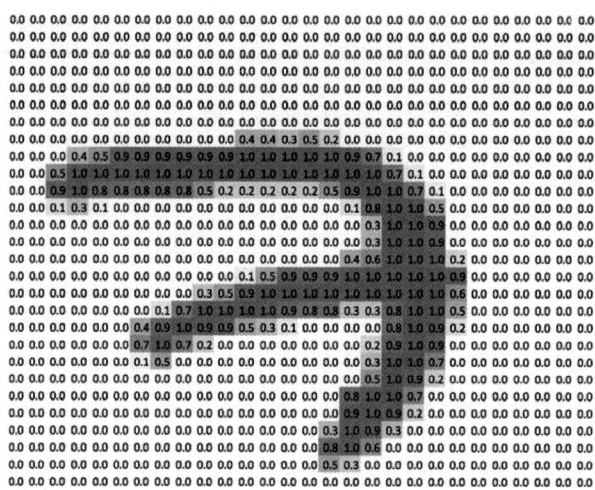

MNIST 데이터셋의 숫자 7

위의 내용은 MNIST 데이터셋에 나오는 한 가지 예다. 이미지에 보이는 손글씨 숫자는 사람이 볼 수 있게 7 모양을 강조해서 표시했지만, 컴퓨터에게는 이 이미지가 사실 숫자의 모음으로 보이게 된다. 이 말은 컴퓨터가 이미지에 대해 모든 종류의 수학 연산을 수행할 수 있다는 뜻이기도 하다.

숫자를 검출할 때 숫자를 만드는 몇 가지 하위 수준 특징들을 생각해 볼 수 있다. 예를 들어, 이 손글씨 그림 7에는 세로 직선 1개, 상단 수평선 1개, 가운데 수평선 1개가 결합되어 있다. 대조적으로, 9는 네 개의 둥근 선으로 구성되며 상단에 원이 형성되어 있고, 이에 이어서 곧고 수직인 선이 나온다.

우리는 이제 합성망의 핵심 개념을 제시할 수 있다. 수직선 같은 특정 종류의 저수준 특징들을 감지할 수 있는 작은 필터를 채택한 후에 이 필터를 전체 이미지를 대상으로 움직여 가며 이미지의 모든 수직선을 감지할 수 있다.

다음 화면은 수직선 필터를 보여준다. 이미지에서 수직선을 감지하려면 이 3×3 행렬 꼴로 된 필터를 이미지 위로 미끄러트리듯이 움직여야 한다.

1	0	-1
1	0	-1
1	0	-1

수직선 필터

우리는 이 책의 다음 쪽에 나오는 MNIST 데이터셋을 사용해 왼쪽 상단에서 시작해 왼쪽 상단 3×3픽셀의 격자를 잘라낼 텐데, 이번 경우에 격자의 값은 모두 0이다.

그리고 나서 필터를 이루는 모든 원소를 이미지 조각의 모든 원소와 원소별로 곱한다. 그런 다음, 아홉 개의 곱셈 결과가 모두 합해지고, 여기에 편향치가 더해진다. 이 값이 필터의 출력을 형성하고, 다음 계층에서 쓸 새로운 픽셀로 전달된다.

$$Z_1 = \sum A_0 * F_1 + b_1$$

결과적으로 수직선 필터의 출력은 다음 모양이 된다.

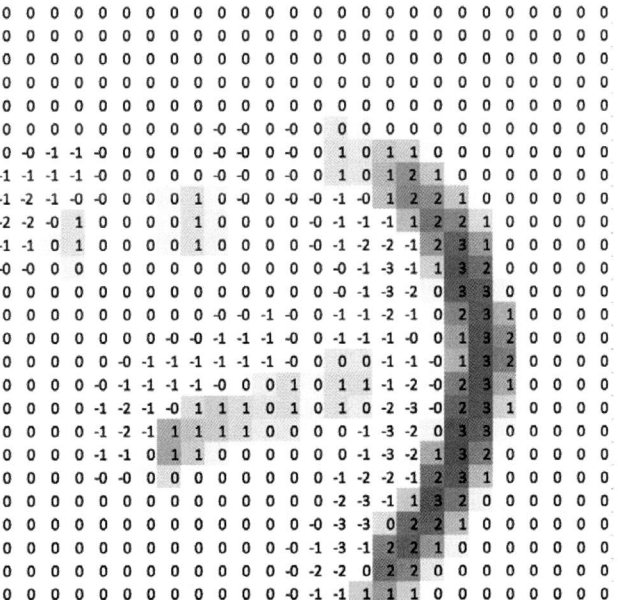

수직선 필터의 출력

수평선이 사라지는 동안 수직선이 보이는지 잠시 확인하자. 아주 적은 인공물만 남게 된다. 또한 필터가 한쪽에서 수직선을 어떻게 포착하는지를 확인하자.

필터는 왼쪽의 높은 픽셀값과 오른쪽의 낮은 픽셀값에 반응하므로 출력의 오른쪽에만 강한 양수 값이 표시된다. 한편, 선의 왼쪽에는 실제로 음수 값이 표시된다. 일반적으로 다른 종류의 선과 방향에 대해 서로 다른 필터를 쓰게 되므로 이것이 실제로는 큰 문제가 아니다.

두 번째 필터 추가

수직선 필터가 작동하고 있기는 하지만, 7을 감지하려면 이미지를 수평선들로 걸러내야 한다는 점을 알아차렸다.

수평선 필터는 다음과 같다.

−1	−1	−1
0	0	0
1	1	1

수평선 필터

이번 예제를 사용해 수직선 필터와 동일한 방식으로 이미지 위로 이 필터를 움직여 가며 다음과 같은 결과를 얻을 수 있다.

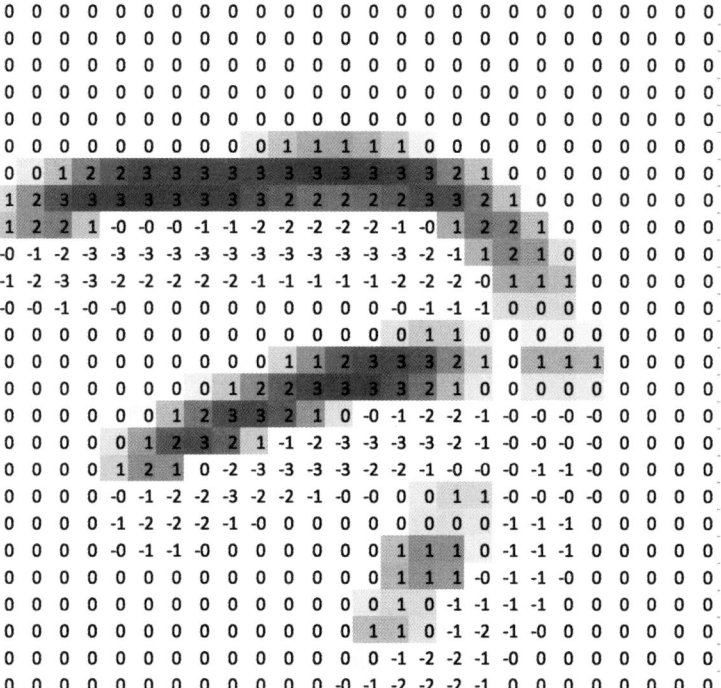

수평선 필터의 출력

이 필터는 어떻게 수직선들을 제거하고 수평선들만 남겨 두는 것일까? 이제 질문은 다음 계층으로 어떻게 해야 넘어갈 수 있는가다. 음, 우리는 두 필터의 출력 내용을 서로 쌓아 3차원 입방체를 만든다.

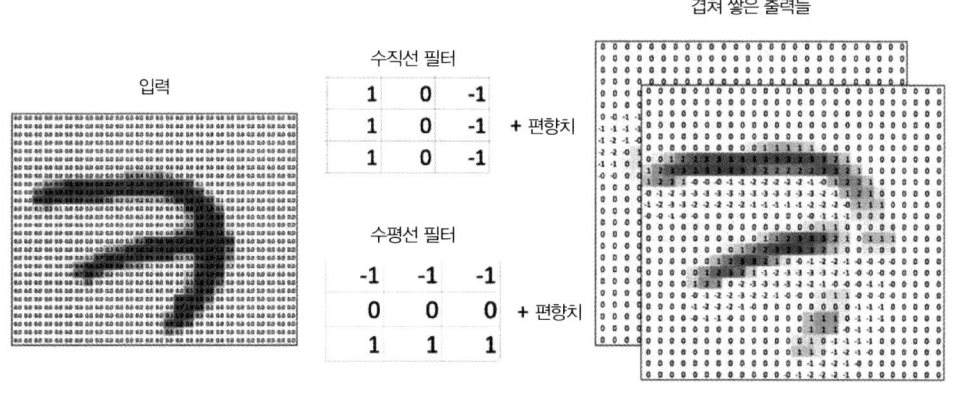

MNIST 합성곱

여러 합성곱 계층들을 추가하면 합성망은 더욱 복잡하고 의미 있는 특징들을 추출할 수 있다.

컬러 이미지 처리에 쓰이는 필터

물론 필터 기술은 흑백 이미지에만 국한되지 않는다. 이번 단원에서 우리는 컬러 이미지를 처리하는 방법을 살펴볼 것이다.

대부분의 컬러 이미지는 세 개의 계층(즉, 세 개의 채널)으로 구성되며, 이는 일반적으로 RGB(3개 계층에 대한 초깃값)라고도 부른다. 컬러 이미지는 하나의 빨간색 채널, 하나의 파란색 채널 및 하나의 녹색 채널로 구성된다. 이 세 개의 채널이 서로의 위에 겹치게 쌓이면 우리가 전통적으로 알고 있는 컬러 이미지가 만들어진다.

이 개념을 도입한다면, 이미지란 실제로는 평평한 게 아니라 3차원 행렬 꼴로 된 정육면체인 셈이다. 이런 생각을 우리의 목표와 결합하여 이미지에 필터를 적용하고 세 채널을 모두 동시에 적용해 보려고 한다. 그러므로 두 개의 3차원 입방체 간에 원소별 곱셈을 수행한다.

우리의 3×3 필터는 이제 3축 깊이와 9개 파라미터, 그리고 편향치(bias, 편차)를 갖는다.

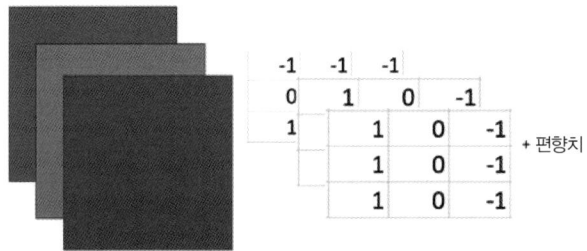

필터 입방체 또는 합성곱 핵의 예

합성곱 핵(convolutional kernel, 컨볼루션 커널)이라고 불리는 이 입방체는 2차원 행렬이 이전에 했던 것처럼 이미지 위를 미끄러지듯이 움직인다. 그리고 나서 원소별 곱셈이 다시 합산되고 편향치가 더해지며, 이에 따른 결과치가 다음 계층의 픽셀을 나타낸다.

필터는 항상 이전 계층의 전체 깊이를 포착한다. 필터는 이미지의 너비와 높이를 지나쳐서 움직인다. 반면에, 필터는 어떤 한 이미지의 깊이를 지나쳐서(즉, 채널 개수를 넘어서서) 움직이지는 않는다. 기술적인 용어로 말하자면, 필터를 구성하는 숫자인 가중치는 폭과 높이에 걸쳐서는 공유되지만, 다른 채널에서는 공유되지 않는다.

케라스 안에 합성곱 신경망을 쌓기 위한 블록들

이번 단원에서는 MNIST 문자를 분류하는 데 사용할 수 있는 간단한 합성망을 구축하는 동시에 현대적인 합성망을 구성하는 다양한 부분에 대해 학습한다.

다음 코드를 실행해 케라스에서 MNIST 데이터셋을 직접 가져올 수 있다.

```
from keras.datasets import mnist
(x_train, y_train), (x_test, y_test) = mnist.load_data()
```

우리의 데이터셋에는 28×28픽셀로 구성된 이미지가 6만 개나 들어 있다. MNIST 문자들은 검은색과 흰색으로 이뤄져 있으므로 데이터 모양(data shape)에는 일반적으로 채널이 포함되지 않는다.

```
x_train.shape
```

출력 내용:

```
(60000, 28, 28)
```

나중에 색상 채널을 자세히 살펴볼 생각이지만, 지금은 데이터의 차원을 확장해 우리에게 단색 채널만 있음을 보여주겠다. 다음 코드를 실행해 이를 달성할 수 있다.

```
import numpy as np
x_train = np.expand_dims(x_train,-1)
x_test = np.expand_dims(x_test,-1)
x_train.shape
```

출력 내용:

```
(60000, 28, 28, 1)
```

코드가 실행되면 단일 색상 채널이 추가되었음을 알 수 있다.

Conv2D

이제 우리는 합성망의 기본에 다가섰다. Conv2D는 다음 코드에서 볼 수 있듯이 하나의 Conv2D 계층에 여러 필터가 있는 것으로, 이것이 실제적인 합성곱 계층이다.

```
from keras.layers import Conv2D
from keras.models import Sequential

model = Sequential()

img_shape = (28,28,1)

model.add(Conv2D(filters=6,
                 kernel_size=3,
                 strides=1,
                 padding='valid',
                 input_shape=img_shape))
```

새 Conv2D 계층을 만들 때 사용하려는 필터 수와 각 필터의 크기를 지정해야 한다.

핵의 크기

개별 필터를 때때로 핵(kernel)이라고 하기 때문에 필터의 크기를 kernel_size라고도 한다. 단일한 숫자로 핵의 크기를 지정하면 케라스는 필터가 사각형일 것이라고 가정한다. 예를 들어 이번 사례에서 필터는 3×3픽셀이다.

그러나 튜플을 kernel_size 파라미터에 전달하는 식으로 핵 크기를 사각형이 아닌 것으로 지정할 수 있다. 예를 들어 kernel_size=(3,4)를 통해 3×4픽셀 필터를 선택할 수 있다. 그러나 이렇게 쓰는 경우는 매우 드물며 대부분 필터의 크기를 3×3이나 5×5로 지정한다. 연구자들은 경험을 통해 이런 필터 크기가 결과를 좋게 한다는 점을 알게 되었다.

보폭의 크기

보폭(strides) 파라미터로는 스텝 크기(step size, 걸음 너비)라고도 하는 보폭 크기를 지정하는데, 일반적으로 특징 지도라고도 부르는 보폭 필터가 이 크기에 맞춰 이미지 위를 움직인다. 대체로 필터는 픽셀 단위로 이동하므로 보폭은 1로 설정된다. 그러나 특징 지도의 공간 크기를 줄이기 위해 더 큰 보폭을 더 널리 사용하는 연구원도 있다.

kernel_size와 마찬가지로, 하나의 값만 지정하면 수평 보폭 크기와 수직 보폭 크기가 서로 같다고 간주된다. 그러나 가로 보폭 크기를 1로 하고 세로 보폭 크기를 2로 하는 식으로, 서로 다르게 보폭 크기를 지정할 때는 다음과 같이 튜플을 파라미터에 전달하면 된다. strides=(1,2). 필터 크기를 지정할 때와 마찬가지로, 이런 식으로 서로 다르게 보폭을 지정하는 일은 거의 없다.

채우기

마지막으로 우리는 합성곱 계층에 채우기(padding)를 추가해야 한다. 채우기를 통해 이미지 주위에 0을 추가한다. 특징 지도가 쪼그라들지 않게 하려고 이렇게 하는 것이다.

5×5픽셀 특징 지도와 3×3 필터를 생각해 보자. 이 필터는 특징 지도에 아홉 차례만 들어맞기 때문에 3×3 출력으로 끝난다. 이를 통해 다음 특징 지도에서 포착할 수 있는 정보량과 입력 특징 지도의 외부 픽셀이 작업에 기여할 수 있는 양이 줄어든다. 필터는 픽셀들에 자리 잡은 채로 눌러앉지 않고, 한 번만 스치듯이 지나간다.

채우기에는 채우기를 사용하지 않는 "No(미지정)" 채우기, "Same(같음)" 채우기, "Valid(유효)" 채우기로 알려진 세 가지 옵션이 있다.[1]

세 가지 채우기 방식을 각기 살펴보자. 먼저, no 채우기다.

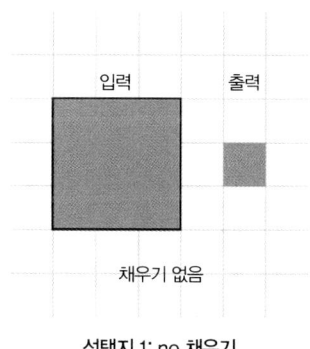

선택지 1: no 채우기

그러고 나서, same 채우기가 있다.

---

[1] (옮긴이) 이 책에서 말하는 No 채우기는 none 채우기를 말하는 것이다.

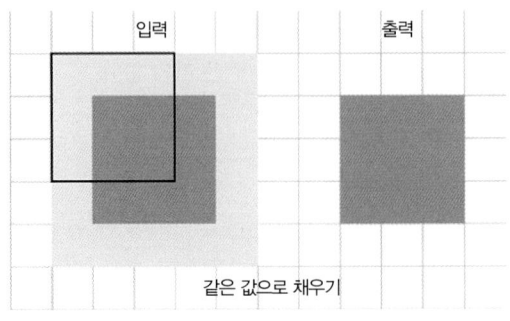

선택지 2: Same

출력이 입력과 동일한 크기를 갖게 하기 위해 same 채우기를 사용할 수 있다. 그리고 나서 케라스는 입력 특징 지도 주위에 0 값들을 충분히 추가해 크기를 유지할 수 있다. 그러나 기본 채우기 설정은 valid다. 이 채우기는 특징 지도 크기를 유지하지 않지만, 필터 및 보폭 크기가 실제로 입력 특징 지도에 맞는지 확인한다.

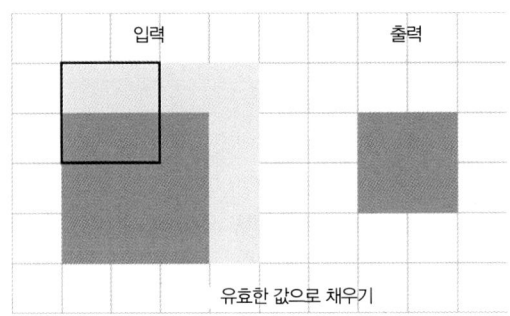

선택지 3: valid 채우기

입력 모양

케라스를 사용할 때는 입력 모양(input shape)을 지정해야 한다. 그러나 이것은 첫 번째 계층에만 필요하다. 다음 모든 계층에 대해 케라스는 이전 계층의 출력 모양을 가지고 다음 계층의 입력 모양을 유추한다.

간편한 Conv2D 표기법

이전 계층은 $28 \times 28 \times 1$ 모양으로 된 입력 내용을 가져와 2×2 크기의 필터 여섯 개를 픽셀 단위로 미끄러트리듯이 움직인다. 동일한 계층을 지정하는 더 일반적인 방법은 다음 코드를 사용하는 것이다.

```
model.add(Conv2D(6,3,input_shape=img_shape))
```

필터 수(여기서 6)와 필터 크기(여기서 3)는 위치 인수로 설정되는 반면, strides와 padding은 각기 기본적으로 1과 valid로 설정된다. 이것이 망에서 더 깊숙한 계층이라면 입력 모양을 지정할 필요조차 없다.

ReLU 활성

합성곱 계층은 선형 단계만 수행한다. 이미지를 구성하는 숫자들은 일종의 선형연산(linear operation)인 필터와 곱해진다.

따라서 복잡한 함수를 근사하려면(approximate, 어림하려면) 활성함수로 비선형성을 도입해야 한다. 컴퓨터 비전 기술에 가장 널리 쓰이는 활성함수는 정류 선형 장치(rectified linear units)이며, 이를 약칭해서 ReLU 함수라고 부른다.

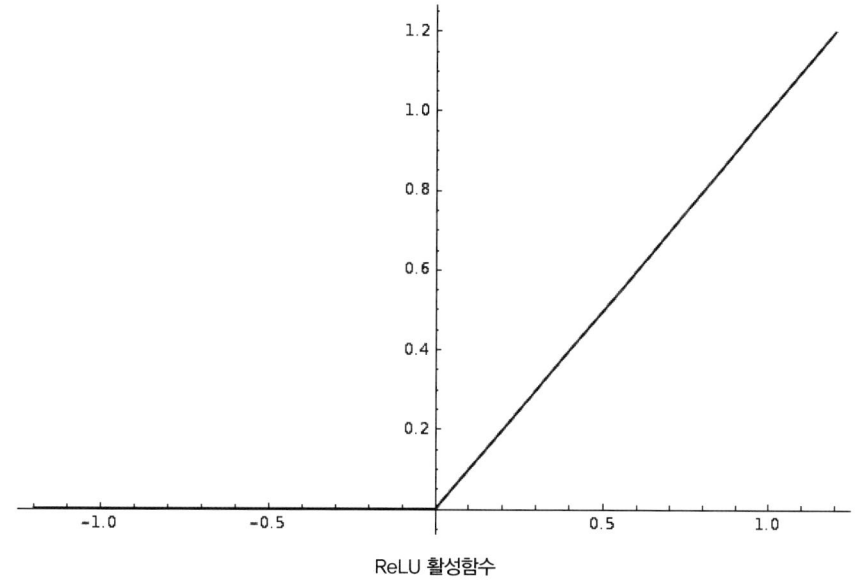

ReLU 활성함수

위 차트를 생성하는 데 사용된 ReLU 수식은 다음과 같다.

$$ReLU(x) = max(x, 0)$$

즉, 입력이 양수이면 ReLU 함수가 입력을 반환한다. 그렇지 않으면 0을 반환한다. 아주 간단해 보이는 함수지만 무척 유용한 것으로 알려졌으며, 경사 하강법을 사용할 때 더 빨리 수렴하게 한다.

0보다 큰 모든 값에 대한 도함수는 1일뿐이고, 예를 들면 시그모이드나 tanh처럼 일부 극단 값의 도함수처럼 그리 작아지지 않기 때문에 ReLU가 더 빠르다는 주장이 종종 보인다.

ReLU는 또한 시그모이드와 tanh보다 계산 비용이 저렴하다. ReLU는 계산 비용이 저렴하며, 0 미만의 입력값은 0으로 설정되고 나머지는 그 값 그대로 출력된다. 불행히도 ReLU 활성함수는 쉽게 깨질 수 있고 아예 "죽을 수 있다."

경사도가 매우 커서 여러 가중치를 음의 방향으로 이동하면 ReLU의 미분도 항상 0이므로 가중치가 다시 갱신되지 않는다. 이것은 뉴런이 다시는 점화되지 않는다는 것을 의미할 수 있다. 그렇지만, 이런 문제는 학습속도를 더 작은 값으로 지정해 완화할 수 있다.

ReLU는 빠를 뿐만 아니라 계산 비용이 적게 들어 많은 실무자가 기본 활성함수로 사용하게 되었다. 케라스에서 ReLU 함수를 사용하려면 다음 코드를 실행해 활성화 계층에서 원하는 활성함수로 이름을 지정하면 된다.

```
from keras.layers import Activation model.add(Activation('relu'))
```

MaxPooling2D

여러 개의 합성곱 계층 다음 자리에서 풀링 계층(pooling layer, 병합 계층, 풀링 레이어)을 사용하는 것이 일반적이다. 풀링은 특징 지도의 공간 크기를 감소시켜 신경망에 필요한 파라미터의 수를 줄임으로써 과적합을 줄인다.

다음에서 최대 풀링(max pooling, 최대 병합, 최대 합동)의 예를 볼 수 있다.

입력		출력	

```
        입력                    출력
    ┌─┬─┬─┬─┐
    │1│2│5│6│
    ├─┼─┼─┼─┤              ┌─┬─┐
    │3│4│2│1│              │4│6│
    ├─┼─┼─┼─┤              ├─┼─┤
    │2│1│6│5│              │2│6│
    ├─┼─┼─┼─┤              └─┴─┘
    │1│1│5│5│
    └─┴─┴─┴─┘
         최대 풀링
```

최대 풀링

최대 풀링은 풀(pool)에서 최대 원소를 반환한다. 이것은 풀의 평균을 반환하는 AveragePooling2D의 평균 사례와는 대조적이다. 최대 풀링은 종종 평균 풀링(average pooling, 평균 병합)보다 우수한 결과를 제공하므로 대부분의 실무자가 사용하는 표준이다.

다음 코드를 실행해 최대 풀링을 달성할 수 있다.

```
from keras.layers import MaxPool2D

model.add(MaxPool2D(pool_size=2,
                    strides=None,
                    padding='valid'))
```

케라스에서 최대 풀링 영역을 사용할 때는 원하는 크기를 지정해야 한다. 가장 일반적인 값은 2×2 풀이다. Conv2Dlayer와 마찬가지로 보폭도 지정할 수 있다.

풀링 계층의 경우에 기본 보폭 크기는 None으로 지정된다. 이런 경우에 케라스는 보폭을 풀 크기와 동일하게 설정한다. 다시 말해, 풀은 서로 나란히 있게 되는 셈이 되어 겹치지 않는다.

또한 채우기를 지정할 수 있으며, 기본 선택 값은 valid다. 그러나 풀링 계층의 역할은 특징 지도의 공간 크기를 줄이는 데 있으므로 풀링 계층에 대해 동일 값으로 채우기를 지정하는 것은 매우 드물다.

여기서 MaxPooling2D 계층은 서로 겹치지 않고 2×2픽셀 크기인 풀을 가져와서 최대 원소를 반환한다. 동일 계층을 지정하는 가장 일반적인 방법은 다음 코드를 실행하는 것이다.

```
model.add(MaxPool2D(2))
```

이번 경우에는 보폭과 채우기는 모두 기본값으로 설정되며 각각 none과 valid가 된다. 풀링 계층은 선형 단계를 수행하지 않으므로 풀링 계층 이후에는 일반적으로 활성함수를 두지 않는다.

평탄화

특징 지도가 3차원인 반면, 원하는 출력은 열 개 계급별 확률을 포함하는 1차원 벡터라는 것을 알 수 있다. 그렇다면 3D에서 1D로 어떻게 바꿔야 할까? 여기서 우리는 특징 지도들을 Flatten(평탄화)해야 할 것이다.

Flatten 연산은 넘파이의 flatten 연산과 유사하게 작동한다. 평탄화 연산에서는 (batch_size, height, width, channels), 즉 (배치_크기, 높이, 너비, 채널들) 차원으로 특징 지도들의 배치 한 개를 취하고 (batch_size, height * width * channels), 즉 (배치_크기, 높이 * 너비 * 채널들) 차원으로 된 벡터 집합을 반환한다.

평탄화 연산 시에는 계산하지는 않고 행렬의 모양만 바꾼다. 다음 코드에서 볼 수 있듯이 이 작업에 설정할 하이퍼파라미터가 없다.

```
from keras.layers import Flatten

model.add(Flatten())
```

조밀

합성망은 일반적으로 특징을 추출하는 부분인 합성곱 계층과 더불어 분류를 담당하는 부분이 있다. 이 분류 부분은 **1장 '신경망 및 경사도 기반 최적화'**와 **2장 '정형 데이터에 머신러닝을 적용하기'**에서 이미 살펴본 적이 있는 간단한 완전 연결 계층(fully connected layers)으로 구성된다.

이처럼 꾸미지 않은 계층을 다른 모든 유형의 계층과 구별하기 위해 이 계층을 조밀 계층(dense layers)이라고 부른다. 조밀 계층에서 각 입력 뉴런은 출력 뉴런에 연결된다. 원하는 출력 뉴런의 수를 지정해야 한다.

다음 코드를 실행하면 된다.

```
from keras.layers import Dense
model.add(Dense(10))
```

조밀 계층으로 된 선형 단계를 지나고 나면, 다음 코드를 실행함으로써 앞서 나오는 2개 장에서 그랬던 것과 마찬가지로 다중 계급에 대한 소프트맥스(softmax) 활성을 추가할 수 있다.

```
model.add(Activation('softmax'))
```

MNIST 훈련

MNIST 데이터셋을 사용해 합성망을 훈련할 수 있게 이 모든 요소를 하나로 모아 보자.

모델

먼저 다음 코드를 사용하여 모델을 지정할 수 있다.

```
from keras.layers import Conv2D, Activation, MaxPool2D, Flatten, Dense
from keras.models import Sequential

img_shape = (28,28,1)

model = Sequential()

model.add(Conv2D(6,3,input_shape=img_shape))

model.add(Activation('relu'))

model.add(MaxPool2D(2))

model.add(Conv2D(12,3))

model.add(Activation('relu'))

model.add(MaxPool2D(2))

model.add(Flatten()) model.add(Dense(10))

model.add(Activation('softmax'))
```

다음 코드에서 전형적인 합성망의 일반적인 구조를 볼 수 있다.

```
Conv2D
Pool

Conv2D
Pool

Flatten

Dense
```

합성곱 계층 및 풀링 계층은 종종 이러한 블록에서 함께 사용된다. Conv2D와 MaxPool2D의 조합을 수십 번 반복하는 신경망을 찾을 수 있다. 다음 명령으로 모델의 개요를 얻을 수 있다.

```
model.summary()
```

다음과 같은 결과가 나온다.

Layer (type)	Output Shape	Param #
conv2d_2 (Conv2D)	(None, 26, 26, 6)	60
activation_3 (Activation)	(None, 26, 26, 6)	0
max_pooling2d_2 (MaxPooling2	(None, 13, 13, 6)	0
conv2d_3 (Conv2D)	(None, 11, 11, 12)	660
activation_4 (Activation)	(None, 11, 11, 12)	0
max_pooling2d_3 (MaxPooling2	(None, 5, 5, 12)	0
flatten_2 (Flatten)	(None, 300)	0
dense_2 (Dense)	(None, 10)	3010

```
activation_5 (Activation)         (None, 10)                  0
=========================================================================
Total params: 3,730
Trainable params: 3,730
Non-trainable params: 0
```

이 요약 내용 중에서 풀링 계층이 특징 지도의 크기를 줄이는 방법을 명확하게 볼 수 있다. 요약 내용만으로는 조금 덜 분명하지만, 첫 번째 Conv2D 계층의 출력이 26×26 픽셀인 반면에 입력 이미지는 28×28 픽셀인 이유를 알 수 있다.

Conv2D 또한 valid 값으로 채우기를 사용해 적은 양만으로도 특징 지도의 크기를 줄인다. 특징 지도를 13×13 픽셀에서 11×11 픽셀로 축소하는 두 번째 Conv2D 계층도 마찬가지다.

또한 첫 번째 합성곱 계층에는 60개의 파라미터만 있는 반면, 조밀 계층에는 3,010개의 파라미터가 있어서 50배 이상이라는 점도 볼 수 있다. 합성곱 계층은 일반적으로 파라미터가 거의 없이도 놀라운 업적을 달성하므로 인기가 높다. 망의 총 파라미터 수는 합성곱 계층 및 풀링 계층에 의해 크게 줄어들 수 있다.

데이터 적재

우리가 사용하는 MNIST 데이터셋은 케라스와 함께 사전 설치되어 제공된다. 케라스를 먼저 내려받아야 하므로 데이터를 적재(loading)할 때 케라스를 통해 직접 데이터셋을 사용하려면 인터넷에 연결되어 있는지 확인하자.

다음 코드를 사용해 데이터셋을 가져올 수 있다.

```
from keras.datasets import mnist
(x_train, y_train), (x_test, y_test) = mnist.load_data()
```

이번 장의 시작 부분에서 설명했듯이 채널 차원을 가질 수 있게 데이터셋의 모양을 바꾸려고 한다. 데이터셋은 아직 채널 크기가 없지만, 다음과 같이할 수 있다.

```
x_train.shape
```

출력 내용:

```
(60000, 28, 28)
```

따라서 다음 코드와 함께 넘파이를 사용해 채널 차원을 추가한다.

```
import numpy as np

x_train = np.expand_dims(x_train,-1)

x_test = np.expand_dims(x_test,-1)
```

보다시피 이제는 채널 차원이 있다.

```
x_train.shape
```

출력 내용:

```
(60000, 28, 28,1)
```

컴파일하고 훈련하기

이전 장에서 우리는 다중 계급 회귀(multiclass regression)를 위해 원핫 인코딩된 표적치들을 사용했다. 데이터의 모양을 바꾸기는 했지만 표적치들(targets, 목표치들)은 여전히 원래 모양 그대로다. 표적치들은 각 손글씨 그림에 대한 수치 데이터 표현을 포함하는 평면 벡터다. MNIST 데이터셋에는 6만 개의 데이터가 있다.

```
y_train.shape
```

출력 내용:

```
(60000,)
```

원핫 인코딩을 통해 표적치의 형태를 바꾸는 일이 빈번하고 성가시지만, 케라스를 사용하면 대상을 원핫으로 즉시 변환하는 손실함수를 지정할 수 있다. 이 손실함수를 sparse_categorical_crossentropy(희박한 범주형 교차 엔트로피)라고 한다.

이 함수는 이전 장에서 사용된 범주형 교차 엔트로피 손실(categorical cross-entropy loss)과 비슷하지만, 유일한 차이점은 이 방법이 희박한(즉, 원핫 인코딩을 하지 않은) 표적치들을 사용한다는 점이다.

이전과 마찬가지로 망 출력이 계급의 크기만큼 많은지 확인해야 한다.

이제 다음 코드를 사용해 모델을 컴파일할 수 있다.

```
model.compile(loss='sparse_categorical_crossentropy',
              optimizer='adam',
              metrics=['acc'])
```

보다시피, 우리는 Adam 최적화기(optimizer, 옵티마이저)를 사용하고 있다. Adam의 정확한 작업을 다음 단원인 **'우리의 신경망을 더 도드라지게 하는 부분'**에서도 설명하지만, 지금은 Adam을 확률적 경사 하강법의 더 정교한 버전으로 생각할 수 있다.

훈련할 때는 다음 코드를 실행해 케라스에서 검증 집합을 직접 지정할 수 있다.

```
history = model.fit(x_train,
                    y_train,
                    batch_size=32,
                    epochs=5,
                    validation_data=(x_test, y_test))
```

해당 코드를 성공적으로 실행하면 다음과 같은 결과가 나타난다.

```
Train on 60000 samples, validate on 10000 samples
Epoch 1/10
60000/60000 [==============================] - 19s 309us/step - loss:
5.3931 - acc: 0.6464 - val_loss: 1.9519 - val_acc: 0.8542
Epoch 2/10
60000/60000 [==============================] - 18s 297us/step - loss:
0.8855 - acc: 0.9136 - val_loss: 0.1279 - val_acc: 0.9635
....
Epoch 10/10
60000/60000 [==============================] - 18s 296us/step - loss:
0.0473 - acc: 0.9854 - val_loss: 0.0663 - val_acc: 0.9814
```

진행 상황을 더 잘 알기 위해 다음 코드를 사용해 훈련 진행 상황을 그릴 수 있다.

```
import matplotlib.pyplot as plt

fig, ax = plt.subplots(figsize=(10,6))
gen = ax.plot(history.history['val_acc'], label='Validation Accuracy')
fr = ax.plot(history.history['acc'], dashes=[5, 2], label='Training Accuracy')

legend = ax.legend(loc='lower center', shadow=True)

plt.show()
```

이 코드를 실행하면 다음과 같은 차트가 나온다.

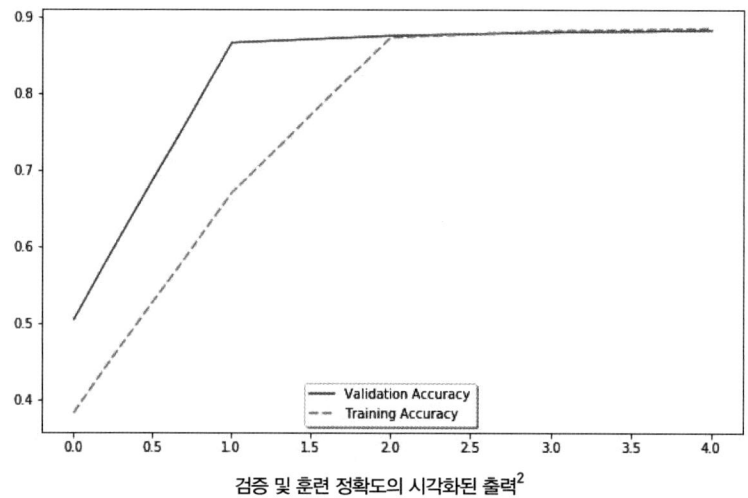

검증 및 훈련 정확도의 시각화된 출력[2]

앞의 차트에서 볼 수 있듯이 모델의 검증 정확도는 약 98%에 달하는데, 무척 훌륭하다!

---

2 (옮긴이) Validation Accuracy → 검증 정확도, Training Accuracy → 훈련 정확도

우리의 신경망을 더 도드라지게 하는 부분

신경망의 다른 요소 중 몇 가지를 살펴보자.

모멘텀

이전 장에서 우리는 누군가 시도하는 관점에서 경사도 하강을 설명했다

바닥의 경사를 따라 산으로 내려가는 길을 찾아보자. 공이 같은 언덕 아래로 구르는 현상을 물리학적으로 설명하는 것과 비슷한 방식으로 모멘텀(momentum, 타성, 운동량)을 설명할 수 있다. 언덕에 작은 돌기가 있을지라도 완전히 다른 방향으로 공이 굴러가지는 않는다. 이는 공에 이미 약간의 모멘텀이 있기 때문인데, 다시 말해서 공의 움직임이 이전 움직임에 의해 영향을 받는다는 것을 의미한다.

모델의 파라미터들에 대한 경사도를 사용해 모델 파라미터들을 직접 갱신하는 대신에 지수가중이동평균(exponentially weighted moving average)을 사용해 갱신한다. 파라미터를 어떤 한 가지 이상점 경사도(outlier gradient)로 갱신하고 이동평균을 내서 이상점들을 매끄럽게 하면 경사도의 일반적인 방향을 파악할 수 있는데, 이런 면을 다음 그림에서 볼 수 있다.

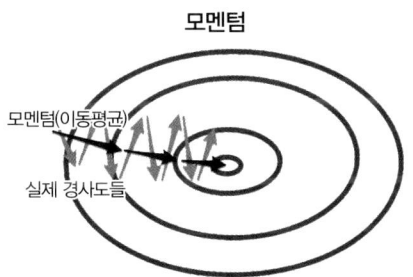

모멘텀이 경사도 갱신을 부드럽게 하는 방법

지수가중이동평균은 이전 값들로 이뤄진 집합을 기억하지 않고도 이동평균을 계산하는 데 사용할 수 있는 방법으로, 영리한 수학적 속임수다. 어떤 값 θ의 지수가중평균(exponentially weighted average) V는 다음과 같다.

$$V_t = \beta * V_{t-1} + (1-\beta) * \theta_t$$

베타 값이 0.9이면 평균의 90%가 이전 이동평균인 V_{t-1}에서 나오고, 10%는 새로운 값인 θt 에서 나온다는 의미다.

모멘텀을 사용하면 이상점인 경사도들이나 국소 최솟값들 및 안장점들처럼, 경사도 하강 시에 만날 수 있는 함정들을 건너 뛰어가며 더 잘 학습하게 할 수 있다.

베타 값을 설정해 케라스의 표준 확률적 경사 하강법 최적화기를 모멘텀(momentum)으로 보강할 수 있다.

```
from keras.optimizers import SGD
momentum_optimizer = SGD(lr=0.01, momentum=0.9)
```

이 작은 코드는 학습속도가 0.01이고 베타 값이 0.9인 확률적 경사 하강법 최적화기를 만든다. 이제 다음과 같이 모델을 컴파일할 때 사용할 수 있다.

```
model.compile(optimizer=momentum_optimizer,
              loss='sparse_categorical_crossentropy',
              metrics=['acc'])
```

Adam 최적화기

2015년에 킹마(Diederik P. Kingma)와 바(Jimmy Ba)는 Adam(Adaptive Momentum Estimation, 적응적 모멘텀 추정)이라는 최적화기를 만들었다. 이는 경사 하강(gradient descent, 언덕 내려가기) 작업을 이전보다 효율적으로 수행할 수 있게 한 또 다른 방법이다. 지난 몇 년 동안 이 방법이 매우 좋은 결과를 보여줬기 때문에 많은 실무자가 채택했고, 이에 따라 표준이 되었다. 예를 들어, 우리는 이 최적화기를 MNIST 데이터셋을 가지고 훈련할 때 사용했다.

먼저, Adam 최적화기는 모멘텀 최적화기와 마찬가지로 지수가중평균을 계산한다. 다음 공식으로 이렇게 한다.

$$V_{dW} = \beta_1 * V_{dW} + (1-\beta_1) * dW$$

그리고 나서, 제곱한 경사도의 지수가중평균을 계산한다.

$$S_{dW} = \beta_2 * S_{dW} + (1-\beta_2) * dW^2$$

그러고 나서, 모델 파라미터들을 다음과 같이 갱신한다.

$$W = W - \alpha * \frac{V_{dW}}{\sqrt{S_{dW}} + \varepsilon}$$

여기서 β는 0으로 나뉘지 않게 하기 위해 사용하는 아주 작은 숫자를 나타낸다.

제곱한 경사도를 제곱근으로 나누면 경사도가 매우 클 때 갱신 속도가 줄어든다. 또한 학습 알고리즘이 이상점에 의해 왜곡되지 않기 때문에 학습을 안정화시킨다.

Adam을 사용함으로써 우리에게는 새로운 하이퍼파라미터가 하나 더 생겼다. 모멘텀 계수 β를 하나만 써 왔는데, 이제부터는 모멘텀 계수로 β_1과 β_2라는 두 가지를 써야 한다. β_1 및 β_2의 권장값은 각각 0.9 및 0.999다.

케라스에서는 다음과 같은 식으로 Adam을 사용할 수 있다.

```
from keras.optimizers import adam

adam_optimizer=adam(lr=0.1,
                    beta_1=0.9,
                    beta_2=0.999,
                    epsilon=1e-08)

model.compile(optimizer=adam_optimizer,
              loss='sparse_categorical_crossentropy',
              metrics=['acc'])
```

이번 장의 앞부분에서 봤듯이, adam이라는 문자열을 최적화기로 전달해 모델을 컴파일할 수도 있다. 이번 경우에 케라스는 Adam 최적화기를 생성하고 권장값을 선택한다.

정칙화

정칙화(regularization)는 과적합(overfitting, 과적응)을 피하는 데 사용되는 기술이다. 과적합은 모델이 훈련 데이터에 너무 잘 적합하게 되는 경우이며, 결과적으로 개발이나 테스트 데이터에 잘 일반화되지 않는다. 과적합을 때때로 "고분산(high variance)"이라고도 하며, 훈련이나 개발 또는 테스트용 데이터에 대한 결과가 불량한 경우에는 "고편향(high bias)"이라고 한다.

고전적인 통계 학습에서는 편향-분산 상반관계(bias-variance tradeoff)에 많은 관심을 기울인다. 모델이 훈련 집합에 매우 잘 적합된다면 이 모델이 과적합할 가능성이 있고, 좋은 결과를 얻기 위해서는 약간의 과소적합(underfitting, 과소적응, 미적합)이 필요하다는 주장, 다시 말하면 편향이 수용되어야 한다는 주장이 있다. 고전적인 통계 학습에서 과적합을 막는 하이퍼파라미터로 인해 오히려 종종 훈련 집합이 잘 적합되지 못한다.

여기에 제시된 신경망의 정칙화는 대부분 고전적인 학습 알고리즘에서 빌려온 것이다. 그러나 현대 머신러닝 연구에서는 서로 다른 하이퍼파라미터가 편향과 분산에 영향을 준다는 개념인 "직교성(orthogonality)" 개념을 수용하기 시작했다.

이러한 하이퍼파라미터를 분리함으로써 편향-분산 상반관계를 깰 수 있으며, 잘 일반화하고 정확한 예측을 제공하는 모델을 찾을 수 있다. 하지만 지금까지 이런 노력을 기울였어도 우리가 얻은 게 별로 없었는데, 이는 저편향(low-bias) 및 저분산(low-variance) 모델에는 대량의 훈련 데이터가 필요하기 때문이다.

L2 정칙화

과적합에 대응하는 인기 있는 기술 중 하나는 L2 정칙화(L2 regularization)다. L2 정칙화는 손실함수에 제곱한 가중치들의 합을 더한다. 다음 공식에서 이에 대한 예를 볼 수 있다.

$$L_{Regularized}(W) = L(W) + \frac{\lambda}{2N} \sum W^2$$

여기서 N은 훈련 사례(training examples)의 개수이고 λ는 정칙화 하이퍼파라미터인데, 우리는 이것으로 정칙화할 분량을 결정하며, 공통 값은 약 0.01이다.

손실함수에 이 정칙화를 추가한다는 것은 높은 가중치로 인해 손실이 늘므로 알고리즘이 인센티브를 부여하여 가중치를 줄인다는 뜻이다. 0에 가까울 만큼 작은 값을 지닌 가중치들이 있다는 것은 신경망이 해당 가중치들에 덜 의존한다는 뜻이기도 하다.

따라서 정칙화된 알고리즘은 모든 단일 특징 및 모든 단일 노드 활성치에 덜 의존하게 되며, 대신에 많은 특징과 활성치를 고려해 더 전체적인 관점을 갖게 된다. 이렇게 하면 알고리즘이 과적합되지 않는다.

L1 정칙화

L1 정칙화는 L2 정칙화와 매우 유사하지만, 제곱의 합을 더하는 대신에 이 공식에서 볼 수 있듯이 절댓값의 합을 더한다.

$$L_{Regularized}(W) = L(W) \frac{\lambda}{2N} \sum \|W\|$$

실제로, 둘 중 어느 것이 더 효과가 있을지가 종종 알기 어렵지만 둘 사이의 차이는 그리 크지 않다.

케라스에서 정칙화를 하기

케라스에서는 가중치에 적용되는 정칙화기를 kernel_regularizer라고 하고, 편향치에 적용되는 정칙화기를 bias_regularizer라고 한다. activity_regularizer(활성치 정칙화기)를 사용해 노드가 매우 강력하게 활성화되지 않게 노드 활성화에 직접 정칙화를 적용할 수도 있다.

지금은 망에 L2 정칙화를 추가해 보자. 이렇게 하려면 다음 코드를 실행해야 한다.

```
from keras.regularizers import l2

model = Sequential()

model.add(Conv2D(6,3,input_shape=img_shape, kernel_ regularizer=l2(0.01)))

model.add(Activation('relu')) model.add(MaxPool2D(2))

model.add(Conv2D(12,3,activity_regularizer=l2(0.01)))

model.add(Activation('relu'))

model.add(MaxPool2D(2)) model.add(Flatten())

model.add(Dense(10,bias_regularizer=l2(0.01)))

model.add(Activation('softmax'))
```

케라스의 첫 번째 합성곱 계층에서 kernel_regularizer를 설정하면 가중치들이 정칙화된다. bias_regularizer를 설정하면 편향치가 정칙화되고 activity_regularizer를 설정하면 계층의 출력 활성치들이 정칙화된다.

다음에 나오는 예제에서는 정칙화기들이 표시되게 설정되어 있지만, 여기서 실제로는 망의 성능을 저하시킨다. 위의 훈련 결과에서 볼 수 있듯이, 망은 실제로 과적합되지 않으므로 정칙화기를 설정하면 성능이 저하되고 결과적으로 모델이 적합되지 않는다.

다음 출력에서 볼 수 있듯이 이번 경우에 모델의 검증 정확도는 약 87%에 이른다.

```
model.compile(loss='sparse_categorical_crossentropy',
              optimizer = 'adam',
              metrics=['acc'])

history = model.fit(x_train,
                    y_train,
                    batch_size=32,
                    epochs=10,
                    validation_data=(x_test, y_test))
```

```
Train on 60000 samples, validate on 10000 samples
Epoch 1/10
60000/60000 [==============================] - 22s 374us/step - loss: 7707.2773 - acc: 0.6556 - val_loss: 55.7280 - val_acc: 0.7322
Epoch 2/10
60000/60000 [==============================] - 21s 344us/step - loss: 20.5613 - acc: 0.7088 - val_loss: 6.1601 - val_acc: 0.6771
....
Epoch 10/10
60000/60000 [==============================] - 20s 329us/step - loss: 0.9231 - acc: 0.8650 - val_loss: 0.8309 - val_acc: 0.8749
```

모델이 훈련 집합보다는 검증 집합에서 더 높은 정확도를 보인다는 점을 알게 될 텐데, 이는 과소적합(underfitting, 과소적응)이 되었다는 명백한 징후다.

드롭아웃

스리바스타바(Srivastava) 등이 2014년에 발표한 논문 제목에서 알 수 있듯이, *"Dropout is A Simple Way to Prevent Neural Networks from Overfitting*(드롭아웃은 신경망이 과적합되는 것을 방지하는 간단한 방법)"이라고 한다. 신경망에서 노드를 무작위로 제거함으로써 드롭아웃(dropout, 중도탈락, 중도퇴출, 세포사멸)을 할 수 있다.

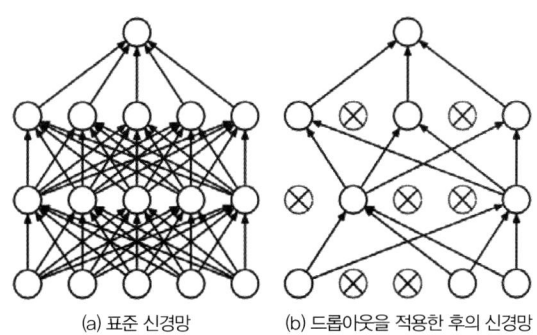

(a) 표준 신경망   (b) 드롭아웃을 적용한 후의 신경망

드롭아웃 방법의 개략도.
스리바스타바 등이 2014년에 펴낸 "Dropout: A Simple Way to Prevent Neural Networks from Overfitting"

드롭아웃을 사용하면 각 노드의 활성치가 0으로 설정될 확률이 줄어든다. 이는 학습 알고리즘이 L2 정칙화 및 L1 정칙화와 같이 더 이상 단일 노드에 크게 의존할 수 없음을 의미한다. 따라서 드롭아웃으로 인해 정칙화 효과가 나타난다.

케라스에서 드롭아웃 계층은 새로운 계층 유형이다. 드롭아웃 계층은 드롭아웃을 적용하려는 활성함수들 뒤에 놓는다. 이 계층은 활성치를 전달하지만 때로는 활성치를 0으로 설정해 버리는데, 이로 인해 세포의 사멸(dropout)과 동일한 효과를 얻는다.[3] 우리는 이것을 다음 코드에서 볼 수 있다.

```
from keras.layers import Dropout
model = Sequential()

model.add(Conv2D(6,3,input_shape=img_shape))
model.add(Activation('relu'))
```

---

3 (옮긴이) dropout이라는 용어의 기원이 통계학의 중도탈락(dropout)인지, 아니면 생물학의 세포 예정사(apoptosis, dropping off)인지에 관해서 옮긴이는 통계학의 중도탈락이라는 용어에 연원을 두면서 동시에 생물학의 세포 예정사라는 개념까지 염두에 두고 개념을 차용한 용어가 아닌가라는 추정을 해본다. 세포 예정사란 특정 세포가 죽게끔 유전자에 미리 짜여 있는 경우를 말하는데, 인공지능의 특정 유닛(인공 신경세포 단위)이 프로그램 코드에 의해서 퇴출당하는 과정이 세포 예정사와 닮았다. 그러므로 드롭아웃이라는 용어를 세포 예정사라는 개념과 연관시키면 드롭아웃이라는 방법을 더 잘 이해할 수 있을 것이다. 이 책의 저자도 의도한 것인지는 모르겠지만, 이런 생물학적 개념을 드롭아웃이라는 말에 암묵적으로 연관시키고 있다.

```
model.add(MaxPool2D(2))

model.add(Dropout(0.2))

model.add(Conv2D(12,3))
model.add(Activation('relu'))
model.add(MaxPool2D(2))

model.add(Dropout(0.2))

model.add(Flatten())


model.add(Dense(10,bias_regularizer=l2(0.01)))

model.add(Activation('softmax'))
```

과적합이 심각한 문제인 경우에 0.5의 드롭아웃 값으로 0.5를 선택하는 게 좋다고 여겨지지만, 0.5보다 큰 값은 망에서 사용하기에 너무 적은 값이어서 그다지 도움이 되지 않는다고 여겨진다. 이번 경우에는 드롭아웃 값으로 0.2를 선택했다. 즉, 각 셀(cell)의 값은 20% 확률로 0으로 설정된다.[4]

풀링 이후에 드롭아웃이 사용된다는 점에 유념하자.

```
model.compile(loss='sparse_categorical_crossentropy',
              optimizer = 'adam',
              metrics=['acc'])

history = model.fit(x_train,
                    y_train,
                    batch_size=32,
                    epochs=10,
                    validation_data=(x_test, y_test))
```

---

4 (옮긴이) 여기서 저자가 말하는 셀(cell)은 뉴런(neuron)을 말하며, 0으로 지정한다(set to zero)는 말은 소거된다(zeroed out)는 말이다.

```
Train on 60000 samples, validate on 10000 samples

Epoch 1/10
60000/60000 [==============================] - 22s 371us/step - loss:
5.6472 - acc: 0.6039 - val_loss: 0.2495 - val_acc: 0.9265

Epoch 2/10
60000/60000 [==============================] - 21s 356us/step - loss:
0.2920 - acc: 0.9104 - val_loss: 0.1253 - val_acc: 0.9627

....

Epoch 10/10
60000/60000 [==============================] - 21s 344us/step - loss:
0.1064 - acc: 0.9662 - val_loss: 0.0545 - val_acc: 0.9835
```

드롭아웃 값이 작으면 좋은 결과를 얻을 수 있지만, 망이 훈련 집합보다는 검증 집합에서 더 좋은 성과를 낸다면 이는 과소적합이 일어나고 있다는 분명한 신호다. 드롭아웃은 훈련 시간에만 적용된다. 모델이 예측 작업에 사용될 때는 드롭아웃이 아무런 역할도 하지 못한다.

배치 정규화

줄여서 **배치 놈**(batch norm)이라고 부르기도 하는 **배치 정규화**(batch normalization)는 입력 데이터를 배치별로(batch-wise, 집단별로, 묶음별로) "정규화"하는 기술이다. 각 배치 정규화 과정에서 데이터의 평균 및 표준편차를 계산하고 평균이 0이고 표준편차가 1이 되게 변환한다.

이렇게 하면 손실 표면이 더 "둥글게(round)" 되기 때문에 훈련하기 더 쉬워진다. 서로 다른 입력 차원에 따른 서로 다른 평균과 표준편차는 망이 더 복잡해진 함수를 학습해야 한다는 것을 의미한다.

케라스에서 배치 정규화 계층은 다음 코드에서 볼 수 있듯이 새로 도입된 계층이다.

```
from keras.layers import BatchNormalization

model = Sequential()

model.add(Conv2D(6,3,input_shape=img_shape))
```

```python
model.add(Activation('relu'))
model.add(MaxPool2D(2))

model.add(BatchNormalization())
model.add(Conv2D(12,3)) model.add(Activation('relu'))
model.add(MaxPool2D(2))
model.add(BatchNormalization()) model.add(Flatten())

model.add(Dense(10,bias_regularizer=l2(0.01)))

model.add(Activation('softmax'))

model.compile(loss='sparse_categorical_crossentropy',
              optimizer = 'adam',
              metrics=['acc'])

history = model.fit(x_train,
                    y_train,
                    batch_size=32,
                    epochs=10,
                    validation_data=(x_test, y_test))
```

```
Train on 60000 samples, validate on 10000 samples

Epoch 1/10
60000/60000 [==============================] - 25s 420us/step - loss: 0.2229 - acc: 0.9328 - val_loss: 0.0775 - val_acc: 0.9768

Epoch 2/10
60000/60000 [==============================] - 26s 429us/step - loss: 0.0744 - acc: 0.9766 - val_loss: 0.0668 - val_acc: 0.9795

....

Epoch 10/10
60000/60000 [==============================] - 26s 432us/step - loss: 0.0314 - acc: 0.9897 - val_loss: 0.0518 - val_acc: 0.9843
```

배치 정규화를 하면 훈련하기 쉬워지므로 훈련 속도가 더 빨라진다. 첫 번째 에포크에서 정확도 비율이 얼마만큼 증가하는지를 확인할 수 있다.

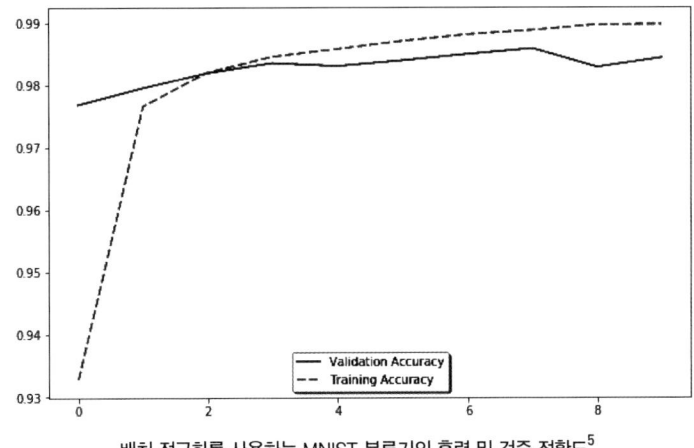

배치 정규화를 사용하는 MNIST 분류기의 훈련 및 검증 정확도[5]

배치 정규화를 하면 약간의 정칙화 효과도 따라온다. 극단적인 값들은 종종 과적합되며, 배치 정규화를 하면 활성치 정칙화(activity regularization)를 통해서 얻을 수 있는 효과와 유사하게 극단적인 값을 줄일 수 있다. 이 모든 요인 때문에 배치 정규화는 컴퓨터 비전 기술 분야에서 아주 인기를 끄는 도구가 되었다.

큰 이미지 데이터셋을 사용해 작업하기

이미지 파일의 크기는 대체로 크다. 실제로 전체 이미지 데이터셋을 컴퓨터의 RAM 용량에 들어맞게 하지 못할 가능성이 크다.

따라서 이미지를 모두 미리 메모리에 올리기보다는 디스크에 두었다가 "적절할 때" 메모리로 올리는 것이 바람직하다. 이번 단원에서는 이미지를 즉시 적재하는 이미지 데이터 생성기를 설정한다.

이번 경우에는 식물 종묘 데이터셋을 사용할 것이다. 이 데이터셋은 토머스 지젤슨(Thomas Giselsson) 등이 2017년에 펴낸 *"A Public Image Database for Benchmark of Plant Seedling Classification Algorithms"*에 따라왔다.

---

[5] (옮긴이) Validation Accuracy → 검증 정확도, Training Accuracy → 훈련 정확도.

이 데이터셋을 https://arxiv.org/abs/1711.05458에서 찾아볼 수 있다.

왜 우리가 식물을 살펴보려고 하는지 궁금할 텐데, 어쨌든 식물 분류는 금융 부문에서 직면하는 일반적인 문제가 아니기는 하다. 간단히 답변하자면, 이 데이터셋이 일반적인 컴퓨터 비전 기술을 다양하게 시연하는 데 적합하며, 공개 영역 면허(open domain license)에 따라 사용 가능하다는 것이다. 따라서 우리가 사용하기에 아주 좋은 훈련용 데이터셋인 셈이다.

관련성이 더 높은 데이터셋에 대해서 얼마나 잘 알고 있는지를 스스로 평가해 보려는 독자라면 *State Farm Distracted Driver* 데이터셋과 *Planet: Understanding the Amazon from Space* 데이터셋을 살펴봐야 한다.

이번 단원과 사전훈련 모델 스택을 다룬 단원의 코드와 데이터를 https://www.kaggle.com/jannesklaas/stacking-vgg에서 찾아 실행해 볼 수 있다.

케라스는 디스크에 있는 파일을 외부로 적재할 수 있는 이미지 데이터 생성기(image data generator)도 제공한다. 이렇게 하려면 다음 코드를 실행하면 된다.

```
from keras.preprocessing.image import ImageDataGenerator
```

파일로부터 생성기가 읽어 들인 값을 얻으려면 생성기를 지정하는 일부터 해야 한다. 케라스에서 ImageDataGenerator는 다양한 이미지 확장(image augmentation, 이미지 확대, 이미지 보강, 이미지 증식, 이미지 증강, 이미지 증대, 이미지 강화) 도구를 제공하지만, 이번 예제에서는 크기 조절 함수만 사용한다.

이미지의 크기를 조절하려면 이미지의 모든 값에 특정 상수를 곱하면 된다. 가장 일반적인 이미지 형식의 경우에 색상 값의 범위는 0에서 255까지이므로 우리는 1/255로 크기를 조절하고 싶다. 다음 코드를 실행해 이를 달성할 수 있다.

```
imgen = ImageDataGenerator(rescale=1/255)
```

그러나 이것은 아직 이미지를 적재하는 생성기가 아니다. ImageDataGenerator 클래스는 함수들을 호출하는 식으로 만들 수 있는 생성기를 다양하게 제공한다.

생성기 로딩용 파일을 얻으려면 flow_from_directory를 호출해야 한다.

그리고 나서, 케라스가 사용해야 하는 디렉터리와 (원하는 경우) 배치 크기(이번 경우에는 32)와 조절 목표가 되는 이미지 크기(이번 경우에는 150×150픽셀)를 지정해야 한다. 이를 위해 다음 코드를 실행하면 된다.

```
train_generator = imgen.flow_from_directory('train',
                                            batch_size=32,
                                            target_size=(150,150))

validation_generator = imgen.flow_from_directory('validation',
                                                 batch_size=32,
                                                 tar get_size=(150,150))
```

케라스는 이미지를 어떤 식으로 찾아내며, 이미지가 특정 계급에 속하는지를 어떻게 알았을까? 케라스 생성기는 다음 폴더 구조를 예상한다.

- **루트:**
    - 계급 0
        - 이미지
        - 이미지
        - ...
    - 계급 1
        - 이미지
        - 이미지
        - ...
    - 계급 2
        - ...

우리의 데이터셋은 이미 그렇게 설정되어 있으며, 일반적으로 생성기가 기대한 대로 이미지를 정렬하기는 어렵지 않다.

사전훈련 모델을 사용해 작업하기

대규모 컴퓨터 비전 모델을 훈련하기는 어려울 뿐만 아니라 계산 비용도 많이 든다. 따라서 원래 다른 목적으로 훈련된 모델을 사용하고 새로운 목적에 맞게 세밀하게 조율하는 것이 일반적이다. 이것이 전이학습(transfer learning, 전수학습)의 예다.

전이학습은 한 작업에서 학습한 내용을 다른 작업으로 전이하는 것을 목표로 한다. 인간으로서 우리는 배운 것을 전수하는 데 능숙하다. 전에 보지 못한 개가 보인다고 해도 이 개에 관한 모든 것을 다시 배울 필요는 없다. 그 대신에 개에 대한 지식을 전수받아 이미 알고 있는 것에 새로운 지식을 보태는 학습을 할 뿐이다. 매번 큰 망을 재훈련하는 일은 경제적이지 않으며, 종종 모델의 일부를 재사용할 수 있다는 점을 찾아낼 수 있다.

이번 단원에서는 원래의 이미지넷 데이터셋을 가지고 미리 훈련한 모델인 VGG-16을 미세 조정해 볼 생각이다. 이미지넷 경진대회는 매년 열리는 컴퓨터 비전 경진 대회이며, 여기에 쓰이는 이미지넷 데이터셋은 개 사진부터 비행기 사진에 이르는 수백만 개의 실물 이미지로 구성된다.

이미지넷 경진대회에서 연구원들은 가장 정확한 모델을 만들기 위해 경쟁한다. 실제로 이미지넷은 최근 몇 년 동안 컴퓨터 비전의 많은 진전을 이끌었으며 이미지넷 경진대회를 위해 제작된 모델은 미세 조정하는 데 널리 사용되는 기반 모델이 된다.

VGG-16은 옥스퍼드 대학교의 비주얼 지오메트리 그룹에서 개발한 모델 아키텍처이다. 모델은 합성곱 부분과 분류 부분으로 구성된다. 우리는 합성곱 부분만을 사용할 것이다. 또한 식물을 분류할 수 있는 자체 분류 부분을 추가할 예정이다.

다음 코드를 사용하면 케라스를 통해 VGG-16을 내려받을 수 있다.

```
from keras.applications.vgg16 import VGG16
vgg_model = VGG16(include_top=False,input_shape=(150,150,3))
```

출력 내용:

```
Downloading data from https://github.com/fchollet/deep-learning-models/releases/download/v0.1/vgg16
_weights_tf_dim_ordering_tf_kernels_notop.h5

58892288/58889256 [==============================] - 5s 0us/step
```

데이터를 내려받을 때 상단에 해당하는 부분(즉, 분류를 담당하는 부분)을 포함하고 싶지 않다는 것을 케라스에 알리고 싶고, 또한 케라스에게 우리가 바라는 입력 모양을 알려주려고 한다. 입력 모양을 지정하지 않으면 모델은 모든 이미지 크기를 허용하게 되며, 이에 따라서 맨 위에 조밀 계층을 추가할 수 없게 된다.

```
vgg_model.summary()
```

출력 내용:

```
Layer (type)                 Output Shape              Param #
=================================================================
input_1 (InputLayer)         (None, 150, 150, 3)       0
block1_conv1 (Conv2D)        (None, 150, 150, 64)      1792
block1_conv2 (Conv2D)        (None, 150, 150, 64)      36928
block1_pool (MaxPooling2D)   (None, 75, 75, 64)        0
block2_conv1 (Conv2D)        (None, 75, 75, 128)       73856
block2_conv2 (Conv2D)        (None, 75, 75, 128)       147584
block2_pool (MaxPooling2D)   (None, 37, 37, 128)       0
block3_conv1 (Conv2D)        (None, 37, 37, 256)       295168
block3_conv2 (Conv2D)        (None, 37, 37, 256)       590080
block3_conv3 (Conv2D)        (None, 37, 37, 256)       590080
block3_pool (MaxPooling2D)   (None, 18, 18, 256)       0
block4_conv1 (Conv2D)        (None, 18, 18, 512)       1180160
block4_conv2 (Conv2D)        (None, 18, 18, 512)       2359808
block4_conv3 (Conv2D)        (None, 18, 18, 512)       2359808
block4_pool (MaxPooling2D)   (None, 9, 9, 512)         0
block5_conv1 (Conv2D)        (None, 9, 9, 512)         2359808
block5_conv2 (Conv2D)        (None, 9, 9, 512)         2359808
block5_conv3 (Conv2D)        (None, 9, 9, 512)         2359808
block5_pool (MaxPooling2D)   (None, 4, 4, 512)         0
=================================================================
Total params: 14,714,688
Trainable params: 14,714,688
Non-trainable params: 0
```

보다시피 VGG 모델에서 훈련 가능 파라미터의 개수가 1,470만 개가 넘으므로 이 모델은 아주 큰 편이다. 이 모델은 또한 Conv2D와 MaxPooling2D라는 계층들로 구성되어 있는데, 이 두 가지 계층 유형에 대해서는 이미 MNIST 데이터셋으로 작업할 때 배웠다. 이 시점에서는 다음 두 가지 방법으로 진행할 수 있다.

- 계층을 추가하고 새 모델을 만든다.
- 관련 모델을 통해 모든 이미지를 전처리한 후에 새 모델을 훈련한다.

VGG-16 수정

이번 단원에서는 VGG-16 모델 위에 계층들을 추가하고, 이렇게 새로 만든 대규모 모델을 훈련할 것이다.

그러나 우리는 사전에 훈련된 합성곱 계층을 모두 다시 훈련할 생각은 없다. 따라서 VGG-16의 모든 계층을 먼저 "동결(freeze)"해야 하는데, 다음 코드로 이렇게 할 수 있다.

```
for the layer in vgg_model.layers:
    layer.trainable = False
```

케라스에서는 VGG를 함수형 API 모델로 내려받을 수 있다. **6장 '생성 모델 사용'**에서 함수형 API에 대해 더 배우겠지만 지금 당장은 순차적 API만 사용할 텐데, model.add()를 통해 계층들을 순차적으로 쌓을 수 있다. 다음 코드를 사용하면 모델을 함수형 API 형태로 바꿀 수 있다.

```
finetune = Sequential(layers = vgg_model.layers)
```

코드를 실행한 결과, 일반 순차 모델처럼 작동하는 새 모델을 만들었고 이 모델의 이름은 finetune(미세조정)이다. 순차적 API로 모델을 실제로 표현할 수 있는 경우에만 순차적 API로 모델을 변환해야 한다는 점을 명심하자. 이보다 좀 더 복잡한 모델은 순차적 API로 변환할 수 없다.

방금 작업한 모든 결과로 인해 우리는 모델에 계층들을 간단히 추가할 수 있게 되었다.

```
finetune.add(Flatten())
finetune.add(Dense(12))
finetune.add(Activation('softmax'))
```

새로 추가된 계층들은 기본적으로 훈련할 수 있는 것들이지만, 재사용된 모델 소켓은 그렇지 않다. 이전 단원에서 정의한 데이터 생성기에서 다른 모델을 훈련하는 것처럼 이 적층된 모델을 훈련할 수 있다. 다음 코드로 실행할 수 있다.

```
finetune.compile(loss='categorical_crossentropy',
                 optimizer='adam',
                 metrics = ['acc'])

finetune.fit_generator(train_generator,
                       epochs=8,
                       steps_per_epoch= 4606 // 32,
                       validation_data=validation_generator,
                       validation_steps= 144//32)
```

이를 실행한 후에 모델은 약 75%의 검증 정확도를 달성할 수 있다.

임의 이미지 확장

머신러닝의 일반적인 문제는 데이터가 아무리 많아도, 많으면 많을수록 머신러닝 품질이 더 나아질 것이라는 점에 있는데, 이는 데이터가 많을수록 출력 품질이 더 좋아질 뿐 아니라 과적합을 방지할 수 있고 더 많고 다양한 입력을 모델이 처리할 수 있게 되기 때문이다. 따라서 회전이나 임의의 모양으로 자르기와 같은 임의의 이미지 확장 기술을 이미지에 적용하는 것이 일반적이다.

한 가지 이미지를 가지고 다양한 이미지를 만들어냄으로써 모델이 과적합할 가능성을 줄이자는 생각이 그러한 예다. 거의 모든 이미지 확장 작업에 케라스의 ImageDataGenerator를 사용할 수 있다.

openCV 라이브러리를 사용하면 더 고급스러운 방식으로 데이터를 확장할 수 있다. 그렇지만 이번 장의 학습 범위에 openCV는 포함되어 있지 않다.

ImageDataGenerator를 사용한 데이터 확장

확장 데이터 생성기(augmenting data generator)는 일반적으로 훈련용으로만 사용한다. 모델의 유효성을 검사할 때 보이지 않는 실제 데이터와 확장되지 않은 데이터에서 얼마나 잘 수행되고 있는지 추정하기 때문에 검증 생성기는 확장해서 만든 특징들을 사용하지 말아야 한다.

이는 분류하기 쉬운 이미지를 만들려고 하는 규칙 기반 확장과는 다르다. 이러한 이유로 ImageDataGenerator 인스턴스 두 개를 만들어 훈련용과 검증용으로 쓸 수 있게 해야 한다. 다음 코드를 실행하면 된다.

```
train_datagen = ImageDataGenerator( rescale = 1/255,
                                    rotation_range=90,
                                    width_shift_range=0.2,
                                    height_shift_range=0.2,
                                    shear_range=0.2,
                                    zoom_range=0.1,
                                    horizontal_flip=True,
                                    fill_mode='nearest')
```

이 훈련 데이터 생성기는 몇 가지 내장형 확장 기술을 사용한다.

 케라스에는 더 많은 명령이 있다. 전체 명령 목록이 https://keras.io에서 접속할 수 있는 케라스 설명서에 나와 있다.

자주 사용되는 몇 가지 명령을 따로 뽑아 나열하면 이렇다.

- rescale로는 이미지 크기 조절 값을 지정한다. 우리는 이전에 이 명령을 사용한 적이 있으며 검증에도 사용한다.
- rotation_range는 이미지를 임의로 회전할 범위(0~180도)를 지정한다.
- width_shift_range 및 height_shift_range는 이미지를 가로나 세로로 임의로 늘릴 수 있는 범위(이미지 크기와 관련해 20%)를 지정한다.
- shear_range로는 임의로 전단(shear, 오려내기)을 적용하는 범위(이미지와 관련하여)를 지정한다.
- zoom_range로는 사진을 임의로 확대하는 범위를 지정한다.
- horizontal_flip으로는 이미지를 임의로 뒤집을지 여부를 지정한다.
- fill_mode로는 빈 공간을 채우는 방법(예를 들면 회전)을 지정한다.

이미지 한 개를 대상으로 생성기를 여러 번 실행해 봄으로써 생성기가 무엇을 하는지를 확인해 볼 수 있다.

먼저 케라스 이미지 도구를 가져와서 이미지 경로를 지정해야 한다(이 경로는 임의로 선택됨). 다음 코드를 실행해 수행할 수 있다.

```
from keras.preprocessing import image
fname = 'train/Charlock/270209308.png'
```

그리고 나서, 이미지를 적재하고 넘파이 배열로 변환해야 하는데, 이 작업을 다음 코드로 할 수 있다.

```
img = image.load_img(fname, target_size=(150, 150))
img = image.img_to_array(img)
```

이전과 같이 이미지에 배치 크기 차원을 추가해야 한다.

```
img = np.expand_dims(img,axis=0)
```

그리고 나서, 방금 만든 ImageDataGenerator 인스턴스를 사용하지만, flow_from_directory를 사용하는 대신에 flow를 사용해 데이터를 생성기로 직접 전달할 수 있다. 그런 다음, 우리가 사용하려는 이미지 한 개를 전달하면 되는데, 다음 코드를 실행하면 이렇게 할 수 있다.

```
gen = train_datagen.flow(img, batch_size=1)
```

그런 다음에 루프에서 생성기상의 next를 네 번 호출한다.

```
for i in range(4):
    plt.figure(i)
    batch = next(gen)
    imgplot = plt.imshow(image.array_to_img(batch[0]))

plt.show()
```

결과는 다음과 같다.

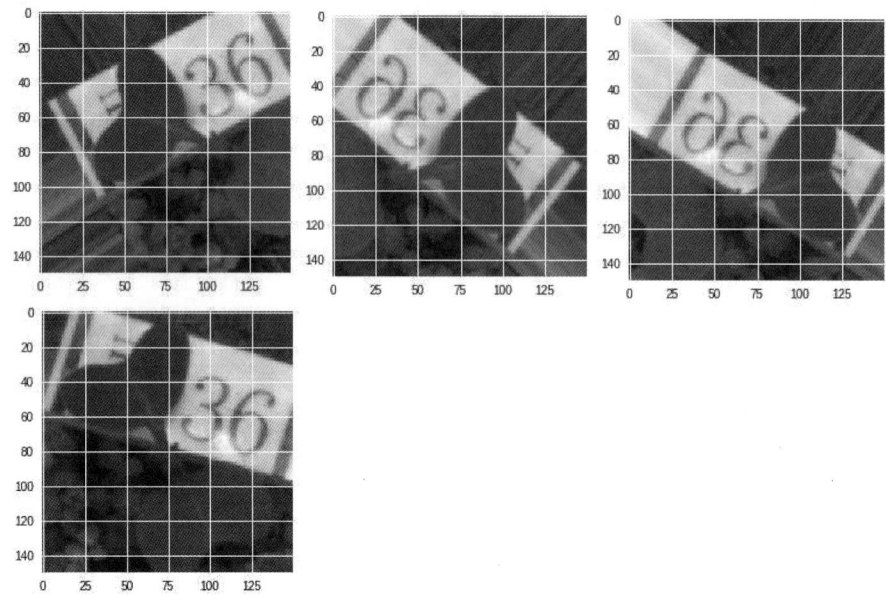

임의로 수정된 이미지의 몇 가지 표본

모듈성 상반관계

이번 장에서는 일부 규칙 기반 시스템을 이용해서도 머신러닝 모델을 지원할 수 있을 뿐만 아니라 이것이 종종 유용하다는 점을 보여주었다. 또한 데이터셋의 이미지가 모두 하나의 식물만 표시되게 잘린 것을 알 수 있다.

식물의 위치를 파악하고 분류하는 모델을 만들 수도 있었지만, 우리는 식물을 분류하는 일 외에도 식물이 직접 받아야 하는 치료법을 출력할 수 있는 시스템을 구축할 수도 있었다. 이는 우리가 시스템을 어떻게 모듈화해야 하는가에 대해 궁금하게 만든다.

단대단 딥러닝(end-to-end deep learning)은 몇 년 동안 크게 유행했다. 방대한 양의 데이터가 주어지면 딥러닝 모델은 시스템이 학습하는 데 오래 걸렸을 만한 많은 성분이 있는 것도 학습할 수 있다. 그러나 단대단 딥러닝에는 몇 가지 단점이 있다.

- 단대단 딥러닝을 하려면 엄청난 분량의 데이터가 필요하다. 모델에 파라미터가 너무 많을 때 과적합을 피하려면 데이터양이 많아야 한다.

- 단대단 딥러닝을 디버깅하기는 어렵다. 전체 시스템을 하나의 블랙박스 모델로 교체하면 특정 문제가 발생하는 이유를 거의 찾을 수 없게 된다.
- 학습하기는 어려워도 코드로 작성하기는 쉬운 것들이 있기 마련인데, 특히 온전성 검사 규칙들이 그러한 예다.

최근에 연구자들은 모델을 더욱 모듈화하기 시작했다. 하(Ha)와 슈미트후버(Schmidthuber)의 World Models가 좋은 예다(https://worldmodels.github.io/). 여기에서 그들은 시각 정보를 인코딩하고, 미래를 예측해 보고, 세 가지 서로 다른 모델을 사용해 행동을 선택했다.

실용적인 측면에서 보면, 가격 책정 엔진의 구조 학습과 머신러닝을 결합한 에어비앤비를 살펴볼 수 있다. 자세한 내용을 알고 싶다면 https://medium.com/airbnb-engineering/learning-market-dynamics-for-optimal-pricing-97cffbcc53e3를 참조하자. 모델을 구축한 사람들은 예약이 대략 푸아송 분포(Poisson distribution)를 따르고 계절적인 영향도 있다는 점을 알고 있었다. 따라서 에어비앤비에서는 모델이 직접 예약을 예측하게 하기보다는 분포와 계절성 파라미터를 직접 예측하게 했다.

보유한 데이터의 분량이 적다면 사람이 지닌 통찰력으로 알고리즘의 성능을 보충할 필요가 있다. 일부 하위 작업을 코드로 쉽게 표현할 수만 있다면 일반적으로 코드로 표현하는 것이 바람직하다. 설명할 수 있어야 하고 특정한 선택을 하는 이유를 알려면 명료하게 해석할 수 있는 중간 출력이 있게 모듈형으로 설정하는 것이 좋은 선택지다. 그러나 작업이 어려울 뿐만 아니라, 어떤 하위 작업에 포함되는지를 정확히 알지 못하고 있는데 데이터는 많다면 단대단 접근 방식을 사용하는 것이 바람직하다.

순수한 단대단 접근 방식을 사용하는 경우는 무척 드물다. 예를 들어 항상 카메라 칩이 이미지를 전처리하기 때문에 딥러닝 모델은 실제로는 원시 데이터를 가지고 작업하지 않게 된다.

현명하게 작업을 분할할 수만 있다면 성능을 높이면서도 위험을 줄일 수 있다.

분류를 넘어서는 컴퓨터 비전

우리가 보았듯이 이미지 분류기가 더 잘 작동하도록 하는 데 쓸 만한 기술은 많다. 이러한 기술들은 그저 컴퓨터 비전 애플리케이션에만 사용되는 것이 아니고 이 책 전반에 걸쳐 사용된다.

이번 장의 마지막 단원에서는 이미지 분류를 넘어서는 몇 가지 접근 방식을 설명한다. 이러한 작업을 할 때는 종종 이번 장에서 논의한 것보다 더 창의적인 신경망을 사용해야 한다.

이번 단원을 최대한 활용하기 위해 제시된 기술의 세부 사항에 대해서까지 걱정할 필요는 없으며, 대신에 신경망을 사용하는 일에 대해 연구원들이 발휘한 창의력을 살펴보자. 종종 여러분이 해결하려고 하는 과제에서 이와 비슷한 창의성을 필요로 한다는 점을 알게 될 것이므로 이 책에서도 이런 식으로 접근하려는 것이다.

얼굴 인식

소매 기구에서 쓸 만한 얼굴 인식 애플리케이션의 수는 많다. 예를 들어 영업 부서(front office)에 있다면 ATM에서 고객을 자동으로 인식하거나 아이폰 오퍼링 같은 얼굴 기반 보안 함수를 제공할 수 있다. 그러나 후선 부서(back office)에서는 일을 같이 진행하는 고객이 누구인지를 확인해야 하는 KYC 규정을 준수해야 한다.

표면적으로만 보면 얼굴 인식 작업이 분류 작업인 것처럼 보일 수 있다. 기계에 사람 얼굴 이미지를 제공하면 기계가 그가 누구인지를 예측할 것이다. 문제는 수백만 명의 고객이 있을 수 있지만, 고객당 한두 장의 사진만 있을 수 있다는 것이다.

게다가 새로운 고객이 지속해서 나타날 것이다. 새로운 고객을 확보할 때마다 모델을 변경할 수는 없으며, 계급별로 한 가지 사례만 주어질 뿐인데도 수백만 개 계급 중에 어디에 속하는지를 알아내야 하는 경우라면 간단한 분류 방법으로는 일을 처리할 수 없다.

이럴 때 창의적인 통찰력을 발휘한다면 고객의 얼굴을 분류하는 대신에 두 이미지가 같은 얼굴을 나타내는 것인지 여부를 확인하는 식으로 처리할 수 있다. 다음 그림에 이런 생각을 펼쳐봤다.

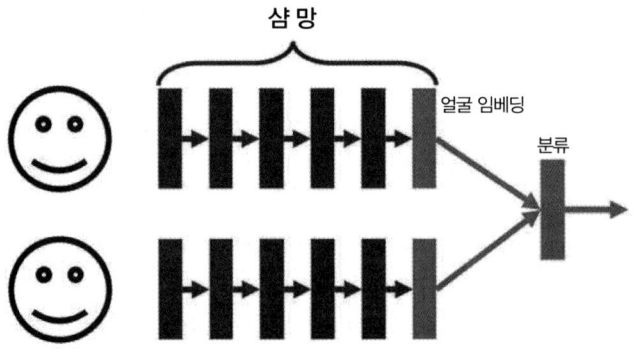

샴 망(Siamese network, 쌍둥이 망, 샴 네트워크)의 개략도

이렇게 하려면 먼저 이미지 두 개를 살펴봐야 한다. 샴 망은 동일한 하부 망을 두 개 이상 포함하는 신경망 아키텍처의 일종으로, 이 두 신경망은 서로 똑같고 신경망에 쓰이는 가중치도 똑같다. 케라스에서는 계층들을 먼저 정의한 후에 두 개의 하부 망에서 그러한 계층들을 사용해 샴 망이 되게 설정할 수 있다. 그러고 나서, 두 망은 단일 분류 계층으로 공급되어 두 이미지가 동일한 얼굴을 표시하는지 여부를 결정한다.

얼굴을 인식할 때마다 데이터베이스에 들어 있는 고객 이미지를 전체 샴 망이 모두 살펴보게 하지 않으려면 샴 망의 최종 출력을 저장하는 것이 일반적이다. 이미지에 대한 샴 망의 최종 출력을 얼굴 임베딩(face embedding, 얼굴 매장체, 안면 임베딩, 페이스 임베딩)이라고 한다. 고객을 인식하고 싶을 때 고객의 얼굴 이미지로 된 임베딩(embedding, 매장체)을 데이터베이스에 저장된 임베딩과 비교한다. 단일 분류 계층으로 이 작업을 수행할 수 있다.

얼굴 임베딩을[6] 통해 얼굴을 군집화할 수 있을 뿐만 아니라 상당한 계산 비용을 절약할 수 있으므로 얼굴 임베딩은[7] 무척 유익하다. 얼굴을 가지고 성별이나 연령 또는 인종 등의 특징에 맞춰 군집을 짓게 할 수 있다. 어떤 한 이미지를 동일한 군집의 이미지와 비교하면 계산 능력을 더 많이 절약할 수 있을 테고, 결과적으로 더 빠르게 얼굴을 인식하게 할 수 있다.

샴 망들을 훈련하는 두 가지 방법이 있다. 일치하는 이미지와 일치하지 않는 이미지를 가지고 한 쌍을 이루게 한 다음에, 이항 교차 엔트로피 분류 손실을 사용해 전체 모델을 훈련함으로써 분류기를 사용하는 샴 망을 훈련할 수 있다. 그러나 또 다른 측면에서 보면, 그리고 더 나은 측면에서 보자면, 모델이 안면 임베딩을 직접 생성하게 훈련하는 선택지도 있다. 이 접근 방식은 슈로프(Schroff), 칼레니셴코(Kalenichenko) 및 필빈(Philbin)의 2015년 논문인 *"FaceNet: A Unified Embedding for Face Recognition and Clustering"*에 설명되어 있는데, 이 논문을 읽을 수 있는 주소는 https://arxiv.org/abs/1503.03832다.

기준위치 이미지(anchor image) 한 개, 그리고 기준위치 이미지와 동일한 얼굴을 보여주는 정의 이미지(positive image) 한 개, 그리고 기준위치 이미지와 다른 얼굴을 보여주는 부의 이미지(negative image) 한 개 등, 총 세 가지 이미지를 만들자는 생각인 것이다. 삼중항 손실(triplet loss)은 기준위치 임베딩(anchor's embedding, 기준위치 매장체)과 정의 임베딩(positive's embedding) 사이의 거리를 더 작게 만들고 기준위치 임베딩과 부의 임베딩(negtive's embedding) 사이의 거리를 더 크게 만드는 데 사용된다.

---

6 (옮긴이) 여기서는 embedding이 '묻기'라는 뜻으로 쓰였다.
7 (옮긴이) 여기서는 embedding이 '매장'이나 '묻기'라는 개념과 '매장지'와 '매장체'를 모두 아우르는 개념으로 쓰였다.

손실함수는 다음과 같다.

$$L = \sum_{i}^{N} \left[\left\| f\left(x_i^a\right) - f\left(x_i^p\right) \right\|_2^2 - \left\| f\left(x_i^a\right) - f\left(x_i^n\right) \right\|_2^2 + \alpha \right]$$

여기서 x_i^a는 기준위치 이미지이고 $f\left(x_i^a\right)$는 샴 망의 출력, 즉 기준위치 이미지의 임베딩이다. 삼중항 손실은 기준위치와 정의 임베딩 상의 사이의 유클리드 거리에서 기준 위치와 부의 임베딩 사이의 유클리드 거리를 뺀 값이다. 작은 상수 α는 정의 임베딩과 부의 임베딩 사이에 적용되는 여유도(margin)다. 손실이 없는 상태에 도달하려면 거리 차이가 α이어야 한다.

큰 분류 문제를 해결하려면 신경망을 사용해 두 항목이 의미적으로 동일한지를 예측할 수 있어야 한다는 점을 이해해야 한다. 일부 이항 분류 작업을 통해 샴 모델을 훈련할 수 있을 뿐만 아니라, 출력을 임베딩으로 처리하고 삼중항 손실을 이용해서도 훈련할 수 있다. 이러한 통찰력을 얼굴 외의 것에도 적용할 수 있다. 시계열을 비교해 사건을 분류해야 할 때 정확히 동일한 방법을 사용할 수 있다.

경계 상자 예측

어느 시점에서 여러분은 이미지 내에서 물체를 구별해 내는 데 관심을 기울일 가능성이 있다. 예를 들어, 어떤 보험회사가 지붕을 검사해야 한다고 가정해 보자. 지붕 위로 사람들이 직접 올라가서 조사하려면 비용이 많이 들므로 그 대안으로 위성 이미지를 사용하는 것이 바람직하다. 위성 촬영 사진을 입수했다면 다음 화면에서 볼 수 있듯이 사진 이미지 중에서 지붕을 찾아내야 한다. 그리고 나서, 지붕만 따내 지붕 이미지를 전문가에게 보내야 한다.

지붕 주위에 경계 상자가 있는 캘리포니아 주택

이럴 때 필요한 것은 경계 상자 예측(bounding box predictions)이다. 경계 상자 예측기(bounding box predictor)는 경계 상자에 표시되는 물체를 예측할 뿐만 아니라 여러 경계 상자의 좌표도 출력한다.

이러한 경계 상자를 얻는 방법에는 두 가지가 있다.

R-CNN(Region-based Convolutional Neural Network, 영역 기반 합성곱 신경망)은 분류 모델을 재사용한다. R-CNN은 이미지를 가져온 다음에 분류 모델이 이미지 위로 미끄러지듯이 움직이게 한다. 이러한 결과로 이미지 내의 서로 다른 부분이 분류된다. 이 특징 지도(feature map)를 사용함으로써 영역 제안 망(region proposal network)은 경계 상자를 생성하는 데 필요한 회귀 작업을 수행하고, 분류 망(classification network)은 각 경계 상자에 대한 분류를 만든다.

이 접근법은 Ren 등이 2016년에 발표한 논문인 *"Faster R-CNN Towards Real-Time Object Detection with Region Proposal Networks"*에서 더 정교해졌다. 이 논문을 https://arxiv.org/abs/1506.01497에서 볼 수 있으며, 분류기를 이미지 위에서 미끄러지듯이 움직이게 하는 일에 대한 기본 개념은 변하지 않았다.

YOLO(You Only Look Once) 에서는 합성곱 계층만으로 구성된 단일 모델을 사용한다. 이미지를 격자(grid)로 나누고 각 격자 세포의 물체 계급(object class, 물체 부류)을 예측한다. 그러고 나서, 각 격자 세포에 대한 개체를 포함하는 여러 가능한 경계 상자를 예측한다.

경계 상자마다 그 경계 상자에 실제로 물체가 포함되어 있다는 신뢰도 점수뿐만 아니라 좌표와 너비, 높이 값이 모두 회귀된다. 그러고 나서, 신뢰도 점수가 너무 낮거나 다른 경계 상자와 너무 크게 중첩된 경계 상자를 모두 제거한다.

 더 자세한 내용을 알고 싶다면 레드먼(Redmon)과 파라디(Farhadi)가 2016년에 발표한 논문인 *"YOLO9000: Better, Faster, Stronger"* 를 https://arxiv.org/abs/1612.08242에서 볼 수 있다. 2018년도 논문인 *"YOLOv3: An Incremental Improvement"* 는 https://arxiv.org/abs/1804.027에서 읽을 수 있다.

두 논문 모두 잘 작성되어 있어 가볍게 읽어 볼 수 있으며, YOLO라는 개념을 아주 상세하게 설명한다.

R-CNN에 비해 YOLO의 주요 장점은 훨씬 빠르다는 점이다. 큰 분류 모델을 미끄러지듯이 움직이게 하지 않아도 되므로 훨씬 효율적이다. 그러나 R-CNN의 주요 장점은 YOLO 모델보다 다소 정확하다는 것이다. 작업 시 실시간 분석이 필요한 경우에 YOLO를 사용해야 한다. 그러나 실시간 속도는 필요 없지만 최고의 정확도를 원한다면 R-CNN을 사용하는 것이 바람직하다.

경계 상자 검출(bounding box detection)은 종종 여러 처리 단계 중 하나로 사용된다. 보험 업무인 경우에 경계 상자 검출기가 모든 지붕을 따낼(crop) 것이다. 지붕 이미지를 보고 인간 전문가가 판단하거나 손상된 지붕을 분류하는 별도의 딥러닝 모델을 써서 판단할 수 있다. 물론 손상된 지붕과 손상되지 않은 지붕을 바로 구별하기 위해 물체 위치 입력기(object locator)를 훈련할 수는 있지만, 실제로는 그다지 유용하지 않다.

이에 대해 더 자세히 알고 싶다면, **4장 '시계열을 이해하기'** 에서 모듈성을 깊이 있게 다루고 있으므로 이 부분을 보면 된다.

연습문제

Fashion MNIST는 MNIST 대신에 쓸 만한 것으로서, 필기 숫자를 분류하는 대신에 옷을 분류하는 데 쓰인다. Fashion MNIST에 대해 이번 장에서 사용한 기술을 사용해 보자. 이 기술들이 서로 어떻게 엮여서 돌아가는가? 좋은 결과란 무엇인가? https://www.kaggle.com/zalando-research/fashionmnist에서 캐글의 데이터셋을 찾을 수 있다.

고래를 인식하는 문제를 해결하고 주요 요점과 토론을 다룬 게시물을 읽어 보자. https://www.kaggle.com/c/whale-categorization-playground로 접속하면 된다. 고래 꼬리를 보고 어떤 고래인지를 알아내는 일은 사람의 얼굴을 인식하는 일과 비슷하다. 샴 망들과 마찬가지로 경계 상자를 만들어 보여주는 좋은 커널(kernels)들이 있다. 아직 과제를 해결하는 데 필요한 모든 기술 도구를 다루지 않았으므로 코드에 대해 지나치게 걱정하지 말고 대신에 표현하려고 하는 개념에 집중하자.

요약

이번 장에서는 컴퓨터 비전 모델의 기초 요소들을 살펴봤다. 합성곱 계층과 ReLU 활성화 및 정규화 방법을 배웠다. 또한 샴 망 및 경계 상자 예측기와 같은 신경망을 창의적으로 사용하는 여러 가지 방법을 보았다.

또한 간단한 벤치마크 작업인 MNIST 데이터셋에서 이러한 모든 접근 방식을 성공적으로 구현하고 시험해 봤다. 훈련 횟수를 늘리거나 줄여봤고, 미리 훈련해 둔 VGG 모델을 사용해 수천 개의 식물 이미지를 분류한 후에 케라스 생성기를 사용해 디스크에서 이미지를 즉석에서 적재하고 새 작업에 맞춰 VGG 모델을 정의했다.

아울러 컴퓨터 비전 모델을 구축할 때 이미지 확장과 모듈성 상반관계가 중요하다는 점을 배웠다. 합성곱, 배치 정규화, 드롭아웃 등의 다양한 기초 요소들은 컴퓨터 분야 외에 다른 분야에서도 사용된다. 이것들은 컴퓨터 비전 애플리케이션 외에서도 볼 수 있는 기본 도구다. 여기에서 그것들을 배움으로써 시계열이나 생성 모델이 보여 주는 가능성만큼 광범위한 가능성을 발견하도록 고취했다.

컴퓨터 비전 기술은 금융 산업 분야용 컴퓨터 비전 기술 애플리케이션이 많은데, 그 중에는 대안으로 쓸 만한 알파 버전을 생성하기 위한 것뿐만 아니라 후선 부서에서 쓸 만한 것들도 있다. 컴퓨터 비전은 오늘날의 많은 기업에서 진정한 가치로 해석할 수 있는 최신 머신러닝을 응용하는 예다. 점점 더 많은 회사에서 의사결정을 할 때 이미지 기반 데이터 출처들을 통합하고 있는데, 이제 그러한 문제에 직면할 준비가 되었다.

이번 장에서 우리는 전체 파이프라인이 성공적인 컴퓨터 비전 프로젝트에 관여하고 있으며, 파이프라인 작업은 종종 모델 작업과 비교했을 때 얻을 수 있는 이점이 비슷하거나 더 크다는 점을 살펴봤다.

다음 장에서는 가장 상징적이고 일반적인 금융 데이터 형식인 시계열을 살펴보자. 우리는 **ARIMA (AutoRegressive Integrated Moving Average, 자기회귀적 통합 이동평균)**라는 전통적인 통계 방법과 최신 신경망 기반 접근 방식을 사용해 웹 트래픽을 예측하는 작업을 다룰 것이다. 또한 자기상관 및 푸리에 변환을 사용하는 특징 공학에 대해 익힌다. 마지막으로, 서로 다른 예측 방법을 비교하며 대조해 보고, 고품질 예측 시스템을 구축하는 방법을 학습하게 될 것이다.

04

시계열을 이해하기

시계열(time series)은 시간 차원이 있는 데이터의 한 형태로서, 금융 데이터를 가장 잘 나타내는 형태일 수 있다. 주식 시세 데이터 한 건은 시계열이 아니지만, 매일 받은 시세 데이터를 줄 세우면 아주 흥미로운 시계열을 얻을 수 있다. 금융 분야에 관해 관련 매체들이 제공하는 데이터는 조만간 주가와 동떨어져 보이게 되는데, 이는 주가라는 것이 한순간의 가격으로 구성된 목록이 아니라 시간의 흐름에 맞춰 변화된 가격을 나타내기 때문이다.

종종 가격의 움직임에 대해 금융 논평가들이 다음과 같이 말하는 것을 들을 것이다. "애플이 5%나 상승했다." 그런데 이 말이 의미하는 것은 무엇일까? "애플의 주가는 137.74달러다"와 같은 식으로 화폐 단위에 맞춰 주가를 언급하는 말을 들어본 적은 훨씬 덜 할 것이다. 다시 묻겠지만, 이 말이 무슨 뜻일까? 이런 식의 언급은 시장 참여자들이 미래에 상황이 어떻게 발전할 것인지에 관심이 있고 과거에 상황이 어떻게 발전했는지에 따라 주가를 예측하려고 하기 때문에 생긴다.

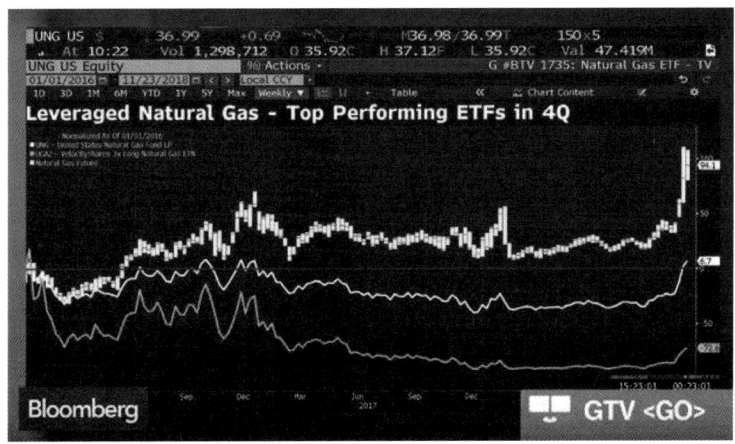

블룸버그 TV에서 볼 수 있는 다중 시계열 그래프

대체로 예측을 하려면 과거 일정 기간에 걸쳐 변화해 온 이력을 살펴봐야 한다. 시계열 데이터셋이라는 개념은 예측과 관련해서 중요한 요소다. 예를 들어, 농민들이 농작물 수확량을 예측하려면 시계열 데이터셋이 필요하다. 이 때문에 시계열을 처리하는 데 필요한 대규모 지식과 도구들이 통계학 · 계량경제학 · 공학 분야에서 발전해 왔다.

이번 장에서는 오늘날에도 여전히 관련성이 높은 몇 가지 고전적인 도구를 살펴보자. 그리고 나서, 신경망이 시계열을 처리하는 방법과 딥러닝 모델이 불확실성을 표현할 수 있는 방법을 알아본다.

시계열을 살펴보기 전에 이번 장에 대한 기대치를 정해야 한다. 여러분 중에 많은 이가 주식 시장을 예측하는 방법을 알려고 이번 장을 읽기 시작했는지는 모르겠지만, 이번 장은 주식 시장 예측을 다루는 장이 아니며, 그 밖의 장에서도 그 내용은 다루지 않는다는 점을 알려둔다.

경제 이론에 따르면 시장은 다소 효율적이다. 효율적 시장 가설에 따르면 모든 공개 정보가 주가에 이미 반영되어 있다고 한다. 이와 같은 가설은 예측 알고리즘 등의 정보 처리 방법에 대한 정보로도 확장된다.

이 책이 주식 시장의 가격을 예측하고 우수한 수익을 제공할 수 있는 알고리즘을 제시한다면 많은 투자자가 이 알고리즘을 간단히 구현할 것이다. 그러한 알고리즘들은 모두 가격 변동을 예상해 주식을 사거나 팔 것이기 때문에 현재의 주식 가격을 바꾸게 될 것이고, 따라서 알고리즘을 사용함으로써 얻을 수 있는 이점이 사라지고 만다. 따라서 어떤 알고리즘이 제안된다고 할지라도, 향후에도 효과가 있을 것이라는 보장이 없다.

그러므로 이번 장에서는 위키백과의 트래픽 데이터를 사용한다. 우리의 목표는 특정 위키백과 페이지의 트래픽을 예측하는 것이다. wikipediatrend라는 CRAN 패키지를 통해 위키백과 트래픽 데이터를 얻을 수 있다.

여기서 사용할 데이터셋은 구글에서 제공한 약 14만 5000개의 위키백과 페이지의 트래픽 데이터다. 이 데이터는 캐글에서 얻을 수 있다.

 이 데이터를 다음 두 주소에서 찾을 수 있다.
https://www.kaggle.com/c/web-traffic-time-series-forecasting
https://www.kaggle.com/muonneutrino/wikipedia-traffic-data-exploration

판다스로 데이터를 가시화하고 준비하기

2장 '정형 데이터에 머신러닝을 적용하기'에서 봤듯이, 훈련을 시작하기 전에 데이터에 대한 개요를 얻는 것이 좋다. 다음 코드를 실행해 캐글에서 얻은 데이터에 대해 이를 달성할 수 있다.

```
train = pd.read_csv('../input/train_1.csv').fillna(0)
train.head()
```

이 코드를 실행하면 다음 테이블이 제공된다.

	Page	2015-07-01	2015-07-02	...	2016-12-31
0	2NE1_zh.wikipedia.org_all-access_spider	18.0	11.0	...	20.0
1	2PM_zh.wikipedia.org_all-access_spider	11.0	14.0	...	20.0

Page 열의 데이터에는 페이지 이름, 위키백과 페이지의 언어, 액세스 장치 유형 및 액세스 에이전트가 포함된다. 다른 열에는 해당 날짜의 해당 페이지에 대한 트래픽이 포함된다.

따라서 위의 표에서 첫 번째 행에는 중국어 버전 위키백과에 나온 한국 팝 밴드인 2NE1 페이지가 모든 액세스 방법에 따라 포함되지만, 스파이더 트래픽으로 분류된 에이전트에 대해서만 포함된다. 즉, 트래픽은 인간으로부터 나오지 않는다. 대부분의 시계열 작업은 시간별 로컬 함수에 중점을 두지만, 전역 함수에 대한 액세스를 제공해 모든 모델을 보강할 수 있다.

따라서 우리는 페이지 문자열을 더 작고 유용한 함수로 분할하려고 한다. 다음 코드를 실행해 이를 달성할 수 있다.

```
def parse_page(page):
    x = page.split('_')
    return ' '.join(x[:-3]), x[-3], x[-2], x[-1]
```

여기서 밑줄을 기준으로 삼아 문자열을 나눈다. 페이지 이름에는 밑줄도 포함될 수 있으므로 마지막 세 필드를 분리한 후에 나머지를 결합해 기사의 주제를 얻는다.

다음 코드에서 볼 수 있듯이 마지막 세 번째 요소는 하위 URL이다(예: en.wikipedia.org). 마지막에서 두 번째 요소는 액세스이고 마지막 요소는 에이전트다.

```
parse_page(train.Page[0])
```

출력 내용:

```
('2NE1', 'zh.wikipedia.org', 'all-access', 'spider')
```

이 함수를 훈련 집합의 모든 페이지 항목에 적용하면 다음 코드에서 볼 수 있듯이 새 데이터프레임에 함께 연결할 수 있는 튜플 목록을 얻는다.

```
l = list(train.Page.apply(parse_page))
df = pd.DataFrame(l)
df.columns = ['Subject','Sub_Page','Access','Agent']
```

마지막으로 원본 페이지 열을 제거하기 전에 이 새로운 데이터프레임을 원래 데이터프레임에 다시 추가해야 한다. 다음 코드를 실행해 이렇게 할 수 있다.

```
train = pd.concat([train,df],axis=1)
del train['Page']
```

이 코드를 실행한 결과로 데이터셋 적재가 완료되었다. 이제 우리는 데이터셋을 탐구해 볼 수 있게 되었다.

전역 특징 통계량 집계

이 모든 노력을 거쳐 이제 전역 특징에 대한 통계량 중 일부를 집계할 수 있다.

판다스의 value_counts() 함수를 사용하면 전역 특징의 분포를 쉽게 그릴 수 있다. 다음 코드를 실행하면 위키백과 데이터셋의 막대그림표 출력이 표시된다.

```
train.Sub_Page.value_counts().plot(kind='bar')
```

이전 코드를 실행한 결과 데이터셋 내의 레코드 분포 순위를 나타내는 막대형 차트가 출력된다.

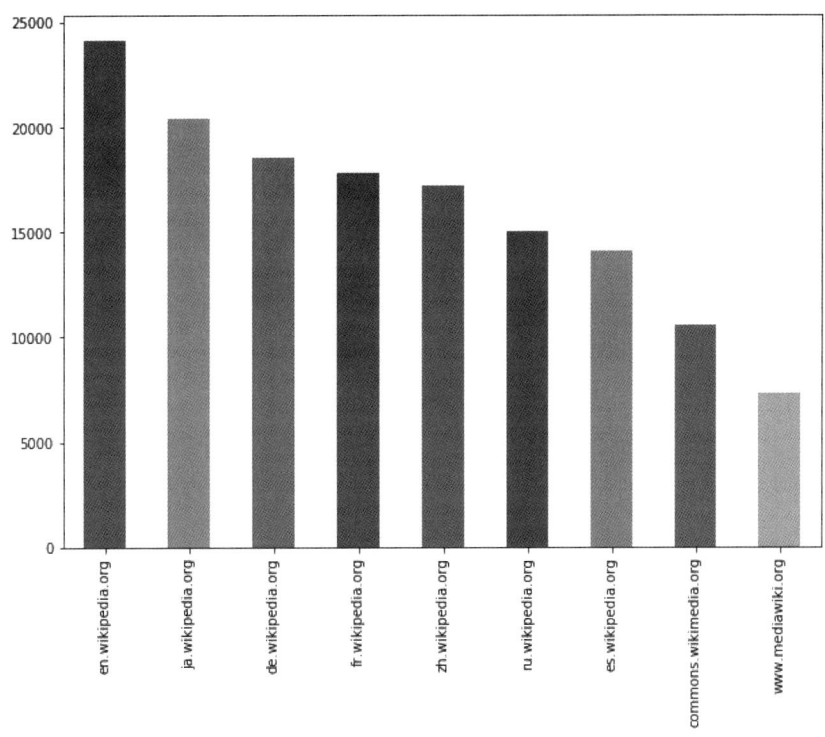

위키백과 국가별 페이지의 레코드 분포

위의 그림은 각 부속 페이지에 사용 가능한 시계열 수를 보여준다. 위키백과에는 여러 언어로 된 부속 페이지가 있으며 데이터셋에 영어(en), 일본어(ja), 독일어(de), 프랑스어(fr), 중국어(zh), 러시아어(ru) 및 스페인어(es)의 위키백과 사이트에서 가져온 페이지가 포함되어 있음을 알 수 있다.

우리가 만들어 낸 막대형 차트에서 국가 기반이 아닌 위키백과 사이트를 두 개 언급했을 수 있다. commons.wikimedia.org와 www.mediawiki.org는 둘 다 이미지 같은 미디어 파일을 호스팅하는 데 사용된다.

이번에는 접속기기 종류에 중점을 두어 해당 명령을 다시 실행해 보겠다.

```
train.Access.value_counts().plot(kind='bar')
```

이 코드를 실행하면 다음 막대그래프가 출력으로 표시된다.

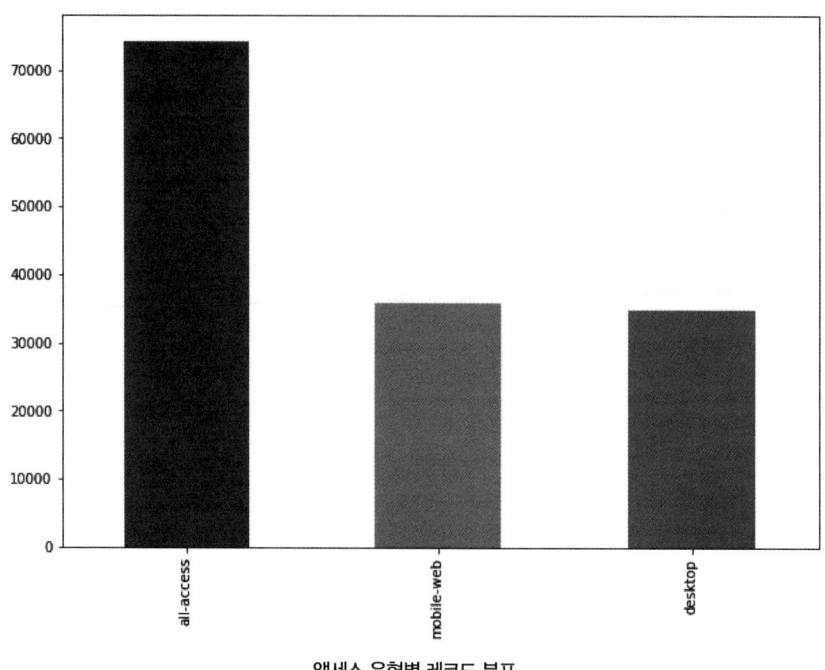

액세스 유형별 레코드 분포

두 가지 액세스 방법이 있을 수 있는데, 이는 모바일(mobile)과 데스크톱(desktop)이다. 모바일 및 데스크톱 액세스에 대한 통계를 결합한 세 번째 옵션인 전체 접속기기(all-access)도 있다.

다음 코드를 실행해 에이전트별 레코드 분포를 그릴 수 있다.

```
train.Agent.value_counts().plot(kind='bar')
```

해당 코드를 실행한 후에 다음 차트를 출력한다.

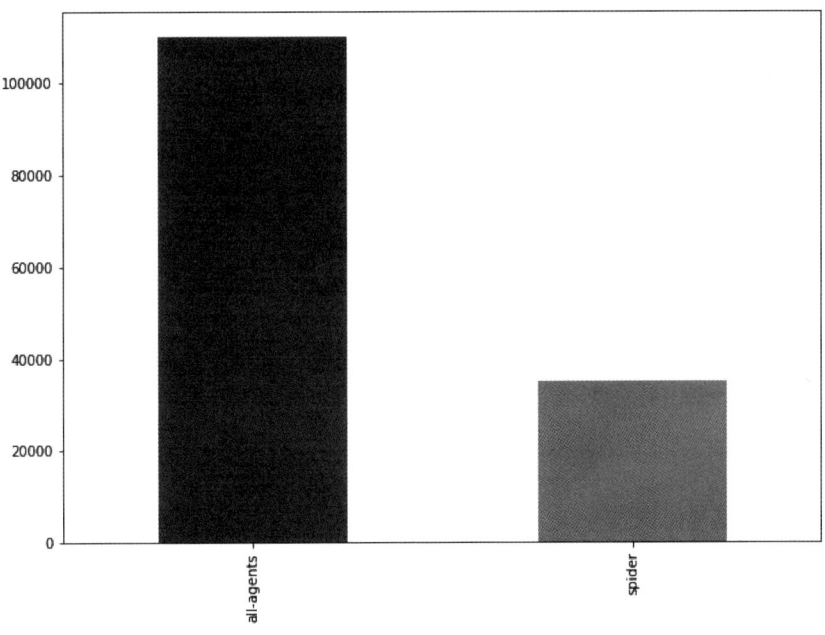

에이전트별 레코드 분포

스파이더(spider) 에이전트뿐만 아니라 그 밖이 모든 접속 방식에도 사용할 수 있는 시계열이 있다. 고전적인 통계 모델링에서 다음 단계는 이러한 각 전역 특징의 영향을 분석하고 이를 중심으로 모델을 작성하는 것이다. 그러나 사용 가능한 데이터 및 컴퓨팅 성능이 충분하면 이것이 필요하지 않다.

그렇다면 신경망은 전역 특징들 그 자체의 효과를 발견하고, 전역 특징 간의 상호 작용을 기반으로 새로운 특징을 만들 수 있다. 전역 특징들에 대해 해결해야 할 두 가지 실제 고려 사항이 있다.

- **특징들의 분포가 크게 왜곡되었는가?** 이런 경우라면 전역 특징을 지닌 몇 가지 사례(instances)만 있을 수 있으며, 우리의 모델은 이 전역 특징에 과적합할 수 있다. 데이터셋에 들어 있는 중국어 위키백과의 기사 수가 적었다고 상상해 보자. 알고리즘은 특징을 기반으로 지나치게 많이 구별한 다음에 몇 가지 중국어 항목에 과적합될 수 있다. 우리의 분포는 비교적 고르기 때문에 이 점을 염려하지 않아도 된다.

- **특징들을 쉽게 인코딩할 수 있는가?** 일부 전역 특징들은 원핫 인코딩 형식으로 바꿀 수 없다. 시계열과 함께 위키백과 기사의 전문을 받았다고 상상해 보자. 이 특징을 사용하려면 꽤 많은 전처리를 해야 하므로 이 특징을 바로 사용할 수는 없을 것이다. 우리의 경우, 원핫 인코딩을 할 수 있는 비교적 간단한 범주가 있다. 그러나 제목 이름이 너무 많아서 원핫 인코딩을 할 수 없다.

표본 시계열 검사

데이터셋의 전역 특징들을 조사하려면 직면할 수 있는 문제를 이해하기 위해 몇 가지 표본 시계열(sample time series)을 살펴봐야 한다. 이번 단원에서는 미국에서 온 뮤지컬 2인조 그룹인 Twenty One Pilots의 영어 페이지를 가시화해 볼 것이다.

실제 페이지 조회 수를 10일 순환 평균과 함께 표시한다. 다음 코드를 실행해 이 작업을 수행할 수 있다.

```
idx = 39457

window = 10

data = train.iloc[idx,0:-4]
name = train.iloc[idx,-4]
days = [r for r in range(data.shape[0]) ]

fig, ax = plt.subplots(figsize=(10, 7))

plt.ylabel('Views per Page')
plt.xlabel('Day')
plt.title(name)

ax.plot(days,data.values,color='grey')
ax.plot(np.convolve(data,
        np.ones((window,))/window,
        mode='valid'),
        color='black')

ax.set_yscale('log')
```

이 코드에서 하는 일이 많으므로 단계별로 살펴보는 것이 좋겠다. 먼저 그림으로 그릴 행을 정의한다. Twenty One Pilots에 관한 기사는 훈련 데이터셋의 39,457행이다. 그리고 나서, 이동산술평균(rolling mean, 굴림산술평균, 회전산술평균, 롤링산술평균)의 창 크기를 정의한다.

판다스의 iloc 도구를 사용해 페이지 뷰 데이터와 이름을 전체 데이터셋과 구분한다. 이를 통해 행 좌표 및 열 좌표로 데이터를 색인할 수 있다. 모든 측정 날짜를 표시하지 않고 요일을 계산하면 그림을 더 쉽게 알아볼 수 있으므로 X 축에 대한 일일 카운터를 만들 것이다.

다음으로 그림을 설정하고 figsize(그림 크기)를 설정해 원하는 크기를 갖게 하자. 축 이름과 그림 제목도 정의한다. 다음으로 실제 페이지 조회 수를 그린다. X 좌표는 요일이며 Y 좌표는 페이지 뷰다.

평균을 계산하기 위해 **3장 '컴퓨터 비전을 활용하기'**에서 살펴보면서 익숙해진 합성곱 연산을 사용할 것이다. 이 합성곱 연산은 창 크기(이번 경우에는 10)로 나눈 벡터를 만든다. 합성곱 연산은 벡터를 페이지 뷰 위로 미끄러트리듯이 움직이고 10페이지 뷰에 1/10을 곱한 후에 결과 벡터를 합산한다. 이렇게 하면 창 크기가 10인 이동산술평균이 생성된다. 이 산술평균을 검은색으로 표시한다. 마지막으로 Y 축에 로그 척도를 사용하게 지정한다.

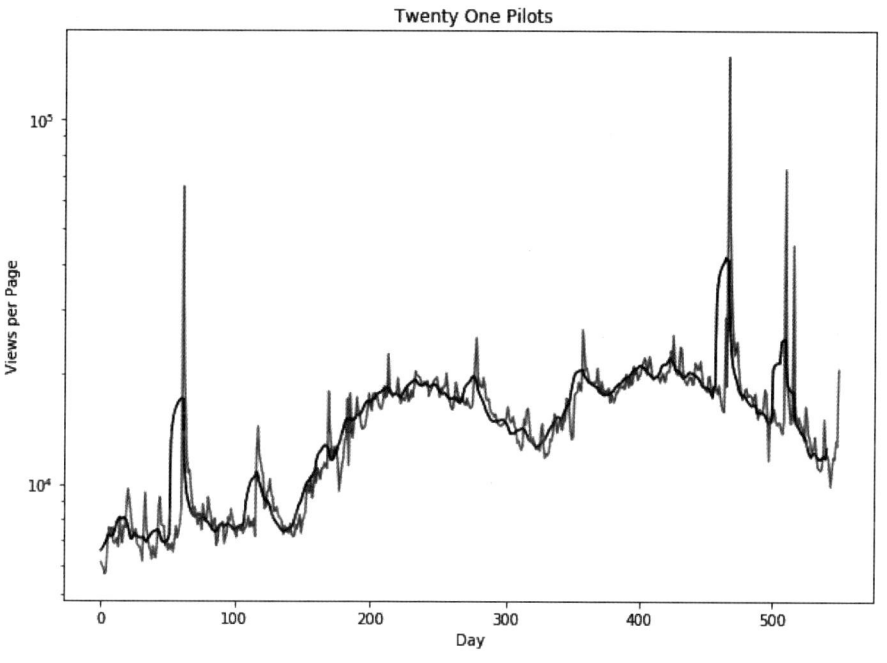

이동산술평균을 사용하는 Twenty One Pilots 위키백과 페이지에 대한 액세스 통계[1]

로그 축을 사용했지만 방금 생성한 Twenty One Pilots 그래프에 상당히 큰 극파(spikes)가 있음을 알 수 있다. 어떤 날에는 조회 수가 그 며칠 전보다 10배나 급등했다. 이로 인해 좋은 모델이 그러한 극단적인 급상승을 처리할 수 있어야 한다는 것이 금방 분명해진다.

---

[1] (옮긴이) Views per Page → 페이지당 조회 수, Day → 경과일수

진도를 빼기 전에 페이지 뷰가 일반적으로 시간의 흐름에 따라 늘어나기 때문에 전역적인 경향이 있음을 분명히 알 수 있다.

좋은 측정치를 얻을 수 있게 Twenty One Pilots에 대한 관심도(interest)를 모든 언어에 맞춰 그려 보자. 다음 코드를 실행해 이 작업을 수행할 수 있다.

```
fig, ax = plt.subplots(figsize=(10, 7))
plt.ylabel('Views per Page')
plt.xlabel('Day')
plt.title('Twenty One Pilots Popularity')
ax.set_yscale('log')

for country in ['de','en','es','fr','ru']:
    idx = np.where((train['Subject'] == 'Twenty One Pilots') &
                   (train['Sub_Page'] == '{}.wikipedia.org'.format(country)) &
                   (train['Access'] == 'all-access') &
                   (train['Agent'] == 'all-agents'))
    
    idx = idx[0][0]
    
    data = train.iloc[idx,0:-4]
    handle = ax.plot(days,data.values,label=country)

ax.legend()
```

이 코드에서는 먼저 이전과 같이 그래프를 설정한다. 그리고 나서, 언어 코드를 반복하고 Twenty One Pilots의 인덱스를 찾는다. 인덱스는 튜플로 둘러싼 배열이므로 실제 인덱스를 지정하는 정수를 추출해야 한다. 그리고 나서 학습 데이터셋에서 페이지 뷰 데이터를 추출하고 페이지 뷰를 그린다.

다음 차트에서는 우리가 방금 생성한 코드의 출력을 볼 수 있다.

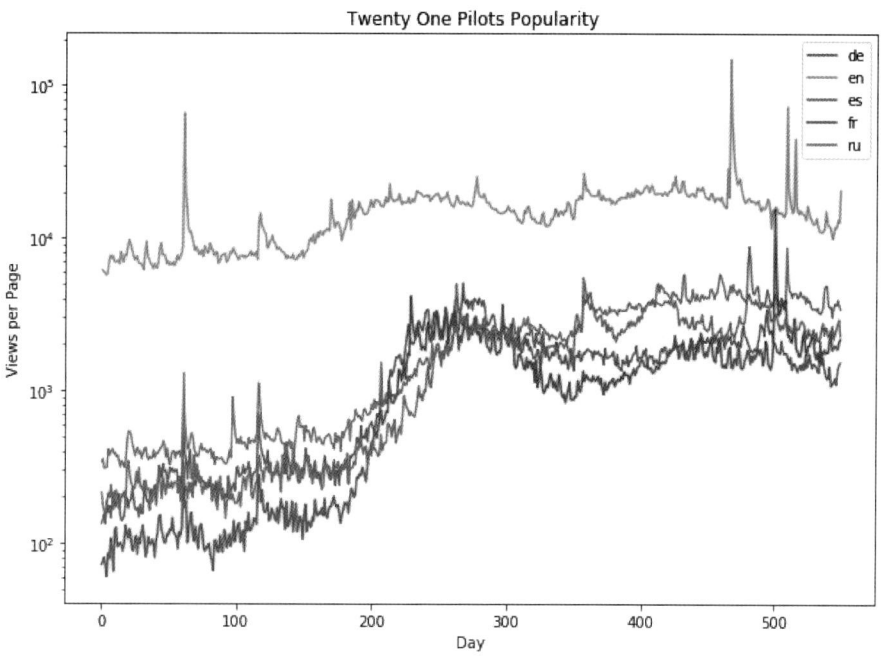

국가별 Twenty One Pilots에 대한 액세스 통계[2]

시계열 간에는 분명한 상관관계가 있다. 영어 위키백과(제일 윗줄)는, 놀랍지도 않게, 확실히 가장 인기가 있다. 또한 데이터셋의 시계열이 고정되어 있지 않다는 것을 알 수 있다. 시간이 지남에 따라 평균과 표준편차가 변경된다.

정상과정(stationary process, 시불변 과정)은 무조건 결합확률분포(joint probability distribution)가 시간에 따라 일정하게 유지되는 과정이다. 즉, 계열(series)의 평균이나 표준편차와 같은 것이 일정하게 유지돼야 한다.

그러나 앞에서 볼 수 있듯이 이전 그래프에서 200~250일 사이에 페이지의 평균 조회 수(views)가 크게 변경되었다. 이 결과는 많은 고전적 모델링 접근 방식이 취하는 가정 중 일부를 무너뜨린다. 그러나 금융 시계열은 고정되어 있지 않으므로 이러한 문제를 처리하는 것이 바람직하다. 이러한 문제를 해결함으로써 우리는 비정상성을 처리하는 데 도움이 되는 몇 가지 유용한 도구에 익숙해졌다.

---

[2] (옮긴이) Twenty One Pilots Popularity → Twenty One Pilots의 인기, Views per Page → 페이지당 조회 수, Day → 경과일수

정상성 종류

정상성이라는 말은 여러 가지 것들을 모두 아우르는 말이므로, 현재 작업에 정확히 어떤 종류의 정상성이 필요한지를 이해해야 한다. 간단하게 살펴볼 수 있게, 여기서는 평균 정상성(mean stationarity) 및 분산 정상성(variance stationarity)이라는 두 가지 종류의 정상성을 살펴보자. 다음 이미지는 정상성(또는 비정상성) 정도가 서로 다른 네 가지 시계열을 보여준다.

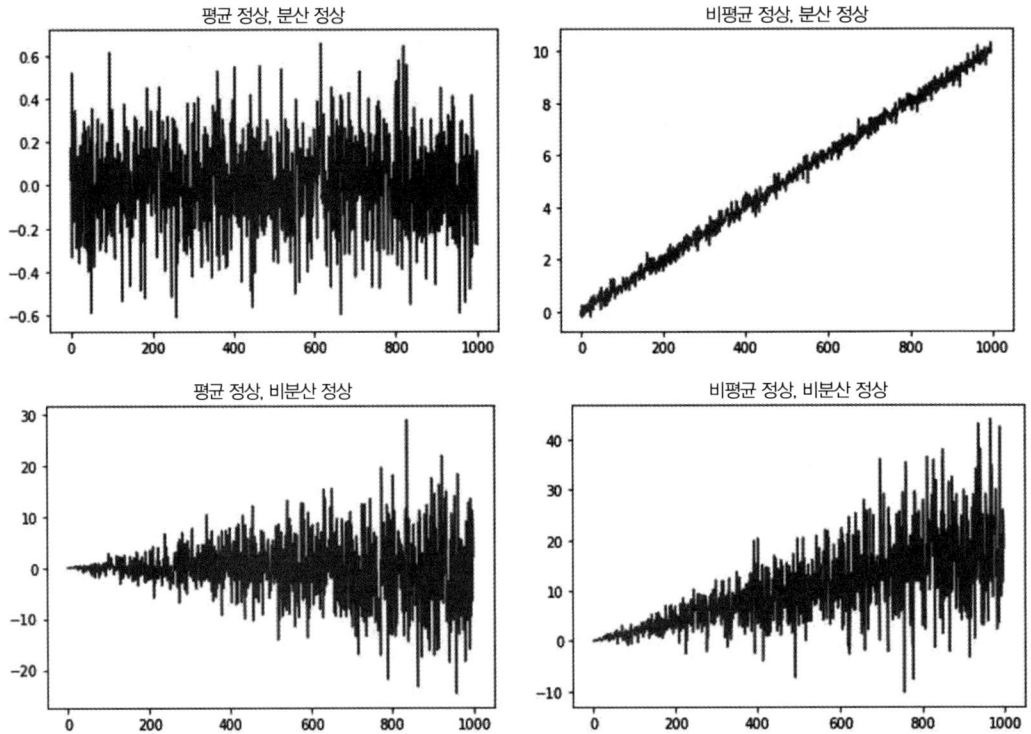

평균 정상성은 시리즈(seies, 계열)의 수준이 일정하다는 것을 의미한다. 물론 여기서 개별 데이터 점들이 이런 경향에서 벗어날 수는 있지만, 장기적인 산술평균은 안정적이어야 한다. 분산 정상성은 평균과의 편차를 나타낸다. 다시 말하지만 분산이 더 높은 특이점과 짧은 시퀀스(sequences, 수열)가 있을 수 있지만 전체 분산은 동일한 수준이어야 한다. 시각화하기 어렵고 여기에 표시되지 않은 세 번째 종류의 정상성은 공분산 정상성(covariance stationarity)이다. 이것은 다른 시차(lag) 간의 공분산이 일정하다는 것을 나타낸다. 사람들이 공분산 정상성을 언급할 때는 보통 평균, 분산 및 공분산이 정상성을 띠는 특별한 조건을 의미한다. 많은 계량 모델은 특히 위험 관리에서 이 공분산 정상성이 있다는 가정하에서 작동한다.

정상성이 중요한 이유

많은 고전적인 계량경제학 방법은 어떤 형태의 정상성을 가정한다. 그 이유는 시계열이 정상성을 띨 때 추론과 가설 검정이 더 잘 작동하기 때문이다. 그러나 순수한 예측 관점에서도 정상성은 우리 모델에서 약간의 작업을 덜어주기 때문에 도움이 된다. 앞서 나온 차트에서 평균 정상성을 띠지 않는 시리즈를 살펴보자. 시리즈 예측의 주요 부분은 시리즈가 상방으로 이동한다는 사실을 인식하는 것이다. 우리가 모델 외부에서 이런 사실을 파악할 수 있다면 모델은 덜 학습해야 하고, 다른 목적들에 맞춰 모델의 능력을 사용할 수 있다. 또 다른 이유는 모델에 제공한 값을 동일한 범위로 유지하기 때문이다. 신경망을 사용하기 전에 데이터를 표준화해야 한다는 점을 떠올려 보자. 주가가 $1에서 $1,000로 증가하면 표준화되지 않은 데이터가 생겨 훈련이 어려워진다.

시계열이 정상성을 띠게 하기

금융 데이터(특히 가격)의 평균 정상성을 달성하기 위한 표준 방법을 차분(differencing)이라고 한다. 차분이란 값들을 가지고 반동(returns, 복귀, 귀환)을 계산해 내는 일을 일컫는 말이다. 다음 이미지에서 S&P 500의 원래 값과 차분한 값을 볼 수 있다. 왼쪽 그림에 보이는 원래 버전은 값이 커져도 정상성을 띠지 않지만, 오른쪽 그림에 보이는 차분한 버전(differenced version)은 대략 정상성을 띤다.

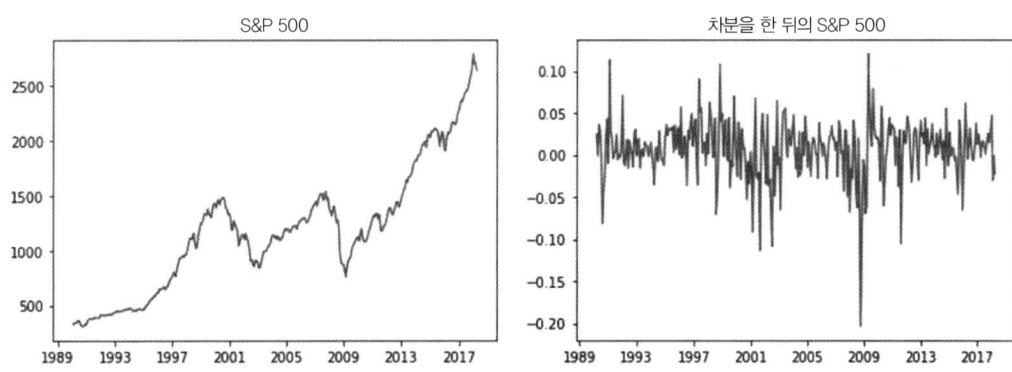

평균 정상성에 접근하는 또 다른 방법은 선형 회귀에 기반한다. 여기서는 선형 모델을 데이터에 적합하게(즉, 적응하게) 한다. 이러한 종류의 고전적 모델링에 널리 사용되는 라이브러리는 내장형 선형 회귀 모델이 있는 statsmodels다. 다음 예제는 statsmodels를 사용해 데이터에서 선형 추세를 제거하는 방법을 보여준다.

```
time = np.linspace(0,10,1000)
series = time
series = series + np.random.randn(1000) *0.2

mdl = sm.OLS(time, series).fit()
trend = mdl.predict(time)
```

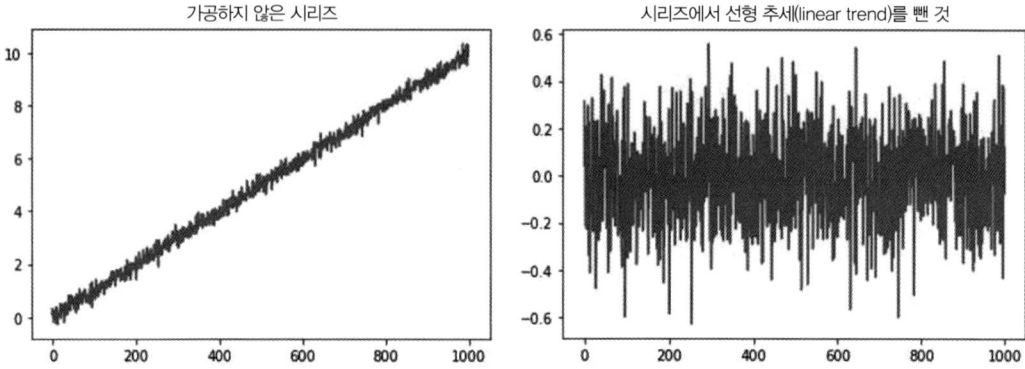

정상성은 모델링의 일부이며 훈련 집합에만 적합되어야 한다는 점을 강조해 두는 게 좋겠다. 이는 차분과 관련해서는 큰 문제가 아니지만, 선형 추세 제거(linear detrending) 시에는 문제를 일으킬 수 있다.

비정상성(non-stationarity)을 제거하기는 더 어렵다. 일반적인 접근 방식은 일부 이동분산(rolling variance, 회전분산, 굴림분산, 롤링분산)을 계산하고 해당 분산으로 새 값을 나누는 것이다. 훈련 집합에서 데이터를 대상으로 스튜던트화(studentize)할 수도 있다. 이렇게 하려면 일자별 분산을 계산한 후에 모든 값을 일자별 분산의 근으로 나눈다. 분산을 계산하려면 값을 미리 알아야 하므로 훈련 집합에서만 이 작업을 수행할 수 있다.

정상성 문제를 무시해도 될 때

정상성에 대해 걱정하지 않아도 되는 경우가 있다. 구조변화(structural break)라고도 부르는 급변(sudden change)을 예측할 때를 그러한 한 예로 들 수 있다. 위키백과의 예제에서 우리는 사이트가 이전보다 훨씬 더 자주 방문하기 시작하는 것을 알고자 한다. 이번 경우에는 수준 차이를 없애면 우리 모델은 그러한 변화를 예측하는 일을 학습하지 못하게 될 것이다. 마찬가지로, 비정상성을 띤 모델을 모델에 쉽게 통합하거나 파이프라인의 나중 단계에서 보장할 수 있다. 우리는 일반적으로 전체 데이터셋의 작은 하위 시퀀스에서만 신경망을 훈련한다. 각 하위 시퀀스를 표준화하면 하위 시퀀스 내 평균의 이동을 무시할 수 있으므로 걱정하지 않아도 된다. 예측(forecasting)은 추론(inference) 및 가설검정(hypothesis testing)보다 훨씬 관대하다. 따라서 모델이 비정상성을 포착할 수만 있다면 비정상성 문제를 피할 수 있다.

고속 푸리에 변환

시계열에 대해 자주 계산하려는 또 다른 흥미로운 통계는 푸리에 변환(Fourier transformation, FT)이다. 푸리에 변환을 하면 수학을 동원하지 않은 채로 함수의 특정 주파수 내에서 진동하는 양을 알 수 있다.

푸리에 변환을 오래된 FM 라디오의 동조기처럼 여길 수 있다. 동조기를 돌리면 다른 주파수를 검색한다. 가끔 특정 라디오 방송국이 송출하는 신호를 잘 잡아내는 주파수를 찾으려고 할 때가 있을 것이다. 푸리에 변환을 하면 기본적으로 전체 주파수 스펙트럼을 살펴본 뒤에 그 중에서 강한 신호를 내는 주파수를 기록할 수 있다. 시계열과 관련해서 보면, 푸리에 변환은 데이터에서 주기적인 패턴을 찾으려고 할 때 유용하다.

주파수가 한 번의 빈도로 강한 패턴을 보여준다는 점을 찾아냈다고 상상해 보자. 이는 일주일 전 같은 날의 트래픽이 무엇인지에 대한 지식이 모델에 도움이 된다는 것을 의미한다.

일자별 측정치들로 이뤄진 시리즈에서 그렇듯이, 함수와 푸리에 변환이 모두 이산적인 경우에 이를 **이산 푸리에 변환**(discrete Fourier transform, DFT)이라고 한다. DFT 계산에 사용되는 매우 빠른 알고리즘을 **고속 푸리에 변환**(fast Fourier transform, FFT)이라고 하며 오늘날 과학 컴퓨팅에서 중요한 알고리즘이 되었다. 이 이론을 1805년에 수학자인 칼 가우스(Carl Gauss)가 정립했지만, 더 최근인 1965년에 미국 수학자인 제임스 쿨리(James Cooley)와 존 투키(John Tukey)가 재조명했다.

푸리에 변환이 어떻게, 왜 작동하는지는 이번 장의 범위를 넘어서므로 이번 단원에서는 간단히 소개만 하겠다. 우리의 함수를 일종의 철사 조각이라고 해 보자. 이 철사 조각을 이용해 한 지점을 감싸면서 그 지점을 중심으로 한 회전수가 신호의 주파수와 일치하게 감으면 모든 신호의 정상점(peaks, 피크)이 극의 한쪽에 있게 된다. 이것은 철사의 질량 중심이 철사를 감싸는 지점에서 멀어질 것임을 의미한다.

수학에서 함수 $g(n)$에 $e^{-2\pi ifn}$을 곱하면 점을 중심으로 함수를 둘러쌀 수 있다. 여기서 f는 둘러감은 빈도, n은 시리즈의 항목 수, i는 -1의 제곱근, 즉 허근이다. 허수에 익숙하지 않은 독자는 각 숫자가 실수와 허수로 구성된 2차원 좌표를 갖는 좌표들로 생각할 수 있다.

질량 중심을 계산하기 위해 우리는 이산 함수에서 점들의 좌표를 평균화한다. 따라서 DFT 공식은 다음과 같다.

$$y[f] = \sum_{n=0}^{N-1} e^{-2\pi i \frac{fn}{N}} x[n]$$

여기서 $y[f]$는 변환된 시리즈의 f번째 원소고 $x[n]$은 입력 시리즈 x의 n번째 원소다. N은 입력 시리즈의 모든 점의 개수다. $y[f]$는 실수 원소 한 개와 이산 원소 한 개가 있는 숫자다.

주파수를 검출하기 위해 우리는 여기서 $y[f]$의 전체 크기에만 관심을 두고 있다. 이 크기를 얻으려면 허수부와 실수부의 제곱의 합의 근을 계산해야 한다. 파이썬에서는 FFT 함수가 내장된 사이킷런의 fft 패키지를 사용할 수 있으므로 모든 수학에 대해 걱정하지 않아도 된다.

다음 단계는 다음 코드를 실행하는 것이다.

```
data = train.iloc[:,0:-4]
fft_complex = fft(data)
fft_mag = [np.sqrt(np.real(x)*np.real(x)+.imag(x)*np.imag(x)) for x in fft_complex]
```

여기에서 우리는 먼저 훈련 집합에서 전역 특징들 없이 시계열 측정치들을 추출한다. 그리고 나서 변환의 크기를 계산하기 전에 FFT 알고리즘을 실행한다.

해당 코드를 실행한 후에 모든 시계열 데이터셋에 대한 푸리에 변환이 수행된다. 푸리에 변환의 일반적인 동작에 대한 더 나은 통찰력을 얻으려면 간단히 다음 코드를 실행해 평균화하면 된다.

```
arr = np.array(fft_mag)
fft_mean = np.mean(arr,axis=0)
```

이 코드는 먼저 크기(magnitudes)를 넘파이 배열로 바꾸고 나서 평균을 계산한다. 모든 크기의 평균값 뿐만 아니라 주파수당 평균을 계산하려고 하므로 평균값을 취할 axis(축)을 지정해야 한다.

이번 경우에 시리즈는 행으로 쌓이므로 평균 열 방향으로 (0 축)는 주파수별 평균들이 된다. 변환을 더 잘 그려내려면 검정된 주파수들의 리스트를 만들어야 한다. 주파수들은 각 일자에 대한 데이터셋에서 일자/전체일자 형식으로 되어 있고, 따라서 1/550, 2/550, 3/550 등의 형태다. 리스트를 만들려면 다음 코드를 실행해야 한다.

```
fft_xvals = [day / fft_mean.shape[0] for day in range(fft_mean.shape[0])]
```

이 시각화에서는 1주간의 주파수 범위에만 관심이 있으므로 수행할 수 있는 변환의 후반부를 제거할 텐데, 다음 코드를 실행해 이렇게 할 수 있다.

```
npts = len(fft_xvals) // 2 + 1
fft_mean = fft_mean[:npts]
fft_xvals = fft_xvals[:npts]
```

마지막으로, 우리는 변환한 내용을 그릴 수 있다.

```
fig, ax = plt.subplots(figsize=(10, 7))
ax.plot(fft_xvals[1:],fft_mean[1:])
plt.axvline(x=1./7,color='red',alpha=0.3)
plt.axvline(x=2./7,color='red',alpha=0.3)
plt.axvline(x=3./7,color='red',alpha=0.3)
```

변환한 내용을 그리면 다음에 표시된 것과 유사한 그림이 성공적으로 생성된다.

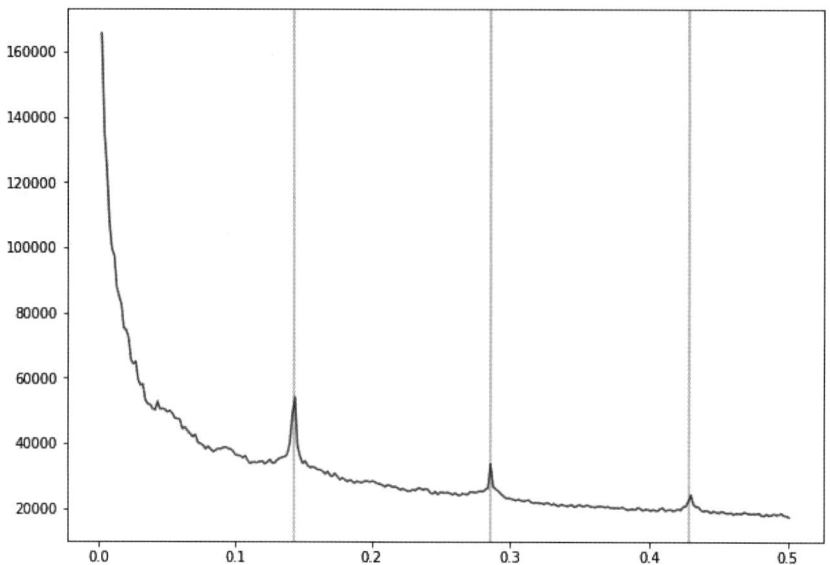
위키백과를 대상으로 푸리에 변환을 하면 통계량들을 알 수 있다. 극파들은 수직선으로 표시되어 있다.

우리가 만든 차트에서 볼 수 있듯이 대략 1/7(0.14), 2/7(0.28) 및 3/7(0.42)에서 극파가 있다. 일주일은 7일로 구성되는데, 이 말은 주당 1회, 주당 2회, 주당 3회에 해당하는 빈도를 보인다는 뜻이다. 즉, 페이지 통계량들이 (대략) 주마다 반복되므로, 예를 들어 어떤 토요일에 접근해 얻은 값은 전 주의 토요일에 접근해 얻은 값과 서로 상관관계가 있게 된다.

자기상관

자기상관(autocorrelation)은 주어진 구간 너비에 맞춰 분리된 시리즈의 두 원소 간의 상관을 의미한다. 예를 들어, 우리는 마지막 시간 단계(time step)에 대한 지식이 다음 시간 단계를 예측하는 데 도움이 된다고 가정한다. 그러나 2단계 전이나 100단계 전의 지식이라면 어떨까?

autocorrelation_plot을 실행하면 서로 다른 시차를 보이는 시간에 따른 원소 간의 상관관계를 그리므로 그것을 보고 이러한 질문들에 답변할 수 있다. 사실, 판다스에는 자기상관을 편리하게 그릴 수 있는 도구가 있다. 이를 사용하려면 데이터로 구성된 시리즈 한 개를 전달해야 한다. 이번 경우에는 임의로 선택한 페이지의 페이지 뷰를 전달한다.

다음 코드를 실행해 이 작업을 수행할 수 있다.

```
from pandas.plotting import autocorrelation_plot

autocorrelation_plot(data.iloc[110])
plt.title(' '.join(train.loc[110,['Subject', 'Sub_Page']]))
```

이 코드는 다음과 같은 그림을 그려낸다.

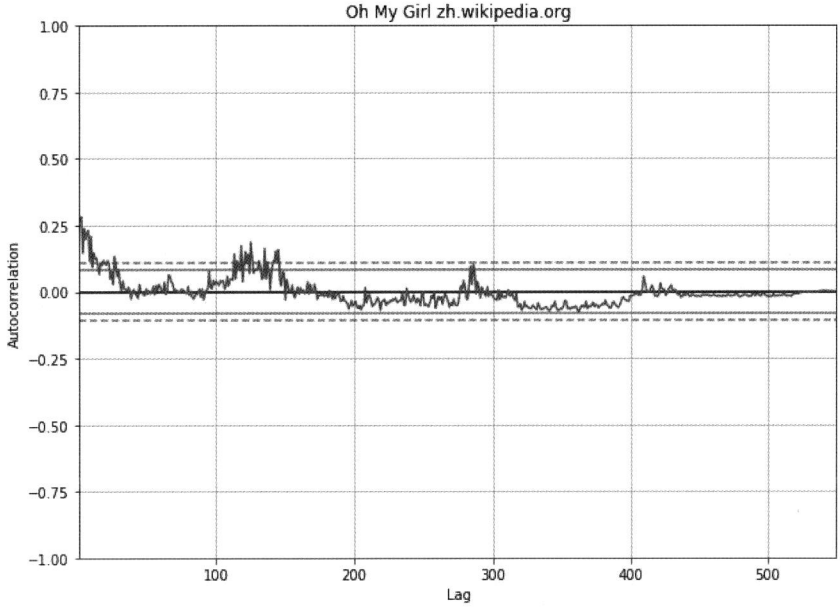

오마이걸을 다룬 중국어 위키백과 페이지의 자기상관[3]

위 차트는 중국 위키백과 내에서 한국 걸그룹인 오마이걸의 위키백과 페이지에 대한 페이지 뷰의 상관관계를 보여준다.

1일에서 20일 사이의 짧은 시간간격은 긴 간격보다 높은 자기상관을 나타낸다. 마찬가지로 약 120일 부분과 280일 부분에서 흥미로운 극파가 보인다. 연도별, 분기별, 월별 행사로 인해 오마이걸 위키백과 페이지 방문 빈도가 증가할 수 있다.

---

3 (옮긴이) Oh My Girl zh.wikipedia.org → zh.wikipedia.org에 실린 오마이걸, Autocorrelation → 자기상관

이러한 자기상관 플롯을 1,000개만큼 그려서 이러한 도수의 일반적인 패턴을 조사할 수 있다. 이를 위해 다음 코드를 실행한다.

```
a = np.random.choice(data.shape[0],1000)

for i in a:
    autocorrelation_plot(data.iloc[i])

plt.title('1K Autocorrelations')
```

이 코드는 먼저 0과 우리 데이터셋 내에 있는 시리즈의 수 사이에서 난수 1,000개를 추출한다(이번 경우에는 약 145,000). 이를 인덱스로 사용해 데이터셋에서 여러 행을 무작위로 추출한 후에 다음 그림에서 볼 수 있는 자기상관 그림을 그린다.

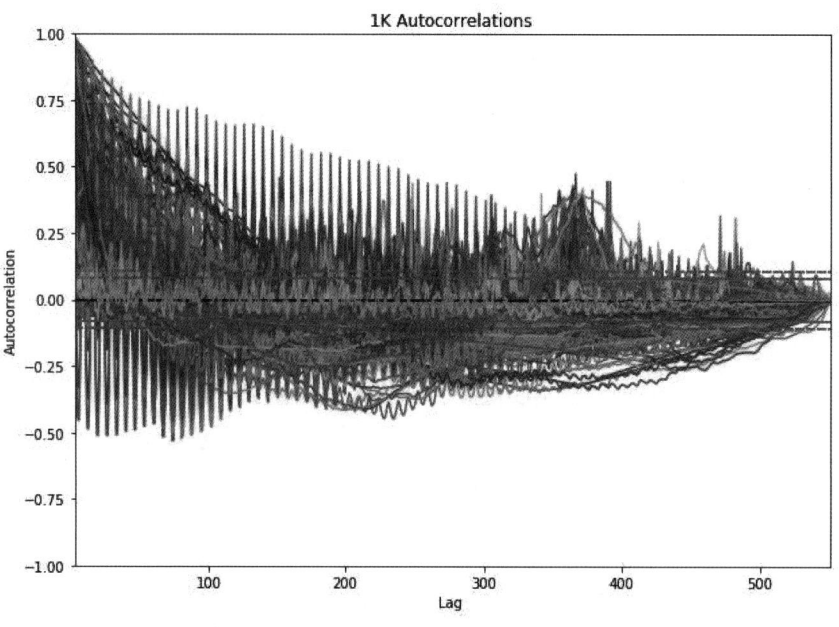

1,000개의 위키백과 페이지에 대한 자기상관[4]

---

[4] (옮긴이) 1K Autocorrelations → 1,000개 자기상관, Autocorrelation → 자기상관

보다시피 자기상관은 시리즈에 따라 상당히 다를 수 있으며 차트 내에 많은 잡음이 있다. 또한 350일 동안 더 높은 상관을 향한 일반적인 경향이 있는 것 같다.

따라서 연간 시차를 보이는 페이지 뷰를 시간 종속 특징으로 통합하고 1년이라는 시간간격 동안의 자기상관을 전역 특징으로 통합하는 것이 바람직하다. 분기별 시차 및 반년 시차에 대해서도 마찬가지인데, 이는 자기상관이 높거나 때로는 상당히 부정적인 자기상관이 있는 것처럼 보이기 때문에 분기별 시차나 반년 시차가 가치 있는 것처럼 보이게도 한다.

이전에 표시된 예와 같은 시계열 분석은 모델의 특징들을 설계하는 데 도움이 될 수 있다. 이론적으로 복잡한 신경망은 이러한 모든 특징을 스스로 발견할 수 있다. 그러나 특히 장기간에 대한 정보를 통해 조금 도움을 주는 편이 훨씬 쉽다.

훈련 요법 및 테스트 요법 구축

사용 가능한 많은 데이터가 있을지라도 몇 가지 의문점에 대해 자문자답을 해야 할 때가 있다. **훈련(training)** · **검증(validation)** · **테스트(testing, 검정)** 간에 데이터를 어떻게 나누고 싶은가? 이 데이터셋에는 이미 미래 데이터의 테스트 집합이 포함되어 있으므로 테스트 집합에 대해 걱정할 필요가 없지만, 검증 집합의 경우에 전진 분할(walk-forward split)과 병진 분할(side-by-side split)이라는 두 가지 방법이 있다.

가능한 테스트 요법

전진 분할 시에는 145,000개 시리즈를 모두 훈련한다. 검증하기 위해 모든 시리즈의 최신 데이터를 사용한다. 병진 분할에서는 학습을 위해 여러 시리즈를 표본추출하고 나머지는 검증에 사용한다.

둘 다 장단점이 있다. 전진 분할의 단점은 예측에 시리즈의 모든 관측값을 사용할 수 없다는 것이다. 병진 분할의 단점은 훈련에 모든 시리즈를 사용할 수 없다는 것이다.

시리즈가 적지만 시리즈당 여러 개의 데이터 관측치가 있는 경우, 전진 분할이 바람직하다. 그러나 시리즈가 많지만 시리즈당 관측치가 적은 경우에는 병진 분할이 바람직하다.

훈련 및 테스트 요법을 수립해 두면 당면한 예측 문제와 더 잘 맞아떨어진다. 병진 분할에서 모델은 예측 기간의 전역 사건에 대해 과적합할 수 있다. 병진 분할에 사용되는 예측 기간에 위키백과가 일주일 동안 다운됐다고 상상해 보자. 이 사건으로 인해 모든 페이지에 대한 조회 수가 줄 테고, 결과적으로 모델이 이 전역 사건에 과적합하게 된다.

예측 기간도 전역 사건의 영향을 받기 때문에 검증 집합에서 과적합을 잡을 수는 없다. 그러나 이 경우에는 시계열이 여러 개 있지만 시리즈당 관측값은 약 550개다. 따라서 해당 기간 모든 위키백과 페이지에 큰 영향을 줄 수 있는 전역 사건은 없는 것 같다.

그러나 동계 올림픽처럼, 일부 페이지의 조회 수에 영향을 미치는 일부 전역 사건이 있다. 이러한 전역 사건의 영향을 받는 페이지 수는 여전히 적기 때문에 이번 경우에는 합리적인 위험이다. 우리가 지닌 시리즈가 풍부하고 시리즈당 관측치가 몇 개에 불과하므로 우리는 병진 분할을 하는 게 더 실현 가능하다.

이번 장에서는 50일 동안의 트래픽 예측에 중점을 둔다. 따라서 훈련 집합 및 검증 집합을 분리하기 전에 다음 코드에서 볼 수 있듯이 각 시리즈의 마지막 50일을 나머지 시리즈에서 먼저 분리해야 한다.

```
from sklearn.model_selection import train_test_split

X = data.iloc[:,:500]
y = data.iloc[:,500:]

X_train, X_val, y_train, y_val = train_test_split(X.values,
                                                  y.values,
                                                  test_size=0.1,
                                                  random_state=42)
```

분할할 때 X.value를 사용하면 데이터가 포함된 데이터프레임이 아니라 데이터만 가져온다. 분할 후 훈련을 위해 130,556개에 해당하는 시리즈와 검증을 위해 14,507개에 해당하는 시리즈를 남겼다.

이번 예제에서는 평균절대백분율오차(mean absolute percentage error, MAPE)를 손실 계량과 평가 계량으로 사용한다. y의 실제 값이 0이면 MAPE는 0으로 나누기 오류를 일으킬 수 있다. 따라서 0으로 나누기가 발생하지 않게 할 만큼 작은 값을 의미하는 엡실론을 사용한다.

```
def mape(y_true,y_pred):
    eps = 1
    err = np.mean(np.abs((y_true - y_pred) / (y_true + eps))) * 100
    return err
```

사후검정에 대한 참고 사항

훈련 및 테스트 집합 선택의 특성은 체계적인 투자 및 알고리즘 거래에서 특히 중요하다. 거래 알고리즘을 테스트하는 주요 방법은 사후검정(backtesting, 백테스팅)이라는 과정이다.

사후검정이란 특정 기간의 데이터를 가지고 알고리즘을 훈련한 후에 해당 기간 이전의 데이터를 가지고 알고리즘의 성능을 테스트하는 것을 의미한다. 예를 들어 2015년부터 2018년까지의 데이터를 가지고 모델을 훈련한 후에 1990년부터 2015년까지의 데이터를 가지고 이 모델을 검정(test, 테스트)할 수 있다. 이렇게 하면 모델의 정확도를 검정할 수 있을 뿐만 아니라, 사후검정을 거친 알고리즘은 가상 거래를 실행해 수익성을 평가할 수 있다. 사용 가능한 과거 데이터가 많아야 사후검정을 할 수 있다.

한편, 사후검정 시에는 몇 가지 편향으로 인해 문제를 겪게 된다. 우리가 알아야 할 가장 중요한 네 가지 편향을 살펴보자.

- **사전관찰 편향(look-ahead bias)**: 이 편향은 시뮬레이션 시 미래의 데이터가 그 데이터를 아직 사용할 수 없는 시점에 우연히 포함된 경우에 생기는 문제다. 시뮬레이터의 기술적인 버그로 발생할 수 있지만, 파라미터 계산을 잘못해서 생길 수도 있다. 예를 들어 전략이 두 증권 간의 상관관계를 사용하는 상태에서 상관관계를 항상 한 번만 계산하게 된다면 사전관찰 편향이 발생한다. 최댓값이나 최솟값을 계산할 때도 마찬가지다.

- **생존 편향(survivorship bias, 생존자 편향)**: 이는 검정 시 여전히 존재하는 주식들만 시뮬레이션에 포함된 경우에 생기는 문제다. 예를 들어 많은 기업이 파산한 2008년도 금융 위기를 생각해 보자. 2018년에 시뮬레이터를 만들 때 이들 회사의 주식을 제외하면 생존 편향이 생길 것이다. 결국 이 알고리즘은 2008년도에 존재하던 주식들에 투자했을 것이다.

- **심리적 감내 편향(psychological tolerance bias)**: 사후검정 시에 좋아 보이는 것이 현실 생활에서는 좋지 않을 수 있다. 모든 것을 사후검정으로 되돌리기 전에 4개월 동안 연속으로 돈을 잃는 알고리즘을 한 가지를 생각해 보자. 우리는 이 알고리즘에 만족할 수도 있다. 그러나 알고리즘이 실생활에서 4개월 연속으로 돈을 잃고서 그 금액을 다시 돌려받을 수 있을지를 모를 경우에도 우리가 자리를 지키며 기다릴 수 있을까? 아니면 전원 코드를 아예 뽑아 버리게 될까? 사후검정을 할 때 우리는 최종 결과를 알고 있지만, 현실 세계에서는 그렇지 않다.

- **과적합(overfitting, 과적응)**: 과적합은 모든 머신러닝 알고리즘에 나타나는 문제지만, 사후검정과 관련해서 과적합은 지속이고 교활한 문제로 나타난다. 알고리즘이 잠재적으로 과적합될 뿐만 아니라, 알고리즘 설계자는 과거의 지식을 사용하면서 알고리즘에 과적합하는 알고리즘을 구축할 수도 있기 때문이다. 이미 지난 일을 바탕으로 오를 만한 주식을 선택하기는 쉬우며, 이미 알고 있는 바를 모델에 적용함으로써 사후검정을 할 때 멋진 결과가 나오게 하는 경우도 있다. 과거 잘 유지되던 특정 상관관계에 의존하듯이 미묘한 면이 있지만, 사후검정 시에 평가되는 모델에 편향이 깃들기는 쉽다.

우수한 검정 요법을 구축하는 것은 정량적 투자를 하는 회사나 예측에 집중하는 사람들의 핵심 활동이다. 사후검정 이외의 알고리즘 검정을 위한 인기 있는 전략 중 하나는 주식 데이터와 통계적으로 유사하게 생성한 데이터를 가지고 모델을 검정하는 전략이다. 실제 주식 데이터처럼 보이지만 사실은 실제 데이터가 아닌 데이터를 생성해 내는 생성기를 만들 수도 있으므로 실제 시장에서 벌어지는 사건에 대한 우리의 지식이 모델에 부지불식간에 스며드는 일을 피할 수 있는 것이다.

또 다른 선택지는 모델을 은밀히 배포한 다음에 나중에 가서 검정하는 것이다. 그러한 알고리즘들이 실행은 되지만 가상 거래를 대상으로 해서만 실행하므로 문제가 발생하더라도 돈을 잃지는 않는다. 이 접근법에서는 과거 데이터가 아닌 미래 데이터를 사용한다. 그러나 이 방법에는 알고리즘을 사용하기 전에 잠시 기다려야 한다는 단점이 있다.

실용적인 측면을 말하자면, 복합 요법이 사용된다. 통계학자는 알고리즘이 다른 시뮬레이션에 어떻게 반응하는지 확인하기 위해 요법을 신중하게 설계한다. 우리가 만드는 웹 트래픽 예측 모델에서는 단순히 다른 페이지를 가지고 간단히 검증해 본 다음에 마지막에 미래의 데이터를 가지고 검정해 볼 생각이다.

중앙값 예측

우수한 온전성 검사(sanity check) 도구이면서도 종종 과소평가되는 예측 도구는 중앙값(medians, 중위치, 중위수)이다. 중앙값은 분포의 상위 절반과 하위 절반을 나누는 값이다. 그러므로 이 값은 정확히 분포의 중간에 위치한다. 중앙값은 평균보다 이상점(outliers)에 덜 민감하여 잡음을 제거할 수 있다는 장점이 있으며, 또한 분포의 중간점(midpoint, 중점, 중앙계급값)을 포착하는 방식은 계산하기 쉽다.

예측을 하기 위해 우리는 훈련 데이터에서 룩백(look-back, 되돌아보기, 회고하기) 창을 통해 중앙값을 계산한다. 이번 예제의 경우에 창 크기를 50으로 정했지만 창 크기를 다르게 하여 실험해 볼 수도 있다. 다음 단계에서는 X 값 중에서 마지막 50개의 값을 선택하고 중앙값을 계산한다.

넘파이가 제공하는 median 함수에서 keepdims = True를 설정해야 한다. 이를 통해 평평한 배열이 아닌 2차원 행렬을 유지할 수 있다. 이는 오차를 계산할 때 중요하다. 따라서 예측을 하려면 다음 코드를 실행해야 한다.

```
lookback = 50

lb_data = X_train[:,-lookback:]

med = np.median(lb_data,axis=1,keepdims=True)

err = mape(y_train,med)
```

반환된 결과는 약 68.1%의 오차를 보이는데, 우리가 사용한 방법이 단순하다는 점을 생각할 때 그리 나쁘지 않다. 중앙값의 작동 방식을 확인하려면 임의의 페이지에 대한 X 값, 실제 y 값 및 예측값을 그린다.

```
idx = 15000

fig, ax = plt.subplots(figsize=(10, 7))

ax.plot(np.arange(500),X_train[idx], label='X')
ax.plot(np.arange(500,550),y_train[idx],label='True')

ax.plot(np.arange(500,550),np.repeat(med[idx],50), label='Forecast')

plt.title(' '.join(train.loc[idx,['Subject', 'Sub_Page']]))
ax.legend()
ax.set_yscale('log')
```

보다시피, 우리 그림은 세 부분으로 구성된다. 각 그림에 대해 그림의 X 값과 Y 값을 지정해야 한다. X_train의 경우에 X 값의 범위는 0~500이고 y_train의 경우에 예측 범위는 500~550이다. 그러고 나서, 그리려고 하는 시리즈를 훈련 데이터에서 선택한다. 중앙값이 하나뿐이므로 예측을 도출하기 위해 원하는 시리즈의 중앙값 예측을 50회 반복한다.

출력은 다음과 같다.

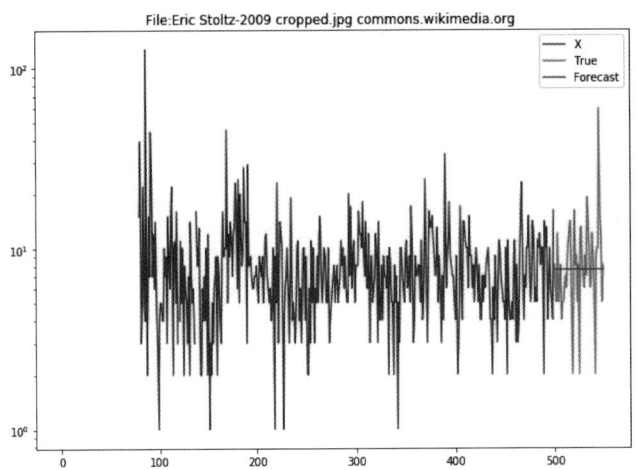

이미지 파일 액세스를 위한 중앙값에 대한 예측값 및 실제 값. 참값들은 그림의 오른쪽에 있으며 중앙값은 중앙의 수평선이다.[5]

앞의 중앙값 예측 출력에서 볼 수 있듯이 이 페이지의 데이터(이번 경우에는 미국 배우인 에릭 스톨츠 (Eric Stoltz)의 이미지)는 잡음이 아주 많은데, 중앙값은 이 모든 잡음을 차단한다. 중앙값은 자주 방문되지 않으면서 명확한 추세나 패턴이 없는 페이지에 특히 유용하다.

중앙값으로 할 수 있는 일이 이게 전부는 아니다. 방금 다룬 내용 외에도 주 단위로 다른 중앙값을 사용하거나 여러 번의 룩백 기간의 중앙값을 사용할 수 있다. 중앙값을 이용한 예측처럼 간단한 도구를 쓴다고 할지라도 특징을 잘 설계하면 좋은 결과를 얻어낼 수 있다. 따라서 더 발전된 방법을 사용하기 전에 중앙값 예측을 기준선으로 삼아 먼저 구현해 온전성 검사를 수행하는 일에 시간을 조금 쓰는 편이 타당하다.

ARIMA

앞서 나온 탐색적 데이터 분석 단원에서 시계열 예측과 관련해 계절성(seasonality)과 정상성(stationarity)이 중요한 요소가 되는 경우를 논의했다. 사실을 말하자면, 중앙값 예측은 두 가지 경우에 모두 문제가 있다. 시계열의 평균이 지속해서 이동하면 중앙값 예측의 추세가 지속되지 않으며, 시계열이 주기적 동작을 나타내는 경우라면 중앙값이 주기를 계속해서 보이지 않는다.

---

5 (옮긴이) True → 실제, Forecast → 예측.

ARIMA(AutoRegressive Integrated Moving Average, 자기회귀누적이동평균)는 다음과 같은 세 가지 핵심 구성요소로 구성된다.

- **자기회귀**(autoregression): 모델은 값과 시차를 둔 관측치 간의 관계를 사용한다.
- **누적**(integrated): 이 모델은 원래 관측치 간의 차분을 사용해 시계열이 정상성을 띠게 한다. 점들 사이의 차분이 항상 동일하기 때문에 시계열이 지속해서 상향하면서 평평한 적분을 지니게 된다.
- **이동평균**(moving average): 모델은 이동평균의 잔차 오차(residual errors)를 사용한다.

시차를 둔 관측값을 얼마나 많이 포함시켜야 하는지를 나타내는 p, 얼마나 자주 시리즈를 차분하려는지를 나타내는 d, 이동평균 창의 크기를 나타내는 q를 수작업으로 지정해야 한다. 그러고 나서, ARIMA는 시차를 둔 모든 관측치와 차분한 시리즈의 이동평균 잔차에 대해 선형 회귀를 수행한다.

파이썬에서는 ARIMA를 유용한 통계 도구가 많은 라이브러리인 statsmodels와 함께 사용할 수 있다. 이를 위해 간단히 다음 코드를 실행하자.

```
from statsmodels.tsa.arima_model import ARIMA
```

새로운 ARIMA 모델을 만들기 위해서 우리가 적합시키고자 하는 데이터를 전달하는데, 이번 경우에는 중국어 위키백과의 2NE1에 대한 견해의 초기 예로부터, 그리고 그 순서대로 $p \cdot d \cdot q$에 대해 바라는 값들을 전달한다. 이번 경우에서 우리는 시차를 둔 관측치 다섯 개를 포함하고 한 번 차분하며 이동평균 창 다섯 개를 취하려고 한다. 코드에서 이것은 다음과 같이 작동한다.

```
model = ARIMA(X_train[0], order=(5,1,5))
```

그러고 나서, model.fit()을 사용해 모델을 적합시킬 수 있다.

```
model = model.fit()
```

이 시점에서 model.summary()를 실행하면 통계분석에 대한 중요도 값뿐만 아니라 모든 계수가 출력된다. 그러나 우리는 모델이 예측을 얼마나 잘하는지에 더 관심이 있다. 따라서 이 작업을 완료하고 출력을 보려면 간단히 다음 코드를 실행하자.

```
residuals = pd.DataFrame(model.resid)
ax.plot(residuals)

plt.title('ARIMA residuals for 2NE1 pageviews')
```

이전 코드를 실행한 후에 이 그래프에서 볼 수 있듯이 2NE1 페이지 뷰의 결과를 출력할 수 있다.

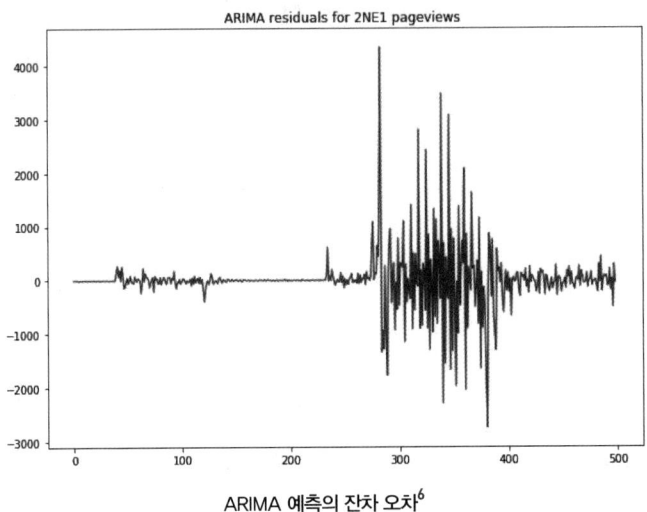

ARIMA 예측의 잔차 오차[6]

앞의 차트에서 이 모델이 처음에는 잘 작동하지만, 실제로는 300일을 전후하여 어려움을 겪기 시작한다는 점을 알 수 있다. 페이지 조회 수가 예측하기 어렵거나 이 기간에 변동성이 더 크기 때문일 수 있다.

모델이 왜곡되지 않게 하려면 잔차 분포를 조사해야 한다. **핵 밀도 추정량(kernel density estimator)**을 그려서 분포를 모델링하지 않고도 추정할 수 있게 설계한 수학적 방법을 사용해 이를 수행할 수 있다.

다음 코드를 실행해 이 작업을 수행할 수 있다.

```
residuals.plot(kind='kde',
               figsize=(10,7),
               title='ARIMA residual distribution 2NE1 ARIMA',
               legend = False)
```

---

[6] (옮긴이) ARIMA residuals for 2NE1 pageviews → 2NE1 페이지뷰에 대한 ARIMA 잔차 값들.

이 코드는 다음 그래프를 출력한다.

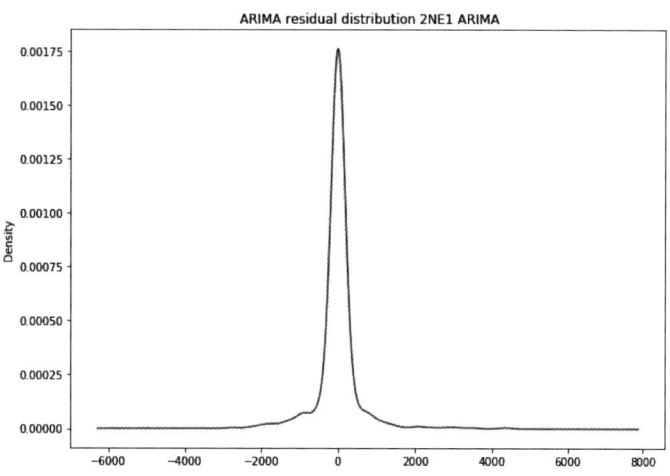

ARIMA 예측으로부터 근사적으로 정규화된 분포를 보이게 한 잔차[7]

보다시피, 우리의 모델은 대략 평균이 0인 가우스 분포를 나타낸다. 이것은 보기에는 좋지만, "우리는 어떻게 예측하는가?"라는 의문이 바로 생긴다.

이 모델을 예측에 사용하려면 다음 코드를 사용해 예측할 일수를 지정하기만 하면 된다.

```
predictions, stderr, conf_int = model.forecast(50)
```

이 예측을 통해 예측치들을 제공받을 수 있을 뿐만 아니라, 기본적으로 95%에 이르는 표준오차와 신뢰구간을 얻을 수 있다.

실제 조회 수(view)를 투영하는 조회 수를 그림으로 그려서 우리가 어떻게 하고 있는지를 살펴보자. 이 그래프는 예측 기준이 되는 지난 20일간의 데이터와 가독성을 지니게 하기 위한 예측을 보여준다. 이를 생성하려면 다음 코드를 실행해야 한다.

```
fig, ax = plt.subplots(figsize=(10, 7))

ax.plot(np.arange(480,500),basis[480:], label='X')
```

---

7 (옮긴이) ARIMA residual distribution 2NE1 ARIMA → 2NE1에 대한 ARIMA 잔차 분포, Density → 밀도.

```
ax.plot(np.arange(500,550),y_train[0], label='True')
ax.plot(np.arange(500,550),predictions, label='Forecast')

plt.title('2NE1 ARIMA forecasts')
ax.legend()
ax.set_yscale('log')
```

이 코드는 다음 그래프를 출력한다.

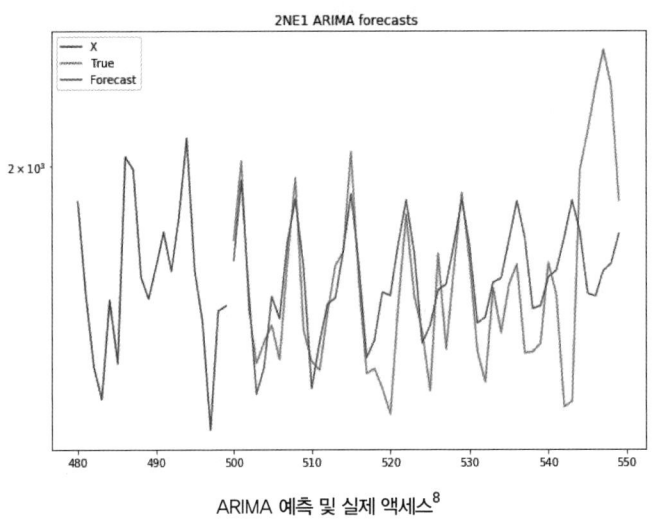

ARIMA 예측 및 실제 액세스[8]

ARIMA가 시리즈의 주기성을 매우 잘 포착한다는 것을 알 수 있다. ARIMA의 예측이 끝을 향해 약간 방향을 틀지만 처음에는 놀라운 일을 한다.

칼만 필터

칼만 필터(Kalman filters)는 잡음이 있거나 불완전한 측정 결과로부터 신호를 추출해 내기 위한 방법이다. 이 필터들은 헝가리 출신의 미국 출신 엔지니어인 루돌프 에밀 칼만(Rudolf Emil Kalman)이 전기공학에 쓰기 위해 발명했으며, 1960년대에 있었던 아폴로 유니버스 프로그램에서 처음으로 사용되었다.

---

8 (옮긴이) 2NE1 ARIMA forecasts → 2NE1에 대한 ARIMA 예측값들, True → 실제, Forecast → 예측

칼만 필터에서는 직접 관찰할 수는 없지만 측정할 수는 있는 잡음이 시스템에 숨겨져 있다고 전제한다. 로켓 엔진 내부의 온도를 측정한다고 가정해 보자. 너무 뜨겁기 때문에 측정 장치를 엔진에 직접 넣지 못하고 엔진 외부에 두게 된다.

당연히 이런 식으로 측정을 하면 엔진 외부에서 발생하는 많은 외부 요인으로 인해 측정값에 잡음이 끼어들기 때문에 측정값은 완벽하지 않을 것이다. 따라서 잡음을 처리해야만 로켓 내부의 온도를 추정할 수 있다. 페이지 예측 시의 내부 상태를 특정 페이지에 대한 실제 관심사라고 여길 수 있는데, 이런 상태 중에서도 페이지 뷰(page views, 페이지 열람 횟수)는 잡음이 있는 측정값만 나타낸다.

여기서, 내부 상태인 x_k가 시간 k에서 상태 전이 행렬인 A이며 이전 내부 상태인 x_{k-1}과 일부 과정 잡음인 q_{k-1}을 곱한 것이라는 생각인 것이다. 2NE1의 위키백과 페이지에 대한 관심이 어떻게 전개되는가는 어느 정도까지는 임의성을 띤다. 임의성(randomness)은 평균 0과 분산 Q를 갖는 가우스 정규분포를 따르는 것으로 가정한다.

$$x_k = Ax_{k-1} + q_{k-1}, \quad q_{k-1} \sim N(0, Q)$$

시간 k에서 얻은 측정값인 y_k는 상태 x_k 및 일부 관측 잡음 r_k가 상태가 시간에 맞춰 어떻게 측정되는지를 설명하는 관측 모델인 H다. 관측 잡음(observation noise)은 평균 0과 분산 R을 갖는 가우스 정규분포를 따르는 것으로 가정한다.

$$y_k = Hx_k + r_k, \quad r_k \sim N(0, R)$$

대략적으로 말하면, 칼만 필터들은 A, H, Q, R을 추정해 함수에 적합시킨다. 시계열을 거치고 파라미터를 갱신하는 과정을 평활화(smoothing, 매끈하게 하기)라고 한다. 추정 과정을 기술하는 데 필요한 수학을 정확하게 묘사하기는 복잡할 뿐만 아니라, 우리가 그저 예측만을 필요로 한다면 거의 관련되지 않는다. 그러나 이러한 값들보다 미리 사전분포(priors)를 제공해야 한다는 점은 관련성이 있다.

우리의 상태가 하나의 숫자로 될 이유가 없다는 점에 주목해야 한다. 이번 경우에서 우리의 상태는 8차원 벡터이며, 이 코드에서 볼 수 있듯이 계절성을 매주 포착하기 위해 하나의 숨겨진 수준과 7개의 수준이 있다.

```
n_seasons = 7
```

```
state_transition = np.zeros((n_seasons+1, n_seasons+1))

state_transition[0,0] = 1

state_transition[1,1:-1] = [-1.0] * (n_seasons-1)
state_transition[2:,1:-1] = np.eye(n_seasons-1)
```

추이행렬(transition matrix, 전이행렬) A는 다음 표와 같이 계절별 모델뿐만 아니라 실제 관심사로 해석할 수 있는 하나의 숨겨진 수준을 설명한다.

```
array ([[ 1., 0., 0., 0., 0., 0., 0., 0.],
        [ 0., -1., -1., -1., -1., -1., -1., 0.],
        [ 0., 1., 0., 0., 0., 0., 0., 0.],
        [ 0., 0., 1., 0., 0., 0., 0., 0.],
        [ 0., 0., 0., 1., 0., 0., 0., 0.],
        [ 0., 0., 0., 0., 1., 0., 0., 0.],
        [ 0., 0., 0., 0., 0., 1., 0., 0.],
        [ 0., 0., 0., 0., 0., 0., 1., 0.]])
```

관측 모델인 H는 일반적인 관심과 계절성을 단일 측정치에 대응시킨다.

```
observation_model = [[1,1] + [0]*(n_seasons-1)]
```

관측 모델은 다음과 같다.

```
[[1, 1, 0, 0, 0, 0, 0, 0]]
```

잡음 사전분포들은 갱신 과정을 제어할 수 있는 "평활 요인(smoothing factor)"에 의해 척도 조절이 된 추정량일 뿐이다.

```
smoothing_factor = 5.0

level_noise = 0.2 / smoothing_factor
observation_noise = 0.2
season_noise = 1e-3
```

```
process_noise_cov = np.diag([level_noise, season_noise] + [0]*(n_seasons-1))**2
observation_noise_cov = observation_noise**2
```

process_noise_cov는 8차원 상태 벡터와 일치하는 8차원 벡터다. 한편, measurement_noise_cov에는 단일 측정값만 있으므로 단일 숫자를 표시한다. 이들 사전분포에 대해 유일하게 실제로 요구되는 점을 들자면, 이들의 모양이 두 개의 상기 공식에 기술된 행렬 곱셈을 허용하는 꼴이어야 한다는 점이다. 그 외에도, 우리는 추이 모델들을 우리가 보는 방식에 맞춰 자유롭게 지정한다.

수학자이자 최초의 위키백과 트래픽 예측 경쟁에서 8위를 차지한 오토 세이스카리(Otto Seiskari)는 매우 빠른 칼만 필터링 라이브러리를 작성했다. 그의 라이브러리는 다중 독립 시계열을 벡터로 처리할 수 있게 하므로 처리할 시계열이 145,000개나 된다면 아주 유용하다.

 라이브러리의 저장소는 https://github.com/oseiskar/simdkalman에서 찾을 수 있다.

다음 명령을 사용해 라이브러리를 설치할 수 있다.

```
pip install simdkalman
```

이 라이브러리를 가져오려면 다음 코드를 실행하자.

```
import simdkalman
```

simdkalman은 매우 정교하면서도 아주 쉽게 사용할 수 있는 라이브러리다. 첫째, 방금 정의한 우선순위를 사용해 칼만 필터를 지정한다.

```
kf = simdkalman.KalmanFilter(state_transition = state_transition,
                             process_noise = process_noise_cov,
                             observation_model = observation_model,
                             observation_noise = observation_noise_cov)
```

그러고 나서, 파라미터를 추정하고 한 단계만으로도 예측을 계산할 수 있다.

```
result = kf.compute(X_train[0], 50)
```

다시 한번 말하지만, 우리는 2NE1의 중국 페이지를 예측하고, 50일분을 예측해 보고 있다. 여러 시리즈를 전달하고, 예를 들면 X_train [:10]을 사용해 첫 번째 10개 항목을 전달하고, 한 번에 모든 필터에 대해 별도의 필터를 계산할 수도 있다.

계산 함수의 결과에는 예측된 내부 상태 및 관측뿐만 아니라 평활화 과정에 놓인 상태 및 관측에 대한 추정량도 포함된다. 상태들과 관측값들이 가우스 분포를 보이므로 그릴 수 있는 값을 얻으려면 해당 값들의 평균을 구해야 한다.

우리의 상태는 8차원이지만, 비계절성 상태 가치에만 관심이 있으므로 다음 코드를 실행해 달성할 수 있는 평균을 색인화해야 한다.

```
fig, ax = plt.subplots(figsize=(10, 7))
ax.plot(np.arange(480,500),X_train[0,480:], label='X')
ax.plot(np.arange(500,550),y_train[0],label='True')

ax.plot(np.arange(500,550),
        result.predicted.observations.mean,
        label='Predicted observations')

ax.plot(np.arange(500,550),
        result.predicted.states.mean[:,0],
        label='predicted states')

ax.plot(np.arange(480,500),
        result.smoothed.observations.mean[480:],
        label='Expected Observations')

ax.plot(np.arange(480,500),
        result.smoothed.states.mean[480:,0],
        label='States')

ax.legend()
ax.set_yscale('log')
```

이 코드를 실행하면 나오는 그래프는 다음과 같다.

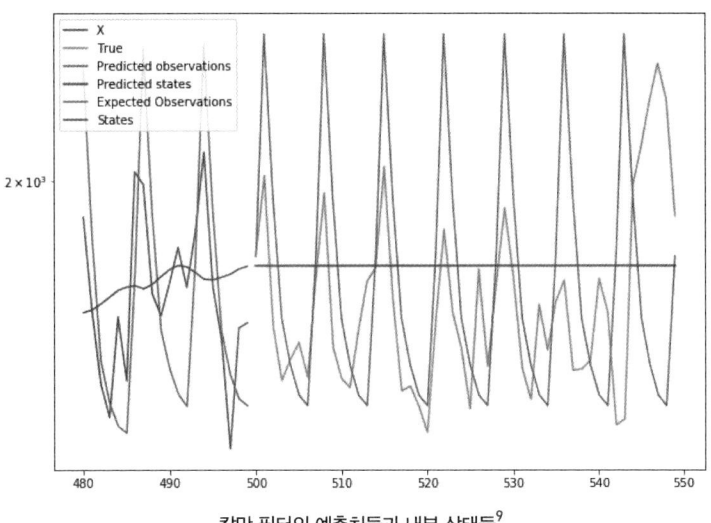

칼만 필터의 예측치들과 내부 상태들[9]

앞의 그래프에서 예측에 대한 추이 모델링의 효과를 명확하게 볼 수 있다. 우리는 이 모델이 실제로 관측된 것보다 더 강한 주간 진동을 예측하는 것을 볼 수 있다. 마찬가지로, 우리가 이전 모델에서는 모델의 경향을 보지 않았기 때문에 모델이 추세(trend, 경향, 동향)를 예측하지 않음을 알 수 있다.

칼만 필터는 유용한 도구이며 전기 공학에서 금융에 이르기까지 많은 응용 분야에서 사용된다. 사실, 칼만 필터는 비교적 최근까지 시계열을 모델링하기 위한 도구였다. 지능형 모델을 만드는 사람들은 시계열을 아주 잘 묘사할 만큼 똑똑한 시스템을 만들 수 있었다. 그러나 칼만 필터의 한 가지 약점은 스스로 패턴을 발견할 수 없고, 작업하기 쉽게 잘 설계한 사전분포들이 있어야 한다는 점이다.

이번 장의 후반부에서는 시계열을 자동으로 모델링할 수 있을 뿐만 아니라, 종종 더 높은 정확도를 보이기까지 하는 신경망 기반의 접근 방식을 살펴볼 생각이다.

신경망을 이용해 예측하기

이번 장의 후반부에서는 신경망을 다룬다. 첫 번째 부분에서는 다음번 시간 단계만 예측하는 간단한 신경망을 구축할 것이다. 시리즈의 극파(spikes)가 매우 크기 때문에 입력 및 출력에서 로그 변환된 페이지 뷰를 사용해 작업할 것이다. 단기적으로 예측하는 신경망을 사용해 이 신경망이 예측한 값들을 망으로 다시 공급함으로써 장기적인 예측을 할 수 있다.

---

[9] (옮긴이) True → 실제, Predicted observations → 예측된 관측들, Predicted states → 예측된 상태들, Expected Observations → 기대된 관측들, States → 상태들.

예측 모델에 빠져들어 보기 전에 전처리 및 특징 공학을 수행해야 한다. 신경망의 장점은 차원이 아주 많은 데이터뿐만 아니라 많은 특징을 사용할 수 있다는 것이다. 단점은 입력하는 특징에 유념해야 한다는 점이다. 예측할 당시에는 사용할 수 없었던 미래 데이터를 포함해 이번 장의 앞부분에서 사전관찰 편향(look-ahead bias)에 대해 어떻게 논의했는지를 기억해야 하는데, 이는 사후검정(backtesting) 시에 생길 수 있는 문제이기 때문이다.

데이터 준비

시리즈마다 다음과 같은 특징들을 구성한다.

- log_view: 페이지 뷰의 자연로그다. 0에 대한 로그가 정의되지 않았으므로 페이지 뷰의 자연로그에 1을 더한 log1p를 사용한다.
- days: 원핫 인코딩 처리를 한 평일을 나타낸다.
- year_lag: 365일 전의 log_view 값이다. 사용 가능한 값이 없으면 −1이다.
- halfyear_lag: 182일 전의 log_view 값이다. 사용 가능한 값이 없으면 −1이다.
- quarter_lag: 91일 전의 log_view 값이다. 사용 가능한 값이 없으면 −1이다.
- page_enc: 원핫 인코딩 부속 페이지다.
- agent_enc: 원핫 인코딩 에이전트다.
- acc_enc: 원핫 인코딩에 접근하는 메서드다.
- year_autocorr: 365일분 시리즈의 자기상관이다.
- halfyr_autocorr: 182일분 시리즈의 자기상관이다.
- quarter_autocorr: 91일분 시리즈의 자기상관이다.
- medians: 사후관찰 주기 동안의 평균 페이지 뷰다.

이러한 특징들은 각 시계열에 대해 조립되어 입력 데이터에 모양(배치 크기, 사후관찰 창 크기, 29)을 제공한다.

요일

1개 주간을 이루는 각 요일이 중요하다. 사람들이 월요일에는 인터넷에서 일할 거리를 찾는 반면에 일요일에는 안락의자에 앉아 인터넷을 이리저리 뒤지는 식으로 월요일과는 다른 접속 행태를 보인다. 따라서 요일을 인코딩해야 한다. 간단한 원핫 인코딩으로 이렇게 할 수 있다.

```
import datetime
from sklearn.preprocessing import LabelEncoder
from sklearn.preprocessing import OneHotEncoder

weekdays = [datetime.datetime.strptime(date, '%Y-%m-%d').strftime('%a')
            for date in train.columns.values[:-4]]
```

먼저 일자를 나타내는 문자열(예: 2017-03-02)을 요일을 나타내는 문자열(예: Thursday)로 바꾼다. 이 작업은 매우 간단하며 다음 코드로 수행할 수 있다.

```
day_one_hot = LabelEncoder().fit_transform(weekdays)
day_one_hot = day_one_hot.reshape(-1, 1)
```

그리고 나서, 평일을 정수로 인코딩해 "Monday"가 1이 되고 "Tuesday"가 2가 되게 한다. 우리는 결과 배열을 (배열 길이, 1) 모양으로 된 2차 텐서(rank 2 tensor)로 재편성하여 많은 관측치가 있지만 특징은 하나뿐이라는 점을 원핫 인코더가 알 수 있게 한다.

```
day_one_hot = OneHotEncoder(sparse=False).fit_transform(day_one_hot)
day_one_hot = np.expand_dims(day_one_hot,0)
```

마지막으로, 우리는 요일을 대상으로 원핫 인코딩 처리를 한다. 그리고 나서, 텐서에 새로운 차원을 추가해 날짜들을 1개 "행"으로만 표시한다. 나중에 이 축을 따라 배열을 반복한다.

```
agent_int = LabelEncoder().fit(train['Agent'])
agent_enc = agent_int.transform(train['Agent'])
agent_enc = agent_enc.reshape(-1, 1)
agent_one_hot = OneHotEncoder(sparse=False).fit(agent_enc)

del agent_enc
```

나중에 각 시리즈의 에이전트를 인코딩할 때 에이전트들에 대한 인코더가 필요하다.

먼저 에이전트의 이름을 나타내는 문자열을 정수로 변환할 수 있는 LabelEncoder라는 인스턴스를 만든다. 그러고 나서, 에이전트를 대상으로 원핫 인코딩 처리를 할 수 있는 OneHotEncoder 인스턴스를 설정하기 위해 모든 에이전트를 이러한 정수 문자열로 변환한다. 메모리를 절약하기 위해 이미 인코딩된 에이전트를 삭제한다.

다음 코드를 실행해 부속 페이지 및 액세스 방법에 대해서도 동일하게 수행한다.

```
page_int = LabelEncoder().fit(train['Sub_Page'])
page_enc = page_int.transform(train['Sub_Page'])
page_enc = page_enc.reshape(-1, 1)
page_one_hot = OneHotEncoder(sparse=False).fit(page_enc)

del page_enc

acc_int = LabelEncoder().fit(train['Access'])
acc_enc = acc_int.transform(train['Access'])
acc_enc = acc_enc.reshape(-1, 1)
acc_one_hot = OneHotEncoder(sparse=False).fit(acc_enc)

del acc_enc
```

이제 우리는 시차를 둔 특징들에 다다랐다. 기술적으로 신경망은 과거의 사건이 자신을 예측하는 데 어떤 관련이 있는지를 알아낼 수 있다. 그러나 이번 장의 나중 부분인 LSTM 단원에서 자세히 설명하는 경사도 소실 문제로 인해 이는 매우 어렵다. 지금은 며칠에 걸친 시차가 있는 배열을 만드는 작은 함수를 설정해 보겠다.

```
def lag_arr(arr, lag, fill):
    filler = np.full((arr.shape[0],lag,1),-1)
    comb = np.concatenate((filler,arr),axis=1)
    result = comb[:,:arr.shape[1]]
    return result
```

이 함수는 먼저 자리 옮김(shift) 시에 "빈 공간"을 채울 새 배열을 만든다. 새로운 배열은 원래 배열보다 행 수가 더 많지만, 배열의 시리즈 길이(즉, 너비)는 우리가 시차를 두고자 하는 날짜 수다. 그런 다음에 이 배열을 원래 배열의 전면에 연결한다. 마지막으로 원래 배열의 시리즈 길이(시리즈의 너비)로 돌아가기 위해 배열의 뒤쪽에서 원소들을 제거한다. 우리는 서로 다른 시간간격 동안의 자기상관에 대해 모델에 알리고 싶다. 단일 시리즈에 대한 자기상관을 계산하기 위해 우리는 자기상관을 측정하고자 하는 시차에 맞춰 시리즈의 자리를 옮긴다. 그러고 나서, 자기상관을 계산한다.

$$R(\tau) = \frac{\sum((X_t - \mu_t) * (X_{t+\tau} - \mu_{t+\tau}))}{\sigma_t * \sigma_{t+\tau}}$$

이 공식에서 τ는 시차 표시자(lag indicator)다. 우리는 분모가 0일 가능성이 있기 때문에 넘파이 함수만 사용하지는 않는다. 이번 경우에 우리의 함수는 0을 반환한다.

```
def single_autocorr(series, lag):
    s1 = series[lag:]
    s2 = series[:-lag]
    ms1 = np.mean(s1)
    ms2 = np.mean(s2)
    ds1 = s1 - ms1
    ds2 = s2 - ms2
    divider = np.sqrt(np.sum(ds1 * ds1)) * np.sqrt(np.sum (ds2 * ds2))
    return np.sum(ds1 * ds2) / divider if divider != 0 else 0
```

단일 시리즈에 대해 작성한 이 함수를 사용해 다음과 같이 일련의 자기상관 특징들로 구성된 배치 하나를 만들 수 있다.

```
def batc_autocorr(data,lag,series_length):
    corrs = []
    for i in range(data.shape[0]):
        c = single_autocorr(data, lag)
        corrs.append(c)
    corr = np.array(corrs)
    corr = np.expand_dims(corr,-1)
    corr = np.expand_dims(corr,-1)
    corr = np.repeat(corr,series_length,axis=1)
    return corr
```

먼저 배치에 있는 각 시리즈에 대한 자기상관들을 계산한다. 그러고 나서 상관들을 하나의 넘파이 배열에 통합한다. 자기상관은 전역 특징이므로 우리는 시리즈의 길이를 나타내는 데 쓸 차원 한 개를 새로 만들어야 하고, 시리즈의 길이가 한 가지 특징일 뿐이라는 점을 알려줄 새로운 차원을 만들어야 한다. 그러고 나서, 시리즈의 전체 길이에 대해 자기상관을 반복한다.

get_batch 함수는 다음 코드에서 볼 수 있듯이 데이터 배치 한 개를 제공하기 위해 이러한 도구를 모두 활용한다.

```
def get_batch(train,start=0,lookback = 100):                                #1
    assert((start + lookback) <= (train.shape[1] - 5))                      #2

    data = train.iloc[:,start:start + lookback].values                      #3

    target = train.iloc[:,start + lookback].values
    target = np.log1p(target)                                               #4
    log_view = np.log1p(data)
    log_view = np.expand_dims(log_view,axis=-1)                             #5

    days = day_one_hot[:,start:start + lookback]
    days = np.repeat(days,repeats=train.shape[0],axis=0)                    #6

    year_lag = lag_arr(log_view,365,-1)
    halfyear_lag = lag_arr(log_view,182,-1)
    quarter_lag = lag_arr(log_view,91,-1)                                   #7

    agent_enc = agent_int.transform(train['Agent'])
    agent_enc = agent_enc.reshape(-1, 1)
    agent_enc = agent_one_hot.transform(agent_enc)
    agent_enc = np.expand_dims(agent_enc,1)
    agent_enc = np.repeat(agent_enc,lookback,axis=1)                        #8

    page_enc = page_int.transform(train['Sub_Page'])
    page_enc = page_enc.reshape(-1, 1)
    page_enc = page_one_hot.transform(page_enc)
    page_enc = np.expand_dims(page_enc, 1)
    page_enc = np.repeat(page_enc,lookback,axis=1)                          #9
```

```python
    acc_enc = acc_int.transform(train['Access'])
    acc_enc = acc_enc.reshape(-1, 1)
    acc_enc = acc_one_hot.transform(acc_enc)
    acc_enc = np.expand_dims(acc_enc,1)
    acc_enc = np.repeat(acc_enc,lookback,axis=1)                         #10


    year_autocorr = batc_autocorr(data,lag=365, series_length=lookback)
    halfyr_autocorr = batc_autocorr(data,lag=182, series_length=lookback)
    quarter_autocorr = batc_autocorr(data,lag=91, series_length=lookback)  #11


    medians = np.median(data,axis=1)
    medians = np.expand_dims(medians,-1)
    medians = np.expand_dims(medians,-1)
    medians = np.repeat(medians,lookback,axis=1)                         #12


    batch = np.concatenate((log_view,
                            days,
                            year_lag, halfyear_lag, quarter_lag,
                            page_enc, agent_enc, acc_enc,
                            year_autocorr, halfyr_autocorr, quarter_autocorr,
                            medians),
                            axis=2)
    return batch, target
```

코드가 길므로 코드를 완전히 이해할 수 있게 단계별로 살펴보자.

1. 지정된 시작 지점에서 사후관찰 창(lookback window)과 표적(target, 목표)을 만들기에 충분한 데이터가 있는지 확인한다.

2. 사후관찰 창을 훈련 데이터와 분리한다.

3. 표적을 분리한 후에 표적의 로그 값에 1을 더한다.

4. 사후관찰 창의 로그 값에 1을 더한 값을 취하여 특징 차원을 추가한다.

5. 미리 계산된 요일별 원핫 인코딩에서 요일들을 가져와서 배치의 각 시계열에 대해 요일들을 반복해서 처리한다.

6. 연간 시차, 반기 시차 및 분기 시차에 대한 시차 특징들을 계산한다.

7. 이 단계에서는 앞에서 정의한 인코더를 사용해 전역 특징들을 인코딩한다. 다음 두 단계인 8단계와 9단계는 같은 역할을 한다.

8. 이 단계는 7단계를 다시 반복한다.

9. 이 단계는 7단계와 8단계를 다시 반복한다.
10. 연간, 반기 및 분기별 자기상관을 계산한다.
11. 사후관찰 데이터(lookback data)의 중앙값을 계산한다.
12. 이러한 모든 함수를 하나의 배치(batch, 집단)로 통합한다.

마지막으로 **3장 '컴퓨터 비전을 활용하기'** 에서 그랬던 것처럼 get_batch 함수를 사용해 생성기(generator)를 작성할 수 있다. 이 생성기는 원래 훈련 집합을 반복 처리하고 부분집합을 get_batch 함수로 전달한다. 그리고 나서 생성기는 획득한 배치를 산출한다.

데이터를 최대한 활용하기 위해 임의의 시작점을 선택했다는 점에 유념하자.

```
def generate_batches(train,batch_size = 32, lookback = 100):
    num_samples = train.shape[0]
    num_steps = train.shape[1] - 5
    while True:
        for i in range(num_samples // batch_size):
            batch_start = i * batch_size
            batch_end = batch_start + batch_size

            seq_start = np.random.randint(num_steps - lookback)
            X,y = get_batch(train.iloc[batch_start:batch_end], start=seq_start)
            yield X,y
```

이 함수는 우리가 훈련하고 검증하는 함수다.

Conv1D

지붕과 보험에 대해 간략히 살펴본 **3장 '컴퓨터 비전을 활용하기'** 에 나온 합성곱 신경망(convolution neural networks, CNN)을 다시 떠올려 보자. 컴퓨터 비전에서 합성곱 필터는 이미지 위에서 2차원적으로 미끄러진다. 시퀀스를 1차원으로 미끄러지듯이 움직이게 할 수 있는 합성곱 필터 버전도 있다. 2차원 합성곱의 출력이 또 다른 이미지인 것처럼 출력도 또 다른 시퀀스다. 1차원 합성곱에 대한 다른 모든 것은 2차원 합성곱과 정확히 같다.

이번 단원에서 우리는 고정 입력 길이를 기대하는 합성망을 구축하기 시작할 것이다.

```
n_features = 29
max_len = 100

model = Sequential()

model.add(Conv1D(16,5, input_shape=(100,29)))
model.add(Activation('relu'))
model.add(MaxPool1D(5))

model.add(Conv1D(16,5))
model.add(Activation('relu'))
model.add(MaxPool1D(5))
model.add(Flatten())
model.add(Dense(1))
```

이 망을 보면 Conv1D와 Activation이 나온 후에도 두 개의 계층이 더 있다는 점에 주목하자. MaxPool1D는 이 책의 앞부분에서 사용한 MaxPooling2D와 똑같이 작동한다. 이 계층은 지정된 길이의 시퀀스를 가져와서 시퀀스의 최대 원소를 반환한다. 이는 2차원 합성곱 망에서 작은 창의 최대 원소를 반환한 방법과[10] 비슷하다.

최대 풀링(max pooling, 최대 병합)은 항상 각 채널 내에 있는 원소들 중에서 최대 원소를 반환한다. Flatten은 2차원 시퀀스 텐서를 1차원 평면 텐서로 변형한다. Flatten을 Dense와 결합해 사용하려면 입력 모양에서 시퀀스 길이를 지정해야 한다. 여기서는 max_len 변수로 설정했다. Dense가 고정된 입력 모양을 기대하고, Flatten은 입력 크기에 따라 텐서를 반환하기 때문에 이렇게 하는 것이다.

Flatten 대신에 사용할 수 있는 것으로는 전체 시퀀스 중에서 최대 원소를 반환하는 GlobalMaxPool1D가 있다. 시퀀스 크기가 고정되어 있으므로 입력 길이를 고정하지 않고도 이후의 Dense 계층을 사용할 수 있다. 여러분이 기대했던 그대로 우리의 모델을 컴파일한다.

```
model.compile(optimizer='adam',
              loss='mean_absolute_percentage_error')
```

---

[10] (옮긴이) 즉, '최대 병합을 한 방법과'.

그리고 나서 우리는 이 모델이 앞에서 작성해 둔 생성기를 바탕으로 훈련하게 한다. 별도의 훈련 집합 및 검증 집합을 얻으려면 먼저 전체 데이터셋을 분할한 후에 두 데이터셋을 기반으로 생성기를 두 개 만들어야 한다. 이렇게 하려면 다음 코드를 실행하자.

```
from sklearn.model_selection import train_test_split

batch_size = 128
train_df, val_df = train_test_split(train, test_size=0.1)
train_gen = generate_batches(train_df,batch_size=batch_size)
val_gen = generate_batches(val_df, batch_size=batch_size)

n_train_samples = train_df.shape[0]
n_val_samples = val_df.shape[0]
```

마지막으로, 컴퓨터 비전을 다룰 때 우리가 그랬던 것처럼 모델을 생성기에서 훈련할 수 있다.

```
model.fit_generator(train_gen,
                    epochs=20,
                    steps_per_epoch=n_train_samples // batch_size,
                    validation_data= val_gen,
                    validation_steps=n_val_samples // batch_size)
```

검증 손실은 여전히 12,798,928 정도인데, 이는 상당히 높은 값이다. 절대 손실 값은 모델의 성능을 잘 나타내는 계량이 아니다. 예측이 유용한지를 확인하기 위해 다른 계량기준을 사용하는 것이 바람직하다.

그러나 우리는 이번 장의 후반부에서 손실을 크게 줄여 볼 것이다.

확대된 합성곱과 인과적 합성곱

사후검정 단원에서 논의한 바와 같이, 모델이 사전관찰 편향(look-ahead bias, 사전관찰 편견)에 걸리지 않게 해야 한다.

표준 합성곱 신경망

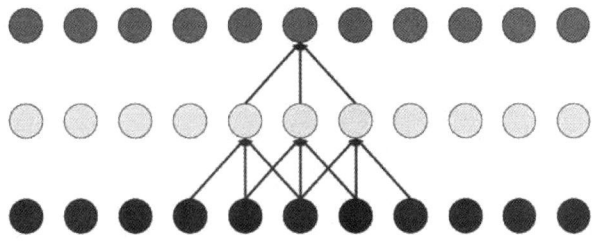

표준 합성곱은 합성곱의 방향을 고려하지 않는다.

합성곱 필터가 데이터 위로 미끄러지듯이 움직이면서 미래 데이터는 물론 과거 데이터도 살펴본다. 인과적 합성곱(causal convolution)은 시간 t에서의 출력이 시간 t−1의 입력에서만 파생되게 한다.

인과적 합성곱 신경망

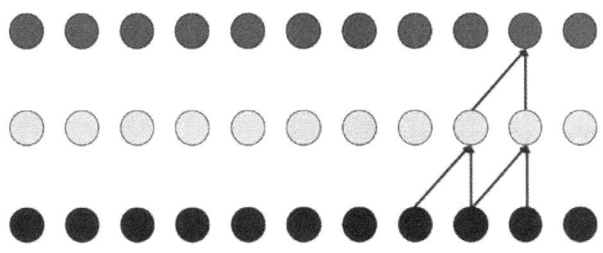

인과적 합성곱 시에는 필터가 오른쪽으로 이동한다.

케라스에서는 padding(채우기) 파라미터를 causal(인과적)로 설정하기만 하면 된다. 다음 코드를 실행해 이를 수행할 수 있다.

```
model.add(Conv1D(16,5, padding='causal'))
```

또 다른 유용한 기법은 확대 합성곱 망(dilated convolutional networks)이다. 확대(dilation, 팽창)란 아래 이미지에서 볼 수 있듯이 필터가 모든 n 번째 원소에만 액세스한다는 것을 의미한다.

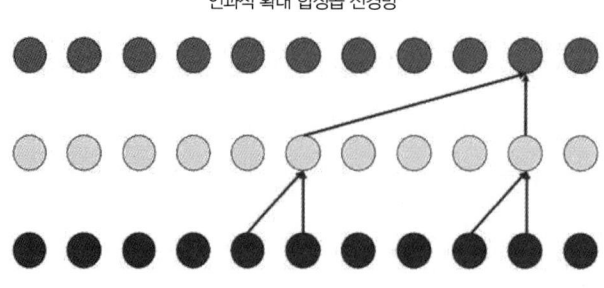

인과적 확대 합성곱 신경망

확대된 합성곱은 합성곱 연산을 하는 동안에 입력 내용을 건너뛴다.

위의 도표에서 상위 합성곱 계층의 확대율(dilation rate)은 4이고 하위 계층의 확대율은 1이다. 케라스에서 다음 코드를 실행해 확대율을 설정할 수 있다.

```
model.add(Conv1D(16,5, padding='causal', dilation_rate=4))
```

단순 RNN

신경망 내에서 질서를 만드는 또 다른 방법은 망에 일종의 기억(memory)을 제공하는 것이다. 지금까지 모든 망은 전달 전후에 발생한 기억을 전달하지 않은 채로 순방향 전달을 수행했다. 이제 우리는 RNN(recurrent neural network, 재귀 신경망, 순환 신경망, 축차 신경망)을 사용해 이런 점을 바꿔 보려고 한다.

RNN의 체계

RNN에는 재귀 계층(recurrent layer, 순환 계층, 반복 계층, 재발 계층, 축차 계층)이 있다. 재귀 계층은 직전의 활성치(activation)를 기억해 이 값을 자신의 입력치(input)로 사용할 수 있다.

$$A_t = activation(W * in + U * A_{t-1} + b)$$

재귀 계층 한 개는 시퀀스 한 개를 입력으로 받는다. 그러고 나서, 각 원소에 대해 Dense(조밀) 계층과 마찬가지로 행렬 곱셈($W*in$)을 계산하고 relu와 같은 활성함수를 통해 결과를 실행한다. 그러고 나서 자체 활성치를 유지한다. 시퀀스의 다음 항목이 도달하면 이전과 같이 행렬 곱셈을 수행하지만, 이번에는 이전 활성치와 두 번째 행렬인 ($U*A_{t-1}$)을 곱한다. 재귀 계층은 이 두 작업의 결과를 함께 더하고 활성함수를 통해 다시 전달한다.

케라스에서는 다음과 같이 단순 RNN을 사용할 수 있다.

```
from keras.layers import SimpleRNN

model = Sequential()
model.add(SimpleRNN(16,input_shape=(max_len,n_features)))
model.add(Dense(1))

model.compile(optimizer='adam',
              loss='mean_absolute_percentage_error')
```

지정해야 할 유일한 파라미터는 재귀 계층의 크기다. SimpleRNN 계층들은 출력을 입력으로 다시 공급한다는 점을 제외하면 Dense 계층들과 아주 비슷하므로 기본적으로 Dense 계층의 크기를 설정하는 것과 같다. RNN은 기본적으로 시퀀스의 마지막 출력만 반환한다.

여러 RNN을 쌓으려면 다음 코드를 실행해 return_sequences를 True로 설정해야 한다.

```
from keras.layers import SimpleRNN

model = Sequential()
model.add(SimpleRNN(16,return_sequences=True,
                    input_shape=(max_len,n_features)))
model.add(SimpleRNN(32, return_sequences = True))
model.add(SimpleRNN(64))
model.add(Dense(1))

model.compile(optimizer='adam',
              loss='mean_absolute_percentage_error')
```

그런 다음에 여러분은 이전처럼 생성기 상에서 모델을 적합시킬 수 있다.

```
model.fit_generator(train_gen,
                    epochs=20,
                    steps_per_epoch=n_train_samples // batch_size,
                    validation_data= val_gen,
                    validation_steps=n_val_samples // batch_size)
```

이 코드의 결과로 약 1,548,653이라는 손실 값이 나오며, 이를 통해 우리는 단순 RNN이 합성곱 모델보다 훨씬 더 잘 처리한다는 점을 알 수 있다. 이전에 우리의 손실이 12,793,928이었다는 것을 기억할 것이다. 그러나 더 복잡한 RNN을 사용하면 이보다 훨씬 더 잘 수행할 수 있다.

LSTM

바로 앞 단원에서 우리는 기본 RNN을 배웠다. 이론적으로만 보면, 단순 RNN일지라도 장기 기억조차도 유지할 수 있어야 한다. 그러나 실제로 이런 식의 접근법은 경사도 소실 문제로 인해 종종 부족한 면을 드러낸다.

여러 단계를 거치면서 많은 의미 있는 경사도를 유지하는 데 어려움을 겪는다. 이 주제가 이번 장에서 주로 다룰 내용은 아니지만, 왜 이런 일이 일어나는지를 1994년에 요슈아 벤지오(Yoshua Bengio), 패트리스 시마드(Patrice Simard), 파올로 프라스코니(Paolo Frasconi)가 발표한 논문인 *"Learning long-term dependencies with gradient descent is difficult"*(https://ieexplore.ieee.org/document/279181)에서 자세히 알아볼 수 있다.

단순 RNN의 경사도 소실 문제를 풀기 위한 직접적인 대응으로 LSTM(long short-term memory) 계층이 발명되었다. 이 계층은 더 긴 시계열에서 훨씬 더 잘 수행된다. 그러나 관련 관측치가 시리즈에서 수백 단계 뒤떨어져 있다면 LSTM조차도 이것을 처리하는 데 어려움을 겪을 것이다. 그래서 우리는 수작업으로 시차를 정해 둔 관측치를 일부 포함하게 하는 것이다.

세부 사항을 살펴보기 전에 시간의 흐름에 따라 펼친 단순 RNN을 살펴보자.

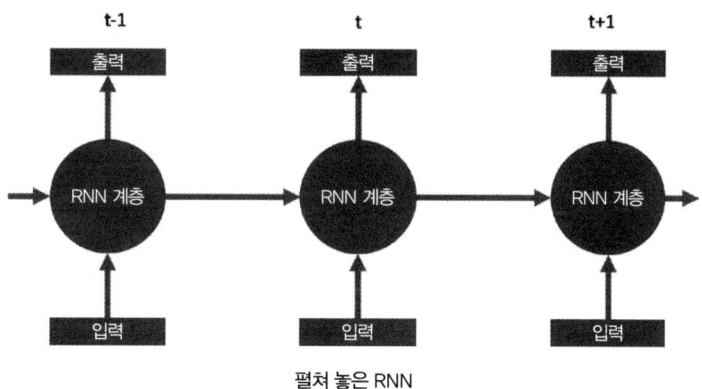

펼쳐 놓은 RNN

보다시피, 이것은 시간의 흐름에 따라 펼쳤다는 점을 제외하면 **2장 '정형 데이터에 머신러닝을 적용하기'** 에서 본 RNN과 같다.

캐리

RNN에 LSTM을 보태는 일의 핵심은 캐리(carry, 나르개)와 관련이 있다. 캐리는 RNN 계층을 따라 움직이는 컨베이어 벨트와 비슷하다. 각 시간 단계에서 캐리가 RNN 계층에 공급된다. 새로운 캐리는 RNN 계층 자체의 처리 작업과는 별도로 입력치와 RNN의 출력치 및 이전 캐리를 가지고 계산된다.

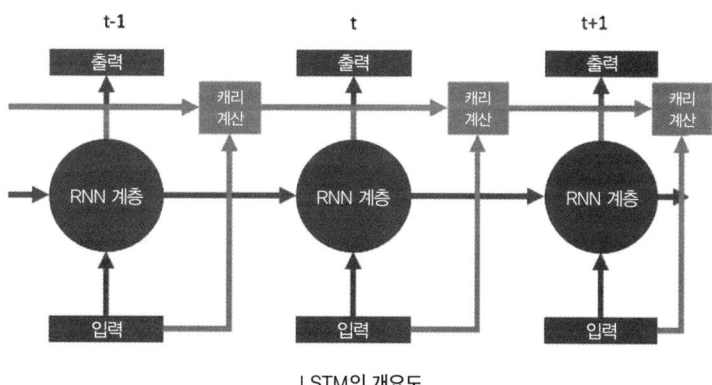

LSTM의 개요도

캐리 계산(compute carry)이라는 것이 무엇인지를 이해하려면 입력 및 상태에서 추가할 내용을 결정해야 한다.

$$i_t = a(s_t \cdot Ui + in_t \cdot Wi + bi)$$
$$k_t = a(s_t \cdot Uk + in_t \cdot Wk + bk)$$

이 공식에서 s_t는 시간 t일 때의 상태(단순 RNN 계층의 출력치)를 나타내고, in_t는 시간 t일 때의 입력치를 나타내며, Ui, Wi, Uk, Wk는 학습될 모델 파라미터(계량들)다. $a()$는 활성함수다.

상태와 입력치 중에서 망각해야 할 내용을 결정하려면 다음 공식을 사용해야 한다.

$$f_t = a(s_t \cdot Uf) + in_t \cdot Wf + bf$$

새로운 캐리는 다음과 같이 계산된다.

$$c_{t+1} = c_t * f_t + i_t * k_t$$

표준 이론에 따르면 LSTM 계층이 무엇을 추가하고 무엇을 망각할지를 배우고 있다고 주장하지만, 실제로는 LSTM 내부에서 어떤 일이 일어나고 있는지를 아무도 모른다. 그러나 LSTM 모델은 장기 기억을 학습하는 데 매우 효과적인 것으로 나타났다.

LSTM 계층에는 이미 tanh 활성함수 하나가 제공되므로 추가 활성함수가 필요하지 않다.

LSTM은 SimpleRNN과 같은 방식으로 사용할 수 있다.

```
from keras.layers import LSTM

model = Sequential()
model.add(LSTM(16,input_shape=(max_len,n_features)))
model.add(Dense(1))
```

계층을 쌓으려면 return_sequences를 True로 설정해야 한다. 다음 코드를 사용해 LSTM과 SimpleRNN을 쉽게 결합할 수 있다.

```
model = Sequential()
model.add(LSTM(32, return_sequences=True,
                    input_shape=(max_len,n_features)))
model.add(SimpleRNN(16, return_sequences = True))
```

```
model.add(LSTM(16))
model.add(Dense(1))
```

 케라스에서 GPU를 사용할 뿐만 아니라 백엔드(back-end, 후단부)로 텐서플로를 사용한다면 LSTM 대신에 CuDNNLSTM을 사용하자. 이것의 작업 방식도 똑같지만 훨씬 더 빠르다.

이제 이전과 마찬가지로 모델을 컴파일하고 실행한다.

```
model.compile(optimizer='adam', loss='mean_absolute_percentage_error')
model.fit_generator(train_gen,
                    epochs=20,
                    steps_per_epoch=n_train_samples // batch_size,
                    validation_data= val_gen,
                    validation_steps=n_val_samples // batch_size)
```

이번에는 손실이 88,735로 낮아졌는데, 이는 초기 모델보다 몇 배나 더 좋은 값이다.

재귀 드롭아웃

이 책을 지금까지 읽어 왔다면 여러분은 이미 **드롭아웃**(dropout)이라는 개념을 접한 것이다. 드롭아웃은 한 입력 계층의 일부 요소를 임의로 제거한다.[11] RNN에서 일반적이고 중요한 도구는 **재귀 드롭아웃**(recurrent dropout, 축차 드롭아웃, 재발 드롭아웃, 순환 드롭아웃)으로, 계층 간에 전달되는 입력치들을 제거하지 않고 시간 단계들 사이에 끼어 있는 입력치들을 제거한다.

---

11 (옮긴이) 이때 제거되는 요소는 해당 계층을 구성하고 있는 단위(unit)이다. 즉, 뉴런(neuron, 신경세포)인 것이다. 그래서 신경세포의 사멸(dropout)이라고 생각해도 무방해 보이며, 이는 또한 해당 뉴런이 지닌 값의 중도탈락(dropout)이나 소거(zeroed out)라고 보아도 무방해 보인다.

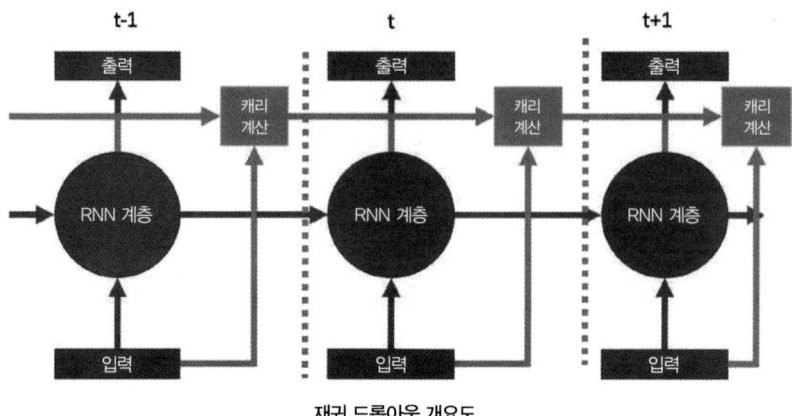

재귀 드롭아웃 개요도

정칙 드롭아웃(regular dropout)과 마찬가지로 재귀 드롭아웃에도 정칙화 효과가 있어서 과적합을 방지할 수 있다. 케라스에서는 단순히 인수를 LSTM 계층이나 RNN 계층에 전달하는 식으로 재귀 드롭아웃을 사용한다.

다음 코드에서 볼 수 있듯이 정칙 드롭아웃과 달리 재귀 드롭아웃에는 자체 계층이 없다.

```
model = Sequential()
model.add(LSTM(16,
              recurrent_dropout=0.1,
              return_sequences=True,
              input_shape=(max_len,n_features)))

model.add(LSTM(16,recurrent_dropout=0.1))

model.add(Dense(1))
```

베이즈 딥러닝

우리는 이제 시계열을 예측할 수 있는 모델을 모두 갖추었다. 그러나 이 모델들이 합리적으로 추정한 값을 내거나 아무렇게나 추정값을 내는 점 추정량(point estimates)인가? 모델이 얼마나 확실한가? 칼만필터와 같은 대부분의 고전적인 확률 모델링 기법에서는 예측에 대한 신뢰구간을 제공할 수 있지만, 정규 딥러닝에서는 이렇게 할 수 없다. 베이즈 딥러닝(Bayesian deep learning, 베이지안 딥러닝) 분야에서는 베이즈 접근법을 딥러닝과 결합함으로써 모델들이 불확실성까지 표현할 수 있게 한다.

베이즈 딥러닝의 핵심 아이디어는 모델 속에 불확실성이 내재되어 있다는 것이다. 때때로 이러한 불확실성은 단 한 개의 가중치가 아닌 여러 가중치에 대한 평균 및 표준편차를 학습하면서 내재된다. 그러나 이번 접근법에서는 필요한 파라미터 개수를 늘려 버리기 때문에 평균과 표준편차를 학습할 수가 없었다. 정규 심층 망(regular deep networks)을 베이즈 심층 망(Bayesian deep networks)으로 전환할 수 있는 간단하면서도 섬세한 기법은 예측할 때 드롭아웃을 활성화한 후에 여러 가지 예측을 하는 것이다.

이번 단원에서는 이전보다 간단한 데이터셋을 사용할 것이다. 우리의 X 값은 -5와 5 사이에서 임의로 20개를 선택해 구성한 값이며 y 값은 이 값들에 적용된 사인 함수일 뿐이다.

다음 코드를 실행하는 일로 이 일에 착수해 보자.

```
X = np.random.rand(20,1) * 10-5
y = np.sin(X)
```

우리의 신경망도 비교적 단순하다. 케라스에서는 드롭아웃 계층을 첫 번째 계층으로 삼을 수 없으므로 입력값을 통과하게 하는 Dense 계층을 추가해야 한다. 다음 코드를 사용해 이를 달성할 수 있다.

```
from keras.models import Sequential
from keras.layers import Dense, Dropout, Activation

model = Sequential()

model.add(Dense(1,input_dim = 1))
model.add(Dropout(0.05))

model.add(Dense(20))
model.add(Activation('relu'))
model.add(Dropout(0.05))

model.add(Dense(20))
model.add(Activation('relu'))
model.add(Dropout(0.05))

model.add(Dense(20))
model.add(Activation('sigmoid'))

model.add(Dense(1))
```

이 함수를 적합하게 하려면 학습속도를 상대적으로 느리게 해야 하므로 학습속도를 설정하기 위해 케라스의 기본(vanilla) 확률적 경사 하강법 최적화기를 가져온다. 그리고 나서 10,000 에포크 동안 모델을 훈련한다. 훈련 로그에 관심이 없으므로 verbose를 0으로 설정하여 모델 훈련이 "조용히" 진행되게 한다.

다음 코드를 실행해 이 작업을 수행한다.

```
from keras.optimizers import SGD
model.compile(loss='mse',optimizer=SGD(lr=0.01))
model.fit(X,y,epochs=10000,batch_size=10,verbose=0)
```

우리가 더 넓은 범위의 값에 맞춰 모델을 테스트하고 싶으므로 0.1간격으로 -10에서 10 사이의 200개 값으로 테스트 데이터셋을 만든다. 다음 코드를 실행해 테스트를 모방할 수 있다.

```
X_test = np.arange(-10,10,0.1)
X_test = np.expand_dims(X_test,-1)
```

그리고 이제 마술 같은 일이 벌어진다. keras.backend를 사용해 우리는 백그라운드에서 작업을 실행하는 텐서플로로 설정 내용을 전달할 수 있다. 우리는 백엔드를 사용해 학습 단계 파라미터를 1로 설정한다. 이렇게 하면 텐서플로는 우리가 훈련 중이라고 믿고는 드롭아웃을 적용할 것이다. 그리고 나서 우리는 테스트 데이터를 100회에 걸쳐서 예측해 본다. 이 100개의 예측치들은 X의 모든 사례들에서 y 값에 대한 확률분포다.

 이번 예제가 작동하려면 훈련 과정에서 생긴 구성 내용이 텐서플로 그래프에 남아 있으므로 모델을 정의해 훈련하기 전에 백엔드를 적재하고 세션을 지우고 학습 단계를 설정해야 한다. 또한 훈련된 모델을 저장하고 세션을 지우고 모델을 다시 적재할 수 있다. 작동하는 구현에 대해서는 이번 단원의 코드를 참조하자.

이 과정을 시작하려면 먼저 다음 코드를 실행하자.

```
import keras.backend as K
K.clear_session()
K.set_learning_phase(1)
```

이제 다음 코드를 사용해 우리의 분포를 얻을 수 있다.

```
probs = []
for i in range(100):
    out = model.predict(X_test)
    probs.append(out)
```

다음으로 우리는 분포에 대한 평균 및 표준편차를 계산할 수 있다.

```
p = np.array(probs)

mean = p.mean(axis=0)
std = p.std(axis=0)
```

마지막으로, 표준편차 값을 1이나 2나 4로 정해(서로 다른 파란색 음영에 해당) 모델의 예측치를 그린다.

```
plt.figure(figsize=(10,7))
plt.plot(X_test,mean,c='blue')

lower_bound = mean - std * 0.5
upper_bound = mean + std * 0.5
plt.fill_between(X_test.flatten(),
                 upper_bound.flatten(), lower_bound.flatten(),
                 alpha=0.25, facecolor='blue')

lower_bound = mean - std
upper_bound = mean + std
plt.fill_between(X_test.flatten(),
                 upper_bound.flatten(), lower_bound.flatten(),
                 alpha=0.25, facecolor='blue')

lower_bound = mean - std * 2
upper_bound = mean + std * 2
plt.fill_between(X_test.flatten(),
                 upper_bound.flatten(), lower_bound.flatten(),
                 alpha=0.25, facecolor='blue')

plt.scatter(X,y,c='black')
```

이 코드를 실행하면 다음 그래프가 표시된다.

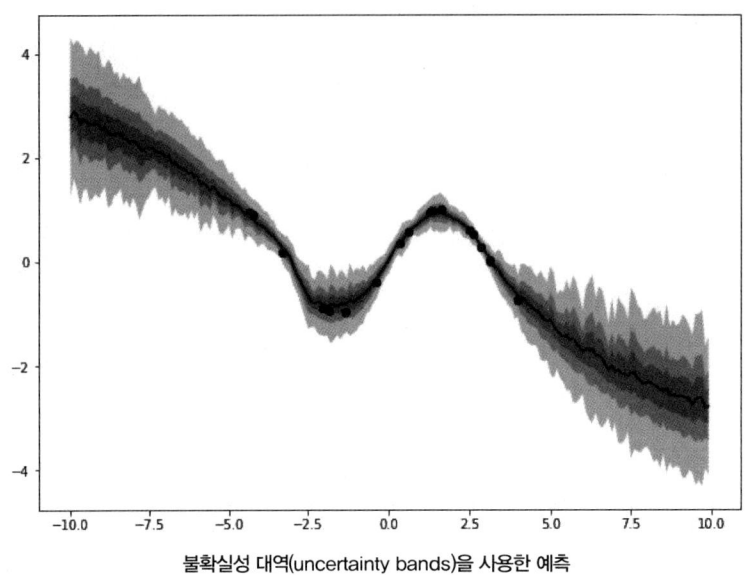

불확실성 대역(uncertainty bands)을 사용한 예측

보다시피 모델은 데이터가 있는 영역에 대해 상대적으로 자신감을 보이며, 데이터 점에서 멀어질수록 신뢰도가 떨어진다.

모델에서 불확실성 추정치를 얻을 수 있다면 모델의 가치는 더 올라간다. 또한 모델이 신뢰도를 기준으로 볼 때 지나치거나 모자라는지를 검출할 수 있다면 모델을 개선하기가 쉬워진다. 현재 베이즈 딥러닝은 아직 초기 단계에 있으며, 앞으로 몇 년 안에 크게 발전할 것으로 보인다.

연습문제

이번 장의 끝에 도달했으니 다음과 같은 연습 문제 중에 몇 개 정도를 풀어 보는 건 어떨까? 연습문제를 풀기 위한 방법이 이번 장의 전반에 걸쳐 나와 있다.

- 1차원 합성곱을 바탕으로 LSTM을 얹어 사용하는 것이 좋은 기법인데, 1차원 합성곱을 사용하면 파라미터를 더 적게 사용하면서도 큰 시퀀스들을 다룰 수 있기 때문이다. 먼저 몇 개의 합성곱 계층과 풀링 계층을 사용한 후에 LSTM 계층을 몇 개 사용하는 아키텍처를 구현하자. 이 일을 웹 트래픽 데이터셋을 가지고 해 보자. 그런 다음에 (재귀) 드롭아웃을 추가하자. 여러분은 LSTM 모델을 이길 수 있는가?

- 웹 트래픽 예측에 불확실성을 추가하자. 이렇게 하려면 추론할 때는 드롭아웃을 켠 상태에서 모델을 실행해야 한다. 그러면 한 번에 여러 예측치를 얻을 수 있다. 이것이 거래 및 주가와 관련해서 어떤 의미인지를 생각해 보자.

- 캐글 데이터셋 페이지를 방문해 시계열 데이터를 검색하자. 예측 모델을 만든다. 여기에는 자기상관 및 푸리에 변환을 통한 특징 공학, 도입된 모델(예: ARIMA 대 신경망)에서 올바른 모델을 선택한 후에 모델을 훈련하는 특징 공학이 포함된다. 어려운 일이지만 많은 것을 배우게 될 것이다! 모든 데이터셋이 가능하지만, https://www.kaggle.com/szrlee/stock-time-series-20050101-to-20171231에서 주식 시장 데이터셋을 받거나 https://www.kaggle.com/uciml/electric-power-consumption-data-set에서 전력 소비 데이터셋을 받아 사용해 볼 것을 제안한다.

요약

이번 장에서는 시계열 데이터를 처리하기 위해 쓸 수 있는 기존 도구들을 여러 개 배웠다. 또한 1차원 합성곱 아키텍처와 재귀 아키텍처를 배웠고, 마지막으로 모델이 불확실성을 표현하는 데 쓸 수 있는 간단한 방법을 배웠다.

시계열은 가장 상징적인 금융 데이터 형식이다. 이번 장에서는 시계열 처리를 위한 풍부한 도구 상자를 제공했다. 위키백과의 웹 트래픽 예측에 대한 예제에서 다룬 내용을 모두 살펴보자.

- 우리가 다루는 것을 이해하기 위한 기본 데이터 탐색
- 특징 공학 및 데이터 이해를 위한 도구로서 푸리에 변환 및 자기상관
- 간단한 중앙값 예측을 기준선 및 온전성 검사로 사용
- 고전적인 예측 모델인 ARIMA 및 Kalman 필터 이해 및 사용
- 모든 시계열에 대한 데이터 적재 메커니즘 구축을 포함한 함수 설계
- 인과론적인 합성곱 및 팽창된 합성곱 같은 1차원 합성곱 및 변형 사용
- RNN의 목적과 사용, 그리고 더 강력한 LSTM의 이해
- 드롭아웃 기법을 사용해 불확실성을 예측에 추가하는 방법을 이해하고 베이즈 학습에 첫발을 내딛는 방법

이 풍부한 시계열 기술 도구 상자는 다음 장에서 특히 유용한데, 다음 장에서 우리는 자연어 처리를 다룰 것이다. 언어는 기본적으로 단어로 이루어진 시퀀스(sequence, 열) 또는 단어로 이루어진 시계열(time series)이라고 할 수 있다. 즉, 시계열 모델링에 쓰이는 다양한 도구를 자연어 처리 시에도 사용할 수 있다는 말이다.

다음 장에서는 어떤 글 속에서 회사 이름을 찾아 내는 방법, 글을 주제별로 묶는 방법, 신경망을 사용하여 글을 번역하는 방법까지 배울 수 있다.

05

자연어 처리
기법 기반 텍스트 분석

크게 성공한 정량적 헤지펀드 중 하나인 르네상스 테크놀로지스의 공동 CEO인 피터 브라운(Peter Brown)은 IBM에서 머신러닝을 자연어 문제에 적용했다.

앞 장에서 살펴본 것처럼 오늘날의 세계에서는 정보가 금융을 주도하며, 정보의 출처 중에 가장 중요한 것은 문어(written language, 文語, 글말)와 구어(spoken language, 口語, 입말)다. 금융 전문가에게 어떤 일에 시간을 많이 쓰느냐고 물어보면 읽는 일이라고 답한다. 여기에는 시세 전광판 읽기, 재무제표 읽기, 경제신문이나 다양한 분석가가 내놓는 보고서 읽기가 모두 포함되며, 이런 것을 나열하자면 끝이 없다. 이런 정보를 자동으로 처리하면 거래 속도가 빨라질 뿐만 아니라 거래에 대해 고려되는 정보의 폭이 넓어지면서 동시에 전체 비용이 줄어든다.

자연어 처리(natural language processing, NLP) 기술이 금융 분야에도 도입되고 있다. 예를 들어, 보험회사는 고객의 불만을 점점 더 자동으로 처리하려고 하며 소매은행은 고객 서비스를 간소화하고 더 나은 제품을 고객에게 제공하려고 한다. 금융 분야에서는 글(text, 텍스트)을 이해하는 일에 머신러닝을 점점 더 응용해 가고 있다.

역사적으로 NLP는 언어학자가 직접 만든 규칙에 의존해 왔다. 오늘날, 복잡한 언어 규칙을 배울 수 있지만 종종 성문화하기 어려운 신경망이 언어학자를 대체해 가고 있다.

이번 장에서는 케라스를 사용해 강력한 자연어 모델을 작성하는 방법과 spaCy라는 NLP 라이브러리를 사용하는 방법을 학습한다.

이번 장에서는 다음과 같은 측면에 초점을 맞춘다.

- 자신만의 맞춤형 애플리케이션을 위한 spaCy 모델 미세 조정
- 품사(parts of speech) 찾기 및 문장의 문법 구조 매핑
- 단어 주머니(bag-of-words)[1] 및 TF-IDF와 같은 기술을 분류 작업에 사용하기
- 케라스의 함수형 API를 사용해 고급 모델을 빌드하는 방법을 이해하기
- 주의를 집중하면서 시퀀스를 사용해 문장을 번역하는 모델(seq2seq)

자, 시작하자!

spaCy 입문 과정 안내

spaCy는 고급 NLP용 라이브러리다. 실행 속도가 매우 빠른 이 라이브러리에는 NLP를 더 쉽고 안정적으로 만드는 유용한 도구와 사전 훈련 모델이 들어 있다. 여러분이 캐글을 이미 설치해 둔 상태라면, 모든 모델과 더불어 spaCY도 설치되어 있을 것이므로 따로 spaCy를 내려받지 않아도 된다.

spaCy를 로컬 형태로(즉, 온라인이 아닌 상태로) 사용하려면 라이브러리를 설치하고 미리 훈련된 모델을 별도로 내려받아야 한다.

라이브러리를 설치하려면 다음 명령을 실행하면 된다.

```
$ pip install -U spacy
$ python -m spacy download en
```

 이번 장에서 우리는 영어 모델들을 사용하겠지만 여러분은 그 밖의 언어 모델도 사용할 수 있다. 대부분의 특징들은 영어 · 독일어 · 스페인어 · 포르투갈어 · 프랑스어 · 이탈리아어 · 네덜란드어로 제공된다. 다국어 모델을 통해 더 많은 언어에서 엔터티 인식 기능을 사용할 수 있다.

spaCy의 핵심 부분은 Doc 클래스와 Vocab 클래스로 구성된다. Doc 인스턴스는 텍스트, 토큰화된 버전 및 인식된 엔터티를 포함해 하나의 문서를 포함한다. 한편, Vocab 클래스는 문서에서 발견된 모든 공통 정보를 추적한다.

---

1 (옮긴이) '단어 가방'이라고도 부르며, 이는 중복을 허용하는 집합이라는 뜻이다. 그러므로 단어 주머니란 단어가 중복될 수 있게 들어가 있는 집합이라는 뜻이다. 그러나 한편으로 단어를 묻은(embedded) 매장체(embedding)라는 의미도 있다. 또한 단어를 사상한(mapped) 공간(space)이라는 뜻과 일맥상통하는 뜻이기도 하다. 그러므로 단어 주머니를 단순히 중복 허용 단어 집합이라고 여기기보다는 그냥 '단어 주머니'라는 말 자체로 그 개념을 아우르는 게 좋겠다.

spaCy는 NLP에 필요한 컴포넌트들이 많이 쓰이는 파이프라인 함수에 유용하다. 지금은 이 모든 내용이 추상적으로 보이겠지만 그래도 걱정하지 말자. 이번 단원에서 우리는 다양한 실무 작업에 spaCy를 사용하는 방법을 드러내 보일 것이기 때문이다.

 캐글(https://www.kaggle.com/jannesklaas/analyzing-the-news)에서 이번 단원에 나오는 데이터와 코드를 찾을 수 있다.

이 첫 번째 단원에 사용할 데이터는 미국에서 발행된 간행물들 중에 15종에서 선별한 14만 3000개의 기사에서 가져온 것이다. 데이터는 세 개의 파일로 분산되어 있다. 우리는 메모리를 절약하기 위해 이 데이터프레임들을 개별적으로 적재하고 나서 하나의 큰 데이터프레임에 병합한 후에 개별 데이터프레임을 삭제할 것이다.

이를 위해서는 다음 코드를 실행해야 한다.

```
a1 = pd.read_csv('../input/articles1.csv',index_col=0)
a2 = pd.read_csv('../input/articles2.csv',index_col=0)
a3 = pd.read_csv('../input/articles3.csv',index_col=0)

df = pd.concat([a1,a2,a3])

del a1, a2, a3
```

앞의 코드를 실행하면 데이터는 다음과 같이 나타난다.

id	title	publication	author	date	year	month	url	content
17283	House Republicans Fret...	New York Times	Carl Hulse	2016-12-31	2016.0	12.0	12.0	NaN	WASHINGTON — Congressional

데이터를 이 상태로 가져온 후에 우리는 발행자 분포를 그려 봄으로써 발행자가 주로 어떤 뉴스를 다루는지를 파악할 수 있다.

그렇게 하려면 다음 코드를 실행해야 한다.

```
import matplotlib.pyplot as plt
plt.figure(figsize=(10,7))
df.publication.value_counts().plot(kind='bar')
```

이 코드가 문제 없이 실행되었다면 우리는 기사를 써 낸 곳의 분포를 데이터셋으로부터 뽑아 내어 그린 차트를 볼 수 있다.

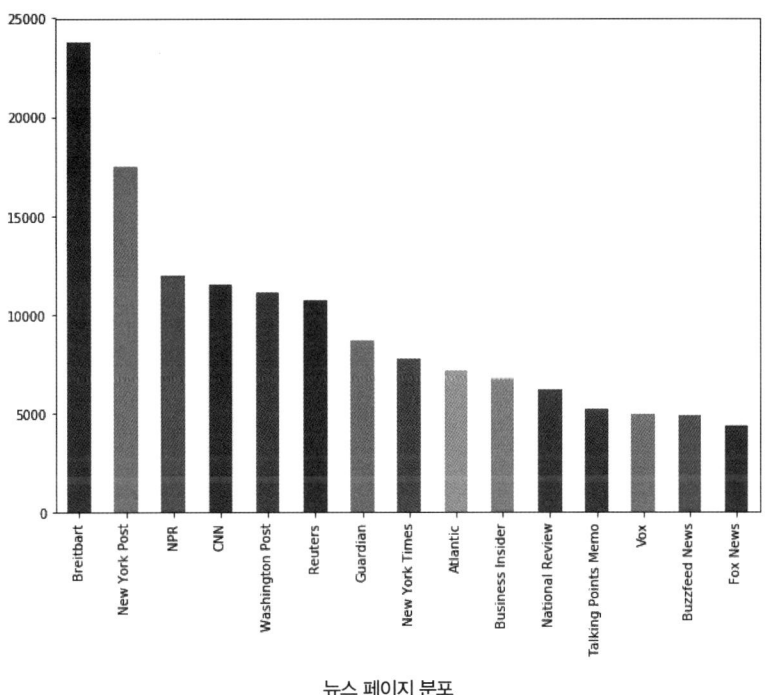

뉴스 페이지 분포

앞의 그래프에서 볼 수 있듯이 추출한 데이터셋에는 고전적인 금융 뉴스 매체의 기사가 포함되어 있지 않고 주로 주류 및 정치를 지향하는 신문의 기사가 포함되어 있다.

개체명 인식

자연어 처리를 할 때 흔히 하게 되는 작업은 **개체명 인식**(named entity recognition, NER)이다.[2] NER은 텍스트가 명시적으로 참조하는 것을 찾는 것이다. 무슨 일이 일어나고 있는지를 더 자세히 논의하기 전에 데이터셋의 첫 번째 기사에서 바로 NER를 시작해 보자.

우리는 spaCy를 불러온 다음에, 영어 모델을 적재(load, 로드)해야 한다.

```
import spacy
nlp = spacy.load('en')
```

다음으로 데이터에서 기사의 텍스트를 선택해야 한다.

```
text = df.loc[0,'content']
```

마지막으로 영어 모델 파이프라인을 통해 이 텍스트를 실행한다. 이렇게 하면 이번 장의 앞부분에서 설명한 Doc 인스턴스가 생성된다. 이름이 지정된 엔터티를 포함해 많은 정보가 파일에 들어 있게 될 것이다.

```
doc = nlp(text)
```

spaCy의 가장 큰 특징 중 하나는 이름이 지정된 엔터티를 텍스트로 표시하는 데 사용할 수 있는 displacy라는 편리한 시각화 도구도 함께 제공한다는 점이다. 기사의 텍스트를 기반으로 시각화기(visualizer)가 화면에 표시할 내용을 생성하게 하려면 다음 코드를 실행해야 한다.

```
from spacy import displacy
displacy.render(doc, #1
                style='ent', #2
                jupyter=True) #3
```

---

[2] (옮긴이) 개체명 인식의 원어를 직역하면 '이름이 부여된 엔터티를 인식하기'라는 뜻이다. 여기서 말하는 엔터티는 '(다른 것과 구별되는) 존재'라는 뜻을 지닌 용어이므로 '(다른 것과 구별되며) 이름이 부여된 존재를 인식하기'로 번역해도 무방한 어구다.

이 명령을 실행함으로써 우리는 다음과 같은 세 가지 중요한 작업을 수행했다.

1. 문서를 전달했다.
2. 엔터티를 그려 내게 지정했다.
3. 그림을 바르게 그릴 수 있게 주피터 노트북으로 이 코드를 실행하고 있다는 점을 displacy에게 알렸다.

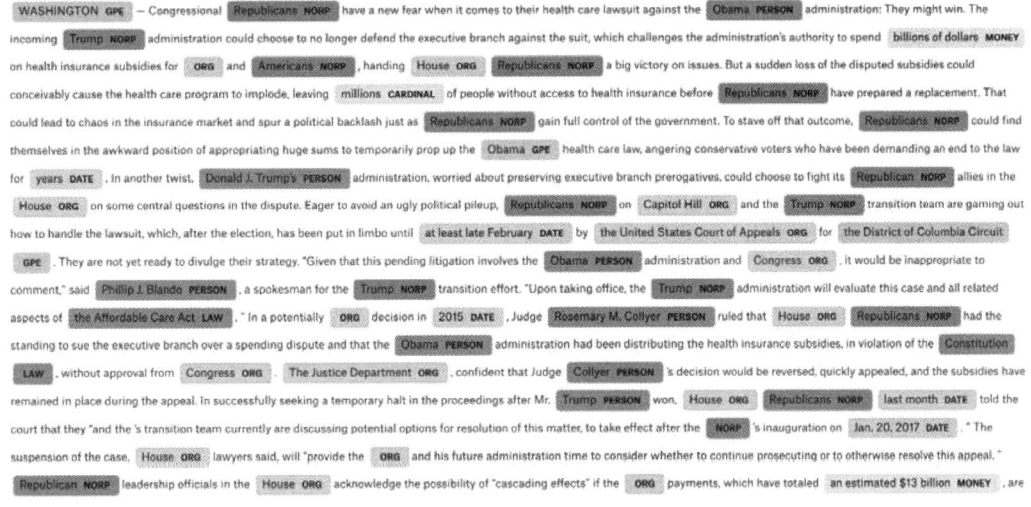

spaCy 태그를 사용한 이전 NER의 출력

자! 보다시피 빈 칸들을 일종의 조직이나 기관으로 여겨 분류하고 '오바마'를 어떤 장소로 분류하는 등의 불상사가 벌어졌다.

왜 이런 일이 일어났을까? 태깅(tagging, 표지 달기) 작업을 신경망이 하고 있는데, 문제는 이 신경망을 훈련하는 데 사용하는 데이터에 따라 신경망이 크게 달라진다는 점 때문이다. 이러한 불완전성으로 인해 태깅 모델을 우리의 목적에 맞게 미세 조정해야 한다는 점을 알게 될 텐데, 여러분은 곧 이게 어떤 식으로 작동하는지를 보게 될 것이다.

또한 출력 시에 NER이 광범위한 태그를 제공한다는 점과 그러한 태그 중에 일부에는 이상한 약어들이 따라온다는 점을 알 수 있다. 지금은 이번 장의 후반부에서 전체 태그 목록을 검토할 것이므로 걱정하지 않아도 된다.

지금 당장은 '우리의 데이터셋에 있는 뉴스 기사는 어떤 조직에 관해 작성된 것인가?'라는 다른 질문에 답변해 보자. 이 예제를 더 빨리 실행할 수 있게 NER을 제외한 것은 무엇이든지 작동하지 않게 하는 새로운 파이프라인을 만들 것이다.

이 질문에 대한 답을 찾으려면 먼저 다음 코드를 실행해야 한다.

```
nlp = spacy.load('en',
                 disable=['parser',
                          'tagger',
                          'textcat'])
```

다음 단계에서는 데이터셋에서 처음 1,000개 기사를 반복하게 할 텐데, 다음 코드로 이 일을 할 수 있다.

```
from tqdm import tqdm_notebook

frames = []
for i in tqdm_notebook(range(1000)):
    doc = df.loc[i,'content']                              #1
    text_id = df.loc[i,'id']                               #2
    doc = nlp(doc)                                         #3
    ents = [(e.text, e.start_char, e.end_char, e.label_)   #4
            for e in doc.ents
            if len(e.text.strip(' -—')) > 0]
    frame = pd.DataFrame(ents)                             #5
    frame['id'] = text_id                                  #6
    frames.append(frame)                                   #7

npf = pd.concat(frames)                                    #8

npf.columns = ['Text','Start','Stop','Type','id']          #9
```

방금 만든 코드의 핵심 사항은 아홉 가지다. 잠시 시간을 내어 우리가 방금 작성한 내용을 이해해 보자. 앞의 코드에서 해시 태그인 #에 이어 나오는 번호들은 아래 목록에 보이는 번호를 의미한다.

1. 기사의 내용을 i 행에서 얻는다.
2. 기사의 ID를 얻는다.

3. 파이프라인을 통해 기사를 실행한다.
4. 모든 엔터티를 찾은 다음에는 텍스트뿐만 아니라 첫 번째 문자 및 마지막 문자의 인덱스와 레이블을 저장한다. 이런 일은 태그가 공백과 줄표(dash)로 구성된 경우에만 발생한다. 이렇게 하면 분류에 빈 세그먼트 또는 구분 기호로 태그를 지정할 때 발생했던 일부 실수가 제거된다.
5. 생성된 튜플 배열로부터 판다스 데이터프레임을 만들어낸다.
6. 이름이 부여된 엔터티의 모든 레코드에 기사의 ID를 추가한다.
7. 하나의 문서에서 태그가 지정된 모든 엔터티를 포함하는 데이터프레임을 목록에 추가한다. 이런 식으로 우리는 더 많은 수의 기사에 태그된 엔터티의 컬렉션을 구축할 수 있다.
8. 리스트 안에 있는 모든 데이터프레임을 연결한다. 즉, 모든 태그가 있는 하나의 큰 테이블을 만든다.
9. 더 쉽게 사용할 수 있게 열에 의미 있는 이름을 지정한다.

여기까지 왔다면 이번에는 우리가 찾은 엔터티 종류별 분포를 그릴 차례다. 다음 코드를 실행하면 차트가 하나 생성된다.

```
npf.Type.value_counts().plot(kind='bar')
```

코드가 실행되어 나오는 차트 모양은 다음과 같다.

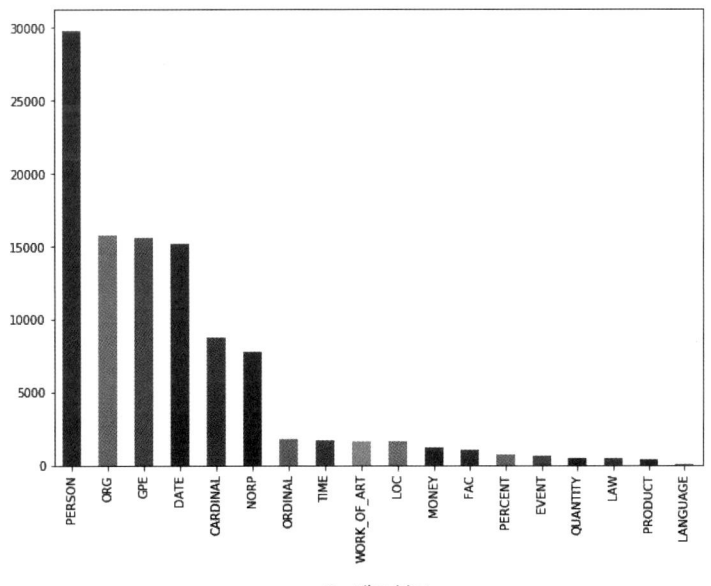

spaCy 태그 분포

이 그림을 본 사람이라면 당연하게도 spaCy가 식별할 수 있는 범주와 출처가 어떻게 되느냐고 질문을 할 것이다. spaCy와 함께 제공되는 영어 NER(개체명 인식기)는 OntoNotes 5.0 말뭉치에 대해 훈련된 신경망으로, 다음 범주를 인식할 수 있다.

- PERSON: 가상의 인물을 포함한 사람들
- ORG: 회사 · 기관 · 기구
- GPE: 국가 · 도시 · 지방을 포함한 장소
- DATE: 절대 날짜(예: 2017년 1월) 또는 상대 날짜(예: 2주)
- CARDINAL: 다른 유형에 포함되지 않는 숫자
- NORP: 국적이나 종교 또는 정치 단체
- ORDINAL: "첫째", "둘째" 등
- TIME: 하루보다 짧은 시간(예: 2시간)
- WORK_OF_ART: 책이나 노래 등의 제목
- LOC: GPE가 아닌 위치(예: 산맥 또는 시내)
- MONEY: 금전적 가치
- FAC: 공항 · 고속도로 · 교량 같은 시설
- PERCENT: 백분율
- EVENT: 태풍 · 전쟁 · 체육행사 등
- QUANTITY: 무게나 거리와 같은 측정량
- LAW: 법률로 명명된 문서
- PRODUCT: 물체 · 차량 · 음식 등
- LANGUAGE: 이름이 지정된 언어

이 목록을 사용해 ORG로 분류된, 15개의 가장 자주 명명된 조직을 살펴보자. 이 작업 과정의 한 부분으로 우리는 해당 정보를 보여주는 유사한 그래프를 만들 것이다.

그래프를 얻으려면 다음 코드를 실행해야 한다.

```
orgs = npf[npf.Type == 'ORG']
orgs.Text.value_counts()[:15].plot(kind='bar')
```

코드가 실행되면 다음과 같은 그래프가 나온다.

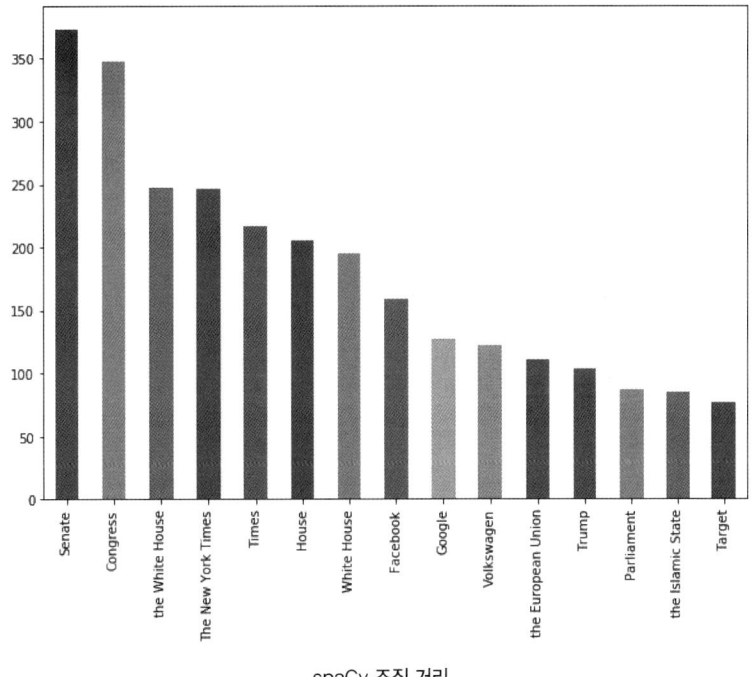

spaCy 조직 거리

보다시피 *senate*(상원)와 같은 정치 제도는 우리의 뉴스 데이터셋에서 가장 자주 언급된다. 마찬가지로 언론 매체가 중점적으로 관심을 기울이는 *Volkswagen*(폭스바겐) 같은 일부 회사도 차트에서 확인할 수 있다. **the White House**(백악관)와 **White House**(백악관)가 같은 조직이라는 점을 알고 있음에도 불구하고 왜 서로 다른 조직처럼 나열되고 있는지를 확인해 보자.

필요하다면 조직 이름에서 'the'를 제거하는 일 같은 사후 처리를 하고 싶을 수도 있다. 파이썬에는 판다스(pandas)와 함께 사용할 수 있는 내장 문자열 대체법이 제공된다. 이를 통해 사후 처리를 할 수 있다. 그러나 이 책에서는 사후 처리에 관해서 자세히 다루지 않는다.

더 알고 싶다면 https://pandas.pydata.org/pandas-docs/stable/generated/pandas.Series.str.replace.html에서 설명서와 예제를 얻을 수 있다.

또한 여기에 **Trump**가 어째서 1개 조직으로 표시되는지를 확인해 보자. 그러나 태그가 있는 텍스트를 보면 "Trump"가 정치 조직인 NORP로 여러 번 태그된 것을 볼 수 있다. 이런 일은 NER이 문맥 속에서 태그 유형을 유추하기 때문에 생긴 일이다. 트럼프는 미국 대통령이기 때문에 그의 이름은 종종 (정치적) 조직과 같은 맥락에서 사용된다.

이 사전 훈련 NER은 일반적인 NLP 작업을 많이 해결할 수 있는 강력한 도구를 제공한다. 그래서 실제로 여기에서 그 밖의 조사 업무가 어떤 것이든지 다 수행할 수 있다. 예를 들어, New York Times(뉴욕 타임스)가 Washington Post(워싱턴 포스트) 또는 Breitbart(브라이트바트)와 다른 기관으로 더 자주 언급되는지 확인하기 위해 노트북을 포크할 수 있다.

NER 미세 조정

여러분이 마주치게 될 흔한 문제는 사전 훈련 NER이, 여러분이 NER을 가지고 작업하려고 하는 특정 텍스트 형식에서 잘 수행되지 않는다는 점이다. 이 문제를 해결하려면 NER 모델을 사용자 맞춤형 데이터로 학습하게 함으로써 미세 조정(fine tuning, 세부 조율)을 한다. 이번 단원에서는 이런 목표를 달성하는 일에 초점을 맞춘다.

사용 중인 훈련 데이터는 다음과 같은 형식이어야 한다.

```
TRAIN_DATA = [
    ('Who is Shaka Khan?', {
        'entities': [(7, 17, 'PERSON')]
    }),
    ('I like London and Berlin.', {
        'entities': [(7, 13, 'LOC'), (18, 24, 'LOC')]
    })
]
```

보다시피 문자열의 튜플 목록과 시작 지점 및 끝 지점뿐만 아니라 태그를 지정할 엔터티 유형을 제공한다. 이와 같은 데이터는 일반적으로 수작업으로 태깅함으로써 수집되며, 종종 아마존 매커니컬 터크(Amazon Mechanical Turk, MTurk) 같은 플랫폼에서 수집된다.

spaCy를 공급하는 회사인 익스플로전 에이아이(Explosion AI)는 효율적인 데이터 수집을 가능하게 하는 데이터 태깅 시스템인 **프로디지(Prodigy)**를 만들어 유료로 제공한다. 충분한 데이터를 수집한 후에 사전 훈련 모델을 미세 조정하거나 완전히 새로운 모델을 초기화할 수 있다.

모델을 적재하고 미세 조정을 하려면 load() 함수를 사용해야 한다.

```
nlp = spacy.load('en')
```

또는 영어에 대해 준비가 된 새 모델을 처음부터 새로 만들려면 blank 함수를 사용하자.

```
nlp = spacy.blank('en')
```

어느 쪽이든 NER 컴포넌트에 액세스해야 한다. 빈 모델을 생성한 경우에 NER 파이프라인 컴포넌트를 생성해 모델에 추가해야 한다.

기존 모델을 적재한 경우에 다음 코드를 실행해 기존 NER에 액세스할 수 있다.

```
if 'ner' not in nlp.pipe_names:
    ner = nlp.create_pipe('ner')
    nlp.add_pipe(ner, last=True)
else:
    ner = nlp.get_pipe('ner')
```

다음 단계는 NER이 보유하고 있는 레이블을 인식할 수 있게 하는 것이다. 데이터에 ANIMAL 같은 새로운 유형의 명명된 엔터티가 포함되어 있다고 상상해 보자. add_label 함수를 사용해 NER에 레이블 유형을 추가할 수 있다.

이를 달성하기 위한 코드는 다음과 같은데, 지금 당장 이해가 되지 않더라도 걱정하지 마라. 다음 페이지에서 자세히 설명하겠다.

```
for _, annotations in TRAIN_DATA:
    for ent in annotations.get('entities'):
        ner.add_label(ent[2])
import random
```

#1

```
other_pipes = [pipe for pipe in nlp.pipe_names if pipe != 'ner']

with nlp.disable_pipes(*other_pipes):
    optimizer = nlp._optimizer                  #2
    if not nlp._optimizer:
        optimizer = nlp.begin_training()
    for itn in range(5):                        #3
        random.shuffle(TRAIN_DATA)              #4
        losses = {}                             #5
        for text, annotations in TRAIN_DATA:    #6
            nlp.update(                         #7
                    [text],
                    [annotations],
                    drop=0.5,                   #8
                    sgd=optimizer,              #9
                    losses=losses)              #10
        print(losses)
```

우리가 방금 작성한 코드에는 열 가지 핵심 요소가 있다.

1. 먼저 NER이 아닌 모든 구성요소 목록을 얻은 다음에 훈련을 위해 비활성화해 NER이 아닌 모든 파이프라인 구성요소를 비활성화한다.

2. 사전 훈련 모델에는 최적화기가 제공된다. 여러분이 지닌 모델이 비어 있다면 새 최적화기를 작성해야 한다. 이렇게 하면 모델 가중치도 재설정된다는 점에 유념하자.

3. 우리는 이제 여러 에포크(이번 경우에는 5)에 걸쳐서 모델을 훈련한다.

4. 각 에포크가 시작되는 부분에서 파이썬에 내장된 random 모듈을 사용해 훈련 데이터를 재편성한다.

5. 우리는 손실을 추적하기 위해 빈 딕셔너리를 만든다.

6. 그러고 나서 훈련 데이터에서 텍스트와 주석을 반복한다.

7. nlp.update는 하나의 순방향 전달 및 역방향 전달을 수행하고 신경망 가중치를 갱신한다. 우리는 함수가 망을 훈련하는 방법을 알아낼 수 있게 텍스트와 주석을 제공해야 한다.

8. 우리는 훈련 중에 사용하려는 드롭아웃 비율(dropout rate, 중도탈락 비율, 세포사멸 비율)을 수동으로 지정할 수 있다.

9. 모델 갱신을 수행하는 확률적 경사 하강법 최적화기를 전달한다. spaCy에는 자체 최적화기가 있으므로 여기에서 케라스가 제공하는 최적화기나 텐서플로가 제공하는 최적화기를 전달할 수는 없다.

10. 또한 딕셔너리를 전달해 손실을 작성해 나중에 진행 상황을 모니터링하기 위해 인쇄할 수 있다.

코드를 실행하면 출력은 다음과 같아야 한다.

```
{'ner': 5.0091189558407585}
{'ner': 3.9693684224622108}
{'ner': 3.984836024903589}
{'ner': 3.457960373417813}
{'ner': 2.570318400714134}
```

spaCy 파이프라인 중의 일부(이번 경우에는 NER 엔진)에 대한 손실 값이 표시된다는 점을 볼 수 있을 것이다. 앞 장에서 논의한 교차 엔트로피 손실과 마찬가지로 실제 값을 해석하기가 어려울 뿐만 아니라 실제 값이 많은 것을 말해주지 않는다. 다만 여기서는, 시간이 지남에 따라 손실이 감소하고 있으며 초기 손실보다 훨씬 낮은 값에 도달한다는 점에 주목하면 된다.

품사 태깅

2017년 10월 10일 화요일 오전 9시 34분에서 오전 9시 36분 사이에 미국 다우존스 뉴스와이어에 기술적인 오류가 발생해 이상한 제목이 떴다. 그중 하나는 "Google to buy Apple(구글이 애플을 사려고 함)"이었다. 이 네 단어로 인해 애플의 주가가 2% 이상 올랐다.

알고리즘 거래 시스템은 당시에 애플의 시가 총액이 800억 달러였기 때문에, 구글이 애플을 인수할 수 없을 것이라는 점을 제대로 알아차리지 못했다.

문제는 '거래 알고리즘이 이 네 단어를 기반으로 주식을 구매하기로 선택한 이유는 무엇인가?'라는 점이다. **품사**(part-of-speech, POS) 태깅을 통해 이러한 질문에 답변할 수 있다. 품사 태깅을 사용하면 어떤 단어가 문장 속에서 어떤 기능을 수행하는지와 단어들끼리 문장 속에서 서로 어떻게 관련되는지를 이해할 수 있다.

spaCy는 편리한 사전 훈련 POS 태거도 제공한다. 이번 단원에서는 품사 태거를 구글과 애플을 다룬 뉴스 기사에 적용해 보려고 한다. 품사 태거를 시작하려면 다음 코드를 실행해야 한다.

```
import spacy
from spacy import displacy
nlp = spacy.load('en')
```

```
doc = 'Google to buy Apple'
doc = nlp(doc)
displacy.render(doc, style='dep', jupyter=True,
                options={'distance':120})
```

다시, 우리는 사전 훈련 영어 모델을 적재하고 그것을 통해 문장을 실행한다. 그러고 나서 NER에 대해 앞에서 그랬던 것과 마찬가지로 displacy를 사용할 것이다.

이 책에 나오는 그림을 더 잘 그려낼 수 있게 하기 위해, 우리는 다음 도표에서 볼 수 있듯이 거리 옵션을 기본값보다 짧은 값(이번 경우에는 1,120)으로 설정해 단어가 더 가깝게 표시되게 할 것이다.

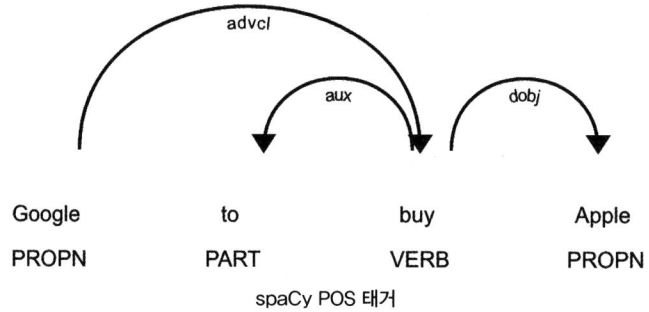

spaCy POS 태거

보다시피 POS 태거는 문장 속에서 buy를 동사로 식별해 냈고, Google과 Apple을 명사로 식별해 냈다. 또한 Apple은 행동이 적용되는 대상이며 Google이 행동을 적용하고 있음을 확인했다.

이 코드를 통해 명사들에 대한 이 정보에 액세스할 수 있다.

```
nlp = spacy.load('en')
doc = 'Google to buy Apple'
doc = nlp(doc)

for chunk in doc.noun_chunks:
    print(chunk.text, chunk.root.text, chunk.root.dep_, chunk.root.head.text)
```

앞의 코드를 실행하면 다음 표가 결과로 표시된다.

Text	Root Text	Root dep	Root Head Text
Google	Google	ROOT	Google
Apple	Apple	dobj	buy

이번 예제에서 Google은 문장의 근(root)이며[3] Apple은 문장의 목적어(object)다. Apple에 적용되는 동사는 "buy(구매)"다.

이처럼 품사 태깅을 마치게 된 후로부터는, 매수에 따른 가격 상승(목표 주식에 대한 수요가 상승하면서 이에 수반하여 가격도 오르는 일)을 하드코딩하기만 하면 그만인 모델에 불과하게 되며, 또한 품사 태깅 결과로 나온 테이블은 간단한 이벤트 중심 거래 알고리즘에서 사용할 수 있는 주식 조회 테이블에 불과하게 된다. 그렇지만 이러한 알고리즘들이 맥락과 타당성을 이해하게 하는 일은 별개 문제다.

규칙 기반 일치

딥러닝 및 통계 기반 모델링이 받아들여지기 전까지는 NLP가 거의 규칙을 바탕으로 이루어졌다. 규칙 기반 시스템이 없어졌다고 말하려는 게 아니다! 규칙 기반 시스템들은 간단한 작업을 수행해야 할 때 쉽게 설정해 수행할 수 있다.

텍스트에서 Google을 언급한 부분을 모두 찾고 싶다고 상상해 보자. 여러분은 신경망 기반의 개체명 인식기를 실제로 훈련할 생각인가? 그렇다면 신경망을 통해 모든 텍스트를 실행한 후에 엔터티에서 Google을 찾아야 한다. 또는 고전적인 검색 알고리즘으로 구글과 정확히 일치하는 텍스트만 검색하겠는가? 다행스럽게도 spaCy에는 사용하기 쉬운 규칙 기반 정합기(rule-based matcher)가 들어 있다.

이번 단원을 시작하기 전에 먼저 영어 모델을 다시 적재하고 정합기를 가져와야 한다. 이는 다음 코드를 실행해 수행할 수 있는 매우 간단한 작업이다.

```
import spacy
from spacy.matcher import Matcher

nlp = spacy.load('en')
```

---

[3] (옮긴이) 아마도 저자는 '문장의 주어(subject)이며'라는 말을 하고 싶었던 것으로 보인다. 그리고 여기서 저자가 말하는 근(root)은 단어의 어근(root)을 말하는 게 아니다. 국내 논문을 보면 이런 경우에 그냥 '루트'라고 표기하기도 하는데, 단어의 뿌리라는 개념을 나타내는 어근이라는 단어에 대비될 수 있게, 문근(文根)이라는 말을 만들어 문장의 뿌리라는 개념을 나타내면 좋을 것 같다.

정합기는 패턴을 검색해 딕셔너리들로 구성된 리스트 형태로 인코딩을 한다. 정합기는 토큰 단위로 일치 여부를 따지는데, 이 말은, 단어 단위로 따진다는 말이며, 따라서 구두점이나 숫자처럼 단일 기호가 1개 토큰이 될 수 있는 것들은 이렇게 따지는 일에서 제외한다.

시작 예제로 "hello, world"라는 구(phrase)를 검색해 보자. 이렇게 하기 위해 우리는 다음과 같이 패턴을 정의한다.

```
pattern = [{'LOWER': 'hello'}, {'IS_PUNCT': True}, {'LOWER': 'world'}]
```

이 패턴은 소문자로 구성된 첫 번째 토큰이 hello인 경우에 충족된다. LOWER 속성은 두 단어가 모두 소문자로 변환된 경우에 두 단어가 일치하는지를 확인한다. 즉, 실제 토큰 텍스트가 "Hello" 또는 "HELLO"이면 요구 조건에 맞게 된다. 두 번째 토큰은 쉼표를 선택하기 위해 구두점이어야 하므로 "hello. world" 또는 "hello! world"라는 구(phrase)들은 모두 해당하게 되지만 "hello world"는 해당되지 않는다.

세 번째 토큰의 소문자들은 "world"여야 하므로 "WoRlD"도 이에 해당한다.

어떤 토큰이 지닐 수 있는 속성들로는 다음 같은 것들이 있다.

- ORTH: 토큰 텍스트는 정확히 일치해야 한다.
- LOWER: 토큰의 소문자가 일치해야 한다.
- LENGTH: 토큰 텍스트의 길이가 일치해야 한다.
- IS_ALPHA, IS_ASCII, IS_DIGIT: 토큰 텍스트는 영숫자, ASCII 기호 또는 숫자로 구성되어야 한다.
- IS_LOWER, IS_UPPER, IS_TITLE: 토큰 텍스트는 소문자나 대문자 또는 제목 형태 문자여야 한다.
- IS_PUNCT, IS_SPACE, IS_STOP: 토큰 텍스트는 문장 부호나 공백 또는 불용어(stop words)여야 한다.
- LIKE_NUM, LIKE_URL, LIKE_EMAIL: 토큰은 숫자 · URL · 이메일과 유사해야 한다.
- POS, TAG, DEP, LEMMA, SHAPE: 토큰의 위치(position) · 태그(tag, 표지) · 의존성(dependency) · 표제어(lemma) · 모양(shape)이 일치해야 한다.
- ENT_TYPE: NER의 토큰 엔터티 유형이 일치해야 한다.

spaCy의 표제어 추출 기능은 아주 유용하다. 표제어란 어기(base of words, 語基, 단어의 기저)를 이루는 부분이다.[4] 예를 들어 "was"는 "be"의 과거형이므로 "be"는 "was"와 "is"의 표제어인 것이다.[5] spaCy는 문맥 속에서 단어의 표제어를 추출할 수 있다. 즉, 단어의 실제 기본 버전이 무엇인지를 판별하기 위해 주변에 있는 단어를 사용한다.

정합기를 만들려면 정합기가 작동하는 어휘를 전달해야 한다. 이번 경우에는 다음 코드를 실행해 영어 모델의 어휘를 전달할 수 있다.

```
matcher = Matcher(nlp.vocab)
```

정합기(matcher)에 필수 속성을 추가하려면 다음을 호출해야 한다.

```
matcher.add('HelloWorld', None, pattern)
```

add 함수는 세 가지 인수를 받을 것으로 기대한다. 첫 번째는 패턴의 이름이며, 이번 경우에 HelloWorld는 추가한 패턴을 추적할 수 있다. 두 번째는 검색된 일치 항목을 처리할 수 있는 함수다. 여기서는 None을 전달한다. 즉, 이 도구를 나중에 사용하지만 함수가 적용되지 않다. 마지막으로, 검색하려는 토큰 속성 목록을 전달해야 한다.

정합기를 사용하고 싶다면 matcher(doc)만 호출하면 된다. 이것은 우리에게 정합기가 발견한 모든 일치 내용을 돌려줄 것이다. 다음 코드를 실행해 이를 호출할 수 있다.

```
doc = nlp(u'Hello, world! Hello world!')
matches = matcher(doc)
```

일치된 항목들을 인쇄하면 다음 구조를 볼 수 있다.

```
matches
[(15578876784678163569, 0, 3)]
```

---

4 (옮긴이) 저자는 여기를 단어의 원형(root form)과 똑같은 개념이라고 여기고 있는데, 지금 이 단락에서 말하는 것의 정확한 용어는 단어의 원형이다.
5 (옮긴이) 마찬가지로 저자는 단어의 원형과 표제어를 혼동하고 있는 것으로 보인다. 이 문장은 'be는 was와 is의 원형이다'가 맞는 문장이다.

일치 내용 중 첫 번째 것은 찾아낸 문자열의 해시다. 해시는 내부적으로 발견된 것을 식별하기 위한 것이다. 여기서 우리는 해시를 사용하지 않을 것이다. 다음에 나오는 두 숫자는 정합기가 무언가를 찾은 범위를 나타낸다(여기서는 0과 3이라는 토큰).

우리는 원본 문서를 인덱싱해서 텍스트를 다시 가져올 수 있다.

```
doc[0:3]
```

```
Hello, world
```

다음 단원에서는 정합기에 사용자 정의 함수를 추가하는 방법을 살펴보자.

사용자 정의 함수들을 정합기에 추가하기

더 복잡한 경우를 따져 보자. 우리는 iPhone(아이폰)이 일종의 제품이라는 점을 알고 있다. 그러나 신경망 기반 정합기는 종종 이를 어떤 조직이라는 식으로 분류한다. 이는 "iPhone"이라는 단어가 "The iPhone offers...(아이폰이 제공하는 ...)"또는 "The iPhone sold...(아이폰이 판매한...)"처럼 조직과 비슷한 맥락에서 많이 사용되기 때문에 발생하는 현상이다.

"iPhone"이라는 단어를 언제나 제품 엔터티로 분류하는 규칙 기반 정합기를 만들어 보자.

먼저 PRODUCT라는 단어의 해시를 가져와야 한다. spaCy의 단어는 해시로 고유하게 식별할 수 있다. 엔터티 유형도 해시로 식별된다. 제품 유형을 나타내는 엔터티를 설정하려면 엔터티 이름에 대한 해시를 제공할 수 있어야 한다.

우리는 다음 코드를 실행함으로써 언어 모델의 어휘(vocabulary)로부터 이름을 알아낼 수 있다.

```
PRODUCT = nlp.vocab.strings['PRODUCT']
```

다음으로 우리는 on_match 규칙을 정의해야 한다. 이 함수는 정합기가 일치하는 것을 찾을 때마다 호출된다. on_match 규칙에는 네 개의 인수가 있다.

- matcher: matcher는 일치를 이루게 한 것이다.
- doc: 일치하는 문서다.

- i: 일치하는 인덱스다. 문서의 첫 번째 일치 항목에는 인덱스 0이 있고 두 번째 일치 항목에는 인덱스 1이 있다.

- matches: 모든 일치된 것들을 담은 리스트이다.

on_match 규칙에는 두 가지 것이 있다.

```
def add_product_ent(matcher, doc, i, matches):
    match_id, start, end = matches[i]            #1
    doc.ents += ((PRODUCT, start, end),)         #2
```

이것들이 무엇인지 분석해 보자.

1. 인덱스 i에서 일치하는 항목을 찾기 위해 모든 일치 항목을 인덱싱한다. 일치된 것 중 한 가지는 match_id의 튜플인데, 이는 일치 내용의 시작 부분이면서 일치 내용의 끝부분이다.

2. 문서의 명명된 엔터티에 새 엔터티를 추가한다. 엔터티는 엔터티 유형의 해시(여기서는 PRODUCT라는 단어의 해시)와 엔터티 시작 및 엔터티 끝으로 구성된 튜플이다. 엔터티를 추가하려면 다른 튜플에 추가하려고 하는 엔터티를 중첩시켜야 한다. 한 가지 값만 포함하는 튜플은 끝에 쉼표를 포함해야 한다. doc.ents를 덮어쓰지 말아야 하며, 그렇지 않으면 기존에 찾아 두었던 엔터티들이 모두 제거되고 만다.

이제 우리에게 on_match 규칙이 있으므로 정합기를 정의할 수 있다.

정합기를 사용하면 여러 패턴을 추가할 수 있으므로 "iPhone 5"와 같이 "iPhone"이라는 단어에 대한 정합기와 "iPhone"이라는 단어에 대한 다른 패턴을 버전 번호와 함께 추가할 수 있다.

```
pattern1 = [{'LOWER': 'iPhone'}]                              #1
pattern2 = [{'ORTH': 'iPhone'}, {'IS_DIGIT': True}]           #2
matcher = Matcher(nlp.vocab)                                  #3
matcher.add('iPhone', add_product_ent,pattern1, pattern2)     #4
```

그렇다면 무엇이 이러한 명령들을 작동하게 하는 것일까?

1. 우리는 첫 번째 패턴을 정의한다.

2. 우리는 두 번째 패턴을 정의한다.

3. 우리는 비어 있는 새로운 정합기를 만든다.

4. 우리는 정합기에 패턴을 추가한다. 둘 다 iPhone이라는 규칙에 속하게 될 것이고, 둘 다 우리의 on_match 규칙을 add_product_ent라고 부를 것이다.

이제 우리는 정합기를 거쳐 뉴스 기사 중 하나를 전달할 것이다.

```
doc = nlp(df.content.iloc[14])        #1
matches = matcher(doc)                 #2
```

이 코드는 두 단계만으로 이루어져 있어서 비교적 간단하다.

1. 우리는 텍스트가 파이프라인을 거치게 함으로써 주석이 달린 문서를 만든다.
2. 우리는 문서가 정합기를 거치게 한다. 정합기는 전 단계에서 작성된 문서를 수정한다. 우리는 일치에 별로 관심을 두지 않고 on_match 메서드가 일치 내용을 문서에 엔터티로 추가하는 방법에 대해 더 관심이 있다.

이제 정합기가 설정되었으므로 spaCy가 정합기를 자동으로 사용할 수 있게 파이프라인에 정합기를 추가해야 한다. 이것이 다음 단원에서 중점적으로 다룰 내용이다.

파이프라인에 정합기를 추가하기

정합기를 개별적으로 호출하기는 다소 번거롭다. 파이프라인에 추가하려면 함수를 둘러싸야 하며 다음 코드를 실행해 얻을 수 있다.

```
def matcher_component(doc):
    matches = matcher(doc)
    return doc
```

spaCy 파이프라인은 파이프라인의 구성요소들을 함수 형태로 호출하며, 그러면 항상 주석이 달린 문서가 반환될 것이라고 기대한다. 다른 게 반환되면 파이프라인이 손상될 수 있다.

그리고 나서 우리는 다음 코드에서 볼 수 있듯이 주된 파이프라인에 정합기를 추가할 수 있다.

```
nlp.add_pipe(matcher_component,last=True)
```

정합기는 이제 파이프라인의 마지막 부분이 된다. 이제부터 아이폰은 정합기 규칙에 따라 태그가 지정된다.

그리고, 짜잔! "iPhone"(대소문자 무관)이라는 단어에 대한 모든 발언이 이제는 제품 유형의 명명된 엔터티로 태그가 지정된다. 다음 코드에서 수행한 것처럼 엔터티를 display로 표시함으로써 이 유효성을 확인할 수 있다.

```
display.render(doc,style='ent',jupyter=True)
```

해당 코드로 인한 결과를 다음 화면에서 확인할 수 있다.

services, as well as uncommon surfaces on which to enlarge photos for display, be it burlap, wood boards, acrylic or fabric. Why not try some fresh sites and methods? I recently sent some `ORG` quality `iPhone PRODUCT` vacation photos to a handful of companies that I'd never used before and had them enlarged to various sizes and printed on different surfaces. I've also offered some guidance about bulk digitizing those boxes of old travel photos sitting in your closet or basement so that you can begin `the New Year EVENT` if not with a vacation, then with a `ORG` home. Of all the ways to turn photos into wall art, I was most interested in trying engineer prints, named for the large, lightweight prints used by architects. For less than the cost of a couple of movie tickets, you can make huge enlargements. Mind you, it's a particular aesthetic, one that's most likely to appeal to people who are after an industrial, shabby chic or bohemian look. The paper is thin and the

spaCy는 이제 iPhone을 제품으로 여겨 찾는다.

규칙 기반 시스템과 학습 기반 시스템을 조합하기

spaCy의 파이프라인 시스템에서 특히 흥미로운 점 중 하나는 서로 다른 면을 결합하기가 상대적으로 쉽다는 것이다. 예를 들어, 우리는 경영진 상여금 정보와 같은 것을 찾기 위해 신경망 기반 개체명 인식기를 규칙 기반 정합기와 결합할 수 있다.

경영진에게 지급되는 상여금이 종종 언론에 보도되기도 하지만, 이것을 집계하기는 어렵다. 경영진에게 지불하는 상여금을 처리하기 위해 있음직한 규칙 기반 매칭 패턴은 다음과 같이 보일 수 있다.

```
pattern = [{'ENT_TYPE':'PERSON'},
           {'LEMMA':'receive'},
           {'ENT_TYPE':'MONEY'}]
```

이 패턴을 찾는 정합기는 예를 들어 John Appleseed 또는 Daniel 같은 사람 이름의 조합을 골라낸다. receive라는 단어의 파생형으로는 received나 receives 등을 들 수 있는데, 이러한 단어 뒤에는 $4 million처럼 액수에 대한 표현이 따른다.

이 정합기는 on_match 규칙을 사용해 찾은 조각을 다루기 쉬운 형태로 데이터베이스에 저장함으로써 글이 많이 들어 있는 말뭉치를 처리할 수 있다. 이런 식으로 이름이 부여된 엔터티들에 대한 머신러닝 접근 방식과 규칙 기반 접근 방식을 끊김 없이 결합할 수 있다.

임원 교육에 대한 설명이 들어 있는 훈련 데이터보다 이름이나 돈을 언급하는 훈련 데이터가 훨씬 많으므로, NER을 새로 훈련하기보다는 기존 NER을 규칙 기반 방법과 결합하는 편이 훨씬 수월하다.

정규 표현식

정규 표현식(regular expressions)을 줄여서 정규식(regexes)이라고도 부르는데, 이 식은 강력한 규칙 기반 일치(rule-based matching, 규칙 기반 대응, 규칙 기반 정합) 형태 중 하나다. 1950년대에 발명된 정규식은 오랫동안 글이나 제안서에 담긴 내용 중에서 어떤 것을 찾아내기에 가장 유용한 방법이었다.

정규식을 언급하지 않고는 NLP를 다루는 이번 장이 완성되지 않는다. 이렇게 말을 하기는 했지만, 이번 단원은 결코 완벽한 정규식 교과서는 아니다. 이번 단원에서는 일반적인 개념만 소개하고 파이썬과 판다스, spaCy에서 정규식을 사용하는 방법을 보여주는 데 그친다.

아주 간단한 정규식 패턴을 예로 들면 "a."이 있다. 이 정규식은 소문자 a가 있고 그 뒤에 점이 있는 경우들만 찾아낸다. 그러나 정규식들을 사용하면서 다양한 패턴을 추가할 수 있는데, 예를 들어 "[a-z]."을 사용한다면 소문자 중에 어떤 것이든지 간에 그 뒤에 점이 있는 경우를 찾아낼 수 있고, "xy."을 사용한다면 x 문자 뒤에 점이 있거나 y 문자 뒤에 점이 있는 경우만을 찾아낸다.

정규식 패턴은 대소문자를 구분하므로 "A-Z"라고 지정했다면 대문자만 포착된다. 이는 철자가 자주 다른 단어를 표현식을 써서 검색할 때 유용하다. 예를 들어, "seriali[sz]e" 패턴을 사용하면 단어의 미국식 표현뿐만 아니라 영국식 표현도 잡아낼 수 있다.

숫자도 마찬가지다. "0-9"로 지정하면 0에서 9 사이에 있는 어떤 숫자든지 잡아낸다. 반복되는 부분을 찾아내고 싶다면 0개 이상이 발생한다는 점을 잡아낼 때는 "*"를 쓰고, 한 개 이상이 발생한다는 점을 잡아낼 때는 "+"를 사용하면 된다. 예를 들어 "[0-9]+"로 지정하면 숫자들로 구성된 열을 잡아낼 수 있으므로 연도를 찾을 때 유용할 것이다. 예를 들어 "[A-Z][a-z]+[0-9]+"로 지정하면 대문자로 시작하고 숫자가 한 개 이상 나오는 경우를 모두 잡아낼 수 있는데, 예를 들면 "March 2018"와 같은 경우를 잡아낼 수 있을 뿐만 아니라 "Jaws 2."와 같은 경우도 잡아낼 수 있다.

중괄호({ })를 사용해 반복 횟수를 정의할 수 있다. 예를 들어 "[0-9]{4}"는 정확히 네 자리 숫자 열을 찾는다. 보다시피, 정규식은 글 속에 무엇이 있는지를 이해하려고 하기보다는 오히려 패턴과 일치하는 텍스트를 찾으려는 경우에 잘 들어맞는 방법이다.

금융업계의 실제 사용 사례를 들자면 송장에서 사업자 등록 번호를 찾는 경우가 있다. 이러한 번호들은 대부분의 국가에서 지정한 매우 엄격한 패턴을 따르기 때문에 쉽게 부호화할 수 있다. 예를 들어 네덜란드의 사업자 등록 번호는 다음과 같은 정규식 패턴을 따른다. "NL[0-9]{9}B[0-9]{2}".

파이썬의 정규식 모듈을 사용하기

파이썬에는 re라는 정규식용 도구가 내장되어 있다. 이 도구는 파이썬 자체의 한 부분을 이루므로 따로 설치할 필요는 없으며 다음과 같은 코드로 가져올 수 있다.

```
import re
```

우리가 자동 송장 처리기를 개발 중이며 송장을 보낸 회사의 사업자 등록 번호를 찾고 싶다고 가정해 보자. 간단히 살펴볼 수 있게 네덜란드 사업자 등록 번호("VAT"의 네덜란드어는 "BTW")만 처리한다고 하자. 앞에서 언급했듯이 네덜란드 사업자 등록 번호의 패턴은 다음과 같다.

```
pattern = 'NL[0-9]{9}B[0-9]{2}'
```

BTW 번호를 찾기 위한 문자열은 다음과 같다.

```
my_string = 'ING Bank N.V. BTW:NL003028112B01'
```

문자열에서 모든 BTW 번호를 찾으려면 re.findall을 호출해야 하는데, 이렇게 하면 찾은 패턴과 일치하는 모든 문자열 목록이 반환된다. 간단히 다음 코드를 실행하면 이 함수를 호출할 수 있다.

```
re.findall(pattern,my_string)
```

```
['NL003028112B01']
```

re는 또한 플래그를 전달해 정규식 패턴을 좀 더 쉽게 개발할 수 있게 한다. 예를 들어, 정규 표현식과 일치할 때 문자를 무시하기 위해 여기에서 한 것처럼 re.IGNORECASE 플래그를 추가할 수 있다.

```
re.findall(pattern,my_string, flags=re.IGNORECASE)
```

종종 우리는 일치하는 것들에 대해 조금 더 많은 정보를 바랄 때가 있다. 이럴 때는 match 객체를 사용한다. re.search는 처음으로 찾은 일치하는 것을 match 객체로 내놓는다.

```
match = re.search(pattern,my_string)
```

단순히 다음 코드를 실행함으로써 정합기의 위치와 같은 정보를 이 객체로부터 더 많이 얻을 수 있다.

```
match.span()
```

(18, 32)

일치하는 내용의 시작부터 끝까지를 의미하는 경간(span, 길이)은 18~32자다.

판다스의 정규식

NLP 문제에 대한 데이터는 종종 판다스의 데이터프레임(DataFrames)에서 제공된다. 다행히도 판다스는 기본적으로 정규식을 지원한다. 예를 들어, 뉴스 데이터셋에 있는 기사 중에서 네덜란드의 사업자 등록 번호(BTW 번호)가 포함된 기사를 찾으려면 다음과 같은 코드를 전달하면 된다.

```
df[df.content.str.contains(pattern)]
```

이렇게 하면 네덜란드 사업자 등록 번호가 포함된 모든 기사가 생성되지만, 우리 데이터셋에는 해당 기사가 없다.

정규식을 사용해야 할 때와 사용하지 말아야 할 때

정규식은 강력한 도구여서 여기서 짧게 소개하는 내용만으로는 충분치 않다. 실제로 순수하게 정규식만을 주제로 삼아 쓰인 책도 몇 권이나 있을 정도다. 그러나 이 책의 목적에 맞게 우리는 정규식을 간략하게만 소개할 생각이다.

도구라는 측면에서 보면, 정규식은 간단하고 명확한 패턴에서 잘 작동한다. 사업자 등록 번호, 즉 VAT 번호 또는 BTW 번호는 완벽한 사례이지만 이메일 주소나 전화번호도 정규식에 매우 널리 사용되는 사례다. 그러나 패턴을 정의하기 어렵거나 맥락에서만 유추할 수 있는 경우라면 정규식이 쓸모가 없어진다. 서로 명확히 구별할 수 있을 만한 패턴이 사람의 이름에는 나타나지 않기 때문에 단어가 사람의 이름을 나타낸 것인지를 알아낼 수 있게 작성된 규칙 기반 개체명 인식기는 없다.

따라서 여러분은 다음 차례에서는 머신러닝 기반 솔루션을 사용해, 사람이 찾아내기는 쉬워도 그것을 규칙으로 설명하기 어려운 것을 찾는 일을 해 볼 것이다. 또한, 정규식을 사용해서 사업자 등록 번호처럼 명확하게 부호화된 항목을 찾는 일도 하게 될 것이다.

텍스트 분류 작업

일반적인 NLP 작업은 텍스트(text, 글)를 분류하는 일과 관련이 있다. 가장 일반적인 텍스트 분류는 텍스트가 긍정적인 감정을 담고 있는지 아니면 부정적인 정서를 담고 있는지를 알아내는 정서 분석(sentiment analysis, 감정 분석)에 쓰인다. 이번 단원에서는 트윗이 실제 재난에 관한 것인지 아닌지를 분류하는 약간 더 어려운 문제를 고려할 것이다.

오늘날, 투자자들은 여러 가지 방법을 만들어 트윗에서 정보를 얻는다. 트위터 사용자는 종종 화재나 홍수와 같은 재난을 보고하는 일에 뉴스 공급사들보다 빠르다. 금융 분야라면 이와 같은 빠른 속도를 무기로 삼아 거래 전략을 사건 중심 거래 전략으로 변환할 수 있다.

그러나 재난과 관련된 단어가 포함된 모든 트윗이 실제로 재난에 관한 것은 아니다. "California forests on fire near San Francisco(샌프란시스코 근방 캘리포이나 숲에서 불이 남)"와 같은 트윗은 생각해 봐야 할 트윗이지만, "California this weekend was on fire, good times in San Francisco(이번 주말 캘리포니아가 열광의 도가니였어서, 샌프란시스코에 있던 게 즐거웠지)"라는 트윗은 무시해도 된다.

여기서 우리가 풀어야 할 과제는 실제 재난과 관련된 트윗과 재난과 관련이 없는 트윗을 분리하는 분류기를 작성하는 것이다. 우리가 사용하는 데이터셋은 트위터에서 "ablaze" 또는 "fire"와 같은 재난 트윗에 공통적인 단어를 검색해 얻은 수작업 레이블 트윗으로 구성된다.

 이번 단원을 준비하는 데 필요한 코드와 데이터를 캐글(https://www.kaggle.com/jannesklaas/nlp-disasters) 에서 찾을 수 있다.

데이터 준비

텍스트를 준비하는 일은 그 자체로 일이 된다. 현실에서는 텍스트가 지저분해서 몇 가지 간단한 조정 작업만으로 수정해서 쓰기에 부적절하기 때문이다. 예를 들어, 사람들은 흔히 우리가 읽을 수 없는 텍스트 인코딩을 추가할 때 불필요한 문자들을 덧붙이면서 오타를 만들어 내고는 한다. NLP에는 자체적인 데이터 정리 문제와 기술이 포함되어 있다.

문자 정리

텍스트를 저장하려면 컴퓨터가 문자를 비트로 인코딩(encoding, 부호화)해야 한다. 이를 수행하는 방법은 여러 가지지만, 이 모든 방법이 문자를 다룰 수 있는 것은 아니다.

물론 모든 텍스트 파일을 하나의 인코딩 체계(보통 UTF-8)로 유지하는 것이 좋지만, 항상 그럴 수 있는 것은 아니다. 파일이 손상되어 몇 비트만 바뀌어도 일부 문자를 읽을 수 없게 된다. 이런 경우에 우리는 다른 작업에 착수하기 전에 잘못된 입력 내용부터 삭제해야 한다.

파이썬은 코덱 라이브러리인 codecs를 제공하며, 이것으로 서로 다른 인코딩 방식을 다룰 수 있다. 우리가 사용하려는 데이터는 UTF-8로 인코딩되어 있지만, 쉽게 읽을 수 없는 몇 가지 특수 문자가 있다. 따라서 다음과 같은 코드를 실행해 이러한 특수 문자들로 된 텍스트를 정리해야만 한다.

```
import codecs
input_file = codecs.open('../input/socialmedia-disaster-tweets-DFE.csv',
                        'r', ',
                        encoding='utf-8',
                        errors='replace')
```

앞의 코드에서 codecs.open은 Python의 표준 파일 열림 기능을 대신하는 대체물 역할을 한다. 이 메서드는 파일 객체를 반환하는데, 우리는 나중에 가서 이 파일을 줄별로 읽을 수 있다. 우리는 파일을 읽을 입력 경로(r로 지정), 기대하는 인코딩 방식 및 오류가 발생했을 때 수행할 작업을 지정한다. 이번 경우에서 우리는 읽을 수 없는 특수 문자 표시자를 사용해 오류를 대체하려고 한다.

파일로 출력하려면 파이썬의 표준 open() 함수를 사용하면 된다. 이 함수는 우리가 쓸 수 있는 지정된 파일 경로에 파일을 생성한다.

```
output_file = open('clean_socialmedia-disaster.csv', 'w')
```

이제 우리는 codecs라는 리더(reader, 읽개)로 입력 파일을 줄별로 반복해 읽어 들여 다시 정규 CSV 파일로 저장하기만 하면 된다. 다음 코드를 실행해 이렇게 할 수 있다.

```
for line in input_file:
    out = line
    output_file.write(line)
```

마찬가지로, 처리를 마친 후에는 파일 객체들을 닫는 것이 좋은 관행이며, 다음 코드를 실행해 이렇게 할 수 있다.

```
input_file.close()
output_file.close()
```

이제 우리는 정리한 CSV 파일을 판다스를 사용해 읽을 수 있다.

```
df = pd.read_csv('clean_socialmedia-disaster.csv')
```

표제어 추출

표제어(lemma)는 이미 이번 장에 여러 차례 등장했다. 언어학 분야에서는 표제어를 중심어 (headword)라고도 부르는데, 이는 어떤 한 사전(辭典)에 출현하는 관련 단어들 또는 형태들의 집합이 뽑어 나온 단어를 나타내는 말이다. 예를 들어 "was" 및 "is"는 "be"에서 뽑어 나간 것이고, "mice"는 "mouse"에서 뽑어 나간 것이다. 종종 특정 형태를 지닌 단어는 그다지 중요하지 않기 때문에 모든 텍스트를 표세어 형태(lemma form)로 변환하는 것이 바람직하다.

SpaCy는 텍스트에서 표제어를 추출하기에 편리한 방법을 제공하므로 다시 한번 SpaCy 파이프라인을 로드할 것이다. 이 경우에만 토큰화기(tokenizer, 토크나이저) 외에 파이프라인 모듈이 필요하지 않다. 토큰화기는 일반적으로 공백을 기준으로 텍스트를 별도의 단어로 분할한다. 그리고 나서 이러한 개별 단어나 토큰을 사용해 자신의 표제어를 찾을 수 있다. 우리가 예로 든 경우에는 다음과 같다.

```
import spacy
nlp = spacy.load('en',disable=['tagger','parser','ner'])
```

특히 큰 파일의 경우에 표제어 추출 속도가 느려질 수 있으므로 진행 상황을 추적하는 것이 바람직하다. tqdm을 사용하면 판다스 적용 함수에 진행률 표시줄을 표시할 수 있다. 우리가 해야 할 일은 업무 환경에서 보기에 좋게 그려내기 위해 노트북 컴포넌트뿐만 아니라 tqdm을 가져오는 것이다. 그리고 나서, 판다스와 함께 사용하고 싶다는 점을 tqdm에 알려야 한다. 다음 코드를 실행해 이 작업을 수행할 수 있다.

```
from tqdm import tqdm, tqdm_notebook
tqdm.pandas(tqdm_notebook)
```

이제 표준 apply 메서드를 사용하는 것처럼 데이터프레임에서 progress_apply를 실행할 수 있는데, 이 컴포넌트에는 진행률 표시줄도 있다.

각 행에 대해 text 열의 단어를 반복하고 단어의 표제어를 새로운 lemmas 열에 저장한다.

```
df['lemmas'] = df["text"].progress_apply(lambda row: [w.lemma_ for w in nlp(row)])
```

우리의 lemmas 열은 이제 리스트로 가득 차 있기 때문에 리스트를 텍스트로 되돌리기 위해 다음 코드에서 볼 수 있듯이 리스트의 모든 원소를 빈칸을 구분 기호로 삼아 결합할 것이다.

```
df['joint_lemmas'] = df['lemmas'].progress_apply(lambda row: ' '.join(row))
```

표적치 준비

이 데이터셋에는 몇 가지 가능한 예측 대상이 있다. 우리의 경우, 사람들은 트윗을 평가하도록 요청받았으며, 표제어를 추출한 텍스트가 보여주는 것처럼 Relevant(관련성 있음), Not Relevant(관련성이 없음), Can't Decide(결정할 수 없음)라는 세 가지 옵션이 제공되었다.

```
df.choose_one.unique()
array(['Relevant', 'Not Relevant', "Can't Decide"], dtype=object)
```

실제 재난에 관한 것인지 여부를 사람이 결정하기 어려운 트윗은 우리에게 흥미롭지 않다. 따라서 우리는 Can't Decide 범주만 제거할 생각인데, 다음 코드로 이렇게 할 수 있다.

```
df = df[df.choose_one != "Can't Decide"]
```

우리는 텍스트를 관련성에 대응시키는 데만 관심이 있으므로 다른 모든 메타데이터를 삭제하고 이 두 열만 유지한다.

```
df = df[['text','choose_one']]
```

마지막으로 표적치(target, 목표치)를 숫자로 변환한다. 두 가지 범주만 있기 때문에 이것은 이항 분류 작업의 일종이다. 따라서 우리는 Relevant를 1에, Not Relevant를 0에 대응하게 한다.

```
f['relevant'] = df.choose_one.map({'Relevant':1,'Not Relevant':0})
```

훈련 집합과 테스트 집합을 준비하기

모델 구축을 시작하기 전에 데이터를 훈련 데이터셋과 테스트 데이터셋이라는 두 가지 집합(set)[6]으로 나눈다. 이렇게 하려면 다음 코드를 실행하면 된다.

```
from sklearn.model_selection import train_test_split
X_train, X_test, y_train, y_test = train_test_split(df['joint_ lemmas'],
                                                    df['relevant'],
                                                    test_size=0.2,
                                                    random_state=42)
```

단어 주머니

텍스트를 분류하는 간단하면서도 효과적인 방법은 텍스트를 단어 주머니(bag-of-words, 단어 가방)로 보는 것이다. 이런 식으로 호칭하는 이유는 텍스트에 단어가 나타나는 순서는 신경 쓰지 않고 텍스트에 나타나는 단어만 신경 쓰기 때문이다.

단어별 분류를 수행하는 방법 중 하나는 텍스트 내에서 서로 다른 단어의 발생 횟수를 계산하는 것이다. 이 방법은 소위 카운트 벡터(count vector, 셈 벡터, 세기 벡터, 개수 벡터)로 수행된다. 각 단어에는 색인이 있으며 각 텍스트에 대해 해당 색인의 카운트 벡터값은 색인에 속하는 단어의 발생 횟수다.

예를 들어 다음 그림을 보자. "I see cats and dogs and elephants(나는 고양이와 개와 코끼리를 본다)"라는 텍스트의 카운트 벡터는 다음과 같다.

---

[6] (옮긴이) 여기 나오는 set라는 말을 '한 벌'이나 '한 조'라고 할 때의 '벌' 또는 '조'의 의미로 알고 그냥 '세트'로 부르는 사람들이 있는데(심지어 인공지능 분야 전문가조차도 이렇게 오해하는 경우가 있다), 정확한 의미는 수학적인 '집합'이다. 인공지능 분야에서는 이런 개념을 바탕으로 여러 가지 집합 연산을 할 뿐만 아니라, 각종 논의를 전개한다. 잘못 번역한 것이 아니다.

i	see	cats	and	dogs	elephants
1	1	1	2	1	1

실제로 카운트 벡터들은 매우 희박한 편이다. 우리가 사용하는 텍스트 말뭉치에는 약 2만 3000개에 이르는 서로 다른 단어가 있으므로 우리의 카운트 벡터에 포함할 단어 개수를 제한하는 것이 바람직하다. 이는 의미 없이 횡설수설하는 말이나 오타가 섞인 단어를 제외한다는 말과 같다. 참고로 말하자면, 우리가 모든 희귀한 단어까지 카운트 벡터에 포함해버리면 이로 인해 과적합(overfitting, 과적응)이 벌어질 수 있다.

우리는 sklearn에 내장된 카운트 벡터화기(count vectorizer)를 사용한다. max_features를 설정함으로써 카운트 벡터에서 넣어 두려고 하는 단어 개수를 조절할 수 있다. 이번 경우에는 1만 개의 가장 빈출하는 단어만 고려할 것이다.

```python
from sklearn.feature_extraction.text import CountVectorizer
count_vectorizer = CountVectorizer(max_features=10000)
```

카운트 벡터화기는 이제 텍스트를 카운트 벡터로 변환할 수 있다. 각 카운트 벡터는 1만 개의 차원을 지닐 것이다.

```python
X_train_counts = count_vectorizer.fit_transform(X_train)
X_test_counts = count_vectorizer.transform(X_test)
```

카운트 벡터를 얻은 후에는 간단한 로지스틱 회귀를 수행할 수 있다. 이 책의 첫 번째 장에서 했던 것처럼 로지스틱 회귀에 케라스가 제공하는 클래스를 사용해도 되지만, 사이킷런이 제공하는 로지스틱 회귀 클래스를 사용하는 편이 대체로 더 쉽다.

```python
from sklearn.linear_model import LogisticRegression
clf = LogisticRegression()

clf.fit(X_train_counts, y_train)

y_predicted = clf.predict(X_test_counts)
```

이제 로지스틱 회귀를 통해 예측 결과를 얻었으므로 sklearn을 사용해 정확도를 측정할 수 있다.

```
from sklearn.metrics import accuracy_score
accuracy_score(y_test, y_predicted)
```

0.8011049723756906

보다시피 80%의 정확도를 얻었는데, 단순한 방법을 동원한 것 치고는 꽤 괜찮은 결과다. 간단한 카운트 벡터 기반 분류는 이후에 설명할 고급스러운 방법들의 기준선으로 삼기에 적당하다.

TF-IDF

TF-IDF는 용어빈도-역문서빈도(term frequency, inverse document frequency, 용어빈도-역문헌빈도)를 나타낸다. TF-IDF는 텍스트에 내에 빈출하는 단어가 중요한 단어이기는 하지만, 그렇다고 해도 거의 모든 텍스트에 나타나는 단어는 오히려 중요하지 않을 수도 있다는 문제를 풀기 위한 방법이다.

TF 구성 원소는 TF를 텍스트 안에 들어 있는 전체 단어 개수로 카운트를[7] 나눈다는 점을 빼면 카운트 벡터와 같다. 한편, IDF 성분은 전체 말뭉치의 총 텍스트 개수를 특정 단어를 포함하는 텍스트 개수로 나눈 로그값이다.

TF-IDF는 이 두 가지를 측정한 결과다. TF-IDF 벡터는 카운트 대신에 TF-IDF 점수를 포함한다는 점을 제외하면 카운트 벡터와 같다. 희귀하게 출현하는 단어는 TF-IDF 벡터에서 높은 점수를 얻게 된다.

우리는 sklearn으로 카운트 벡터를 생성한 것처럼 TF-IDF 벡터도 생성한다.

```
from sklearn.feature_extraction.text import TfidfVectorizer
tfidf_vectorizer = TfidfVectorizer()

X_train_tfidf = tfidf_vectorizer.fit_transform(X_train)
X_test_tfidf = tfidf_vectorizer.transform(X_test)
```

---

[7] (옮긴이) 여기서 말하는 카운트(count)는 특정 단어 출현 개수를 의미한다. '빈도'라는 말이 더 적절한 말이다.

일단 TF-IDF 벡터를 갖게 되면 우리가 카운트 벡터에서 그랬던 것처럼 로지스틱 회귀기를 훈련할 수 있다.

```
clf_tfidf = LogisticRegression()
clf_tfidf.fit(X_train_tfidf, y_train)

y_predicted = clf_tfidf.predict(X_test_tfidf)
```

이번 경우에, TF-IDF의 결과는 카운트 벡터로 인한 결과보다 약간 나쁘다. 그러나 성능 차이가 매우 작기 때문에 이번에는 우연히 성능이 낮아진 것일 수 있다.

```
accuracy_score(y_pred=y_predicted, y_true=y_test)
```
0.7978821362799263

토픽 모델링

단어 세기(word counting)의 마지막 사례로 들기에 아주 유용한 것으로는 토픽 모델링(topic modeling, 주제 모형화, 항목 모형화)을 들 수 있다. 일련의 텍스트가 주어졌을 때 우리는 토픽들로 이뤄진 군집을 발견할 수 있을까? 이를 수행하는 방법을 잠재 디리슈레 할당(latent Dirichlet allocation, LDA, 잠재 디리클레 할당)이라고 한다.

 이번 단원의 코드와 데이터를 캐글에서 찾을 수 있다(https://www.kaggle.com/jannesklaas/topic-modeling-with-lda).

이름만으로도 설명할 게 많아 보이지만, 알고리즘이 아주 유용하므로 우리는 LDA를 단계별로 살펴볼 생각이다. LDA는 텍스트 작성 방법에 대해 다음과 같은 가정을 한다.

1. 첫째, 토픽 분포로 머신러닝(machine learning)을 70%, 재무를 30%로 선택한다고 해 보자.
2. 둘째, 각 토픽에 대한 단어들의 분포가 선택된다고 하자. 예를 들어 "머신러닝"이라는 주제는 "텐서"라는 단어가 20%, "경사도"라는 단어가 10% 등으로 구성될 수 있다. 이는 우리의 토픽 분포가 디리슈레 분포라고도 하는 분포들의 분포(distribution of distributions)라는 것을 의미한다.
3. 텍스트가 작성되면 각 단어에 대해 두 가지 확률론적 결정이 내려진다. 먼저, 문서 내 토픽의 분포로부터 한 가지 주제가 선택된다. 그리고 나서, 해당 문서 안에 있는 단어들의 분포에 대한 단어 한 개를 선택한다.

1개 말뭉치를 이루는 모든 문서의 토픽 분포가 모두 같은 것은 아니라는 점에 유념하자. 우리는 토픽 개수가 고정되게 지정해야 한다. 학습 과정에서 우리는 말뭉치 내의 각 단어를 하나의 토픽에 무작위로 할당해 시작한다. 그리고 나서 각 문서에 대해 다음을 계산한다.

$$p(t|d)$$

위의 공식은 각 토픽 t가 문서 d에 포함될 확률이다.

각 단어에 대해 다음을 계산한다.

$$p(w|t)$$

이것은 어떤 단어 w가 토픽 t에 속할 확률이다. 그리고 나서 우리는 단어를 다음 확률로 새로운 토픽 t에 할당한다.

$$p(t|d)*p(w|t)$$

다시 말해, 우리는 현재 고려 중인 단어를 제외한 모든 단어가 토픽에 이미 올바르게 할당되었다고 가정한다. 그리고 나서 문서들의 토픽 분포 내에서 문서들을 더 동질적으로 하기 위해 토픽에 단어를 할당하려고 한다. 이렇게 하면 단어들은 실제로 한 가지 토픽 군집에 속하게 된다.

사이킷런(Scikit-learn)은 이를 달성하는 데 도움이 되고 사용하기 쉬운 LDA 도구를 제공한다. 이 도구를 사용하려면 먼저 새로운 LDA 분석기를 만들고 예상되는 성분 개수라고 말할 수 있는 토픽 개수를 지정해야 한다.

간단히 다음 코드를 실행하면 된다.

```
from sklearn.decomposition import LatentDirichletAllocation
lda = LatentDirichletAllocation(n_components=2)
```

그리고 나서 단어 주머니 분석을 할 때와 마찬가지로 카운트 벡터를 만든다. LDA의 경우에 "an" 또는 "the"처럼 의미 없는 단어, 즉 불용어(stop words)를 자주 제거해야 한다. CountVectorizer에는 이런 단어를 자동으로 제거하는 불용어 사전이 내장되어 있다. 이를 사용하려면 다음 코드를 실행해야 한다.

```
from sklearn.feature_extraction.text import TfidfVectorizer,
CountVectorizer
vectorizer = CountVectorizer(stop_words='english')
tf = vectorizer.fit_transform(df['joint_lemmas'])
```

다음으로 우리는 LDA를 카운트 벡터들에 적합하게 한다.

```
lda.fit(tf)
```

결과를 조사하기 위해 우리는 각 토픽에 대해 가장 빈출하는 단어를 프린트할 수 있다. 이를 위해 우리는 프린트할 토픽당 단어 수를 지정하는 일부터 해야 한다(이번 경우에는 5). 또한 단어에 대한 대응 단어 카운트 벡터 인덱스를 추출해야 한다.

```
n_top_words = 5
tf_feature_names = vectorizer.get_feature_names()
```

이제 우리는 가장 빈출하는 단어를 프린트하기 위해 LDA 토픽을 반복할 수 있다.

```
for topic_idx, topic in enumerate(lda.components_):
    message = "Topic #%d: " % topic_idx
    message += " ".join([tf_feature_names[i] for i in topic.argsort()[:-n_top_words - 1:-1]])
    print(message)
```

```
Topic #0: http news bomb kill disaster
Topic #1: pron http like just https
```

보다시피 LDA는 표적치(targets)가 주어지지 않아도 자체적으로 심각한 트윗과 중요하지 않은 트윗으로 나누는 방법을 찾아낸 것 같다.

이 방법은 뉴스 기사를 분류하는 데 아주 유용하다. 금융 세계로 돌아와서, 투자자들은 그들이 노출된 위험 요소를 언급한 뉴스 기사가 있는지를 알고 싶어 할 것이다. 이와 같은 방식으로 군집화할 수 있는 소비자 대면 조직들에 대한 지원 요청도 마찬가지다.

단어 임베딩

텍스트에서 단어 간의 순서는 중요하다. 따라서 텍스트를 종합적으로 보지 않고 시퀀스로만 볼 경우에 모델이 더 높은 성능을 낼 것으로 기대할 수 있다. 이번 단원에서는 이전 장에서 설명한 기술을 많이 사용한다. 그러나 여기서 우리는 중요한 재료가 될 단어 벡터들을 보태려고 한다.

단어와 단어 토큰은 범주적 특징이다. 따라서 우리는 이것들을 신경망에 직접 공급할 수는 없다. 이전까지 우리는 범주형 데이터를 원핫 인코딩 벡터로 변환해 처리했다. 그러나 이것은 비현실적이다. 우리의 어휘를 이루는 단어 개수가 1만 개이므로 각 벡터의 원소 1만 개 중에 딱 한 개만 제외한 나머지 원소는 모두 0으로 채워지게 된다. 이것은 매우 비효율적이므로 우리는 이를 대신할 수 있게 임베딩을 도입해 사용할 생각이다.

실제로 임베딩(embeddings, 매장체)은 찾아보기 표(lookup table)처럼 작동한다. 각 토큰에 대해서 임베딩들은 벡터 한 개를 저장한다. 임베딩 계층(embedding layer, 매장 계층, 묻기 계층)에 토큰이 주어지면, 임베딩 계층은 해당 토큰의 벡터를 반환하고 이 벡터를 신경망을 통해 전달한다. 망이 훈련할수록 임베딩도 최적화된다.

신경망은 모델의 파라미터(가중치)와 관련해 손실함수의 도함수를 계산해 작동한다. 역전파를 통해 모델로 입력된 값들에 대한 손실함수의 도함수를 계산할 수도 있다. 따라서 임베딩을 최적화하게 모델을 돕는 이상적인 입력치를 제공할 수 있다.[8]

단어 벡터를 사용해 훈련할 준비하기

단어 임베딩(word embeddings, 단어 매장체)을 훈련하기 전에 우리는 몇 가지 전처리 단계를 수행해야 한다. 즉, 각 단어 토큰에 숫자를 할당하고 시퀀스로 가득 찬 넘파이 배열을 만들어야 한다.

토큰에 숫자를 할당하면 훈련 과정이 더 매끄럽게 되고 토큰화 과정이 단어 벡터들로부터 분리된다. 케라스에는 단어에 대한 숫자 토큰을 만들 수 있는 Tokenizer(토큰화기) 클래스가 있다. 기본적으로 이 토큰화기는 텍스트를 공백에 맞춰 쪼갠다. 이것은 대부분 영어로 잘 작동하지만 그밖의 언어에서는 문제가 될 수 있다. 이전의 두 가지 방법과 마찬가지로 spaCy를 사용해 텍스트를 토큰화하고 케라스를 사용해 숫자 토큰을 할당하는 편이 더 바람직하다는 점을 잘 익혀 두어야 한다.

---

8 (옮긴이) embedding은 수학 용어로는 '매장', '묻기'에 해당한다. embeddings는 복수형인데, 이는 매장하거나 묻은 곳을 의미하며 이는 '매장체'라고 할 수 있다. 즉, 수학적으로는 어떤 사상 공간(mapping space)을 의미하는 것이다. 이번 단원에서는 매장 행위(즉, 묻기)와 매장한 곳(즉, 매장체)을 잘 구분해야 해서 해당 단어 옆에 일부러 영문과 우리말 번역어를 중복해서 병기했다.

Tokenizer 클래스는 또한 우리가 얼마나 많은 단어를 고려하고 싶은지를 명시할 수 있게 해주므로 다시 한번 우리는 가장 많이 사용되는 단어들 중에서도 1만 개 단어만 사용할 것이며, 이는 다음과 같은 코드로 실행하면 된다.

```
from keras.preprocessing.text import Tokenizer
import numpy as np

max_words = 10000
```

토큰화기는 sklearn의 CountVectorizer와 매우 유사하게 작동한다. 먼저 우리는 새로운 tokenizer 객체를 만든다. 그리고 토큰화기에 맞춰서 마지막으로 텍스트를 토큰화된 시퀀스로 변환할 수 있다.

```
tokenizer = Tokenizer(num_words=max_words)
tokenizer.fit_on_texts(df['joint_lemmas'])
sequences = tokenizer.texts_to_sequences(df['joint_lemmas'])
```

sequences 변수는 이제 우리의 모든 텍스트를 숫자 토큰으로 유지한다. 다음 코드를 사용해 토큰화기의 단어 인덱스에서 숫자로 단어를 매핑할 수 있다.

```
word_index = tokenizer.word_index
print('Token for "the"',word_index['the'])
print('Token for "Movie"',word_index['movie'])
```

```
Token for "the" 4
Token for "Movie" 333
```

보다시피 "the"처럼 자주 사용되는 단어는 "movie"처럼 덜 빈출하는 단어보다 토큰 수가 적다. 여러분은 또한 word_index가 사전이라는 것을 알 수 있다. 프로덕션(production, 운용 환경, 양산 환경)에서 모델을 사용하는 경우에 나중에 단어를 토큰으로 변환하기 위해 이 사전을 디스크에 저장할 수 있다.

마지막으로 시퀀스를 같은 길이의 시퀀스로 바꿔야 한다. 일부 모델 유형은 길이가 다른 시퀀스를 처리할 수 있기 때문에 항상 필요한 것은 아니지만, 일반적으로 의미가 있으며 종종 필요하다. 다음 절에서는 사용자 정의 NLP 모델 구축에 대해 동일 길이 시퀀스가 필요한 모델을 검토할 것이다.

케라스의 pad_sequences 함수를 사용하면 시퀀스를 잘라내거나 끝에 0을 추가해 모든 시퀀스를 동일한 길이로 쉽게 가져올 수 있다. 우리는 모든 트윗을 140자 길이에 맞춰 가져올 것이다. 오랫동안 트윗의 최대 길이가 140자였기 때문이다.

```
from keras.preprocessing.sequence import pad_sequences

maxlen = 140

data = pad_sequences(sequences, maxlen=maxlen)
```

마지막으로 데이터를 훈련 집합과 검증 집합으로 분할한다.

```
from sklearn.model_selection import train_test_split
X_train, X_test, y_train, y_test = train_test_split(data,
                                                    df['relevant'],
                                                    test_size = 0.2,
                                                    shuffle=True,
                                                    random_state = 42)
```

이제 우리는 단어 벡터를 훈련할 준비가 되었다.

케라스에서는 임베딩(embeddings, 매장체)이 고유한 계층 유형이다. 그것들을 사용하려면 단어 벡터가 얼마나 커야 하는지를 지정해야 한다. 우리가 사용하기로 선택한 50차원 벡터는 아주 큰 어휘에 대해서도 좋은 임베딩을 포착할 수 있다.

또한 임베딩할(묻을, 매장할) 단어 수와 시퀀스 길이를 지정해야 한다. 우리 모델은 이제 자신의 임베딩을 훈련하는 간단한 로지스틱 회귀기 도구다.

```
from keras.models import Sequential
from keras.layers import Embedding, Flatten, Dense

embedding_dim = 50

model = Sequential()
model.add(Embedding(max_words, embedding_dim, input_length=maxlen))
model.add(Flatten())
model.add(Dense(1, activation='sigmoid'))
```

입력 모양을 지정할 필요가 없다는 점에 주목하자. 입력 길이를 지정하더라도 다음 계층에 입력 길이에 대한 지식이 필요한 경우에만 필요하다. Dense(조밀) 계층을 사용할 때는 입력 크기에 대한 지식이 필요하지만, 우리가 조밀 계층을 직접 사용하므로 여기에서는 입력 길이를 지정해야 한다.

단어 임베딩(word embeddings, 단어 매장체들)에는 많은 파라미터가 있다. 모델을 요약해 프린트하면 이런 파라미터들을 볼 수 있다.

```
model.summary()
Layer (type)              Output Shape         Param #
=================================================================
embedding_2 (Embedding)   (None, 140, 50)      500000
flatten_2 (Flatten)       (None, 7000)         0
dense_3 (Dense)           (None, 1)            7001
=================================================================
Total params: 507,001
Trainable params: 507,001
Non-trainable params: 0
```

보다시피 임베딩 계층에는 1만 개 단어당 50개의 파라미터가 있으므로 총 50만 개 파라미터에 해당한다. 이로 인해 훈련 속도가 느려지고 과적합의 가능성이 높아질 수 있다.

다음 단계는 우리가 늘 그렇게 해 왔던 것처럼 모델을 컴파일하고 훈련하는 것이다.

```
model.compile(optimizer='adam',
              loss='binary_crossentropy',
              metrics=['acc'])

history = model.fit(X_train, y_train,
                    epochs=10,
                    batch_size=32,
                    validation_data=(X_test, y_test))
```

이 모델은 테스트 집합에서 약 76%의 정확도를 달성하지만, 훈련 집합에서는 90% 이상의 정확도를 달성한다. 그러나 사용자 지정 임베딩들에 많은 수의 파라미터가 추가되었다. 과적합을 피하고 훈련 시간을 줄이려면 미리 훈련된 단어 임베딩을 사용하는 것이 바람직하다.

사전 훈련 단어 벡터 적재

컴퓨터 비전에 관해 다룰 때 그랬던 것처럼 NLP 모델에서 미리 훈련해 둔 그 밖의 모델을 사용하면 도움이 된다. 이번 경우에 우리는 사전 훈련 GloVe 벡터를 사용한다. GloVe는 Global Vectors for Word Representation의 약자이며 Stanford NLP 그룹의 프로젝트다. GloVe는 다른 텍스트로 훈련된 다양한 벡터 집합을 제공한다.

이번 단원에서는 위키백과 텍스트와 Gigaword 데이터셋에 대해 학습된 단어 임베딩을 사용한다. 전체적으로 보면 이 벡터는 60억 개의 글(text)로 훈련되었다.

모든 것을 말하면, Word2Vec 같은 GloVe의 대안이 있다. GloVe와 Word2Vec의 훈련 방법은 서로 다르지만, 이 두 개는 비교적 비슷하다. 이 두 가지는 각기 장단점이 있으며, 실제로는 두 가지를 모두 시도해 볼 가치가 있다.

GloVe 벡터의 좋은 특징으로는 벡터 공간에서 단어 의미를 인코딩해 "단어 대수(word algebra)"가 가능하다는 점을 들 수 있다. 예를 들어 "왕"에 대한 벡터에서 "남성"에 대한 벡터를 뺀 다음에 "여성"에 대한 벡터를 더하면 "queen"이라는 벡터에 매우 가까운 벡터가 된다. 이것은 "남성"과 "여성"에 대한 벡터의 차이가 "왕"과 "여왕"에 대한 벡터의 차이와 동일하다는 것을 의미하며, 두 가지에 대한 특징들을 차분한 결과가 거의 같다는 뜻이기도 하다.

마찬가지로, "개구리"와 "두꺼비"처럼 서로 유사한 것들을 설명하는 단어는 GloVe 벡터 공간에서 서로 매우 가까이 놓이게 된다. 벡터로 의미론적 의미를 인코딩하면, 이번 장의 뒷부분에서 볼 수 있듯이, 문서 유사도와 토픽을 모델링하는 데 대해 다양하고 흥미로운 기회를 잡을 수 있다. 의미론 벡터들은 텍스트 분류 문제와 같은 광범위한 NLP 작업에도 아주 유용하다.

실제 GloVe 벡터들은 하나의 텍스트 파일 안에 들어 있다. 우리는 60억 개 토큰으로 훈련된 50차원 임베딩들을 사용할 것이다. 이렇게 하려면 파일을 열어야 한다.

```
import os
glove_dir = '../input/glove6b50d'
f = open(os.path.join(glove_dir, 'glove.6B.50d.txt'))
```

그리고 나서 나중에 단어를 임베딩에 사상하는(map, 대응하게 하는, 매핑하는) 빈 딕셔너리를 만든다.

```
embeddings_index = {}
```

데이터셋에서 각 줄은 새 단어 임베딩 한 개를 나타낸다. 줄은 단어로 시작하고 임베딩 값들이 뒤따른다. 우리는 다음과 같이 임베딩들을 읽을 수 있다.

```
for line in f:                                              #1
    values = line.split()                                   #2
    word = values[0]                                        #3
    embedding = np.asarray(values[1:], dtype='float32')     #4
    embeddings_index[word] = embedding dictionary           #5

f.close()                                                   #6
```

하지만 이것들이 의미하는 게 뭘까? 잠시 시간을 내어 여섯 가지 핵심 요소가 있는 코드 뒤에 숨겨진 의미를 분해해 보자.

1. 우리는 파일 내에 있는 모든 줄을 반복한다. 각 줄에는 단어 한 개와 임베딩이 있다.
2. 우리는 줄을 공백으로 구분해서 나눈다.
3. 각 줄의 첫 번째 항목은 항상 단어다.
4. 그러고 나서 임베딩 값들이 뒤따른다. 우리는 이 값들을 즉시 넘파이 배열로 변환해 이게 모두 부동 소수점 형식으로 된 10진수인지를 확인한다.
5. 임베딩 벡터를 임베딩 딕셔너리에 저장한다.
6. 일단 이 일을 마쳤다면 우리는 파일을 닫는다.

이 코드를 실행한 결과로 이제 단어가 임베딩들에 사상(mapping)된 딕셔너리를 가지게 되었다.

```
print('Found %s word vectors.' % len(embeddings_index))
Found 400000-word vectors.
```

이 버전의 GloVe에는 40만 개 단어로 구성된 벡터가 있으며, 이 단어는 우리가 마주치게 될 대부분의 단어를 아우르기에 충분하다. 그러나 여전히 벡터가 없는 단어가 있을 수 있다. 이 단어들에 대해서 우리는 확률벡터(random vectors)를 만들 것이다. 이러한 벡터가 너무 멀리 떨어져 있지 않게 하려면 훈련된 벡터에서와 같은 확률벡터에 대해 동일한 평균 및 표준편차를 사용하는 것이 바람직하다.

이를 위해 GloVe 벡터의 평균 및 표준편차를 계산해야 한다.

```
all_embs = np.stack(embeddings_index.values())
emb_mean = all_embs.mean()
emb_std = all_embs.std()
```

임베딩 계층은 각 단어에 대한 행과 포함의 각 원소에 대한 열이 있는 행렬이다. 따라서 우리는 하나의 임베딩에 포함된 차원 수를 지정해야 한다. 앞서 적재한 GloVe 버전에는 50차원 벡터가 있다.

```
embedding_dim = 50
```

다음으로 우리는 실제로 얼마나 많은 단어를 지니고 있는지를 알아내야 한다. 비록 우리가 최대치를 1만으로 정했지만, 우리의 말뭉치에는 단어가 더 적을지도 모른다. 이 시점에서 우리는 토큰화기에서 단어 인덱스를 검색한다.

```
word_index = tokenizer.word_index
nb_words = min(max_words, len(word_index))
```

임베딩 행렬을 만들기 위해 먼저 임베딩과 동일한 평균과 std를 갖는 확률행렬을 만든다.

```
embedding_matrix = np.random.normal(emb_mean,
                                    emb_std,
                                    (nb_words, embedding_dim))
```

임베딩 벡터는 토큰 번호와 동일한 위치에 있어야 한다. 토큰 1이 있는 단어는 행 1(행은 0으로 시작)에 있어야 한다. 이제 임베딩을 훈련한 단어의 확률 임베딩(random embeddings, 확률 매장체)을 대체할 수 있다.

```
for word, i in word_index.items():                    #1
    if i >= max_words:                                #2
        continue
    embedding_vector = embeddings_index.get(word)     #3
    if embedding_vector is None:                      #4
        embedding_matrix[i] = embedding_vector
```

이 명령에는 다음과 같은 네 가지 핵심 원소가 있다.

1. 우리는 단어 인덱스에 있는 모든 단어를 대상으로 반복한다.
2. 우리가 사용하고 싶은 단어의 수보다 더 많은 단어를 지니고 있다면 아무것도 하지 않는다.
3. 우리는 단어에 대한 임베딩 벡터를 얻는다. 이 단어에 대한 임베딩이 없는 경우에 이 작업은 none을 반환할 수 있다.
4. 임베딩 벡터가 있으면 임베딩 행렬에 넣는다.

사전 훈련 임베딩을 사용하려면 임베딩 계층의 가중치를 방금 만든 임베딩 행렬로 설정하면 된다. 신중하게 생성한 가중치가 파괴되지 않게 해당 계층을 훈련 불능 상태로 설정한다. 이는 다음 코드를 실행해 달성할 수 있다.

```
model = Sequential()
model.add(Embedding(max_words,
                    embedding_dim,
                    input_length=maxlen,
                    weights = [embedding_matrix],
                    trainable = False))

model.add(Flatten())
model.add(Dense(1, activation='sigmoid'))
```

이 모델은 다른 케라스 모델과 마찬가지로 컴파일하고 훈련할 수 있다. 우리는 우리 자신의 임베딩을 훈련한 모델보다 훨씬 빨리 훈련하고 과적합에 덜 고통받는다. 그러나 테스트 집합의 전반적인 성능은 거의 같다.

단어 임베딩은 훈련 시간을 줄이고 정확한 모델을 만드는 데 도움이 된다. 그러나 의미론적 임베딩(semantic embeddings, 의미론적 매장체들)은 여기서 더 나아간다. 예를 들어, 두 텍스트에 서로 다른 단어가 들어 있더라도 두 텍스트가 의미론적 수준에서 볼 때 얼마나 유사한지를 측정하는 데 의미론적 임베딩을 사용할 수 있다.

단어 벡터 사용 시계열 모델

텍스트는 시계열의 일종이다. 서로 다른 단어가 서로 간에 순서를 따라 출현하기 때문이다. 따라서 앞선 장에 나온 모든 신경망 기반 기술을 NLP에도 사용할 수 있다. 또한 NLP에 유용한 **4장 '시계열을 이해하기'**에 소개되지 않은 구성요소도 있다.

장단기 기억(long short-term memory)이라고도 부르는 LSTM부터 시작하겠다. 직전 장에서 구현해 본 신경망에서 변경해야 할 것은 망의 첫 번째 계층이 임베딩 계층이어야 한다는 것이다. 다음의 예는 CuDNNLSTM 계층을 사용하는데, 이는 일반 LSTM 계층보다 훨씬 빠르게 훈련된다.

이 외에는 계층이 동일하게 유지된다. GPU가 없다면 CuDNNLSTM을 LSTM으로 교체한다.

```
from keras.layers import CuDNNLSTM
model = Sequential()
model.add(Embedding(max_words,
                    embedding_dim,
                    input_length=maxlen,
                    weights = [embedding_matrix],
                    trainable = False))
model.add(CuDNNLSTM(32))
model.add(Dense(1, activation='sigmoid'))
```

NLP에서는 빈번하게 사용되지만, 시계열 예측에서는 덜 빈번하게 사용되는 기술은 양방향 RNN(bidirectional RNN)이다. 양방향 RNN은 사실상 두 개의 RNN(recurrent neural network)으로 이뤄져 있는데, 그 중에 하나는 시퀀스를 전방으로 전달하고 다른 하나는 후방으로 공급한다.

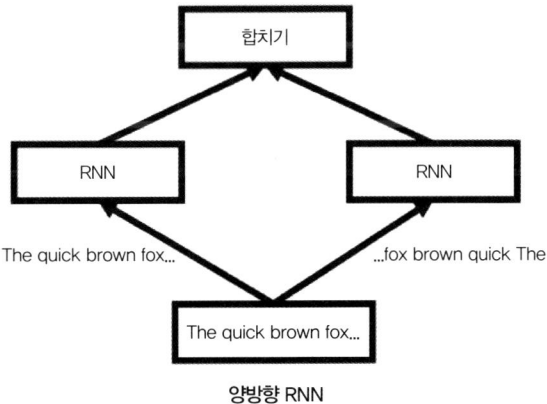

양방향 RNN

케라스에는 LSTM처럼 RNN 계층을 감쌀 수 있는 Bidirectional(양방향) 계층이 있다. 다음과 같은 코드로 그렇게 할 수 있다.

```
from keras.layers import Bidirectional
model = Sequential()
model.add(Embedding(max_words,
                    embedding_dim,
                    input_length=maxlen,
                    weights = [embedding_matrix],
                    trainable = False))
model.add(Bidirectional(CuDNNLSTM(32)))
model.add(Dense(1, activation='sigmoid'))
```

단어 임베딩(word embeddings, 단어 매장체들)은 신경망을 풍부하게 해주므로 유용하다. 이러한 임베딩은 공간을 효율적으로 쓸 수 있게 하는 강력한 수단으로, 우리는 이것을 사용해 단어를 신경망이 사용할 수 있는 숫자로 변환할 수 있다. 그렇기는 하지만, 의미 체계를 벡터 꼴로 인코딩하면 더 많은 이점을 누릴 수 있는데, 이를테면 임베딩상에서 벡터 계산을 수행할 수 있기까지 하다! 예를 들어 두 텍스트 간의 유사도를 측정할 수 있다.

단어 임베딩으로 문서 유사도를 계산하기

단어 벡터의 실제 사용 사례를 들자면 문서 간의 의미론적 유사도를 비교하는 경우가 있다. 최종 사용자를 대상으로 판매하는 소매 은행이나 보험 회사라면 지원 요청을 처리해야 한다. 여러분은 많은 고객이 비슷한 요청을 하고 있다는 것을 알게 될 것이다. 따라서 의미적으로 유사한 텍스트가 얼마나 유사한지를 알 수만 있다면, 유사한 요청에 대해 이전에 답변했던 내용을 재사용할 수 있으므로 조직의 전반적인 서비스를 개선할 수 있다.

spaCy에는 두 문장 사이의 유사도를 측정하는 내장 함수가 있다. 또한 GloVe와 유사한 Word2Vec 모델의 사전 훈련 벡터가 제공된다. 이 방법은 텍스트에 포함된 모든 단어의 벡터를 평균한 후에 평균 벡터 사이의 코사인 각도를 측정하는 식으로 이뤄진다. 대략 볼 때 같은 방향을 가리키는 두 벡터 간의 유사도 점수는 높지만, 서로 다른 방향을 가리키는 벡터 간의 유사도 점수는 낮다. 이러한 점을 그래프로 나타내면 이렇다.

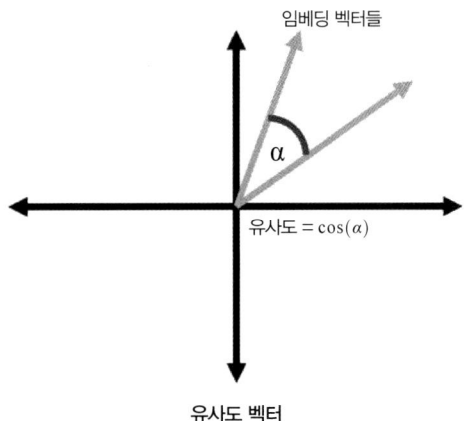

유사도 벡터

다음 명령을 실행해 두 어구 사이의 유사도(similarity)를 볼 수 있다.

```
sup1 = nlp('I would like to open a new checking account')
sup2 = nlp('How do I open a checking account?')
```

보다시피, 이러한 고객 요청 사항들은 서로 아주 유사해서, 유사도가 70%에 이른다.

```
sup1.similarity(sup2)
```

```
0.7079433112862716
```

보다시피 유사도 점수가 상당히 높다. 이처럼 단순한 평균화 방법인데도 꽤 잘 들어맞는다. 그러나 부정이나 단일 편차 벡터(single deviating vector, 단일 일탈 벡터)와 같은 것을 포착할 수는 없으며, 이는 평균에 큰 영향을 미치지 않을 수 있다.

예를 들어, "당좌예금 구좌를 닫고 싶다"라는 말은 "당좌예금 구좌를 열고 싶다"와 의미가 다르다. 그러나 모델은 이 두 문장이 서로 꽤 비슷한 것으로 본다. 그럴지라도 이런 접근 방법이 여전히 유용하며 의미론을 벡터로 표현하는 이점을 잘 보여주는 사례다.

케라스의 함수형 API 둘러보기

지금까지 우리는 순차적 모델을 사용했다. 순차 모델에서 model.add()를 호출하면 계층들이 쌓인다. 함수형 API의 장점은 단순하고 오류를 방지한다는 것이다. 단점은 계층을 선형으로만 쌓을 수 있다는 것이다.

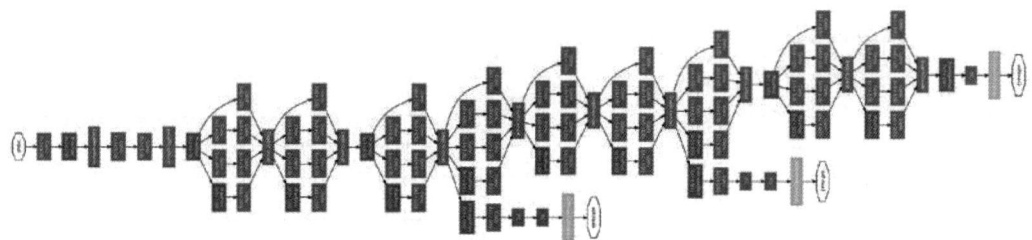

'Going Deeper with Convolutions'라는 논문에서 쩨게디(Szegedy) 등이 GoogLeNet 아키텍처를 제시했다.

GoogLeNet 아키텍처를 살펴보자. 그래프가 매우 상세하지만 우리가 따로 떼서 봐야 할 것은 모델이 단지 여러 겹을 쌓아 올린 게 아니라는 사실이다. 대신에 여러 개의 계층이 병렬로 있는데, 이번 경우에 모델에는 세 개의 출력치가 있다. 그러나 '어떻게 이 복잡한 모델을 만들었을까?'라는 의문점이 남아 있다. 순차적 API(sequential API)로는 불가능한 일이지만, 함수형 API(functional API)를 사용하면 진주알을 끈으로 엮듯이 계층들을 서로 간단하게 묶음으로써 앞에 나온 아키텍처 같은 것을 만들 수 있다.

많은 NLP 애플리케이션의 경우에 두 개의 개별 계층이 병렬로 실행되는 모델처럼, 더 복잡한 모델이 필요하다. 케라스의 함수형 API에는 더 많은 제어 기능이 있으므로 우리는 이것들을 가지고 계층 연결 방법을 지정할 수 있다. 이를 사용해 훨씬 고급스럽고 복잡한 모델을 만들 수 있다.

우리는 앞으로 함수형 API를 훨씬 더 많이 사용할 것이다. 이번 장의 내용 중에서도 이번 단원은 이후 장에서 훨씬 더 깊이 다룰 케라스 함수형 API를 간단히 둘러보는 것을 목표로 하는 단원이다. 먼저 순차적 방식 및 함수형 방식으로 간단히 구성된 2개 계층 망을 살펴보자.

```
from keras.models import Sequential
from keras.layers import Dense, Activation

model = Sequential()
model.add(Dense(64, input_dim=64))
model.add(Activation('relu'))
```

```
model.add(Dense(4))
model.add(Activation('softmax'))
model.summary()
```

Layer (type)	Output Shape	Param #
dense_1 (Dense)	(None, 64)	4160
activation_1 (Activation)	(None, 64)	0
dense_2 (Dense)	(None, 4)	260
activation_2 (Activation)	(None, 4)	0

Total params: 4,420
Trainable params: 4,420
Non-trainable params: 0

앞에서 언급한 모델은 순차형 API로 간단히 구현한 모델이다. 이것이 지금까지 이 책 전체에서 수행한 방식이다. 이제 함수형 API에서 동일한 모델을 구현할 것이다.

```
from keras.models import Model                              #1
from keras.layers import Dense, Activation, Input

model_input = Input(shape=(64,))                            #2
x = Dense(64) (model_input)                                 #3
x = Activation('relu') (x)                                  #4
x = Dense(4) (x)
model_output = Activation('softmax') (x)

model = Model(model_input, model_output)                    #5
model.summary()
```

순차적 API와의 차이점에 유의하자.

1. model = Sequential()을 사용해 먼저 모델을 정의하는 대신에 이제 계산 그래프를 먼저 정의한 후에 Model 클래스를 사용해 모델로 변환하자.

2. 이제 입력만을 담당하는 계층이 있다.
3. model.add()를 사용하는 대신, 계층을 정의한 다음에 이전 계층의 입력 계층 또는 출력 텐서를 전달한다.
4. 여러분은 사슬에 계층을 묶어 모델을 만든다. 예를 들어 Dense(64) (model_input)은 텐서를 반환한다. 이 텐서를 Activation('relu') (x)에서처럼 다음 계층으로 전달한다. 이 함수는 다음 출력으로 전달할 수 있는 새로운 출력 텐서를 반환한다. 이런 식으로 사슬 모양으로 이어진 계산 그래프를 만든다.
5. 모델을 작성하려면 그래프의 최종 출력 텐서뿐만 아니라 모델 입력 계층을 Model 클래스에 전달한다.

함수형 API 모델은 순차적 API 모델과 마찬가지로 사용할 수 있다. 실제로 이 모델의 요약 결과에서 순차적 API로 방금 생성한 모델과 거의 같다는 점을 알 수 있다.

```
Layer (type)                 Output Shape              Param #
=================================================================
input_2 (InputLayer)         (None, 64)                0
_____
dense_3 (Dense)              (None, 64)                4160
_____
activation_3 (Activation)    (None, 64)                0
_____
dense_4 (Dense)              (None, 4)                 260
_____
activation_4 (Activation)    (None, 4)                 0
=================================================================
Total params: 4,420
Trainable params: 4,420
Non-trainable params: 0
```

함수형 API가 순차적 API보다 더 진보된 방식으로 계층을 연결할 수 있음을 알 수 있다. 우리는 계층 생성 단계와 연결 단계를 분리할 수도 있다. 이를 통해 코드를 깨끗하게 유지하고 다른 목적으로 동일한 계층을 사용할 수 있다.

다음 코드는 이전 코드와 완전히 동일한 모델을 작성하지만, 별도의 계층 생성 단계 및 연결 단계를 사용한다.

```
model_input = Input(shape=(64,))

dense = Dense(64)

x = dense(model_input)

activation = Activation('relu')

x = activation(x)

dense_2 = Dense(4)

x = dense_2(x)

model_output = Activation('softmax') (x)

model = Model(model_input, model_output)
```

계층들을 재사용할 수 있다. 예를 들어 해당 장의 뒷부분에 있는 seq2seq 모델을 다룬 단원에서 그랬던 것처럼, 일부 계산 그래프에서 일부 계층을 학습한 후에 다른 계층에 사용할 수 있다.

함수형 API를 사용해 고급 모델을 작성하기 전에 한 가지 더 주의해야 할 점이 있다. 우리는 모든 계층의 활성함수를 계층에서 직접 지정할 수도 있다. 지금까지는 별도의 활성화 계층을 사용해 명확성을 높였지만, 꼭 이렇게 해야 하는 것은 아니다. relu 활성함수가 있는 Dense 계층을 다음과 같이 지정할 수도 있다.

```
Dense(24, activation='relu')
```

함수형 API를 사용할 때는 활성함수를 따로 추가하기보다는 이렇게 하는 편이 더 용이하다.

주의

여러분은 주의력을 집중하고 있는가? 그렇게 하고 있을지라도 모든 사람에게 똑같은 주의력을 기울이지는 않을 것이다. 어떤 텍스트에서든 어떤 단어는 그 밖의 단어보다 더 중요하다. 주의기제(attention mechanism)는 신경망이 시퀀스를 구성하는 요소 중에 특정 요소에 집중(focus)하는 방법이다. 신경망에서 집중이라는 의미는 무엇이 중요한지를 더 증폭한다는 뜻이다.

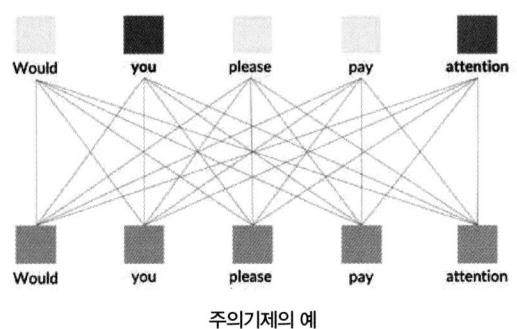

주의기제의 예

주의 계층(attention layers)은 시퀀스를 취하고 시퀀스에 대한 가중치를 출력하는 완전 연결 계층이다. 그리고 나서 시퀀스에 가중치를 곱한다.

```
def attention_3d_block(inputs,time_steps,
                    single_attention_vector = False):
    input_dim = int(inputs.shape[2])                                #1
    a = Permute((2, 1),name='Attent_Permute') (inputs)              #2
    a = Reshape((input_dim, time_steps),name='Reshape') (a)         #3
    a = Dense(time_steps, activation='softmax',
            name='Attent_Dense') (a) # 주의 벡터를 만든다                #4
    if single_attention_vector:                                     #5
        a = Lambda(lambda x: K.mean(x, axis=1),
                name='Dim_reduction') (a)                           #6
        a = RepeatVector(input_dim, name='Repeat') (a)              #7
        a_probs = Permute((2, 1), name='Attention_vec') (a)         #8
    output_attention_mul = Multiply(name='Attention_mul')
    ([inputs, a_probs])                                             #9
    return output_attention_mul
```

방금 만든 시퀀스를 쪼개서 살펴보자. 보면 알겠지만, 시퀀스는 아홉 개의 핵심 요소로 이뤄져 있다.

1. 우리의 입력은 (batch_size, time_steps, input_dim) 모양으로 되어 있으며, 여기서 time_steps는 시퀀스의 길이고 input_dim은 입력의 차원이다. 임베딩을 사용해 텍스트 시리즈에 직접 적용한 경우에 input_dim은 임베딩 차원과 똑같은 500이어야 한다.

2. 그러고 나서, 텐서의 모양이 (batch_size, input_dim, time_steps)가 되게 time_step 및 input_dim의 축을 교체(swap), 즉 치환(permute)한다.

3. 별문제 없이 진행되었다면 텐서는 우리가 원하는 모양으로 되어 있을 것이다. 여기서 우리는 확실히 하기 위해 모양 변경(reshaping) 작업을 추가하고 있다.

4. 이제 기교가 필요한 때다. 우리는 softmax 활성을 사용하는 조밀(dense) 계층을 통해 입력을 실행한다. 이것은 이전에 보여준 것처럼 시리즈의 각 원소에 대한 가중치를 생성한다. 이 조밀 계층은 주의 블록 안에서 훈련된다.

5. 기본적으로 조밀 계층은 각 입력 차원에 대한 주의를 개별적으로 계산한다. 즉, 단어 벡터의 경우에 50개의 서로 다른 가중치를 계산한다. 입력 차원이 실제로 다른 것을 나타내는 시계열 모델로 작업하는 경우에 유용할 수 있다. 이번 경우에 우리는 단어 전체에 가중치를 부여하려고 한다.

6. 단어당 한 가지 주의 값을 만들려면 입력 차원 전체에서 주의 계층의 평균을 계산한다. 우리의 새로운 텐서는 (batch_size, 1, time_steps) 모양, 즉 (배치_크기, 1, 시간_단계) 모양이 된다.

7. 주의 벡터와 입력값을 곱하려면 입력 차원에서 가중치를 반복해야 한다. 반복 후에 텐서는 (batch_size, input_dim, time_steps) 모양, 즉 (배치_크기, 입력_차원, 시간_단계) 모양이 되지만 input_dim 차원에서 동일한 가중치를 갖는다.

8. 입력의 모양과 일치시키기 위해 우리는 time_step(시간 단계) 및 input_dim을 위해 축을 다시 치환해 주의 벡터가 다시 한 번 더 (batch_size, time_steps, input_dim) 모양을 갖게 한다.

9. 마지막으로, 요소별로 주의 벡터에 입력을 곱해 입력에 주의를 적용한다. 우리는 결과 텐서를 반환한다.

다음에 나오는 흐름도를 통해 이 과정을 요약해 볼 수 있다.

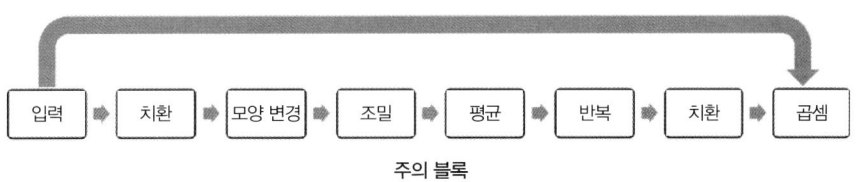

주의 블록

앞의 함수 정의에서 텐서를 입력으로 사용하고 그래프를 정의하고 텐서를 반환하는 방법에 주목하자. 모델 구축 과정의 일부로 이 함수를 호출할 수 있다.

```
input_tokens = Input(shape=(maxlen,),name='input')

embedding = Embedding(max_words,
                      embedding_dim,
                      input_length=maxlen,
                      weights = [embedding_matrix],
```

```
                    trainable = False,
                    name='embedding') (input_tokens)

attention_mul = attention_3d_block(inputs = embedding,
                                   time_steps = maxlen,
                                   single_attention_vector = True)

lstm_out = CuDNNLSTM(32, return_sequences=True, name='lstm') (attention_mul)

attention_mul = Flatten(name='flatten') (attention_mul)
output = Dense(1, activation='sigmoid',name='output') (attention_mul)
model = Model(input_tokens, output)
```

이번 경우에 우리는 임베딩 바로 다음에 주의 블록을 사용하고 있다. 즉, 특정 단어 임베딩을 증폭하거나 억제할 수 있다. 마찬가지로 LSTM 이후에 주의 블록을 사용할 수 있다. 많은 경우에, 특히 NLP에서 모든 종류의 시퀀스를 다루는 모델을 구축할 때 주의 블록이 무기고에 넣어 둔 강력한 도구가 될 것이다.

함수형 API가 계층을 묶는 방식과 주의 블록이 텐서의 모양을 변경하는 방식에 더 익숙해지려면 이 모델 요약을 살펴보자.

```
model.summary()
```

Layer (type)	Output Shape	Param #	Connected to
input (InputLayer)	(None, 140)	0	
embedding (Embedding)	(None, 140, 50)	500000	input[0][0]
Attent_Permute (Permute)	(None, 50, 140)	0	embedding[0][0]
Reshape (Reshape)	(None, 50, 140)	0	Attent_Permute[0][0]
Attent_Dense (Dense)	(None, 50, 140)	19740	Reshape[0][0]
Dim_reduction (Lambda)	(None, 140)	0	Attent_Dense[0][0]
Repeat (RepeatVector)	(None, 50, 140)	0	Dim_reduction[0][0]

Attention_vec (Permute)	(None, 140, 50)	0	Repeat[0][0]
Attention_mul (Multiply)	(None, 140, 50)	0	embedding[0][0] Attention_vec[0][0]
flatten (Flatten)	(None, 7000)	0	Attention_mul[0][0]
output (Dense)	(None, 1)	7001	flatten[0][0]

Total params: 526,741
Trainable params: 26,741
Non-trainable params: 500,000

이 모델은 케라스 모델이 할 수 있는 것처럼 훈련할 수 있으며 검증 집합에서 약 80%의 정확도를 달성한다.

seq2seq 모델

2016년에 구글은 전체 구글 번역 알고리즘을 단일 신경망으로 대체했다고 발표했다. 구글 신경 기계 번역 시스템의 특별한 점은 단일 모델만을 이용해 여러 언어를 '단대단(end-to-end, 端對端)'으로 번역한다는 것이다. 구글 번역기는 문장의 의미를 인코딩한 후에 그 의미를 이용자가 원하는 출력 언어로 디코딩해 작동한다.

그러한 시스템이 모든 언어학자와 다른 연구자들을 당황하게 한 것은 머신러닝이 명시적인 규칙을 부여받지 않고도 높은 수준의 의미(meanings, 意味)와 어의(semantics, 語意)를 정확하게 포착하는 시스템을 만들 수 있다는 점을 보여주었기 때문이었다.

이러한 어의적(semantics, 의미론적) 의미는 인코딩 벡터로 표시되며, 우리는 이러한 벡터를 해석하는 방법을 아직 잘 모르지만, 유용한 벡터가 많이 있다. 한 가지 언어에서 그 밖의 언어로 번역하는 일이 더 흔하기는 하지만, 비슷한 방법을 동원하면 보고서를 요약문으로도 "번역"할 수 있다. 텍스트 요약이 큰 발전을 이루었지만, 의미 있는 성과를 내려면 많은 컴퓨터 처리 능력이 필요하다는 단점이 있으므로 우리는 언어 번역에 중점을 둘 것이다.

seq2seq 아키텍처 개관

모든 구(phrases, 어구)의 길이가 정확히 같다면 우리는 간단히 한 가지 LSTM(또는 여러 LSTM)을 사용할 수 있다. LSTM은 입력 시퀀스와 동일한 길이의 전체 시퀀스를 반환할 수도 있다는 점을 기억하자. 그러나 시퀀스의 길이가 서로 다른 경우가 더 흔하다.

길이가 서로 다른 구를 처리하려면 문장의 의미적 의미를 포착하기 위한 인코더(encoder, 부호기)를 만들어야 한다. 그리고 나서, 어의적 의미와 이미 생성된 시퀀스의 두 가지 입력이 있는 디코더(decoder, 복호기)를 만든다. 그런 다음, 디코더는 시퀀스의 다음 항목을 예측한다. 문자 수준 번역기(character-level translator, 문자 단위 번역기)의 경우에 다음과 같다.

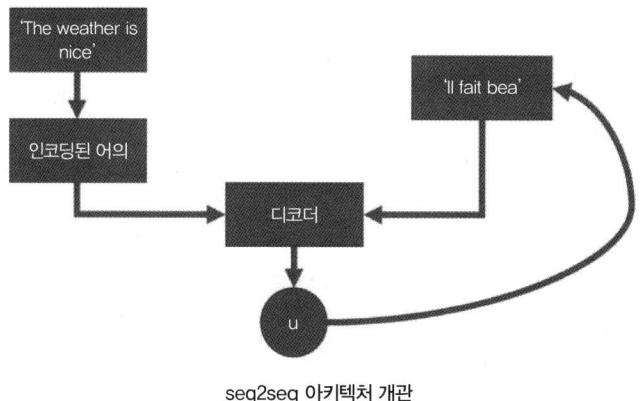

seq2seq 아키텍처 개관

디코더의 출력이 다시 디코더의 입력으로 사용되는 방법에 유의하자. 이 과정은 디코더가 〈STOP〉 태그를 생성한 후에만 중지되며, 이는 시퀀스의 끝부분에 도달했음을 의미한다.

 이번 단원의 데이터 및 코드를 캐글(https://www.kaggle.com/jannesklaas/a-simple-seq2seq-translator)에서 확인할 수 있다.

데이터

우리는 영어 구와 이 구를 번역한 데이터셋을 사용한다. 이 데이터셋은 번역 데이터베이스인 **Tabotea** 프로젝트에서 얻은 것으로 캐글에서 코드에 첨부된 파일을 찾을 수 있다. 우리는 이 모델을 문자 수준에서 구현한다. 즉, 이전 모델과 달리 단어를 토큰별로 구분해내기보다는 문자 단위로 처리한다는 뜻이다.

단어 수준 번역을 하려면 신경망이 단어에 대한 철자법까지 배워야 하므로 작업이 어려워진다. 그러나 단어 개수보다 문자 개수가 훨씬 적으므로 우리는 임베딩 작업을 수행할 필요 없이 문자를 원핫 인코딩 처리를 해서 사용하면 그만이다. 이로 인해서 우리 모델이 조금 더 단순해진다.

이 일에 착수하려면 우리는 몇 가지 파라미터를 설정해야 한다.

```
batch_size = 64                 #1
epochs = 100                    #2
latent_dim = 256                #3
num_samples = 10000             #4
data_path = 'fra-eng/fra.txt'   #5
```

그런데 우리는 어떤 파라미터들을 설정해야 할까?

1. 훈련에 쓸 배치(batch, 집단)의 크기.
2. 훈련할 에포크(epochs) 수.
3. 인코딩 벡터들의 차원. 문장의 의미를 인코딩하려면 얼마나 많은 숫자를 사용해야 할까?
4. 훈련할 표본의 수. 전체 데이터셋에는 약 14만 개에 이르는 표본이 있다. 그러나 우리는 기억 공간과 시간을 고려해 훈련을 적게 할 것이다.
5. 데이터인 .txt 파일이 디스크에 놓인 경로.

입력 언어(영어)와 목표 언어(프랑스어)는 서로 탭으로 구분된다. 각 행(row)은 새로운 구 한 개를 나타낸다. 번역문들은 서로 탭으로 구분된다(Wt). 따라서 우리는 탭 문자가 놓인 자리에서 줄을 바꿈으로써 줄별로 반복하면서 입력 문장과 목표 문장을 읽어야 한다.

토큰화기(tokenizer, 토크나이저)를 구축하려면 데이터셋에 어떤 문자가 있는지를 알아야 한다. 따라서 모든 문자가 이미 보이는 문자 집합에 들어 있는지를 확인해야 하고, 그렇지 않은 경우에 문자들을 문자 집합에 추가해야 한다.

이렇게 하려면 먼저 텍스트와 문자에 대한 보유 변수를 설정해야 한다.

```
input_texts = []
target_texts = []
input_characters = set()
target_characters = set()
```

그리고 나서, 우리가 바라는 표본 개수에 해당하는 만큼 줄들을 반복해 처리하면서 본문들과 문자들을 추출한다.

```
lines = open(data_path).read().split('\n')
for line in lines[: min(num_samples, len(lines) - 1)]:

    input_text, target_text = line.split('\t')          #1

    target_text = '\t' + target_text + '\n'             #2
    input_texts.append(input_text)
    target_texts.append(target_text)

    for char in input_text:                             #3
        if char not in input_characters:
            input_characters.add(char)

    for char in target_text:                            #4
        if char not in target_characters:
            target_characters.add(char)
```

더 자세히 이해할 수 있게 이 코드를 쪼개서 살펴보자.

1. 입력문과 목표문은 '영어 탭 프랑스어' 꼴로 나뉘어 있으므로 우리는 입력문과 목표문을 얻기 위해 탭을 기준으로 줄을 나눈다.
2. 우리는 '\t'를 목표 문장의 "시퀀스 시작"을 알리는 문자로, '\n'을 "시퀀스 끝"을 알리는 문자로 사용한다. 이런 식으로 언제 디코딩을 중지해야 하는지를 안다.
3. 우리는 입력 텍스트의 문자를 반복해서 처리하면서 아직 보지 못한 모든 문자를 입력 문자 집합에 추가한다.
4. 출력 텍스트의 문자를 반복해 처리하면서 아직 보지 않은 모든 문자를 출력 문자 집합에 추가한다.

인코딩 문자들

이제 알파벳순으로 정렬된 입력 및 출력 문자 리스트를 작성해야 한다.

```
input_characters = sorted(list(input_characters))
target_characters = sorted(list(target_characters))
```

또한 입력 및 출력 문자 수를 계산한다. 우리는 원핫 인코딩이 얼마나 많은 차원을 가져야 하는지를 알아야 하므로 이렇게 하는 것이 중요하다. 다음과 같이 코드를 작성해 이것을 알아낼 수 있다.

```
num_encoder_tokens = len(input_characters)
num_decoder_tokens = len(target_characters)
```

케라스가 제공하는 토큰화기를 사용하는 대신에, 우리는 토큰 번호에 대한 자체 사전 매핑 문자를 작성한다. 다음 코드를 실행해 이 작업을 수행할 수 있다.

```
input_token_index = {char: i for i, char in enumerate(input_characters)}
target_token_index = {char: i for i, char in enumerate(target_characters)}
```

모든 문자의 토큰 번호를 짧은 문장으로 프린트하면 어떻게 작동하는지를 알 수 있다.

```
for c in 'the cat sits on the mat':
    print(input_token_index[c], end = ' ')
```

```
63 51 48 0 46 44 63 0 62 52 63 62 0 58 57 0 63 51 48 0 56 44 63
```

다음으로 우리는 모델 훈련 데이터를 구축한다. 모델의 입력은 두 개지만, 출력은 하나뿐이다. 우리의 모델이 길이와 관계없이 시퀀스를 처리할 수 있지만, 넘파이에서 데이터를 준비해 가장 긴 시퀀스가 얼마나 긴지를 알아두면 편리하다.

```
max_encoder_seq_length = max([len(txt) for txt in input_texts])
max_decoder_seq_length = max([len(txt) for txt in target_texts])

print('Max sequence length for inputs:', max_encoder_seq_length)
print('Max sequence length for outputs:', max_decoder_seq_length)
```

```
Max sequence length for inputs: 16
Max sequence length for outputs: 59
```

이제 우리는 모델의 입력 데이터와 출력 데이터를 준비한다. encoder_input_data는 (num_pairs, max_english_sentence_length, num_english_ characters) 모양, 즉 (짝의_개수, 영어_문장의_

최대_길이, 영어_문자의_수) 모양으로 된 3차원 배열로서, 영어 문장들을 원핫 인코딩 방식으로 처리한 벡터들을 담고 있다.

```
encoder_input_data = np.zeros((len(input_texts),
                                max_encoder_seq_length,
                                num_encoder_tokens),
                                dtype='float32')
```

decoder_input_data는 (num_pairs, max_french_sentence_ length, num_french_ characters) 모양, 즉 (짝의_개수, 프랑스어_문장의_최대_길이, 프랑스어_문자의_수) 모양으로 된 3차원 배열로서, 프랑스어 문장들을 원핫 인코딩 방식으로 처리한 벡터들을 담고 있다.

```
decoder_input_data = np.zeros((len(input_texts),
                                max_decoder_seq_length,
                                num_decoder_tokens),
                                dtype='float32')
```

decoder_target_data는 decoder_input_data와 똑같지만, 1 시간단계만큼 떨어져 있다. decoder_target_data[:, t, :]는 decoder_input_ data[:, t + 1, :]와 같다.

```
decoder_target_data = np.zeros((len(input_texts),
                                 max_decoder_seq_length,
                                 num_decoder_tokens),
                                 dtype='float32')
```

출력이 한 단계 앞선다는 점을 제외하면 디코더의 입력과 출력이 동일하다는 점을 알 수 있다. 이것은 완료되지 않은 시퀀스를 디코더에 공급하고 다음 문자를 예측하기를 원할 때 의미가 있다. 우리는 함수형 API를 사용해 두 개의 입력이 있는 모델을 작성할 것이다.

디코더에는 디코더 입력과 인코딩된 의미라는 두 가지 입력도 있음을 알 수 있다. 그러나 인코딩된 의미는 인코더 LSTM의 출력이 아니라 그 상태다. LSTM에서 상태는 셀들의 숨겨진 기억이다. 디코더의 첫 번째 "기억"은 인코딩된 의미다. 디코더에 이 첫 번째 기억을 제공하기 위해 디코더 LSTM의 상태로 상태를 초기화할 수 있다.

상태를 반환하려면 return_state 인수를 설정해 첫 번째 항목이 출력이고 다음 항목이 내부 RNN 상태인 목록을 반환하게 RNN 계층을 구성해야 한다. 우리는 다시 한번 CuDNNLSTM을 사용하고 있다. GPU를 가지고 있지 않다면 cuDNNLSTM을 LSTM으로 대체해도 되지만, GPU 없이 이 모델을 훈련하려면 꽤 많은 시간이 소요될 수 있다.

```
encoder_inputs = Input(shape=(None, num_encoder_tokens),
                       name = 'encoder_inputs')                  #1
encoder = CuDNNLSTM(latent_dim,
                    return_state=True,
                    name = 'encoder')                            #2
encoder_outputs, state_h, state_c = encoder(encoder_inputs)      #3

encoder_states = [state_h, state_c]                              #4
```

코드의 네 가지 핵심 요소를 살펴보자.

1. 인코더를 위한 입력 계층을 만든다.
2. LSTM 인코더를 만든다.
3. LSTM 인코더를 입력 계층에 연결하고 출력과 상태를 다시 얻는다.
4. encoder_outputs를 버리고 상태만 유지한다.

이제 우리는 디코더를 정의한다. 디코더는 디코딩 LSTM을 위한 초기 상태로서 인코더의 상태를 사용한다.

여러분이 영어를 프랑스어로 번역하는 번역가라고 해 보자. 번역해야 할 때, 여러분은 먼저 영어 화자의 말을 듣고 여러분의 머릿속에서 화자가 말하고자 하는 것에 대한 생각을 형성할 것이다. 그런 다음에 이런 생각을 사용해 동일한 생각을 표현하는 프랑스어 문장을 구성한다.

우리가 단지 변수를 지나치는 것이 아니라 계산 그래프의 한 조각을 지나가고 있다는 것을 이해해야 한다. 이것은 나중에 디코더에서 인코더로 역전파될 수 있음을 의미한다. 이전 비유의 경우, 영어 문장에 대한 이해가 부족하기 때문에 프랑스어 번역 품질이 떨어진다고 생각한다면, 다음과 같이 프랑스어 번역 결과에 맞춰 영어에 대한 이해력을 키워 보려고 할 것이다.

```
decoder_inputs = Input(shape=(None, num_decoder_tokens),
                       name = 'decoder_inputs')                    #1
decoder_lstm = CuDNNLSTM(latent_dim,
                         return_sequences=True,
                         return_state=True,
                         name = 'decoder_lstm')                    #2

decoder_outputs, _, _ = decoder_lstm(decoder_inputs,
                                     initial_state=encoder_states) #3

decoder_dense = Dense(num_decoder_tokens,
                      activation='softmax',
                      name = 'decoder_dense')

decoder_outputs = decoder_dense(decoder_outputs)                   #4
```

앞의 코드는 다음과 같은 네 가지 주요 요소로 구성된다.

1. 디코더 입력을 설정한다.
2. 전체 출력 시퀀스를 반환하고 내부 상태도 반환하게 디코더를 설정한다. 훈련 모델에서는 반환 상태를 사용하지 않지만, 추론에 사용한다.
3. 디코더를 디코더 입력에 연결하고 내부 상태를 지정한다. 앞에서 언급했듯이 훈련을 위해 디코더의 내부 상태를 사용하지 않으므로 우리는 여기서 그러한 내부 상태들을 폐기한다.
4. 마지막으로 다음 문자로 사용할 문자를 결정해야 한다. 이것은 분류 작업이므로 우리는 softmax 활성함수와 함께 간단한 Dense 계층을 사용할 것이다.

다음은 두 개의 입력과 하나의 출력으로 모델을 정의하는 데 필요한 부분이다.

```
model = Model([encoder_inputs, decoder_inputs], decoder_outputs)
```

graphviz 라이브러리를 설치한 경우에 다음 코드 줄을 사용해 모델을 매우 잘 시각화할 수 있다. 그러나 불행히도 이 코드는 캐글에서 작동하지 않는다.

```
from IPython.display import SVG
from keras.utils.vis_utils import model_to_dot

SVG(model_to_dot(model).create(prog='dot', format='svg'))
```

이 시각화는 다음 도표에 표시되어 있다.

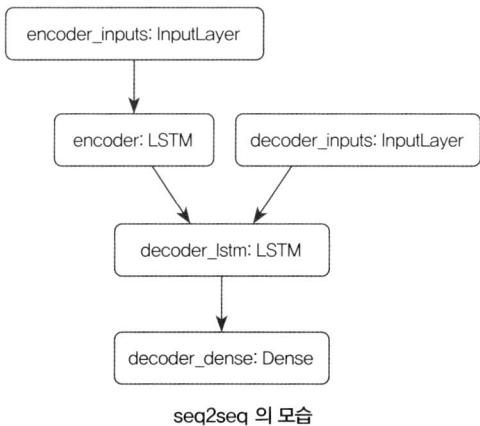

seq2seq 의 모습

이제 모델을 컴파일하고 훈련할 수 있다. 다음에 출력할 수 있는 많은 문자 중에서 선택해야 하므로 이 모델은 기본적으로 다중 계급 분류 작업을 한다. 따라서 우리는 범주형 교차 엔트로피 손실을 사용한다.

```
model.compile(optimizer='rmsprop', loss='categorical_crossentropy')
history = model.fit([encoder_input_data, decoder_input_data],
                    decoder_target_data,
                    batch_size=batch_size,
                    epochs=epochs,
                    validation_split=0.2)
```

훈련 과정은 GPU에서 약 7분이 걸린다. 그러나 모델의 진행 상황을 그려보면 모델이 과적합한 점을 알 수 있다.

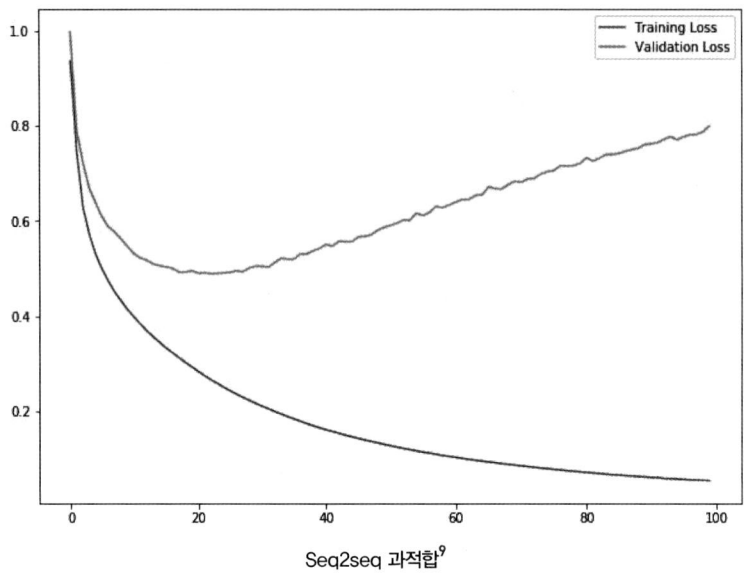

Seq2seq 과적합[9]

모델이 과적합한 이유는 우리가 비교적 짧은 문장으로 된 1만 문장 쌍만을 사용했기 때문이다. 더 큰 모델을 얻으려면 더 많은 사례를 사용해 실제 번역 시스템이나 요약 시스템을 훈련해야 한다. 여러분이 대규모 데이터 센터를 소유하지 않아도 예제를 수행할 수 있게 우리는 seq2seq 아키텍처가 수행할 수 있는 작업을 예로 보이기 위해 더 작은 모델을 사용하고 있다.

추론 모델 생성

과적합되었든지 아니든지 간에 이제 우리는 모델을 사용해 보고 싶다. 추론에 seq2seq 모델을 사용하는 경우(이번 경우에는 번역 수행)에는 훈련 모델에서 학습된 가중치를 사용하지만, 경로를 조금씩 다르게 지정한 추론 모델 한 개를 따로 빌드해야 한다. 더 구체적으로 말하자면, 우리는 인코더와 디코더를 분리할 것이다. 이런 식으로, 우리는 인코더를 거듭 만드는 대신에 인코더를 먼저 만든 다음에 이것을 디코딩 작업용으로 사용할 수 있다.

인코더 모델은 인코더 입력치를 인코더 상태치로 사상(mapping)한다.

```
encoder_model = Model(encoder_inputs, encoder_states)
```

---

9 (옮긴이) Training Loss → 훈련 손실, Validation Loss → 검증 손실

그러고 나서, 디코더 모델은 인코더 기억과 마지막 문자의 자체 기억을 입력으로 받는다. 그러고 나서, 다음 문자에 사용할 예측과 자체 기억을 뱉어낸다.

```
# 인코더로부터 입력되는 내용
decoder_state_input_h = Input(shape=(latent_dim,))                    #1
decoder_state_input_c = Input(shape=(latent_dim,))

# 디코더에 입력하기 위해 결합된 기억을 하나 만든다.
decoder_states_inputs = [decoder_state_input_h,
                         decoder_state_input_c]                       #2
# 디코더
decoder_outputs, state_h, state_c = decoder_lstm(decoder_inputs,
                                     initial_state=decoder_states_inputs)  #3

decoder_states = [state_h, state_c]                                   #4

# 다음 문자를 예측한다.
decoder_outputs = decoder_dense(decoder_outputs)                      #5

decoder_model = Model(
        [decoder_inputs] + decoder_states_inputs,
        [decoder_outputs] + decoder_states)                           #6
```

이 코드의 여섯 가지 요소를 살펴보자.

1. 인코더 기억은 두 가지 상태로 구성된다. 우리는 두 가지 상태에 대해 두 개의 입력을 만들어야 한다.
2. 그러고 나서 두 상태를 하나의 기억 표현으로 결합한다.
3. 그러고 나서 이전에 학습한 디코더 LSTM을 디코더 입력 및 인코더 기억에 연결한다.
4. 디코더 LSTM의 두 가지 상태를 하나의 기억 표현으로 결합한다.
5. 다음 문자를 예측하기 위해 디코더의 조밀 계층을 재사용한다.
6. 마지막으로, 우리는 상태 입력뿐만 아니라 문자 입력을 가져와서 상태 출력뿐만 아니라 문자 출력에 사상하도록 디코더 모델을 설정했다.

번역하기

이제 모델을 사용해 볼 수 있다. 이를 위해 먼저 토큰을 문자에 매핑하는 색인을 만들어야 한다.

```
reverse_input_char_index = {i: char for char, i in input_token_index.items()}
reverse_target_char_index = {i: char for char, i in target_token_index.items()}
```

구문을 번역할 때는 먼저 입력 내용을 인코딩해야 한다. 그러고 나서, 루프를 반복해 STOP을 수신할 때까지 디코더 상태를 디코더로 다시 공급한다. 이번 경우에는 탭 문자를 사용해 STOP 신호를 보낸다.

target_seq는 코더가 예측한 마지막 문자를 나타내는 넘파이 배열이다.

```
def decode_sequence(input_seq):

    states_value = encoder_model.predict(input_seq)              #1

    target_seq = np.zeros((1, 1, num_decoder_tokens))            #2

    target_seq[0, 0, target_token_index['\t']] = 1.              #3

    stop_condition = False                                       #4
    decoded_sentence = ''

    while not stop_condition:                                    #5
    output_tokens, h, c = decoder_model.predict(
                            [target_seq] + states_value)         #6

    sampled_token_index = np.argmax(output_tokens[0, -1, :])     #7

    sampled_char = reverse_target_char_index[sampled_token_index] #8

    decoded_sentence += sampled_char                             #9

    if (sampled_char == '\n' or                                  #10
                    len(decoded_sentence) > max_decoder_seq_length):
        stop_condition = True
```

```
    target_seq = np.zeros((1, 1, num_decoder_tokens))           #11
    target_seq[0, 0, sampled_token_index] = 1.

    states_value = [h, c]                                        #12

return decoded_sentence
```

이번 장을 마무리할 때가 되었으므로 코드를 쪼개서 살펴보자.

1. 입력을 상태 벡터로 인코딩한다.
2. 길이가 1인, 비어 있는 목표문 시퀀스를 생성한다.
3. 대상 시퀀스의 첫 문자를 시작 문자로 채운다.
4. 정지 신호가 없었으며 지금까지 디코딩된 시퀀스가 비어 있다.
5. 정지 신호를 받을 때까지 반복한다.
6. 디코더의 출력 및 내부 상태를 가져온다.
7. 예측 토큰을 얻는다(확률이 가장 높은 토큰).
8. 토큰 번호에 속하는 문자를 얻는다.
9. 출력 내용에 문자를 추가한다.
10. 종료 조건: 최대 길이에 도달하거나 정지 문자를 발견한다.
11. 목표문 시퀀스를 갱신한다(길이 1).
12. 상태들을 갱신한다.

이제 영어를 프랑스어로 번역할 수 있다! 적어도 일부 구의 경우에 꽤 잘 번역된다. 우리가 프랑스어 단어나 문법에 대한 규칙을 모델에 제공한 적이 없는데도 이럴 결과가 나왔다는 것은 무척 인상적이다. 물론 구글 번역기와 같은 번역 시스템을 구축하려면 훨씬 더 큰 데이터셋과 모델을 사용해야 하지만, 기본 원리는 같다.

텍스트를 번역하기 위해 우리는 먼저 0으로 가득 찬 플레이스홀더(placeholder, 자리표시자) 배열을 만든다.

```
my_text = 'Thanks!'
placeholder = np.zeros((1,len(my_text)+10,num_encoder_tokens))
```

그리고 나서, 문자 토큰 번호의 인덱스에 있는 원소를 1로 설정해 텍스트의 모든 문자를 원핫 인코딩한다.

```
for i, char in enumerate(my_text):
    print(i,char, input_token_index[char])
    placeholder[0,i,input_token_index[char]] = 1
```

이 코드는 문자와 문자의 위치와 함께 문자의 토큰 번호를 인쇄한다.

```
0 T 38
1 h 51
2 a 44
3 n 57
4 k 54
5 s 62
6 ! 1
```

이제 이 플레이스홀더를 디코더에 공급할 수 있다.

```
decode_sequence(placeholder)
```

그리고 우리는 번역문을 다시 얻는다.

```
'Merci !\n'
```

seq2seq 모델들이 언어 간 번역에만 유용한 것은 아니다. 이 모델들은 시퀀스를 입력으로 받아 시퀀스를 출력하는 거의 모든 작업에 대해 훈련을 받을 수 있다.

우리가 직전 장에서 했던 예측 작업을 기억하는가? 예측 문제에 대한 성공적인 솔루션은 seq2seq 모델이었다. 텍스트 요약은 또 다른 유용한 애플리케이션이다. seq2seq 모델은 또한 대규모 주문의 영향을 최소화하는 일련의 거래와 같은 일련의 행동들을 출력하게 훈련할 수 있다.

연습문제

이제 이번 장의 마지막에 이르렀으므로 지금까지 배운 내용을 살펴보자. 이번 장을 마치기 위해 이번 장에서 다룬 내용에 따라 도전할 세 가지 연습 문제를 포함시켰다.

1. 변환 모델의 인코더에 추가 계층을 추가하자. 프랑스어 문장의 구조를 배울 수 있는 능력이 조금 더 있으면 번역 모델이 더 잘 작동할 수 있다. LSTM 계층을 하나 더 추가하면 함수형 API를 배우는 것이 좋다.

2. 변환 모델의 인코더에 주의를 추가하자. 주의를 통해서 모델은 실제로 번역하는 데 중요한(영어) 단어에 집중할 수 있다. 마지막 계층을 사용해 주의를 기울이게 하는 것이 가장 좋다. 이 작업은 이전 작업보다 약간 어렵지만, 주의를 기울이려는 내부 작업을 훨씬 잘 이해할 수 있다.

3. https://www.kaggle.com/aaron7sun/stocknews에서 주식 시장 예측에 대한 일일 뉴스를 방문하자. 일일 뉴스를 주가 예측을 위한 입력으로 사용해 보는 것이 과제다. 이를 도와줄 수 있는 커널들이 많다. 이번 장에서 배운 내용을 사용해 일부 주가를 예측하자!

요약

이번 장에서 우리는 가장 중요한 NLP 기술을 배웠다. 우리는 많은 것을 배웠고, 이번 장에서 다룬 것들과 이해에 대해 확신해야 할 모든 것을 나열하면 다음과 같다.

- 개체명을 인식하기
- 자신만의 맞춤형 애플리케이션을 위해 spaCy 모델을 미세하게 조율하기
- 품사 찾기 및 문장의 문법 구조를 사상(mapping)하기
- 정규 표현식을 사용하기
- 분류 작업을 위해 텍스트 데이터를 준비하기
- 분류를 위해 단어 주머니 및 TF-IDF와 같은 기술을 사용하기
- LDA로 텍스트에 있는 토픽을 모델링하기
- 미리 훈련해 둔 단어 임베딩을 사용하기
- 케라스의 함수형 API를 이용해 고급 모델을 만들어 보기
- 주의를 집중시키게 모델을 훈련하기
- seq2seq 모델을 사용해 문장을 번역하기

여러분은 이제 NLP 문제를 해결할 수 있는 다양한 도구를 갖추게 되었다. 이 책의 나머지 부분에서 이러한 기술 중 일부를 다시 볼 수 있으며, 난제를 해결하기 위해 이런 기술들을 다른 맥락에서 사용해 볼 것이다. 이러한 기술은 소매 금융에서 헤지펀드 투자에 이르기까지 업계에서 유용하다. 여러분이 속한 기관이 해결하려는 문제에 적용하려면 약간은 조정을 해야 하겠지만, 일반적인 접근 방법 정도는 상당 부분 그대로 빌려 쓸 수 있을 것이다.

06

생성 모델 사용

생성 모델(generative models, 생성 모형, 생성적 모형)은 새 데이터를 생성한다. 생성 모델들은 우리가 이전 장에서 다루었던 모델들과는 대척점에 서 있다. 이미지 분류기는 고차원 입력이라고 볼 수 있는 이미지를 가져와서 이미지의 내용을 저차원 출력으로 바꿔 출력하지만, 생성 모델은 정반대 방향으로 작업을 진행한다. 예를 들어, 생성 모델은 이미지들 안에 있는 설명을 바탕으로 이미지들을 그려낼 수 있다.

생성 모델은 여전히 여러 개발 단계 중에서도 이제 막 시도해 보는 단계에 머무르고 있기는 하지만, 한편으로는 대부분의 이미지 애플리케이션에 사용된다. 그러나 업계에서 소란을 불러일으킨, 생성 모델을 사용하는 애플리케이션이 이미 여러 개 있다는 사실을 통해 알 수 있듯이, 생성 모델은 중요한 모델이다.

2017년에는 인터넷에 이른바 딥페이크(DeepFakes)가 등장하기 시작했다. 이번 장의 뒷부분에서 다룰 GAN(generative adversarial networks, 생성적 적대 망)은 유명인이 등장하는 포르노 비디오를 제작하는 데 사용되었다. 2016년 이전에 연구원들은 실제 입 움직임과 표정으로 연구원들이 원하는 말을 하는 정치인 영상을 제작할 수 있는 시스템을 선보였다. 이에 대한 예로는 뉴스 사이트인 버즈피드(BuzzFeed)가 2018년에 제작한 가짜 연설을 들 수 있는데, 해당 연설에서 버락 오바마 전 미국 대통령을 볼 수 있다(https://youtu.be/cQ54GDm1eL0).

이 기술은 아주 부정적이지는 않으며, 특히 생성 모델에서 쓸 수 있는 데이터가 많지 않은 경우에도 가능성을 보이는 애플리케이션이다. 이번에 우리가 다룰 생성 모델은 다른 모델이 학습하는 데 쓸 수 있을 만큼 현실적인 데이터를 생성할 수 있다. 생성 모델은 이미지를 "변환"할 수 있는데, 위성 촬영 사진을 가져와서 거리를 잘 드러내는 지도로 바꾸는 게 대표적인 예이다. 또 다른 예는 생성 모델이 웹 사이트 화면을 보고 해당 웹 사이트를 제작하는 데 들어간 코드를 생성하는 것이다. 9장 '**편향과 싸우기**'에서 살펴보겠지만, 이 기술은 머신러닝 모델에서 불공정성과 차별을 극복하는 데도 사용될 수 있다.

금융 분야에서 데이터는 희박한 경우가 많다. 2장 '정형 데이터에 머신러닝을 적용하기'에서 우리는 거래 메타데이터로부터 부정사용을 분류해내는 일을 다뤘던 점을 떠올려 보자. 우리는 우리가 사용한 데이터셋에서 부정사용이 많지 않다는 것을 알았기 때문에 모델은 부정사용이 발생했을 때를 탐지하는 데 어려움을 겪었다. 일반적으로 이러한 상황이 발생하면 기술자들은 어떤 가정들을 하면서 합성 데이터를 만든다. 그러나 머신러닝 모델은 이를 자체적으로 수행할 수 있으며, 그 과정에서 부정사용 탐지에 도움이 되는 유용한 특징들을 발견할 수도 있다.

알고리즘 거래 시에는 흔히 시뮬레이터를 사용해 데이터를 생성하고는 한다. 전 세계에 걸친 매도 작업에 쓰이는 알고리즘이 어떻게 작동하는지를 알고 싶은가? 운 좋게도 전 세계 매도량이 많지 않기 때문에 정량 분석 회사의 엔지니어는 매도량 시뮬레이션에 많은 시간을 할애한다. 이 시뮬레이터는 종종 엔지니어의 경험과, 매도가 어떤 식으로 이뤄지는지에 대한 엔지니어의 감정에 의해 편향된다. 그러나 모델이 기본적으로 매도 작업이 어떻게 생겼는지를 알 수 있고 무한한 매도 횟수를 설명하는 데이터를 만들 수 있다면 어떨까?

이번 장에서는 오토인코더(autoencoders, 자기부호기)와 GAN이라는 두 가지 생성 모델에 중점을 둘 것이다. 첫째, 오토인코더 제품군이 있는데, 이는 데이터를 저차원 표현으로 압축한 후에 데이터를 충실하게 재구성하는 것을 목표로 한다. 두 번째 계열은 GAN 계열로, 별도의 판별기가 진짜 이미지인지 아니면 가짜 이미지인지를 구별하기 어렵게 생성기를 훈련하는 것을 목표로 한다.

오토인코더를 이해하기

기술적으로 보면, 오토인코더는 완전히 새로운 종류의 데이터를 생성할 수 없으므로 생성 모델이라고 할 수 없다. 그러나 날 것 그대로인 오토인코더를 약간 조정한 변분 오토인코더(variational autoencoders, 가변 오토인코더, 가변 자기부호기)로는 데이터를 생성할 수 있다. 따라서 생성 요소를 추가하기 전에 먼저 오토인코더 자체를 이해하는 게 바람직하다.

오토인코더는 자체적으로 신용카드 사기 탐지와 같은 응용 프로그램에 이용할 수 있는 흥미로운 속성을 지니고 있는데, 이는 우리가 금융에 초점을 맞추기에 유용하다.

입력 x가 주어지면 오토인코더는 x를 출력하는 방법을 학습한다. 오토인코더는 함수 f를 찾는 것을 목표로 하므로 다음과 같은 공식으로 표현할 수 있다.

$$x = f(x)$$

처음에는 이것이 별 의미 없는 소리처럼 들릴지 모르지만, 여기서 말하고자 하는 핵심은 오토인코더가 병목현상을 일으킨다는 것이다. 중간에 놓인 은닉 계층의 크기는 입력 x의 크기보다 작다. 따라서 모델은 x의 모든 중요한 요소를 더 작은 벡터로 포착하는 데 필요한 압축된 표현(compressed representation)을 학습해야 한다.

이런 면을 다음 그림을 통해 잘 볼 수 있는데, 여기서 우리는 오토인코더 체계의 압축된 표현을 볼 수 있다.

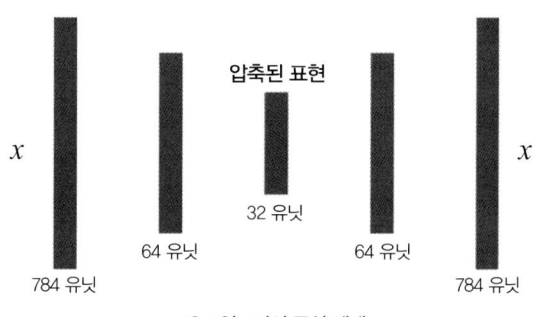

오토인코더의 구성 체계

이 압축된 표현은 입력의 본질을 포착하는 데 목적이 있으며, 이는 우리에게 유용하다. 예를 들어, 부정사용(fraudulent transaction, 사기 거래, 불법적 거래)과 진정사용(genuine transaction, 진짜 거래, 합법적 거래)을 본질적으로 구별하는 방법을 포착하려고 할 수 있다. 바닐라 오토인코더(vanilla autoencoders, 원래 오토인코더)는 표준 주성분 분석(PCA)과 유사한 방법으로 이를 수행한다. 이를 통해 데이터의 차원을 줄이고 중요한 것에 집중할 수 있다. 그러나 PCA와 달리 특정 형식으로 된 데이터를 더 많이 생성하기 위해 오토인코더를 확장할 수 있다. 예를 들어, 오토인코더는 합성곱 계층을 사용해 데이터의 공간성을 잘 활용할 수 있으므로 이미지 데이터나 비디오 데이터를 잘 처리하기에 적당하다.

이번 단원에서 우리는 두 가지 오토인코더를 구축해 볼 것이다. 첫 번째 것은 MNIST 데이터셋에 있는 손글씨 숫자에 사용된다. 사람은 직관적으로 두 그림이 비슷한지를 금방 알아차릴 수 있지만, 추상적인 데이터를 판단하는 데는 덜 능숙하기 때문에 시각적 데이터의 결함을 보충하면서 이해하기에는 생성 모델이 더 쉽다. 두 번째 오토인코더는 MNIST 데이터셋과 유사한 방법을 사용하는 부정사용 탐지 작업을 위한 것이다.

MNIST용 오토인코더

손으로 쓴 숫자의 MNIST 데이터셋을 위한 간단한 오토인코더부터 시작하겠다. MNIST 이미지의 크기는 28×28픽셀이므로 28에 28을 곱한 값인 784에 해당하는 784개 원소로 벡터화될 수 있다. 우리는 오토인코더를 사용해 이 데이터를 32개 원소로 구성된 벡터로 압축할 것이다.

여기에 설명된 코드를 살펴보기 전에 MNIST 데이터셋을 올바른 경로에 저장하고 넘파이(numpy) 및 맷플롯립(matplotlib) 라이브러리를 모두 가져와야 하며, 실험을 재현할 수 있게 임의의 시드 값을 설정했는지를 확인하자.

 https://www.kaggle.com/jannesklaas/mnist-autoencoder-vae에서 MNIST 오토인코더 및 변분 오토인코더의 코드를 찾을 수 있다.

우리는 나중에도 다시 사용할 수 있게 인코딩 차원 하이퍼파라미터를 설정하겠다.

```
encoding_dim = 32
```

그리고 나서, 케라스의 함수형 API를 사용해 오토인코더를 구성한다. 순차적 API를 사용해 간단한 오토인코더를 구성할 수 있기는 하지만, 이번에 다룰 오토인코더는 함수형 API의 작동 방식을 이해하는 데 도움이 된다.

먼저 Model 클래스를 가져와서 함수형 API 모델을 만들 수 있다. 또한 Input(입력) 및 Dense(조밀, 밀집) 계층들을 모두 가져와야 한다. 함수형 API가 별도의 입력 계층을 필요로 하는 반면, 순차적 API는 필요한 것이 아니라는 것을 이전 장에서 언급했음을 기억할 것이다. 두 계층을 모두 가져오려면 다음 코드를 실행해야 한다.

```
from keras.models import Model
from keras.layers import Input, Dense
```

이제 우리는 오토인코더의 계층을 연결한다. Input 계층과 Dense 계층은 이미지를 더 작은 표현으로 인코딩한다.

원본 이미지를 재구성하는 Dense 디코딩 계층이 이어진다.

```
input_img = Input(shape=(784,))

encoded = Dense(encoding_dim, activation='relu') (input_img)

decoded = Dense(784, activation='sigmoid') (encoded)
```

계층을 만들고 연결한 후에 입력을 디코딩된 이미지로 매핑(mapping, 사상)하는 모델을 만들 수 있다.

```
autoencoder = Model(input_img, decoded)
```

무슨 일이 일어나고 있는지를 더 잘 알 수 있게 다음 코드를 사용해 결과로 나올 오토인코더 모델을 시각화할 수 있다.

```
from keras.utils import plot_model
plot_model(autoencoder, to_file='model.png', show_shapes=True)
plt.figure(figsize=(10,10))
plt.imshow(plt.imread('model.png'))
```

다음과 같이 오토인코더를 볼 수 있다.

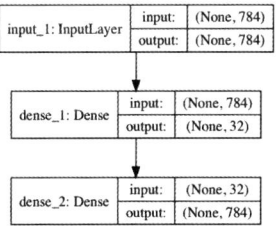

오토인코더 모델

이 모델을 다음 코드를 사용해 컴파일할 수 있다.

```
autoencoder.compile(optimizer='adadelta', loss='binary_crossentropy')
```

이 오토인코더를 훈련하기 위해서 우리는 X 값을 입력 및 출력으로 사용한다.

```
autoencoder.fit(X_train_flat, X_train_flat,
                epochs=50,
                batch_size=256,
                shuffle=True,
                validation_data=(X_test_flat, X_test_flat))
```

1~2분 동안 이 오토인코더를 훈련하고 나서 얼마나 잘 수행되는지를 눈으로 확인할 수 있다. 이를 위해 먼저 테스트 집합에서 단일 이미지를 추출한 후 모델에 배치 차원을 추가해 'np.expand_dims'를 사용하여 다음과 같은 모델을 실행한다.

```
original = np.expand_dims(X_test_flat[0],0)
```

이제 오토인코더를 통해 원본 이미지를 실행하겠다. 원래의 MNIST 이미지는 7이라는 숫자를 보여주었으므로 우리는 오토인코더의 출력이 7을 보여주기를 바란다.

```
seven = autoencoder.predict(original)
```

다음으로, 오토인코더 출력과 원본 이미지를 모두 28×28픽셀 이미지로 재구성한다.

```
seven = seven.reshape(1,28,28)
original = original.reshape(1,28,28)
```

그러고 나서, 원본 이미지와 재구성된 이미지를 나란히 표시한다. matplotlib은 이미지가 배치 차원을 갖게 허용하지 않으므로 이미지가 없는 배열을 전달해야 한다. [0, :, :]으로 이미지를 인덱싱하면 배치의 첫 번째 항목만 모든 픽셀과 함께 전달한다.

이 첫 번째 항목에는 이제 더 이상 배치(batch) 차원이 남아 있지 않다.

```
fig = plt.figure(figsize=(7, 10))
a=fig.add_subplot(1,2,1)
a.set_title('Original')
imgplot = plt.imshow(original[0,:,:])

b=fig.add_subplot(1,2,2)
b.set_title('Autoencoder')
imgplot = plt.imshow(seven[0,:,:])
```

이 코드를 실행해 보면, 우리가 바라는 대로 되었다는 점을 알 수 있다! 원래 이미지(왼쪽)와 비교할 때 오토인코더 이미지(오른쪽)에도 7이 표시된다!

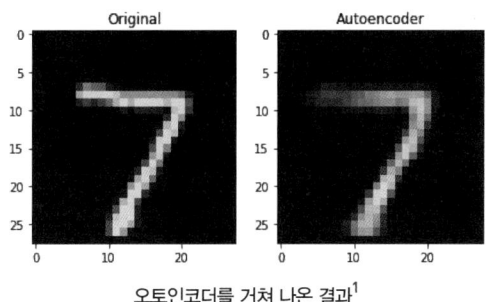

오토인코더를 거쳐 나온 결과[1]

앞의 화면에서 볼 수 있듯이 재구성된 7도 여전히 7이므로 오토인코더는 7이 무엇인지에 대한 일반적인 개념을 파악했다고 생각된다. 그런데 왼쪽 상단에 있는 가장자리가 약간 흐릿하다는 점을 보고 우리는 오토인코더가 완벽하지는 않다는 점도 알 수 있다. 그러므로 우리는 오토인코더가 7자를 그리는 데 쓰인 선분의 길이를 잘 알지는 못하지만, 7이라는 숫자에 선이 두 개 필요하다는 점과 이 두 선분이 일반적으로 그어지는 방향을 잘 알고 있을 것이라고 여기면 될 듯 싶다.

이와 같은 오토인코더는 비선형 PCA를 수행한다. 오토인코더는 7이 7이 되게 하는 일에 어떤 성분(component)이 가장 중요한지를 학습한다. 이와 같은 표현(representation)을 배울 수 있는 유용성이 그림을 인식하는 일에 국한되는 것은 아니다. 신용카드 부정사용 탐지 작업을 할 때에는 이러한 주성분이 다른 분류기가 사용할 수 있는 우수한 함수 역할을 할 수 있다.

다음 단원에서는 신용카드 부정사용 문제에 오토인코더를 적용해 볼 생각이다.

신용카드용 오토인코더

이번 단원 전체에서 우리는 다시 한번 신용카드 부정사용 문제를 다룰 것이다. 이번에는 **2장 '정형 데이터에 머신러닝을 적용하기'**와는 조금 다른 데이터셋을 사용할 것이다.

이 새로운 데이터셋에는 익명화된 특징이 있는 실제 신용카드 거래 기록이 포함되어 있지만, 이는 특징 공학을 하기에 그다지 적합하지는 않다. 따라서 우리는 좋은 부정사용 검출기를 구축하기 위해 단대단 학습 방법에 의존해야 한다.

---

1 (옮긴이) Original → 원래 숫자 이미지, Autoencoder → 오토인코더를 거쳐 나온 이미지.

https://www.kaggle.com/mlg-ulb/creditcardfraud에서 데이터셋과 오토인코더를 구현한 노트북을 찾을 수 있으며 https://www.kaggle.com/jannesklaas/credit-vae에서는 변분 오토인코더를 구현한 노트북을 구할 수 있다.

우리는 늘 그렇게 해 왔던 것처럼 제일 먼저 데이터를 적재한다. Time 특징은 거래의 절대 시간을 보여 주므로 여기에서 데이터를 처리하기가 약간 어려워진다. 따라서 우리는 그냥 Time 특징을 퇴출할 텐데, 다음 코드를 실행하면 퇴출할 수 있다.

```
df = pd.read_csv('../input/creditcard.csv')
df = df.drop('Time',axis=1)
```

그런 후에 우리는 거래에 대한 X 데이터를 거래로 분류된 것들로부터 떼어 내고, 판다스 데이터프레임의 기초가 되는 NumPy 배열을 추출한다.

```
X = df.drop('Class',axis=1).values
y = df['Class'].values
```

이제 우리는 특징들의 척도(scale)를 구성해야 한다. 특징의 척도를 구성하면 모델이 데이터의 좋은 표현을 쉽게 학습할 수 있다. 이번에는 이전과 약간 다른 특징 척도를 구성하는 방법을 사용한다. 평균은 0이고 표준편차는 1이 되게 할 게 아니라, 모든 특징값이 0과 1 사이에 있게 척도구성(scaling, 눈금잡기)을 할 것이다. 이를 통해 데이터셋에 지나치게 크거나 작은 값을 없앨 수 있다.

우리는 이 방법이 결과에 영향을 미치는 이상점에 취약하다는 점을 알아야 한다. 각 열에 대해 먼저 최솟값을 빼서 새 최솟값이 0이 되게 한다. 다음으로 새로운 최댓값이 1이 되게 최댓값으로 나눈다.

axis = 0을 지정하여 열(column) 단위별로 척도구성을 한다.

```
X -= X.min(axis=0)
X /= X.max(axis=0)
```

그러고 나서, 마지막으로 데이터를 분할한다.

```
from sklearn.model_selection import train_test_split
X_train, X_test, y_train, y_test = train_test_split(X,y,test_size=0.1)
```

그런 후에 우리는 이전과 똑같은 오토인코더를 만든다. 그러나 이번에는 차원 수를 다르게 하여 오토인코더를 만들 것이다. 우리의 입력은 이제 29개 차원으로 되어 있는데, 원래 29개 차원으로 된 출력을 복원하기 전에 먼저 12개 차원으로 압축한다.

여기서는 다소 임의적으로 12개 차원이 되게 하였지만, 이 정도 차원은 데이터를 상당히 압축하면서도 관련 정보를 모두 포착하기에 충분한 크기이다.

```
from keras.models import Model
from keras.layers import Input, Dense
```

우리는 디코딩된 데이터에 시그모이드(sigmoid, S자 모양으로 된) 활성함수(activation function)를 사용하려고 한다. 이것은 우리가 데이터의 척도(scale, 눈금)를 0에서 1 사이로 조정했기 때문에 가능하다. 또한 인코딩된 계층 내에서 tanh 활성을 사용한다. 이렇게 하는 것이 실험 시에 잘 먹히며, 인코딩된 값이 모두 -1과 1 사이인지를 확인하고자 하는 스타일에 따른 선택일 뿐이다. 그렇기는 하지만, 여러분은 개인적인 필요에 맞춰 그 밖의 활성함수를 사용해도 된다.

이미지들을 처리해야 한다거나 더 깊은 망으로 작업하는 경우라면 일반적으로 ReLU 활성을 선택하는 편이 더 좋다. 그러나 더 얕은 망으로 작업하는 경우에는 여기에서처럼 tanh 활성을 선택하는 편이 종종 더 효과적이다.

```
data_in = Input(shape=(29,))
encoded = Dense(12,activation='tanh') (data_in)
decoded = Dense(29,activation='sigmoid') (encoded)
autoencoder = Model(data_in,decoded)
```

이번 예제에서 우리는 평균제곱오차손실(mean squared error loss)을 사용했다. 평균제곱오차손실과 더불어 시그모이드 활성을 사용하는 것이 처음에는 조금 특이한 선택으로 보일 수도 있겠지만, 나름대로 의미가 있다. 대다수 사람들은 교차 엔트로피 손실과 더불어 시그모이드 활성을 사용해야 한다고 생각하지만, 교차 엔트로피 손실은 값이 0 또는 1이 되는 경우를 상정하므로 분류 작업에 쓰기에 적절하다.

우리가 작업하는 신용카드 예제에서 나오는 값은 대부분 약 0.5다. 아래 코드에 구현해 둔 평균제곱오차는 표적치가 이진수 값이 아니라 스펙트럼처럼 보이는 값을 처리하기에 더 좋다. 이항 교차 엔트로피를 사용하면 값이 0과 1에 가까워지는데, 우리는 항상 이런 결과를 원하는 것이 아니다.

```
autoencoder.compile(optimizer='adam',loss='mean_squared_error')
```

약 2분 정도 소요되는 훈련을 마친 후에 오토인코더는 낮은 손실로 수렴한다.

```
autoencoder.fit(X_train,
                X_train,
                epochs = 20,
                batch_size=128,
                validation_data=(X_test, X_test))
```

재구성해서 나온 손실이 작기는 하지만, 오토인코더가 제대로 작동하는지를 어떻게 알 수 있는가? 다시 한번, 육안으로 검사해 볼 차례다. 앞에서 설명한 것처럼 인간은 시각적 판단에는 능숙하지만, 추상적인 숫자를 판단하는 데는 능숙하지 않다.

육안 검사를 실행하려면 먼저 오토인코더를 통해 테스트 집합의 부분집합을 실행하는 몇 가지 예측을 작성해야 한다.

```
pred = autoencoder.predict(X_test[0:10])
```

그러고 나서, 개별 표본을 그릴 수 있다. 다음 코드는 원래 거래 데이터와 재구성한 거래 데이터를 비교하는 중첩 막대그림표(overlaid bar chart)를 생성한다.

```
import matplotlib.pyplot as plt
import numpy as np

width = 0.8

prediction = pred[9]
true_value = X_test[9]

indices = np.arange(len(prediction))

fig = plt.figure(figsize=(10,7))

plt.bar(indices, prediction,
        width=width, color='b', label='Predicted Value')
```

```
plt.bar([i+0.25*width for i in indices], true_value,
        width=0.5*width, color='r', alpha=0.5, label='True Value')

plt.xticks(indices+width/2.,
           ['V{}'.format(i) for i in range(len(prediction))] )

plt.legend()

plt.show()
```

이 코드는 다음 차트를 제공한다.

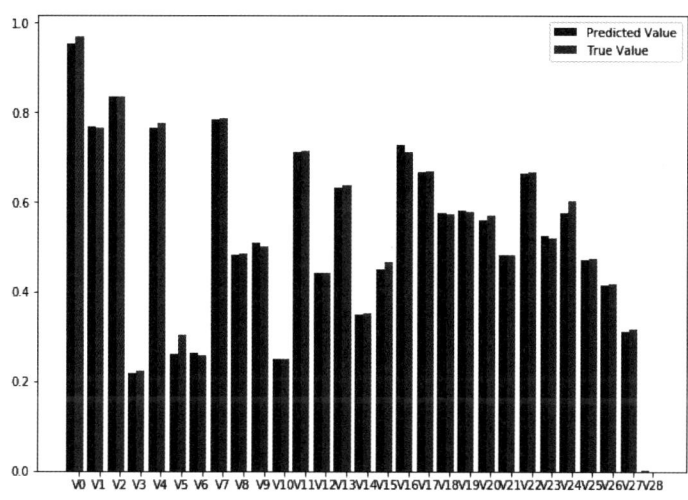

오토인코더를 재구성한 데이터로 훈련한 경우 대 원본 데이터로 훈련한 경우[2]

보다시피, 우리 모델은 원래 값을 재구성하는 데 훌륭한 역할을 한다.

재구성된 값은 종종 실제 값과 일치하며, 일치하지 않으면 작은 여유도(margin) 정도만큼만 벗어난다. 보다시피 육안 검사를 하면 추상적인 숫자를 보는 경우보다 통찰을 더 잘 할 수 있다.

---

[2] (옮긴이) Predicted value → 예측값, True value → 참값

t-SNE를 이용한 잠재공간 시각화

이제 우리는 신용 카드 거래 내용을 취하여 이것과 어느 정도 비슷해 보이는 신용카드 거래를 출력하는 오토인코더를 지니게 되었다. 그러나 이것이 오토인코더를 만든 이유는 아니다. 오토인코더의 주요 장점은 어떤 거래를, 해당 거래의 주성분(principal componets)을 파악할 수 있게 하는 저차원 표현으로 인코딩할 수 있다는 것이다.

인코더 모델을 만들려면 입력치를 인코딩된 상태에 매핑하는 일을 담당할 새 케라스 모델을 정의하기만 하면 된다.

```
encoder = Model(data_in,encoded)
```

이 모델을 다시 훈련할 필요는 없다. 여기에 쓰인 계층들은 이전에 훈련된 오토인코더의 가중치들을 유지한다.

데이터를 인코딩하기 위해 우리는 이제 인코더 모델을 사용한다.

```
enc = encoder.predict(X_test)
```

그러나 이러한 인코딩(encodings, 부호체)에 부정사용에 대한 의미 있는 정보가 포함되어 있는지를 어떻게 알 수 있는가? 다시 한번 말하지만, 시각적 표현이 핵심이다. 우리가 인코딩한 내용은 입력 데이터보다 차원이 적지만 여전히 12차원이다. 인간이 12차원 공간에 대해 생각하기는 불가능하므로 우리가 관심 있는 특성들을 유지하면서 더 저차원인 공간에 인코딩 내용을 그려야 한다.

우리가 관심을 두는 특성은 **근접성(proximity)**이다. 우리는 12차원 공간에서 서로 가까운 점들이 2차원을 묘사한 그림에서 서로 가까워지기를 원한다. 더 정확하게 말하자면 우리는 이웃(neighborhood) 간의 관계를 신경 쓰고 있는 것이다. 우리는 고차원 공간에서 서로 가장 가까운 점들이 저차원 공간에서도 서로 가장 가깝게 되기를 원한다.

우리는 부정사용 군집을 찾고 싶기 때문에 이웃 관계를 보존해야 한다. 만약 사기성 거래들이 고차원 인코딩에서 군집을 형성한다는 것을 알게 된다면, 우리는 새로운 거래가 사기성 군집에 들어간다는 사실을 알게 된다면 해당 거래가 부정거래라는 점을 간단히 확인해 볼 수 있다. 이웃 관계를 보존하면서 고차원 데이터를 저차원 그림에 투영하는 방법 중에 인기 있는 방법을 t-분산 확률적 이웃 임베딩

(t-distributed stochastic neighbor embedding, t-SNE, t 분산 확률적 이웃 매장, t 분산 확률적 이웃 묻기)이라고 한다.

간단히 말해서, t-SNE는 두 점이 모든 점의 확률표본(random sample, 임의표본)에서 인접할 확률을 충실하게 나타내는 것을 목표로 한다. 즉, t-SNE가 확률표본의 점이 고차원 데이터에서와 마찬가지로 가장 가까운 이웃이 될 확률이 같은 저차원 표현을 찾으려고 시도한다는 말이다.

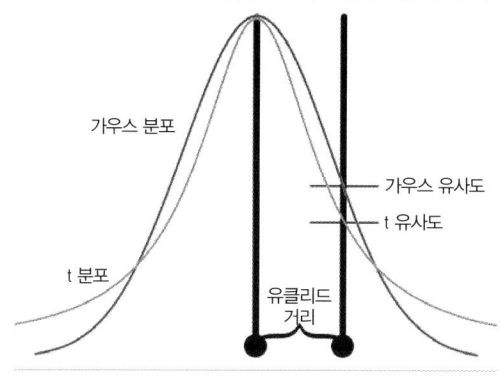

t-SNE가 유사도를 측정하는 방법

t-SNE 알고리즘은 다음 단계를 따른다.

1. 모든 점 사이의 가우스 유사도(Gaussian similarity)를 계산한다. 위의 도표에서 볼 수 있듯이 점 사이의 유클리드(공간) 거리를 계산한 후에 해당 거리에서 가우스 곡선의 값을 계산하면 된다. 점 i에서 모든 점 j에 대한 가우스 유사도는 다음과 같이 계산할 수 있다.

$$p_{i|j} = \frac{exp\left(-\|x_i - x_j\|^2 / 2\sigma_i^2\right)}{\sum_{k \neq i} exp\left(-\|x_i - x_k\|^2 / 2\sigma_i^2\right)}$$

앞의 공식에서, σi는 가우스 분포의 분산이다. 우리는 이번 장의 뒷부분에서 이 차이를 결정하는 방법을 살펴볼 것이다. 점 i와 j 사이의 유사도는 i와 다른 모든 점 사이의 거리의 합에 의해 척도가 구성되기 때문에(k로 표현됨) i와 j, p_{ij} 사이의 유사도는 j와 i, p_{ji} 사이의 유사도와 다를 수 있다. 따라서 우리는 앞으로 진행할 최종 유사도를 얻기 위해 두 유사도 간의 평균을 구한다.

$$p_{ij} = \frac{p_{i|j} + p_{j|i}}{2n}$$

위의 수식에서 n은 데이터 점의 개수다.

2. 저차원 공간에 데이터 점들을 임의로 배치한다.

3. 저차원 공간의 모든 점 사이의 t 유사도를 계산한다.

$$q_{ij} = \frac{\left(1 + \|y_i - y_j\|^2\right)^{-1}}{\sum_{k \neq l}\left(1 + \|y_k - y_l\|^2\right)^{-1}}$$

4. 신경망을 훈련하는 것과 마찬가지로, 우리는 손실함수의 경사도를 따라 저차원 공간에서 데이터 점들의 위치를 최적화할 것이다. 이번 경우에는 손실함수는 더 고차원인 공간과 더 저차원인 공간의 유사도 사이의 쿨백-라이블러 발산(Kullback-Leibler divergence, KL 발산)이다. KL 발산은 변분 오토인코더를 다룬 단원에서 자세히 살펴볼 것이다. 지금은 KL 발산이라는 것이 두 분포의 차이를 측정하기 위한 한 가지 방법이라는 식으로 생각하자. 저차원 공간에서 데이터 점 i의 위치 yi에 대한 손실 함수의 도함수는 다음과 같다.

$$\frac{dL}{dy_i} = 4\sum \left(p_{ij} - q_{ij}\right)\left(y_i - y_j\right)\left(1 + \|y_i - y_j\|^2\right)^{-1}$$

5. 경사 하강. 고차원 데이터에서 가까운 이동 지점 및 서로 더 멀리 떨어진 이동 지점을 사용하여 저차원 공간의 데이터 점을 조정하자.

$$y^{(t)} = y^{(t-1)} + \frac{dL}{dy} + \alpha(t)\left(y^{(t-1)} - y^{(t-2)}\right)$$

6. 이전 경사도가 갱신된 위치에 통합되므로 모멘텀(momentum)이 있는 경사도 하강의 한 형태로 인식할 수 있다.

사용된 t 분포는 항상 1 자유도를 갖는다. 이 자유도는 더 간단한 공식과 더 빠른 계산과 더 유용한 차트로 이어지는 몇 가지 멋진 수치적 특성으로 이어진다.

가우스 분포의 표준편차는 복잡도(perplexity, 혼탁도)라는 하이퍼파라미터를 지닌 사용자에 의해 영향을 받을 수 있다. 복잡도는 우리가 기대하는 이웃의 수로 해석될 수 있다. 낮은 복잡도는 국소 근접성을 강조하고 높은 복잡도는 전체 복잡도 값을 강조한다.

수학적으로 볼 때 복잡도는 다음과 같이 계산할 수 있다.

$$Perp(P_i) = 2^{H(P_i)}$$

여기서 Pi는 데이터셋에 있는 모든 데이터 점의 위치에 대한 확률분포고 H(Pi)는 이 분포의 섀넌 엔트로피(Shanon entropy)이며 다음과 같이 계산된다.

$$H(P_i) = -\sum p_{j|i} log_2 p_{j|i}$$

이 공식의 세부 사항은 t-SNE를 사용하는 것과 관련이 없지만, t-SNE는 표준편차 σ의 값을 검색해 전체 분포 Pi를 찾는다. 우리의 데이터에 대한 엔트로피는 우리가 원하는 난관이다. 다시 말해, 복잡도를 수동으로 지정해야 하지만, 그 데이터셋에 대한 복잡도가 무엇을 의미하는지조차도 데이터셋 자체에 달려 있다는 말이다.

t-SNE의 발명가인 로렌스 반 마튼(Laurens Van Maaten)과 제프리 힌튼(Geoffrey Hinton)은 알고리즘이 5와 50 사이의 난이도를 선택할 때 비교적 로버스트(robust)하다고 보고했다. 대부분의 라이브러리에서 기본값은 30이며, 이는 대부분의 데이터셋에 적합한 값이다. 그러나 시각화가 만족스럽지 않다면 복잡도 값을 조정하는 일부터 하고 싶을 것이다.

관련된 모든 수학을 비춰봐도 t-SNE를 사용하기는 놀라울 정도로 단순하다. 사이킷런에 있는 그 밖의 알고리즘과 마찬가지로 우리가 편리하게 사용할 수 있는 t-SNE 구현이 사이킷런에 들어 있다.

우리는 먼저 TSNE 클래스를 가져온 다음에 새 TSNE 인스턴스를 만들 수 있다. 우리는 5000에포크에 대해 훈련하고 싶다고 정의하고, 기본 복잡도는 30으로, 기본 학습속도는 200으로 정한다. 또한 훈련 과정에서 출력 내용을 보고 싶다고 명시한다. 그리고 나서, fit_transform을 호출해 12개의 인코딩을 2차원 사영(2-dimensional projections)으로 변환한다.

```
from sklearn.manifold import TSNE
tsne = TSNE(verbose=1,n_iter=5000)
res = tsne.fit_transform(enc)
```

경고를 한마디 하자면, t-SNE를 사용한다면 t-SNE가 모든 점 사이의 거리를 계산해야 하므로 상당히 느리다. 기본적으로 사이킷런은 반스-홋 근사(Barnes-Hut approximation)라고 부르는 더 빠른 버전의 t-SNE를 사용한다. 이것은 정확하지는 않지만 훨씬 빠르다.

사이킷런 구현을 대체할 수 있는 t-SNE의 더 빠른 파이썬 구현도 있다. 그러나 이것은 잘 문서화되어 있지 않으며 특징들이 더 적으므로 이 책에서는 다루지 않을 것이다.

https://github.com/DmitryUlyanov/Multicore-TSNE에서 내려받을 수 있는 지침서에서 더 빠른 구현을 찾을 수 있다.

그런 다음에 우리는 t-SNE 결과를 산점도로 그릴 수 있다. 예를 들어 부정사용인 경우와 부정사용이 아닌 경우를 색깔로 구별할 텐데, 부정사용인 경우를 빨간색으로, 그리고 부정사용이 아닌 경우를 파란색으로 그릴 것이다. t-SNE의 실제 값은 그다지 중요하지 않으므로 좌표축들을 숨길 것이다.

```
fig = plt.figure(figsize=(10,7))
scatter =plt.scatter(res[:,0],res[:,1],c=y_test, cmap='coolwarm', s=0.6)
scatter.axes.get_xaxis().set_visible(False)
scatter.axes.get_yaxis().set_visible(False)
```

이제 출력 차트의 모양을 살펴보자.

산포도 형태의 t-SNE 결과

인쇄 버전을 읽는 사람들이 더 쉽게 발견하고 보기 쉽게 가장 많은 부정사용을 포함하는 군집, 즉 빨간색으로 표시된 군집을 원으로 표시했다. 부정사용은 파란색의 나머지 진정사용과 멋지게 분리되어 있음을 알 수 있다. 분명히 우리의 오토인코더는 레이블을 부여하지 않고 부정사용과 진정사용을 구별하는 방법을 찾았다. 이것은 비지도학습(unsupervised learning, 무감독 학습)의 한 형태다.

실제로 일반 오토인코더는 PCA의 근사를 수행하며, 이는 비지도학습에 유용하다. 출력 차트에서 다른 거래와 명확하게 분리된 몇 개의 군집이 더 있지만, 부정사용은 아니다. 오토인코더와 비지도학습을 사용하면 이전에는 생각조차 하지 못한 방식으로 데이터를 분리하고 그룹화할 수 있다. 예를 들어, 구매 유형별로 거래를 군집화할 수 있다.

오토인코더를 사용해 우리는 이제 인코딩된 정보를 분류기의 함수로 사용할 수 있다. 그러나 더 좋은 점은 오토인코더를 약간만 수정하면 다른 특징을 가지고 있지만 부정사용 사건의 기본 속성을 지닌 데이터를 더 많이 생성할 수 있다는 것이다. 이것은 다음 단원의 초점이 될 변분 오토인코더로 수행된다.

변분 오토인코더

오토인코더는 기본적으로 PCA의 근사다. 그러나 오토인코더를 생성 모델로 확장할 수 있다. 입력이 주어지면, **변분 오토인코더(variational autoencoders, VAE)**는 인코딩 **분포(distributions)**를 만들 수 있다. 이는 부정사용 사건의 경우에 인코더가 거래의 가장 중요한 특성을 나타내는, 있음직한 인코딩의 분포를 생성한다는 것을 의미한다. 그리고 나서, 디코더는 모든 인코딩을 원래 거래로 다시 전환한다.

이것은 거래에 대한 데이터를 생성할 수 있기 때문에 유용하다. 앞서 발견한 부정사용 탐지의 한 가지 문제점은 부정사용이 많지 않다는 것이다. 따라서 VAE를 사용해 거래 인코딩을 무작위 분량으로 표본추출하고 더 사기성 있는 거래 데이터로 분류기를 훈련할 수 있다.

VAE는 어떤 식으로 이렇게 하는 것일까? 압축된 표현 벡터를 딱 하나만 지니는 대신에, VAE는 두 개를 지니는데, 그 중에 하나는 평균 인코딩인 μ이고 다른 하나는 이 인코딩에 대한 표준편차인 σ다.

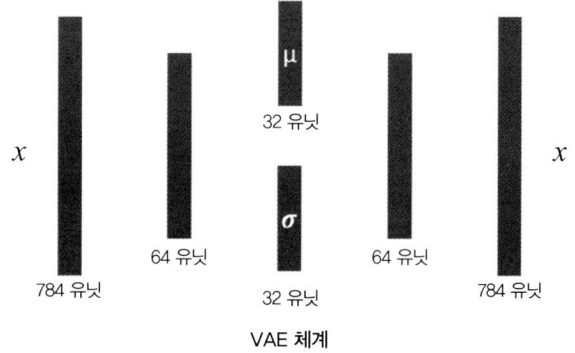

VAE 체계

평균과 표준편차는 모두 벡터인데, 이는 바닐라 오토인코더(vanilla autoencoder, 원래 오토인코더)에 사용한 인코딩 벡터와 같다. 그러나 실제 인코딩을 만들려면 표준편차 σ가 있는 무작위 잡음을 인코딩 벡터에 추가하기만 하면 된다.

광범위한 값 분포를 달성하기 위해 우리의 망은 두 가지 손실의 조합으로 훈련하는데, 그 중에 하나는 바닐라 오토인코더에서 알고 있는 재구성 손실이고, 나머지 하나는 표준편차 1을 갖는 인코딩 분포와 표준 가우스 분포 사이의 KL 발산 손실이다.

MNIST 예제

이제 첫 번째 VAE로 넘어가 보자. 이 VAE는 MNIST 데이터셋에서 작동하며, 이것으로 우리는 VAE 작동 방식을 더 잘 이해할 수 있다. 다음 단원에서는 신용카드 부정사용 탐지용 VAE를 구축할 것이다.

먼저 여러 요소를 가져와야 한다.

```
from keras.models import Model
from keras.layers import Input, Dense, Lambda
from keras import backend as K
from keras import metrics
```

Lambda 계층과 metrics 모듈이라는 두 가지를 새로 가져온다는 점에 주목하자. metrics 모듈은 교차 엔트로피 손실 같은 계량(metrics)을 제공하는데, 우리는 이것을 사용자 맞춤형 손실함수를 작성하는 데 사용할 것이다. 한편 Lambda 계층을 사용하면 파이썬 함수를 계층처럼 활용할 수 있는데, 우리는 이 점을 인코딩 분포에서 표본을 추출하는 데 이용할 것이다.

Lamda 계층이 어떻게 작동하는지를 조금 더 자세히 살펴보겠지만, 그러기 전에 먼저 나머지 신경망을 설치해야 한다.

가장 먼저 해야 할 일은 몇 가지 하이퍼파라미터를 정의하는 것이다. 우리의 데이터는 원래 784개 차원으로 되어 있는데, 우리는 이것을 32개 차원 잠재 벡터로 압축한다. 망에는 입력과 잠재벡터 사이에 256개의 중간 계층이 있다. 우리는 배치 크기를 100으로 하고 50에포크만큼 훈련할 것이다.

```
batch_size = 100
original_dim = 784
```

```
latent_dim = 32
intermediate_dim = 256
epochs = 50
```

계산상의 이유로 표준편차 자체보다는 표준편차의 로그를 배우기가 더 쉽다. 이렇게 하기 위해 우리는 입력 x가 있고, 이게 중간 계층인 h로 사상(mapping, 매핑)된 망의 전반부를 만든다. 이 계층에서 우리의 망은 μ를 나타내는 z_mean과 $log\ \sigma$를 나타내는 z_log_var로 나뉜다.

```
x = Input(shape=(original_dim,))
h = Dense(intermediate_dim, activation='relu')(x)
z_mean = Dense(latent_dim)(h)
z_log_var = Dense(latent_dim)(h)
```

람다 계층 사용

Lambda 계층은 임의의 표현에 해당하는 파이썬 함수를 케라스 계층으로 감싼다. 그러나 이 작업을 수행하려면 몇 가지 선결 조건이 있다. 역전파가 작동하려면 함수를 미분할 수 있어야 한다. 결국, 우리는 손실의 경사도로 망 가중치를 갱신하기를 원한다. 다행히 케라스는 backend 모듈에서 미분 가능한 여러 가지 함수를 제공하고, 또한 $y = x + 4$와 같은 간단한 파이썬 수학식도 쓸 수 있게 한다.

또한 Lambda(람다) 함수에서는 입력 인수를 한 개만 쓸 수 있다. 우리가 만들려고 하는 계층에 입력되는 내용은 이전 계층의 출력 텐서일 뿐이다. 이번 경우에 우리는 두 개의 입력치인 μ 및 σ가 있는 계층을 만들고 싶다. 따라서 우리는 두 입력값을 1개 튜플에 넣을 것이고, 그러고 나서 이 값들을 따로 떼어낼 수 있다.

아래에서 표본을 추출하는 함수를 볼 수 있다.

```
def sampling(args):
    z_mean, z_log_var = args                                          #1
    epsilon = K.random_normal(shape=(K.shape(z_mean)[0], latent_dim),
                              mean=0.,
                              stddev=1.0)                             #2
    return z_mean + K.exp(z_log_var / 2) * epsilon                    #3
```

잠시 시간을 내서 함수를 분석해 보자.

1. 우리는 입력 튜플을 분해해서 입력 텐서가 두 개가 되게 한다.
2. 우리는 평균이 0이고 표준편차가 1인 마구잡이 형태이면서도 정규적으로 분포된 잡음을 담은 텐서를 한 개 만든다. 이 텐서는 입력 텐서로서, 그 모양은 (batch_size, latent_dim) 꼴, 즉 (배치_크기, 잠재공간_차원) 꼴이다.
3. 마지막으로 마구잡이 잡음에 표준편차를 곱해 학습된 표준편차를 제공하고 학습된 평균을 더한다. 우리는 로그 표준편차를 배우는 중이므로 학습된 텐서에 지수 함수를 적용해야 한다.

우리가 케라스 백엔드 함수를 사용하고 있으므로 이러한 모든 연산을 미분할 수 있다. 이제 이 함수를 1개 계층으로 바꾸고 다음과 같은 코드 한 줄로 앞에 있는 두 계층에 연결할 수 있다.

```
z = Lambda(sampling) ([z_mean, z_log_var])
```

자! 이제 우리는 두 개의 텐서가 설명하는 정규분포에서 표본을 추출해 내는 사용자 정의 계층을 지니게 되었다. 케라스는 이 계층을 통해 자동으로 역전파를 하고 계층의 가중치를 훈련한다.

이제 데이터를 인코딩했으므로 디코딩도 해야 한다. 우리는 두 개의 Dense 계층을 사용해 디코딩할 수 있다.

```
decoder_h = Dense(intermediate_dim, activation='relu') (z)
x_decoded = Dense(original_dim, activation='sigmoid')
decoder_mean(h_decoded)
```

망이 완성되었다. 이 망은 모든 MNIST 이미지를 인코딩한다. 그 다음에 디코딩 부분이 이미지를 재구성하는 평균 및 표준편차 텐서로 입력된다. 유일하게 놓친 것은 이미지를 재구성하고 인코딩에서 정상적인 가우스 분포를 생성하기 위해 망에 인센티브를 부여하는 맞춤 손실이다. 지금 해결해 보자.

쿨백–라이블러 발산

VAE에 대한 사용자 지정 손실을 만들려면 사용자 지정 손실함수가 필요하다. 이 손실함수는 **쿨백– 라이블러 발산(Kullback-Leibler divergence, KL 발산)**을 기반으로 한다.

KL 발산은 엔트로피와 마찬가지로 머신러닝이 정보 이론으로부터 물려받은 계량 기준 중 하나다. KL 발산이 자주 사용되기는 하지만, 이해하기는 무척 어렵다.

핵심을 간추리자면, KL 발산은 분포 p가 분포 q에 근사될 때 얼마나 많은 정보가 손실되는지를 측정한다.

여러분이 금융 모델을 개발 중이며 보안 투자 수익에 대한 데이터를 수집했다고 가정해 보자. 여러분의 금융 모델링 도구는 모두 수익의 정규분포를 가정한다. 다음 차트는 정규분포 모델을 사용하여 실제 수익 분포와 근사치를 비교해 보여준다. 이 예제를 위해서 이산 수익만 있다고 가정해 보자. 계속 진행하기 전에 미리 말해두자면 우리는 나중에 연속 분포를 다룰 것이다.

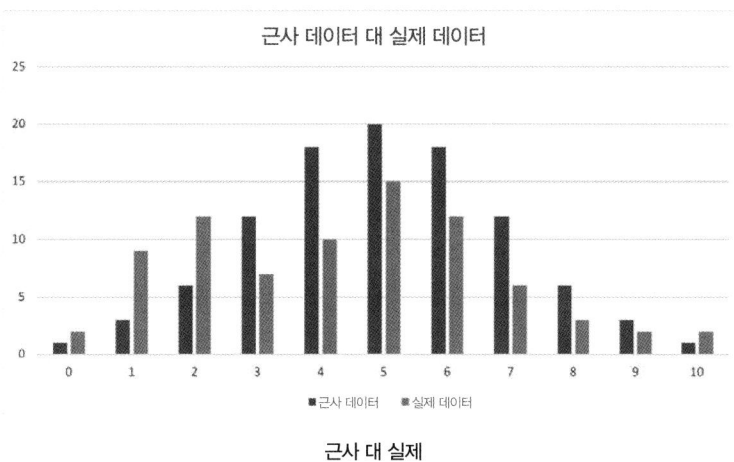

근사 대 실제

물론 여러분이 지닌 데이터에 기록된 수익의 분포는 정확히 말하자면 정규분포가 아니다. 근삿값을 잃어버리면 수익에 대한 정보가 얼마나 손실되는가? 이것이 바로 KL 발산으로 측정하려는 면이다.

$$D_{KL}(p \| q) = \sum_{i=1}^{N} p(x_i) \cdot (\log p(x_i) - \log q(x_i))$$

여기서 $p(x_i)$와 $q(x_i)$는 x인 확률들을 의미하는데 이번 경우에는 수익을 말하며, 약간의 값인 i를 지니는데 이번 경우에는 그 값이 5%라고 하자. 위의 공식은 분포 p와 q의 확률 로그에 예상되는 차이를 효과적으로 표현한다.

$$D_{KL} = E[\log p(x) - \log q(x)]$$

로그 확률들의 이 기대되는 차분은 분포 q를 갖는 분포 p를 근사할 경우에 손실되는 평균 정보와 같다. 다음을 참조하자.

$$log\,a - log\,b = log\frac{a}{b}$$

KL 발산은 일반적으로 다음과 같이 작성된다.

$$D_{KL}(p\|q) = \sum_{i=1}^{N} p(x_i) \cdot log\frac{p(x_i)}{q(x_i)}$$

또한 다음과 같이 연속적인 형태로 작성될 수 있다.

$$D_{KL}(p\|q) = \int_{-\infty}^{\infty} p(x_i) \cdot log\frac{p(x_i)}{q(x_i)}$$

VAE에 대해서 우리는 인코딩 분포가 평균 0이고 표준편차가 1인 정규 가우스 분포가 되기를 원한다.

p가 정규 가우스 분포 $N(0,1)$로 치환되면, 근사값인 q는 평균이 μ이고 σ의 표준편차가 $N(\mu,\sigma)$인 KL 발산이 되는데, 이는 다음과 같이 단순화된다.

$$D_{KL} = -0.5 * (1 + log(\sigma) - \mu^2 - \sigma)$$

따라서 평균 및 표준편차 벡터에 대한 편도함수(partial derivatives, 편미분도함수)는 다음과 같다.

$$\frac{dD_{KL}}{d\mu} = \mu$$

한편으로는 다음과 같다.

$$\frac{dD_{KL}}{d\sigma} = -0.5 * \frac{(\sigma - 1)}{\sigma}$$

μ가 0이면 μ에 관한 도함수가 0이고, σ가 1이면 σ에 관한 도함수가 0이라는 점을 알 수 있다. 이 손실항이 재구성 손실에 추가된다.

사용자 지정 손실 만들기

VAE 손실은, 입력 손실을 재구성하기 위해 모델에 인센티브를 제공하는 재구성 손실과, 인코딩을 사용해 정상적인 가우스 분포를 근사화하기 위해 모델에 인센티브를 제공하는 KL 발산 손실이라고 하는, 두 가지 손실의 조합이다. 이 조합 손실을 생성하려면 먼저 두 손실 성분을 결합하기 전에 따로 계산해야 한다.

재구성 손실(reconstruction loss)은 우리가 바닐라 오토인코더에 적용한 것과 같은 손실이다. 이항 교차 엔트로피는 MNIST 재구성을 위한 적절한 손실이다. 케라스의 이항 교차 엔트로피 손실 구현은 이미 배치 전체에 대해서 평균을 취하고 있는데, 이는 우리가 나중에 하려는 작업이므로, 우리는 손실을 다시 확대하여 출력 차원에 맞춰 나눌 수 있게 해야 한다.

```
reconstruction_loss = original_dim * metrics.binary_crossentropy(x, x_decoded)
```

KL 발산 손실은 앞서 나온 KL 발산 단원에서 우리가 논의한 KL 발산을 간단하게 한 것이다.

$$D_{KL} = -0.5 * \left(1 + log(\sigma) - \mu^2 - \sigma\right)$$

KL 발산 손실을 다음과 같은 파이썬 코드로 나타낼 수 있다.

```
kl_loss = - 0.5 * K.sum(1 + z_log_var - K.square(z_mean)- K.exp(z_log_var),
                       axis=-1)
```

마지막 손실은 재구성 손실과 KL 발산 손실의 합계 평균이다.

```
vae_loss = K.mean(reconstruction_loss + kl_loss)
```

모든 계산에 케라스 백엔드를 사용했으므로 결과로 나오는 손실은 자동으로 미분이 되는 텐서다. 이제 늘 그랬던 것처럼 모델을 만들 수 있다.

```
vae = Model(x, x_decoded)
```

우리는 사용자 지정 손실을 사용하면서 손실을 따로 나눠 지니고 있으므로 손실을 바로 compile 문에 추가할 수는 없다.

```
vae.add_loss(vae_loss)
```

이제 우리는 모델을 컴파일할 것이다. 모델에 이미 손실이 있으므로 최적화기만 지정하면 된다.

```
vae.compile(optimizer='rmsprop')
```

사용자 지정 손실에 따라오는 부작용(side effect)은 VAE의 출력과 VAE의 입력을 비교한다는 점인데, 이는 우리가 입력을 재구성하고 싶을 때 적절하다. 따라서 입력만 지정하면 충분하므로 우리가 y 값을 지정하지 않아도 된다.

```
vae.fit(X_train_flat,
        shuffle=True,
        epochs=epochs,
        batch_size=batch_size,
        validation_data=(X_test_flat, None))
```

다음 단원에서는 VAE를 사용해 데이터를 생성하는 방법을 살펴볼 생각이다.

VAE로 데이터를 생성하기

아무튼 우리에게 오토인코더가 있기는 한데, 더 많은 데이터를 생성하려면 어떻게 해야 할까? 우리는 7장에 나온 그림처럼 입력을 받아 오토인코더를 통해 여러 번 실행한다. 오토인코더는 분포로부터 무작위로 표본을 추출하기 때문에 실행할 때마다 출력 내용이 조금씩 달라진다.

이를 입증하기 위해 우리는 테스트 데이터 중에서 7을 취할 것이다.

```
one_seven = X_test_flat[0]
```

그러고 나서, 배치 차원을 추가하고 배치에서 7을 네 번 반복한다. 이에 따라 우리는 이제 똑같은 7이 네 개 들어간 배치를 갖게 된다.

```
one_seven = np.expand_dims(one_seven,0)
one_seven = one_seven.repeat(4,axis=0)
```

그러고 나서 우리는 해당 배치를 가지고 예측을 할 수 있으며, 이런 경우에 우리는 재구성된 7을 다시 얻는다.

```
s = vae.predict(one_seven)
```

다음 단계는 두 부분으로 나뉜다. 먼저, 우리는 7자들을 모두 이미지 형태로 재구성할 것이다.

```
s= s.reshape(4,28,28)
```

그러고 나서 그림으로 그려낸다.

```
fig=plt.figure(figsize=(8, 8))
columns = 2
rows = 2
for i in range(1, columns*rows +1):
    img = s[i-1]
    fig.add_subplot(rows, columns, i)
    plt.imshow(img)
plt.show()
```

우리가 방금 살펴본 코드를 실행하면 네 개의 7을 출력한 화면을 볼 수 있다.

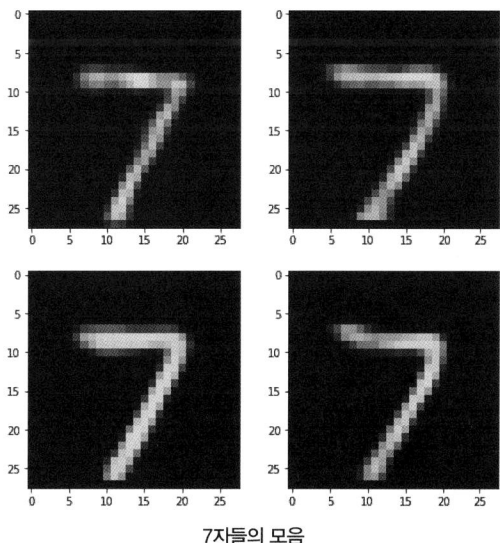

7자들의 모음

보다시피 모든 이미지에 7이 표시된다. 이 숫자들이 상당히 비슷해 보이지만, 자세히 보면 몇 가지 뚜렷한 차이점이 있음을 알 수 있다. 왼쪽 상단의 7자는 왼쪽 하단의 7자보다 윤곽이 덜 뚜렷하다. 한편 오른쪽 하단의 7자의 끝에는 조준기가 있다.

우리는 방금 VAE가 성공적으로 새로운 데이터를 생성하는 장면을 목격했다. 이 데이터를 사용해 더 많이 훈련하는 편이 완전히 새로운 실제 데이터를 사용해 훈련하는 것보다 더 나을 것은 없지만, 여전히 이 데이터는 유용하다. 여기서 언급한 모델 같은 생성 모델들이 괜찮아 보이기는 한다. 그렇다면 이제 이 기술이 신용카드 부정사용 탐지에 어떻게 사용될 수 있는지를 논의할 때다.

단대단 부정사용 탐지 시스템을 위한 VAE

MNIST 예제를 가지고 VAE를 적용해 보던 일에서 실제 부정사용 탐지 문제에 VAE를 적용하는 일로 진행하려면 세 가지 하이퍼파라미터를 바꾸면 되는데, 거기에는 신용 카드용 입력 내용/중간물/잠재 차원이 있으며, 이것들은 모두 MNIST용 VAE보다 더 작다. 그 밖의 모든 값은 동일하다.

```
original_dim = 29
latent_dim = 6
intermediate_dim = 16
```

다음 그림은 입력 및 출력 모양을 포함해 결과로 나오는 VAE를 보여준다.

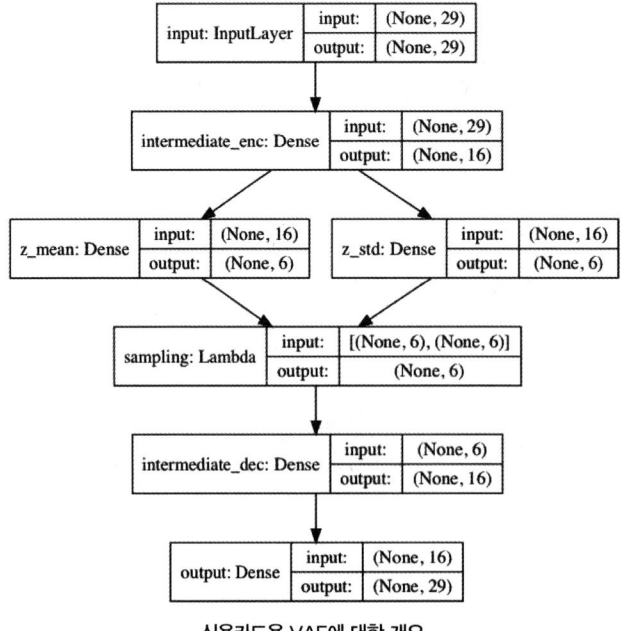

신용카드용 VAE에 대한 개요

신용카드 데이터를 인코딩할 뿐만 아니라 생성할 수 있는 VAE로 무장한다면 우리는 단대단 부정사용 탐지 시스템 작업을 수행할 수 있다. 이런 시스템은 데이터로부터 복잡한 규칙을 직접 학습할 수 있기 때문에 예측 시에 있을 법한 편향을 줄일 수 있다.

우리는 오토인코더의 인코딩 부분을 특징 추출기로 사용하고 필요한 곳에 더 많은 데이터를 제공하는 방법으로 사용한다. 실제 학습을 다룬 단원에서 그 작동 방식을 정확히 설명하겠지만 일단은 길을 조금 돌아서 가며 VAE가 시계열 데이터에 대해서 어떻게 작동하는지를 살펴보자.

시계열을 위한 VAE

이번 단원에서는 시계열 VAE의 방법과 이유를 설명하고 이들이 사용된 몇 가지 예를 제공한다. 시계열은 금융에서 매우 중요한 주제이며 **4장 '시계열을 이해하기'**에서 이 주제를 깊이 있게 살펴볼 생각이다.

오토인코더는 긴 시계열을 설명적인 벡터 한 개로 인코딩할 수 있기 때문에 시계열과 관련된 애플리케이션에 쓰기에 알맞다. 예를 들어, 이 벡터는 간단한 상관관계로는 포착하기 힘든 구체적이면서도 복잡한 패턴을 기반으로 한 시계열을 그 밖의 시계열과 효율적으로 비교하는 데 쓸 수 있다.

2010년에 있었던 "플래시 크래시(Flash Crash, 주가 폭락)" 사태를 생각해 보자. 2010년 5월 6일 02:32부터 미국 시장의 주가가 크게 떨어졌다. 다우존스 산업지수는 약 9%의 손실을 보였으며, 이는 몇 분 안에 약 1조 달러의 가치가 사라지는 것과 같다. 36분 후 사태가 끝나고 대부분의 손실된 가치가 회복되었으며, 사람들은 도대체 무슨 일이 있었는지를 궁금해하기 시작했다.

5년 후, 나빈더 싱 사라오(Navinder Singh Sarao)라는 남자가 플래시 크래시를 일으켜 4,000만 달러를 벌었다는 이유로 체포되었다. 이 남자는 자동화된 봇을 사용해 시장에서 받아들이지 못하지만 가격을 낮추어 대량으로 매도 주문을 내는 관행인 "스푸핑(spoofing)"에 참여했다.

봇은 주문을 취소하기 전에 짧은 시간 동안만 증권 거래소의 주문서에 주문을 남긴다. 한편 사라오는 다시 더 낮은 가격으로 주식을 사들인 다음에 취소된 매도 주문 이후 주가가 반등하기 시작하면 이익을 얻었다. 확실히 사라오만이 플래시 크래시를 일으킨 건 아니었지만, 스푸핑 같은 관행이 이제는 불법이 되었으며, 나스닥(미국)이나 도쿄(일본), 뭄바이(인도) 증권거래소와 같은 거래소는 이제 그러한 사례를 감시하며 표식을 달아둬야 한다.

https://www.bloomberg.com/opinion/articles/2015-01-23/high-frequency-trading-spoofers-and-front-running에서 볼 수 있는 'Bloomberg's Spoofers Keep Markets Honest'와 같은 고주파 거래에 관한 오래된 블로그 게시물을 다시 검색하면 대기업에서 일하는 일부 중개인들이 공개적으로 스푸핑(spoofing, 허수주문, 허위주문)이나 프런트러닝(front-running, 선취매) 방식으로 하는 대량 주문(large orders)을 추천한다는 것을 알게 되겠지만, 이런 정보가 유효한 시기는 지났다.

그렇다면 누군가가 스푸핑을 할 때 어떻게 감지할까? 한 가지 방법은 오토인코더를 사용하는 것이다. 대량의 주문서 정보를 사용해 "정상적인" 거래 행위를 재구성하게 오토인코더를 훈련할 수 있다. 거래 패턴이 일반 거래에서 크게 벗어난 거래자에게는 거래에 대해 훈련된 오토인코더의 재구성 손실이 상당히 높다.

다른 옵션은 불법 패턴 여부와 관계없이 다양한 종류의 패턴에 대해 오토인코더를 훈련한 후에 사기성 신용카드 거래 시에 그랬던 것처럼 잠재공간에서 패턴을 군집화하는 것이다.

RNN(recurrent neural networks, 재귀 신경망, 순환 신경망)은 기본적으로 시계열을 받아 단일 벡터를 출력한다. RNN은 또한, 케라스의 return_sequences 인수가 True로 설정되어 있으면, 시퀀스들을 출력할 수도 있다. LSTM 같은 재귀 신경망을 사용하면서 시계열에 대한 오토인코더를 구축하는 코드는 다음과 같다.

```
from keras.models import Sequential
from keras.layers import LSTM, RepeatVector

model = Sequential()                                                    #1
model.add(LSTM(latent_dim, input_shape=(maxlen, nb_features)))          #2
model.add(RepeatVector(maxlen))                                         #3
model.add(LSTM(nb_features, return_sequences=True))                     #4
```

잠시 짬을 내어 방금 코딩한 내용을 정리해 보자. 보다시피 이 코드에는 네 가지 핵심 요소가 있다.

1. 순차적 API를 사용해 간단한 오토인코더가 빌드된다.
2. 먼저 LSTM에 nb_features와 같은 특징 개수와 함께 시퀀스 길이인 maxlen을 공급한다. LSTM은 latent_dim 차원의 단일 벡터인 마지막 출력만 반환한다. 이 벡터는 시퀀스의 인코딩이다.

3. 벡터를 디코딩하려면 시계열 길이에 걸쳐 벡터를 반복해야 한다. RepeatVector 계층이 이 일을 담당한다.
4. 이제 우리는 반복된 인코딩의 시퀀스를 디코딩 LSTM에 공급하고, 이번에는 전체 시퀀스를 반환한다.

VAE는 또한 거래를 하는 방법을 찾아낼 수도 있다. 그뿐만 아니라 새로우면서도 보이지 않는 데이터를 테스트용으로 생성함으로써 백테스팅을 증강하는 데 사용될 수도 있다. 마찬가지로 VAE를 사용해 데이터가 결측된 계약들에 필요한 데이터를 생성할 수 있다.

두 가지 개장일(market days)이 약간은 서로 다르게 보일지라도 작업 시에 동일한 힘이 작용한다고 가정하는 편이 더 타당하다. 수학적으로 우리는 시장 데이터 $\{x_k\}$가 소수의 잠재 변수인 h를 가진 확률분포 $p(x)$로부터 표본이 추출된다고 가정할 수 있다. 오토인코더를 사용해 x에 주어진 h의 분포인 $p(h/x)$를 근사할 수 있다. 이를 통해 시장 내의 추진 동력인 h를 분석할 수 있다.

이런 식으로 우리는 표준 최대가능도(maximum likelihood, 최대우도, 최대공산) 모델로는 계산해 다루기 어려운 문제를 해결한다. 동일한 함수를 수행하는 두 가지 다른 방법들로는 **마르코프 연쇄 몬테칼로**(Markov chain Monte Carlo) 방법과 **해밀턴 몬테칼로**(Hamilton Monte Carlo) 방법이 있다. 여기서 자세히 다루지는 않고 이후에 나올 여러 장에서 다룰 내용이지만, VAE는 수학적 금융 분야에 오랫동안 이어져 온 문제를 계산적으로 다루기 쉬운 방식으로 해결한다는 점을 이해해 두는 게 좋다.

이처럼 생성 모델들을 사용하면 전통적인 방법들이 다루는 범위 밖의 문제까지도 해결할 수 있다. 근본적으로 투자자들이, 평균 이상의 수익을 달성하려는 일처럼, 불가능한 일을 위해 총체적으로 노력하기 때문에 금융 시장은 상호 적대적인 환경이다. 어떤 회사가 잘 나간다는 점을 아는 것만으로는 충분하지 않다. 해당 회사가 잘 나간다는 점을 모두가 알고 있다면 해당 회사의 주가는 올라가고 수익은 낮아질 것이다. 회사가 잘 나가는 데도 불구하고 자신을 제외한 그 밖의 사람들이 해당 회사가 잘 나가지 못하고 있다고 믿어야 한다는 게 핵심이다. 시장은 제로섬 게임 이론에나 나올 법한 환경이다. GAN은 이러한 역학을 활용해 현실적인 데이터를 생성한다.

GAN

GAN(generative adversarial networks, 생성적 적대 망)은 미술품을 위조해 팔려고 하는 위조범과 박물관에서 근무하는 큐레이터 간의 관계처럼 작동한다. 미술품 위조범은 매일 박물관에 가짜 예술품을 판매하려고 시도하며, 큐레이터는 매일 특정 작품이 진짜인지 가짜인지를 구분해내려고 애쓴다. 위조범은 실패로부터 배운다. 큐레이터를 속이려고 노력하면서 성공과 실패로 이어지는지를 관찰함으로써 더 나은 위조범이 된다. 그러나 큐레이터 역시 학습한다. 위조범보다 앞서 나가려고 노력하면서 더 나은 큐레이터가 된다. 시간이 지남에 따라 위조품도 좋아지고 그것을 판별해내는 과정도 발달한다. 수년에 걸친 투쟁 끝에 미술품 위조범은 피카소만큼 그림을 잘 그릴 수 있는 전문가가 되고, 큐레이터는 진짜 그림을 아주 세밀하게 골라낼 수 있는 전문가가 된다.

기술적으로 GAN은 확률 잠재벡터에서 데이터를 생성하는 **생성기(generator)**와 훈련 집합에서 유래한 "가짜", 즉 생성기가 만들어낸 "가짜"로부터 "진짜"인 데이터를 구별해 내는 **판별기(discriminator)**라고 하는 두 개의 신경망으로 구성된다.

다음 그림에서 볼 수 있듯이 우리는 GAN 체계를 시각화할 수 있다.

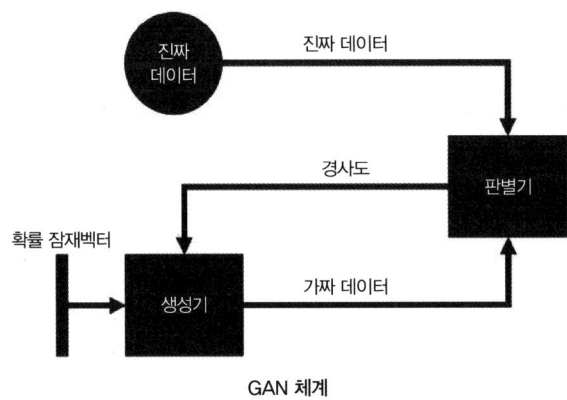

GAN 체계

다시 한번 말하지만, 이미지를 생성할 때 생성 모델을 이해하기 쉽기 때문에 형식과 상관없이 모든 데이터를 사용할 수 있기는 하지만, 이번 단원에는 이미지 데이터를 가지고 설명해 보겠다.

GAN 훈련 과정은 다음과 같이 작동한다.

1. 난수로 이뤄진 잠재벡터가 생성된다.
2. 잠재벡터가 생성기로 공급되어 이미지를 생성한다.
3. 생성기의 가짜 이미지 집합이 훈련 집합에서 나온 진짜 이미지 집합과 섞인다. 판별기는 진짜 데이터와 가짜 데이터로 분류하는 방식인 이항 분류에 대해 훈련을 받는다.
4. 판별기가 한동안 훈련된 후 우리는 가짜 이미지를 다시 공급한다. 이번에는 가짜 이미지의 레이블을 "진짜"로 설정했다. 우리는 판별기를 통해 역전파함으로써 판별기의 입력에 대한 손실 경사도를 얻는다. 우리는 이 정보를 바탕으로 판별기의 가중치를 갱신하지 '않는다'.

5. 이제 우리에게는 판별기가 진짜 이미지로 분류할 수 있게 가짜 이미지를 변경하는 방법을 설명하는 경사도(gradients)가 있다. 우리는 이 경사도들을 사용해 생성기를 역전파하고 훈련한다.

6. 우리의 새롭고 개선된 생성기를 사용해 가짜 이미지를 다시 만들어 진짜 이미지와 혼합해 판별기를 훈련한다. 경사도들은 생성기를 다시 훈련하는 데 사용된다.

 GAN 훈련은 3장 '컴퓨터 비전을 활용하기'에서 설명한 적이 있는 망 계층 가시화와 유사점이 많은데, 이번에는 활성함수를 최대화하는 이미지 한 개만 생성하는 게 아니라, 그 밖의 망의 활성함수를 최대화하는 데 특화된 생성 망을 만든다.

수학적으로 생성기 G와 판별기 D는 가치 함수 $V(G, D)$로 최소최대 2인 게임(mini-max two-player game)을 한다.

$$\min_G \max_D V(G,D) = \mathbb{E}_{x \sim p_{data}(x)}\left[\log D(x)\right] + \mathbb{E}_{z \sim p_z(z)}\left[\log\left(1 - D(G(z))\right)\right]$$

이 공식에서 x는 진짜 데이터의 분포인 P_{data}에서 이끌어 낸 항목이고, z는 잠재 벡터 공간인 P_z로부터 이끌어 낸 잠재 공간이다.

생성기의 출력 분포는 p_g로 표시된다. 이 게임의 전역 최적은 $p_g = p_{data}$인데, 이는 생성된 데이터의 분포가 실제 데이터의 분포와 동일한 경우임을 나타낼 수 있다.

GAN은 게임 이론적 가치 함수(value function)에 따라 최적화된다. 이러한 유형의 최적화 문제를 딥러닝으로 해결하는 연구가 활발히 진행되고 있는데, 이는 우리가 **8장 '개인정보 보호, 디버깅 및 제품 출시'**에서 다시 살펴볼 분야이며 거기서 강화학습에 대해 논의할 것이다. 딥러닝이 최소최대(minimax) 게임을 해결하는 데 사용될 수 있다는 사실은 개인 정보 보호 등의 문제가 많이 발생하는 금융 및 경제 분야에서 볼 때는 흥미로운 소식이다.

MNIST용 GAN

이번에는 GAN을 구현해 MNIST 문자를 생성해 보자. 그 전에 우리는 먼저 가져오기를 해야 한다. GAN은 큰 모델이므로 이번 단원에서는 모델을 쉽게 작성하기 위해 순차적 API 모델과 함수형 API 모델을 결합하는 방법을 설명한다.

```
from keras.models import Model, Sequential
```

이번 예제에서는 몇 가지 새로운 계층 유형을 사용한다.

```
from keras.layers import Input, Dense, Dropout, Flatten
from keras.layers import LeakyReLU, Reshape
from keras.layers import Conv2D, UpSampling2D
```

몇 가지 주요 요소를 살펴보자.

- LeakyReLU는 활성치로 작은 음수 값을 허용한다는 점을 제외하면 ReLU와 같다. LeakyReLU를 쓰면 경사도가 0이 되는 일을 막을 수 있다. 이 활성함수는 다음 단원에서 논의할 GAN에서 쓰기에 알맞다.

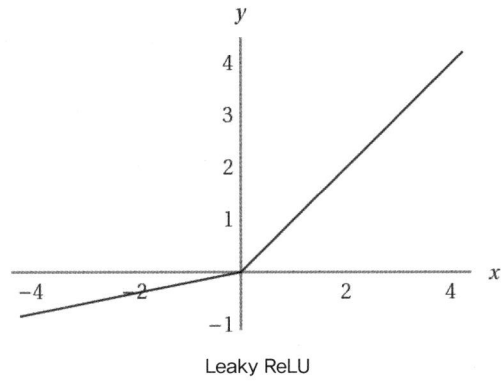

Leaky ReLU

- Reshape(모양 변경)는 np.reshape와 같은 일을 하는데, 다시 말해서 Reshape로 텐서의 모양을 바꿀 수 있다.
- UpSampling2D는 특징 지도의 모든 숫자를 반복해 가면서 특징 지도를 확장하는데, 예를 들면 2차원 특징 지도를 2배 크기로 확장할 수 있다.

앞에서 그랬던 것처럼 이번에도 Adam이라는 최적화기를 사용할 것이다.

```
from keras.optimizers import Adam
```

신경망 계층들은 무작위로 초기화된다. 일반적으로 난수는 학습을 잘 지원하는 분포에서 이끌어 낸다. GAN의 경우에 정규 가우스 분포가 더 나은 대안이라는 점이 밝혀졌다.

```
from keras.initializers import RandomNormal
```

이제 우리는 생성기 모델을 빌드할 것이다.

```
generator = Sequential()                                          #1

generator.add(Dense(128*7*7, input_dim=latent_dim,
                kernel_initializer=RandomNormal(stddev=0.02)))    #2

generator.add(LeakyReLU(0.2))                                     #3
generator.add(Reshape((128, 7, 7)))                               #4
generator.add(UpSampling2D(size=(2, 2)))                          #5

generator.add(Conv2D(64,kernel_size=(5, 5),padding='same'))       #6
generator.add(LeakyReLU(0.2))                                     #7
generator.add(UpSampling2D(size=(2, 2)))                          #8

generator.add(Conv2D(1, kernel_size=(5, 5),
                padding='same',
                activation='tanh'))                               #9

adam = Adam(lr=0.0002, beta_1=0.5)
generator.compile(loss='binary_crossentropy', optimizer=adam)     #10
```

다시 한번 10가지 주요 단계로 구성된 생성기 모델 코드를 살펴보자.

1. 우리는 생성기를 순차적 모델로 구성한다.

2. 첫 번째 계층은 확률 잠재벡터를 가져와 128×7×7=6,722 크기의 벡터에 매핑한다. 이미 생성된 데이터의 차원이 크게 확장되었다. 이 완전 연결 계층의 경우에 표준편차가 비교적 작은 정규 가우스 분포에서 가중치를 초기화해야 한다. 가우스 분포(Gaussian distribution)는 균일분포(uniform distribution, 균등분포, 고른분포)와는 달리 극한값이 적어 훈련이 쉬워질 것이다.

3. 첫 번째 계층의 활성함수는 LeakyReLU다. 음의 입력에 대한 경사도가 얼마나 가파른지를 지정해야 한다. 이번 경우에는 음의 입력에 0.2가 곱해진다.

4. 이제 평면 벡터를 3D 텐서로 변형한다. 이것은 **3장 '컴퓨터 비전을 활용하기'**에서 우리가 Flatten(평탄화) 계층을 사용했던 것과는 정반대다. 이제 특징 지도에는 7×7 픽셀로 이뤄진 이미지, 즉 128개 채널로 된 텐서가 있다.

5. UpSampling2D를 사용해 이 이미지를 14×14픽셀로 늘린다. size 인수는 폭 및 높이에 대한 승수 계수를 지정한다.

6. 이제 우리는 표준 Conv2Dlayer를 적용할 수 있다. 대부분의 이미지 분류기의 경우와는 달리, 우리는 5×5픽셀의 비교적 큰 핵(kernel) 크기를 사용한다.

7. Conv2Dlayer 다음에 나오는 활성은 또 다른 LeakyReLU다.

8. 우리는 다시 상향표집(upsample, 상향 표본추출, 상향 추출, 확대 추출)을 해서 이미지를 MNIST 이미지와 같은 치수인 28×28픽셀로 가져온다.

9. MNIST 이미지는 흑백일 뿐이므로 생성기의 최종 합성곱 계층은 단일 채널 이미지만 출력한다. 이 최종 계층의 활성이 tanh 활성인지를 확인하자. Tanh은 모든 값을 -1과 1 사이의 값이 되게 압축한다. 이미지 데이터에는 일반적으로 0 미만의 값이 없으므로 이것은 예상치 못한 일일 수 있다. 그러나 경험적으로 보면 tanh 활성은 시그모이드 활성보다 GAN에 훨씬 더 효과적이다.

10. 마지막으로, 학습속도가 매우 작고 평소보다 작은 모멘텀으로 Adam 최적화기를 훈련하기 위해 생성기를 컴파일한다.

판별기는 이미지를 진짜나 가짜로 분류하는 비교적 표준적인 이미지 분류기다. GAN에 맞게 수정할 사항은 몇 가지뿐이다.

```
#판별기
discriminator = Sequential()
discriminator.add(Conv2D(64, kernel_size=(5, 5),
                    strides=(2, 2),
                    padding='same',
                    input_shape=(1, 28, 28),
                    kernel_initializer=RandomNormal(stddev=0.02)))    #1

discriminator.add(LeakyReLU(0.2))
discriminator.add(Dropout(0.3))
discriminator.add(Conv2D(128, kernel_size=(5, 5),
                    strides=(2, 2),
                    padding='same'))
discriminator.add(LeakyReLU(0.2))
discriminator.add(Dropout(0.3))                                       #2
discriminator.add(Flatten())
discriminator.add(Dense(1, activation='sigmoid'))
discriminator.compile(loss='binary_crossentropy', optimizer=adam)
```

여기에는 두 가지 핵심 요소가 있다.

1. 생성기와 마찬가지로 판별기의 첫 번째 계층을 가우스 분포를 바탕으로 무작위로 초기화해야 한다.
2. 드롭아웃은 일반적으로 이미지 분류기에 사용된다. GAN의 경우에 마지막 계층 직전에 사용해야 한다.

이제 우리는 생성기와 판별기를 지니게 되었다. 생성기를 훈련하기 위해 우리는 판별기로부터 경사도를 가져와 생성기를 통해 역전파하고 훈련해야 한다. 이것이 케라스의 모듈식 디자인의 힘이 작용하는 곳이다.

 케라스 모델을 케라스의 계층들처럼 취급할 수 있다.

다음 코드는 판별기 경사도에서 생성기를 훈련하는 데 사용할 수 있는 GAN 모델을 만든다.

```
discriminator.trainable = False                              #1
ganInput = Input(shape=(latent_dim,))                        #2
x = generator(ganInput)                                      #3
ganOutput = discriminator(x)                                 #4
gan = Model(inputs=ganInput, outputs=ganOutput)              #5
gan.compile(loss='binary_crossentropy', optimizer=adam)      #6
```

이 코드에 있는 주요 단계 여섯 가지는 다음과 같다.

1. 우리는 생성기를 훈련하는 동시에 discriminator(판별기)를 훈련하고 싶지는 않다. discriminator를 훈련 불능으로 설정하면 훈련 불가능한 가중치로 컴파일된 모델에 대해서만 가중치가 동결된다. 즉, 우리는 여전히 판별기 모델을 스스로 훈련하게 할 수 있지만, 다시 컴파일된 GAN 모델의 일부가 되자마자 그 가중치들은 동결된다.
2. 우리는 확률 잠재벡터(random latent vector)를 취하는 GAN에 대한 새로운 입력을 만든다.
3. 우리는 생성기 모델을 ganInput 계층에 연결한다. 이 모델이 함수형 API에서는 마치 계층인 것처럼 사용된다.
4. 우리는 이제 동결된 가중치들을 지닌 판별기를 생성기에 연결한다. 다시 말하지만, 함수 API에서 계층을 사용하는 것과 같은 방식으로 모델을 호출할 것이다.
5. 우리는 입력을 판별기의 출력에 매핑하는 모델을 작성한다.
6. 우리는 GAN 모델을 컴파일한다. 우리가 여기서 compile을 호출하고 있으므로, 판별기 모델의 가중치는 GAN 모델의 일부인 한은 동결된다. 케라스는 실제 판별기 모델의 가중치가 동결되지 않았다는 경고를 훈련 시간에 표시한다.

GAN을 훈련하려면 훈련 과정 중 일부를 사용자에 맞게 지정해야 하고 GAN 관련 요령도 필요하다. 더 구체적으로 말하자면, 우리는 다음 코드를 통해 달성할 자체 훈련 루프를 작성해야 한다.

```
epochs=50
batchSize=128
batchCount = X_train.shape[0] // batchSize                              #1

for e in range(1, epochs+1):                                            #2
    print('-'*15, 'Epoch %d' % e, '-'*15)
    for _ in tqdm(range(batchCount)):                                   #3

        noise = np.random.normal(0, 1, size=[batchSize, latent_dim])    #4
        imageBatch = X_train[np.random.randint(0,
                                               X_train.shape[0],
                                               size=batchSize)]         #5
        generatedImages = generator.predict(noise)                      #6
        X = np.concatenate([imageBatch, generatedImages])               #7

        yDis = np.zeros(2*batchSize)                                    #8
        yDis[:batchSize] = 0.9

        labelNoise = np.random.random(yDis.shape)                       #9
        yDis += 0.05 * labelNoise + 0.05

        discriminator.trainable = True                                  #10
        dloss = discriminator.train_on_batch(X, yDis)                   #11

        noise = np.random.normal(0, 1, size=[batchSize, latent_dim])    #12

        yGen = np.ones(batchSize)                                       #13
        discriminator.trainable = False                                 #14
        gloss = gan.train_on_batch(noise, yGen)                         #15

dLosses.append(dloss)                                                   #16
gLosses.append(gloss)
```

앞에서 많은 코드를 소개했다. 잠시 시간을 내서 열여섯 가지 주요 단계를 생각해 보자.

1. 우리는 배치들을 반복해서 처리하는 맞춤형 루프를 작성해야 한다. 배치 개수를 확인하려면 데이터셋 크기를 배치 크기 정수로 나누면 된다.
2. 외부 루프에서 우리는 우리가 훈련하고 싶은 에포크 수만큼 반복한다.
3. 내부 루프에서 우리는 각 에포크에서 훈련하고자 하는 배치 수만큼 반복한다. tqdm 도구는 배치 내에서 진행 상황을 추적하는 데 도움이 된다.
4. 우리는 확률 잠재벡터들로 이뤄진 배치를 한 개 만든다.
5. 우리는 실제 MNIST 이미지에서 확률적으로 표본을 추출한다.
6. 우리는 생성기를 사용해 가짜 MNIST 이미지 배치를 생성한다.
7. 우리는 실제 MNIST 이미지와 가짜 MNIST 이미지를 함께 쌓아 올린다.
8. 우리는 판별기에 쓸 표적 이미지를 만든다. 가짜 이미지는 0으로 인코딩되고 진짜 이미지는 0.9로 인코딩된다. 이 기술을 소프트 레이블(soft labels)이라고 한다. 우리는 하드 레이블(hard labels), 즉 0과 1 대신에 GAN을 너무 공격적으로 훈련하지 않기 위해 더 부드러운 것을 사용한다. 이 기술은 GAN 훈련을 더 안정적으로 만드는 것으로 알려져 있다.
9. 소프트 레이블을 사용하는 일 외에도 우리는 레이블에 잡음을 추가한다. 이렇게 하면 훈련이 더 안정된다.
10. 우리는 판별기가 훈련 가능한지를 확인한다.
11. 우리는 진짜 데이터와 가짜 데이터로 구성된 배치 한 개를 가지고 판별기를 훈련한다.
12. 우리는 생성기를 훈련하기 위해 좀 더 확률 잠재벡터를 만든다.
13. 생성기 훈련에 사용할 표적 이미지는 항상 한 개뿐이다. 우리는 판별기가 가짜 이미지를 진짜 이미지처럼 보이게 할 수 있는 경사도들을 우리에게 주기를 바란다.
14. 확실히 판별기를 훈련할 수 없게 설정했으므로 우리는 어떤 것도 우연히 중단할 수는 없다.
15. 우리는 GAN 모델을 훈련한다. 확률 잠재벡터의 배치를 공급하고 GAN의 생성기를 훈련해 판별기 부분이 생성된 이미지를 진짜 이미지로 분류할 수 있게 한다.
16. 훈련 시에는 손실을 저장한다.

다음 그림에서 생성된 MNIST 문자 중 일부를 볼 수 있다.

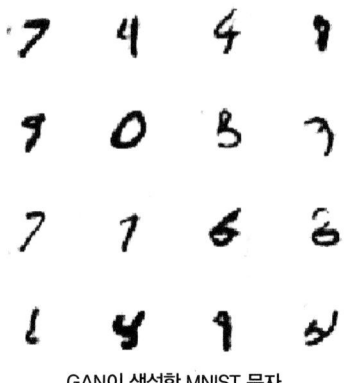

GAN이 생성한 MNIST 문자

이러한 문자 중에 대부분이 숫자로 인식할 수 있는 것들이기는 하지만, 제일 아래쪽의 왼편과 오른편에 보이는 숫자는 그렇지 않은 것 같다.

우리가 작성하고 탐색한 코드는 이제 다음 차트에 출력되어 점점 많은 수의 에포크에 따른 판별 손실 및 생성 손실을 보여준다.

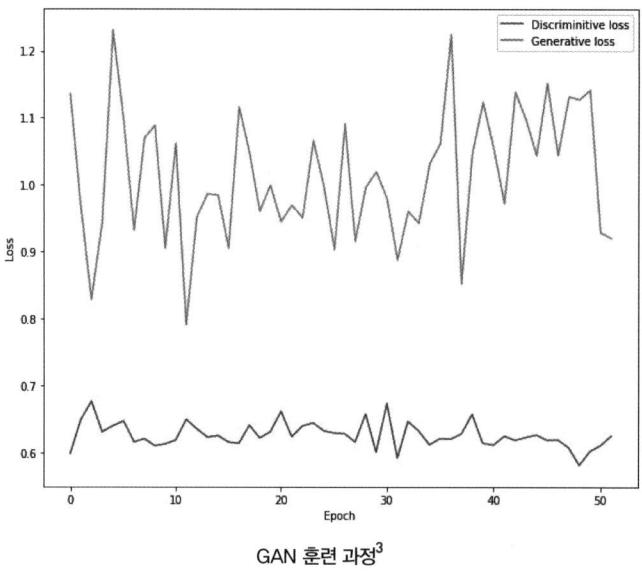

GAN 훈련 과정[3]

GAN을 훈련할 때 나오는 손실은 지도학습용이므로 해석할 수 없다. GAN이 훈련을 지속적으로 받고 있음에도 손실이 줄어들지 않고 있다.

---

[3] (옮긴이) Discriminative loss → 판별 손실, generative loss → 생성 손실, Loss → 손실, Epoch → 에포크.

생성기와 판별기의 손실은 각기 상대 모델의 성능에 달려 있다. 생성기가 판별기를 속이는 데 익숙해지면 판별기 손실이 높게 유지된다. 손실 중 하나가 0이 되었다는 것은 상대 모델이 경쟁에서 패배해 더 이상 상대 모델을 속이거나 제대로 판별할 수 없음을 의미한다.

이것은 GAN 훈련을 어렵게 만드는 문제 중 하나다. GAN은 손실이 적은 해(解)로 수렴되지 않으며, 생성기가 판별기를 항상 속이는 게 아니라 여러 번 속이는 어떤 **평형**(equilibrium) 상태로 수렴한다. 그런 평형이 항상 안정적인 것은 아니다. 너무 많은 잡음이 레이블에 추가되고 망 자체가 평형의 안정성을 높이기 때문이다.

GAN이 불안정하고 어렵지만 유용하기 때문에 세월이 흐르면서 GAN 훈련을 더욱 안정적으로 만드는 많은 기법이 개발되었다. 이러한 기법이 작동하는 이유에 대한 이론적 근거는 없지만, 이러한 기법을 알면 GAN을 구축하는 과정에 도움이 되므로 시간을 크게 아낄 수 있다.

GAN 잠재벡터 이해

오토인코더의 경우에 잠재공간이란 PCA를 비교적 간단하게 근사한 것이라고 할 수 있다. VAE는 잠재 분포 공간을 작성하는 데 유용하지만, 여전히 PCA의 단순한 형태로 여길 수 있다. 그렇다면 우리가 훈련 중에 확률적으로 표본을 추출한다면, 어떤 GAN의 잠재공간(latent space)이란 무엇일까? 결과적으로 GAN은 잠재공간을 자체적으로 구조화한다. GAN의 잠재공간을 사용하면 MNIST 이미지들을 표시되는 문자별로 군집화할 수 있다.

연구에 따르면 GAN의 잠재공간에는 종종 사람이 미소를 지을 때의 입 너비에 따라 얼굴 이미지를 배열하는 "스마일 벡터"와 같은 놀라운 특징들이 있다. 연구원들은 또한 GAN이 잠재공간 대수(latent space algebra)에 사용될 수 있다는 것을 보여주었다. 다른 물체의 잠재 표현을 추가하면 현실적이고 새로운 물체가 생성된다. 그러나 GAN의 잠재공간에 대한 연구는 아직 초기 단계이며 잠재공간 표현으로부터 세계에 대한 결론을 도출하는 연구가 활발히 이뤄지고 있다.

GAN 훈련 기법

GAN을 훈련하기는 어렵다. GAN은 여러 가지 다른 방법으로 붕괴하거나(collapse) 발산하거나(diverge) 고장 나거나(fail) 할 수 있다. 연구원과 실무자들은 GAN이 더 잘 작동하게 하는 많은 기법을 고안했다. 이상하게 생각할지 모르지만, 우리는 왜 이런 기법들이 효과가 있는지를 알지 못한다. 그렇지만 이런 기법들이 실제로 도움이 된다는 점이 중요하다.

- **입력치들을 정규화한다**: GAN은 극단적인 값에서는 잘 작동하지 않으므로 항상 −1과 1 사이로 정규화한 입력치를 사용한다. 이는 또한 tanh 함수를 생성기 출력으로 사용해야 하는 이유이기도 하다.

- **이론적으로만 정확한 손실함수를 사용하지 않는다**: 여러분이 GAN에 관한 논문을 읽으면 다음과 같은 공식으로 생성기 최적화 목표를 제공한다는 점을 알게 될 것이다.

$$min \, log(1-D)$$

이 공식에서 D는 판별기 출력이다. 실제로는, 생성기의 목표가 다음과 같은 경우에는 이게 더 잘 작동한다.

$$max \, log \, D$$

즉, 음의 판별기 출력을 최소화하기보다는 차라리 그냥 판별기 출력을 최대화하는 편이 더 좋다. 그 이유는 종종 GAN 훈련 과정 시작 시 첫 번째 목적 함수의 경사도가 소실되기 때문이다.

- **정규 가우스 분포로부터 표본을 추출한다**: 균일분포에서 표본을 추출하는 대신에 정규분포에서 표본을 추출해야 하는 두 가지 이유가 있다. 첫째, GAN은 극단적인 값에 대해 잘 작동하지 않으며 정규분포는 균일분포보다 극단적인 값이 적다. 또한 정규분포로부터 잠재벡터의 표본이 추출되면 잠재공간이 구체(sphere)가 된다는 것이 밝혀졌다. 이 구체 내의 잠재벡터들 사이의 관계는 입방체 공간의 잠재벡터들 간의 관계보다 설명하기가 더 쉽다.

- **배치를 정규화한다**: 우리는 이미 GAN이 너무 취약해서 극단적인 값으로는 잘 작동하지 않는다는 점을 알게 되었다. 극단적인 값을 줄이기 위해서 3장 '컴퓨터 비전을 활용하기'에서 논의한 배치 정규화를 사용하는 방법도 있다.

- **진짜 데이터 배치와 가짜 데이터 배치를 분리해 사용한다**: 이 과정을 시작할 때 진짜 데이터와 가짜 데이터의 분포가 서로 크게 다를 수 있다. 배치 놈(batch norm)은 배치의 평균 및 표준편차를 사용해 배치에 대해 정규화를 적용하므로 진짜 데이터와 가짜 데이터를 별도로 유지하는 것이 바람직하다. 이렇게 하면 약간 덜 정확한 경사도 추정량이 나오게 되지만, 극한값이 더 적음으로 인해 얻는 이득이 더 크다.

- **소프트 레이블(soft labels)과 잡음이 많은 레이블을 사용한다**: GAN은 깨지기 쉽다. 소프트 레이블을 사용하면 경사도가 줄어들고 경사도가 뒤집어지지 않는다. 레이블에 마구잡이 잡음(random noise)을 추가하면 시스템을 안정화하는 데 도움이 된다.

- **기본 GAN을 사용한다**: GAN 모델은 무척 다양하다. 이와 같은 GAN 모델을 만든 사람 중 다수가 성능을 크게 개선했다는 식으로 주장하지만, 실제로는 간단한 DCGAN(deep convolutional generative adversarial network, 심층 합성곱 GAN)보다 훨씬 더 잘 작동하지는 않으며, 종종 더 나쁘기까지 하다. 그렇다고 해서 기존 모델들을 쓸모없는 것으로 여기자는 건 아니고, 대량 작업에 대해서는 기본 GAN이 더 우수할 수 있다는 말이다. 우수한 성능을 보이는 또 다른 GAN으로는 적대적 오토인코더(adversarial autoencoder, 적대적 자기부호기)를 들 수 있는데, 이것은 VAE를 GAN과 결합한 것으로서, 판별기의 경사도를 바탕으로 오토인코더를 훈련하는 모델이다.

- **ReLU와 MaxPool을 지양한다**: ReLU 활성 및 MaxPool 계층은 딥러닝에 자주 사용되지만, "희박한 경사도"를 생성한다는 단점이 있다. ReLU 활성은 음수 입력치에 대한 경사도가 없으며 MaxPool 계층은 최대 입력치가 아닌 나머지 모든 입력치에 대한 경사도가 없다. 경사도를 바탕으로 삼아 생성기가 훈련되므로 희박한 경사도로 인해 생성기를 훈련하기가 어렵다.

- **Adam 최적화기를 사용한다**: 이 최적화기는 GAN과 매우 잘 맞지만, 그 밖의 많은 최적화기는 그렇지 않다.

- **일찍부터 실패 원인을 추적한다**: 간혹 다양한 이유로 인해 GAN이 고장날 수 있다. 단지 "잘못된" 무작위 시드 값을 선택하는 것만으로도 GAN을 훈련하지 못하게 될 수도 있다. 일반적으로 출력을 관찰함으로써 GAN이 완전히 고장난 것인지를 확인할 수 있다. 출력한 내용이 천천히 진짜 데이터와 비슷해져야 한다.

  예를 들어, 생성기가 완전히 작동하지 않고 0이라는 값만 산출하는 경우, 쓸데없는 훈련을 하는 데 GPU 시간을 소비하기 전에 생성기를 살펴볼 수 있다.

- **통계학을 이용해 손실의 균형을 맞추지 않는다**: 생성기와 판별기 사이의 균형을 유지하는 일에는 섬세함이 필요하다. 따라서 많은 실무자들은 통계학을 바탕으로 삼아 생성기와 판별기를 조금이라도 더 훈련함으로써 서로 균형을 이루게 하려고 애쓴다. 일반적으로는, 그래 봐야 소용이 없다. GAN은 전혀 직관적이지 않으므로 직관적인 방식으로 접근해 GAN을 도우려고 하면 문제가 더 악화된다. 즉, GAN이 평형에 도달하게 도울 수 있는 방법은 없지만, "생성기 손실이 얼마 이상일 때 생성기를 훈련한다"는 식의 원칙적인 접근 방식으로 GAN을 도울 수 있다.

- **레이블들이 있다면 사용한다**: 좀 더 정교한 GAN 판별기 버전은 데이터를 진짜와 가짜로 분류할 수 있을 뿐만 아니라 데이터를 계급별로 분류할 수도 있다. MNIST의 경우, 판별기는 열한 개의 출력, 즉 열 개의 진짜 출력과 한 개의 가짜 출력을 갖는다. 이를 통해 더 구체적인 이미지를 표시할 수 있는 GAN을 만들 수 있다. 이것은 준지도학습(semi-supervised learning) 영역에서 유용하며 다음 단원에서 다룰 것이다.

- **입력치들에는 잡음을 더하되 시간이 갈수록 잡음을 줄인다**: 잡음은 GAN 훈련에 안정성을 추가하므로 잡음이 많은 입력이 특히 불안정한 GAN 훈련 단계에서 도움을 줄 수 있다는 것은 놀라운 일이 아니다. 그러나 지나치게 난독화해 버리면 나중에 GAN이 사실적인 이미지를 생성하지 못할 수도 있다. 따라서 입력에 적용되는 잡음을 시간이 갈수록 줄여나가야 한다.

- **생성기를 훈련하고 테스트할 때 드롭아웃을 사용한다**: 일부 연구자들은 추론 시간에 드롭아웃을 사용하면 생성된 데이터에 대해 더 나은 결과를 얻을 수 있다는 점을 알게 되었다. 왜 그런지는 여전히 확실히 알 수가 없다.

- **이력 평균화**: GAN은 훈련하는 동안 가중치가 빠르게 평균 주변으로 이동하면서 "진동"하는 경향이 있다. 이력 평균화(historical averaging, 역사적 평균화)를 하게 되면 이력 평균과 아주 멀리 떨어진 가중치에 불이익을 주며 진동이 줄어든다. 따라서 GAN 훈련의 안정성이 향상된다.

- **재생 버퍼를 사용한다**: 재생 버퍼(replay buffers)는 판별기 학습에 재사용할 수 있게 이전에 생성된 여러 이미지를 보존한다. 이렇게 하면 이력 평균화와 비슷한 효과를 내어 요동이 줄어들므로 안정성을 얻을 수 있다. 또한 상관과 테스트 데이터도 줄일 수 있다.

- **표적 망**: 또 다른 "진동 방지" 기법은 표적 망(target networks, 목표 망, 목표 네트워크)을 사용하는 것이다. 즉, 생성기와 판별기에 대한 사본을 모두 작성한 다음에, 판별기를 동결한 사본으로 생성기를 훈련하고 생성기를 동결한 사본으로 판별기를 훈련하라는 말이다.
- **엔트로피를 정칙화한다**: 엔트로피 정칙화(entropy regularization)는 더욱 다른 값을 출력해 이 값으로 망에 보상하는 것을 의미한다. 이로 인해 생성기 망이 몇 가지 산출물에만 고착되는 일(예를 들면 7자만 생성하는 일)을 방지할 수 있다. 이렇게 하면 과적합을 방지할 수 있으므로 정칙화 방법의 일종인 셈이다.
- **드롭아웃이나 잡음 계층들을 사용한다**: 잡음은 GAN에 좋다. 케라스는 드롭아웃 계층을 제공할 뿐만 아니라 망의 활성함수에 다른 종류의 잡음을 추가하는 여러 잡음 계층도 제공한다. 이러한 계층의 설명서를 읽고 해당 계층이 특정 GAN 애플리케이션에 도움이 되는지 확인할 수 있다(https://keras.io/layers/noise/).

적은 데이터 사용 - 능동학습

GAN이나 VAE와 같은 생성 모델을 만들어 보고 싶어 하게 된 이유 중에는 언제든지 데이터를 생성할 수 있어서 데이터가 적게 필요하다는 점이 있다. 데이터가 본질적으로 드물 뿐만 아니라, 특히 금융 분야에는 데이터가 충분하지 않은데, 생성 모델들은 경제학의 '공짜 점심은 없다'라는 말을 무색하게 한다. 심지어 최고의 GAN은 데이터가 '전혀' 없이도 작동한다. 이번 단원에서는 가능한 한 적은 데이터를 가지고도 모델이 스스로 커 나가게(bootstrap, 부트스트랩, 자육) 하는 데 사용되는 다양한 방법을 살펴보자. 이 방법을 능동학습(active learning) 또는 준지도학습(semi-supervised learning)이라고도 한다.

비지도학습 방식에서는 레이블이 없는 데이터를 사용해 다양한 방식으로 데이터를 군집화한다. 예를 들어, 이미지가 학습되고 잠재벡터로 변환될 수 있는 오토인코더가 있는데, 이 벡터는 이미지를 설명하는 레이블 없이 군집화할 수 있다.

지도학습 시에는 레이블이 있는 데이터를 사용한다. 예를 들어 **3장 '컴퓨터 비전을 활용하기'**에 나오는 이미지 분류 모델이나 이 책에서 작성한 대부분의 모델들이 지도학습 방식을 사용한다.

준지도학습 모델도 일반적으로 지도학습 모델이 수행하는 작업을 수행하지만, 적은 데이터를 가지고 비지도학습 방식이나 생성 방식을 사용한다. 준지도학습 방법은 세 가지다. 첫째로 사람이 모델을 더 현명하게 사용하는 경우가 있고, 둘째로 레이블이 없는 데이터를 더 잘 활용하는 경우가 있고, 셋째로 생성 모델을 사용하는 경우가 있다.

레이블 처리 비용을 절약하기

인공지능이 인간을 대체하는 일에 관해 제대로 말하자면, 그런 인공지능 시스템을 훈련하려면 엄청나게 많은 인력이 필요하다. 필요 인력 숫자는 확실하지 않지만, 아마존이 제공하는 MTurk라는 서비스에 등록된 "메커니컬 터커(Mechanical Turkers)"는 50만 명에서 75만 명 정도라고 추산하는 편이 적절하다.[4]

MTurk는 아마존에서 운영하는 웹사이트로, 이 사이트에서는 "API를 통해 제공받는 인간 지능"이라고 부른다. 실제로, 기업이나 연구원이 설문조사 작성 작업이나 이미지 분류 작업 같은 간단한 업무를 이 웹 사이트에 게시하면 세계 곳곳에 있는 사람들이 업무마다 몇 센트 정도를 받고 이러한 업무를 수행한다. 인공지능이 학습하려면 사람이 데이터에 레이블을 달아서 제공해야 한다. 작업량이 많을 때 회사는 MTurk 사용자들을 고용함으로써 사람이 레이블을 달게 한다. 소규모 작업이라면 종종 회사 직원을 동원해 데이터에 레이블을 달기도 한다.

놀랍게도 이런 일을 하는 사람들은 레이블을 붙이는 이유까지 알려고 하지는 않는다. 모든 레이블이 똑같이 유용한 것은 아니다. 다음 그림은 선형 분류기를 보여준다. 보다시피, 두 계급 사이의 경계면에 가까이 있는 경계점(frontier point)은 결정 경계(decision boundary)가 있는 위치를 결정하는 반면, 뒤쪽에 있는 점은 아무런 관련이 없다.

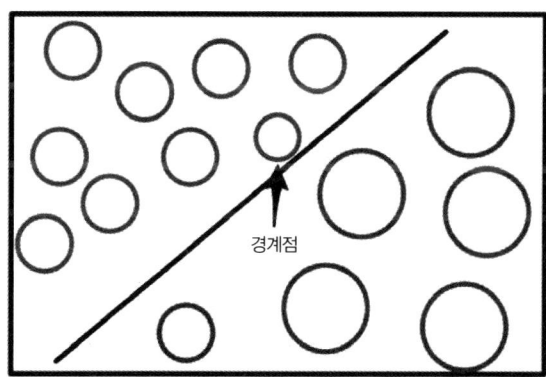

경계점의 가치가 더 높다.

따라서 경계점은 결정 경계에서 더 멀리 떨어진 점보다 더 가치가 있다. 여러분은 다음을 수행해 적은 데이터를 훈련할 수 있다.

---

[4] (옮긴이) 메커니컬 터커란 컴퓨터로 할 수 없는 일, 특히 인공지능을 훈련하는 데 필요한 데이터에 레이블을 다는 일을 원격에서 해주는 사람들을 말한다(출처: 영문 위키백과). 이에 대해서 알기 쉽게 설명한 블로그를 https://m.blog.naver.com/webwriter/221757726758에서 볼 수 있다.

1. 몇 개의 이미지에만 레이블을 달기
2. 약한 모델을 훈련하기
3. 레이블이 지정되지 않은 이미지를 약한 모델이 예측하게 하기
4. 모델이 가장 자신 없어 하는 이미지에 레이블을 지정하고 훈련 집합에 추가하기
5. 해당 과정을 반복하기

데이터에 레이블을 다는 이런 과정은 아무렇게나 레이블을 다는 경우보다 훨씬 효율적이며, 여러분이 기울인 노력에 따른 성과를 높여 준다.

레이블을 다는 사람을 기계가 크게 돕게 하기

많은 회사는 레이블을 달 때 마이크로소프트 엑셀을 활용한다. 회사들은 레이블을 다는 사람들이 이미지나 텍스트에 어떤 레이블을 달지를 확인한 후에 해당 레이블을 엑셀이라는 스프레드시트 프로그램에 입력하게 한다. 이런 식으로 작업하는 것은 무척 비효율적이고 오류가 발생하기도 쉽지만, 일반적인 관행이다. 약간 더 발전된 레이블 달기 작업 시에는 레이블을 달 항목을 사람들이 본 다음에 특정 레이블을 클릭하게 한다거나 단축키를 누를 수 있게 하는 간단한 웹 응용 프로그램을 구축해서 활용한다. 이렇게 하면 레이블을 더 빠르게 달 수 있다. 그럴지라도 레이블이 여러 가지인 경우라면 여전히 최적화된 방법은 아니다.

또 다른 방법은 몇 가지 이미지에 다시 레이블을 지정하고 약한 모델을 미리 훈련하는 것이다. 레이블이 발생하는 시점에서 컴퓨터는 레이블과 함께 데이터를 레이블 지정인에게 표시한다. 레이블 지정인은 이 레이블이 올바른지만 결정하면 된다. 단축키를 사용하면 이 일을 쉽게 할 수 있으며 단일 항목에 레이블을 지정하는 데 걸리는 시간이 크게 줄어든다. 레이블이 틀린 경우에 레이블 인터페이스는 있음직한 선택지를 모델에 할당된 확률별로 정렬해 나열하거나 항목을 다시 스택에 놓고 그 다음 차례로 가능성이 가장 높은 레이블을 표시할 수 있다.

이 기술의 훌륭한 구현은 spaCy를 만든 회사에서 만든 레이블 도구인 "프로디지(Prodigy)"로, 우리는 이것을 **5장 '자연어 처리 기법 기반 텍스트 분석'**에서 배운 적이 있는데, 다음 화면에서 프로디지 도구를 볼 수 있다.

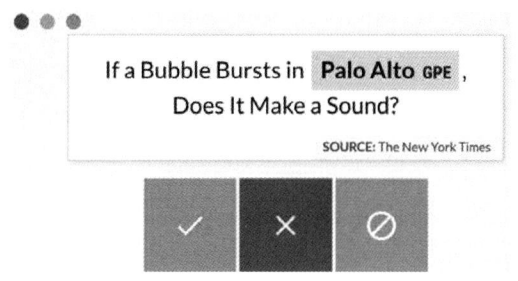

프로디지라는 레이블 지정 도구의 화면

프로디지는 기계를 활용해 레이블을 다는 도구다. 공식 문서를 읽으면 자세한 내용을 확인할 수 있다 (https://prodi.gy/).

 더 나은 사용자 인터페이스 디자인과 약한 모델을 지능형으로 구현하면 레이블 지정 속도와 품질을 크게 높일 수 있다.

레이블이 없는 데이터에 유사 레이블을 달기

종종 레이블이 없는 데이터가 많은 반면에 레이블이 붙여진 데이터는 적은 경우가 있다. 그처럼 레이블이 없는 데이터일지라도 여전히 사용할 수는 있다. 먼저, 레이블이 있는 데이터를 가지고 모델을 훈련한다. 그리고 나서, 레이블이 없는 데이터 말뭉치를 바탕으로 해당 모델이 예측하게 할 수 있다. 여러분은 이렇게 해서 나온 예측치를 마치 실제 레이블인 것처럼 여기며, 유사 레이블(pseudo-label)이 모두 지정된 데이터셋을 가지고 모델을 훈련할 수 있다. 그러나 실제로는 진짜 레이블을 유사 레이블보다 더 자주 사용해야 한다.

유사 레이블의 정확한 표본추출 속도는 상황에 따라 다를 수 있다. 표본추출 작업은 오차가 무작위인 조건에서 작동한다. 오차가 편향된다면, 여러분의 모델도 편향될 것이다. 이 간단한 방법은 놀랍도록 효과적이며 레이블 작업을 크게 줄일 수 있다.

생성 모델 사용

결과적으로 GAN은 자연스럽게 준지도 훈련으로 확장된다. 판별기로 두 개의 출력을 제공함으로써 우리는 그것을 분류기가 되게 훈련할 수 있다.

판별기의 첫 번째 출력은 이전에 GAN에서와 마찬가지로 데이터를 진짜와 가짜로만 분류한다. 두 번째 출력은 데이터를 계급별로 분류한다(예: 이미지가 나타내는 숫자 또는 추가 "가짜" 계급). MNIST 예에서 분류 출력에는 11개 계급, 즉 열 자리 숫자 및 "가짜 여부"가 있다. 생성기가 하나의 모델로 되어 있고 출력만 있다는 것, 즉 마지막 계층이 다르다는 점이 기법이다. 이것은 "진짜이거나 그렇지 않은" 분류로 인해 "어떤 자릿수" 분류기와 가중치를 공유한다.

이미지가 진짜인지 아니면 가짜인지를 판별하기 위해 분류기가 이 이미지를 하나의 계급으로 분류할 수 있는지를 파악해야 한다는 생각인 것이다. 그럴 수만 있다면, 이미지는 진짜일 것이다. SGAN(semi-supervised generative adversarial network, 준지도 생성적 적대 망)이라고 부르는 이 접근법은 표준 지도학습보다 더 현실적인 데이터를 생성하고 제한된 데이터에 대해 더 나은 결과를 제공하는 것으로 나타났다. 물론 GAN을 단순한 이미지 외의 것에도 적용할 수 있다.

다음 단원에서 우리는 GAN을 부정사용 탐지 작업에 적용한다.

부정사용 탐지용 SGAN

이번 장의 최종 적용 프로젝트로서 신용카드 문제를 다시 생각해 보자. 이번 단원에서는 다음과 같이 SGAN을 하나 만들어 볼 생각이다.

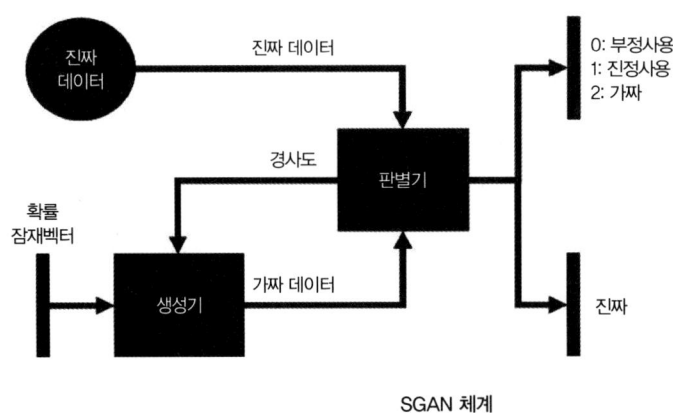

SGAN 체계

우리는 이 모델을 1,000개 미만의 거래에 대해 훈련해도 괜찮은 부정사용 검출기를 얻는다.

이 링크에서 캐글의 SGAN 코드를 찾을 수 있다. https://www.kaggle.com/jannesklaas/semi-supervised-gan-for-fraud-detection/code.

이번 경우에 데이터는 29차원이다. 우리는 잠재벡터를 10차원으로 설정했다.

```
latent_dim=10
data_dim=29
```

생성기 모델은 LeakyReLU 활성화 및 배치 정규화와 완전 연결망으로 구축된다. 출력 활성함수는 tanh이다.

```
model = Sequential()
model.add(Dense(16, input_dim=latent_dim))
model.add(LeakyReLU(alpha=0.2))
model.add(BatchNormalization(momentum=0.8))
model.add(Dense(32, input_dim=latent_dim))
model.add(LeakyReLU(alpha=0.2))
model.add(BatchNormalization(momentum=0.8))
model.add(Dense(data_dim,activation='tanh'))
```

생성기 모델을 더 잘 사용하기 위해 생성한 모델을, 잡음 벡터를 생성된 거래 레코드에 매핑하는 함수형 API 모델로 래핑한다. 대부분의 GAN 문헌에서는 이미지를 처리하는 방법을 다루지만, "거래 기록"을 다루는 사례는 한 입 거리밖에 되지 않을 만큼 소량이므로 우리는 그냥 거래 기록을 "이미지(images)"라고 부른다.

```
noise = Input(shape=(latent_dim,))
img = model(noise)

generator = Model(noise, img)
```

우리가 생성기에서 그랬던 것처럼 우리는 순차적 API에서 판별기를 빌드한다. 판별기에는 두 가지 출력이 있는데, 그 중에 하나는 계급에 쓸 것이고 다른 하나는 가짜인지 아니면 가짜가 아닌지를 구별하는 데 쓸 것이다. 우리는 먼저 모델의 기초만 구성한다.

```
model = Sequential()
model.add(Dense(31,input_dim=data_dim))
model.add(LeakyReLU(alpha=0.2))
model.add(BatchNormalization(momentum=0.8))
model.add(Dropout(0.25))
model.add(Dense(16,input_dim=data_dim))
model.add(LeakyReLU(alpha=0.2))
```

이제 함수형 API를 사용해 판별기의 입력을 두 개의 머리(head)에 매핑한다.

```
img = Input(shape=(data_dim,))                                    #1
features = model(img)                                             #2
valid = Dense(1, activation="sigmoid")(features)                  #3
label = Dense(num_classes+1, activation="softmax")(features)      #4

discriminator = Model(img, [valid, label])                        #5
```

앞 코드의 다섯 가지 주요 측면을 살펴보자.

1. 잡음 벡터에 대한 입력 플레이스홀더를 만든다.
2. 판별기 기본 모델에서 함수 텐서를 얻는다.
3. 거래를 진짜로 분류하기 위한 Dense(조밀) 계층을 생성하고 특징 벡터에 매핑한다.
4. 거래를 진짜나 가짜로 분류하기 위해 두 번째 Dense 계층을 만든다.
5. 입력을 두 머리에 매핑하는 모델을 만든다.

두 개의 머리로 판별기를 컴파일하려면 몇 가지 고급 모델 컴파일 기법을 사용해야 한다.

```
optimizer = Adam(0.0002, 0.5)                                     #1
discriminator.compile(loss=['binary_crossentropy',
                            'categorical_crossentropy'],          #2
                      loss_weights=[0.5, 0.5],                    #3
                      optimizer=optimizer,                        #4
                      metrics=['accuracy'])                       #5
```

코드를 세분화하면 다섯 가지 핵심 요소가 나타난다.

1. 우리는 학습속도가 0.00020이고 모멘텀이 0.5인 Adam 최적화기를 정의한다.
2. 모델의 머리가 두 개이므로 두 개의 손실을 지정할 수 있다. 가짜인지 아닌지를 나타내는 머리는 일종의 이항 분류기이므로 우리는 이항 교차 엔트로피를 사용한다. 분류를 담당하는 머리는 다중 계급 분류기이므로 두 번째 머리에는 categorical_crossentropy를 사용한다.
3. 우리는 두 가지 손실에 가중치를 부여하는 방법을 지정할 수 있다. 이번 경우에는 모든 손실에 50%라는 가중치를 부여한다.
4. 우리는 미리 정의된 Adam 최적화기를 최적화한다.
5. 소프트 레이블을 사용하지 않는 한 정확도 계량을 사용해 진행 상황을 추적할 수 있다.

마지막으로, 우리는 결합된 GAN 모델을 만든다.

```
noise = Input(shape=(latent_dim,))           #1
img = generator(noise)                        #2
discriminator.trainable = False               #3
valid,_ = discriminator(img)                  #4
combined = Model(noise , valid)               #5
combined.compile(loss=['binary_crossentropy'],
                 optimizer=optimizer)
```

다시 한번 코드를 살펴보면 다음과 같은 핵심 사항을 볼 수 있다.

1. 잡음 벡터 입력을 위한 플레이스홀더를 만든다.
2. 생성기를 잡음 플레이스홀더에 매핑함으로써 생성된 이미지를 표현하는 텐서를 얻는다.
3. 판별기를 훈련할 수 없게 설정해 판별기를 파괴하지 않게 한다.
4. 단지 판별기가 생성된 거래가 진짜라고 믿기를 원하기 때문에 분류 출력 텐서를 폐기할 수 있다.
5. 잡음 입력을 판별기의 "fake or not fake(가짜인지 아닌지)" 출력에 매핑한다.

훈련을 위해 우리는 train 함수를 정의하는데, 이 함수는 우리를 대신해 모든 훈련 과정을 처리한다.

```
def train(X_train, y_train,
          X_test, y_test,
          generator, discriminator,
          combined,
```

```
            num_classes,
            epochs,
            batch_size=128):
f1_progress = []                                                    #1
half_batch = int(batch_size / 2)                                    #2

cw1 = {0: 1, 1: 1}                                                  #3
cw2 = {i: num_classes / half_batch for i in range(num_classes)}
cw2[num_classes] = 1 / half_batch

for epoch in range(epochs):

    idx = np.random.randint(0, X_train.shape[0], half_batch)        #4
    imgs = X_train[idx]

    noise = np.random.normal(0, 1, (half_batch, 10))                #5
    gen_imgs = generator.predict(noise)

    valid = np.ones((half_batch, 1))                                #6
    fake = np.zeros((half_batch, 1))

    labels = to_categorical(y_train[idx],
                            num_classes=num_classes+1)              #7

    fake_labels = np.full((half_batch, 1),num_classes)              #8
    fake_labels = to_categorical(fake_labels,
                                 num_classes=num_classes+1)
    d_loss_real = discriminator.train_on_batch(imgs,
                                [valid, labels],
                                class_weight=[cw1, cw2])            #9
    d_loss_fake = discriminator.train_on_batch(gen_imgs,
                                [fake, fake_labels],
                                class_weight=[cw1, cw2])            #10
    d_loss = 0.5 * np.add(d_loss_real, d_loss_fake)                 #11

    noise = np.random.normal(0, 1, (batch_size, 10))                #12
    validity = np.ones((batch_size, 1))
    g_loss = combined.train_on_batch(noise,
```

```
                                    validity,
                                    class_weight=[cw1, cw2])    #13

    print ("%d [D loss: %f] [G loss: %f]" % (epoch, g_loss))        #14

    if epoch % 10 == 0:                                              #15
        _,y_pred = discriminator.predict(X_test,
                                         batch_size=batch_size)
        y_pred = np.argmax(y_pred[:,:-1],axis=1)

        f1 = f1_score(y_test, y_pred)
        print('Epoch: {}, F1: {:.5f}'.format(epoch,f1))
        f1_progress.append(f1)

return f1_progress
```

함수를 코드로 구현하는 작업이 복잡하고 상당한 시간이 걸렸으므로 잠시 쉬었다 가자. 이번 장을 요약하기 전에 해당 코드의 15개 핵심 요소를 살펴보자.

1. 우리는 테스트 집합을 바탕으로 삼아 판별기의 F1 점수를 살펴볼 수 있게 빈 배열을 작성한다.

2. 진짜 데이터와 가짜 데이터에 대해 별도의 배치 훈련 단계를 사용하므로 각 훈련 단계별로 절반 분량의 배치를 효과적으로 사용한다.

3. 판별기의 분류 머리는 "이것은 가짜다"라는 분류 레이블을 가지고 있다. 이미지 중에 절반이 가짜이므로 우리는 이 계급에 더 높은 가중치를 부여하려고 한다.

4. 이제 진짜 데이터의 확률표본(random sample, 임의표본, 랜덤표본)을 그린다.

5. 마구잡이 잡음 벡터(random noise vectors)를 생성하고 생성기를 사용해 가짜 데이터를 생성한다.

6. "가짜인지 아닌지"를 출력하는 머리에서 쓸 수 있게 레이블을 만든다. 모든 진짜 이미지에는 1(진짜)이라는 레이블을 달고, 모든 가짜 이미지에는 0(가짜)이라는 레이블을 단다.

7. 우리는 실제 데이터의 레이블을 대상으로 원핫 인코딩을 한다. 우리의 데이터가 진짜보다 한 가지 더 많은 계급을 가지고 있다는 것을 명시함으로써 "is fake(가짜 여부)" 계급을 위한 공간을 남겨둔다.

8. 우리의 가짜 데이터는 모두 "fake(가짜)" 레이블로 표시되어 있다. 우리는 그 레이블들의 벡터를 만들고, 그것들을 가지고 원핫 인코딩도 한다.

9. 먼저, 우리는 실제 데이터를 사용해 판별기를 훈련한다.

10. 그러고 나서, 위조 데이터를 사용해 판별기를 훈련한다.
11. 이 에포크에 대한 판별기의 총 손실은 진짜 데이터와 가짜 데이터의 손실 평균이다.
12. 이제 우리는 생성기를 훈련한다. 우리는 잡음 벡터로 가득 찬 배치와 "이것은 진짜 데이터다"라고 쓰인 레이블로 가득 찬 배치를 생성한다.
13. 이 데이터를 가지고 생성기를 훈련한다.
14. 진행 상황을 추적하기 위해 진행 상황을 프린트한다. 우리가 손실이 줄어들지 않기를 바란다는 점을 기억하자. 우리는 손실이 거의 일정하게 유지되기를 원한다. 생성기나 판별기 중 하나가 다른 것보다 훨씬 더 잘 작동하기 시작하면 평형이 깨진다.
15. 마지막으로, 판별기를 데이터의 부정사용 탐지 분류기로 사용해 F1 점수를 계산하고 출력한다. 이번에는 분류 데이터만 신경 쓰고 "real or fake(진짜 아니면 가짜)" 머리를 버린다. 우리는 거래를 분류기의 "is real(진짜 여부)" 계급이 아닌 가장 높은 값으로 분류한다.

이제 모든 것이 준비되었으므로 SGAN을 5,000에포크만큼 훈련할 것이다. GPU를 사용하면 약 5분이 걸리겠지만, GPU가 없다면 훨씬 오래 걸릴 수 있다.

```
f1_p = train(X_res, y_res,
         X_test, y_test,
         generator, discriminator,
         combined,
         num_classes=2,
         epochs=5000,
         batch_size=128)
```

마지막으로 준지도 부정사용 분류기의 F1 점수를 시간의 흐름에 맞춰 그린다.

```
fig = plt.figure(figsize=(10,7))
plt.plot(f1_p)
plt.xlabel('10 Epochs')
plt.ylabel('F1 Score Validation')
```

이 코드는 다음과 같은 그래프를 출력한다.

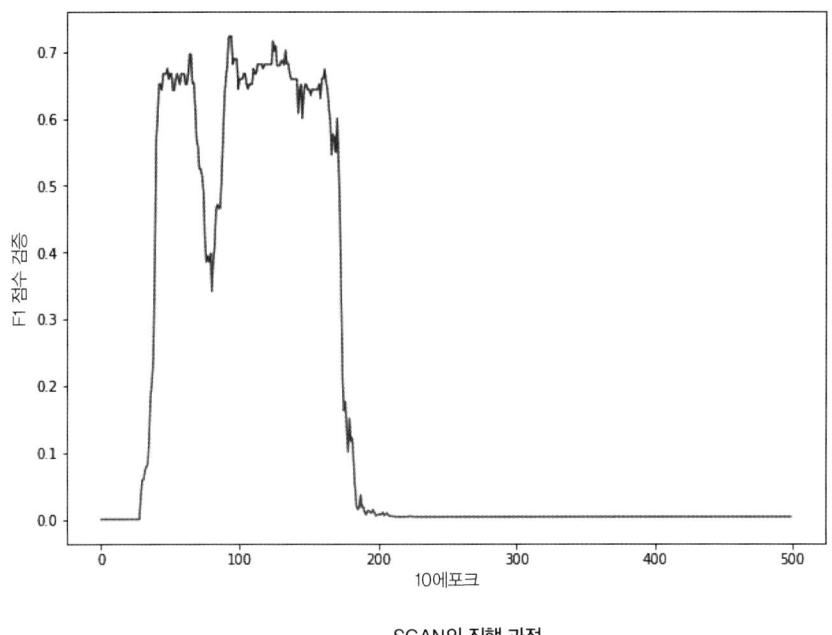

SGAN의 진행 과정

보다시피 모델이 처음에는 매우 빠르게 학습하지만, F1 점수가 0이 되면 붕괴된다. 이것은 붕괴된 GAN(collapsing GAN)의 교과서적인 예다. 앞에서 언급했듯이 GAN은 불안정하다. 생성기와 판별기 사이의 섬세한 균형이 깨지면 성능이 빠르게 저하된다.

GAN을 더 안정적으로 만들기 위한 연구가 활발히 진행되고 있다. 지금까지 많은 실무자가 행운을 얻기를 바라면서 하이퍼파라미터 값과 시드 값을 임의로 정해가며 여러 번 실행했다. 또 다른 인기 있는 방법은 모델을 에포크를 한 개씩 건너 뛰어 가며 저장하는 것이다. 이 모델은 1,000건 미만의 거래 내용으로 훈련을 받았음에도 불구하고 약 150에포크만 훈련한 것 치고는 꽤 괜찮은 결과를 내는 부정사용 검출기인 것으로 보인다.

연습문제

생성 모델에 더 익숙해지려면 다음 연습을 해 보자.

1. MNIST 이미지 분류기를 훈련하기 위해 SGAN을 만든다. 90% 이상의 분류 정확도를 달성하기 위해 몇 개의 이미지를 사용할 수 있는가?
2. LSTM을 사용해 주가 변동을 처리할 오토인코더를 구축한다. DJIA 주가와 같은 데이터셋을 사용해 주식 움직임을 인코딩하는 오토인코더를 구축한다. 그리고 나서, 잠재공간을 이동할 때 출력에 발생하는 상황을 시각화하자. https://www.kaggle.com/szrlee/stock-time-series-20050101-to-20171231에서 데이터셋을 찾을 수 있다.

요약

이번 장에서는 두 가지 가장 중요한 생성 모델인 오토인코더와 GAN을 배웠다. 우리는 먼저 MNIST 이미지를 위한 오토인코더를 개발했다. 그리고 나서, 유사한 아키텍처를 사용해 신용카드 데이터를 인코딩하고 부정사용을 탐지했다. 그 후, 우리는 오토인코더를 VAE로 확장했다. 이를 통해 인코딩 분포를 배우고 훈련에 사용할 수 있는 새로운 데이터를 생성할 수 있었다.

아울러 우리는 먼저 MNIST 이미지와 신용카드 부정사용과 관련해 GAN을 배웠다. 부정사용 검출기를 훈련하는 데 필요한 데이터량을 줄이기 위해 SGAN을 사용했다. 우리는 능동학습과, 더 지능적으로 레이블을 달 수 있게 하는 인터페이스를 통해 필요한 레이블을 다는 분량을 줄이기 위해 모델 출력을 사용했다.

또한 잠재공간과 금융 분석에 사용되는 공간에 대해 논의하고 배웠다. 우리는 t-SNE 알고리즘과 이 알고리즘을 사용해 더 높은 차원의(잠재적) 데이터를 시각화하는 방법을 보았다. 머신러닝이 게임 이론 최적화 문제를 어떻게 해결할 수 있는지에 대한 첫인상도 얻었다. 경제 및 금융 분야에서 빈번한 최소최대 문제를 GAN으로 해결했다.

다음 장에서 우리는 딥마인드(DeepMind)가 바둑 고수를 이기는 데 사용한 후에 많은 관심을 얻은 기술인 강화학습에 관해 살펴볼 생각이다. 이 기술은 특히 금융 시장에서 일할 때 유용하며, 많은 정량적 투자 회사가 다양한 방식으로 이미 하고 있는 일들을 자연스럽게 확장하는 기술이다. 그러니, 계속 지켜보면 여러분에게 다른 측면들을 보여주겠다.

07

금융시장을 위한 강화학습

인간이 학습할 때는 레이블이 붙은 사례가 수백만 개나 있어야만 하는 게 아니다. 대신에 우리는 종종 행동과 관련된 긍정적인 경험이나 부정적 경험으로부터 배운다. 뜨거운 난로를 한 번만 만져보면 다시는 만지지 않는다. 경험과 관련된 보상이나 처벌을 통한 학습이 강화학습(reinforcement learning, RL)의 핵심 아이디어다. 강화학습을 사용하면 데이터가 전혀 없이도 정교한 의사 결정 규칙을 배울 수 있다. 이 접근법을 통해 2016년에 세계 바둑 챔피언을 꺾은 알파고 등, 몇 차례 세간의 이목을 끄는 돌파구가 인공지능 분야에서 발생했다.

금융 분야에도 RL이라고도 하는 강화학습이 도입되기 시작했다. Man AHL이 2017년에 보고서인 *"Machine learning in investment management"*(https://www.ahl.com/machine-learning)에서 FX 및 선물 시장에서 주문 경로를 정하기 위한 강화 시스템을 개략적으로 설명했다. 주문 경로 지정(order routing, 주문 라우팅) 문제는 정량적 금융 분야에서 고전적인 문제다. 흔히 중개인들은 여러 펀드를 선택해 주문을 여러 차례에 걸쳐서 나눠서 넣는다. 가능한 한 낮은 가격에 주문을 넣기 위해서 이렇게 하는 것이다. 대량 주문을 한 번에 넣어 버리면 주가가 올라버릴 수 있으므로, 시장에 영향을 미치는 일을 최대한 줄이기 위해서 그러는 것이다.

스나이퍼(Sniper)나 **게릴라(Guerilla)**처럼 다채로운 이름을 가진 기존 알고리즘은 과거 데이터 및 스마트 공학의 통계에 의존한다. 강화학습 기반 경로 지정 시스템은 자체적으로 최적의 경로 지정 정책을 학습했다. 이 시스템의 장점은 변화하는 시장에 적응할 수 있고 FX 시장처럼 데이터가 풍부한 시장에서 기존의 방법보다 성능이 우수하다는 것이다.

그러나 강화학습은 더 많은 일을 할 수 있다. 오픈에이아이(OpenAI)의 연구원들은 에이전트가 협력하거나 투쟁할 때를 예측하기 위해 강화학습을 사용했다. 한편 딥마인드(DeepMind)의 연구원들은 뇌의 전두엽 피질의 작용과 도파민 호르몬의 역할에 대한 새로운 통찰력을 얻기 위해 강화학습을 사용했다.

이번 장에서는 간단한 "catch the fruit(과일 받기)" 게임을 사용해 강화학습에 대한 직관적인 소개로 시작한다. 그리고 나서, 고급 강화학습 애플리케이션을 다루기 전에 기본 이론부터 살펴본다. 이번 장에 나오는 예제는 캐글 커널에서 쉽게 그려볼 수 없는 시각화에 의존한다. 이를 단순화하기 위해 예제에 쓰이는 알고리즘을 GPU에 최적화되게 하지 않았다. 따라서 로컬 컴퓨터에서 이번 예제를 실행하는 것이 가장 좋다.

이번 장에 나오는 알고리즘은 비교적 빠르게 실행되므로 오랫동안 기다리지 않아도 된다. 이번 장에 나오는 코드를 2012년 중반에 맥북 프로(MacBook Pro)에서 작성했으며, 해당 시스템에서 실행하는 데 20분 이상 걸리지 않았다. 물론 캐글에서 코드를 실행할 수는 있지만 시각화를 할 수 없다.

캐치 - 강화학습에 대한 빠른 안내서

캐치(Catch)는 어린 시절에 한 번쯤 가지고 놀아봤을 법한 아케이드 게임으로 게임 방식이 간단하다. 과일이 화면 상단에서 떨어지면 플레이어가 바구니로 과일을 잡아야 한다. 플레이어는 받아낸 과일 개수만큼 점수를 얻는다. 과일을 놓칠 때마다 플레이어는 점수를 잃는다.

이 책에서는 컴퓨터가 자체적으로 캐치 게임을 하는 것을 목표로 삼는다. 우리는 작업을 더 쉽게 하기 위해 이 예제에서 단순화된 버전을 사용할 것이다.

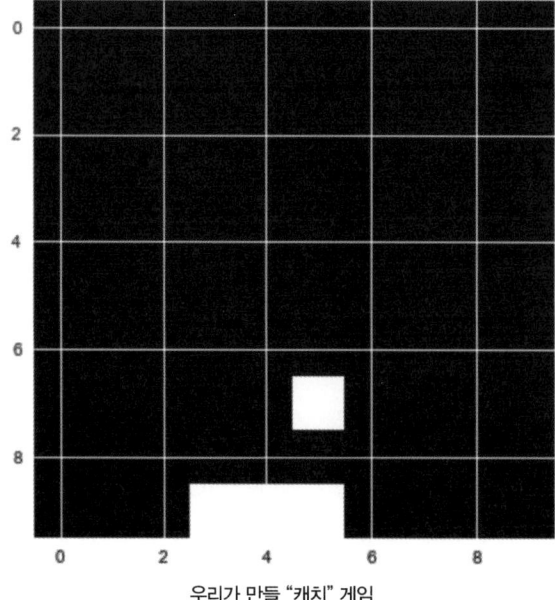

우리가 만들 "캐치" 게임

캐치 게임을 플레이하는 동안 플레이어는 세 가지 동작 중 하나를 결정해야 한다. 바구니를 왼쪽으로 옮기거나 오른쪽으로 옮기거나 그대로 두는 것이다.

이런 일을 결정할 때는 떨어지는 과일과 바구니의 위치라고 하는 게임의 현재 상태를 고려해야 한다. 우리의 목표는 게임 화면의 내용에 따라 가능한 한 최고 점수를 달성하게 행동을 선택하는 모델을 만드는 것이다. 이 과업은 간단한 분류 문제라고 볼 수 있다. 우리는 전문적인 인간 플레이어에게 게임을 여러 번 하고 그들의 행동을 기록하게 요청할 수 있다. 그리고 나서, 전문적인 플레이어의 행동을 반영해 "정확한" 동작을 선택하게 모델을 훈련할 수 있다.

그러나 이런 방식은 인간이 배우는 방식이 아니다. 인간은 지도자 없이도 캐치 같은 게임을 스스로 배울 수 있다. 캐치처럼 간단한 것을 배우고 싶을 때마다 수천 번의 작업을 수행하기 위한 많은 전문가를 고용해야 한다면 쓸 데 없는 돈을 많이 써야 할 뿐만 아니라 일도 느려진다.

강화학습 시에 모델은 레이블이 지정된 데이터로 학습하는 게 아니라 경험을 통해 학습한다. 모델에 올바른 행동을 제공하는 대신에 보상 및 처벌을 제공한다. 모델은 컴퓨터 게임 화면 같은 현재 환경 상태에 대한 정보를 수신한다. 그리고 나서 모델은 조이스틱의 움직임 같은 행동(action, 작용)을 출력한다. 환경은 이 행동에 반응해 다음 상태(next state)와 보상(rewards)을 제공한다.

강화학습 체계

그리고 나서, 모델은 최대 보상으로 이어지는 작업을 찾는 방법을 익힌다. 이것이 실제로 작동하는 방식은 여러 가지다. 일단 우리는 Q 학습(Q-learning)을 살펴볼 것이다. Q 학습은 아타리 비디오 게임을 하도록 컴퓨터를 훈련하는 데 사용되었다. 오늘날에도 여전히 관련성이 있는 개념이다. 대부분의 최신 강화학습 알고리즘은 Q 학습을 적용한 것에 어느 정도 기반을 두고 있다.

캐치 게임과 체스를 비교하면 Q 학습을 아주 쉽게 이해할 수 있다. 두 게임에는 모두 상태(state) s가 주어진다. 체스의 경우에는 말판 위에 놓인 말의 위치가 상태에 해당한다. 캐치에서는 과일과 바구니의 위치가 상태에 해당한다. 그리고 나서, 플레이어는 행동을 취해야 한다. 체스의 경우에는 말을 움직이는 것이 행동이다. 캐치의 경우에는 바구니를 왼쪽이나 오른쪽으로 옮기거나 현재 위치에 남아 있는 것이 행동이다.

이러한 행동의 결과로 약간의 보상(reward) r이 주어지고 새로운 상태(new state) s'에 있게 된다. 캐치와 체스에서는 보상이 행동 직후에 주어지지 않는다는 문제가 있다.

캐치에서는 과일이 바구니에 닿거나 바닥에 떨어질 때만 보상을 받고 체스에서는 게임에서 이기거나 질 때만 보상을 얻는다. 이는 보상이 희박하게 분배됨을 의미한다. 게임 시간 중 대부분의 시간 동안 r 값이 0으로 있게 된다. 어떤 보상이 있다고 해도, 해당 보상이 항상 직전에 취한 행동의 결과에 따른 것은 아니다. 오래전에 취한 행동으로 승리했을 수 있기 때문이다. 보상을 끌어내는 행동을 파악하는 일을 종종 신뢰 배정 문제(credit assignment problem)라고 한다. 보상이 지연되어 주어지기 때문에 좋은 체스 플레이어는 즉석 보상(immediate reward)에 맞춰 말을 두려고 하지 않는다. 대신에 그들은 미래 보상(future reward)에 더 관심을 둔다.

예를 들어, 그들은 다음 행동에서 상대방의 말을 제거할 수 있는지에 대해 생각할 뿐만 아니라, 현재 특정 행동을 취하는 것이 장기적으로 보면 어떤 도움이 될 것인지도 고려한다. Q 학습에서는 가장 높은 미래 보상을 기반으로 행동을 선택한다. 우리는 이러한 미래 보상을 계산할 때 Q 함수를 사용한다. Q 함수는 게임의 현재 상태(current state)와 주어진 행동(action)이라는 두 가지 인자를 취하는 수학적 함수다. 이것을 Q(상태, 행동)으로 쓸 수 있다.

s 상태에 있는 동안에 우리는 선택할 수 있는 각 행동에 대한 미래 보상을 추정한다. 우리는 행동 a를 취하고 다음 상태 s'으로 옮겨간 후에 모든 것이 완벽하게 작동한다고 가정한다. 주어진 상태와 행동에 따라 예상되는 미래 보상인 $q(s,a)$는 즉석 보상으로 여겨져 계산되며, 그 후 예상되는 미래 보상, $Q(s', a')$으로 계산된다. 우리는 다음 행동 a'이 최적이라고 가정한다. 미래에 대한 불확실성이 있기 때문에 $Q(s', a')$을 감마 인자인 γ만큼 할인한다. 그러므로 우리는 이에 대한 기대 보상(expected reward)에 도달한다.

$$Q(s,a) = r + \gamma * \max Q(s', a')$$

 우리는 금융 분야에서 미래 수익을 할인하는 이유와 같은 이유로 강화학습의 미래 보상을 할인한다. 미래 수익이나 미래 보상은 모두 불확실하다는 면이 있기 때문이다. 여기에서 우리가 하는 선택은 우리가 미래의 수익을 얼마나 소중하게 생각하는지를 반영한다.

훌륭한 체스 플레이어는 미래 보상을 예측하는 데 매우 능숙하다. 다시 말해, Q 함수인 Q(s, a)는 매우 정밀하다.

대부분의 체스 연습 게임은 Q 함수를 발전시키는 일을 중심으로 이루어진다. 플레이어는 과거의 특정 움직임이 어떻게 진행되고 주어진 행동이 승리로 이어질 가능성을 배우기 위해 오래된 게임을 많이 숙독한다. 그러나 이것은 기계가 어떻게 좋은 Q 함수를 추정할 수 있는가 하는 의문을 제기한다. 이럴 때 신경망이 필요하다.

강화학습을 지도학습으로 바꾸는 Q 학습

게임할 때 우리는 많은 "경험"을 생성한다. 이러한 경험으로는 다음과 같은 것들이 있다.

- 초기 상태, s
- 취한 행동, a
- 얻은 보상, r
- 뒤따라오는 상태, s'

이러한 경험이야말로 우리가 훈련할 때 쓸 데이터다. 우리는 $Q(s, a)$를 추정하는 문제를 회귀 문제로 구성할 수 있다. 우리는 신경망을 사용해 이렇게 할 수 있다. s와 a로 구성된 입력 벡터가 주어지면 신경망은 표적(target, 목표)인 $r + \gamma * \max Q(s', a')$과 동일한 $Q(s, a)$의 값을 예측하게 되어 있다. 우리가 다른 상태인 s와 행동인 a에 대해 $Q(s, a)$를 예측하는 데 능숙하다면 우리는 Q 함수를 잘 근사하는 것을 지니게 될 것이다.

 우리는 $Q(s, a)$와 동일한 신경망을 통해 $Q(s', a')$을 추정한다. GAN과 마찬가지로 망의 학습에 변경되는 목표로 인해 일부 불안정성이 발생한다.

경험들의 배치인 $<s, a, r, s'>$가 주어졌을 때 훈련 과정은 다음과 같다.

1. 있음직한 모든 행동 a',(왼쪽, 오른쪽, 머무름)에 대해 신경망을 사용해 예상되는 미래 보상 $Q(s', a')$를 예측하자.
2. 세 예측 중 가장 높은 값을 최대 $Q(s', a')$로 선택한다.
3. $r + \gamma * \max Q(s', a')$를 계산한다. 이것이 신경망의 목푯값이다.

4. 손실함수를 사용해 신경망을 훈련한다. 손실함수는 예측값과 목푯값의 거리를 계산하는 함수다. 여기서 우리는 손실함수로 $0.5 *(predictedQ(s, a) - target)$을 사용할 것이다. 우리는 효과적으로 예측과 목표 사이의 제곱 오차를 최소화하고자 한다. 0.5라는 인자는 경사도를 더 좋게 만들기 위해 쓴 것이다.

게임 중에 모든 경험은 재생 기억에 저장된다. 이것은 $<s, a, r, s'>$ 쌍을 저장하는 간단한 버퍼처럼 작동한다. ExperienceReplay(경험 재생) 클래스는 훈련을 위한 데이터 준비 과정도 처리한다.

다음 코드를 확인하자.

```
class ExperienceReplay(object):                                         #1
    def __init__(self, max_memory=100, discount=.9):
        self.max_memory = max_memory                                    #2
        self.memory = []
        self.discount = discount

    def remember(self, states, game_over):                              #3
        self.memory.append([states, game_over])
        if len(self.memory) > self.max_memory:
            del self.memory[0]                                          #4

    def get_batch(self, model, batch_size=10):                          #5
        len_memory = len(self.memory)                                   #6
        num_actions = model.output_shape[-1]
        env_dim = self.memory[0][0][0].shape[1]

        inputs = np.zeros((min(len_memory, batch_size), env_dim))       #7
        targets = np.zeros((inputs.shape[0], num_actions))

        for i, idx in enumerate(np.random.randint(0, len_memory,
                                size=inputs.shape[0])):                 #8
            state_t, action_t, reward_t, state_tp1 =
                                        self.memory[idx][0]             #9
            game_over = self.memory[idx][1]

            inputs[i:i+1] = state_t                                     #10

            targets[i] = model.predict(state_t)[0]                      #11
```

```
            Q_sa = np.max(model.predict(state_tp1)[0])              #12

        if game_over:                                               #13
            targets[i, action_t] = reward_t
        else:
            targets[i, action_t] = reward_t + self.discount * Q_sa
    return inputs, targets
```

잠시 방금 만든 코드를 낱낱이 살펴보자.

1. 먼저 우리는 경험 재생 버퍼를 파이썬 클래스로 구현한다. 재생 버퍼 객체는 경험을 저장하고 학습 데이터를 생성한다. 따라서 재생 버퍼 객체는 Q 학습 알고리즘의 가장 중요한 부분을 구현해야 한다.

2. 재생 객체를 초기화하려면 버퍼의 크기와 할인율 γ를 알려야 한다. 재생 기억 자체는 이 구성표를 따르는 리스트들의 리스트다.

```
[...
[experience, game_over]
[experience, game_over]
...]
```

3. 이 안에서 experience는 경험 정보를 담고 있는 튜플이며 game_over는 이 단계 이후에 게임이 끝났는지 여부를 나타내는 이진 부울 값이다.

4. 우리가 새로운 경험을 기억하고 싶다면 이 튜플을 경험 목록에 추가한다. 경험을 무한히 저장할 수 없으므로 버퍼의 최대 길이를 초과하면 버퍼에서 가장 오래된 경험부터 삭제한다.

5. get_batch 함수를 사용하면 단일 배치의 훈련 데이터를 얻을 수 있다. $Q(s', a')$를 계산하려면 신경망이 필요하므로 우리는 함수를 사용하기 위해 케라스 모델을 전달한다.

6. 우리는 재생 버퍼에 얼마나 많은 경험을 저장했는지, 가능한 행동이 얼마나 많은지, 그리고 게임 상태가 얼마나 많은 차원을 가지고 있는지 알아야 한다.

7. 그러고 나서, 신경망을 훈련하려는 입력 및 표적에 대한 플레이스홀더 배열을 설정해야 한다.

8. 우리는 저장된 모든 경험을 표본으로 추출하거나 배치를 채울 때까지 경험 재생 순서를 무작위로 정해 반복한다.

9. 우리는 경험 데이터뿐만 아니라 game_over 표시자를 재생 버퍼로부터 적재한다.

10. 우리는 입력 행렬에 상태인 s를 추가한다. 나중에 모델은 이 상태에서 기대 보상으로 대응(mapping)하게 학습한다.

11. 그러고 나서, 모든 작업에 대한 기대 보상을 현재 모델에서 계산한 기대 보상으로 채운다. 이것은 우리의 모델이 다른 모든 행동에 대한 손실이 0이기 때문에 실제로 취해진 행동에 대해서만 훈련하게 한다.

12. 다음으로 우리는 $Q(s', a')$을 계산한다. 우리는 단지 다음 상태인 s', 즉 코드의 state_tp1에 대해 신경망이 기대 보상을 완벽하게 추정할 것이라고 가정한다. 망을 훈련함에 따라 이 가정이 서서히 현실이 된다.

13. 마지막으로 게임이 상태 S 이후에 종료된 경우, 행동으로부터 기대되는 보상 a는 받은 보상 r이어야 한다. 게임이 끝나지 않았다면, 기대 보상은 할인된 미래 기대 보상뿐만 아니라 받은 보상이어야 한다.

Q 학습 모델 정의

이제 캐치에 대한 Q 함수를 학습할 모델을 정의할 차례이다. 비교적 단순한 모델도 Q 함수를 잘 배울 수 있다는 것이 이미 밝혀졌다. 우리는 있음직한 행동 수와 격자 크기를 정의해야 한다. 세 가지 있음 직한 행동으로는 왼쪽으로 이동, 위치를 유지, 오른쪽으로 이동이 있다. 또한 게임은 10×10 픽셀로 된 격자에서 재생된다.

```
num_actions = 3
grid_size = 10
```

이것이 회귀 문제이므로 최종 계층에는 활성함수가 없으며 손실은 평균제곱오차손실이다. 우리는 모멘텀이나 그 밖의 도드라지는 부분을 사용하지 않고 확률적 경사 하강법만을 사용해 망을 최적화한다.

```
model = Sequential()
model.add(Dense(100, input_shape=(grid_size**2,), activation='relu'))
model.add(Dense(100, activation='relu'))
model.add(Dense(num_actions))
model.compile(optimizer='sgd', loss='mse')
```

캐치를 플레이하기 위한 훈련

Q 학습의 마지막 요소는 탐색(exploration, 탐험, 탐사)이다. 일상생활에서 매일 총총걸음으로 걷기만 하기보다는 때때로 더 좋은 것이 있는지를 알아내기 위해 이상한 방식으로 또는 마구잡이 방식으로 무언가를 해봐야 한다는 점을 알 것이다.

Q 학습도 마찬가지다. 항상 최상의 선택지만 선택한다면 탐색되지 않은 경로를 놓칠 수 있다. 이를 피하기 위해 학습자는 때때로 무작위 선택지를 선택할 필요가 있으며 최상인 것만 선택할 필요는 없다.

이제 우리는 훈련 방법을 정의할 수 있다.

```
def train(model,epochs):
    win_cnt = 0 #1
    win_hist = []

    for e in range(epochs): #2
        loss = 0.
        env.reset()
        game_over = False
        input_t = env.observe()

        while not game_over: #3
            input_tm1 = input_t #4
            if np.random.rand() <= epsilon: #5
                action = np.random.randint(0, num_actions, size=1)
            else:
                q = model.predict(input_tm1) #6
                action = np.argmax(q[0])

            input_t, reward, game_over = env.act(action) #7
            if reward == 1:
                win_cnt += 1
            exp_replay.remember([input_tm1, action, reward, input_t],
                                game_over) #8

            inputs, targets = exp_replay.get_batch(model,
                                        batch_size=batch_size) #9

            batch_loss = model.train_on_batch(inputs, targets)

            loss += batch_loss
        win_hist.append(win_cnt)
    return win_hist
```

진도를 더 빼기 전에 코드를 분석해 현재 수행 중인 작업을 점검해 보자.

1. 우리는 Q 학습기의 진행 상황을 추적하기 위해 모델이 승리한 경우를 시간의 흐름별로 계산한다.
2. 우리는 이제 epoch 인수로 지정한 횟수만큼 게임을 여러 번 플레이한다. 게임 시작 시 먼저 게임을 재설정하고 game_over 표시자를 False로 설정하고 게임의 초기 상태를 관찰한다.
3. 그리고 나서 게임이 끝날 때까지 게임이 프레임 단위로 플레이된다.
4. 프레임 사이클이 시작되면 이전에 관찰된 입력을 시간 t에서 1을 뺀 입력인 input_tm1로 저장한다.
5. 이제 탐험 부분이 온다. 우리는 0과 1 사이의 난수를 그린다. 숫자가 엡실론보다 작으면 마구잡이 행동(random action, 무작위 행동, 임의 행동)을 선택한다. 이 기술은 "엡실론 탐욕(epsilon greedy)"이라고도 부르는데, 우리는 엡실론 확률로 행동을 마구잡이로 선택하고 그렇지 않으면 가장 높은 보상을 약속하는 행동을 탐욕스럽게 선택하기 때문에 엡실론 탐욕이라고 부르는 것이다.
6. 마구잡이가 아닌 방식으로 행동을 선택하면 신경망에서 모든 행동에 대한 기대 보상을 예측할 수 있다. 우리는 그러고 나서 가장 높은 보상을 받을 행동을 선택한다.
7. 우리는 이제 우리가 선택한 행동이나 마구잡이 행동을 하고 새로운 상태와 보상과 게임이 끝났는지에 대한 정보를 관찰한다. 이 게임은 우리가 이기면 10이라는 보상을 주므로 결국 우리는 승리 횟수를 늘려야 한다.
8. 우리는 새로 경험한 내용을 경험 재생 버퍼에 저장한다.
9. 그리고 나서, 경험 재생 버퍼로부터 훈련용 배치를 새로 표본추출하고 해당 배치를 학습하게 한다.

다음 그래프는 성공적인 게임의 이동평균(rolling mean)을 보여준다. 약 2,000에포크에 걸쳐 훈련했다면 신경망이 캐치 게임을 꽤 잘해야 한다.

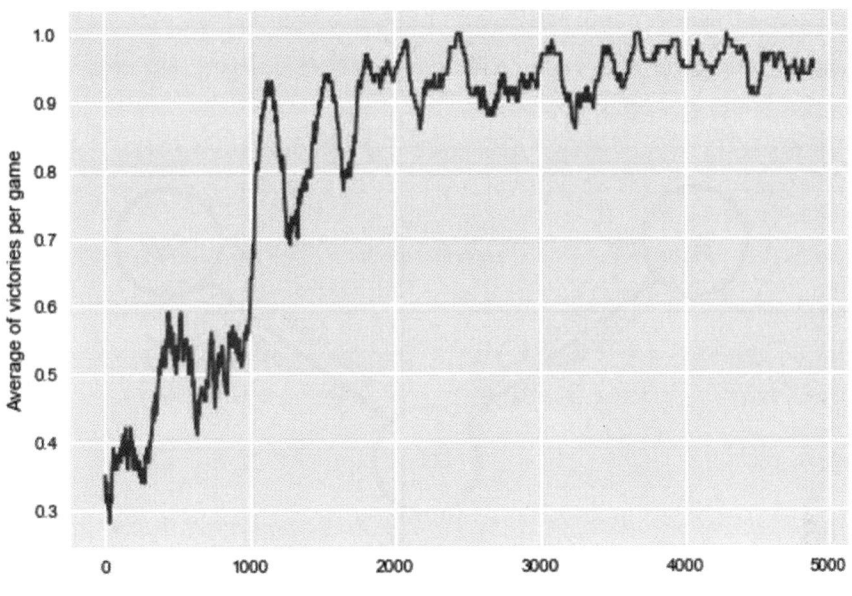

캐치 게임을 하는 Q 학습 신경망의 진행 상황[1]

앞의 그래프를 보면 5,000 에포크를 거친 후의 게임당 평균 승률이 90%에서 100% 사이이므로 첫 번째 강화학습 시스템을 성공적으로 만들었다고 말해도 될 것 같다. 다음 단원에서 우리는 강화학습의 이론적 기초를 탐구하고, 캐치를 플레이하는 방법을 학습하는 데 쓴 시스템과 동일한 시스템이 선물 시장에서 주문 경로를 지정하는 방법도 학습할 수 있게 하는 방법을 알아본다.

마르코프 과정 및 벨만 방정식: 강화학습에 대한 공식적인 소개

유구한 역사를 따라 이어진 현대 딥러닝이 더 많은 GPU를 사용해 정량적으로 금융 처리를 하는 일로 이어지고 있는데, 강화학습의 이론적 토대는 마르코프 모형이다.

 이번 단원을 학습하려면 약간의 수학적 배경지식이 필요하다. 이게 어렵다면 빅터 포웰(Victor Powell)이 아름답게 가시화해서 소개한 내용이 있으니 참고하기 바란다(http://setosa.io/ev/markov-chains/).

애널리틱스 비드햐(Analytics Vidhya)라는 웹 사이트에서 더 공식적이면서도 오히려 더 간단한 소개를 볼 수 있다(https://www.analyticsvidhya.com/blog/2014/07/markov-chain-simplified/).

---

1 (옮긴이) Average of victories per game → 게임당 승리한 횟수의 평균

마르코프 모형은 특정 상태로 종료될 확률이 순전히 현재의 상태에 의존하는 서로 다른 상태 간의 확률 과정(stochastic process)을 설명하는데, 여러분은 다음 그림에서 주식에 대한 권장 사항을 설명하는 간단한 마르코프 모형을 볼 수 있다.

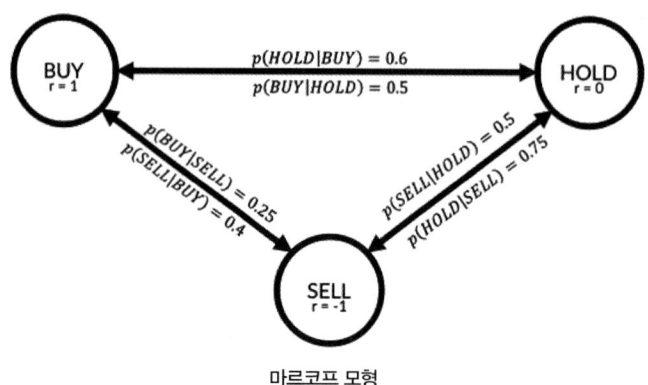

마르코프 모형

보다시피 이 모델에는 BUY(매수), HOLD(보유), SELL(매도)이라는 세 가지 상태가 있다. 모든 두 가지 상태 간에는 전이 확률(transition probability)이 있다. 예를 들어, 이전 회전(round)에서 HOLD를 권장 받았다면, 이번에 상태가 BUY를 권장 받을 가능성은 p(BUY | HOLD)로 설명되며, 이는 0.5와 같다. 현재 HOLD에 있는 주식이 다음 어림에서 BUY로 옮길 확률은 50%다.

상태는 보상과 관련이 있다. 주식을 소유하고 있고 해당 주식에 BUY 추천이 있다면 주가가 오를 테고 여러분은 1에 해당하는 보상을 받을 것이다. 주식을 매도하라는 추천을 받았다면 −1에 해당하는 부정적인 보상, 즉 처벌을 받는다.

 일부 교과서에서는 보상은 상태 그 자체가 아니라 상태 전이와 관련이 있다고 본다. 이 둘은 수학적으로 동등한 것으로 밝혀졌으며 편리하게 표기하기 위해 여기서 우리는 보상을 상태와 연관시킨다.

마르코프 모형에서 에이전트(agent, 행위자)는 일반적으로 π(s, a)로 표시되는 정책을 따를 수 있다. 정책은 s 상태에 있을 때 a 행동을 취할 확률을 설명한다. 여러분이 트레이더로서 주식을 소유하고 있는데, 그 주식에 대해 매도하라는 추천을 받는다고 하자. 이번 경우에 여러분은 50% 상승 시 주식을 매도하고, 30% 상승 시 주식을 보유하고, 20% 상승 시 주식을 더 매수할지도 모른다. 다시 말해서, SELL 상태에서 여러분이 취한 정책을 다음과 같이 설명할 수 있다.

$$\pi(SELL, sell) = 0.5$$
$$\pi(SELL, hold) = 0.3$$
$$\pi(SELL, buy) = 0.2$$

일부 트레이더는 더 나은 정책을 가지고 있어서 어떤 상태일 때는 그 밖의 사람들보다 더 많은 돈을 벌 수 있다. 따라서 상태 s의 값은 정책 π에 따라 달라진다. 가치 함수 V는 정책 π를 따르는 경우의 상태 값 s를 나타낸다. 이는 정책 π가 준수될 때 상태 s에서 예상되는 수익이다.

$$V^\pi(s) = \mathbb{E}_\pi[R_t \mid s_t = s]$$

기대 수익(expected return)은 즉석 보상에 할인된 미래 보상을 더한 값이다.

$$R_t = r_{t+1} + \gamma * r_{t+2} + \gamma^2 * r_{t+3} + \gamma^3 * r_{t+3} = \sum_{k=0}^{\infty} \gamma^k * r_{t+k+1}$$

강화학습에서 자주 사용되는 그 밖의 가치 함수는 이전 단원에서 이미 본 적이 있는 함수인 $Q(s, a)$다. Q는 정책 π를 따르는 경우에 s 상태에서 a 행동을 취할 때 기대되는 수익을 설명한다.

$$Q^\pi(s, a) = \mathbb{E}[R_t \mid s_t = s, a_t = a]$$

> 우리는 환경과 행동이 확률적이므로 기댓값(expected value)을 사용한다. 우리는 우리가 특정한 상태에 도달할 것인지를 확실히 말할 수는 없고, 단지 확률을 부여할 수 있을 뿐이다.

Q와 V는 같은 것을 설명한다. 우리가 어떤 상태에 처해 있다면 어떻게 해야 하는가? V는 찾아야 할 상태를 추천하는 데 쓰이고, Q는 취해야 할 행동을 추천하는 데 쓰인다. 물론 V는 우리가 어떤 행동을 취해야 한다는 점을 암시적으로 가정하고, Q는 우리가 한 행동의 결과가 어떤 상태에 도달하고 있다고 가정한다. 실제로 Q와 V는 모두 이른바 벨만 방정식(Bellman equation)에서 파생되었으므로 우리는 이번 단원의 시작 부분에 나온 마르코프 모형으로 다시 돌아가게 된다.

만약 여러분이 운영하는 환경이 마르코프 모형으로 묘사될 수 있다고 가정한다면, 여러분은 정말로 두 가지를 알고 싶을 것이다. 첫째로 상태 전이확률(state transition probabilities, 상태 추이확률)을 알고 싶을 것이다. 여러분이 상태 s에 있으면서 행동 a를 했을 때 상태 s'에서 얻을 수 있는 기회인 $\mathcal{P}_{ss'}^a$는 무엇일까? 수학적으로 이는 다음과 같다.

$$\mathcal{P}_{ss'}^a = Pr(s_{t+1} = s' \mid s_t = s, a_t = a)$$

마찬가지로, 여러분은 상태 s에서 행동 a를 해서 상태 s'에 이르렀을 때 기대되는 보상인 $\mathcal{R}_{ss'}^a$에도 관심을 갖게 될 것이다.

$$\mathcal{R}_{ss'}^a = \mathbb{E}[r_{t+1} \mid s_t = s, s_{t+1} = s', a_t = a]$$

이를 염두에 두고 우리는 이제 Q와 V에 대한 두 가지 벨만 방정식을 도출할 수 있다. 첫째, 우리는 Rt에 대한 실제 공식을 포함하게 V를 설명하는 방정식을 다시 작성한다.

$$V^\pi = \mathbb{E}_\pi\left[\sum_{k=0}^{\infty} \gamma^k * r_{t+k+1} \mid s_t = s\right]$$

우리는 합계에서 첫 번째 보상을 가져올 수 있다.

$$V^\pi(s) = \mathbb{E}_\pi\left[r_{t+1} + \gamma * \sum_{k=0}^{\infty} \gamma^k * r_{t+k+2} \mid s_t = s\right]$$

우리가 기대하는 첫 번째 부분은 우리가 상태 s에서 직접 받는 기대 보상과 다음과 같은 정책 π다.

$$\mathbb{E}_\pi[r_{t+1} \mid s_t = s] = \sum_a \pi(s,a) \sum_{s'} \mathcal{P}_{ss'}^a \mathcal{R}_{ss'}^a$$

위의 방정식은 중첩 합계를 보여준다. 먼저, 우리는 정책 π 하에서 발생 가능성에 근거해 가중된 모든 행동 a를 합산한다. 각 행동에 대해 우리는 전이 확률 P에 이어서 전환이 일어날 확률에 의해 가중된 행동 a에 의해서 상태 s에서 다음 상태인 s'으로 이행하는 경우의 보상 R의 분포를 합산한다.

우리가 기대하는 두 번째 부분은 다음과 같이 다시 쓸 수 있다.

$$\mathbb{E}_\pi\left[\gamma \sum_{k=0}^{\infty} \gamma^k r_{t+k+2} \mid s_t = s\right] = \sum_a \pi(s,a) \sum_{s'} \mathcal{P}_{ss'}^a \gamma \mathbb{E}_\pi\left[\sum_{k=0}^{\infty} \gamma^k r_{t+k+2} \mid s_{t+1} = s'\right]$$

상태 s 이후의 미래 보상에 대한 기대 할인 가치는 모든 상태 s'의 할인된 기대 미래 가치로, 발생 확률 P에 의해 가중되고, 정책 π를 따라 취해지는 행동의 확률로 가중된다.

이 공식은 한 입 거리밖에 안 되지만, 가치 함수의 재귀적 특성을 엿볼 수 있게 해준다. 이제 우리가 가치 함수의 기댓값을 대체하면 공식이 더 명확해진다.

$$V^\pi(s) = \sum_a \pi(s,a) \sum_{s'} \mathcal{P}^a_{ss'} \left[\mathcal{R}^a_{ss'} + \gamma \mathbb{E}_\pi \left[\sum_{k=0}^{\infty} \gamma^k r_{t+k+2} \Big| s_{t+1} = s' \right] \right]$$

안쪽의 기댓값은 다음 단계(next step)에서의 s'에 대한 가치 함수를 나타낸다! 즉, 기댓값을 가치 함수 $V(s')$으로 바꿀 수 있다.

$$V^\pi(s) = \sum_a \pi(s,a) \sum_{s'} \mathcal{P}^a_{ss'} \left[\mathcal{R}^a_{ss'} + \gamma V^\pi(s') \right]$$

동일한 논리를 따른다면, 우리는 다음과 같이 Q 함수를 끌어낼 수 있다.

$$Q(s,a) = \sum_{s'} \mathcal{P}^a_{ss'} \left[\mathcal{R}^a_{ss'} + \gamma Q^\pi(s', a') \right]$$

축하한다. 여러분은 지금 막 벨만 방정식을 유도했다! 이제 잠시 숨을 들이쉬고 나서 잠깐 숙고하면서 이러한 방정식의 역학을 실제로 이해해야 한다. 핵심 아이디어는 어떤 상태 한 개의 가치를 다른 상태의 가치로 표현할 수 있다는 것이다. 오랫동안 벨만 방정식을 최적화하기 위한 기본 접근 방식은 기본 마르코프 모형과 상태 전이 및 보상 확률 모형을 구축하는 방식이었다.

그러나 재귀 구조(recursive structure, 축차 구조)에는 동적 계획법(dynamic programming)이라는 기술이 필요하다.[2] 동적 계획법의 기본 개념은 복잡한 문제를 이보다 더 쉬운 하위 문제로 쪼개어 해결하자는 것이다. 우리는 캐치 예제에서 이미 이렇게 하는 경우를 본 적이 있다. 그때 우리는 게임을 끝낸 상태들을 제외하고 $Q^\pi(s', a')$를 추정하기 위해 신경망을 사용했다. 이러한 게임의 경우, 상태와 관련된 보상을 찾는 것은 쉽다. 이런 보상은 게임이 끝날 때 받는 최종 보상이기 때문이다. 신경망이 처음으로 함수 Q의 정확한 추정량(estimation)을 전개해 낸 부분이 바로 이런 상태들이었다. 이를 바탕으로 신경망은 게임을 돌이켜 보면서, 게임의 종료 시에도 알기 어려웠 상태들의 가치를 학습할 수 있게 된 것이다. 이 동적 계획법과 모델 프리(model-free, 모델 무관, 모델 독립) 접근 방식이 강화학습에 더 많이 적용될 수 있다.

---

[2] (옮긴이) 축차 구조란 이전에 나온 결과 그 이후에 나온 결과에 영향을 끼치고, 이런 일이 누적되어 가는 구조를 말한다. 참고로 dynamic programming을 음차하여 '다이내믹 프로그래밍'이라고 부르는 경우가 최근에 나타났는데, 여기에 쓰이는 programming이라는 단어의 의미는 '컴퓨터용 프로그램을 작성한다'는 뜻이 아니라 '계획을 짠다'는 뜻이므로, 오래전부터 쓰인 '동적 계획법'이라는 말이 정확한 번역어이다.

이 이론적 토대를 사용해 여러 종류의 시스템을 구축해 보기 전에 벨만 방정식을 경제학에 적용하는 일을 간단히 살펴보자. 여기에서 논의된 작업에 익숙한 독자는 벨만 방정식에 대한 심층적인 이해를 돕기 위해 사용할 수 있는 참조점을 찾을 수 있다. 이러한 작업에 익숙하지 않은 독자들은 이번 장에서 전반적으로 논의한 기법에 대해 더 읽을 만한 자료를 찾을 수 있을 것이고 어떻게 응용하면 되는지에 대한 영감을 얻을 수 있을 것이다.

경제학 분야의 벨만 방정식

1954년에 벨만 방정식이 경제학에 처음 적용된 반면에, 로버트 C. 머튼(Robert C. Merton)의 1973년 기사인 *"An Intertemporal Capital Asset Pricing Model"*(http://www.people.hbs.edu/rmerton/Intertemporal%20Capital%20Asset%20Pricing%20Model.pdf)은 아마도 가장 잘 알려진 응용 사례일 것이다. 머튼은 벨만 방정식을 사용해 기존 CAPM 모델과 달리 지속해서 작동하며 투자 기회의 변화를 설명할 수 있는 자본자산 가격 책정 모형(capital asset pricing model)을 개발했다.

벨만 방정식에 나오는 축차(recursiveness)란 말은 축차경제학(recursive economics)에서도 쓰이는 말로서, 이 말은 축차경제학의 하위 분야에 영감을 주었다. 낸시 스토키(Nancy Stokey), 로버트 루카스(Robert Lucas), 에드워드 프레스콧(Edward Prescott)이 1989년에 쓴 책인 *"Recursive Methods in Economic Dynamics"*(http://www.hup.harvard.edu/catalog.php?isbn=9780674750968)는 영향력 있는 책으로서, 경제이론의 문제점을 해결하기 위해 축차적 접근을 적용했다. 이 책은 다른 사람들에게 축차경제학을 사용해 주인-대리인 문제(principal-agent problem, 본인-대리인 문제)에서 최적 경제성장(optimal economic growth) 문제에 이르기까지 광범위한 경제 문제를 해결하도록 영감을 주었다.

애비너시 딕시트(Avinash Dixit)와 로버트 핀다이크(Robert Pindyck)는 1994년에 펴낸 저서인 *"Investment Under Under Uncertainty"*(https://press.princeton.edu/titles/5474.html)에서 자본예산(capital budgeting)에 성공적으로 접근하는 방법을 개발하고 적용했다. 패트릭 앤더슨(Patrick Anderson)은 2009년에 쓴 논문 *"The Value of Private Businesses in the United States"*(https://www.andersonenomicgroup.com/the-value-of-private-businesses-in-the-united-states/)에서 민간사업의 가치를 추정하는 데 적용했다.

축차경제학에는 여전히 이 학문에 필요한 엄청난 계산력 등의 다양한 문제가 있지만, 과학의 유망한 하위 분야다.

우위 연기자-비평가 모델들

이전 단원에서 보았듯이, Q 학습은 아주 유용하지만 단점이 있다. 예를 들어, 각 행동에 대한 Q 값을 추정해야 하므로 불연속이고 제한된 행동 집합이 있어야 한다. 행동 공간이 연속적이거나 매우 큰 경우라면 어떻게 해야 할까? 강화학습 알고리즘을 사용해 주식 포트폴리오를 구축한다고 가정해 보자.

이번 경우에는 주식이라는 유니버스(universe, 투자 대상 자산, 투자 대상 주식)가 AMZN과 AAPL의 두 주식만으로 구성되어 있어도 10% AMZN 및 90% AAPL, 11% AMZM 및 89% AAPL 같은 방식으로 균형을 잡는 방식은 아주 많다. 여러분의 유니버스가 커지면 주식을 결합할 수 있는 방법이 폭발적으로 증가한다.

그러한 행동 공간에서 선택할 수 있는 해결책이라면 정책 π를 직접 배우는 방법을 들 수 있다. 일단 정책을 배우면 정책에 어떤 상태를 부여할 수 있고, 그러면 정책은 행동 분포를 되돌려 줄 것이다. 이 말은 여러분의 행동들도 확률적이라는 것을 의미한다. 확률적 정책(stochastic policy)은 특히 게임 이론 구성에 장점이 있다.

여러분이 가위바위보 놀이를 하고 있는데, 결정적 정책(deterministic policy)을 따르고 있다고 상상해 보자. 여러분이 바위를 선택하는 정책을 펼친다면 여러분은 항상 바위를 낼 것이고, 그러면 얼마 가지 않아 여러분의 상대방은 여러분이 항상 바위를 낸다는 점을 알게 될 것이므로 여러분은 항상 지게 될 것이다. 비협조적인 게임의 해결책인 내시 평형(Nash equilibrium)을 따른다면 '가위바위보' 놀이를 할 때 행동을 마구잡이 방식으로 취한다. 확률적 정책만이 그렇게 할 수 있다.

정책을 학습하게 하려면 정책과 관련된 경사도를 계산할 수 있어야 한다. 대다수 사람들의 예상과 다르게 정책은 미분 가능하다. 이번 단원에서는 단계별로 정책 경사도를 구축하고 이를 사용해 지속적인 제어를 위한 우위 연기자-비평가 모델(advantage actor-critic model, A2C model, 어드밴티지-액터-크리틱 모델)을 작성한다.

정책 미분 과정에서 첫 번째 부분은 우리가 정책 π를 따르는 것이 아니라 특정 행동 a를 선택함으로써 지니게 되는 이점을 살펴보는 것이다.

$$A(s,a) = Q_\pi(s,a) - V^p i(s)$$

상태 s에서 하는 행동 a의 우위는 s에서 a를 실행하는 값에서 정책 π에 따라 s의 값을 뺀 값이다. 우리는 정책 π가 얼마나 좋은지를 시작 상태 s_0의 기댓값을 나타내는 함수 $J(π)$와 비교해서 측정한다.

$$J(\pi) = \mathbb{E}_p s_0[V(s_0)]$$

이제 정책의 경사도를 계산하려면 정책 경사도 공식에 따른 기대치를 볼 수 있게 두 단계를 수행해야 한다.

$$\nabla_\theta J(\pi) = \mathbb{E}_{s \sim p^\pi, a \sim \pi(s)}[A(s,a).\nabla_\theta \pi(a|s)]$$

먼저 $A(s, a)$를 사용해 주어진 행동 a의 우위(advantage, 이점)를 계산해야 한다. 그러고 나서, a가 정책 π에 따라 선택될 확률 $π(a | s)$의 증가와 관련해 신경망 가중치 $\nabla\theta$의 미분을 계산해야 한다.

양의 우위(positive advantage)가 있는 행동인 $A(s, a)$인 경우, 우리는 더 가능성이 높은 경사도를 따른다. 음의 우위(negative advantage)가 있는 행동의 경우, 우리는 정확히 반대 방향으로 간다. 우리의 기댓값은 모든 상태와 모든 행동에 대해 이 일을 하고 있다는 점을 말해 준다. 실제로 우리는 행동들의 우위를 증가된 가능도에 대한 경사도들과 수작업으로 곱한다.

우리가 생각해 보아야 할 한 가지는 우위를 계산하는 방법이다. 행동의 가치는 행동의 결과로 직접 얻은 보상과 그 행동을 취한 후에 우리가 발견한 상태 가치로 나타낼 수 있다.

$$Q(s,a) = r + \gamma V(s')$$

따라서 우리는 우위를 계산할 때 $Q(s, a)$를 대체할 수 있다.

$$A(s,a) = Q(s,a) - V(s) = r + \gamma V(s') - V(s)$$

V를 계산하는 것이 정책 경사도를 계산하는 데 유용한 것으로 밝혀지면서 연구원들은 A2C 아키텍처를 고안했다. 이 아키텍처는 V와 π를 모두 학습하는 두 개의 머리가 있는 단일 신경망 꼴로 되어 있다. 이 아키텍처에서는 두 개의 머리가 가중치를 공유하게 하여 두 가지 함수를 학습할 수 있게 하고 있으므로, 환경 속에서 어떤 함수들을 추출해 내야 하는 경우에 훈련 속도를 높일 수 있으며, 그렇기 때문에 유용하다.

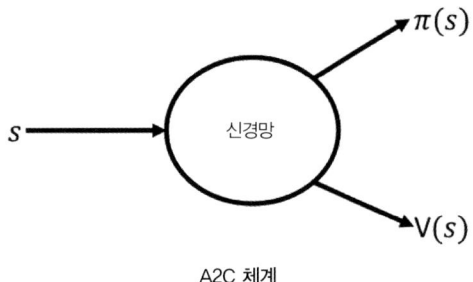

A2C 체계

고차원 이미지 데이터에서 작동하는 에이전트(예: 가치 함수인 $V(s)$와 정책 함수인 $\pi(s)$로 나타낸 머리 부분)를 훈련하는 경우에, 에이전트는 이미지를 해석하는 방법을 학습해야 한다. 가중치들을 공유하면 일반적인 작업에 숙달하는 데 도움이 된다. 저차원 데이터에 대해 학습하는 경우에 가중치를 공유하지 않는 편이 더 합리적일 수 있다.

행동 공간이 연속적이면 π는 두 개의 출력(평균 μ 및 표준편차 σ)으로 표시된다. 이것은 우리가 오토인코더에 대해 했던 것처럼 학습된 분포에서 표본을 추출할 수 있게 해준다.

A2C 접근 방식의 일반적인 변형은 A3C(asynchronous advantage actor-critic, 비동기 우위 연기자-비평가)다. A3C는 A2C와 똑같은 것이기는 하지만, 훈련 시에 여러 에이전트가 병렬적으로 시뮬레이션된다는 점이 다르다. 이는 더 독립적인 데이터를 수집할 수 있다는 뜻이기도 하다. 지나치게 상관성을 띠는 사례들이 모델을 특정 상황에만 적합하게(적응하게) 되어 버리면서 그 밖의 상황을 간과하게 할 수 있으므로 상호 독립적인 데이터가 중요하다.

A3C와 A2C는 모두 같은 원리에 따라 동작하며, A3C를 써서 병렬 게임 플레이를 구현하면 몇 가지 복잡성이 발생해 실제 알고리즘을 이해하기 어려워지므로, 다음 예제에서 우리는 A2C를 사용할 것이다.

균형을 향한 학습

이번 단원에서는 A2C 모델을 사용해 진자를 흔들어 균형을 잡아볼 생각이다.

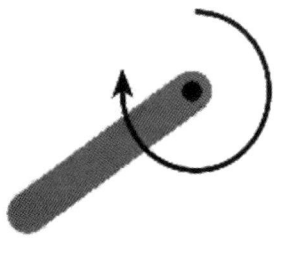

진자 체육관

진자(pendulum, 흔들이)는 어느 방향으로든 적용할 수 있는 회전력에 의해 제어된다. 위의 도표에서 힘이 가해지고 있음을 나타내는 화살표를 볼 수 있다. 제어는 연속적이며, 에이전트는 다소의 힘을 가할 수 있다. 동시에, 힘은 양의 힘과 음의 힘으로 양방향으로 적용될 수 있다.

이 비교적 간단한 제어 작업은 연속 제어의 유용한 예인데, 주식 거래 작업으로 쉽게 확장할 수 있다. 또한 작업을 시각화해 함정을 포함한 알고리즘 학습 방식을 직관적으로 파악할 수 있다.

 새로운 알고리즘을 구현할 때 가시화할 수 있는 작업을 시도해 보자. 고장을 데이터로 파악하기보다는 미묘하게 시각적으로 파악하기가 더 쉽다.

진자 환경은 강화학습 알고리즘을 훈련하기 위해 만들어진 게임 모음인 OpenAI Gym의 일부다. 다음과 같이 명령줄을 통해 설치할 수 있다.

```
pip install gym
```

 게임 제품군에 대한 자세한 내용은 http://gym.openai.com/을 참조하자.

시작하기 전에 우리는 먼저 가져오기(import)를 수행해야 한다.

```
import gym                                          #1

import numpy as np                                  #2

from scipy.stats import norm                        #3
from keras.layers import Dense, Input, Lambda
from keras.models import Model
from keras.optimizers import Adam
from keras import backend as K

from collections import deque                       #4
import random
```

새로 가져온 것이 많으므로 하나씩 살펴보자.

1. OpenAI의 gym은 강화학습 알고리즘을 개발하기 위한 툴킷이다. 진자를 제어하는 일처럼 고전적인 제어 작업부터 아타리 게임 및 로봇 시뮬레이션에 이르기까지 다양한 게임 환경을 제공한다.
2. gym은 넘파이(numpy) 배열을 통해 인터페이스된다. 상태, 행동 및 환경은 모두 넘파이 호환 형식으로 표시된다.
3. 우리가 구축할 신경망은 상대적으로 작은 신경망으로, 함수형 API를 기반으로 한다. 우리는 다시 한번 분포를 학습하게 해야 하므로 SciPy의 norm을 사용해야 한다. 이것은 어떤 벡터의 기준(norm)을 취하는 데 도움이 된다.
4. deque는 최대 길이를 편리하게 관리할 수 있는 매우 효율적인 파이썬 데이터 구조다. 더 이상 경험을 수작업으로 제거하지 않아도 된다! 우리는 파이썬의 random 모듈을 사용해 deque로부터 무작위로 표본을 추출할 수 있다.

이제 에이전트를 빌드할 차례이다. 다음 메서드는 모두 A2CAgent 클래스를 형성한다.

```
def __init__(self, state_size, action_size):

    self.state_size = state_size             #1
    self.action_size = action_size
    self.value_size = 1


    self.exp_replay = deque(maxlen=2000)     #2


    self.actor_lr = 0.0001                   #3
    self.critic_lr = 0.001
    self.discount_factor = .9


    self.actor, self.critic = self.build_model()   #4


    self.optimize_actor = self.actor_optimizer()   #5
    self.optimize_critic = self.critic_optimizer()
```

코드를 단계별로 살펴보자.

1. 먼저 우리는 게임 관련 변수를 정의해야 한다. 상태 공간 크기 및 행동 공간 크기는 게임이 자체적으로 제공한다. 진자의 상태들은 진자의 각도에 따라 세 가지 변수로 구성된다. 한 가지 상태는 세타의 사인, 세타의 코사인 및 각속도로 구성된다. 한 가지 상태의 값은 단일 스칼라 형식이다.
2. 다음으로 경험 재생 버퍼(experience replay buffer)를 설정해 최대 2,000개 상태를 저장할 수 있다. 더 큰 강화학습 경험 (대개 약 500만 가지 경험)이 있다면 훨씬 더 큰 재생 버퍼가 필요하지만, 이번 작업에는 2,000가지 경험이 수행된다.

3. 우리가 신경망을 훈련할 때는 몇 가지 하이퍼파라미터를 설정해야 한다. 연기자(actor, 액터)와 비평가(critic, 크리틱)가 가중치를 공유하더라도 연기자의 학습속도는 일반적으로 비평가의 학습속도보다 낮아야 한다. 연기자를 훈련하는 정책 경사도가 더 변동적이기 때문이다. 또한 우리는 할인율인 γ를 설정해야 한다. 강화학습의 할인율은 일반적인 금융 할인율과는 다르게 적용된다. 금융에서는 미래가치를 '1+할인계수'로 나누어 할인한다. 강화학습에서는 할인율을 곱한다. 따라서 할인율 γ가 높을수록 미래 가치가 덜 할인됨을 의미한다.

4. 실제로 모델을 만들기 위해 우리는 다음에 논의할 별도의 방법을 정의한다.

5. 연기자와 비평가를 위한 최적화기는 맞춤형 최적화기다. 우리는 이를 정의하기 위한 함수를 따로 만든다. 최적화기 자체는 훈련 시간에 호출할 수 있는 함수다.

```
def build_model(self):
    state = Input(batch_shape=(None, self.state_size))          #1

    actor_input = Dense(30,                                      #2
                        activation='relu',
                        kernel_initializer='he_uniform') (state)

    mu_0 = Dense(self.action_size,                               #3
                 activation='tanh',
                 kernel_initializer='he_uniform') (actor_input)

    mu = Lambda(lambda x: x * 2) (mu_0)                          #4

    sigma_0 = Dense(self.action_size,                            #5
                    activation='softplus',
                    kernel_initializer='he_uniform') (actor_input)

    sigma = Lambda(lambda x: x + 0.0001) (sigma_0)               #6

    critic_input = Dense(30,                                     #7
                         activation='relu',
                         kernel_initializer='he_uniform') (state)

    state_value = Dense(1, kernel_initializer='he_uniform') (critic_ input)   #8

    actor = Model(inputs=state, outputs=(mu, sigma))             #9
    critic = Model(inputs=state, outputs=state_value)            #10
```

```
    actor._make_predict_function()                                              #11
    critic._make_predict_function()

    actor.summary()                                                             #12
    critic.summary()

    return actor, critic                                                        #13
```

위 함수로 우리는 케라스 모델을 구성한다. 함수가 무척 복잡하므로 하나씩 살펴보자.

1. 우리가 함수형 API를 사용하고 있으므로 우리는 연기자와 비평가에게 상태를 제공하기 위해 사용할 입력 계층 하나를 정의해야 한다.

2. 연기자에는 연기자 가치 함수에 대한 입력으로 숨겨진 첫 번째 계층이 있다. 이 계층에는 30개의 은닉 유닛과 relu 활성함수가 있다. 이 함수는 he_uniform이라는 이니셜라이저(initializer, 초기화기)에 의해 초기화된다. 이 이니셜라이저는 기본 glorot_uniform 이니셜라이저와는 조금 다르다. he_uniform 이니셜라이저는 한계가 $\pm\sqrt{6/i}$인 균일분포에서 이끌어 낸 것으로, 여기서 i는 입력 차원을 의미한다. 기본 글로롯 균일 표본(glorot uniform samples)은 $\pm\sqrt{6/(i+o)}$라는 한계를 지닌 균일분포에서 추출되며, 이때 o는 출력 차원이다. 이 둘의 차이는 다소 작지만, he_uniform 이니셜라이저는 가치 함수와 정책을 배우는 데 더 효과적이다.

3. 진자의 활동 공간은 −2에서 2까지다. 우리는 −1에서 1까지로 정칙화되어 있는 tanh 활성화를 사용하고 나중에 척도를 다시 구성한다.

4. 행동 공간의 척도(scale, 눈금)를 수정하기 위해 이번에는 tanh 함수의 출력에 2를 곱한다. 람다 계층(Lambda layer)을 사용해 우리는 계산 그래프에서 이러한 함수를 수작업으로 정의할 수 있다.

5. 표준편차 값이 음수여서는 안 된다. softplus 활성은 원칙적으로 relu와 비슷하지만, 가장자리가 부드럽다.

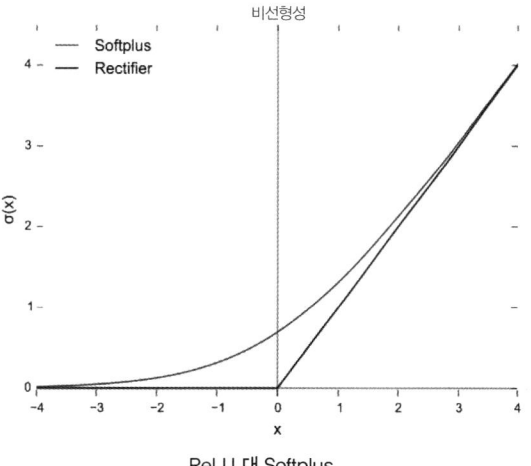

ReLU 대 Softplus

6. 표준편차가 0이 되지 못하게 우리는 아주 작은 상수를 추가한다. 다시 우리는 이 작업을 위해 Lambda 계층을 사용한다. 또한 모델이 추가된 상수를 인식하므로 경사도가 올바르게 계산된다.

7. 비평가는 또한 자신의 가치 함수를 계산하기 위한 은닉 계층이 있다.

8. 상태 값은 단일 스칼라 형식이며 임의의 값을 지닐 수 있다. 따라서 값 머리에는 하나의 출력과 하나의 선형(즉, 기본값과 활성함수)만 있다.

9. 우리는 평균 μ 및 표준편차 σ로 표현된 상태에서 정책으로 매핑할 연기자를 정의한다.

10. 우리는 어떤 상태를 해당 상태의 값으로 매핑할 비평가를 정의한다.

11. A2C에는 꼭 필요한 것은 아니지만 비동기 A3C(asynchronous A3C) 방식으로 에이전트를 사용하려면 예측 가능 특징들로 이뤄진 스레딩을 안전하게 만들어야 한다. 케라스는 predict()를 처음 호출할 때 GPU에 모델을 적재한다. 여러 스레드에서 모델을 적재하게 되면 문제가 발생할 수 있다. _make_ predict_function()은 모델이 이미 GPU나 CPU에 적재되어 있는지 확인하고 여러 스레드에서도 예측할 준비가 되어 있는지를 확인한다.

12. 디버깅을 하기 위해 우리는 모델을 요약해 프린트한다.

13. 마지막으로 모델을 반환한다.

이제 우리는 연기자에 대한 최적화기(optimizer, 옵티마이저)를 만들어야 한다. 연기자는 정책 경사도에 따라 최적화하는 사용자 정의 최적화기를 사용한다. 그렇지만 옵티마이저를 정의하기 전에 우리는 먼저 정책 경사도의 마지막 부분을 살펴봐야 한다. 정책 경사도가 가중치들의 경사도인 $\nabla \theta \pi (a \mid s)$, 즉 행동 a를 더할 가능성을 나타내는 것에 어떻게 의존했는지를 기억하자. 케라스로 이 도함수를 계산할 수 있지만 케라스에 정책 π 값을 제공해야 한다.

이를 위해 확률밀도함수(probability density function)를 정의해야 한다. π는 평균 μ 및 표준편차 σ를 갖는 정규분포이므로 확률밀도함수 f는 다음과 같다.

$$f\left(x; \mu, \sigma^2\right) = \frac{1}{\sqrt{2\pi\sigma^2}} * e^{\frac{-(a-\mu)^2}{2\sigma}}$$

이 항에서 π는 정책이 아니라 상수 3.14…를 나타낸다. 우리는 나중에 이 확률밀도함수의 로그만 취하면 된다. 왜 로그를 사용하는 걸까? 로그를 사용하면 더 부드러운 경사도가 생성된다. 확률의 로그를 최대화한다는 것은 확률을 최대화한다는 의미이므로, 우리는 학습을 향상시키기 위해 "로그 기법"을 사용할 수 있다.

정책 π의 값은 확률밀도함수에 의해 표현된 바와 같이 이 행동의 로그 확률을 곱한 각 행동 a의 우위다. 다음 함수는 연기자 모델을 최적화한다. 최적화 절차를 진행하겠다.

```
def actor_optimizer(self):
    action = K.placeholder(shape=(None, 1))              #1
    advantages = K.placeholder(shape=(None, 1))

    mu, sigma_sq = self.actor.output                     #2

    pdf = 1. / K.sqrt(2. * np.pi * sigma_sq) * \
                K.exp(-K.square(action - mu) /
                (2. * sigma_sq))                         #3

    log_pdf = K.log(pdf + K.epsilon())                   #4

    exp_v = log_pdf * advantages                         #5

    entropy = K.sum(0.5 * (K.log(2. * np.pi * sigma_sq) + 1.))  #6
    exp_v = K.sum(exp_v + 0.01 * entropy)                #7
    actor_loss = -exp_v #8

    optimizer = Adam(lr=self.actor_lr)                   #9

    updates = optimizer.get_updates(self.actor.trainable_weights,
                                    [], actor_loss)      #10

    train = K.function([self.actor.input, action, advantages], [],
                        updates=updates)                 #11

    return train                                         #12
```

1. 먼저, 취한 행동과 해당 행동의 우위를 위해 일부 플레이스홀더를 설정해야 한다. 우리는 최적화기를 호출할 때 이 플레이스홀더를 채운다.
2. 우리는 연기자 모델의 출력치들을 얻는다. 이것들은 최적화기에 연결할 수 있는 텐서다. 이러한 텐서의 최적치(optimization)가 역전파되면서 전체 모델이 최적화된다.

3. 이제 우리는 확률밀도함수를 설정했다. 이 단계는 다소 위협적으로 보일 수 있지만 자세히 보면 앞에서 정의한 확률밀도함수와 같다.

4. 이제 우리는 로그 기법을 적용한다. 실수로 0의 대수를 취하지 않게 작은 상숫값을 의미하는 엡실론(epsilon)을 추가한다.

5. 우리 정책의 가치는 이제 행동 a의 확률에 이 행동이 일어날 확률을 곱한 것이다.

6. 확률 정책에 대한 모델을 보상하기 위해 엔트로피 항을 추가한다. 엔트로피는 다음과 같은 항으로 계산한다.

$$\sum 0.5\left(\log\left(2\pi\sigma^2\right)+1\right)$$

여기서도 π는 상수 3.14…이고 σ는 표준편차다. 이 항이 정규분포의 엔트로피를 나타내는 증거를 대는 일은 이번 장의 범위를 벗어나지만, 여러분은 표준편차가 늘어날수록 엔트로피가 증가한다는 점을 알 수 있다.

7. 우리는 엔트로피 항을 정책의 가치에 추가한다. K.sum()을 사용해 배치에 대한 가치를 합산한다.

8. 우리는 정책의 가치를 극대화하기를 바라지만, 기본적으로 케라스는 손실을 최소화하는 경사 하강법을 수행한다. 가치를 음수로 설정한 후에 음수 값을 최소화하는 기법이 더 쉬운 편이다.

9. 경사 하강법을 수행하기 위해 우리는 Adam 최적화기를 사용한다.

10. 최적화기에서 갱신 텐서를 검색할 수 있다. get_updates()는 세 개의 인수, 파라미터, 제한 조건 및 손실을 사용한다. 우리는 모델의 파라미터들, 즉 모델의 가중치들을 제공한다. 제약조건이 없으므로 제약조건으로는 빈 리스트를 전달하면 된다. 손실에 대해서는 연기자 손실을 전달한다.

11. 갱신된 텐서로 무장한 우리는 이제 연기자 모델 입력, 즉 상태뿐만 아니라 두 개의 플레이스홀더, 행동, 그리고 우위들을 입력하는 함수를 만들 수 있다. 이 항목은 관련 모델에 갱신된 텐서를 적용하는 빈 리스트만 반환한다. 나중에 볼 수 있겠지만, 이 함수를 호출해서 쓸 수 있다.

12. 우리는 이 함수를 반환한다. 클래스의 init 함수에서 actor_optimizer()를 호출하기 때문에 방금 만든 최적화 함수는 self.optimize_actor가 된다.

비평가의 경우에, 우리는 사용자 지정 최적화기도 만들어야 한다. 비평가의 손실은 예측된 값과 보상과 다음 상태의 예측된 값 사이의 평균제곱오차(mean squared error)다.

```
def critic_optimizer(self):
    discounted_reward = K.placeholder(shape=(None, 1)) #1
    
    value = self.critic.output
    loss = K.mean(K.square(discounted_reward - value)) #2
```

```
optimizer = Adam(lr=self.critic_lr) #3

updates = optimizer.get_updates(self.critic.trainable_weights,
                                [], loss)

train = K.function([self.critic.input, discounted_reward],
                   [],
                   updates=updates) #4

return train
```

위의 함수는 우리의 비평가 모델을 최적화한다.

1. 다시 우리는 필요한 변수에 대한 플레이스홀더를 설정한다. discounted_reward에는 상태 s'의 할인된 미래 가치와 즉석에서 획득한 보상이 포함된다.
2. 비평가 손실은 비평가의 출력과 할인 보상 간의 평균제곱오차다. 먼저 출력과 할인 보상 사이의 평균제곱오차를 계산하기 전에 출력 텐서를 얻는다.
3. 다시 우리는 Adam 최적화기를 사용하는데, 최적화기로부터 우리는 이전에 했던 것처럼 갱신된 텐서를 얻는다.
4. 그리고 마지막으로, 우리가 이전에 했던 것처럼 우리는 갱신 기능을 말아서 하나의 함수에 넣어 둘 것이다. 이 함수는 self.optimize_critic이 된다.

에이전트가 행동들을 취하려면 어떤 한 가지 상태로부터 행동들을 산출하는 방법을 정의해야 한다.

```
def get_action(self, state):
    state = np.reshape(state, [1, self.state_size])       #1
    mu, sigma_sq = self.actor.predict(state)              #2
    epsilon = np.random.randn(self.action_size)           #3
    action = mu + np.sqrt(sigma_sq) * epsilon             #4
    action = np.clip(action, -2, 2)                       #5
    return action
```

이 함수를 사용하면 이제 연기자는 행동을 할 수가 있다. 다음과 같이 한번 해 보자.

1. 먼저, 모델이 기대하는 모양이 되도록 상태를 재구성한다.
2. 우리는 모델에서 이 행동에 대한 평균과 분산 σ^2를 예측한다.

3. 그러고 나서, 오토인코더에서 했던 것처럼 우리는 먼저 평균이 0이고 표준편차가 1인 확률정규분포(random normal distribution)를 표본으로 추출한다.
4. 우리는 평균을 더하고 표준편차를 곱한다. 이제 우리는 정책으로부터 추출한 행동을 취했다.
5. 우리가 행동 공간의 경계 안에 있는지를 확인해야 하는데, 우리는 행동의 경계가 −2와 2 사이가 되게 잘랐으므로 행동은 해당 경계를 벗어나지 않는다.

마지막으로 모델을 훈련해야 한다. train_model 함수는 하나의 새로운 경험을 얻은 후에 모델을 훈련한다.

```
def train_model(self, state, action, reward, next_state, done):
    self.exp_replay.append((state, action, reward,
                    next_state, done))                      #1
    (state,action, reward, next_state, done) =
            random.sample(self.exp_replay,1)[0]             #2
    target = np.zeros((1, self.value_size))                 #3
    advantages = np.zeros((1, self.action_size))

    value = self.critic.predict(state)[0]                   #4
    next_value = self.critic.predict(next_state)[0]

    if done:                                                #5
        advantages[0] = reward - value
        target[0][0] = reward
    else:
        advantages[0] = reward + self.discount_factor * (next_value) - value
        target[0][0] = reward + self.discount_factor * next_value

    self.optimize_actor([state, action, advantages])        #6
    self.optimize_critic([state, target])
```

그리고 이것이 우리가 연기자와 비평가를 모두 최적화하는 방법이다.

1. 먼저, 새로운 경험이 경험 재생 목록에 추가된다.
2. 그러고 나서 경험 재생 목록으로부터 경험을 즉석에서 표본으로 추출한다. 이런 식으로 하면 모델이 학습하는 표본 간의 상관관계가 끊어진다.
3. 우리는 우위 값들과 표적값들을 위해 플레이스홀더를 설정한다. 우리는 그것들을 5단계에서 채울 것이다.

4. 우리는 상태 s 및 s' 값을 예측한다.
5. 게임이 현재 상태(s) 이후에 종료된 경우, 우위는 우리가 얻은 보상에서 상태에 할당된 값을 뺀 값이며, 가치 함수의 표적치(target, 목푯값)는 우리가 얻은 보상이다. 이 상태 이후에 게임이 끝나지 않았다면, 우위는 획득한 보상과 다음 상태의 할인된 가치에서 이번 상태의 가치를 뺄 것이다. 이번 경우에 표적치는 획득한 보상에 다음 상태의 할인된 가치를 더한 것이다.
6. 우위, 취한 행동, 가치 표적을 알면 앞서 만든 최적화기를 사용해 연기자와 비평가를 모두 최적화할 수 있다.

이렇게 해서 A2CAgent 클래스가 완성되었다. 이제 이 클래스를 사용해 볼 때다. 우리는 run_experiment 함수를 정의한다. 이 함수는 여러 에피소드에서 게임을 한다. 에이전트가 잘 될 때까지 약 600~700게임이 훈련되기 때문에 렌더링하지 않고 새로운 에이전트를 먼저 훈련하는 편이 더 낫다. 훈련된 에이전트가 게임을 플레이하는 장면을 볼 수 있다.

```
def run_experiment(render=False, agent=None, epochs = 3000):
    env = gym.make('Pendulum-v0')                            #1
    
    state_size = env.observation_space.shape[0]              #2
    action_size = env.action_space.shape[0]
    
    if agent = None:                                         #3
    agent = A2CAgent(state_size, action_size)
    
    scores = []                                              #4
    
    for e in range(epochs):                                  #5
        done = False                                         #6
        score = 0
        state = env.reset()
        state = np.reshape(state, [1, state_size])
        
        while not done:                                      #7
            if render:                                       #8
                env.render()
            
            action = agent.get_action(state)                 #9
            next_state, reward, done, info = env.step(action) #10
            reward /= 10                                     #11
            next_state = np.reshape(next_state,
```

```
                        [1, state_size])                #12
    agent.train_model(state, action, reward,
                      next_state, done)                 #13

    score += reward                                     #14
    state = next_state                                  #15

    if done:                                            #16
        scores.append(score)
        print("episode:", e, " score:", score)

        if np.mean(scores[-min(10, len(scores)):]) > -20:  #17
            print('Solved Pendulum-v0 after {} 
                   iterations'.format(len(scores)))
return agent, scores
```

우리가 체험한 내용을 다음과 같은 기능들로 요약해 볼 수 있다.

1. 우리는 제일 먼저 새로운 gym 환경을 마련했다. 이 환경에는 진자 게임이 포함되어 있다. 우리는 게임에 행동들을 전달하고 상태들과 보상들을 관찰할 수 있다.

2. 게임에서 행동 공간과 상태 공간을 얻는다.

3. 에이전트가 함수에 전달되지 않으면 새 에이전트를 작성한다.

4. 우리는 시간의 흐름에 맞춰 점수를 추적하기 위해 빈 배열을 설정했다.

5. 이제 우리는 에포크(epoch)로 지정한 횟수만큼 어림해 보면서 게임을 플레이한다.

6. 게임 시작 시에는 "게임 종료 표시자"를 false로 설정하고 점수를 0으로 설정한 후에 게임을 재설정한다. 게임을 재설정하면 초기 시작 상태가 된다.

7. 이제 게임이 끝날 때까지 게임을 한다.

8. render = True를 함수에 전달하면 게임이 화면에 렌더링된다. 캐글이나 주피터와 같은 원격 노트북에서는 이 게임이 동작하지 않는다.

9. 우리는 에이전트로부터 행동을 취하고 환경에서 행동을 취한다.

10. 환경 속에서 행동할 때 우리는 새로운 상태, 보상, 게임 종료 여부를 관찰한다. gym은 또한 우리가 무시할 수 있는 정보 딕셔너리를 전달한다.

11. 게임의 보상은 모두 음수이며 보상이 높을수록, 0에 가까울수록 좋다. 보상이 상당히 클 수 있으므로 우리는 보상을 줄인다. 너무 극단적인 보상은 훈련 중에 너무 큰 경사도로 이어질 수 있다. 이렇게 되면 훈련에 방해된다.

12. 모델로 훈련하기 전에 우리는 그저 확인해 볼 생각으로 상태를 재구성한다.

13. 이제 우리는 에이전트에게 새로운 경험을 제공한다. 앞에서 본 것처럼 에이전트는 경험을 자신의 재생 버퍼에 저장하고 훈련할 수 있는 오래된 경험을 무작위로 그려낸다.

14. 우리는 게임을 한 차례 하는 동안에 얻은 보상을 추적하기 위해 전반적인 보상을 늘린다.

15. 게임의 다음 프레임을 준비하기 위해 새 상태를 현재 상태로 설정했다.

16. 게임이 끝나면 게임 점수를 추적해 프린트한다.

17. 이 에이전트는 일반적으로 700 에포크가 지나면 꽤 잘 작동한다. 지난 20회에 걸친 게임의 평균 보상이 –20보다 많다면 게임을 마쳤다고 선언한다. 이런 경우에 함수에서 빠져나와 훈련된 에이전트를 점수와 함께 반환한다.

거래를 학습하게 하기

강화학습 알고리즘은 알고리즘이 문제를 일으켜도 큰 손실을 입히지 않는 분야, 예를 들면 게임이나 시뮬레이션용으로 쓰기 위해 주로 개발된다. 그러나 일단 개발된 알고리즘을 그보다 더 신중해야 할 작업에 적용할 수 있다. 이런 능력을 입증하기 위해 우리는 이제 커다란 주식 세계 내에서 주식 포트폴리오의 균형을 맞추는 방법을 배우는 A2C 에이전트를 만들 것이다.

 이 알고리즘을 기반으로 거래하지 마라. 이것은 개념을 설명하기 위해 단순하고 상당히 순진하게 구현한 것일 뿐이므로 현실 세계에서 사용해서는 안 된다.

새로운 강화학습 알고리즘을 훈련하려면 먼저 훈련 환경을 만들어야 한다. 이 환경에서 에이전트는 실제 주식 데이터를 거래한다. 환경은 OpenAI Gym 환경처럼 인터페이스될 수 있다. 인터페이스에 대한 Gym 규칙을 따르면 개발 과정이 덜 복잡해진다. 주식 거래 공간에서 백분위수 수익률을 100일에 해당하는 만큼 되짚어 보게 하려면 에이전트는 100차원 벡터 형태로 할당량을 반환해야 한다.

할당 벡터는 에이전트가 한 주식에 할당하고자 하는 자산의 몫을 설명한다. 마이너스 할당은 에이전트가 주식을 숏(short, 주식차입매도/주가지수선물매도)하려는 거래를 하고 있음을 의미한다. 우리는 이번 논의를 단순하게 하려고 거래 비용과 슬리피지(slippage, 거래비용)를 환경에 추가하지 않았다. 그러나 슬리피지를 추가하기는 어렵지 않다.

 환경 및 에이전트의 전체 구현은 https://www.kaggle.com/jannesklaas/a2c-stock-trading에서 찾을 수 있다.

환경은 다음과 같다.

```python
class TradeEnv():
    def reset(self):
        self.data = self.gen_universe()                              #1
        self.pos = 0                                                 #2
        self.game_length = self.data.shape[0]                        #3
        self.returns = []                                            #4
        return self.data[0,:-1,:]                                    #5

    def step(self,allocation):                                       #6
        ret = np.sum(allocation * self.data[self.pos,-1,:])          #7
        self.returns.append(ret)                                     #8
        mean = 0                                                     #9
        std = 1
        if len(self.returns) >= 20:                                  #10
            mean = np.mean(self.returns[-20:])
            std = np.std(self.returns[-20:]) + 0.0001

        sharpe = mean / std                                          #11

        if (self.pos +1) >= self.game_length:                        #12
            return None, sharpe, True, {}
        else:                                                        #13
            self.pos +=1
            return self.data[self.pos,:-1,:], sharpe, False, {}

    def gen_universe(self):                                          #14
        stocks = os.listdir(DATA_PATH)
        stocks = np.random.permutation(stocks)
        frames = []
        idx = 0
        while len(frames) < 100:                                     #15
            try:
                stock = stocks[idx]
                frame = pd.read_csv(os.path.join(DATA_PATH,stock),
                                    index_col='Date')
                frame = frame.loc['2005-01-01':].Close
```

```
            frames.append(frame)
        except:
            e = sys.exc_info()[0]
        idx += 1

    df = pd.concat(frames,axis=1,ignore_index=False)        #16
    df = df.pct_change()
    df = df.fillna(0)
    batch = df.values
    episodes = []                                            #17
    for i in range(batch.shape[0] - 101):
        eps = batch[i:i+101]
        episodes.append(eps)
    data = np.stack(episodes)
    assert len(data.shape) == 3
    assert data.shape[-1] == 100
    return data
```

우리의 거래 환경은 진자 환경과 다소 비슷하다. 우리가 어떻게 설정했는지 보자.

1. 우리 유니버스에 필요한 데이터를 적재한다.
2. 우리는 하루라는 시간을 1개 단계로 보는 데이터를 가지고 단계별로 처리해야 하므로 시간의 흐름에 따른 우리의 위치를 추적해야 한다.
3. 게임이 끝나는 시점을 우리가 알아야 하므로 우리가 지닌 데이터량이 얼마인지를 알아야 한다.
4. 시간의 흐름에 따라 생기는 수익을 추적하기 위해 우리는 빈 배열을 설정한다.
5. 초기 상태는 첫 번째 에피소드에 대한 데이터로서 마지막 원소에까지 이르며, 이것은 유니버스를 구성하는 모든 100개 주식 종목에 대한 다음 날짜의 수익(return)이다.
6. 각 단계에서 에이전트는 환경에 배당을 제공해야 한다. 에이전트가 받는 보상은 지난 20일 동안의 평균 수익률과 표준 수익률 사이의 비율인 샤프 비율(Sharpe ratio, 샤프 지수)이다. 여러분은 보상 함수를 수정해 거래 비용, 즉 슬리피지를 포함하게 할 수 있다. 이렇게 하려면 이번 장의 뒷부분에 나오는 보상 조형(reward shaping) 단원을 참조하자.
7. 다음날의 수익은 1개 일화(episode, 에피소드)를[3] 이루는 데이터의 마지막 원소다.
8. 샤프 비율을 계산하려면 과거 수익률을 추적해야 한다.

---

3 (옮긴이) '일화'는 심리학이나 신경생리학 등에서 쓰이는 용어인데, 강화학습에서 차용되어 쓰인다.

9. 우리에게 아직 20개의 수익이 없으면 수익의 평균과 표준편차는 각각 0과 1이다.
10. 충분한 데이터가 있다면 수익 추적기에서 마지막 20개 원소의 평균 및 표준편차를 계산한다. 0으로 나누지 않게 표준편차에 작은 상수를 추가한다.
11. 우리는 이제 샤프 비율을 계산해 에이전트에게 보상을 제공할 수 있다.
12. 게임이 끝나면 환경은 '다음 상태', '보상', '게임 종료 표시자'를 전혀 반환하지 않을 뿐만 아니라, OpenAI Gym 관례를 고수하기 위해 상태 정보가 들어 있지 않은 딕셔너리 한 개를 반환한다.
13. 게임이 끝나지 않으면 환경은 '다음 상태', '보상', '게임 미종료 표시자'를 반환할 뿐만 아니라, 정보가 들어 있지 않은 딕셔너리 한 개를 반환한다.
14. 이 함수는 임의로 선정한 100가지 주식으로 구성된 유니버스의 일일 수익을 적재한다.
15. 셀렉터(selector, 선택기)는 주가가 들어 있는 파일을 바탕으로 임의 순서로 이동한다. 주가들 중에 일부가 손상되어 적재된다면 오류가 발생한다. 로더(loader, 적재기)는 주가가 포함된 100개의 판다스 데이터프레임이 조립될 때까지 계속 이 일을 시도한다. 2005년부터 시작되는 종가만 고려된다.
16. 다음 단계에서는 모든 데이터프레임이 연결된다. 주가의 백분위 수 변화가 계산된다. 모든 결측값(missing values)은 변경 없이 0으로 채워진다. 마지막으로 데이터에서 넘파이 배열로 값을 추출한다.
17. 마지막으로 해야 할 일은 데이터를 시계열로 변환하는 것이다. 처음 100개 단계는 에이전트의 결정을 위한 기초가 된다. 101번째 원소는 다음날의 수익이며, 이를 바탕으로 에이전트가 평가된다.

우리는 A2CAgent라는 에이전트 클래스를 조금만 고쳐 쓰면 된다. 말 그대로, 수익들로 이뤄진 시계열을 받을 수 있게 모델만 수정하면 되는 것이다. 이를 위해 우리는 연기자와 비평가가 공유하는 두 개의 LSTM 계층을 추가한다.

```
def build_model(self):
    state = Input(batch_shape=(None,                    #1
                               self.state_seq_length,
                               self.state_size))

x = LSTM(120,return_sequences=True) (state)             #2
x = LSTM(100) (x)

actor_input = Dense(100, activation='relu',             #3
                    kernel_initializer='he_uniform') (x)

mu = Dense(self.action_size, activation='tanh',         #4
```

```
                    kernel_initializer='he_uniform') (actor_input)

sigma_0 = Dense(self.action_size, activation='softplus',
                kernel_initializer='he_uniform') (actor_input)

sigma = Lambda(lambda x: x + 0.0001) (sigma_0)

critic_input = Dense(30, activation='relu',
                kernel_initializer='he_uniform') (x)

state_value = Dense(1, activation='linear',
                kernel_initializer='he_uniform') (critic_input)

    actor = Model(inputs=state, outputs=(mu, sigma))
    critic = Model(inputs=state, outputs=state_value)

    actor._make_predict_function()
    critic._make_predict_function()

    actor.summary()
    critic.summary()

    return actor, critic
```

우리는 다시 함수에 케라스 모델을 만들었다. 이전 모델과 비교해 보면 조금 다를 뿐이다. 이 모델을 살펴보자.

1. 이번 상태에는 시간 차원이 있다.

2. 두 개의 LSTM 계층은 연기자와 비평가 간에 공유된다.

3. 행동공간(action space, 행위공간)이 더 크기 때문에 우리는 또한 연기자 속 은닉 계층의 크기를 늘려야 한다.

4. 출력은 −1과 1 사이에 있어야 하며 100%는 숏(short, 공매도)이고 100%는 롱(long, 매수 후 보유)이어야 우리가 평균에 2를 곱하기만 해도 된다.

이것이 전부다! 이제 이 알고리즘은 포트폴리오의 균형을 잡는 방법을 학습할 수 있다.

진화전략과 유전알고리즘

최근 강화학습 알고리즘용으로 수십 년 전에 쓰였던 최적화 알고리즘이 다시 유행하기 시작했다. 진화전략(evolutionary strategies, ES)은 Q 학습이나 A2C보다 훨씬 간단하다.

진화전략에서는 역전파를 통해 하나의 모델을 학습하는 대신, 원래 모델의 가중치에 확률잡음(random noise)을 추가해 모델 모집단을 만든다. 그리고 나서 우리는 각 모델이 환경에서 실행되게 하여 성능을 평가한다. 새 모델은 모든 모델의 성능 가중 평균이다.

다음 도표에서 진화전략의 작동 방식을 시각화해 볼 수 있다.

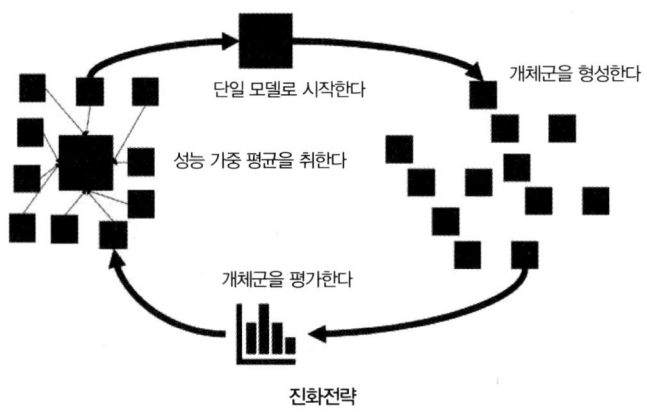

진화전략

이것이 어떻게 작동하는지를 더 잘 이해하기 위해 다음 예를 생각해 보자. 우리는 해(solution, 解) 벡터에 대한 평균제곱오차를 최소화하는 벡터를 찾고 싶다. 학습기(learner)에게는 해가 제공되지는 않고, 총 오차만 보상 신호로 주어진다.

```
solution = np.array([0.5, 0.1, -0.3])
def f(w):
    reward = -np.sum(np.square(solution - w))
    return reward
```

진화전략의 주요 장점은 하이퍼파라미터 수가 적다는 것이다.

이번 예제의 경우에는 세 개만 있으면 된다.

```
npop = 50    #1
sigma = 0.1  #2
alpha = 0.1  #3
```

1. **개체군 크기**: 우리는 반복과정마다 50가지 버전의 모델을 생성할 것이다.[4]
2. **잡음이 들어간 표준편차**: 우리가 추가하는 잡음은 평균이 0이고 표준편차는 0.10이다.
3. **학습속도**: 가중치는 단순히 새로운 평균으로 설정되는 것이 아니라 오버슈팅(overshooting)을[5] 피하기 위한 방향으로 천천히 이동한다. 최적화 알고리즘을 코드로 작성하면 다음과 같다.

```
w = np.random.randn(3)                    #1
for i in range(300):                      #2
    N = np.random.randn(npop, 3) * sigma  #3
    R = np.zeros(npop)

    for j in range(npop):                 #4
        w_try = w + N[j]
        R[j] = f(w_try)

    A = (R - np.mean(R)) / np.std(R)      #5
    w = w + alpha * np.dot(N.T, A)/npop   #6
```

유전학적인 최적화 코드는 상대적으로 짧으므로 살펴보자.

1. 우리는 마구잡이 해(random solution, 무작위 해, 확률 해)로 시작한다.
2. 다른 강화학습 알고리즘과 마찬가지로 여러 에포크(300)에 걸쳐 훈련한다.
3. 평균이 0이고 표준편차가 시그마인 50개의 잡음 벡터로 구성된 잡음 행렬을 만든다.
4. 이제 원래 가중치에 잡음을 추가하고 평가 함수를 통해 결과 벡터를 실행해 개체군을 생성하고 즉시 평가한다.
5. 평균을 빼고 표준편차로 나누어 보상을 표준화한다. 이번 경우에 결과는 개체군의 특정 구성원이 나머지 구성원보다 더 많은 우위를 차지하는 것으로 해석될 수 있다.
6. 마지막으로, 우리는 가중치 평균 잡음 벡터를 가중치 해(weight solution)에 추가한다. 학습속도를 사용해 처리 과정 속도를 늦추고 오버슈팅을 피한다.

---

[4] (옮긴이) 즉, 50가지 모델로 구성된 개체군을 만든다는 뜻이다. 여기서 개체군(population)은 생물학 용어를 차용한 것으로, 진화전략이 생물학의 개념을 빌려온 것이기 때문에 이와 같은 번역어를 택했지만, 통계학에서 말하는 모집단(population)으로 봐도 될 것으로 보이며, 실제로 이렇게 번역해서 부르는 사람도 있다.

[5] (옮긴이) 이 책에서는 오버슈팅이라는 전문용어를 두 군데에서 각기 다른 의미로 쓰고 있는데, 여기서는 금융 분야와 관련된 용어로 쓰고 있으므로 이때의 뜻은 '급등락 후 균형 복원'이다.

신경망 자체와 마찬가지로 진화전략도 자연에서 엉성하게나마 영감을 받은 것이다. 자연에서 각 생물 종은 생존을 위해 자연 선택을 사용하며 자신을 최적화해 나간다. 연구원들은 이 과정을 모방하기 위해 많은 알고리즘을 고안했다. 앞서 나온 신경 진화전략 알고리즘(neural evolution strategy algorithm)은 단일 벡터에 효과가 있을 뿐만 아니라 큰 신경망에도 효과가 있다. 진화전략은 여전히 활발히 연구되는 분야이며, 이 글을 쓰는 현재까지는 최적관행(best practice, 모범관행)이 아직 정착되지 않았다.

지도학습을 전혀 도입할 수 없는 데도 불구하고 보상 신호만큼은 사용할 수 있는 상황이라면, 강화학습 및 진화전략은 '우선시해야 할 기법'(go-to techniques)이다. 금융업에는 DHL 주문 라우팅 시스템 같은 단순한 "멀티 암드 밴딧(multi-armed bandit)" 문제에서부터 복잡한 거래 시스템에 이르기까지 다양한 응용 분야가 있다.

강화학습이라는 기초공학을 위한 실용적인 요령

이번 단원에서는 강화학습 시스템 구축을 위한 실용적인 요령을 소개한다. 우리는 또한 현재 상황에서 금융 분야 전문 실무자들과 매우 관련이 있는 연구 개척 분야를 드러내 보일 생각이다.

우수한 보상 함수를 설계하기

강화학습 분야는 보상 함수(reward function)를 최대화하는 알고리즘 설계 분야다. 그러나 좋은 보상 함수를 만들기는 놀랍도록 어렵다. 사람을 관리해 본 사람이라면 누구나 알고 있듯이 사람과 기계 모두 시스템을 사용한다.

수년간 숨겨져 있었지만, 강화학습 에이전트로 찾아낸 아타리 게임 내 버그에 관한 사례들이 강화학습에 관한 문헌에 가득 실려 있다. 피싱 더비(Fishing Derby)라는 게임을 예로 들면, OpenAi는 게임 제작자가 달성한 적이 있는 어떤 점수보다 더 높은 점수를 강화학습 에이전트가 달성했다고 보고했으며, 이를 단 한 마리 물고기도 잡지 않은 채로 그랬다는 것이다.

게임이라면 이런 일이 흥미롭지만 금융시장에서는 그런 행동이 발생할 때 위험할 수 있다. 예를 들어 거래 수익을 극대화하는 훈련을 받은 에이전트는 소유주가 알지 못하는 사이에 스푸핑 거래와 같은 불법 거래 활동에 의존할 수 있다. 더 나은 보상 함수를 만드는 세 가지 방법이 있다. 다음 세 가지 하위 단원에서 살펴보자.

수작업 보상 조형에 주의할 것

실무자는 보상을 수작업으로 생성해 시스템이 학습을 하는 데 도움을 줄 수 있다. 이것은 환경이 자연적으로 주는 보상이 드문 경우에 특히 효과적이다. 예를 들어, 일반적으로 거래가 성공한 경우에만 보상이 주어진다고 할 때, 이런 일이 드물게 일어난다고 하면 거래가 완전한 성공은 아닐지라도 성공에 가까워진 경우에 보상을 제공하는 함수를 수작업으로 추가하는 것이 도움이 된다.

마찬가지로 에이전트가 불법 거래를 하고 있다면, 불법을 저지를 때마다 에이전트에 엄청난 부정 보상(즉, 처벌)을 주는 "로봇 정책"을 수립해 알고리즘에 하드코딩(hard coding) 해 넣을 수 있을 것이다. 보상과 환경이 비교적 간단한 경우에 보상 조형(rerward shaping, 보상 행동 조성)이 작동한다. 복잡한 환경에서는 머신러닝을 사용하는 목적을 우선적으로 무시할 수 있다. 매우 복잡한 환경에서 복잡한 보상 함수를 만드는 일은 환경에서 작동하는 규칙 기반 시스템을 작성하는 일만큼이나 큰 작업이 될 수 있다.

그러나 특히 금융, 그리고 더 나아가 거래 분야에서 수작업 보상 조형은 유용하다. 위험기피 거래(risk-averse trading)는 목적 함수를 영리하게 하는 사례 중 한 가지다. 위험기피 강화학습은 기대 보상을 극대화하는 대신에 효용 기반 단기투자이익(utility-based shortfall)을 다단계 설정으로 확장한 평가 함수인 U를 최대화한다.

$$\mathcal{U}_{s,a}(X) = \sup\left\{m \in \mathbb{R} \mid \mathbb{E}_{s \sim p^{\pi}, a \sim \pi(s)}\left[u(X-m) \geq 0\right]\right\}$$

여기서 U는 거래자가 얼마나 위험을 감수하느냐에 따라 자유롭게 선택할 수 있는, 오목하고 연속적인 순증가함수(strictly increasing function)다. 강화학습 알고리즘은 이제 다음과 같이 최대화된다.

$$J(\pi) = \mathcal{U}[V(s_0)]$$

역강화학습

역강화학습(inverse reinforcement learning, IRL)에서 모델은 인간 전문가의 보상 함수를 예측하게 훈련된다. 인간 전문가가 작업을 수행하며, 모델은 상태와 행동을 관찰한다. 그러고 나서 모델은 인간 전문가의 행동을 설명하는 가치 함수를 찾으려고 한다. 더 구체적으로 말하면, 전문가를 관찰함으로써 상태 및 행동에 대한 정책 궤적(policy trace)이 작성되는 것이다. 한 가지 예를 들면 다음과 같이 작동하는 최대 가능도 역강화학습(maximum likelihood inverse reinforcement learning, IRL) 알고리즘이다.

1. 보상 함수를 R이라고 추측한다.
2. 강화학습 에이전트를 훈련해 R을 뒤따르는 정책 π를 계산한다.
3. 관측된 행동 D가 π의 결과일 확률 $p(D \mid \pi)$를 계산한다.
4. R에 대한 경사도를 계산하고 갱신한다.
5. 그리고 $p(D \mid \pi)$가 아주 높아질 때까지 이 과정을 반복한다.

사람들이 선호하는 일을 학습하게 하기

인간 사례에서 보상 함수를 생성하는 역강화학습과 비슷하게, 인간이 선호하는 일로부터 학습하는 알고리즘도 있다. 보상 예측기(reward predictor, 보상 예측변수)는 정책이 훈련되는 보상 함수를 생성한다.

보상 예측기의 목표는 사람이 선호하는 정책을 초래하는 보상 함수를 생성하는 것이다. 인간의 선호도는 사람에게 두 가지 정책을 보여준 다음에 그 중에 어느 것을 더 선호하는지를 지정하게 함으로써 측정할 수 있다.

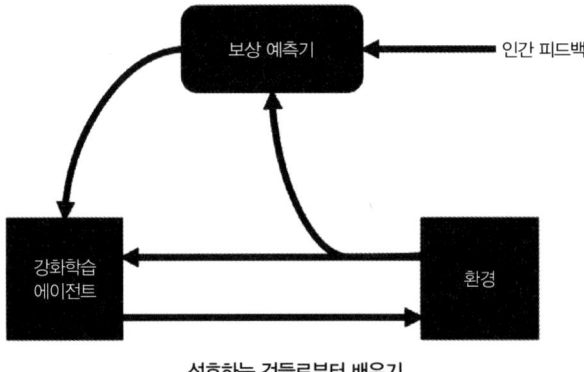

선호하는 것들로부터 배우기

강건한 강화학습

GAN과 마찬가지로 강화학습은 깨지기 쉽고, 좋은 결과를 얻을 수 있게 훈련하기가 어려울 수 있다. 강화학습 알고리즘은 하이퍼파라미터를 선택하는 일에 무척 민감하게 반응한다. 그러나 강화학습을 더 강력하게 만드는 몇 가지 방법이 있다.

- **더 큰 경험 재생 버퍼를 사용하기**: 경험 재생 버퍼를 사용하는 이유는 경험들을 서로 상관성이 없게 수집하려는 데 있다. 서로 다른 에이전트로부터 수집한 수백만 개의 사례를 저장할 수 있는 더 큰 버퍼 또는 전체 버퍼 데이터베이스를 만들면 이런 목표를 달성할 수 있다.

- **표적 망**: 신경망은 훈련을 위해 자체 출력에 의존하기 때문에 강화학습은 부분적으로 불안정하다. 동결 표적 망(frozen target network, 동결 목표 망)을 사용해 훈련 데이터를 생성하면 이런 문제를 완화할 수 있다. 동결 표적 망을, 예를 들어 훈련된 망 방향으로 소수의 에포크마다 표적 망의 가중치를 몇 퍼센트만 변하게 하는 식으로 천천히 갱신해야 한다.

- **잡음이 많은 입력**: 상태 표현에 잡음을 추가하면 모델이 다른 상황들에 대해서도 일반화되며 과적합을 피할 수 있다. 에이전트가 시뮬레이션에 대해 훈련을 받았지만 더 복잡한 실제 세계에 대해서 일반화해야 하는 경우에 특히 유용하다.

- **적대적 사례**: GAN과 닮게 설정한 상태에서 우리는 상태 표현들을 변경해 모델을 속이도록 적대 망을 훈련할 수 있다. 모델은 또한 적대적인 공격을 무시하는 법을 배울 수 있다. 이를 통해 학습이 더욱 강력해진다.

- **특징 추출로부터 정책 학습을 분리해 내기**: 강화학습 분야에서는 입력치를 날 것 그대로 사용해 게임을 학습하는 방법이 잘 알려져 있다. 그러나 이를 위해서는 신경망이, 예를 들어 이미지가 보상으로 이어지는 방법을 학습하는 식으로, 이미지를 해석해야 한다. 예를 들어 먼저 상태 표현을 압축하는 오토인코더를 훈련하고, 그 다음에 압축 상태를 예측할 수 있는 역학 모델을 훈련한 후에 두 입력치를 가지고 비교적 작은 정책망을 훈련하는 식으로 단계를 쉽게 구분할 수 있다.

GAN에 쓰이는 소소한 기법들과 마찬가지로 이러한 기법이 작동하는 이유를 알 길은 거의 없지만, 이런 기법을 적용하면 강화학습이 실제로 더 잘 작동한다.

최첨단 강화학습

이제 우리는 가장 유용한 강화학습 기술의 이론과 적용 원리를 살펴봤다. 그러나 강화학습은 변화가 심한 분야다. 실무자에게 흥미로울 수 있는 현재 경향을 이 책에서 모두 다룰 수는 없지만, 금융 업계의 실무자에게 특히 유용한 일부 경향을 도드라져 보이게 할 수는 있다.

다중 에이전트 강화학습

어떻게 정의를 내리느냐에 따라 다양한 에이전트가 나와 있다. 로(Lawe) 등이 2017년에 발표한 *"Multi-Agent Actor-Critic for Mixed Cooperative-Competitive Environments"*(https://arxiv.org/abs/1706.02275)에서는 강화학습을 이용해 상황에 따라 협력하고 경쟁하고 소통하는 에이전트를 양성할 수 있음을 보여준다.

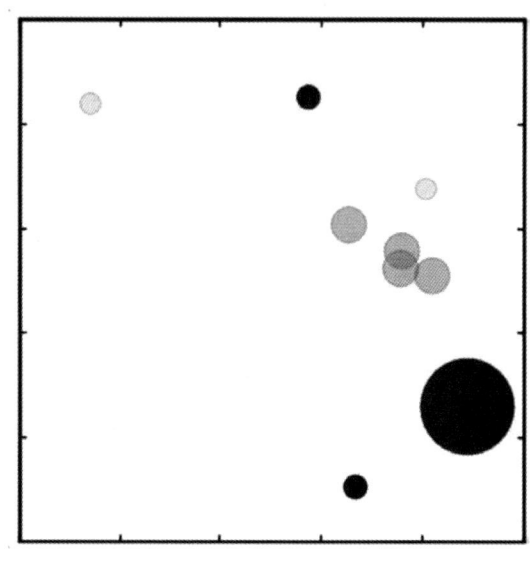

여러 에이전트(빨간색)가 함께 동작하며 녹색 점을 추적한다(출처: OpenAI 블로그).

실험을 통해 로 등은 작업 공간에 소통 벡터(communication vector)를 포함시켜 에이전트가 소통할 수 있게 한다. 이 실험에서 한 에이전트가 출력한 소통 벡터를 그 밖의 에이전트들이 사용할 수 있게 되었다. 그들은 에이전트들이 과제 해결을 위해 의사소통을 하는 법을 배웠다는 점을 보여주었다. 비슷한 연구 결과에 따르면 에이전트는 환경에 맞춰 협력 전략을 채택하거나 경쟁 전략을 채택했다.

에이전트가 보상 토큰을 수집해야 하는 작업에서 많은 토큰을 사용할 수 있던 에이전트 한 개는 협력을 했지만, 토큰이 드물어지면서부터는 경쟁하는 행동을 했다. 젱(Zheng) 등은 2017년에 발표한 *"A Many-Agent Reinforcement Learning Platform for Artificial Collective Intelligence"*(https://arxiv.org/abs/1712.00600 참조)에서 수백 개의 에이전트를 포함하도록 환경을 확장했다. 이들은 에이전트가 강화학습 알고리즘과 영리한 보상 조형을 통해 다른 에이전트에 대한 주변 공격처럼 더 복잡한 전략을 개발했음을 보여주었다.

포에스터(Foerster) 등은 2017년에 발표한 *"Learning with Opponent-Learning Awareness"*(https://arxiv.org/abs/1709.04326)에서 한 에이전트가 그 밖의 에이전트들이 어떻게 행동할 것인지를 학습한 다음에 다른 에이전트에 영향을 미치는 행동을 개발할 수 있는 새로운 종류의 강화학습 알고리즘을 개발했다.

학습하는 방법을 학습하게 하기

딥러닝 분야는 숙련된 사람들이 신경망을 개발해야 한다는 단점이 있다. 그렇기 때문에 현재 박사 과정을 밟고 있는 연구원이나 기업이 오래전부터 꾼 꿈 중 하나는 신경망 설계 과정 자동화다.

소위 AutoML(자동 기계학습, 자동 머신러닝)의 한 가지 예를 들면, NEAT 알고리즘이라는 이름으로 알려진 NEAT(neural evolution of augmenting topologies, 증강 위상의 신경 진화)가 있다. NEAT에서는 진화전략을 사용해 신경망을 설계한 후에 신경망을 표준 역전파 방식으로 훈련한다.

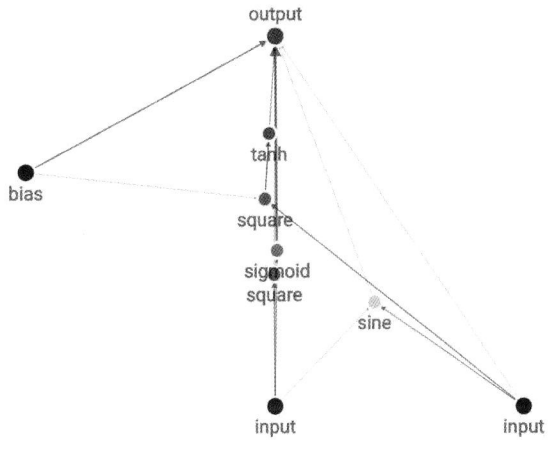

NEAT 알고리즘으로 개발된 망

그림에서 볼 수 있듯이 NEAT로 개발한 망은 종종 전통적인 계층 기반 신경망들보다 작다. NEAT 기반 신경망을 사람이 생각해 내기는 어렵다. 이것이 AutoML의 강점이다. 인간이 발견하지 못했지만 더 효과적인 전략을 찾을 수 있기 때문이다.

망 설계 시에 진화 알고리즘을 사용하는 대신에 강화학습을 사용해서도 비슷한 결과를 얻을 수 있다. 몇 가지 "기성품" AutoML 솔루션이 있다.

- **tpot**(https://github.com/EpistasisLab/tpot): 유전 알고리즘을 사용해 머신러닝 파이프라인을 최적화하는 데이터 과학 조수 역할을 한다. 사이킷런을 기반으로 구축되었으므로 딥러닝 모델을 만들지 않고 랜덤포레스트처럼 정형 데이터에 유용한 모델을 만든다.
- **auto-sklearn**(https://github.com/automl/auto-sklearn): 이것 또한 사이킷런(scikit-learn)을 기반으로 하지만, 특징 추출보다는 모델 제작에 더 중점을 둔다.
- **AutoWEKA**(https://github.com/automl/autoweka): 자바에서 실행되는 WEKA 패키지를 기반으로 한다는 점을 제외하고는 auto-sklearn과 비슷하다.
- **H2O AutoML**(http://docs.h2o.ai/h2o/latest-stable/h2o-docs/automl.html): H2O 소프트웨어 패키지의 일부인 AutoML 도구로, 모델을 선택해 앙상블해서(모음으로 만들어) 쓸 수 있게 한다.
- **Google Cloud AutoML**(https://cloud.google.com/automl/): 이것은 현재 컴퓨터 비전을 위한 파이프라인에 중점을 두고 있다.

하이퍼파라미터 탐색이라는 하위 분야에서 쓸 만한 패키지로 몇 가지가 있다.

- **Hyperopt**(https://github.com/hyperopt/hyperopt): 이 패키지는 파이썬에서 분산된 비동기 하이퍼파라미터 탐색을 허용한다.
- **Spearmint**(https://github.com/HIPS/Spearmint): 이 패키지는 하이퍼파라미터를 최적화하지만, 고급 베이즈 최적화 과정을 사용하는 Hyperopt와 비슷하다.

AutoML은 여전히 활발한 연구 분야로, 큰 가능성을 가지고 있다. 많은 회사는 숙련된 직원을 대신할 머신러닝을 사용하기 위해 노력하고 있다. 머신러닝이 스스로 최적화할 수 있다면 더 많은 회사가 머신러닝을 사용할 수 있을 것이다.

강화학습을 통해 두뇌를 이해하기

금융과 경제학에서 부상하는 또 다른 분야는 행동경제학이다. 최근에는 강화학습이 인간 두뇌의 작동 방식을 이해하는 데 사용되었다. 왕(Wang) 등은 2018년에 "*Prefrontal cortex as a meta-reinforcement learning system*"(http://dx.doi.org/10.1038/s41593-018-0147-8 참조)이라는 제목의 논문을 발표했는데, 이 논문은 전두엽 피질과 도파민의 기능에 대한 새로운 통찰력을 제공했다.

마찬가지로, 바니노(Banino) 등은 2018년에 *"Vector-based navigation using grid-like representations in artificial agents"*(https://doi.org/10.1038/s41586-018-0102-6)라는 제목으로 보고서를 발표했는데, 여기서 포유류가 강화 학습을 사용해 항해하는 데 이용하는 소위 "격자형 세포(grid cells)"를 모사했다.

두 논문에서 사용하는 방법은 모두 탐색 같은 연구 분야와 관련된 과제에 대해 강화학습 알고리즘을 훈련하기 때문에 서로 비슷하다. 그리고 나서 그들은 창발적 속성(emergent properties)에 대해 모델이 학습한 가중치들을 조사한다. 이러한 통찰은 더 유능한 강화학습 에이전트를 만드는 일뿐만 아니라 신경 과학 분야를 더욱 발전시키는 일에도 사용될 수 있다.

경제학 세계에서는 인간이 합리적이라기보다는 예측 가능한 방식으로 비합리적이라는 생각을 받아들이게 되면서 두뇌를 이해하는 것이 경제를 이해하는 데 더 중요해지고 있다. 신경경제학의 연구 성과들은 인간이 불확실한 상황에서 어떻게 행동하는지, 왜 인간이 손실을 피하는지 등의 위험 대처 방법을 다루기 때문에 특히 금융과 관련이 있다. 강화학습은 인간 행동에 대한 통찰력을 얻기에 유망한 방법이다.

연습문제

이제 우리가 할 일을 마쳤으므로 우리가 다룬 내용에 알맞은 두 가지 연습을 해 보자.

1. **간단한 강화학습 과제:** https://github.com/openai/gym을 참조하자. 일단 Gym 환경을 설치하고 에이전트를 훈련해 "카트폴(Cartpole)" 문제를 해결하자.

2. **다중 행위자 강화학습 과제:** https://github.com/crazymuse/snakegame-numpy로 가 보자. 이는 "스네이크(Snake)" 게임에서 여러 에이전트를 플레이할 수 있는 Gym 환경이다. 다른 전략들을 가지고 실험해 보라. 다른 에이전트를 속이는 에이전트를 만들 수 있는가? 뱀이 창발적인 행위를 하는가?

요약

이번 장에서는 강화학습의 주요 알고리즘, Q 학습, 정책 경사도 및 진화전략을 배웠다. 이러한 알고리즘이 거래에 어떻게 적용될 수 있는지 확인하고 강화학습 적용에 따르는 함정을 배웠다. 또한 현재 연구의 방향과 오늘날에 이 연구의 혜택을 누릴 수 있는 방법을 보았다. 여기까지 따라 온 여러분은 이제 머신러닝 모델을 개발할 때 유용하게 사용할 수 있는 여러 가지 고급 머신러닝 알고리즘을 갖추게 되었다.

다음 장에서는 머신러닝 시스템을 개발해 디버깅하고 배포하는 일의 실용성을 논의할 것이다. 데이터 과학이라는 놀이터에서 벗어나 모델을 실무 현장으로 가져올 것이다.

08

프라이버시, 디버깅, 런칭

지난 7개 장에 걸쳐서 우리는 금융 분야에서 다루는 머신러닝 문제에 사용할 수 있는 머신러닝 알고리즘 도구 상자를 개발했다. 이 도구 상자를 다듬는 일을 마무리하기 위해 알고리즘이 작동하지 않는 경우에 수행할 수 있는 작업을 살펴보자.

머신러닝 모델은 최악의 방식으로, 다시 말하면 낌새를 차릴 새도 없게 고장이 난다. 전통적인 소프트웨어가 고장이 나면 보통은 프로그램끼리 서로 충돌하는 결과를 초래하는데, 이것이 짜증 나는 일이기는 해도 프로그래머에게는 오히려 도움이 된다. 적어도 코드가 고장 났다는 점을 확실히 알 수 있기 때문에 개발자는 무엇이 잘못되었는지를 설명하는 충돌 보고서를 종종 찾게 된다. 그러나 여러분이 이 책을 다 읽고 나서 자신만의 모델을 개발할 때 때때로 머신러닝 코드가 충돌할 수 있는데, 예를 들어 알고리즘에 제공한 데이터의 모양이나 서식이 잘못된 경우에 그럴 수 있다.

이러한 문제에 대해서는 일반적으로 데이터가 어느 부분에서 조형되었는지를 주의 깊게 추적해 디버깅(debugging, 오류 수정, 결함 수정)하는 식으로 풀 수 있다. 그러나 더 흔하게는 모델이 잘못된 예측을 출력하기만 하는 식으로 고장이 난다. 그런 모델들은 고장이 났다는 신호를 보내지 않을 것이며, 심지어 여러분이 전혀 알지 못하는 방식으로 고장이 날 수도 있지만, 때로는 모델이 잘 훈련되지 않거나 수렴하지 않거나 손실을 낮추지 못하는 경우일 수도 있다.

이번 장에서는 이처럼 '드러나지 않는 고장(silent failures)'을 수리함으로써 사용자가 생성한 머신러닝 알고리즘에 영향을 미치지 않게 하는 방법에 중점을 둘 것이다. 이에 따라 우리는 다음과 같은 주제들을 논의 대상으로 삼을 것이다.

- 여러분이 훈련한 모델의 결함(flaws)을 유발하는 데이터 내의 결함을 찾아내기
- 창의적인 기법을 사용함으로써 데이터가 적을지라도 모델이 더 많이 배울 수 있게 하기
- 표준에 맞추기 위한 프로덕션(production, 운영환경, 출시환경, 양산환경)에서의 단위별 데이터 테스트 및 훈련
- GDPR 같은 개인 정보 보호 규제에 주의하기
- 훈련을 위한 데이터 준비 및 빠지기 쉬운 함정 방지
- 모델을 검사해 "블랙박스"에 연결하기
- 최적의 하이퍼파라미터 찾기
- 과적합을 줄일 수 있게 학습속도를 조절하기
- 텐서보드(TensorBoard)로 훈련 진행 상황을 살펴보기
- 머신러닝 제품들을 배포하고 이 과정을 되풀이하기
- 훈련 및 추론을 가속화하기

프로그램을 디버깅하기 전에 밝아야 할 첫 번째 단계는 우수한 머신러닝 엔지니어조차도 자주 실패한다는 점을 인식하는 것이다. 머신러닝 프로젝트가 실패하는 이유는 여러 가지이며 이런 이유 중 대부분은 기술자가 지닌 기술과 아무런 관련이 없으므로 그저 작동하지 않는다고 해서 자신의 잘못 때문이라는 식으로 생각하지 않는 것이 좋다.

이러한 버그(bugs, 결함)들을 미리 발견해 두면 시간과 비용을 모두 절약할 수 있다. 게다가 주식 거래와 같은 금융 기반 상황을 포함한 고위험 환경에서 정신을 바짝 차리고 있는 기술자라면 자신이 만든 모델이 실패하고 있다는 점을 알아차리자마자 전원을 차단할 수 있다. 이를 실패로 보아서는 안 되고 문제를 피하는 일에 성공한 것이라고 보아야 한다.

데이터 디버깅

이 책의 첫 장에서 우리는 머신러닝 모델이 훈련 데이터에 대한 한 가지 함수라고 말한 점을 기억할 텐데, 그 말의 의미는 예를 들자면 나쁜 데이터가 있다면 나쁜 모델로 이어질 것이라는 의미이며, 혹은 우리가 데이터를 넣을 때 쓰레기를 넣으면 쓰레기가 나온다는 것을 의미한다. 프로젝트가 실패하면 데이터가 범인일 가능성이 높다. 따라서 이번 장에서는 모델에 문제가 생기게 할 만한 점을 살펴보기 전에 먼저 데이터부터 살펴보려고 한다.

그러나 실제 작업용 모델이 있더라도 현장에서 사용하는 데이터가 작업에 적합하지 않아서 그럴 수도 있다. 이번 단원에서는 올바른 데이터가 있는지 여부와 충분한 데이터가 제공되지 않은 경우에 수행할 작업 및 데이터 테스트 방법을 알아본다.

작업용으로 쓰기에 데이터가 적절한지를 확인하는 방법

데이터가 모델을 훈련해 좋은 모델이 되는 데 도움이 되는지를 알고 싶다면 생각해 봐야 할 측면은 두 가지다.

- 여러분이 원하는 대로 데이터가 예측하는가?
- 여러분에게 충분한 데이터가 있는가?

모델에 신호라고도 부르는 예측 정보가 포함되어 있는지를 확인하려면 '이 데이터를 가지고 사람이 예측을 할 수 있는가?'라는 질문을 자신에게 던져봐야 한다. 인간이 이해할 수 있는 데이터라야 인공지능도 받아서 처리할 수 있다는 점이 중요한데, 결국 인간에게서 지능을 목격할 수 있다는 유일한 이유 때문에 지능이라는 게 가능하다는 점을 우리가 알기 때문이다. 사람은 작성된 글을 이해하는 데 능숙하지만, 사람이 글을 이해할 수 없다면 모델 또한 그런 글을 이해하지 못할 가능성이 높다고 보는 게 합리적이다.

이런 사고 실험에서 빠지기 쉬운 함정은 사람은 모델과 다르게 어떤 맥락을 살필 줄 안다는 점이다. 인간 트레이더는 금융 데이터만 살펴보는 게 아니라 해당 데이터의 출처가 되는 회사에서 만든 제품을 써본다거나 텔레비전에 출연한 사장을 봤을 수도 있다. 이런 외부 맥락은 트레이더가 결정하는 데 영향을 미치는 것이지만, 모델이 구축될 때는 종종 간과되기도 한다. 이와 마찬가지로 사람은 중요한 데이터에 집중하는 데도 능숙하다. 인간 트레이더는 대부분의 금융 데이터 중 상당 부분이 거래와 무관한 경우가 많기 때문에 모든 금융 데이터를 살펴보지는 않는다.

모델에 입력 내용을 들이붓는다고 해서 모델이 개선되는 것은 아니며, 오히려 모델이 모든 잡음에 과적합하게 되면서 산만해질 수 있어서 오히려 상황을 악화시킬 수 있다. 반면에 인간은 비이성적이다. 그들은 동료의 압력에 굴복하기도 하고, 추상적이고 익숙하지 않은 환경에서는 결정을 쉽게 내리지 못한다. 예를 들어, 교통신호등이 작동하는 데 바탕이 되는 데이터는 우리가 보기에 직관적이지 않기 때문에 인간이 최적의 신호등 정책을 찾으려면 고심해야 한다.

이로 인해 우리는 두 번째 온전성 검사(sanity check)가 필요하다. 즉, 사람은 예측하지 못할지는 몰라도 인과적(경제적) 근거를 댈 수는 있을 것이다. 기업의 이익과 주가, 도로의 교통 상황과 교통 체증, 고객 불만과 회사를 떠나는 고객 등 간에는 인과관계가 있다. 인간은 이러한 연계를 직관적으로 파악하지 못할지라도 추론을 통해 찾아낼 수 있다.

인과적 연계(causal link)가 필요한 몇 가지 작업이 있다. 예를 들어, 많은 정량적 투자 회사는 오랫동안 자신들이 지닌 데이터는 모델들이 예측해 낸 산출물과 인과적 연계가 있다고 주장했다. 그러나 오늘날에 알고리즘 테스트에 대한 자신감이 높아진 업계는 이런 생각에서 조금 벗어난 것처럼 보인다. 만약에 인간이 예측을 할 수 없고, 데이터를 바탕으로 삼아 예측을 할 수 있는 이유에 대한 인과적 근거가 없다면 여러분은 자신이 맡은 프로젝트가 실현 가능한 것인지를 다시 한번 생각해 보고 싶을 것이다.

데이터에 충분한 신호가 포함되어 있다고 판단되면, 신호를 뽑아내기 위한 데이터가 모델을 훈련하기에 충분할 만큼 있는지를 자문자답해야 한다. 어느 정도까지가 충분한 분량이냐고 묻는다면 명확히 대답할 수는 없지만, 대략 말하면 모델이 얼마나 복잡하냐에 따라 필요한 데이터량도 달라진다. 그러나 따라야 할 몇 가지 경험칙이 있다.

- 분류 작업에 쓸 모델을 훈련하려면 계급당 약 30개의 독립표본(independent samples)이 있어야 한다.
- 특히 정형화된 데이터로 처리할 문제라면 특징 개수보다 표본 개수가 열 배 더 많아야 한다.
- 모델에 있는 파라미터 수가 커질수록 데이터셋의 크기도 커져야 할 것이다.

이러한 규칙은 경험칙일 뿐이며 어떤 애플리케이션을 만드느냐에 따라 달라질 수 있다. 전이학습(transfer learning, 전수학습)을 활용할 수 있다면 필요한 표본 수를 대폭 줄일 수 있다. 이것이 대부분의 컴퓨터 비전 애플리케이션에서 전이학습 기술을 사용하는 이유다.

여러분에게 수백 개의 표본만큼 합리적인 분량에 해당하는 데이터가 있다면 모델을 구축하는 일에 착수해 볼 수 있을 것이다. 이번 경우에는 더 많은 데이터를 수집하는 동안에도 배포할 수 있는 간단한 모델부터 만들어 보는 게 바람직하다.

데이터가 충분하지 않은 경우에 수행할 작업

프로젝트를 시작하더라도 데이터가 충분하지 않은 상황에서 프로젝트를 개시해야 할 때도 있다. 예를 들어 처음에는 괜찮다고 말하던 법무팀이 말을 바꿔서 GDPR(유럽 연합 일반 데이터 보호 규정)로 인해 데이터를 사용해서는 안 된다는 식으로 결정을 할 수도 있다. 이런 경우라면 여러 가지 선택지가 있다.

대체로 가장 좋은 방법 중 하나는 "데이터를 확장하는 것"이다. 우리는 이미 **3장 '컴퓨터 비전을 활용하기'**에서 데이터 확장(data augmentation, 데이터 증식, 데이터 증대, 데이터 보강, 데이터 증강)에 관해 살펴보았다. 물론 일부 데이터베이스 항목을 약간 변경하는 것처럼 다양한 방법으로 모든 종류의 데이터를 확장할 수 있다. 한 단계 더 발전하면 시뮬레이션에서 그렇듯이 데이터를 생성해낼 수도 있다. 이것은 대부분의 강화학습 연구자들이 효과적으로 데이터를 수집하기 위해 쓰는 방법이지만, 다른 일에도 효과가 있다.

2장 '정형 데이터에 머신러닝을 적용하기'에 나온 부정사용 검출에 사용한 데이터는 시뮬레이션을 통해 얻은 것이다. 시뮬레이션을 하려면 여러분의 환경에 관한 규칙을 프로그램 한 개에 써넣을 수 있어야 한다. 강력한 학습 알고리즘은 종종 지나치게 단순한 규칙을 포착해내는 경향이 있으므로 현실 세계에 적용할 만큼 일반화되지 않을 수 있다. 그러나 시뮬레이션된 데이터로 현실 데이터를 강력하게 보강할 수도 있다.

이와 마찬가지로, 여러분은 외부 데이터도 찾을 수 있다. 여러분이 어떤 데이터 점을 추적하지 않았다고 해서 다른 사람까지 그랬으리라는 법은 없다. 인터넷에는 데이터가 널려 있다. 데이터가 원래 목적을 위해 수집되지 않은 경우에도 데이터의 레이블을 다시 지정하거나 전이학습에 사용해 데이터를 다시 도구로 삼을 수 있다. 다른 작업을 위해 대규모 데이터셋을 가지고 학습시킨 모델을 여러분이 하는 작업의 기초 모델로 삼아 사용할 수 있다. 마찬가지로 다른 사람이 다른 작업을 위해 훈련한 모델을 찾아서 여러분의 작업에 맞게 용도를 변경할 수 있다.

마지막으로, 데이터의 관계를 완전히 포착하는 모델이 아닐지라도, 운용할 수 있게 내놓기에 충분할 만큼 간단한 모델을 만들 수 있다. 랜덤포레스트 및 기타 트리 기반 방법을 도입한다면 종종 신경망보다 훨씬 적은 데이터만 있어도 될 때가 있다.

데이터 품질이 데이터 분량보다 중요하다는 점을 명심해야 한다. 분량은 적지만 품질이 좋은 데이터셋을 사용해 약한 모델을 훈련시키는 것이 종종 데이터에 내재된 문제를 조기에 발견하기에 가장 좋은 방법일 때가 있다. 여러분은 나중에라도 언제든지 데이터를 더 수집하면 그만이다. 많은 실무자가 저지르는 실수는 프로젝트를 진행하는 중에 쓸 데이터셋에 잘못된 점이 있는지를 찾아내는 일에만도 많은 시간과 큰 돈을 쓴다는 점이다.

데이터 단위 테스트

모델을 구축한다는 것은 데이터에 대해 어떤 가정을 한다는 말이기도 하다. 예를 들어 시계열 모델에 공급하는 데이터의 경우, 실제로 우리는 날짜 순서대로 데이터가 나오는 시계열일 것이라고 가정한다. 이 가정이 사실인지를 확인하려면 데이터를 테스트(test, 검정)해야 한다. 모델이 이미 운용 환경에 있을 때 받아쓰는 실황 데이터인 경우에는 특히 더 그래야 한다. 데이터가 좋은 게 아니라면 모델의 성능이 저하될 수 있으며, 특히 큰 위험을 감수하고 투자하는 상황이라면 더 큰 문제가 될 수 있다.

또한 개인 정보처럼 민감한 데이터를 제거했는지도 따져봐야 한다. 다음에 나오는 개인 정보 보호 단원에서 볼 수 있듯이, 개인 정보는 합당한 이유가 없고 사용자의 동의가 없는 한 여러분이 책임을 지고 제거해야 한다.

여러 곳에서 가져온 데이터를 바탕으로 거래할 때는 데이터의 품질을 잘 살펴봐야 하므로 뉴욕시에 소재하는 국제 헤지펀드인 Two Sigma Investments LP에서는 데이터 모니터링용 오픈소스 라이브러리를 만들었다. 이것을 marbles라고 부르며 https://github.com/twosigma/marbles에서 자세한 내용을 읽을 수 있다. 이것을 파이썬의 unittest 라이브러리로 빌드할 수 있다.

다음 명령을 사용해 설치할 수 있다.

```
pip install marbles
```

 marbles를 보여주는 캐글 커널을 https://www.kaggle.com/jannesklaas/marbles-test에서 찾을 수 있다.

다음 예제 코드는 간단한 marbles 단위 테스트를 보여준다. 아일랜드의 실업률에 대한 데이터를 수집한다고 가정하자. 모델이 작동하려면 실제로 연속적인 여러 달 동안에 걸친 데이터를 가져오고 한 달을 두 달로 세지 않아야 한다.

다음 코드를 실행해 이 문제가 발생하는지를 확인할 수 있다.

```
import marbles.core
from marbles.mixins import mixins                                    #1

import pandas as pd                                                   #2
import numpy as np
```

```
from datetime import datetime, timedelta

class TimeSeriesTestCase(marbles.core.TestCase,
                         mixins.MonotonicMixins):                    #3
    def setUp(self):                                                 #4

        self.df = pd.DataFrame({'dates':[datetime(2018,1,1),
                                         datetime(2018,2,1),
                                         datetime(2018,2,1)],
                                'ireland_unemployment':[6.2,6.1,6.0]})  #5

def tearDown(self):
    self.df = None                                                   #6

def test_date_order(self):                                           #7
    self.assertMonotonicIncreasing(sequence=self.df.dates,
                    note = 'Dates need to increase monotonically')   #8
```

코드를 완전히 이해하지 못하더라도 걱정할 일이 아니다. 이제 코드를 단계별로 살펴보자.

1. marbles에는 두 가지 주요 컴포넌트가 있다. core 모듈은 실제 테스트를 수행하는 반면, mixins 모듈은 다양한 유형의 데이터에 유용한 여러 가지 테스트를 제공한다. 이것은 테스트 작성을 단순화하고 더 읽기 쉽고 의미론적으로 해석 가능한 테스트를 제공한다.

2. 여러분은 일반적으로 사용하는 모든 라이브러리(예를 들면, 판다스)를 사용해 테스트용 데이터를 다루며 처리할 수 있다.

3. 이제 테스트 클래스를 정의할 차례다. 새로운 테스트 클래스는 marbles의 TestCase 클래스를 상속해야 한다. 이런 식으로 테스트 클래스가 자동으로 marbles 테스트로 실행되게 설정된다. mixins를 사용하려면 해당 mixins 클래스도 상속해야 한다.

   이번 예제에서는 단조롭게 순서대로 늘어나는 날짜로 작업하고 있다. MonotonicMixins 클래스는 단조 증가하는 시리즈(series, 수열)를 자동으로 테스트할 수 있는 다양한 도구를 제공한다.

   여러분이 자바 프로그래머라면 다중 상속 개념이 이상하게 보일 수 있지만, 파이썬에서는 클래스가 그 밖의 여러 클래스로부터 쉽게 상속을 받을 수 있다. 이것은 테스트 실행 및 테스트 시간 관련이라는 개념 같은 두 가지 다른 기능을 여러분의 클래스가 상속받게 하려는 경우에 유용하다.

4. setUp 함수는 데이터를 적재하고 테스트를 준비할 수 있는 표준 테스트 함수다. 이번 경우에 여러분은 판다스 데이터프레임을 직접 정의하면 된다. 대안으로 여러분이 CSV 파일이나 웹 리소스를 적재해도 되고, 데이터를 얻기 위해 다른 방법을 사용해도 된다.

5. 우리의 데이터프레임에는 2개월에 걸친 아일랜드 실업률이 있다. 보다시피 마지막 달이 두 번 계산되었다. 일어나서는 안 될 일이 일어났으므로 오류가 발생한다.

6. tearDown 메서드는 테스트를 완료한 후에 정리를 할 수 있게 하는 표준 테스트 메서드다. 이번 경우에 우리는 단지 RAM을 비울 뿐이지만, 여러분은 테스트용으로 만든 파일이나 데이터베이스를 삭제하게 선택할 수도 있다.

7. 실제 테스트를 설명하는 메서드들의 이름이 test_로 시작되어야 한다. marbles를 설치하고 나면, 이것이 모든 테스트 메서드를 자동으로 실행해 준다.

8. 우리는 데이터의 시간 지표가 순증가(strictly increasing)한다고 주장한다. 어설션(assertion)에 최댓값 같은 중간 변수가 필요한 경우에 marbles는 이를 오류 보고서에 표시한다. 오류를 더 읽기 쉽게 하기 위해 편리한 메모를 첨부할 수 있다.

주피터 노트북에서 단위 테스트를 실행하려면 첫 번째 어설션을 무시하도록 marbles에 말해야 한다. 우리는 다음 코드를 실행해 이를 달성한다.

```
if __name__ == '__main__':
    marbles.core.main(argv=['first-arg-is-ignored'], exit=False)
```

명령줄에서 직접 단위 테스트를 실행하는 것이 더 일반적이다. 따라서 명령줄에 이전 코드를 저장한 경우에 다음 명령으로 실행할 수 있다.

```
python -m marbles marbles_test.py
```

물론 데이터에 문제가 있다. 다행히도, 이 테스트로 인해 나오는 오류가 나쁜 예측의 형태로 무언의 실패를 야기할 수 있는 우리의 모델에 전달되지 않게 한다. 대신에 다음과 같이 오류가 출력되며 테스트가 실패로 돌아간다.

 이 코드는 실행되지 않으며 문제가 생길 것이다.

```
F                                                               #1
================================================================
FAIL: test_date_order (__main__.TimeSeriesTestCase)             #2
----------------------------------------------------------------
marbles.core.marbles.ContextualAssertionError: Elements in 0
  2018-01-01
1 2018-02-01
```

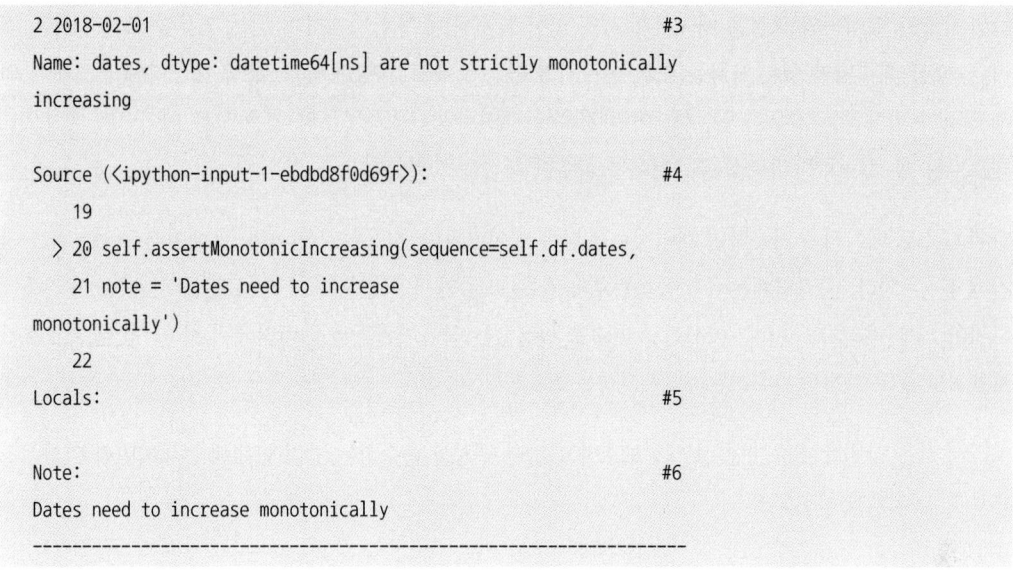

Ran 1 test in 0.007s

FAILED (failures=1)

그렇다면 데이터가 잘못된 원인이 정확히 무엇이란 말인가? 한번 살펴보자.

1. 상단에 보이는 줄은 전체 테스트의 상태를 보여준다. 이번 경우에는 테스트 방법이 하나만 있어 실패했다. 테스트 방법으로는 여러 가지가 있을 수 있으며 marbles는 테스트에 실패하거나 통과하는 방법을 보여줌으로써 진행 상황을 표시한다. 다음 두 줄은 실패한 테스트 방법을 설명한다. 이 줄은 TimeSeriesTestCase 클래스의 test_date_order 메서드가 실패했음을 설명한다.

2. marbles는 테스트가 어떻게 실패했는지를 정확하게 보여준다. 테스트한 날짜 값이 실패 원인과 함께 표시된다.

3. 실제 오류 외에도 marbles는 역으로 추적한 내용을 표시하는 식으로 테스트가 실패한 실제 코드를 보여준다.

4. marbles에는 지역 변수를 표시하는 특별한 기능이 있다. 이렇게 하면 테스트 설정에 문제가 없는지를 확인할 수 있다. 또한 테스트가 얼마나 정확하게 실패했는지에 대한 상황을 이해하는 데 도움이 된다.

5. 마지막으로 marbles는 우리의 노트를 표시해 테스트 소비자가 무엇이 잘못되었는지를 이해할 수 있게 한다.

6. 요약하면 marbles는 테스트가 한 번의 실패로 실패했음을 표시한다. 때로는 일부 테스트에 실패한 경우에도 데이터를 받아들일 수 있지만, 때때로 여러분은 더 자주 파고 들어감으로써 무슨 일이 일어나고 있는지를 확인하고 싶어 할 수도 있다.

단위 테스트 데이터의 요점은 데이터 문제로 인한 잘못된 예측을 방지하기 위해 오류를 크게 만드는 것이다. 오류 메시지가 있는 오류는 오류 메시지가 없는 오류보다 훨씬 낫다. 종종 데이터 공급업체에 의해 장애가 발생하는 경우가 있는데, 이런 경우에는 모든 공급업체로부터 얻은 모든 데이터를 대상으로 테스트를 해 보아야만 비로소 공급업체가 실수한 시점을 알 수 있다.

단위 테스트 데이터를 사용하면 개인정보를 담은 데이터처럼, 사용하지 말아야 할 데이터가 없는지를 점검해 볼 수 있다. 공급업체는 주민등록번호와 같은 모든 개인 식별 정보가 수록된 데이터셋을 정리해야 하지만, 잊어버리기도 한다. 머신러닝 기술을 활용하는 금융기관들은 데이터에 수록된 개인정보보호를 보호하도록 된 지침을 준수하는 데 큰 관심을 기울인다.

따라서 다음 단원에서는 개인 정보를 보호하고 관련 규정을 준수하는 방법에 대해 논의하면서 머신러닝으로 인한 혜택을 누려보자.

데이터를 비공개로 하고 법규를 준수하기

최근 몇 년간 소비자는 자신이 통제할 수 없는 방식으로 자신에 관한 데이터가 수집되어 분석된다는 점과 그것이 때로는 자신의 이익에 반한다는 사실을 깨달았다. 당연히 소비자들은 그런 식으로 데이터가 처리되는 점을 좋아하지 않으며, 규제 당국은 새로운 데이터 규정을 제시해야 한다.

이 글을 쓰는 시점에서 유럽 연합은 GDPR(General Data Protection Regulation, 일반 데이터 보호 규정)을 도입했지만, 그 밖의 지역에서도 이전보다 더 엄격한 개인 정보 보호 정책을 수립할 가능성이 있다.

이 책에서는 이런 법을 준수하기 위한 구체적인 방법까지 다루지는 않는다. 그러나 이런 주제를 더 잘 이해하고 싶다면 영국 정부가 펴낸 GDPR 지침서에 나온 세부 규정 사항 및 준수 방법을 자세히 익혀 두는 것이 좋다(https://www.gov.uk/government/publications/guide-to-the-general-data-protection-regulation).

이번 단원에서는 최근 개인 정보 보호법의 주요 원칙과 이러한 원칙을 준수하기 위해 활용할 수 있는 일부 기술적 솔루션에 대해 간략하게 설명한다.

여기서 가장 중요한 규칙은 "필요하지 않은 것을 삭제"하는 것이다. 오랫동안 많은 회사에서는 입수할 수 있는 모든 데이터를 저장해 왔지만, 이는 잘못된 생각이다. 개인 데이터를 저장하는 데 따른 책임이 여러분의 사업체에 있다. 개인 데이터에 대한 소유자는 다른 사람이며, 여러분이 그것을 다루려고 잡아 끌어낸 것이다. 그러고 나면 여러분은 "우리가 지닌 데이터베이스에는 50만 개의 레코드가 있다"라는 식의 말을 듣게 될 텐데, 이 말이 가리키는 방향을 따라 조금 더 생각해 보면 "우리의 장부에 50만 가지 부채가 수록되어 있다"는 말과 같음을 알 수 있다. 이처럼 책임질 일을 만드는 게 좋을 때도 있지만, 그렇게 할 만큼 충분한 경제적 가치가 있을 때라야 타당한 일인 것이다. 놀랍게도 우연히 개인 데이터를 수집하는 일이 자주 벌어진다. 기기 사용 이력을 추적하다가 실수로라도 고객 ID를 기록해 두었다고 해 보자. 이러한 사고를 주시하고 예방하는 습관이 필요하며, 이를 위한 네 가지 핵심 사항은 다음과 같다.

- **투명하게 일을 처리하고 동의를 얻는다**: 고객은 좋은 제품을 원하고, 자신들에 관한 데이터가 제품에 반영되어 제품이 개선될 것이라는 점을 이해한다. 모든 관행을 아주 긴 약관에 수록한 다음에 사용자로 하여금 어쩔 수 없이 동의하게 하는 식으로 접근하기보다는 일반적으로 사용자들에게 당신이 무엇을 하고 있는지, 그들의 데이터가 어떻게 사용되고 있는지, 그리고 그것이 어떻게 제품을 향상시키는지 명확하게 말해 주는 편이 더 합리적이다. 개인 데이터가 필요하다면 동의를 받아야 한다. 투명성을 유지하면 사용자가 더 많이 여러분을 신뢰할 수 있을 것이므로 고객은 제품 사용에 대한 의견이나 정보를 기꺼이 제공할 테고 그러면 여러분은 제품을 개선할 수 있다.

- **최고 수준의 보안 기능을 갖춰도 불법행위가 일어난다는 점을 명심하자**: 보안 기능이 아무리 뛰어나도 해킹을 당할 가능성이 있다. 따라서 하루 만에 전체 데이터베이스를 인터넷으로 빼내 갈 수 있다는 가정을 전제로 개인 데이터 스토리지를 설계해야 한다. 이렇게 가정하면 더 강력하게 개인정보를 보호할 수 있고 실제로 해킹이 발생해도 이 일로 인한 재난적인 상황을 피할 수 있다.

- **데이터에서 유추할 수 있는 사항에 유의하자**: 여러분에 데이터베이스에서 개인 식별 정보를 추적하지 않으려고 할지라도 다른 데이터베이스와 결합하면 고객을 개별적으로 식별할 수 있다.

    여러분이 어떤 친구와 커피를 마시고 신용카드로 지불한 다음에 커피를 마신 사진을 인스타그램에 올렸다고 해 보자. 은행은 익명의 신용카드 기록을 수집할 수 있지만, 누군가가 인스타그램 사진과 함께 신용카드 기록을 서로 비교한다면 같은 지역에서 동일한 시간에 커피를 마시고 사진을 게시한 고객이 한 명뿐이라는 점을 알 수 있다. 이런 식으로 따지면 모든 신용카드 거래는 더 이상 익명성을 보장하지 않는다. 고객들은 회사들이 이러한 효과까지 고려해 주기를 바란다.

- **데이터 암호화 및 난독화**: 예를 들어, 애플이라는 회사에서는 통화 데이터를 수집할 때 데이터에 마구잡이 잡음을 보탠다. 잡음으로 인해 개별 레코드는 부정확해지지만, 레코드를 전부 살펴본다면 사용자가 어떤 행동을 하는지를 그려 볼 수 있다. 이렇게 접근할 때는 몇 가지 주의할 점이 있는데, 예를 들면 잡음이 제거되기 전에 사용자로부터 엄청나게 많은 데이터 점을 수집할 수 있으므로 개인적인 행동이 드러나게 된다.

    난독화(obfuscation) 방식으로 도입된 잡음은 무작위다. 단일 사용자에 대한 대량의 데이터 표본에 대해 평균을 계산할 때 잡음 자체는 패턴을 나타내지 않으므로 잡음 평균은 0이 된다. 그렇기 때문에 사용자에 관한 진정한 프로필이 드러난다. 마찬가지로 최근 연구에 따르면 딥러닝 모델로 동형 암호화 데이터(homomorphically encrypted data)를 학습할 수 있다. 동형 암호화(homomorphic encryption)는 데이터의 기본 대수 속성을 유지하는 암호화 방법이다. 수학적으로는 다음과 같이 표현할 수 있다.

$$E(m_1) + E(m_2) = E(m_1 + m_2)$$
$$D(E(m_1 + m_2)) = m_1 + m_2$$

여기서 E는 암호화 함수고, m은 평문 데이터이며, D는 암호 해독 함수다. 보다시피 암호화된 데이터를 추가하는 일이나 데이터를 먼저 추가한 후에 암호화하는 일은 서로 같다. 데이터를 추가한 후에 암호화하고 나서 다시 암호를 해독하면 처음부터 데이터를 추가하기만 한 것과 마찬가지다.

이는 여러분이 데이터를 암호화한 다음에 이 데이터를 가지고 모델을 훈련할 수 있다는 말이기도 하다. 동형 암호화는 아직 초기 단계지만, 이와 같은 접근 방식을 통해 데이터 유출 시에 민감한 개인 정보가 유출되지 않게 할 수 있다.

- **로컬에서 훈련하고 몇 가지 경사도만 적재하자**: 사용자 데이터를 올려두는 일을 피하기 위한 한 가지 방법은 사용자의 장치에서 모델을 훈련하는 것이다. 사용자는 장치에 데이터를 축적한다. 여러분은 그런 다음에 모델을 해당 장치로 내려보내고 나서 해당 장치에서 전방 전달과 후방 전달을 한 번 수행할 수 있다.

경사도로부터 사용자 데이터를 유추할 수 없게 하기 위해 몇 가지 경사도만 무작위로 적재한다. 그리고 나서 여러분은 경사도를 마스터 모델에 적용할 수 있다.

시스템의 전체 개인 정보를 더 늘리기 위해 새로 갱신된 모든 가중치를 마스터 모델에서 사용자의 장치로 내려줄 필요는 없고 몇 개만 내려주면 된다. 이런 식으로 데이터에 액세스하지 않고도 모델을 비동기적으로 훈련할 수 있다. 데이터베이스를 탈취당하더라도 사용자 데이터를 잃어버리지 않게 된다. 그러나 충분히 큰 사용자 기반을 가지고 있을 때만 이렇게 했을 때 효과가 있다는 점에 유념해야 한다.

훈련용 데이터 준비

앞 장에서 우리는 특징을 정규화(normalizing)하고 척도구성(scaling, 눈금잡기)을 할 때의 이점을 살펴봤고, 또한 모든 수치적 특징의 척도를 어떻게 구성해야 하는지에 대해서도 논의했다. 특징 척도구성 방법으로는 **표준화(standardization)**, **최소최대(Min-Max)**, **평균 정규화(mean normalization)**, **단위 길이 척도구성(unit length scaling)**이라는 네 가지 방식이 있다. 이번 단원에서는 이 네 가지 방식을 구분해서 살펴볼 것이다.

- **표준화** 시에는 모든 데이터의 평균이 0이 되게 하고 표준편차는 1이 되게 한다. 이렇게 하려면 평균을 빼고 데이터의 표준편차로 나누는 식으로 계산한다.

$$x' = \frac{x - \mu}{\sigma}$$

이것은 아마도 특징의 척도를 구성하는 가장 일반적인 방법일 것이다. 데이터가 매우 로버스트(robust)해야 하므로 데이터에 이상점들이 들어 있는지를 의심하는 데 아주 유용하다. 반면에, 표준화는 특징값들이 0과 1 사이에 있다는 점을 보장하지 않는데, 0과 1 사이는 신경망이 학습을 가장 잘 할 수 있는 범위다.

- **최소최대** 형태로 척도를 재구성하면 정확히 그렇게 할 수 있다. 최소최대 방식에서는 먼저 최솟값을 빼고 값들의 범위로 나누어서 모든 데이터가 0과 1 사이에 들어 있게 척도를 구성한다. 우리는 이것을 다음 공식으로 표현할 수 있다.

$$x' = \frac{x - \min(x)}{\max(x) - \min(x)}$$

데이터에 이상점들이 포함되어 있지 않다고 확신한다면(예: 이미지의 경우) 최소최대 척도구성 방식은 값들이 멋지게 0과 1 사이에 들게 한다.

- 최소최대 방식과 유사하게 평균 정규화 방식에서는 데이터가 –1과 1 사이에 있게 하면서 평균이 0이 되게 한다. 이는 평균을 뺀 다음에 데이터의 범위로 나누는 식으로 진행되며 다음 공식으로 표현된다.

$$x' = \frac{x - \mu}{\max(x) - \min(x)}$$

평균 정규화는 덜 쓰이는 편이지만, 애플리케이션에 따라서는 오히려 더 좋은 접근 방법이 될 수 있다.

- 일부 애플리케이션의 경우에 개별 특징들의 척도를 구성하기보다는 특징 벡터를 사용하는 게 바람직하다. 이번 경우에는 다음에서 볼 수 있듯이 벡터의 각 원소를 벡터의 총 길이로 나누어 단위 길이 척도구성(unit length scaling)을 적용한다.

$$x' = \frac{x}{\|x\|}$$

벡터의 길이는 일반적으로 벡터 $\|x\|_2$의 L2 놈을 의미하는데, 이는 제곱합(sum of squares)의 제곱근을 의미한다. 일부 애플리케이션의 경우에 벡터 길이는 벡터 $\|x\|_2$의 L1 놈을 의미하며, 이는 벡터를 이루는 원소들의 합이다.

그러나 척도를 구성할 때 여러분은 테스트 집합만 사용해서 척도구성 계수, 평균, 표준편차를 측정해야 한다. 이러한 계수들에는 데이터에 대한 선택된 분량의 정보만 포함된다. 전체 데이터셋을 가지고 이를 측정하는 경우에 이러한 정보 이점으로 인해 알고리즘이 프로덕션(production, 운영환경, 양산단계)보다 테스트 집합에서 더 잘 수행될 수 있다.

마찬가지로 프로덕션 코드에서 특징의 척도를 적절히 구성해 두고 있는지를 확인해야 한다. 상당한 시간이 지난 후에는 여러분이 특징 분포를 다시 계산하고 척도를 다시 조절해 구성해야 한다.

어떤 입력이 어떤 예측으로 이어지는지를 이해하기

여러분의 모델이 그것을 예측한 이유는 무엇인가? 복잡한 모델의 경우에 이 질문에 대답하기가 매우 어렵다. 매우 복잡한 모델을 전반적으로 설명하기는 그 자체로 매우 복잡할 수 있다. LIME(Local Interpretable Model-Agnostic Descriptions, 국소적으로 해석할 수 있는 모델 독립적 설명)은 국소 부분을 설명하는 데 중점을 두고 모델을 설명하는 일에 널리 사용되는 알고리즘이다. LIME은 "이 모델은 어떻게 예측하는가?"에 대해 답변하기보다는 "이 모델은 왜 이 데이터에 대해 이러한 예측을 했는가?"라는 질문에 답변하려고 한다.

 LIME을 개발한 리베이로(Ribeiro)와 싱(Singh)과 게스트린(Guestrin)은 많은 알고리즘뿐만 아니라 설명 내용과 자습서가 있는, 훌륭한 깃허브 저장소를 만들었다(https://github.com/marcotcr/lime).

캐글 커널에서는 LIME이 기본으로 설치된다. 그러나 다음 명령으로 LIME을 로컬로 설치할 수 있다.

```
pip install lime
```

LIME 알고리즘은 어떤 분류기를 쓰든지 작동하므로 모델에 구애받지 않는다. 설명하기 쉽게 LIME은 데이터를 이미지 영역이나 텍스트의 발화(utterances)와 같은 여러 부분으로 잘라낸다. 그런 다음에 이러한 특징 중 일부를 제거하여 새 데이터셋을 만든다. 블랙박스 분류기를 통해 이 새로운 데이터셋을 실행하고 분류기들이 다른 계급에 대해 예측한 확률을 얻는다. 그리고 나서 LIME은 어떤 특징들이 존재하는지를 설명하는 벡터로 데이터를 인코딩한다. 마지막으로, 다른 특징들이 제거된 블랙박스 모델의 결과를 예측하기 위해 선형모형(linear model)을 훈련한다. 선형모형을 해석하기는 쉽기 때문에 LIME은 선형모형을 사용해 가장 중요한 특징들을 결정한다.

여러분이 20개의 뉴스 그룹 데이터셋에 있는 이메일 같은 이메일을 분류하기 위해 TF-IDF와 같은 텍스트 분류기를 사용한다고 해 보자. 이 분류기로부터 설명하는 내용이 나오게 하려면 다음과 같이 코드를 작성하자.

```
from lime.lime_text import LimeTextExplainer                    #1
explainer = LimeTextExplainer(class_names=class_names)          #2
exp = explainer.explain_instance(test_example,                  #3
                                 classifier.predict_proba,      #4
                                 num_features=6)                #5

exp.show_in_notebook()                                          #6
```

이제 코드에서 무슨 일이 일어나고 있는지를 이해해 보자.

1. LIME 패키지에는 다양한 유형의 데이터를 처리할 수 있는 여러 클래스가 들어 있다.

2. 빈 설명자를 새로 만들기 위해서는 분류기의 클래스 이름을 전달해야 한다.

3. 우리는 설명을 원하는 하나의 텍스트 예제를 제공할 것이다.

4. 우리는 분류기의 예측 함수를 제공한다. 우리는 확률들을 제공하는 함수를 한 개 제공해야 한다. 케라스의 경우에 이것은 model.predict다. scikit 모델의 경우에 predict_proba 메서드를 사용해야 한다.

5. LIME은 특징들의 최대 개수를 보여준다. 우리는 이번 경우에 가장 중요한 여섯 가지 특징의 중요도만 보이고자 한다.

6. 마지막으로 예측 시각화를 다음과 같이 렌더링할 수 있다.

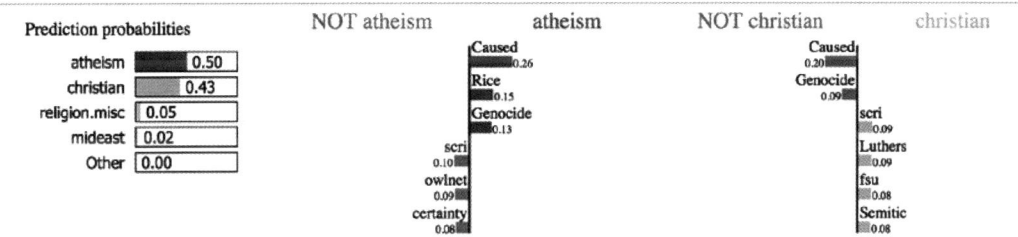

LIME 텍스트 출력

설명 내용을 통해서 텍스트가 가장 자주 분류되는 서로 다른 특징을 사용하는 계급을 볼 수 있다. 가장 빈번한 두 계급에서 분류에 가장 크게 기여하는 단어를 보여준다. 그림 아래쪽에서 텍스트에 강조 표시된 분류에 기여한 단어를 볼 수 있다.

보다시피, 우리 모델은 발신자의 이메일 주소의 일부를 구별되는 함수와 대학 이름인 "Rice"로 선택했다. "Caused"는 텍스트가 무신론에 관한 것이라는 점을 보여주는 강력한 지표(indicator, 표시자)라고 본다. 이것들이 결합되면 우리가 데이터셋을 디버깅할 때 알고 싶어 하는 것이 다 나온다.

LIME만으로는 모델을 설명하는 문제를 완벽하게 해결하지 못한다. 예를 들어 여러 특징 간의 상호 작용으로 특정한 결과를 초래할 경우에는 모델을 설명하기가 어렵다. 그러나 유용한 데이터 디버깅 도구가 되기에는 충분하다. 종종 모델은 습득하지 말아야 할 것까지 습득하기도 한다. 데이터셋을 디버깅하려면 통계모형이 과적합되게 "주어진" 특징들을 모두 제거해야 한다.

이번 단원을 되돌아본다면, 여러분이 이제 데이터셋을 디버깅하는 데 사용할 수 있는 도구를 널리 살펴봤다는 점을 알 수 있을 것이다. 그러나 완벽한 데이터셋을 사용하더라도 훈련 시에는 문제가 생길 수 있다. 다음 단원에서는 모델을 디버깅하는 방법을 설명한다.

모델 디버깅

복잡한 딥러닝 모델에서는 오류가 발생하기 쉽다. 수백만 개의 파라미터로 인해 잘못될 수 있는 면들이 많다. 다행히도, 이 분야에서는 모델 성능을 향상시키기 위한 여러 가지 유용한 도구를 개발했다. 이번 단원에서는 모델을 디버깅하고 개선하는 데 사용할 수 있는 가장 유용한 도구를 소개한다.

하이페라스를 이용한 하이퍼파라미터 탐색

신경망의 하이퍼파라미터를 수동으로 조율하기는 번거로운 작업일 수 있다. 어떤 하이퍼파라미터 값이 먹히고 어떤 게 먹히지 않는지에 관해 약간의 직관을 가지고 있더라도 하이퍼파라미터를 조율할 때 적용할 만한 엄격한 규칙은 없다.

이것이 큰 계산 성능을 소유한 실무자들조차도 자동 하이퍼파라미터 탐색을 하는 이유다. 결국 하이퍼파라미터는 모델의 파라미터와 마찬가지로 탐색 공간을 형성한다. 차이점은 역전파를 적용할 수 없고 하이퍼파라미터를 미분할 수 없다는 점이다. 우리는 그래도 모든 경사도 기반 최적화 알고리즘을 하이퍼파라미터에 적용할 수 있다.

여러 가지 하이퍼파라미터 최적화기가 있지만, 우리는 사용하기 쉬운 하이페라스(Hyperas)를 살펴볼 것이다. 하이페라스는 케라스에서 작동할 수 있게 한 최적화 라이브러리인 hyperopt의 래퍼다.

 깃허브에서 하이페라스를 찾을 수 있다(https://github.com/maxpumperla/hyperas).

pip로 하이페라스를 설치할 수 있다.

```
pip install hyperas
```

여러분의 환경 구성에 따라 설치 과정을 약간 조정해야 할 수도 있다. 이런 경우라면 앞서 나온 하이페라스 깃허브 페이지에서 자세한 정보를 제공하니 참고하기 바란다.

하이페라스는 **임의탐색(Random Search)**과 **트리 구조 파젠 추정기(Tree of Parzen Estimators, TPE)**라고[1] 하는 두 가지 최적화기를 제공한다. 우리가 합리적이라고 생각하는 다양한 파라미터 내에서 임의탐색은 임의로 하이퍼파라미터 표본을 추출해서 그것으로 모델을 훈련한다. 그리고 나서, 최상의 성능을 보이는 모델을 해(solution, 解)로 선택한다.

임의탐색을 간단하고 강력하며 쉽게 확장할 수 있다. 임의탐색은 기본적으로 하이퍼파라미터와 관계 및 손실 표면에 대한 가정을 하지 않는다. 그러나 그 이면에서 보면 상대적으로 느리다.

트리 구조 파젠 추정기 알고리즘은 $P(x|y)$ 관계를 모델링한다. 여기서 x는 하이퍼파라미터를 나타내고 y는 관련 성능을 나타낸다. TPE는 $P(x|y)$에 대한 모델이면서 많은 연구자에게 인기 있는 가우스 과정(Gaussian process)의 정반대 모델이다.

경험적으로 보면 TPE의 성능이 더 좋게 나온다. 자세한 내용은 제임스 버그스트라(James S. Bergstra) 등이 2011년에 저술한 논문인 *"Algorithms for Hyper-Parameter Optimization"*(https://papers.nips.cc/paper/4443-algorithms-for-hyper-parameter-optimization)을 참고하자. TPE는 임의탐색보다 더 빠르지만, 국소최소(local minima, 극소)에 갇히고 우툴두툴한 손실 표면으로 인해 난항을 겪을 수 있다. 경험상 TPE부터 써보는 게 합리적이며 TPE가 잘 안 된다면 임의탐색을 쓴다.

---

[1] (옮긴이) 여기서 말하는 트리 구조 파젠 추정기를 영어로는 'tree-structured Parzen estimators'로 표현하기도 한다.

이번 예제의 코드를 https://www.kaggle.com/jannesklaas/Hyperas에서 찾을 수 있다.

다음 코드는 MNIST 데이터셋에 대한 분류기에서 하이페라스(Hyperas) 및 하이퍼옵트(Hyperopt)를 사용하는 방법을 보여주는 예제다.

```
from hyperopt import Trials, STATUS_OK, tpe           #1
from hyperas import optim                              #2
from hyperas.distributions import choice, uniform
```

코드는 짧지만, 그 의미가 무엇인지 설명해 보겠다.

1. 하이페라스는 하이퍼옵트를 기반으로 하므로 hyperopt에서 직접 일부 조각들을 가져와야 한다. Trials 클래스는 실제 시도를 해 보는 역할을 하고 STATUS_OK는 테스트가 잘 진행되었는지를 알 수 있게 하며, tpe는 TPE 알고리즘을 구현한 것이다.

2. 하이페라스는 하이퍼옵트 작업을 더 쉽게 해주는 여러 가지 편리한 함수를 제공한다. optim 함수는 최적의 하이퍼파라미터들을 찾아주며, 케라스의 fit 함수처럼 사용할 수 있다. choice와 uniform을 사용하면 각각 불연속 하이퍼파라미터와 연속 하이퍼파라미터 중에서 선택할 수 있다.

이전에 살펴봤던 아이디어를 바탕으로 코드를 작성하기 위해 이번에는 다음 코드를 추가해 볼 텐데, 코드를 작성하고 난 다음에 이 코드를 더 자세히 설명하겠다.

```
def data():                                            #1
    import numpy as np                                 #2
    from keras.utils import np_utils

    from keras.models import Sequential
    from keras.layers import Dense, Activation, Dropout
    from keras.optimizers import RMSprop

    path = '../input/mnist.npz'                        #3
    with np.load(path) as f:
        X_train, y_train = f['x_train'], f['y_train']
        X_test, y_test = f['x_test'], f['y_test']

    X_train = X_train.reshape(60000, 784)              #4
```

```
    X_test = X_test.reshape(10000, 784)
    X_train = X_train.astype('float32')
    X_test = X_test.astype('float32')
    X_train /= 255
    X_test /= 255
    nb_classes = 10
    y_train = np_utils.to_categorical(y_train, nb_classes)
    y_test = np_utils.to_categorical(y_test, nb_classes)

    return X_train, y_train, X_test, y_test                #5
```

방금 생성한 코드를 살펴보자.

1. 하이페라스는 데이터를 적재하는 함수를 기대한다. 우리는 메모리로부터 데이터셋을 그냥 전달할 수 없다.

2. 검색을 확장하기 위해 하이페라스는 모델 작성 및 평가를 수행하는 새 런타임을 작성한다. 또한 노트북으로 가져온 모듈들이 항상 런타임으로 전송되지는 않는다. 모든 모듈을 사용할 수 있게 하려면 data 함수에서 가져오기를 모두 수행해야 한다. 모델에만 사용되는 모듈의 경우에도 마찬가지다.

3. 우리는 이제 데이터를 적재한다. 캐글 커널이 인터넷에 접속할 수 없으므로 디스크에서 MNIST 데이터를 적재해야 한다. 인터넷이 있지만, 파일의 로컬 버전이 없다면 다음 코드를 사용해 데이터를 얻을 수 있다.

```
from keras.datasets import mnist
(Y_train, y_train), (X_test, y_test) = mnist.load_data()
```

이것이 기본 설정이므로 나는 인터넷 없음 버전을 계속 유지하고 있다.

4. data 함수는 또한 데이터를 전처리해야 한다. 우리는 이전에 MNIST와 함께 일할 때 했던 표준 재구성 및 척도구성을 수행한다.

5. 마지막으로 데이터를 반환한다. 이 데이터는 모델을 빌드하고 평가하는 함수로 전달된다.

```
def model(X_train, y_train, X_test, y_test):              #1
    model = Sequential()                                  #2
    model.add(Dense(512, input_shape=(784,)))

    model.add(Activation('relu'))

    model.add(Dropout({{uniform(0, 0.5)}}))               #3
```

```
model.add(Dense({{choice([256, 512, 1024])}}))              #4
model.add(Activation({{choice(['relu','tanh'])}}))          #5

model.add(Dropout({{uniform(0, 0.5)}}))

model.add(Dense(10))
model.add(Activation('softmax'))

rms = RMSprop()
model.compile(loss='categorical_crossentropy',
              optimizer=rms,
              metrics=['accuracy'])

model.fit(X_train, y_train,                                  #6
          batch_size={{choice([64, 128])}},
          epochs=1,
          verbose=2,
          validation_data=(X_test, y_test))

score, acc = model.evaluate(X_test, y_test, verbose=0)       #7
print('Test accuracy:', acc)
return {'loss': -acc, 'status': STATUS_OK, 'model': model}   #8
```

보다시피 앞의 코드 조각은 8개 정의 부분으로 구성되어 있다. 우리가 방금 만든 코드를 완전히 이해할 수 있게 다음과 같이 살펴보자.

1. model 함수는 모델을 정의할 뿐만 아니라 모델을 평가한다. 훈련받은 데이터 함수에서 데이터셋을 가져오면 일련의 품질 계량(metrics)을 반환한다.

2. 하이퍼라스를 사용해 세부적으로 조율하는 경우에 평상시처럼 케라스 모델을 정의할 수 있다. 여기서는 조율하는 하이퍼파라미터만 하이퍼라스 함수들로 교체해야 한다.

3. 예를 들어, 드롭아웃을 조정하기 위해 우리는 Dropout 하이퍼파라미터를 {{uniform(0, 0.5)}}로 대체한다. Hyperas는 균일분포로부터 추출해낸 0에서 0.5 사이의 드롭아웃 비율을 자동으로 추출하고 평가한다.

4. 은닉 계층의 크기와 같은 불연속 분포로부터 표본을 추출하기 위해 우리는 하이퍼파라미터를 {{choice([256, 512, 1024])}}로 바꾼다. 하이퍼라스는 이제 은닉 계층 크기를 256이나 512, 또는 1,024 중에서 선택한다.

5. 우리는 활성함수를 선택할 때도 동일한 작업을 수행할 수 있다.

6. 모델을 평가하려면 모델을 컴파일하고 적합시켜야 한다. 이 과정에서 우리는 서로 다른 배치 크기 중에서 하나를 선택할 수도 있다. 이번 경우에는 이번 예제에 필요한 시간을 짧게 유지하기 위해 하나의 에포크만 훈련한다. 여러분은 하이페라스를 사용해 훈련 과정을 모두 진행할 수도 있다.

7. 모델의 성능에 대한 통찰력을 얻기 위해 우리는 테스트 데이터를 가지고 모델을 평가한다.

8. 마지막으로 모델의 점수, 모델 자체, 그리고 모든 것이 정상이라는 점을 가리키는 표시자(indicator)를 한 개 반환한다. 하이페라스는 손실함수를 최소화하려고 한다. 정확도를 극대화하기 위해 우리는 손실을 음의 정확도로 설정했다. 문제에 가장 적합한 최적화 방법에 따라 여기에서 모델 손실을 전달할 수도 있다.

마지막으로 최적화를 실행한다.

```
best_run, best_model = optim.minimize(model=model,
                                      data=data,
                                      algo=tpe.suggest,
                                      max_evals=5,
                                      trials=Trials(),
                            notebook_name=' notebook_source ')
```

우리는 model 메서드와 data 메서드를 전달하고 실행할 시행 횟수와 시행을 관리할 클래스를 지정한다. 하이퍼옵트는 분산해 시행하는 클래스를 제공하는데, 해당 클래스 안에서 워커(workers)가 몽고 DB를 통해 소통한다.

주피터 노트북에서 작업할 때는 작업 중인 노트북의 이름을 제공해야 한다. 캐글 노트북은 사용자가 지정한 이름과 관계없이 파일 이름이 모두 notebook_source다.

하이페라스를 실행하면 하이페라스는 최고 성능 모델을 반환하면서 또한 최고 모델의 하이퍼파라미터를 반환한다. best_run을 출력해 내면 다음과 유사한 출력이 표시된다.

```
{'Activation': 1,
'Dense': 1,
'Dropout': 0.3462695171578595,
'Dropout_1': 0.10640021656377913,
'batch_size': 0}
```

choice를 선택하면 하이페라스는 색인을 표시한다. 이번 경우에는 활성화 함수로 tanh를 선택했다.

이번 경우에는 몇 번의 시도에 대해서만 하이퍼파라미터 탐색을 실행했다. 일반적으로 몇백 번에서 수천 번에 걸쳐서 시행한다. 이를 위해 우리는 하이퍼파라미터 탐색을 자동화해서 사용하는데, 이는 충분한 컴퓨팅 성능이 있다면 모델 성능을 높이는 훌륭한 도구가 될 수 있다.

그러나 전혀 작동하지 않는 모델을 얻지는 못할 것이다. 이 방법을 선택할 때는 하이퍼파라미터 탐색에 투자하기 전에 먼저 다소 효과적인 방법을 사용해야 한다.

효율적인 학습속도를 알아내기

가장 중요한 하이퍼파라미터 중 하나는 학습속도(learning rate, 학습률)다. 좋은 학습속도를 찾아내기는 쉽지 않다. 학습속도 값을 너무 작게 하면 모델이 너무 느리게 훈련되어 훈련이 전혀 되지 않을 수 있고, 너무 크면 과적합되어 손실이 줄지 않는다.

학습속도를 찾을 때는 표준 하이퍼파라미터 탐색 기술만이 최선의 선택은 아니다. 학습속도에 대해서 말하자면, 선탐색(line search)을 수행하고 다른 학습속도에 대한 손실을 시각화하는 것이 바람직하며, 이로 인해 손실함수의 작동 방식을 이해할 수 있다.

선탐색을 수행할 때 학습속도를 기하급수적으로 늘리는 것이 좋다. 여러분은 학습속도가 큰 영역보다는 학습속도가 작은 영역에 관심이 있을 가능성이 높다.

다음 예에서는 20개의 평가를 수행하고 모든 평가에서 학습속도를 두 배로 늘린다. 다음 코드로 이를 실행할 수 있다.

```
init_lr = 1e-6                                          #1
losses = [] lrs = []
for i in range(20):                                     #2
    model = Sequential()
    model.add(Dense(512, input_shape=(784,)))
    model.add(Activation('relu'))
    model.add(Dropout(0.2))
    model.add(Dense(512))
    model.add(Activation('relu'))
    model.add(Dropout(0.2))
```

```
model.add(Dense(10))
model.add(Activation('softmax'))

opt = Adam(lr=init_lr*2**i)                                    #3
model.compile(loss='categorical_crossentropy',
              optimizer=opt,
              metrics=['acc'])

hist = model.fit(X_train, Y_train, batch_size = 128, epochs=1) #4

loss = hist.history['loss'][0]                                 #5
losses.append(loss)
lrs.append(init_lr*2**i)
```

앞의 주요 코드를 더 자세히 살펴보자.

1. 우리는 탐색을 시작하는, 낮지만 여전히 합리적인 초기 학습속도를 지정한다.
2. 그리고 나서, 학습속도를 다르게 하여 20회 훈련을 수행한다. 우리는 매번 모델을 처음부터 새로 설정해야 한다.
3. 우리는 새로운 학습속도를 계산한다. 이번 경우에 우리는 각 평가 단계에서 학습속도를 두 배로 높인다. 더 세밀한 그림을 원한다면 증가량을 더 적게 하면 된다.
4. 그리고 나서, 새로운 학습속도에 모델을 적합하게 한다.
5. 마지막으로 우리는 손실을 추적한다.

데이터셋이 매우 큰 경우에 데이터의 부분집합에 대해 이 학습속도 검색을 수행할 수 있다. 흥미로운 부분은 학습속도의 시각화에서 비롯된다.

```
fig, ax = plt.subplots(figsize = (10,7))
plt.plot(lrs,losses) ax.set_xscale('log')
```

이 코드를 실행하면 다음 차트가 출력된다.

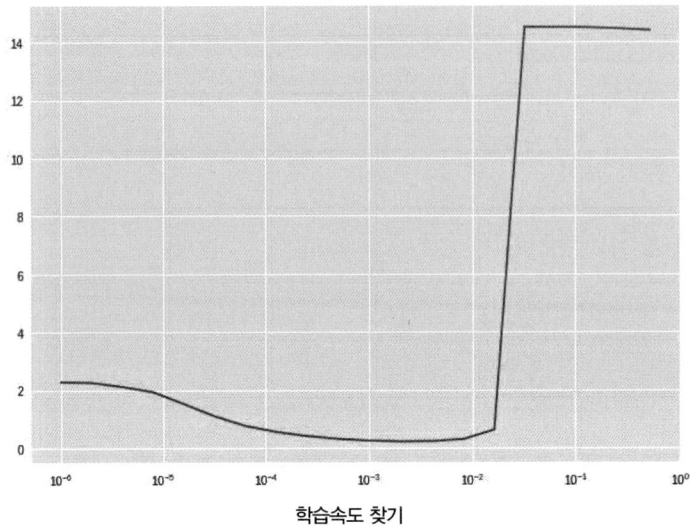

학습속도 찾기

보다시피, 손실은 1e-3과 1e-2 사이에서 최적이다. 또한 이 영역에서 손실 표면(loss surface)이 비교적 평평하다는 것을 알 수 있다. 이를 통해 1e-3 정도의 학습속도를 사용해야 한다는 통찰력을 얻을 수 있다. 오버슈팅(overshooting)을[2] 피하기 위해 선탐색에서 찾은 최적의 학습속도보다 다소 낮은 학습속도를 선택한다.

학습속도 스케줄링

왜 하나의 학습속도 사용을 중단하는가? 처음에는 모델이 최적해(optimal solution)에서 멀리 떨어져 있을 수 있으므로 모델은 가능한 한 빨리 이동하려고 할 것이다. 그러나 최소 손실에 접근하면 오버슈트를 피하기 위해 느리게 이동하려고 한다. 일반적인 방법은 코사인 함수를 나타내게 학습속도를 풀림(annealing) 처리하는 것이다. 이를 위해 시간 계단(t)이 주어진 학습속도를 반환하는 학습속도 스케줄링 함수를 찾아야 한다. 학습속도는 t의 함수가 된다.

$$a(t) = \frac{a_0}{2}\left(\cos\left(\frac{\pi \bmod (t-1, l)}{l}\right)\right)$$

여기서 l은 1순환마디(cycle)의 길이고 a_0은 초기 학습속도다. t가 순환마디 길이보다 커지지 않게 우리는 이 함수를 수정한다.

---

2 (옮긴이) 오버슈팅이 여기서는 전기/전자/정보처리 분야 전문용어로 쓰였다. 여기서 나타내려고 하는 개념은 '기대하던 결과보다 더 큰 값이 나오는 경우'를 말한다.

```
def cosine_anneal_schedule(t):
    lr_init = 1e-2                              #1
    anneal_len = 5
    if t >= anneal_len: t = anneal_len -1       #2
    cos_inner = np.pi * (t % (anneal_len))      #3
    cos_inner /= anneal_len
    cos_out = np.cos(cos_inner) + 1
    return float(lr_init / 2 * cos_out)
```

앞의 코드에는 세 가지 주요 특징이 있다.

1. 우리의 함수에서 풀림을 시작할 지점을 설정해야 한다. 이것은 상대적으로 큰 학습속도일 수 있다. 또한 풀림 처리하려는 에포크 수를 지정해야 한다.

2. 코사인 함수는 단조롭게 감소하기만 하는 게 아니고, 1개 순환마디를 거친 후에 다시 증가한다. 우리는 나중에 이와 같은 속성을 사용할 테지만, 지금은 학습속도가 다시 늘지 않게 해야 한다.

3. 마지막으로 앞의 공식을 사용해 새로운 학습속도를 계산한다. 이것이 새로운 학습속도다.

학습속도 스케줄링 함수를 더 잘 이해하기 위해 우리는 10 에포크 이상으로 설정해 학습속도를 그려 볼 수 있다.

```
srs = [cosine_anneal_schedule(t) for t in range(10)]
plt.plot(srs)
```

코드의 출력이 다음 그래프에 표시된다.

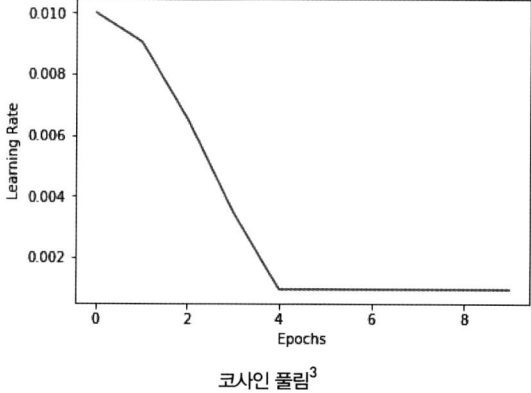

코사인 풀림[3]

---

[3] (옮긴이) Learning Rate → 학습속도, Epochs → 에포크

우리는 이 함수로 케라스의 LearningRateSchedulercallback 콜백을 사용해 학습속도를 예약할 수 있다.

```
from keras.callbacks import LearningRateScheduler
cb = LearningRateScheduler(cosine_anneal_schedule)
```

새로운 학습속도를 얻기 위해 각 에포크가 끝날 때마다 케라스가 콜백할게 이제 우리에게 있다. 우리는 이 콜백을 fit 메서드에 전달하면 되는데, 이것 좀 보게나! 모델의 학습속도가 줄어든다.

```
model.fit(x_train, y_train,batch_size=128,epochs=5,callbacks=[cb])
```

학습속도 풀림을 조금 고쳐 재시작할 수 있게 해 보자. 풀림 주기가 끝나면 학습속도 값이 다시 커진다. 이는 과적합을 피하기 위해 사용되는 방법이다. 학습속도 값을 적게 하면 모델이 최소 범위를 찾을 수 있다. 우리가 모델에 사용하고자 하는 데이터가 훈련 데이터와 약간 다르다면 손실 표면이 조금 바뀔 수 있고, 우리의 모델은 이 새로운 손실 표면의 좁은 최솟값에서 벗어날 수 있다. 학습속도를 다시 설정하면 모델이 좁아진다. 그러나 넓은 최솟값들은 모델이 그 안에 머무를 수 있을 만큼 충분히 안정적이다.

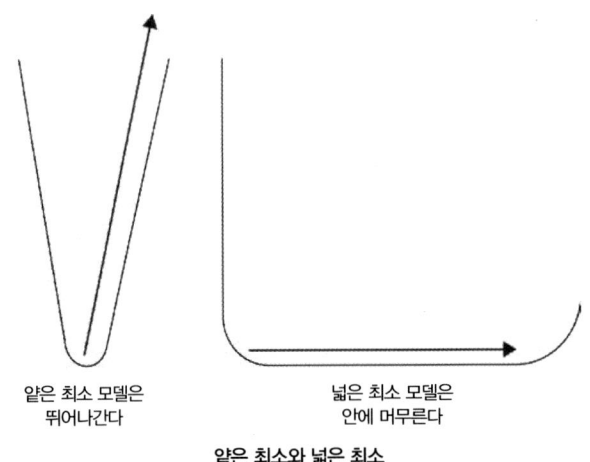

얕은 최소와 넓은 최소

코사인 함수가 저절로 다시 올라가기 때문에 그렇게 하지 못하게 하려면 선을 제거하기만 하면 된다.

```
def cosine_anneal_schedule(t):
    lr_init = 1e-2
```

```
    anneal_len = 10
    cos_inner = np.pi * (t % (anneal_len))
    cos_inner /= anneal_len
    cos_out = np.cos(cos_inner) + 1
    return float(lr_init / 2 * cos_out)
```

새로운 학습속도 스케줄은 이제 다음과 같다.

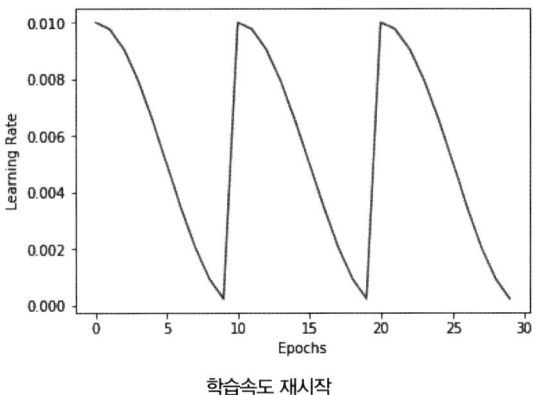

학습속도 재시작

텐서보드를 사용해 훈련 과정을 살펴보기

모델을 디버깅할 때는 상당한 시간을 투자해 모델을 훈련하기 전에 일이 잘못될 때를 미리 아는 것이 중요하다. 텐서보드(TensorBoard)는 브라우저에서 모델을 쉽게 살펴볼 수 있게 하는 것으로, 텐서플로 (TensorFlow)를 보강해 주는 역할을 한다.

모델의 진행 상황을 볼 수 있는 인터페이스를 제공하기 위해 텐서보드는 디버깅에 유용한 몇 가지 옵션도 제공한다. 예를 들어 훈련 중일지라도 여러분은 모델의 가중치 및 경사도의 분포를 관찰할 수 있다.

 텐서보드는 캐글에서 실행되지 않다. 텐서보드를 써 보고 싶다면 여러분의 컴퓨터에 케라스와 텐서플로를 설치해야 한다.

우리는 케라스와 텐서보드를 연동해서 사용하려고 새로운 콜백을 설정했다. 텐서보드에는 많은 옵션이 있으므로 단계별로 살펴보자.

```
from keras.callbacks import TensorBoard
tb = TensorBoard(log_dir='./logs/test2',                    #1
                 histogram_freq=1,                          #2
                 batch_size=32,                             #3
                 write_graph=True,                          #4
                 write_grads=True,
                 write_images=True,
                 embeddings_freq=0,                         #5
                 embeddings_layer_names=None,
                 embeddings_metadata=None)
```

앞의 코드에는 우리가 생각해야 할 다섯 가지 핵심 조각이 있다.

1. 먼저 우리는 텐서보드가 가시화하는 데이터를 케라스가 저장할 때의 위치를 지정해야 한다. 일반적으로 서로 다른 런(run, 연)의[4] 모든 로그를 하나의 logs 폴더에 저장하고, 이 경우 test2와 같이 모든 런에 자체 하위 폴더를 제공하는 것이 좋다. 이렇게 하면 텐서보드 내에서 서로 다른 런끼리 쉽게 비교할 수 있고 서로 개별적으로 유지할 수도 있다.

2. 기본적으로 텐서보드는 모델의 손실과 정확도를 보여줄 것이다. 이번 경우에 우리는 가중치와 분포를 나타내는 히스토그램에 관심을 두고 있다. 우리는 모든 에포크별로 막대그래프에 대한 데이터를 저장한다.

3. 데이터를 생성하기 위해 텐서보드는 모델을 통해 배치(batch)를 실행한다. 우리는 이 과정에 필요한 배치 크기를 지정해야 한다.

4. 우리는 무엇을 저장해야 하는지를 텐서보드에 알려야 한다. 텐서보드는 모델의 계산 그래프와 경사도 및 가중치를 보여주는 이미지를 가시화한다. 그러나 우리가 많이 저장할수록 훈련 속도가 느려진다.

5. 텐서보드는 훈련된 임베딩(embedding, 매장체)을 멋지게 시각화할 수도 있다. 우리 모델에는 임베딩들이 없으므로 우리는 이러한 임베딩들을 저장하는 데 관심이 없다.

일단 우리가 콜백을 설정하고 난 후에는 이를 훈련 과정에 전달할 수 있다. 우리는 다시 MNIST 모델을 훈련할 것이다. 입력값들에 255를 곱하면 훈련이 훨씬 더 어려워진다. 이 모든 것을 달성하려면 다음 코드를 실행해야 한다.

```
hist = model.fit(x_train*255,y_train,
                 batch_size=128,
                 epochs=5,
```

---

4 (옮긴이) 여러 에포크를 거치며 한 차례 훈련하는 행위. 운동장을 몇 바퀴 돌며 달리기 훈련을 하는 사람이 있다고 한다면 한 걸음(step) 한 걸음이 모여 한 바퀴(epoch)를 돌며, 여러 바퀴를 돌아 한 차례 달리면(run) 훈련을 마치게 된다. 즉, '런'이란 한 차례 훈련 과정을 말한다.

```
                callbacks=[tb],
                validation_data=(x_test*255,y_test))
```

텐서보드를 실행하려면 콘솔을 열어 다음과 같은 명령을 입력한다.

```
tensorboard --logdir=/full_path_to_your_logs
```

여기서 full_path_to_your_logs는 로그를 저장한 경로를 말하는데, 우리의 경우에는 이 값이 logs다. 텐서보드는 기본적으로 6006번 포트에서 실행되므로 브라우저에서 http://localhost:6006으로 지정하면 텐서보드를 확인할 수 있다.

텐서보드 내용이 보이면 HISTOGRAMS 부분을 보면 되는데, 이 부분은 다음과 같아야 한다.

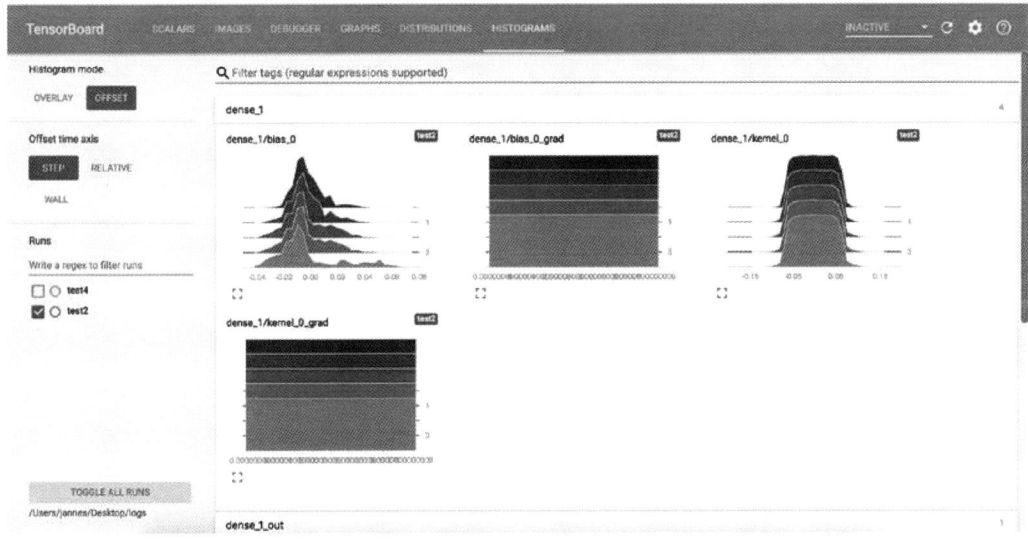

텐서보드 히스토그램

첫 번째 계층에서 경사도 및 가중치의 분포를 볼 수 있다. 보다시피, 경사도는 균일하게 분포되어 있으며 거의 0에 가깝다. 가중치들이 서로 다른 에포크 전체에 걸쳐 거의 변하지 않는다. 우리는 경사도 소실 문제를 다루고 있다. 이 문제에 대해서는 나중에 자세히 다룰 것이다.

이런 문제가 생긴다는 점을 실시간으로 관찰할 수 있으므로 우리는 더 빠르게 대응할 수 있다. 모델을 정말로 깊이 파고들어 보고자 한다면 텐서보드가 제공하는 시각적 디버거를 사용하면 된다.

이 디버거에서 텐서플로 모델의 실행을 단계별로 수행하고 그 안에 있는 모든 단일 값을 검사할 수 있다. 이것은 생성적 적대 망(GAN)처럼 복잡한 모델을 대상으로 작업하면서 모델이 복잡한 이유가 무엇인지를 이해하려고 할 때 특히 유용하다.

 주피터 노트북에서 훈련된 모델에서는 텐서플로 디버거가 제대로 동작하지 않는다. 모델 훈련용 파이썬 스크립트 코드를 .py 형식으로 저장하고 해당 스크립트를 실행하자.

텐서플로 디버거를 사용하려면 모델의 런타임을 특수한 디버거 런타임으로 설정해야 한다. 디버거 런타임을 지정할 때 디버거를 실행할 포트(이번 경우에는 포트 2018)도 지정해야 한다.

```
import tensorflow as tf
from tensorflow.python import debug as tf_debug
import keras

keras.backend.set_session(
    tf_debug.TensorBoardDebugWrapperSession( tf.Session(), "localhost:2018"))
```

케라스가 디버거 런타임에서 작동하기 시작하면 모델을 디버깅할 수 있다. 디버거가 작동하려면 케라스 모델의 이름을 model로 지정해야 한다. 그러나 텐서보드 콜백을 하나 사용해서 모델을 훈련할 필요는 없다.

이제 텐서보드를 실행한 다음에 다음과 같이 디버거 포트를 지정해 디버거를 활성화하자.

```
tensorboard --logdir=/full_path_to_your_logs --debugger_port 2018
```

이제 포트 6006의 브라우저에서 평소와 같이 텐서보드를 열 수 있다. 이제 텐서보드에 DEBUGGER라는 새로운 부분이 보일 것이다.

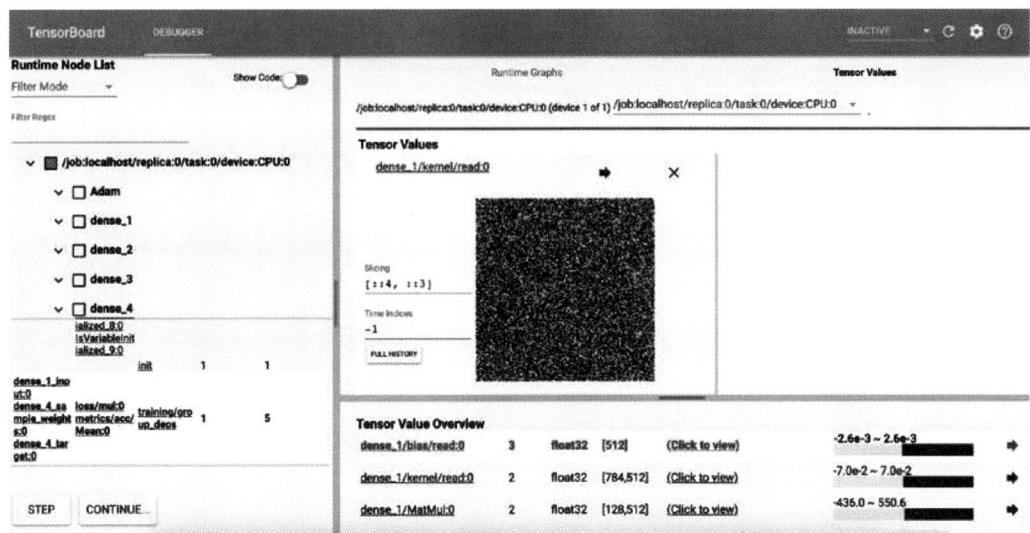

텐서보드 디버거

STEP을 클릭하면 훈련 과정의 다음 단계가 실행된다. CONTINUE…를 사용하면 하나 이상의 에포크에 걸쳐 모델을 훈련할 수 있다. 왼쪽의 트리를 뒤져가며 모델의 구성요소를 살펴볼 수 있다. 모델의 개별 요소를 시각화해 다양한 동작이 해당 요소에 미치는 영향을 확인할 수 있다. 디버거를 효과적으로 사용하려면 조금 더 연습해야 하지만, 어쨌든 디버거는 복잡한 모델을 다룰 때 쓰기에 좋은 도구다.

경사도 폭증 및 소실

경사도 소실(vanishing gradient, 경사도가 0이 되는) 문제는 심층신경망의 경사도들이 때때로 매우 작아져서 훈련이 매우 느리게 발생하는 문제를 설명한다. 경사도 폭증은 그 반대의 문제다. 경사도가 너무 커져서 망이 수렴하지 않는 경우다.

둘 중 경사도 소실 문제가 더 지속적으로 논의거리가 되고 있다. 경사도 소실은 심층 망에서 초기 계층의 경사도가 출력 쪽에 더 가까운 계층의 경사도에 의존한다는 사실 때문에 생기는 문제다. 출력 경사도들이 작으면 그보다 더 이전에 나오는 경사도들은 훨씬 더 작아진다. 따라서 망이 깊을수록 경사도 소실과 관련된 문제가 더 많이 발생한다.

경사도가 작아지는 주요 원인으로는 시그모이드 및 tanh 활성함수를 꼽을 수 있다. 다음과 같은 시그모이드 함수를 살펴보면 큰 값들에 대해 매우 평평하다는 점을 알 수 있다.

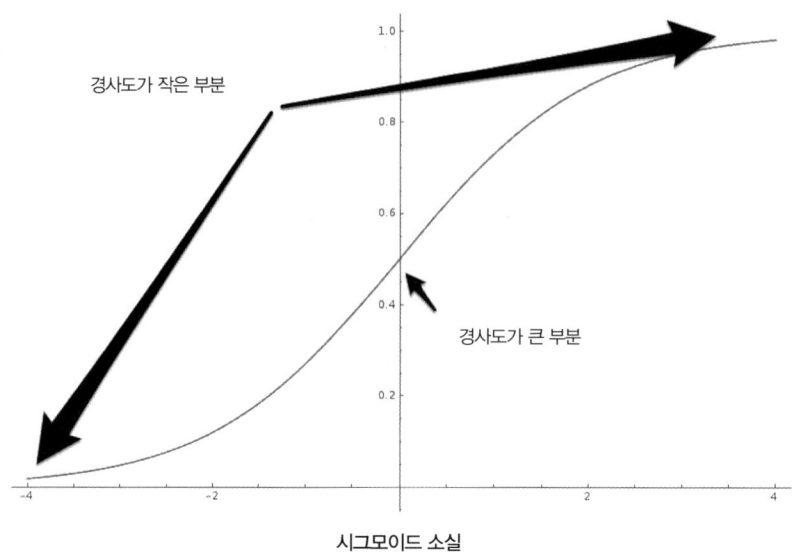

시그모이드 소실

시그모이드 함수의 작은 경사도는 ReLU 활성함수가 심층신경망 훈련에 널리 사용되는 이유다. 그것의 경사도는 모든 양의 입력값에 대해 1과 같다. 그러나 모든 음의 입력값에 대해서는 0이다.

경사도 소실의 또 다른 원인으로는 손실함수의 안장점(saddle points)을 꼽을 수 있다. 최솟값에 도달하지는 않았을지라도 일부 영역에서는 손실함수가 아주 평탄해지는 바람에 작은 경사도를 만들어 낸다.

경사도 소실 문제를 해결하려면 ReLU 활성을 사용해야 한다. 모델이 느리게 훈련되고 있음을 알게 되면 학습속도를 높여 안장점을 더 빨리 벗어날 수 있게 하자. 마지막으로, 경사도를 작게 하는 이유가 단지 여러분이 훈련을 오래 하기를 바라기 때문일 수 있다.

경사도 폭증(exploding gradient) 문제는 일반적으로 가중치의 절댓값이 크면 발생한다. 역전파는 더 나중에 나오는 계층들의 경사도와 현재 계층의 가중치를 곱하기 때문에 가중치가 크면 경사도가 폭증한다. 경사도 폭증 문제를 방지하려면 가중치 정규화를 통해 가중치를 적은 값이 되게 유인하면 된다. 경사도 절단(gradient clipping, 경사 자르기)이라고 불리는 방법을 사용하여 경사도가 특정 값보다 크지 않게 할 수 있다. 케라스에서는 경사도의 놈(norm, 기준) 값과 절댓값을 모두 절단할 수 있다.

```
from keras.optimizers import SGD

clip_val_sgd = SGD(lr=0.01, clipvalue=0.5)
clip_norm_sgd = SGD(lr=0.01, clipnorm=1.)
```

합성곱 계층 및 LSTM(long short-term memory, 장단기 기억) 망은 경사도 소실 및 폭증에 덜 취약하다. ReLU 및 배치 정규화는 일반적으로 망을 안정화한다. 이 경사도 소실 및 폭증이라는 두 가지 문제는 모두 비정규화된 입력에 의해 발생할 수 있으므로 데이터도 확인해야 한다. 배치 정규화는 경사도 폭증에 반대되게 행동한다.

경사도 폭증이 문제가 되는 경우에 다음과 같이 모델에 배치 정규화 계층을 추가할 수 있다.

```
from keras.layers import BatchNormalization
model.add(BatchNormalization())
```

배치 정규화로 경사도 소실의 위험 또한 줄일 수 있어서 최근에는 훨씬 더 깊은 망을 구축할 수 있게 되었다.

이렇게 해서 모델을 디버깅하는 데 사용할 수 있는 여러 가지 도구를 살펴보았다. 마지막 단계로, 우리는 프로덕션에서 모델을 실행하고 머신러닝 과정의 속도를 높이는 몇 가지 방법을 학습할 것이다.

배포

프로덕션(production, 운영환경, 양산단계)으로 배포하는 일은 종종 모델을 생성하는 일과 별개로 간주된다. 많은 회사에서 데이터 과학자는 모델을 만들기 위해 수집된 훈련용, 검증용, 테스트용 데이터를 가지고 격리된 환경에서 모델을 만든다.

일단 모델은 테스트 집합에서 잘 수행되기만 하면 모델의 작동 방식 및 이유를 거의 알지 못하는 배포 담당 기술자에게 전달된다. 이는 잘못된 방식이다. 어쨌든 여러분은 모델을 배포하는 재미를 즐기려는 게 아니라 모델을 사용할 목적으로 개발하기 때문이다.

몇 가지 이유로 시간이 지남에 따라 모델의 성능이 저하되는 경향이 있다. 세상이 변하기 때문에 훈련한 데이터가 더 이상 현실 세계를 나타내지 않을 수 있다. 모델은 변경될 수 있는 다른 시스템의 출력에 의존할 수 있다. 확장된 사용법으로만 나타나는 의도치 않은 부작용과 모델의 약점이 있을 수 있다. 여러분의 모델은 그것이 모방하려고 하는 세계에 영향을 미칠지도 모른다. 모델 쇠퇴(model decay)는 어떻게 모델의 수명이 어떻게 성능이 저하되는지를 설명한다.

데이터 과학자는 모델의 전체 수명주기를 염두에 둬야 한다. 그들은 장기적으로 프로덕션에서 모델이 어떻게 작동하는지를 알고 있어야 한다.

실제로도 프로덕션은 모델을 최적화하기에 완벽한 환경이다. 데이터셋은 실제 세계에 대한 근사치일 뿐이다. 실황 데이터(live data)는 세상을 훨씬 더 신선하고 정확하게 보여준다. 온라인 학습이나 능동학습 방법을 사용하면 훈련 데이터의 필요성을 크게 줄일 수 있다.

이번 단원에서는 실제 환경에서 모델이 작동하게 하는 모범 사례를 설명한다. 모델을 제공하는 정확한 방법은 애플리케이션에 따라 다를 수 있다. 배포 방법 선택에 대한 자세한 내용은 곧 이어 나오는 '**성능을 높이기 위한 묘책**' 단원을 참조하자.

신속한 출시

모델 개발 과정은 실제 데이터와 모델 성능이 업무 성과에 어떤 영향을 미치는지에 대한 통찰력에 달려 있다. 초기부터 데이터를 수집하면서 모델의 동작이 결과에 어떤 영향을 미치는지 더 잘 관찰할 수 있다. 단순한 시행착오를 거쳐서 제품을 출시하는 일을 주저하지 말자.

예를 들어 부정사용 탐지의 경우를 생각해 보자. 발생하는 부정사용에 대한 정보와 함께 거래 데이터를 수집해야 할 뿐만 아니라, 여러분이 부정사용을 탐지해내는 방법을 얼마나 빨리 찾는지를 알고 싶어 한다고 하자. 그리고 여러분은 거래가 부정사용 거래라는 식으로 잘못 표시되는 경우에 고객이 어떻게 반응하는지도 알고 싶어 한다고 하자. 이 모든 정보는 모델 설계 및 모델 계량에 영향을 준다. 간단한 발견적 접근법을 생각해낼 수 있다면 그러한 접근법을 전개한 후에 머신러닝 접근법을 연구하자.

머신러닝 모델을 개발할 때는 먼저 간단한 모델부터 만들어 보자. 간단하면서도 선형적인 모델로도 꽤 많은 작업을 모델링할 수 있다. 결과를 더 빨리 얻을 수 있을 뿐만 아니라 모델이 과적합할 가능성이 있는 함수를 신속하게 식별할 수도 있다. 복잡한 모델로 작업하기 전에 데이터셋을 디버깅하면 두통을 크게 줄일 수 있다.

간단한 접근 방식으로 신속한 결과를 얻어내면 인프라를 준비할 수 있다는 두 번째 장점을 누릴 수 있다. 인프라 팀은 모델링 팀과 다른 사람들로 구성되어 있을 수 있다. 인프라 팀이 모델링 팀을 기다릴 필요는 없지만, 즉시 인프라 최적화를 시작할 수 있으면 시간이 단축된다.

계량을 이해하고 관찰하기

평균제곱오차 또는 교차 엔트로피 손실 같은 계량(metrics, 메트릭, 계량기준, 평가지표, 측정항목)을 최적화함으로써 실제로 더 나은 결과를 얻을 수 있으려면 모델 계량이 고위 계량(higher order metrics)과 어떤 관련이 있는지를 염두에 둬야 한다. 소매 투자자들에게 다른 투자 상품을 추천하는 소비자용 앱이 있다고 가정해 보자.

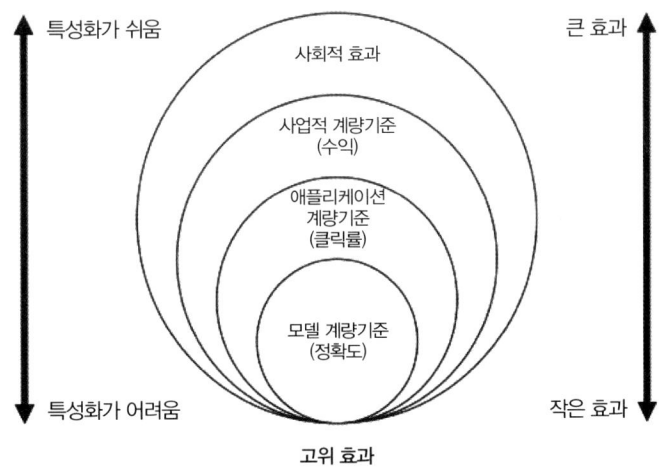

여러분은 사용자가 어떤 제품에 관심을 두는지를 예측할 수 있게 제품 설명 내용을 읽은 사용자가 점수를 매기게 할지 모르겠다. 그러나 애플리케이션에서 최적화하려는 계량은 모델 수준 계량기준인 정확도가 아니라, 제품 설명 화면을 보기 위해 클릭하는 사용자의 클릭률이다. 더 높은 수준에서 보면 여러분의 사업 성공 여부는 클릭률을 최대화하는 데 달려 있는 게 아니라 수익을 극대화하는 데 달려 있다. 사용자가 저수익 제품을 아무리 많이 클릭해서 클릭률을 높여 보아야 사업에는 그다지 도움이 되지 않기 때문이다.

마지막으로 한 마디 말을 더 보태자면, 사업적 계량기준인 수익을 높이도록 최적화하는 바람에 오히려 사회적 효과 측면에서 보았을 때 문제를 일으켜 사회에 해를 끼치는 결과를 낼 수도 있다. 이런 경우라면 조정자들이 개입해 주어야 한다. 이처럼 더 높은 고위 효과(higher order effects, 높은 자릿수 효과)는 모델의 영향을 받는다. 효과의 순서가 높을수록 단일 모델에 귀속하기가 어렵다. 고위 효과는 큰 영향을 미치므로 효과적으로 저위 효과(lower-order effects)에 대한 메타 계량으로 사용된다. 애플리케이션이 얼마나 잘 수행되는지를 판단하려면 클릭률 같은, 상대적으로 저위에 해당하는 계량을 매출액처럼 상대적으로 고위인 계량에 맞춰야 한다. 마찬가지로 모델 계량을 애플리케이션 계량에 맞추어야 한다.

이러한 정렬(alignment, 맞춤, 조정)은 종종 창발되는 특징이기도 하다. 프로덕션 관리자는 자신의 계량을 극대화하고자 하는 경우에 모델러가 최적화한 계량과 관계없이 계량을 최대화하는 모델을 선택한다. 수익을 많이 내는 프로덕션 관리자들이 승진한다. 사회에 좋은 영향을 끼치는 사업이라면 보조금을 타내기 쉽고 유리한 정책을 세우게 할 수 있다. 정렬을 명시적으로 지정하면 더 나은 관찰 과정을 설계할 수 있다. 예를 들어, 두 가지 모델이 있다면 A/B 테스트(A/B test)를 통해 어느 모델이 애플리케이션 계량을 개선하는지 확인할 수 있다.

여러분은 종종 고위 계량을 하나 써서 정렬하려면 정확도 및 예측 속도와 같은 여러 계량을 결합해야 한다는 점을 발견할 것이다. 이런 경우에는 계량을 하나의 단일 숫자로 결합하는 수식을 만들어야 한다. 단일 숫자를 사용하면 의심할 여지 없이 엔지니어가 두 모델 중에서 더 나은 모델을 선택해 만들 수 있다.

예를 들어 최대 지연 시간을 200밀리초로 설정할 수 있으며, 여러분의 계량을 "지연 시간이 200밀리초 미만인 경우에는 정확도를 계량기준으로 삼고, 그렇지 않으면 0으로 한다"는 식으로 지정할 수 있다. 최대 지연 시간 값을 설정하지 않으려면 "정확도를 밀리초 단위에 맞춰 지연 시간으로 나누기"를 선택할 수 있다. 이 공식을 정확히 설계하려면 애플리케이션에 따라 다르게 해야 한다. 모델이 고위 계량에 미치는 영향을 관찰하면 모델 계량을 조정할 수 있다. 계량은 간단하고 정량화하기 쉬워야 한다.

다음으로 모델의 고위 계량에 대한 영향을 정기적으로 테스트하려면 정확도와 같은 모델 자체 계량을 정기적으로 테스트해야 한다. 이를 위해 데이터와 함께 지속적인 실측 레이블(ground truth lables)이 필요하다. 부정사용 탐지와 같은 일부 경우에는 약간의 지연 시간이 있을 수 있지만, 실제 데이터를 쉽게 수집할 수 있다. 이번 경우에는 고객은 초과 청구된 것을 확인하기 위해 몇 주가 필요할 수 있다.

다른 경우에는 실측 레이블이 없을 수도 있다. 종종 여러분은 실측 레이블이 없이 들어오는 데이터를 직접 레이블링할 수 있다. 사용자 인터페이스 디자인을 잘해 놓으면 모델의 예측값들을 더 빠르게 확인할 수 있다. 테스트 담당자는 모델의 예측이 올바른지 아닌지를 결정하기만 하면 되는데, 이는 웹이나 모바일 앱에서 버튼을 눌러 수행할 수 있는 작업이다. 적절한 검토 시스템이 있다면 모델을 연구하는 데이터 과학자는 정기적으로 모델의 출력을 확인해야 한다. 이런 식으로, 실패 패턴(모델이 어두운 이미지에서 제대로 수행되지 않음)을 빠르게 감지하고 모델을 개선할 수 있다.

데이터의 출처를 이해하기

모델 개발자가 제어할 수 없는 여타 시스템에서 데이터를 수집하는 경우가 종종 있다. 데이터 공급업체가 제공하는 데이터나 여러분이 다니는 회사의 다른 부서에서 제공하는 데이터를 수집하게 될 수 있다.

심지어 여러분의 모델에 목적에 맞지 않는 데이터가 수집될 수도 있다. 데이터 수집자는 사용자가 모델에 데이터를 사용하고 있는지 여부를 알지 못할 수도 있다.

예를 들어 데이터 수집 방법이 변경되면 데이터 분포도 변경될 수 있다. 이로 인해 모델이 손상될 수 있다. 마찬가지로, 현장 환경이 바뀔 수도 있고, 이에 따라 데이터 분포가 변경될 수도 있다. 데이터가 변경됨으로 인해 모델이 손상되는 일을 방지하려면 먼저 사용 중인 데이터에 대해 잘 알아야 하고 특징별로 담당자를 지정해야 한다. 특징 소유자는 데이터의 출처를 조사하고 데이터가 변경될 경우에 팀에 알리는 임무를 맡게 된다. 특징 소유자는 또한 데이터의 밑바탕을 이루는 가정들을 기록해 두어야 한다. 모든 신규 데이터 스트리밍에 대해 이러한 가정이 맞는지를 확인해 보는 것이 가장 바람직하며, 데이터가 이런 확인 과정을 통과하지 못하면 모델을 조사해 수정한다.

마찬가지로 어떤 모델의 출력 내용이 다른 모델의 입력 내용으로 사용될 수 있다. 여러분이 해당 모델의 소유자라는 점을 명확하게 알려서 여러분의 데이터를 사용하는 사람들이 여러분에게 쉽게 연락할 수 있게 돕자.

여러분의 모델이 변경되면 그 내용을 모델을 사용하는 사람들에게 알리자. 모델을 배포하기 전에 새 모델의 예측을 이전 모델의 예측과 비교하자. 모델을 소프트웨어로 취급하고, 모델의 행태를 크게 변경하는 "중단 변경(breaking changes)"을 식별해 보자. 여러분은 가끔 모델이 예측해 낸 결과를 누가 보려고 하는지를 모를 수도 있다. 명확하게 의사소통을 하면서 필요하다면 접근을 제어하게 설정함으로써 이런 일을 예방하자.

소프트웨어에 종속성이 있는 것처럼 소프트웨어가 작동하려면 설치해야 하는 라이브러리와 머신러닝 모델에는 데이터 종속성이 있다. 데이터 종속성을 소프트웨어 종속성만큼 이해하기는 쉽지 않다. 여러분이 만든 모델의 종속성들을 조사해 두면 데이터가 변경되더라도 모델이 중단되지 않게 할 수 있다.

성능을 높이기 위한 묘책

많은 금융 애플리케이션에서 속도는 핵심이다. 머신러닝, 그 중에서도 특히 딥러닝은 느리기로 정평이 나 있다. 그러나 최근에는 하드웨어와 소프트웨어가 크게 발전해 머신러닝 애플리케이션이 더 빨라졌다.

문제에 알맞은 하드웨어를 사용하기

GPU(graphics processing unit, 그래픽 처리 장치)를 사용함으로 인해 딥러닝 분야에 큰 진전이 있었다. GPU는 연산 클럭수를 희생하되 병렬적으로 계산할 수 있게 한 장치다. 최근에 여러 제조업체에서 특수한 용도로 쓸 수 있게 한 딥러닝 하드웨어를 제조하기 시작했다. 대체로 GPU는 딥러닝 모델이나 엑스지부스트(XGboost)라고 부르는 경사도 강화 트리(gradient-boosted trees) 같은 그 밖의 병렬화 가능 알고리즘에 쓰기에 알맞다. 그러나 모든 애플리케이션이 똑같이 이점을 내지는 않는다.

예를 들어, 자연어 처리(NLP) 시에는 종종 배치 크기가 작아야 하므로 연산을 병렬로 진행할 수가 없어서 많은 표본을 동시에 처리하기가 어렵다. 또한 어떤 단어는 그 밖의 단어보다 훨씬 빈출하므로 빈출하는 단어들을 아주 쉽게 잡아낼 수 있다. 따라서 많은 NLP 작업이 GPU보다는 CPU에서 더 빠르게 실행된다. 그러나 배치를 크게 해서 작업할 수 있다면 GPU나 특별하게 제작한 하드웨어를 쓰는 편이 더 낫다.

텐서플로의 추정기들을 분산 훈련에 사용하기

케라스는 독립형 라이브러리로 쓰이면서 텐서플로를 백엔드로 사용할 수 있을 뿐만 아니라, 텐서플로에 통합되어 있는 부분이기도 한다. 텐서플로는 모델을 생성하고 학습하는 데 사용할 수 있는 여러 가지 고급 API를 제공한다.

1.8 버전 이후로 추정기 API의 특징들은 훈련을 여러 머신에 분산시킨다는 것이었는데, 케라스 API는 아직 그러한 특징을 제공하지 않는다. 추정기들에는 다른 여러 가지 속도 향상 기술이 있으므로 일반적으로 케라스가 제공하는 모델들보다 빠르다.

 분산된 텐서플로를 위해 군집을 설정하는 방법에 대한 정보를 https://www.tensorflow.org/deploy/distributed 에서 찾을 수 있다.

import 문을 변경하면 케라스를 텐서플로의 일부로 쉽게 사용할 수 있으며 기본 코드를 변경하지 않아도 된다.

```
import tensorflow as tf
from tensorflow.python import keras

from tensorflow.python.keras.models import Sequential
```

```
from tensorflow.python.keras.layers import Dense,Activation
```

이번 단원에서 추정기 API를 사용해 MNIST 문제를 푸는 모델을 훈련해 보기 전에, 이 문제를 학습하는 모델부터 하나 작성해 볼 생각이다. 먼저 평소와 같이 데이터셋을 적재하고 준비한다. 데이터셋을 더 효율적으로 적재하려면 다음 부분을 참고하자.

```
(x_train, y_train), (x_test, y_test) = keras.datasets.mnist.load_data()
x_train.shape = (60000, 28 * 28)
x_train = x_train / 255
y_train = keras.utils.to_categorical(y_train)
```

우리는 늘 그런 것처럼 케라스 모델을 만들 수 있다.

```
model = Sequential()
model.add(Dense(786, input_dim = 28*28))
model.add(Activation('relu'))
model.add(Dense(256))
model.add(Activation('relu'))
model.add(Dense(160))
model.add(Activation('relu'))
model.add(Dense(10))
model.add(Activation('softmax'))

model.compile(optimizer=keras.optimizers.SGD(lr=0.0001,
                                              momentum=0.9),
              loss='categorical_crossentropy',
              metric='accuracy')
```

케라스의 텐서플로 버전을 쓰면 텐서플로 추정기를 한 줄로 바꿀 수 있다.

```
estimator = keras.estimator.model_to_estimator(keras_model=model)
```

훈련을 구성하려면 모델에 입력되는 내용에 지정된 이름을 알아야 한다. 다음 코드를 사용해 이를 빠르게 확인할 수 있다.

```
model.input_names ['dense_1_input']
```

추정기들은 입력 함수를 사용해서 훈련된다. 입력 함수를 사용하면 전체 파이프라인을 지정할 수 있으며 이 파이프라인은 효율적으로 실행된다. 이번 경우에 우리는 훈련 집합을 생성하는 입력 함수만 원한다.

```
train_input_fn = tf.estimator.inputs.numpy_input_fn(
                    x = {'dense_1_input': x_train},
                    y = y_train, num_epochs=1,
                    shuffle=False)
```

마지막으로, 우리는 입력된 내용을 가지고 추정기를 훈련한다. 이제 추정기와 함께 분산 텐서플로를 사용할 수 있다.

```
estimator.train(input_fn=train_input_fn, steps=2000)
```

CuDNNLSTM 같은 최적화 계층을 사용하기

특정 하드웨어에서 특정 작업을 수행하게 최적화된 특수 계층을 만들어 두는 경우가 종종 있다. 예를 들어 케라스의 CuDNNLSTM 계층은 GPU를 위한 프로그래밍 언어인 CUDA를 지원하는 GPU에서만 실행된다.

모델을 특수 하드웨어에 고정하면 성능을 크게 향상시킬 수 있다. 리소스가 있다면 CUDA로 자신만의 특수 계층을 작성하는 것이 바람직하다. 나중에 하드웨어를 변경하려면 일반적으로 가중치를 내보내고 다른 계층으로 가져올 수 있다.

파이프라인 최적화

적절한 하드웨어와 최적화된 소프트웨어를 사용하면 모델 병목 현상이 사라지는 경우가 많다. 터미널에서 다음 명령을 입력해 GPU 사용률을 확인해야 한다.

```
nvidia-smi -l 2
```

GPU 사용률이 80%에서 100% 정도가 아니면 파이프라인을 최적화함으로써 의미 있는 성과를 얻을 수 있다. 파이프라인을 최적화하기 위해 수행할 수 있는 몇 가지 단계가 있다.

- **모델과 병렬로 실행되는 파이프라인을 작성하자**: 그렇지 않으면 데이터가 적재되는 동안에 GPU가 유휴 상태가 된다. 케라스는 기본적으로 이 작업을 수행한다. 생성기가 있고 전처리 준비를 위해 더 큰 데이터 큐를 보유하려면 fit_generator 메서드의 max_queue_size 파라미터를 변경하자. fit_generator 메서드의 workers 인수를 0으로 설정하면 생성기가 기본 스레드에서 실행되어 속도가 느려진다.
- **데이터를 병렬로 전처리하기**: 모델 훈련과 독립적으로 작동하는 생성기가 있어도 모델을 따라가지 못할 수 있다. 따라서 여러 생성기를 병렬로 실행하는 게 바람직하다. 케라스에서는 use_multiprocessing을 true로 설정하고 워커(workers) 수를 1보다 큰 것으로, 가급적 사용 가능한 CPU 수로 설정해 이를 수행할 수 있다. 예를 들어 보자.

```
model.fit_generator(generator,
                    steps_per_epoch = 40,
                    workers=4,
                    use_multiprocessing=False)
```

생성기가 스레드에 안전한지 확인해야 한다. 다음 코드 조각으로 모든 생성기 스레드를 안전하게 만들 수 있다.

```
import threading

class thread_safe_iter:                    #1
    def __init__(self, it):
        self.it = it
        self.lock = threading.Lock()

    def iter (self):
        return self

    def next(self):                         #2
        with self.lock:
            return self.it.next()

def thread_safe_generator(f):               #3
    def g(*a, **kw):
        return thread_safe_iter(f(*a, **kw))
```

```
    return g

@thread_safe_generator
def gen():
```

앞의 코드의 세 가지 주요 구성요소를 살펴보자.

1. thread_safe_iter 클래스는 반복기(iterator)가 다음 산출분을 생성해야 할 때 스레드를 잠그면 반복기 스레드가 안전하게 된다.
2. 반복기에서 next()가 호출되면 반복기 스레드가 잠긴다. 잠금은 예를 들어 다른 변수가 스레드 잠겨 있는 동안 스레드에서 변수에 액세스할 수 없음을 의미한다. 스레드가 잠기면 다음 원소가 생성된다.
3. thread_safe_generator는 데코레이터를 스레드 안전 반복기로 바꾸는 파이썬 데코레이터다. 함수를 가져와서 스레드 안전 반복기에 전달한 후에 스레드 안전 버전의 함수를 반환한다.

또한 tf.data API를 추정기와 함께 사용할 수 있으며, 이는 대부분의 작업을 수행한다.

- **파일들을 큰 파일로 묶자**: 파일을 읽으려면 시간이 소비된다. 수천 개의 작은 파일을 읽어야 하는 경우에는 속도가 크게 느려질 수 있다. 텐서플로는 TFRecord라는 자체 데이터 형식을 제공한다. 전체 배치를 단일 넘파이 배열에 통합하고 모든 예제 대신에 해당 배열을 저장할 수도 있다.

- **tf.data.Dataset API를 사용해 훈련하자**: 케라스의 텐서플로 버전을 사용하는 경우에 데이터 적재 및 처리를 최적화하는 Dataset API를 사용할 수 있다. Dataset API는 데이터를 텐서플로우에 적재할 때 권장되는 방식이다. 예를 들어, tf.data.TextLineDataset이 있는 CSV 파일 또는 tf.data.TFRecordDataset이 있는 TFRecord 파일에서 데이터를 적재하는 다양한 방법을 제공한다.

 DatasetAPI에 대해 더 넓게 알고 싶다면 https://www.tensorflow.org/get_started/datasets_quickstart를 참조하자.

이번 예제에서는 MNIST 데이터베이스와 같이 RAM에 이미 적재한 넘파이 배열과 함께 데이터셋 API를 사용한다.

먼저 데이터와 대상에 대한 두 가지 일반 데이터셋을 만든다.

```
dxtrain = tf.data.Dataset.from_tensor_slices(x_test)
dytrain = tf.data.Dataset.from_tensor_slices(y_train)
```

map 함수를 사용하면 데이터를 모델로 전달하기 전에 데이터에 대한 작업을 수행할 수 있다. 이번 경우에는 표적치들에 원핫 인코딩을 적용한다. 그러나 이것은 어떤 함수든지 될 수 있다. num_parallel_calls 인수를 설정해 병렬로 실행할 과정들의 개수를 지정할 수 있다.

```
def apply_one_hot(z):
    return tf.one_hot(z,10)

dytrain = dytrain.map(apply_one_hot,num_parallel_calls=4)
```

우리는 데이터와 표적치들을 하나의 데이터셋으로 압축한다. 적재할 때 데이터를 재편성하도록 텐서 플로에 지시해 표본을 그릴 수 있는 200개 사례(instances)를 기억해 두게 한다. 마지막으로 배치 크기를 32로 하여 데이터셋에서 나온 것들로 배치를 구성한다.

```
train_data = tf.data.Dataset.zip((dxtrain,dytrain)).shuffle(200).batch(32)
```

이제 우리는 이 데이터셋에 생성기에 적합하게 하듯이 케라스 모델을 적합하게 할 수 있다.

```
model.fit(dataset, epochs=10, steps_per_epoch=60000 // 32)
```

실제로 데이터셋이 크다면 병렬 처리를 더 많이 할수록 좋다. 병렬화에는 간접비(overhead costs, 오버헤드 비용)가 발생하지만, 모든 문제에 실제로 거대한 데이터셋만 있는 것은 아니다. 이러한 경우에 병렬 작업을 너무 많이 하지 말고, CPU를 사용하면서 할 수만 있다면 모든 데이터를 RAM에 넣어둠으로써 망을 줄이는 데 집중하자.

Cython으로 코드 실행 속도를 높이기

파이썬 언어를 사용하면 코드를 쉽고 빠르게 개발할 수 있어서 이 언어는 널리 사용된다. 그러나 파이썬을 작성한 코드가 느리게 실행될 수 있으므로 많은 프로덕션용 애플리케이션을 C 언어나 C++로 작성한다. Cython은 C 데이터 형식의 파이썬으로 실행 속도를 크게 향상시킨다. 이 언어를 사용하면 일반적인 파이썬 코드를 거의 작성할 수 있으며 Cython은 이 코드를 빠르게 실행되는 C 코드로 변환한다.

여기에서 전체 Cython 설명서를 읽을 수 있다: http://cython.readthedocs.io. 이번 단원에서는 Cython을 짧게 소개한다. 애플리케이션에서 성능이 중요하다면 더 깊이 빠져 볼 생각을 해야 한다.

피보나치 수열을 지정된 지점까지 출력하는 파이썬 함수가 있다고 가정하자. 이번 코드는 파이썬 문서에서 직접 가져온 것이다.

```python
from __future__ import print_function
def fib(n):
    a, b = 0, 1
    while b < n:
        print(b, end=' ')
        a, b = b, a + b
    print()
```

print()가 파이썬 3에 맞게 작동하려면 print_function을 가져와야 한다. 이 코드를 Cython과 함께 사용하려면 cython_fib_8_7.pyx로 저장하자.

이번에는 8_7_cython_setup.py라는 새 파일을 만든다.

```
from distutils.core import setup              #1
from Cython.Build import cythonize            #2

setup(                                        #3
    ext_modules=cythonize("cython_fib_8_7.pyx"),
)
```

코드의 세 가지 주요 특징은 다음과 같다.

1. setup 함수는 pip로 설치하는 일 같은 작업을 할 모듈을 작성하는 파이썬 함수다.
2. cythonize는 pyx 파이썬 파일을 Cython C 코드로 변환하는 함수다.
3. setup을 호출하고 Cythonized 코드를 전달해 새 모델을 만든다.

이를 실행하기 위해 터미널에서 다음 명령을 실행한다.

```
python 8_7_cython_setup.py build_ext --inplace
```

C 파일과 빌드 파일, 컴파일된 모듈이 생성된다. 지금 이 모듈을 실행하여 가져올 수 있다.

```
import cython_fib_8_7
cython_fib_8_7.fib(1000)
```

이 코드는 피보나치 수를 1,000까지 인쇄한다. Cython은 또한 Cython이 파이썬 코드로 다시 빠져야 하는 곳을 보여주는 편리한 디버거와 함께 나오는데, 이 디버거는 속도를 느리게 한다. 터미널에 다음 명령을 입력하자.

```
cython -a cython_fib_8_7.pyx
```

이 명령으로 HTML 파일이 한 개 생성되는데, 이 파일을 브라우저에서 열면 다음 모양과 비슷해 보일 것이다.

```
Generated by Cython 0.27.2
Yellow lines hint at Python interaction.
Click on a line that starts with a "+" to see the C code that Cython generated for it.

Raw output: cython_fib_8_5.c
 1: from __future__ import print_function
 2:
+3: def fib(n):
 4:     """Print the Fibonacci series up to n."""
+5:     a, b = 0, 1
+6:     while b < n:
+7:         print(b, end=' ')
+8:         a, b = b, a + b
+9:     print()
```

Cython 프로파일

보다시피, 우리가 변수 형식을 지정하지 않았기 때문에 우리가 만든 스크립트에서는 Cython이 항상 파이썬에 의지해야 한다. Cython에게 변수가 어떤 데이터 유형을 가지고 있는지를 알려줌으로써 우리는 코드를 크게 가속화할 수 있다. 변수에 형식을 지정해 정의하려면 cdef를 사용한다.

```
from __future__ import print_function
def fib(int n):
    cdef int a = 0
    cdef int b = 1
    while b < n:
        print(b, end=' ')
        a, b = b, a + b
    print()
```

이 코드는 충분히 더 나은 것이다. 어쩌면 더 최적화할 수도 있는데, 숫자들을 프린트하기 전에 미리 계산함으로써 파이썬의 print 문에 대한 의존도를 줄일 수 있다. 전반적으로 Cython은 개발 속도와 파이썬의 편의성을 유지하고 실행 속도를 얻는 좋은 방법이다.

빈번한 요청을 캐싱하기

모델 실행 속도를 높이는 방식들 중에 저평가된 방식으로는 데이터베이스에 빈번한 요청을 캐시(cache, 임시저장)하는 것이 있다. 여러분은 데이터베이스에 수백만 개의 예측을 캐시해두고 나서 그것들을 다시 찾아볼 수 있다. 이렇게 하면 여러분이 원하는 만큼 모델을 크게 만들 수 있을 뿐만 아니라, 예측에 필요한 계산 성능을 얼마든지 늘려 소비할 수 있다는 이점이 있다.

MapReduce 데이터베이스를 사용하면 가능한 한 많은 요청 및 예측 풀에서 요청을 검색할 수 있다. 물론, 요청은 다소 불연속적이어야 한다. 연속성을 띠는 특징들이 있다면 정밀도가 중요하지 않은 경우에 한해서 어림(round)할 수 있다.

연습문제

이제 이번 장의 마지막에 배운 내용을 활용해 보자. 이번 장에서 얻은 지식을 사용해 다음과 같이 연습해 보자.

- 훈련 시에 폭발적인 경사도를 특징으로 하는 모델을 구축하자. 힌트: 입력치들을 정규화하지 말고 계층들을 초기화하자.
- 이 책의 예제로 이동해 데이터 파이프라인을 개선해 성능을 최적화하자.

요약

이번 장에서 여러분은 모델을 디버깅하고 개선하는 데 필요한 실질적인 요령을 여러 개 익혔다. 우리가 살펴본 것들을 모두 다시 살펴보자.

- 여러분이 훈련한 모델의 결함을 유발하는 데이터 결함을 찾아내기
- 창의적인 비결을 사용함으로써 데이터가 적어도 모델이 더 많이 배울 수 있게 하기

- 표준이 충족되게 프로덕션(production, 운영환경)이나 훈련환경에서 데이터를 대상으로 단위 테스트를 하기
- 프라이버시를 염두에 두기
- 훈련용 데이터를 준비하고 일반적인 함정을 방지하기
- 모델을 검사해 "블랙박스"에 연결하기
- 최적의 하이퍼파라미터를 찾기
- 과적합을 줄이기 위해 학습속도를 스케줄링하기
- 텐서보드(TensorBoard)로 훈련 진행 상황을 감시하기
- 머신러닝 제품을 배포하고 해당 제품들을 반복해서 정비하기
- 훈련 및 추론 가속화

이제 현실적이면서도 실용적인 머신러닝 프로젝트를 실행하고 실생활용 애플리케이션(예: 주식 거래)으로 배포하는 데 도움이 되는 상당수의 도구를 여러분이 지니게 되었다.

모델을 배포하기 전에 모델이 작동하는지를 확인해야 하며, 모델을 올바르게 면밀히 조사하지 않으면 사용자나 고용주 또는 고객에게 수백만 달러의 비용이 발생할 수 있다. 이러한 이유로 일부 회사는 머신러닝 모델을 주식 거래에 배치하는 일을 크게 꺼린다. 그러한 회사들은 모델들을 결코 이해하지 못할 것이라고 두려워하며, 따라서 프로덕션에서 모델들을 관리하기를 바라지 않는다. 이번 장에서 여러분은 모델을 이해할 수 있었고, 일반화가 가능하며 안전하게 배포할 수 있는 실용적인 도구를 보여줬으니, 이러한 두려움을 제거할 수 있기를 바란다.

다음 장에서는 머신러닝 모델과 관련된 특별하고 지속적이며 위험한 문제인 편향에 대해 살펴볼 생각이다. 통계모형은 인간의 편향에 적응하며 증폭되는 경향이 있다. 금융 기관은 인종이나 성별에 따른 편향을 방지하기 위해 엄격한 규정을 따라야 한다. 우리는 공정하고 법규를 준수하는 모델을 만들기 위해 모델에서 편향을 감지하고 제거하는 방법을 살펴보는 데 초점을 맞출 생각이다.

09

편향과 싸우기

기계가 실리콘으로 되어 있어 무정하게 냉정한 논리만 적용하기 때문에 기계는 사람보다 더 합리적이라고 생각하는 경향이 있다. 따라서 컴퓨터 과학의 발전으로 경제 분야에 자동화된 의사결정이 도입됐을 때 많은 사람은 컴퓨터가 편견(prejudice)과 차별(discrimination)을 줄이기를 희망했다. 하지만 우리가 앞에서 모기지 애플리케이션과 민족성을 살펴보면서 말했듯이, 인간이 컴퓨터를 만들고 훈련하며, 그러한 기계들이 사용하는 데이터는 불공정한 세계에서 유래한다. 간단히 말해서, 우리가 조심하지 않으면 프로그램이 인간의 편향(biases)을 증폭시킬 것이라는 말이다.[1]

금융업에서 차별에 반대하는 일은 도덕의 문제일 뿐이다. 예를 들어, 미국에서 1974년에 발효된 **ECOA(Equal Credit Opportunity Act, 신용 기회 평등에 관한 법)**를 보자. 이 법은 인종·성별·결혼 유무 및 기타 여러 가지 속성에 근거해 채권자가 신청자를 차별 대우하는 일을 금지한다. 또한 채권자가 신청인에게 거부 사유에 대해 알리도록 요구한다.

이 책에서 논의된 알고리즘들은 차별을 찾아내는 머신들이다. 목표가 주어지면 이 머신들은 차별을 일으키기 쉬운 특징을 찾아낼 것이다. 그러나 우리가 논의한 것처럼 차별이 항상 좋은 것만은 아니다.

특정 국가의 도서에 대해 해당 국가의 사람들에게 책을 광고하는 것은 괜찮지만, 일반적으로 특정 국가의 사람들에 대한 대출을 거부하는 것은 ECOA에 의하면 불법이다. 서적 판매에서 볼 수 있는 것보다 차별에 대한 훨씬 더 엄격한 규칙이 금융 분야에는 있다. 이는 금융 분야의 의사결정이 책을 판매하는 일보다 시민의 삶에 훨씬 더 큰 영향을 미치기 때문이다.

---

1 (옮긴이) 이번 장에 나오는 '편향'이라는 단어는 '편견'이나 '차별' 등을 아우르는 개념이다. 즉, 단순히 '편견(prejudice)'만을 나타내는 말이 아니다. 그래서 번역할 때 편견과 편향을 구분했다. 또한 이번 단원에 나오는 이 편향이라는 말은 이전 단원에서 다뤘던 신경망 내의 편향과 원어 표기는 같지만 전혀 다른 개념이다.

마찬가지로, 이런 맥락에서 보는 차별은 **특징 특화적(feature specific)**이다. 예를 들어, 대출 상환 이력에 근거해 대출 신청자를 차별해도 되지만, 해당 국가에 대한 제재가 있거나 제재를 받는 유사한 법률이 없다면 출신지에 따라 차별하면 안 된다.

이번 장을 통해 우리는 다음을 논의할 것이다.

- 머신 내에서 편향이 발생하는 곳
- 편향된 머신러닝(ML) 모델의 법적 영향
- 관측된 불공정성(unfairness, 부당성)을 줄일 수 있는 방법
- 편향과 불공정성과 관련해 모델을 검사하는 방법
- 인과적 모델링으로 편향을 줄이는 방법
- 비공식적인 방법으로 해결해야 하는 복잡계 실패(complex system's failure)로 인한 불공정성

이 책에서 논의된 알고리즘은 특징 추출 알고리즘이다. 통제된 특징(regulated features)들이 생략되더라도 알고리즘은 이를 대리 특징(proxy features)으로부터 추론해 낸 다음에 어떤 식으로든 그러한 특징들에 맞춰 차별할 수 있다. 예를 들어, 우편번호는 미국의 많은 도시에서 합리적으로 인종을 예측하는 데 사용될 수 있다. 따라서 편향을 퇴치할 때는 통제된 특징들을 생략하는 것만으로는 충분하지 않다.

머신러닝 시에 불공정성이 생기는 이유

이 책 전체에서 여러 번 논의했듯이 모델은 모델이 학습하는 데 사용하는 데이터의 함수다. 일반적으로 데이터가 많으면 오차도 줄어든다. 이 정의에 따르면 소수 집단에 대한 데이터가 적게 마련인데, 이는 단순히 해당 집단에 속한 사람이 많지 않기 때문이다.

이 이질적인 표본 크기는 소수 집단에 대한 모델의 성능을 저하시킬 수 있다. 결과적으로 이와 같이 늘어난 오류를 종종 **계통오차(systematic error)**라고 한다. 모델은 다수 집단 데이터(majority group data)에 대해 과적합(overfit, 과적응)되게 마련이므로 모델이 찾아낸 관계를 소수 집단 데이터(minority group data)에 적용하지 말아야 한다. 소수 집단 데이터가 거의 없기 때문에 이런 일로 제재를 받는 경우는 없다.

여러분이 신용 점수 모델을 훈련하고 있다고 해 보자. 그리고 여러분의 데이터 중에 대다수는 뉴욕의 맨해튼 금융가에 사는 사람들로부터 나오고, 데이터 중에 소수는 시골에 사는 사람들로부터 나온다고 해

보자. 맨해튼에 있는 주택이 시골보다 훨씬 비싸므로 아파트를 구입하려면 고소득이 필요하다는 식으로 모델이 학습할 수도 있을 것이다. 하지만 농촌 주택은 이보다 훨씬 싸다. 그럼에도 불구하고 이 모델은 맨해튼의 데이터를 가지고 대부분의 훈련을 받았으므로 맨해튼에 사는 사람보다 소득이 낮은 경향이 있는 농촌 거주 대출 신청자에 대해 대출을 거부할 수 있다.

표본 크기 문제 외에도 데이터 자체가 편향될 수 있다. 예를 들면 "원시 데이터(raw data)"가 존재하지 않는 경우다. 데이터는 자연스럽게 얻어지는 게 아니라, 사람이 만든 측정 규준에 따라 측정해야 생기는 것이므로 그 자체로 여러 가지 방식으로 편향될 수 있다.

이와 같은 편향의 예를 들면, 맨해튼 주택 사례처럼 **표집 편향(sampling biases)**이 있거나 **측정 편향(measurement biases)**이 있을 수 있는데, 이는 여러분의 표본이 정말로 측정하려고 했던 것을 제대로 측정하지 못했을 때나 심지어 1개 집단(group)을 차별하는 경우에 벌어질 수도 있다.

있음직한 또 다른 편향으로는 **기존 사회적 편향(pre-existing social biases)**이다. 예를 들어 이러한 경우를 Word2Vec 같은 단어 벡터에서 볼 수 있는데, 잠재공간 내에서 아버지를 의사에 대응시킨다면 어머니는 간호사에 대응이 된다. 마찬가지로, 남자를 컴퓨터 프로그래머에 대응하는 벡터에서는 여자를 가정주부에 대응하게 한다. 이는 성 차별주의 사회의 문어(written language)로 성 차별주의가 인코딩되어 있기 때문에 벌어지는 일이다. 오늘에 이르기까지 의사는 대개 남자였고 간호사는 대개 여자였기 때문이다. 마찬가지로, 기술 중심 회사에 대한 다양성 통계에 따르면 여자보다는 남자가 컴퓨터 프로그래머인 경우가 훨씬 많으며 이러한 편향이 모델로 인코딩된다.

법적 관점

차별 금지법에는 **차별대우(disparate treatment, 차별적 처우)** 및 **차별효과(disparate impact, 차별적 효과)**라고 하는 두 가지 정책이 담겨 있다.[2] 잠시 시간을 내어 이 두 가지 정책을 하나씩 살펴보자.

- **차별대우**: 이것은 불법적인 차별의 한 종류다. 인종 차별을 목적으로 우편 번호를 의도적으로 차별하는 것은 불법이다. 차별대우 문제는 알고리즘과 관련이 없으며 알고리즘을 실행하는 조직과 더 관련이 있다.
- **차별효과**: 조직에서 알지 못하는 경우에도 그 밖의 집단에 다른 영향을 미치는 알고리즘이 배포된 경우에 문제가 될 수 있다. 차별효과가 문제가 될 수 있는 대출 시나리오를 살펴보자. 첫째, 원고(原告)는 차별효과가 있음을 입증해야 한다. 차별효과가 있는지를 평가하는 것은 보통 오분의 사 규정(four-fifths rule)으로 이루어지는데, 이 규칙은 집단의

---

2 (옮긴이) 전자는 직접 차별 행위이고 후자는 간접 차별 행위이다.

선택률이 집단의 80% 미만이면 악영향의 증거로 간주된다고 말한다. 채권은행이 A 집단에서 150명의 대출 신청자를 보유하고 있는데, 그 중 100명(67%)이 승인을 받고, B 집단에서 50명의 신청자가 있는데 25명이 승인을 받으면 선정 차이는 0.5/0.67 = 0.746으로 B 집단에 대한 차별의 증거로 적합하다. 피고(被告)는 필요한 이유가 있어서 정당한 절차를 거쳐서 결정했다는 점을 보여줌으로써 이에 대응할 수 있다.

이 일이 끝난 후에 원고는 해당 절차의 목표가 더 작은 차별성(disparity)을 보이는 다른 절차로도 달성될 수 있다는 점을 보여줄 기회를 갖게 된다.

 이 주제에 관해 자세히 알고 싶다면 http://mrtz.org/nips17/#/11에 나온 주제에 대한 모리츠 하트(Moritz Hardt)의 2017 NeurIPS 발표를 참조하자.

차별대우 교리는 절차적 공정성과 기회의 평등을 달성하는 데 목적을 두고 있다. 차별효과 교리는 분배적 정의(distributive justice, 배분적 정의)와 성과의 불평등함을 최소화하는 것을 목표로 삼는다.

2009년에 있었던 Ricci DeStefano 소송에서와같이 두 교리 사이에는 본질적인 긴장이 있다. 이 소송에서 백인 소방관 19명과 히스패닉 소방관 1명이 고용인인 뉴헤이븐 소방서를 고소했다. 소방관들은 모두 승진 시험을 통과했지만, 흑인 동료들은 승진에 필요한 점수를 얻지 못했다. 차별효과에 따른 소송을 두려워한 시청에서는 시험 결과를 무효화하고 소방관들을 승진하게 하지 않았다. 차별효과에 대한 증거가 충분하지 않았기 때문에 미국 대법원은 결국 소방관의 승진을 결정해야 했다.

머신러닝과 관련하여 공정성에 관한 복잡한 법적 상황과 기술적 상황을 감안할 때 우리는 이 통찰력을 사용해 공정한 모델을 만들기 전에 공정성을 정의하고 정량화하는 방법을 찾아야 한다는 점을 알 수 있다.

관찰 가능 공정성

평등(equality)은 종종 순수하게 질적인 문제로 여겨지기 때문에 양적인 면에 초점을 맞춘 모델을 구축하는 사람들은 이를 무시하는 경우가 많다. 이번 단원에서 알 수 있듯이, 평등을 정량적 관점에서도 볼 수 있다. 입력이 X, 일부 민감한 입력이 A, 표적이 Y이고 출력이 C인 분류기 c를 생각해 보자. 일반적으로 분류기의 출력을 $\hat{y}$로 표시하지만, 가독성을 위해 우리는 CS 294를 따라 그 이름을 C로 지정한다.

우리의 분류기가 대출을 받는 사람을 결정하는 데 사용되고 있다고 가정해 보자. 우리는 언제쯤 이 분류기를 공정하고 편향이 없는 것으로 간주할 수 있을까? 이 질문에 답하기 위해 대출 신청자인 A 집단과 B

집단의 인구통계를 그림으로 나타내 보자. 신용 점수가 주어지면 분류기는 절사점(cutoff point)을 찾아야 한다. 이 그래프에서 지원자의 분포를 살펴보자.

 이번 예제에서 사용하는 데이터는 합성한 것이다. 이 책의 깃허브 저장소에서 이러한 계산에 사용된 엑셀 파일을 찾을 수 있다(https://github.com/PacktPublishing/Machine-Learning-for-Finance/blob/master/9.1_parity.xlsx).

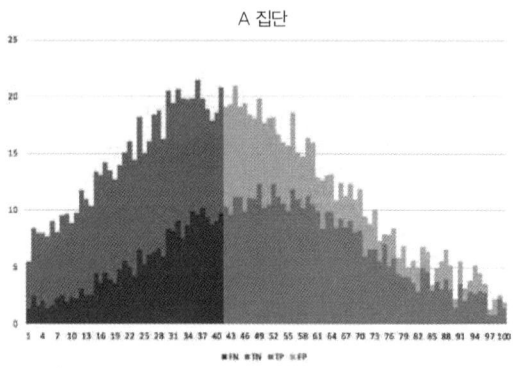
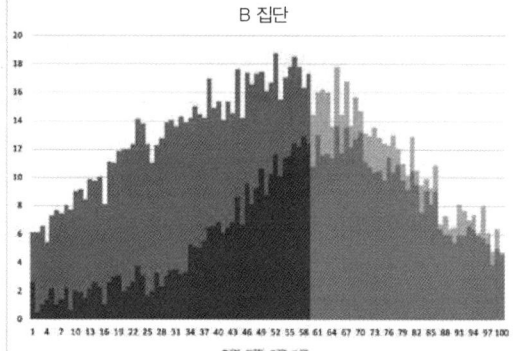

최대 이익

이 연습문제의 경우, 어떤 성공적인 신청자는 300달러 수익을 얻는 반면, 기본 성공 신청자는 700달러를 얻는다고 가정한다. 여기에 나오는 절사점은 이익을 극대화하기 위해 선택된 것이다.

이렇게 하면 무엇이 나올까? 우리는 다음을 볼 수 있다.[3]

- 주황색은 대출을 상환하지 않았고 수락되지도 않은 신청자이다. 즉, 참 음성(true negatives, TN)이다.
- 파란색은 대출을 상환했지만 수락하지 않은 신청자를 나타낸다. 즉, 거짓 음성(false negatives, FN)이다.
- 노란색은 대출을 받았지만 상환하지 않은 신청자를 나타낸다. 즉, 거짓 양성(false positives, FP)이다.
- 회색은 대출을 받은 후 상환한 신청자를 나타낸다. 즉, 참 양성(true positvives, TP)이다.

보다시피 이 절사점 선택과 관련해 몇 가지 문제가 있다. **B 집단**에 속한 신청자들이 대출을 받으려면 **A 집단** 신청자들보다 점수가 더 좋아야 한다. 동시에, **A 집단** 신청자의 약 51%만이 대출을 받지만, **B 집단** 신청자의 37%가 대출을 받고 있으므로 이는 차별효과를 가리킨다.

---

3 (옮긴이) 그래프의 왼쪽 상부가 주황색, 왼쪽 하부가 파란색, 오른쪽 상부가 노란색, 오른쪽 하부가 노란색에 해당한다.

다음에서 볼 수 있는 **집단 불인지 문턱값**(group unaware threshold)은 두 집단에 동일한 최소 점수를 부여한다.

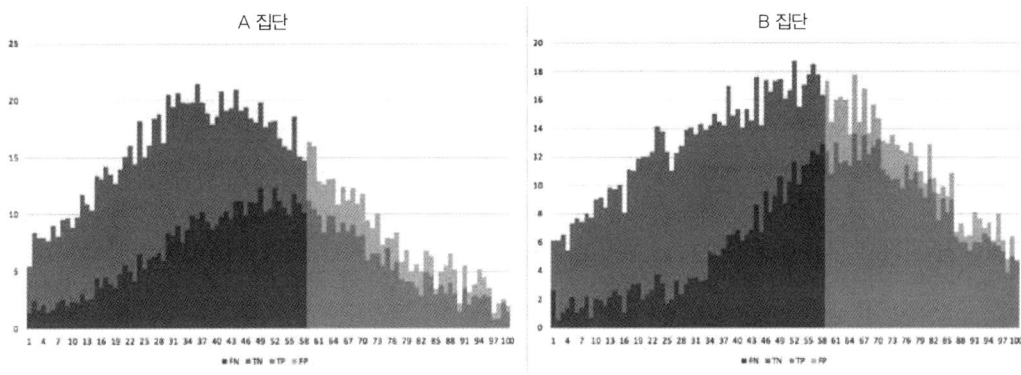

동등한 절사

위의 그래프에서 두 집단의 절사율은 같지만, A 집단은 대출이 줄었다. 동시에, **A 집단**에 대한 예측은 **B 집단**에 대해 제공된 예측보다 정확도가 낮다. 두 집단 모두 동일한 점수 문턱값에 직면하지만, **A 집단**은 불이익에 직면해 있다.

인구통계학적 등가(demographic parity, 인구통계학적 동격, 인구통계적 형평성)는 두 집단 모두 대출을 받을 수 있는 기회를 동일하게 해 공정성을 달성하는 것을 목표로 한다. 이 방법은 두 집단이 모두 동일한 선택 비율을 갖게 하는 것을 목표로 하며, 이는 차별효과를 측정함으로써 달성할 수 있다. 이 과정을 다음과 같이 수학적으로 표현할 수 있다.

$$P(C=1 \mid A=1) = P(C=1 \mid A=0)$$

이 규칙을 이전에 사용한 것과 동일한 맥락에서 적용하면 다음 그림과 같은 절사점(cutoff points)에 도달한다.

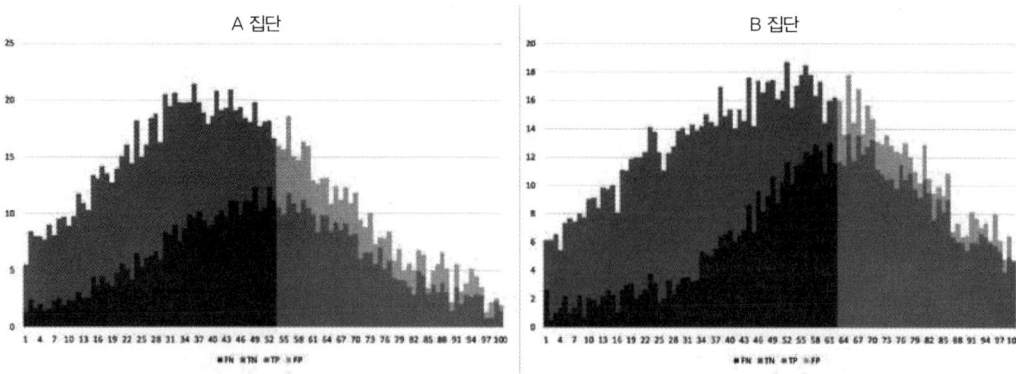

동등한 채택 비율

이 방법은 통계적 차별과 차별효과로 인한 비난을 받을 수 없지만, 차별대우에 대해서는 비난받을 수 있다. 동등한 채택 비율을 나타내는 그래픽에서 **A 집단**에 어떻게 낮은 문턱값 점수가 부여되는지 확인할 수 있다. 한편, 대출을 불이행하는 더 성공적인 **A 집단** 신청자가 있다. 실제로, **A 집단**은 수익성이 없고 **B 집단**에 의해 보조를 받는다. 특정 집단을 선호하기 위해 더 나쁜 경제 성과를 수용하는 것을 선호 기반 차별(taste-based discrimination)이라고도 한다. **B 집단**의 높은 문턱값은 FP 비율이 낮기 때문에 불공평하다고 말할 수 있다.

기회균등(equal opportunity)이라고도 부르는 참 양성 등가(TP parity, 진양성 등가)는 두 인구통계가 동일한 참 양성률(TP rate, 진양성률)을 가짐을 의미한다. 대출을 상환할 수 있는 사람들에게는 대출을 받을 수 있는 동일한 기회가 있어야 한다. 이를 수학적으로 다음과 같이 표현할 수 있다.

$$P(C=1|Y=1, A=1) = P(C=1|Y=1, A=0)$$

데이터에 적용되는 이 정책은 집단 절사점이 훨씬 더 낮다는 점을 제외하면 인구통계학적 등가와 비슷하다.

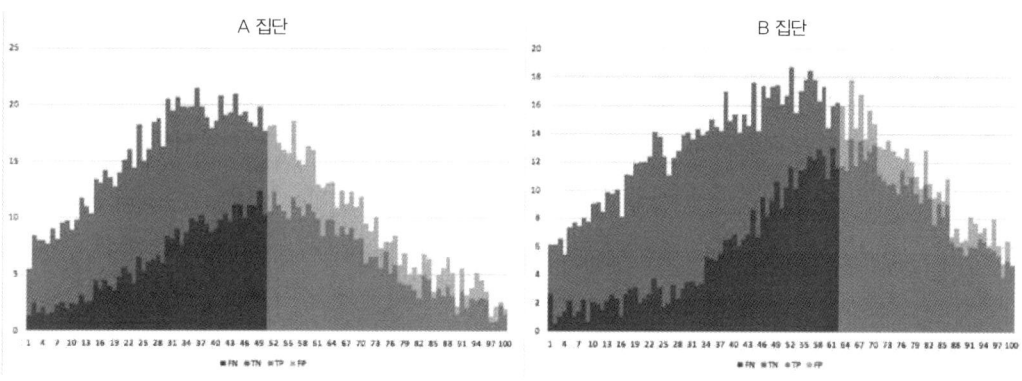

기회균등

대부분의 사람들은 모든 사람에게 동일한 기회가 주어져야 한다고 믿기 때문에 기회균등은 인구통계학적 등가와 관련된 문제들을 많이 해결할 수 있다. 여전히 우리의 분류기는 **A 집단**에 대해서는 정확도가 떨어지며, 다른 유형의 차별대우가 있다.

정확도 등가(accuracy parity)는 예측의 정확도가 두 집단에서 동일해야 함을 알려준다. 수학적으로 다음과 같이 표현할 수 있다.

$$P(C = Y \mid A = 1) = P(C = Y \mid A = 0)$$

분류기가 정확할 확률은 민감한 변수 A의 두 가지 가능한 값에 대해 동일해야 한다. 이 기준을 데이터에 적용하면 다음 출력에 도달한다.

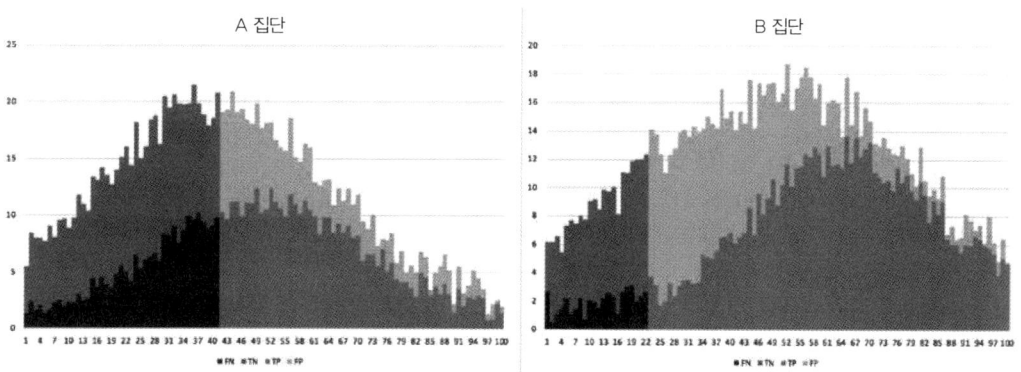

균등 정확도

앞에 나온 그림을 보면 부정적인 면이 분명해진다. 정확도 제약조건을 충족하기 위해 **B 집단**의 구성원은 대출에 훨씬 쉽게 접근할 수 있다.

따라서 이 문제를 해결하려면 분류기가 완벽하지 않으면 분류기가 정밀도 등가(precision parity, 정밀도 패리티), 참 양성 등가(TP parity, 진양성 등가), 거짓 양성 등가(FP parity, 위양성 등가)를 가질 수 없으므로 절충이 필요하다. C = Y, 또는 두 인구통계의 기본 비율이 같다.

$$P(Y=1|A=1) = P(Y=1|A=0)$$

공정성(fairness)을 표현하기 위한 방법은 다양하다. 그러나 중요한 점은 이러한 방법 중에 어떤 것도 모든 공정성 기준을 완벽하게 충족하지 못한다는 점이다. 기본 대출 금리(base rates)가 불균등하고, 대출을 상환할 수 있는 기회가 서로 다른 두 모집단의 경우에 통계적 등가가 되게 구성하려면 차별대우를 도입해야 한다.

이 사실로 인해 많은 논쟁이 벌어졌으며, 차별을 표현하며 제거하기 위한 모범관행은 아직 합의되지 않았다. 그럼에도 불구하고, 수학적으로 완벽하게 표현할 수 있는 공정성이 발견되더라도 완전할 만큼 공정한 시스템으로 즉시 이어지지는 않을 것이다.

모든 머신러닝 알고리즘은 더 큰 시스템의 일부다. 입력치들인 X는 종종 다른 입력을 사용할 수 있는 동일한 시스템에서 다른 알고리즘만큼 명확하게 정의되지 않는다. 인구통계 집단들인 A는 종종 명확하게 정의되거나 유추되지 않는다. 각 알고리즘이 신용점수나 수익성 추정치처럼 서로 다른 출력을 예측하는 동안에 많은 알고리즘이 분류 작업을 함께 수행할 수 있기 때문에 분류기의 출력인 C조차 명확하게 구별되지 않는 경우가 많다.

좋은 기술로 좋은 정책을 대체하지 못한다. 개인적으로 고려해 본다거나 호소할 기회를 주지 않은 채로 알고리즘만 맹목적으로 따른다면 항상 불공정성을 초래할 것이다. 그렇기는 하지만, 수학적인 공정성 기준으로 우리가 직면하는 모든 공정성 문제를 해결할 수는 없는데도 머신러닝 알고리즘이 공정성을 더 많이 띠게 하는 일은 분명히 가치가 있는 일이므로 다음 단원에서 이런 측면을 다루겠다.

공정성을 띠게 하기 위한 훈련

공정성을 높이기 위해 모델을 훈련하는 방법에는 여러 가지가 있다. 간단한 접근방식은 우리가 이전 단원에서 열거한 다른 공정성 측도(measures, 척도)를 추가 손실 기준으로 사용하는 것이다. 그러나 실제로 이러한 접근방식은 실제 분류 과제를 제대로 수행하지 못하는 등의 여러 가지 문제점이 있는 것으로 나타났다.

적대 망(adversarial network)을 사용하는 방법도 있다. 2016년에 루페(Louppe), 케이건(Kagan) 및 크랜머(Cranmer)는 *"Learning to Pivot with Adversarial Networks"*라는 논문을 발표했으며, 이 논문을 https://arxiv.org/abs/1611.01046에서 볼 수 있다. 이 논문에서는 적대 망을 이용하여 분류기를 훈련함으로써 민감한 특징 같은 성가신 파라미터를 무시하는 방법을 보여주었다.

이번 예제에서 우리는 성인이 연간 5만 달러 이상을 버는지 여부를 예측하기 위해 분류기를 훈련할 것이다. 여기서의 과제는 분류기가 비편향되게 함으로써 인종과 성별의 영향으로부터 벗어나게 하는 것인데, 그렇게 함으로써 우리는 사람들의 직업과 자본으로부터 얻는 소득처럼 우리가 차별하는 데 쓸 수 있는 특징에만 초점을 맞출 수 있다.

이렇게 하려면 우리는 분류기(classifier) 한 개와 적대 망 한 개를 훈련해야 한다. 적대 망은 분류기의 예측값들로부터 민감한 속성인 a, 즉, 성별과 인종을 분류하는 것을 목표로 한다.

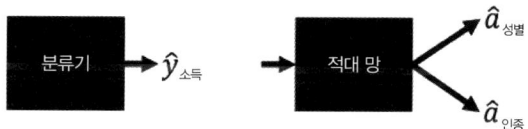

비편향 분류기를 만들어 성인의 소득을 감지

분류기는 소득에 따라 분류할 뿐만 아니라 적대 망을 속이는 일까지 목표로 삼는다. 분류기의 최소화 목적 공식은 다음과 같다.

$$\min\left[L_y - \lambda L_A\right]$$

이 공식에서 L_y는 분류의 이항 교차 엔트로피 손실이며 L_A는 적대 손실이다. λ는 적대 손실의 영향을 증폭하거나 감소시키는 데 사용할 수 있는 하이퍼파라미터를 나타낸다.

이러한 적대적 공정성 방법을 구현할 때는 스테인 통크(Stijn Tonk)와 헹크 그리핀(Henk Griffioen)의 구현을 따른다. 캐글(https://www.kaggle.com/jannesklaas/learning-how-to-be-fair)에서 이번 장의 코드를 찾을 수 있다.

스테인과 헹크 원래 블로그 게시물은 https://blog.godatadriven.com/fairness-in-ml에서 찾을 수 있다.

이 모델을 공정하게 훈련하려면 데이터 X와 표적 y뿐만 아니라 민감한 속성인 A에 대한 데이터도 필요하다. 우리가 연구할 예에서는 UCI 저장소에서 제공한 1994년 미국 인구 조사 데이터를 얻을 것이다. https://archive.ics.uci.edu/ml/datasets/Adult에서 이 데이터를 볼 수 있다.

우리는 데이터를 더 쉽게 적재할 수 있게 열 머리글들이 있는 CSV 파일로 데이터를 변환했다. 참고로 말하자면, 이 데이터를 책 형식에 펼쳐 보이기에 적절치 않아서 책에 싣지 않았으므로 온라인 판을 참조하기 바란다.

먼저 우리는 데이터를 적재한다. 데이터셋에는 서로 다른 인종에 속한 사람들에 대한 데이터가 포함되어 있지만, 이번 작업을 간단히 할 수 있게 우리는 race 특성에 대해 백인과 흑인만 중점적으로 다룰 것이다. 이렇게 하려면 다음 코드를 실행해야 한다.

```
path = '../input/adult.csv'
input_data = pd.read_csv(path, na_values="?")
input_data = input_data[input_data['race'].isin(['White', 'Black'])]
```

다음으로 민감한 데이터셋 A에서 민감한 속성(이번 경우에는 인종과 성별에 중점을 두고 있음)을 선택한다. 우리는 "Male(남성)"이 gender(성별) 속성에 대해 1, White(백인)가 race(인종) 속성에 대해 1이 되게 데이터를 원핫 인코딩을 한다. 다음 코드를 실행해 이를 달성할 수 있다.

```
sensitive_attribs = ['race', 'gender']
A = input_data[sensitive_attribs]
A = pd.get_dummies(A,drop_first=True)
A.columns = sensitive_attribs
```

우리의 표적은 income(소득)이다. 따라서 '>50K'를 1로 인코딩하고 그 밖의 모든 것을 0으로 인코딩해야 하는데, 이 코드는 다음과 같이 작성한다.

```
y = (input_data['income'] == '>50K').astype(int)
```

훈련 데이터를 얻기 위해 먼저 민감한 특성과 표적 특성을 제거한다. 그러고 나서, 다음 코드에서 볼 수 있듯이 모든 결측된 값을 채우고 모든 데이터를 대상으로 원핫 인코딩을 한다.

```
X = input_data.drop(labels=['income', 'race', 'gender'],axis=1)

X = X.fillna('Unknown')

X = pd.get_dummies(X, drop_first=True)
```

마지막으로 데이터를 훈련 집합과 테스트 집합으로 나눈다. 그런 후에 다음 코드에서 볼 수 있듯이 테스트 데이터와 훈련 데이터에 있는 고소득자 인원수가 동일한지를 확인하기 위해 데이터가 층을 이루게 한다.

```
X_train, X_test, y_train, y_test, A_train, A_test = \
train_test_split(X, y, A, test_size=0.5,
                 stratify=y, random_state=7)
```

데이터가 신경망과 잘 작동하게 하기 위해 이제 사이킷런의 StandardScaler를 사용해 데이터의 척도를 구성할 것이다.

```
scaler = StandardScaler().fit(X_train)

X_train = pd.DataFrame(scaler.transform(X_train),
                       columns=X_train.columns,
                       index=X_train.index)

X_test = pd.DataFrame(scaler.transform(X_test),
                      columns=X_test.columns,
                      index=X_test.index)
```

모델이 얼마나 공정한지에 대한 계량(metrics, 계량기준, 측정항목)이 필요하다. 우리는 차별효과 선택 규칙을 사용한다. p_rule 메서드는 두 집단의 소득이 5만 달러 이상인 것으로 분류된 사람들의 비율을 계산한 후에 혜택이 있는 집단의 선택 비율에 대한 불리한 인구통계의 선택 비율을 반환한다.

우리의 목표는 인종과 성별에 대한 4/5 규칙을 충족시키기 위해 p_rule 메서드가 최소 80%를 반환하는 것이다. 다음 코드는 이 함수를 손실함수로 사용하는 게 아니라 관찰하는 데만 사용하는 방법을 보여준다.

```
def p_rule(y_pred, a_values, threshold=0.5):
    y_a_1 = y_pred[a_values == 1] > threshold if threshold \
                                                else y_pred[a_values == 1]        #1

    y_a_0 = y_pred[a_values == 0] > threshold if threshold \
                                                else y_pred[a_values == 0]

    odds = y_a_1.mean() / y_a_0.mean()                                              #2
    return np.min([odds, 1/odds]) * 100
```

이 코드를 좀 더 자세히 살펴보자. 앞의 코드 블록에서 볼 수 있듯이, 이 코드는 다음과 같은 두 가지 핵심 특징에 맞춰 작성된다.

1. 먼저, 선택된 문턱값을 부여받을 사람을 선택한다. 여기서, 우리는 모델이 5만 달러 이상을 고소득자로 만들 확률이 50% 이상인 모든 사람을 분류한다.
2. 둘째, 두 인구통계학적 선택 비율을 계산한다. 한 집단의 비율을 다른 집단의 비율로 나눈다. 오즈(odds, 비율비)나 1을 오즈로 나눈 값을 반환함으로써 우리는 1보다 작은 값을 확실히 반환한다.

모델 설정을 조금 더 쉽게 하려면 입력 특징 수와 민감한 특징 수를 정의해야 한다. 이것은 다음 두 줄을 실행해 간단히 수행된다.

```
n_features=X_train.shape[1]
n_sensitive=A_train.shape[1]
```

이제 우리는 분류기를 설정했다. 이 분류기가 어떻게 표준 분류 신경망의 일종이 되는지에 유의하자. 분류기로 하는 작업이 이항 분류 작업이기 때문에 분류기는 세 개의 은닉 계층과 일부 드롭아웃 계층, 시그모이드 활성화가 있는 최종 출력 계층이 있다는 특징을 보인다. 이 분류기는 케라스의 함수형 API로 작성되었다.

API가 어떻게 작동하는지를 이해하려면 다음 코드 예제를 통해 각 단계가 필요한 이유를 알아야 한다.

```
clf_inputs = Input(shape=(n_features,))
x = Dense(32, activation='relu') (clf_inputs)
x = Dropout(0.2) (x)
x = Dense(32, activation='relu') (x)
x = Dropout(0.2) (x)
x = Dense(32, activation='relu') (x)
x = Dropout(0.2) (x)
outputs = Dense(1, activation='sigmoid', name='y') (x)
clf_net = Model(inputs=[clf_inputs], outputs=[outputs])
```

적대 망은 머리가 두 개인 분류기다. 모델의 출력 부분에 있는 이 머리 중에 하나는 신청자의 인종을 예측하는 데 쓰이고, 나머지 하나는 신청자의 성별을 예측하는 데 쓰인다.

```
adv_inputs = Input(shape=(1,))
x = Dense(32, activation='relu') (adv_inputs)
x = Dense(32, activation='relu') (x)
x = Dense(32, activation='relu') (x)
out_race = Dense(1, activation='sigmoid') (x)
out_gender = Dense(1, activation='sigmoid') (x)
adv_net = Model(inputs=[adv_inputs],
outputs=[out_race,out_gender])
```

생성적 적대 망과 마찬가지로, 여러 차례에 걸쳐서 망을 훈련 가능 상태와 훈련 불능 상태로 만들어야 한다. 이를 쉽게 하기 위해 다음 함수는 망과 모든 계층을 훈련 가능이나 훈련 불능으로 만드는 함수를 만든다.

```
def make_trainable_fn(net):                    #1
    def make_trainable(flag):                  #2
        net.trainable = flag                   #3
        for layer in net.layers:
            layer.trainable = flag
    return make_trainable                      #4
```

앞의 코드에는 잠시 살펴봐야 할 네 가지 주요 특징이 있다.

1. 이 함수는 훈련 스위치 함수가 생성될 케라스 신경망을 수용한다.
2. 함수 안에 두 번째 함수가 만들어진다. 이 두 번째 함수는 부울 플래그(True/False)를 한 개 받아들인다.
3. 두 번째 함수가 호출되면 이 함수는 망의 훈련 가능성을 플래그로 설정한다. False가 전달되면 망을 훈련할 수 없다. 망의 계층들을 다른 망에서도 사용할 수 있으므로 우리는 개별 계층도 훈련 불능이 되게 한다.
4. 마지막으로 우리는 함수를 반환한다.

함수를 사용해 다른 함수를 만드는 것이 처음에는 복잡해 보이지만, 이로 인해 우리는 신경망에 대한 "스위치"를 쉽게 만들 수 있다. 다음 코드는 분류기와 적대 망에 대한 스위치 함수를 작성하는 방법을 보여준다.

```
trainable_clf_net = make_trainable_fn(clf_net)
trainable_adv_net = make_trainable_fn(adv_net)
```

분류기를 훈련할 수 있게 만들기 위해 True 플래그와 함께 함수를 사용할 수 있다.

```
trainable_clf_net(True)
```

이제 우리는 분류기를 컴파일할 수 있다. 이번 장의 뒷부분에서 볼 수 있듯이 분류기 망을 컴파일할 분류기와 별도의 변수로 유지하면 유용하다.

```
clf = clf_net
clf.compile(loss='binary_crossentropy', optimizer='adam')
```

우리의 분류기를 훈련하려면 대적(adversary, 적 역할을 하는 신경망)의 손실을 얻고 음인 대적의 손실을 분류기에게 적용할 뿐만 아니라 대적을 통해 분류기가 예측하게 할 필요가 있다는 점을 기억하자. 이것은 분류기와 그 대적을 하나의 망에 꾸려 넣으면 가장 잘 수행된다.

이를 위해서는 먼저 분류기 입력에서 분류기 및 대적의 출력으로 매핑하는 새 모델을 만들어야 한다. 우리는 대적의 출력을 대적 망과 분류기 망의 중첩된 함수로 정의한다. 이런 식으로 분류기의 예측이 즉시 대적에게 전달된다.

```
adv_out = adv_net(clf_net(clf_inputs))
```

그러고 나서, 분류할 때 우리가 그랬던 것과 마찬가지로 분류기 출력을 분류기 망의 출력으로 정의한다.

```
clf_out = clf_net(clf_inputs)
```

그러고 나서 분류기 입력, 즉 신청자에 대한 데이터에서 분류기 출력 및 적 출력으로 매핑할 결합 모델을 정의한다.

```
clf_w_adv = Model(inputs=[clf_inputs],
                  outputs=[clf_out]+adv_out)
```

결합 모델을 훈련할 때, 우리는 대적을 따로 훈련할 것이기 때문에 분류기의 가중치만 갱신하려고 한다. 스위치 함수를 사용해 분류기 망을 훈련 가능으로 하고 대적 망을 훈련 불능으로 만들 수 있다.

```
trainable_clf_net(True)
trainable_adv_net(False)
```

이전의 최소화 목적 함수에서 사용한 하이퍼파라미터 λ를 기억해 보자. 우리는 민감한 특성 모두에 대해 이 파라미터를 수작업으로 설정해야 한다. 결과적으로, 인종 람다가 성별 람다보다 훨씬 높게 설정되어 있으면 망이 가장 잘 훈련된다.

람다 값을 사용하면 가중 손실을 만들 수 있다.

```
loss_weights = [1.]+[-lambda_param for lambda_param in lambdas]
```

앞에서 서술한 표현은 [1.,−130, −30]의 손실 가중치를 초래한다. 이는 분류 오차의 가중치가 1이고, 적의 인종 예측 오차의 가중치가 −130이고, 적의 성별 예측 오차의 가중치가 −30이라는 것을 의미한다. 대적의 예측 손실들은 음의 가중치를 가지기 때문에 경사도 하강은 이러한 손실을 늘리기 위해 분류기의 파라미터를 최적화할 것이다. 마지막으로 우리는 결합된 망을 컴파일할 수 있다.

```
clf_w_adv.compile(loss='binary_crossentropy'),
                  loss_weights=loss_weights,
                  optimizer='adam')
```

분류기와 결합된 분류기-대적 모델을 완비하는 동안에 우리가 미처 완비하지 못 한 단 한 가지는 컴파일된 대적 모델이다. 이를 위해 먼저 분류기 입력에서 중첩된 적대적 분류기 모델의 출력에 매핑할 대적 모델을 정의한다.

```
adv = Model(inputs=[clf_inputs],
outputs=adv_net(clf_net(clf_inputs)))
```

그러고 나서, 대적 모델을 학습하게 할 때 우리는 분류기 망이 아닌 대적 망의 가중치를 최적화하려고 하므로 스위치 함수를 사용해 대적을 훈련 가능으로 하고 분류기를 훈련 불능으로 한다.

```
trainable_clf_net(False)
trainable_adv_net(True)
```

마지막으로, 우리는 일반적인 케라스 모델과 마찬가지로 대적 모델을 컴파일한다.

```
adv.compile(loss='binary_crossentropy', optimizer='adam')
```

모든 코드 조각이 준비되면 우리는 이제 분류기를 훈련할 수 있다. 이는 특별한 공정성을 고려하지 않고 분류기를 훈련하는 것을 의미한다.

```
trainable_clf_net(True)
clf.fit(X_train.values, y_train.values, epochs=10)
```

모델을 훈련한 후에는 모델의 공정성과 정확도를 평가하기 위해 검증 집합을 예측할 수 있다.

```
y_pred = clf.predict(X_test)
```

이제 성별과 인종에 대한 모델의 정확도와 p_rule을 계산한다. 모든 계산에서 0.5라는 절사점을 사용한다.

```
acc = accuracy_score(y_test,(y_pred>0.5))* 100
print('Clf acc: {:.2f}'.format(acc))

for sens in A_test.columns:
```

```
    pr = p_rule(y_pred,A_test[sens])
    print('{}: {:.2f}%'.format(sens,pr))
```

출력 내용:

```
Clf acc: 85.44
race: 41.71%
gender: 29.41%
```

보다시피 분류기는 소득 예측에서 85.44%라는 높은 정확도를 달성한다. 하지만 분류기는 상당히 공정하지 못하다. 여성은 남성보다 29.4%의 확률로 5만 달러 이상을 벌 수 있다.

마찬가지로 강하게 인종차별을 한다. 예를 들어, 우리가 대출 신청서를 판단하기 위해 이 분류기를 사용한다면 우리는 차별로 인한 소송을 당할 가능성이 커질 것이다.

 분류기의 특징에는 성별이나 인종이 포함되지 않았다. 그러나 분류기는 성별이나 인종에 따라 강하게 차별한다. 특징들을 유추할 수 있다면 민감한 열들을 삭제하는 것만으로는 충분하지 않다.

이러한 혼란에서 벗어날 수 있게 공정하게 예측하게 하려면 두 망을 모두 훈련하기 전에 대적 망부터 미리 훈련한다. 다시 한번 말하지만, 스위치 함수를 사용해 분류기를 훈련 불능이 되게 하고 대적을 훈련 가능이 되게 한다.

```
trainable_clf_net(False)
trainable_adv_net(True)
```

데이터의 인종과 성별에 대한 분포가 왜곡될 수 있기 때문에 우리는 이것에 적응하기 위해 가중 계급(weighted classes)을 사용할 것이다.

```
class_weight_adv = compute_class_weights(A_train)
```

그런 다음에 우리는 분류기의 예측값들을 사용해 훈련 데이터에서 인종과 성별을 예측할 수 있게 대적을 훈련한다.

```
adv.fit(X_train.values,
        np.hsplit(A_train.values, A_train.shape[1]),
        class_weight=class_weight_adv, epochs=10)
```

넘파이의 hsplit 함수는 2차원 행렬인 A_train을 두 벡터로 나눈 다음, 두 모델의 머리 부분을 훈련하는 데 사용된다.

우리는, 분류기와 대적을 미리 훈련함으로써 분류기의 차별 행위를 더 잘 파악할 수 있게, 분류기를 훈련해 대적을 속일 것이다. 시작하기 전에 몇 가지를 설정해둬야 한다. 우리는 배치 크기가 128인 250 에포크에 대해 두 가지 민감한 속성을 사용해 훈련하려고 한다.

```
n_iter=250
batch_size=128
n_sensitive = A_train.shape[1]
```

분류기와 대적이 결합된 망에는 일부 계급 가중치들이 필요하다. 소득 예측값들에 대한 가중치는 5만 달러 미만이다. 결합 모델 중에 대적의 머리에 대해 우리는 계산된 적대적 계급 가중치들을 사용한다.

```
class_weight_clf_w_adv = [{0:1., 1:1.}]+class_weight_adv
```

계량(metrics)을 추적하기 위해 공정성 계량뿐만 아니라 검증 계량과 정확도, 곡선 아래 영역에 대해 하나의 데이터프레임을 설정했다. 공정성 계량은 인종 및 성별에 대한 p_rule 값이다.

```
val_metrics = pd.DataFrame()
fairness_metrics = pd.DataFrame()
```

주요 훈련 과정 내에서 적대 망 훈련, 분류기를 공정하게 하는 훈련 및 검증 계량들을 프린트하는 세 단계가 수행된다. 충실한 설명이 될 수 있도록, 여기서는 이 세 가지를 따로 프린트한다.

여러분은 이것들을 코드 내의 동일한 루프에서 찾을 수 있으며, 여기서 idx는 현재의 반복과정을 나타낸다.

```
for idx in range(n_iter):
```

첫 번째 단계는 대적 망을 훈련하는 것이다. 이를 위해 분류기를 훈련 불능으로 하고 대적 망을 훈련 가능으로 한 다음, 이전과 마찬가지로 대적 망을 훈련할 것이다. 이렇게 하려면 다음 코드 블록을 실행해야 한다.

```
trainable_clf_net(False)
trainable_adv_net(True)
adv.fit(X_train.values,
        np.hsplit(A_train.values, A_train.shape[1]),
        batch_size=batch_size,
        class_weight=class_weight_adv,
        epochs=1, verbose=0)
```

좋은 분류기가 되게 분류기를 훈련할 뿐만 아니라 대적을 속이고 공정성을 띠게 훈련하려면 세 단계가 필요하다. 먼저, 우리는 대적을 훈련 불능이 되게 하고 분류기를 훈련 가능하게 한다.

```
trainable_clf_net(True)
trainable_adv_net(False)
```

그리고 나서 X, y 및 A에서 배치를 추출한다.

```
indices = np.random.permutation(len(X_train))[:batch_size]
X_batch = X_train.values[indices]
y_batch = y_train.values[indices]
A_batch = A_train.values[indices]
```

마지막으로, 우리는 대적과 분류기를 결합해 훈련한다. 대적 망은 훈련 불능으로 설정되어 있으므로 분류기 망만 훈련된다. 그러나 대적 망의 인종 및 성별 예측에 대한 손실은 전체 망을 통해 역전파되므로 분류기는 대적 망을 속이는 법을 익힌다.

```
clf_w_adv.train_on_batch(X_batch,
                         [y_batch]+\
                         np.hsplit(A_batch, n_sensitive),
                         class_weight=class_weight_clf_w_adv)
```

마지막으로 우리는 먼저 테스트를 예측해 진행 상황을 추적하려고 한다.

```
y_pred = pd.Series(clf.predict(X_test).ravel(),
                   index=y_test.index)
```

그러고 나서, 수신기 검사 특성 곡선 아래 면적(ROC AUC)과 예측 정확도를 계산해 val_metrics라는 데이터프레임에 저장한다.

```
roc_auc = roc_auc_score(y_test, y_pred)
acc = accuracy_score(y_test, (y_pred>0.5))*100

val_metrics.loc[idx, 'ROC AUC'] = roc_auc
val_metrics.loc[idx, 'Accuracy'] = acc
```

다음으로 인종과 성별에 대한 p_rule을 계산하고 해당 값을 공정성 계량들에 저장한다.

```
for sensitive_attr :n A_test.columns:
    fairness_metrics.loc[idx, sensitive_attr] =\
    p_rule(y_pred,A_test[sensitive_attr])
```

공정성과 검증 계량을 모두 그리면 다음과 같은 그림이 된다.

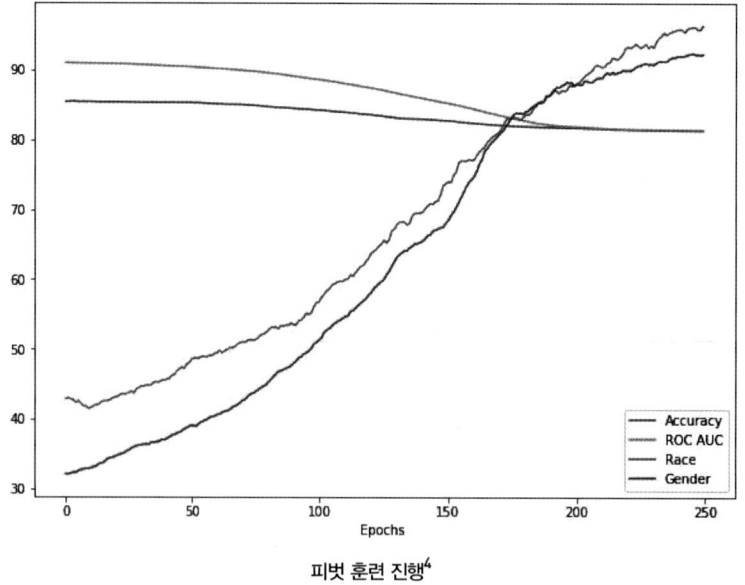

피벗 훈련 진행[4]

---

[4] (옮긴이) Accuracy → 정확도, Race → 인종, Gender → 성별, Epochs → 에포크.

보다시피, 분류기의 공정성 점수는 훈련에 따라 꾸준히 증가한다. 약 150 에포크 후에 분류기는 오분의 사(4/5) 규정을 충족한다. 동시에 p 값들은 90% 이상이다. 이러한 공정성 증가는 정확도와 곡선 아래 면적이 약간 감소할 때만 나온다. 이러한 방식으로 훈련된 분류기는 분명히 성능은 비슷하면서도 더 공정한 분류기이므로 공정성 기준 없이 훈련된 분류기보다 선호된다.

머신러닝을 공정하게 하는 축 접근법(pivot approach)에는 여러 가지 장점이 있다. 그러나 이 접근법으로도 불공정성을 완전히 배제할 수는 없다. 예를 들어 분류기가 우리가 아직 생각하지 않은 것에 대해 차별하는 집단이 있다면 어떨까? 차별효과를 보이기보다는 차별대우를 한다면 어떻게 될까? 모델이 편향되지 않게 하려면 우리는 더 많은 기술적 및 사회적 도구가 필요한데, 말하자면 **해석 가능성**(interpretability), **인과성**(causality, 원인성), **다양한 개발 팀**(diverse development teams)이 필요하다.

다음 단원에서 통계적 연관성 대신에 인과관계를 학습하는 머신러닝 모델을 어떻게 훈련할 것인지를 논의한다.

인과적 학습

이 책은 대체로 통계적 학습을 다룬 책이라고 할 수 있다. 데이터 X와 표적인 Y를 고려할 때, 우리는 특정 데이터 점이 주어진 표적 값의 분포인 $p(y \mid x)$를 추정하는 것을 목표로 한다. 통계 학습을 통해 여러 가지 훌륭한 모델을 만들어 유용한 애플리케이션으로 쓸 수 있지만, X가 x이고 Y가 y가 된다고 주장할 수는 없다.

X를 조작하려는 경우에 이 문장이 중요하다. 예를 들어, 우리가 누군가에게 보험을 들어 주면 그가 무모한 행동을 할 것인지를 알고 싶다면, 우리는 보험에 든 사람이 그렇지 않은 사람보다 더 무모하게 행동한다는 통계적 관계만으로 만족하지는 않을 것이다. 예를 들어, 무모한 사람들이 보험에 가입하는 것에 대해 자기선택편향(self-selection bias)이 있을 수 있는 반면, 무모한 사람으로 여겨지지 않는 사람들은 그렇지 않다.

유명한 컴퓨터 과학자인 주데아 펄(Judea Pearl, 유디 펄)은 '조치 미적분학(do-calcurus)'이라는, 인과관계 모델에 대한 표기법을 발명했다. 우리는 P를 p가 되게 조작한 후에 누군가가 무모하게 행동할 확률인 $p(y \mid do(p))$에 관심이 있다고 해 보자. 인과적 표기법에서 X는 일반적으로 관측된 특징들을 나타내며 P는 조작할 수 있는 정책 특징들을 나타낸다. 이제 p라는 문자 하나로 확률과 정책을 모두 표현하기 때문에 이 표기법이 약간 혼란스러울 수 있다. 그러나 관측된 특징과 영향을 받은 특징을 구별해야 한다. 따라서 여러분이 $do(p)$를 보게 된다면 여기서 p는 영향을 받는 특징이며 $p(..)$를 보게 된다면 여기서 p는 확률함수다.

따라서 공식 $p(y \mid x)$는 보험 가입자들이 평균적으로 더 무모하다는 통계적 관계를 표현한다. 지도된 모델이 학습하는 게 바로 이것이다. $p(y \mid do(p), x)$는 보험에 가입한 사람들이 보험에 가입되어 있기 때문에 더 무모해지는 인과관계(causal relationship)를 표현한다.

인과 모델들은 공정함을 학습하기 위한 훌륭한 도구다. 만약 우리가 우리의 모델을 인과적인 방법으로만 구축한다면, 우리는 통계적 모델에서 일어나는 대부분의 통계적 차별을 피하게 될 것이다. 통계적으로 볼 때 여성의 소득이 남성의 소득보다 적은가? 그렇다. 여성이어서 그리고 여성은 어떻게든 높은 봉급을 받을 자격이 없기 때문에 여성의 소득이 적은가? 아니다. 대신에 소득 격차는 남성과 여성에게 제공되는 다양한 직업, 직장에서의 차별, 문화적 고정 관념 같은 다른 원인(cause)에 의해 발생한다.

그렇다고 통계모형들을 창밖으로 던져 버려야 한다는 의미는 아니다. 통계적 모델들에서는 인과성(causality)이 그다지 중요한 요소가 아니며, X의 값을 설정하려는 의도가 우리에게 없는 여러 가지 경우에 유용하다. 예를 들어 우리가 자연어 모델을 작성하는 경우에 우리는 어떤 한 단어의 출현 때문에 해당 단어가 있는 문장이 특정 토픽에 관한 것이 되게 했는지 여부에는 관심이 없다. 토픽과 단어가 서로 관련되어 있다는 점을 알면 텍스트 내용을 예측하기에 충분하다.

인과 모델 획득

$do(p)$에 대한 정보를 얻기에 가장 좋은 방법은, 무작위적으로 시행을 통제하면서, 실제로 정책 P를 진행하고 조작하는 것이다. 예를 들어, 많은 웹 사이트는 A/B 검정(A/B test)이라고 하는 과정에 따라 서로 다른 고객에게 각기 다른 광고를 표시해 서로 다른 광고의 영향을 측정한다. 마찬가지로, 트레이더는 어떤 경로가 가장 적합한지를 파악하기 위해 시장에서 서로 다른 경로를 선택할 수 있다. 그러나 A/B 검정을 언제든 수행할 수 있는 것은 아니며, 해당 검정이 언제나 윤리적인 것은 아니다. 우리가 초점을 맞추고 있는 금융 분야에서 예를 든다면, 어떤 은행이 "죄송하지만 여러분은 대조군에 속해 있습니다"라고 설명하며 대출해 주지 않을 수는 없는 것이다.

그러나 종종 A/B 검정 없이도 인과적 추론(causal inference)을 할 수 있다. 우리는 조치 미적분학을 사용해 정책이 결과에 미치는 영향을 추론할 수 있다. 사람들에게 보험을 들어주면 무모하게 행동할지 아니면 그러지 않을지를 궁금해하는 우리의 예제를 들어 보자. 이러한 예제로 보험 신청자의 도덕적 해 이를 생각해 볼 수 있을 것이다. 여러분이 그렇게 할 것이라면 말이다. 특징 X와 정책 P가 주어지면, 우리는 결과 분포인 $p(y \mid do(p), x)$를 예측하고 싶다.

이번 경우에는 신청자의 나이나 위험 행동 이력 등처럼 관찰된 정보를 볼 때 보험료 지급 정책 P를 조작한다는 점에서 신청자가 무모하게 행동할 확률인 $p(y)$를 예측하고자 한다. 관찰된 특징들은 종종 정책과 대응에 영향을 미친다. 예를 들어 큰 위험을 감수하려는 욕망을 지닌 신청자라면 보험에 가입시켜 주지도 않겠지만, 무모하게 행동할 가능성이 더 높다.

또한 우리는 정책과 대응 모두에 영향을 미치지만, 관측되지 않은 중첩변수(confounding variables) e를 처리해야 한다. 예를 들어, **'프리스타일 스키는 안전하며, 보험에 가입해서는 안 된다'**라는 제목으로 어떤 저명한 사람이 언론을 통해 기사를 냈다면 무모함을 즐기는 스키 선수의 수를 줄이는 것은 물론이고 보험 가입자 수도 줄일 것이다.

도구변수

정책과 대응에 미치는 영향을 구별하려면 **도구(instrument)**인 Z에 접근해야 한다. 도구는 정책에 영향을 주는 변수지만, 다른 것들에는 전혀 영향을 끼치지 않는다. 예를 들어 재보험 비용으로 인해 보험사는 더 적은 보험증권을 제시할 수 있다. 이 관계는 다음 흐름도에서 볼 수 있으며, 이 그림에서는 관계를 지도처럼 그려 내었다.

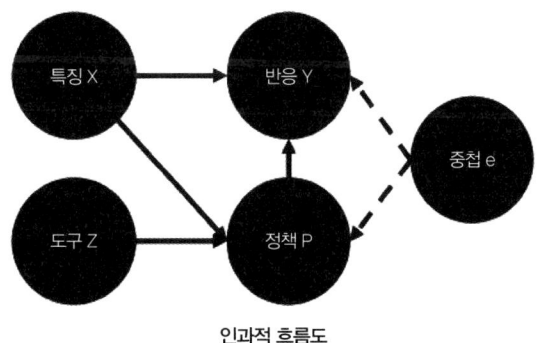

인과적 흐름도

계량경제학 분야에서는 이미 **도구변수 이단최소제곱(instrumental variables two-stage least squares, IV2SLS 또는 2SLS)**이라고 불리는 이러한 상황에서 작업할 수 있는 방법을 구축했다. 간단히 말해서, 2SLS는 먼저 도구 z와 정책 p 사이의 선형회귀 모델에 적합하게(즉, 적응하게) 되는데, 이

때 정책 p를 계량경제학에서는 내생변수(endogenous variable, 내생변인) 또는 처치변수(treatment variable, 처치변인)라고 부른다.

그런 다음에 2SLS는 이 선형 회귀 분석을 통해 "조정된 처치변수(adjusted treatment variable)"를 추정하는데, 이 처치변수는 도구에 의해서 설명될 수 있다. 이러한 조정은 다른 모든 요인이 처치에 미치는 영향을 제거한다는 생각인 것이다. 그리고 나서 두 번째 선형회귀 모형은 특징들인 x와 조정된 처치변수는 $\hat{p}$을 산출 결과인 y에 대해 대응시키는 선형모형 사상을 한 개 만든다.

다음 그림에서 2SLS가 어떻게 작동하는지에 대한 개요를 볼 수 있다.

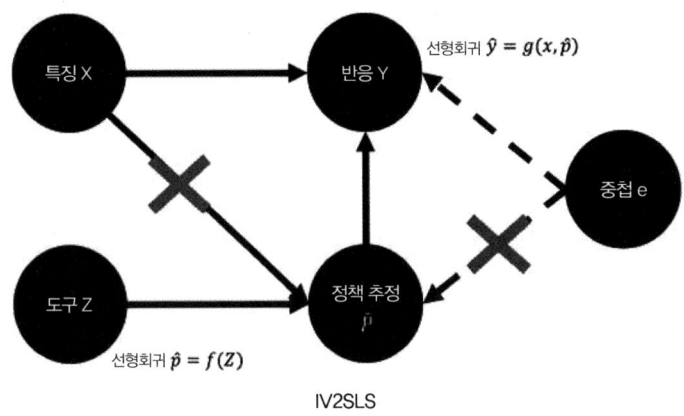

IV2SLS

2SLS는 이미 확립된 방법이기 때문에 우리의 경우를 예로 들면 보험사가 사용해 볼 만한 것이라고 할 수 있다. 이 책에서 우리는 2SLS를 파이썬에서 사용하는 방법을 간략히 소개만 하고 자세하게 설명하지는 않을 것이다. 파이썬의 linear model(선형모형) 패키지를 사용하면 2SLS를 쉽게 실행할 수 있다.

 이 패키지를 https://github.com/bashtage/linearmodels에 수록된 깃허브에서 찾을 수 있다.

다음 명령을 실행해 패키지를 설치할 수 있다.

```
pip install linearmodels
```

데이터 X, y, P, Z가 있다면 다음과 같이 2SLS 회귀 분석을 실행할 수 있다.

```
from linearmodels.iv import IV2SLS
iv = IV2SLS(dependent=y,
            exog=X,
            endog=P],
            instruments=Z).fit(cov_type='unadjusted')
```

비선형 인과적 모델

특징(features), 처치(treatment), 결과(outcome) 간의 관계가 복잡하고 비선형인 경우에 어떻게 해야 하는가? 이번 경우에는 2SLS와 유사한 과정을 수행해야 하지만 선형회귀 대신에 신경망 같은 비선형 모형을 사용해야 한다.

잠시 중첩변수를 무시한 채 함수 g는 보험 정책 p와 일련의 신청자의 특징인 x가 주어지면 행동 y의 무모함을 결정한다.

$$y = g(p, x)$$

함수 f는 신청자의 특징들인 x와 도구인 z가 주어지면 정책 p를 결정한다.

$$p = f(x, z)$$

이 두 가지 함수를 고려할 때 중첩변수가 전체 함수의 평균이 0인 경우에 다음 항등식이 유지된다.

$$\mathbb{E}[y|x,z] = \mathbb{E}[g(p,x)|x,z] = \int g(p,x) dF(p|x,z)$$

이는 함수 g와 분포 F를 안정적으로 추정할 수 있다면 정책 p의 영향에 대한 원인을 진술할 수 있음을 의미한다. 실제 결과 y, 특징 x, 정책 p, 도구 z에 대한 데이터가 있다면 다음을 최적화할 수 있다.

$$\min_{g \in G} \sum_{t=1}^{n} \left(y_t - \int g(p, x_t) dF(p|x,z) \right)^2$$

앞서 나온 함수는 예측 함수인 g를 사용해 나온 예측 결과와 실제 결과인 y 간의 제곱 오차다.

2SLS에 대한 유사도를 주목하자. 2SLS에서 우리는 두 개의 개별 선형회귀로 F와 g를 추정했다. 더 복잡한 함수들이라면 두 개의 개별 신경망을 사용해 추정할 수도 있다. 2017년에 제이슨 하트퍼트 (Jason Hartfort) 등은 그들의 논문인 *"Deep IV: A Flexible Approach for Counterfactual Prediction"*(http://proceedings.mlr.press/v70/hartford17a/hartford17a.pdf)에서 다음에 나오는 그림을 통해 이것을 대략 보여줬다.

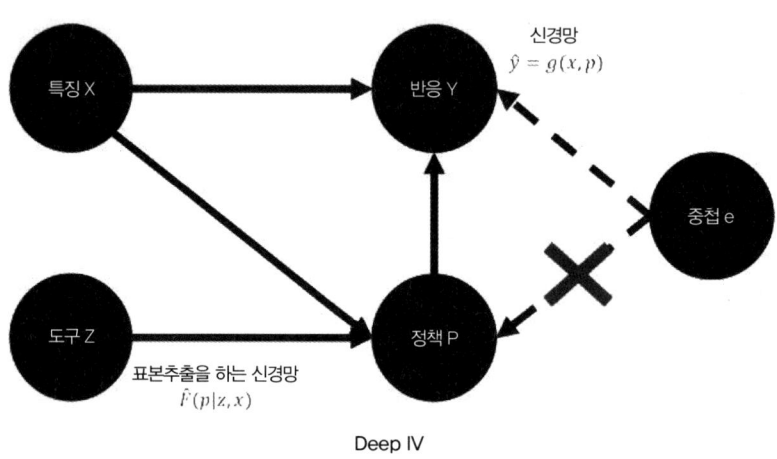

Deep IV

Deep IV의 개념은 먼저 분포($F(z, x)$)를 표현하기 위해 신경망을 훈련하는 것인데, 이는 특정 특징 x 및 도구값 z가 주어진 정책의 분포를 설명한다. 두 번째 신경망은 추정된 정책 분포 및 특징으로부터 응답 y를 예측한다. Deep IV의 장점은 텍스트와 같은 복잡한 데이터에서 복잡한 비선형 관계를 배울 수 있다는 것이다.

Deep IV 논문의 저자는 어떤 분포 부분으로부터 표본을 추출해 학습하게 하는 일을 처리하는 데 사용할 수 있는 사용자 맞춤형 케라스 모델을 깃허브에 게시해 두고 있다(https://github.com/jhartford/DeepIV).

코드가 너무 길어서 여기서 깊이 논의하기는 어렵지만, Deep IV와 IV2SLS에서 인과 관계 주장의 원인이 무엇인지 생각해 보면 재미날 것이다. 우리의 보험 사례에서는 보험이 있거나 없는 것이 행동에 영향을 미칠 뿐, 다른 방식이 행동에 영향을 미치지는 않을 것이라고 가정했다. 우리는 이 인과 관계에 대한 진실을 보여주거나 검정하지 않았다.

우리의 경우, 보험이 행동에 영향을 미친다고 가정하는 것은 행동이 관찰되기 전에 보험 계약이 체결되기 때문에 정당화된다. 그러나 인과 관계가 항상 간단한 것만은 아니다. 논리적 추론이나 실험 외에 인과 관계를 설정하는 방법은 없다. 예를 들어 실험을 하지 않는다면 우리는 일련의 사건을 통해 논리적으로 가정하고 추론해야 한다. 우리는 또한 도구가 실제로는 일종의 독립형 도구라는 중요한 가정을 하고 있다. 도구들이 서로 독립적이지 않은 경우에 정책에 대한 우리의 평가는 무용지물이 되고 만다.

이 두 가지 한계점을 염두에 두면, 인과적 추론은 앞으로 훌륭한 결과를 기대할 수 있는 훌륭한 도구이자 활발한 연구 영역이 된다. 최선의 경우, 여러분의 차별 인식 모델에는 인과적 변수만 담게 될 것이다. 실제로는, 일반적으로 이런 일은 불가능하다. 그러나 표준 통계모형과 인과관계(causation)로 표현된 통계적 상관을 고려하면 통계적 편향과 잘못된 연관성을 피하는 데 도움이 될 수 있다.

불공정성을 줄이기 위한 더 기술적이며 최종적인 방법은 모델의 내부를 들여다보며 모델이 공정하다는 점을 확인하는 것이다. 우리는 이미 마지막 장에서 대부분 데이터를 디버깅하고 과적합을 발견하기 위해 해석성(interpretability)을 검토했지만, 이제는 모델의 예측을 정당화하기 위해 다시 한번 살펴볼 것이다.

공정성을 보장하기 위한 모델 해석

우리는 8장 '프라이버시, 디버깅, 런칭'에서 모델을 해석할 가능성을 디버깅 방법으로 설명했다. 우리는 LIME을 사용해 모델이 과적합되게 하는 데 기여한 특징들을 찾아냈다.

이번 단원에서는 SHAP(SHapley Additive exPlanation, 샤플리 부가적 설명)라는 약간 더 정교한 방법을 사용한다. SHAP는 여러 가지 다양한 설명 방법을 하나의 깔끔한 방법으로 결합한다. 이 방법을 사용해 개별 예측 및 전체 데이터셋을 설명하는 내용을 생성함으로써 모델을 더 잘 이해할 수 있다.

깃허브(https://github.com/slundberg/shap)에서 SHAP를 찾아 pip install shap을 사용해 로컬로 설치할 수 있다. 캐글 커널에는 SHAP가 사전 설치되어 있다.

여기에 제공된 예제 코드는 SHAP 예제 노트북에서 가져온 것이다.

캐글에서 약간 확장된 노트북 버전을 찾을 수 있다(https://www.kaggle.com/jannesklaas/explaining-income-classification-with-keras).

SHAP는 일곱 가지 모델 해석 방법을 결합한다. 그 방법에는 (1) LIME, (2) 샤플리 표집 값(Shapley sampling values), (3) DeepLIFT, (4) 정량적 입력 영향력(quantitative input influence, QII), (5) 계층 단위 연관도 전파력(layer-wise relevance propagation), (6) 샤플리 회귀 값(Shapley regression values), (7) 두 가지 모듈이 있는 트리 해석기(tree interpreter)가 있으며, (7)의 두 모듈 중 한 가지는 모델 불가지론적인 KernelExplainer이고, 다른 한 가지는 XGBoost와 같은 트리 기반 방법에 특화된 TreeExplainer 모듈이다.

해석기들이 언제 어떤 식으로 사용되는지에 대한 수학은 SHAP 사용과 크게 관련이 없다. 간단히 말하자면, 어떤 함수 f(신경망을 거치며 표현된 것)와 예를 들어 어떤 데이터 점 x가 주어졌을 때, SHAP가 $f(x)$를 $f(z)$에 비교하는데, 여기서 $E[f(z)]$는 더 큰 표본에 대해 생성된 "예상된 정상 출력"이다. 그런 다음 SHAP는 작은 모델들(LIME과 유사한 모델들)을 만들어 $f(x)$와 $E[f(z)]$의 차이를 설명하는 특징들이 어떤 것인지를 살펴본다.

우리의 대출 사례에서 이는 어느 한 신청자 x와 많은 신청자에 대한 분포인 z를 갖는 것과 일치하며, 어째서 신청자 x에 대한 대출 가능성이 그 밖의 신청자들의 예상되는 확률인 z와 다른지를 설명하려고 애쓰는 것과 같다.

SHAP는 $f(x)$와 $p(y)$를 비교할 뿐 아니라 $f(x)$를 $E[f(z)|z_{1,2,\ldots} = x_{1,2,\ldots}]$와도 비교한다.

이는 일정하게 유지되는 어떤 특징들의 중요성을 비교함으로써 특징 간의 상호작용을 더 잘 추정할 수 있음을 의미한다.

특히 금융 세계에서는 단일 예측을 설명하는 것이 매우 중요할 수 있다. 여러분의 고객은 "왜 대출을 해주지 않나요?"라는 식으로 여러분에게 물어볼 수 있다. ECOA 법에 따르면 고객에게 유효한 이유를 제시해야 하며, 충분히 설명해 주지 않으면 여러분은 어려운 지경에 빠질 수 있다. 이번 예제에서 우리는 모델이 단일 결정을 내린 이유를 설명할 목적으로 다시 한번 더 소득 예측 데이터셋으로 작업하고 있다. 이 과정은 세 단계로 작동한다.

먼저, "정상 결과(normal outcome)"를 추정하기 위해 설명기(explainer)를 정의하고 예측 방법과 값 z를 제공해야 한다. 여기서 케라스의 예측 가능 특징들에 래퍼 f를 사용해 SHAP 작업을 훨씬 쉽게 수행할 수 있다. 우리는 z에 대한 값으로 데이터셋에 들어 있는 데이터 중에 100행만큼을 제공한다.

```
explainer = shap.KernelExplainer(f, X.iloc[:100,:])
```

다음으로, 단일 사례에서 서로 다른 특징들의 중요성을 나타내는 SHAP 값을 계산해야 한다. SHAP는 z에서 각 표본에 대해 500개의 순열을 만들어서 하나의 예를 다음과 비교하기 위해 총 5만 개의 사례를 갖게 한다.

```
shap_values = explainer.shap_values(X.iloc[350,:], nsamples=500)
```

마지막으로 SHAP의 자체 그리기 도구를 사용해 특징들의 영향을 그려낼 수 있다. 이번에 우리는 X가 아닌 X_display로부터 한 행을 제공한다. X_display는 척도를 구성하지 않은 값을 포함하며, 읽기 쉽게 플롯의 주석에만 사용된다.

```
shap.force_plot(explainer.expected_value, shap_values)
```

다음 그래프에서 코드 출력을 볼 수 있다.

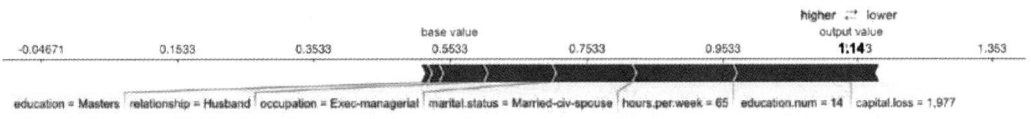

SHAP 그리기 도구를 통해 보는 특징들의 영향력

앞의 그림을 보면 모델의 예측이 전반적으로 합리적이다. 이 모델에 따르면 신청자는 석사 학위를 소지하고 있으면서 일주일에 65시간을 일하는 경영 관리자이기 때문에 높은 소득을 올릴 가능성이 높다. 신청자는 자본 손실이 아니라면 기대 수입 점수가 훨씬 높아질 수 있다. 마찬가지로, 모델은 고소득의 큰 요인인 결혼 여부를 따질 때 신청자가 결혼했다는 사실을 취한 것으로 보인다. 실제로, 우리의 예에서 결혼은 긴 근무 시간이나 직책보다 더 중요한 것 같다.

우리 모델에는 다른 신청자의 SHAP 값들을 계산해 그려봐야만 분명해지는 몇 가지 문제가 있다.

```
shap_values = explainer.shap_values(X.iloc[167,:], nsamples=500)
shap.force_plot(explainer.expected_value, shap_values)
```

이제 다음과 같은 그래프가 표시된다. 이것은 또한 우리가 겪은 몇 가지 문제를 보여준다.

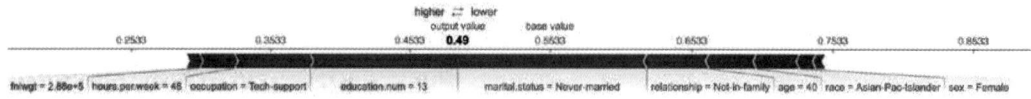

발생할 수 있는 몇 가지 문제를 보여주는 SHAP 값

이번 예제에서 모델은 신청자도 학력이 좋고 기술산업 분야에서 주당 48시간이나 근무하지만, 결혼도 하지 않고 가족도 없는 아시아태평양 지역에 있는 어떤 섬에 사는 여성이라는 이유로 고소득을 올릴 가능성을 훨씬 낮게 보고 있다. 이러한 이유로 대출을 거부하면 ECOA 법에 따라 소송이 제기될 수 있다.

우리가 방금 살펴본 두 가지 개별 사례는 모델의 결함으로 생긴 불행일 수 있다. 결혼을 지나치게 중시하는 어떤 이상한 조합에 의해 과적합되었기 때문일 수도 있다. 모델이 편향됐는지 여부를 조사하려면 우리는 다양한 예측을 조사해 보아야 한다. 다행스럽게도 SHAP 라이브러리에는 이를 수행할 수 있는 여러 도구가 있다.

우리는 여러 행에 대해 SHAP 값을 계산할 수 있다.

```
shap_values = explainer.shap_values(X.iloc[100:330,:], nsamples=500)
```

그러고 나서, 이러한 모든 값에 대해 힘을 가한 그림을 그릴 수 있다.

```
shap.force_plot(explainer.expected_value, shap_values)
```

이 코드는 SHAP 데이터셋 그래프를 생성하며 다음 그래픽에서 볼 수 있다.

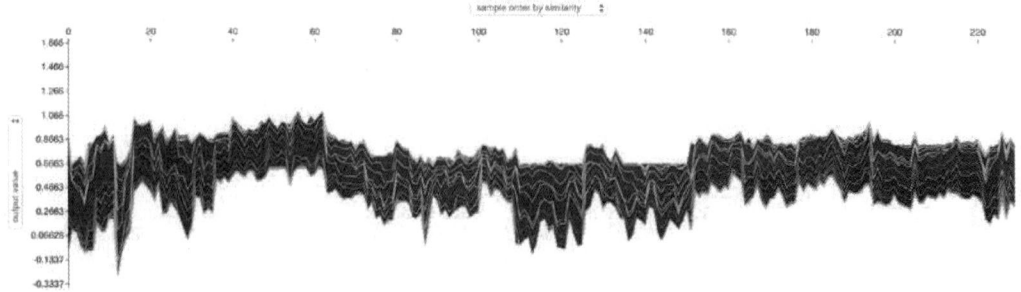

SHAP 데이터셋

앞의 그림은 데이터셋에 있는 230개 행을 보여주며, 각 행은 행에 중요한 각 특징의 힘을 이용해 유사도로 그룹화되어 있다. 여러분의 라이브 버전에서 그래프 위로 마우스를 움직이면 함수와 해당 값을 읽을 수 있다.

이 그래프를 살펴보면 모델이 고소득 또는 저소득자로 분류되는 사람들의 유형에 대한 아이디어를 얻을 수 있다. 예를 들어, 가장 왼쪽에는 교육 수준이 낮은 사람들이 청소부로 일하는 것을 볼 수 있다. 40에서 60 사이의 큰 빨간색 블록은 대부분 고등 교육을 받은 사람들이면서 오랜 시간을 일하는 사람들을 나타낸다.

혼인 상태의 영향을 자세히 조사하기 위해 y 축에 표시되는 SHAP를 변경할 수 있다. 결혼의 영향을 살펴보자.

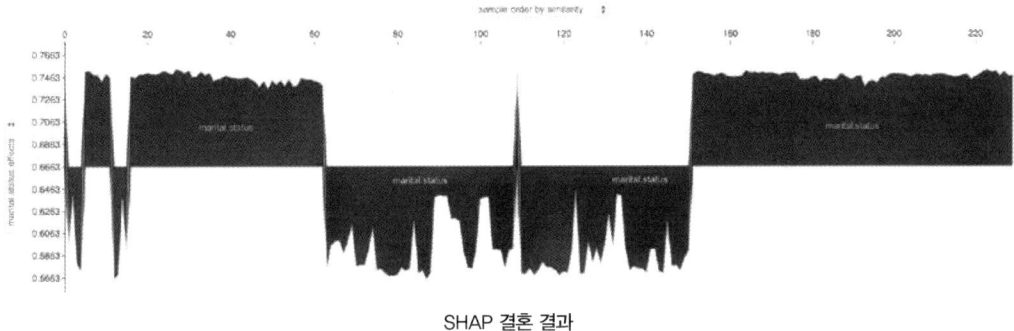

SHAP 결혼 결과

이 도표에서 볼 수 있듯이, 결혼 상태는 다른 그룹의 사람들에게 긍정적 영향이나 부정적인 영향을 끼친다. 차트 위로 마우스를 가져가면 긍정적인 영향이 모두 시민의 결혼에서 비롯되는 것을 알 수 있다.

요약 그림을 사용해 모델에 가장 중요한 함수를 확인할 수 있다.

```
shap.summary_plot(shap_values, X.iloc[100:330,:])
```

그런 다음에 이 코드는 최종 요약 플롯을 나타내는 그래프를 출력하며 그것을 다음에서 볼 수 있다.

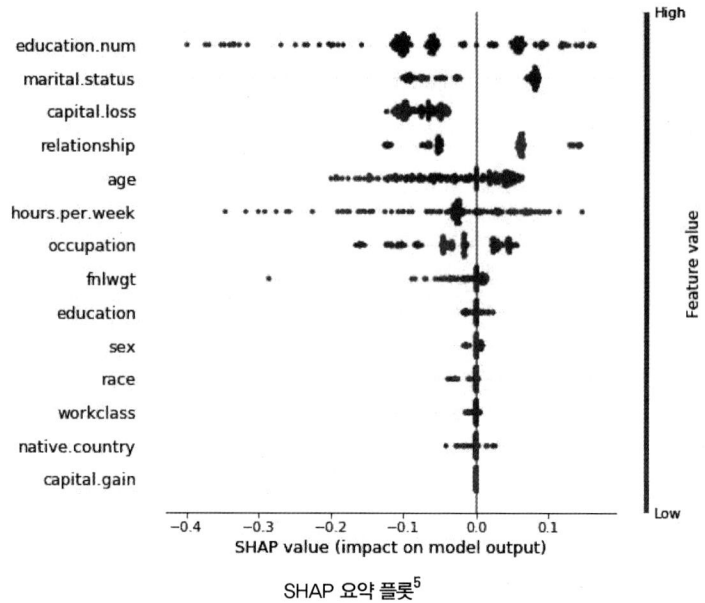

SHAP 요약 플롯[5]

보다시피, 교육 수준은 우리 모델에 가장 중요하고 광범위한 영향을 끼친다. 교육 수준이 낮으면 예측 수준이 낮아지고 교육 수준이 높으면 예측 수준이 높아진다. 결혼 여부는 두 번째로 중요한 예측 변수다. 흥미롭게도 자본손실은 모델에 중요하지만, 자본이득은 그렇지 않다.

결혼의 영향력에 대해 더 깊이 파고들기 위해 우리는 하나의 도구, 즉 의존도 플롯을 가지고 있다. 의존도는 SHAP가 높은 상호 작용을 의심하는 함수와 개별 함수의 SHAP 값을 보여줄 수 있다. 다음 코드를 사용하면 모델 예측에 대한 결혼의 영향력을 검사할 수 있다.

```
shap.dependence_plot("marital-status",
                    shap_values,
                    X.iloc[100:330,:],
                    display_features=X_display.iloc[100:330,:])
```

이 코드를 실행한 결과, 우리는 이제 다음 그래프에서 결혼 효과의 시각화된 표현을 볼 수 있다.

---

5 (옮긴이) SHAP value(impact on model output) → SHAP 값(모델 출력상이 영향), Feature value → 특징 값, High → 높음, Low → 낮음.

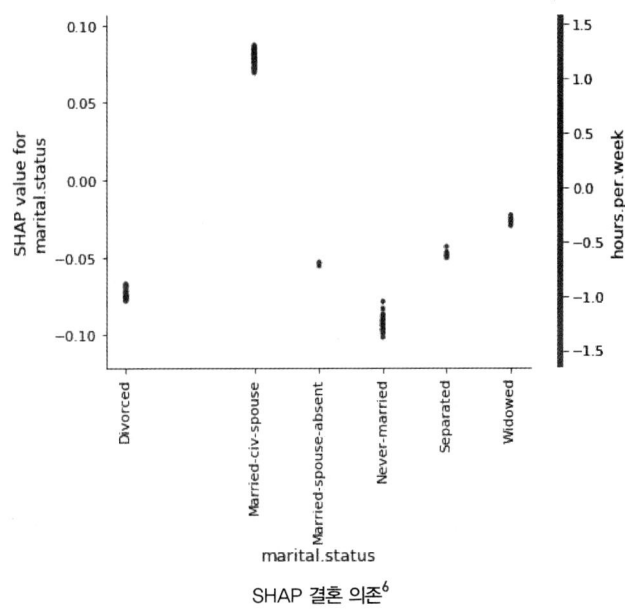

SHAP 결혼 의존[6]

보다시피, 군인과 결혼한 적이 없고 일반 시민과 한 결혼에 대한 인구 조사 코드인 Married-civ-spouse는 모델 결과에 긍정적인 영향을 끼친다. 한편, 다른 모든 형태의 제도는 약간 부정적 점수를 가지며, 특히 결혼한 적이 전혀 없는 경우는 더욱더 그렇다.

통계적으로, 부유한 사람들은 더 오래 결혼 생활을 하는 경향이 있고, 젊은 사람들은 결혼한 적이 없을 가능성이 더 높다. 우리의 모델은 결혼이 고소득과 밀접한 관련이 있지만, 결혼이 고소득을 초래하지 않기 때문에 정확하게 상관되어 있다. 모델이 정확한 상관을 형성하기는 했지만, 모델을 기반으로 의사 결정을 하는 것은 잘못된 것이다. 우리는 선택한 바를 바탕으로 특징들을 효과적으로 조작할 수 있기 때문이다. 우리는 더 이상 $p(y \mid x)$에만 관심을 두는 게 아니라 $p(y \mid do(p))$에도 관심을 둔다.

복잡계 실패로 인한 불공정성

이번 장에서 여러분은 머신러닝 모델이 공정성을 띠게 하기 위해 다양한 기술적 도구를 갖췄다. 그러나 아무것도 없는 상태에서는 모델이 작동하지 않는다. 모델은 복잡한 사회기술적 시스템 속에서 작동한다. 모델을 개발하고 관찰하며 데이터를 수집하고 모델 출력으로 수행할 작업에 대한 규칙을 만드는 사람들

---

6 (옮긴이) SHAP value for marital.status → marital.status(결혼 여부)에 대한 SHAP 값

이 있다. 데이터를 생성하거나 모델의 출력을 사용하는 기계들도 있다. 서로 다른 플레이어들이 서로 다른 방법으로 이러한 사회체계를 가지고 놀지도 모른다.

불공정성도 복잡하기는 마찬가지다. 우리는 불공정성·차별효과·차별대우라고 하는 것을 일반적으로 정의하는 일에 대해서는 이미 논의했다. 종종 복잡하고 비선형적인 방식으로 특징(연령, 성별, 인종, 국적, 소득 등)을 조합하는 과정에서 차별대우가 발생할 수 있다. 이번 단원에서는 복잡한 머신러닝 기반 시스템이 공정해지는 데 실패(failure)하는 방식을 살펴볼 텐데, 이에 대해서는 리처드 쿡(Richard Cook)의 1998년 논문인 *"How complex systems fail"*(https://web.mit.edu/2.75/resources/random/How%20Complex%20Systems20Fail.pdf)에서 다룬다. 우리가 살펴볼 측면은 모두 18가지인데, 그 중에 일부를 다음 단원에서 설명한다.

복잡계는 태생적으로 위태로운 시스템이다

시스템은 일반적으로 복잡해서 위태롭기 때문에[7] 많은 보호 장치가 만들어졌다. 금융 시스템은 위태로운 시스템이어서 이 시스템이 탈선한다면 경제를 파괴하거나 사람들의 삶을 망칠 수 있다. 따라서 많은 규정이 만들어졌으며 시장의 많은 업체가 시스템을 더 안전하게 만들기 위해 노력하고 있다.

금융 시스템은 매우 위태롭게 운영되기 때문에 불공정성에 대해서도 대비해 두는 것이 안전하다. 운 좋게도 시스템을 공정하게 유지하기 위한 여러 가지 안전장치가 있다. 당연히 이러한 보호 수단도 망가질 수는 있으며, 여러 가지 사소한 방식으로도 끊임없이 그렇게 되기도 한다.

실패가 거듭되면 재앙으로 이어진다

복잡계(complex system)에는 많은 보호 장치가 있기 때문에 단일 실패 요인만으로 재앙이 초래되지는 않는다. 그보다는 일반적으로 실패가 거듭될 때 재앙이 초래된다. 금융 위기들을 되돌아보면, 은행이 위험한 상품들을 만들어 냈음에도 규제 기관이 그러한 상품들을 막지 않았었다.

차별이 여기저기서 일어나고 있으므로 모델이 불공정성을 예측해야 할 뿐만 아니라, 직원들은 해당 모델을 맹목적으로 따라야 하며 비판이 억제되어야 한다. 반대로 생각해 보면, 모델을 고치기만 해서는 모든 불공정 방식을 기적처럼 막을 수는 없다. 공정성을 띤 모델일지라도 회사 내외부의 절차와 문화 때문에 차별을 유발할 수 있다.

---

7 (옮긴이) 원문을 직역하자면 '위태로워서 복잡하기 때문에'이지만, 우리말 어감에 맞춰 단어 위치를 서로 바꾸었다.

복잡계는 성능 저하 상태에서 돌아간다

대부분의 사고 보고서에는 '원형 사고(proto-accidents)'를 나열한 부분이 있는데, 원형 사고란 동일한 사고가 거의 일어날 뻔했지만, 일어나지는 않았던 과거 사례들을 말한다. 이 모델이 예전에는 별난 예측을 했을 수도 있지만, 예를 들어 인간 운영자가 끼어들어서 그런 것일 수도 있다.

복잡계에서는 재앙에 가까운 수준까지 거의 이어지게 하는 실패가 항상 발생한다는 점을 알아야 한다. 계(system)의 복잡성으로 인해 오류가 발생하기 쉽지만, 강력한 보호 장치를 두어 재앙에 대비하게 하면 시스템은 손상되지 않는다. 그러나 이러한 보호 행동이 실패하면 재앙이 곧 다가온다. 계가 순조롭게 작동하는 것처럼 보인다고 해도 너무 늦기 전에 원형 사고와 별난 행동을 확인하자.

인간 운영자가 사고를 유발하기도 하고 예방하기도 한다

일단 문제가 발생하면 종종 자신의 행동이 "필연적으로" 사고로 이어질 것이라는 점을 "알아야 할 의무가 있는" 인간 운영자가 비난을 받게 마련이다. 반면에, 사고가 발생하는 것을 막기 위해 마지막 순간에 개입하는 것도 대개는 인간이다. 직관적으로 생각해 보면, 한 인간의 한 가지 행동을 통해서 사고가 유발되기보다는 많은 인간의 많은 행동을 통해서 사고가 유발된다는 점을 알 수 있다. 모델이 공정성을 띠게 하려면 조직 전체가 공정성을 지키기 위해 노력해야 한다.

무사고 운영에는 실패 경험이 필요하다

공정성이란 면에서 보면 가장 큰 문제는 차별 기능이 있게 된 계를 계의 설계자들이 경험해 보지 못한 경우가 왕왕 있다는 점일 것이다. 따라서 다양한 집단에 속한 사람들을 통찰하는 과정이 개발 과정에 들어있게 해야 한다. 여러분의 계가 지속해서 실패를 일으킬 수 있으므로 더 큰 사건이 생기기 전에 이처럼 작은 실패로부터 배워나가는 방법을 파악해야 한다.

공정성을 띠는 모델을 개발하기 위한 점검표

앞서 나온 정보를 바탕으로 우리는 공정성을 띠는 모델을 만들 때 사용할 수 있는 짧은 점검 목록을 만들 수 있다. 각 점검 항목에 이어 여러 하위 점검 항목이 나온다.

모델 개발자의 목표는 무엇인가?

- 공정성이 명백한 목표인가?
- 모델의 평가 항목이 모델의 공정성을 반영하게 선택되었는가?
- 모델 개발자는 어떻게 승진하고 보상을 받는가?
- 모델이 업무 성과에 어떤 영향을 끼치는가?
- 모델이 개발자의 인구통계 정보에 반하여 차별을 하는가?
- 개발 조직은 얼마나 다양한가?
- 일이 잘못되면 누가 책임을 지는가?

데이터가 편향되었는가?

- 데이터는 어떻게 수집되었는가?
- 표본에 통계적인 허위진술(misrepresentations, 부실표기, 허위표기)이 있는가?
- 소수자에 대한 표본 크기가 적절한가?
- 민감한 변수가 포함되어 있는가?
- 민감한 변수를 데이터로부터 추론해 낼 수 있는가?
- 부분군(subgroups, 하위 집단)에 영향을 줄 수 있는 특징 간에 상호작용이 있는가?

오류가 편향되었는가?

- 여러 부분군에 대한 오류율(error rate)은 얼마인가?
- 간단한 규칙 기반 대안의 오류율은 얼마인가?
- 모델의 오류들이 다른 결과를 어떤 식으로 초래하는가?

피드백은 어떻게 통합되는가?

- 이의를 제기하거나 보고하는 과정이 있는가?
- 실수가 모델에 기인한 것일 수 있는가?

- 모델 개발자들은 모델의 예측에 대해 통찰력을 얻는가?
- 모델에 대해 감사를 진행할 수 있는가?
- 모델의 소스가 공개되는가?
- 사람들은 어떤 함수가 예측에 사용되는지를 알고 있는가?

모델이 해석될 수 있는가?

- 모델에 대한 해석이, 예를 들면 개별 결과들이, 적절한가?
- 해석한 내용을 그에 따른 영향을 받을 사람들이 이해할 수 있는가?
- 해석 결과를 통해 모델이 변경될 수 있는가?

모델을 배포한 후에 모델에 무슨 일이 벌어지는가?

- 배포된 모든 모델을 추적할 수 있는 중심 저장소가 있는가?
- 입력 내용에 대한 가정들이 지속해서 점검되는가?
- 정확도와 공정성 계량을 지속해서 살펴보는가?

연습문제

이번 장에서는 머신러닝의 공정성에 대한 기술적 고려 사항과 비기술적 고려 사항에 대해 많이 배웠다. 이번에 할 연습들이 이와 같은 주제를 더욱더 깊이 생각하는 데 도움이 될 것이다.

- 여러분이 소속된 조직을 생각해 보자. 공정성이 여러분이 속한 조직에 어떻게 통합되어 있는가? 무엇이 잘 작동하고 무엇을 개선할 수 있는가?
- 이 책에서 개발된 모델들을 다시 살펴보자. 모델들이 공정성을 띠는가? 공정성을 검정하는 방법은 무엇인가?
- 공정성은 대형 모델이 가질 수 있는 많은 복잡한 문제 중 하나일 뿐이다. 이번 장에서 논의된 도구로 해결할 수 있는 작업 영역에 속한 쟁점을 하나 생각해 볼 수 있겠는가?

요약

이번 장에서는 여러 측면에서 머신러닝의 공정성을 배웠다. 먼저, 공정성에 대한 법적 정의와 이러한 정의를 측정하는 정량적 방법에 대해 논의했다. 그러고 나서, 모델을 훈련해 공정성 기준을 충족하게 할 기술적 방법을 논의했다. 또한 인과적 모델에 대해서도 논의했다. 모델을 해석하고 모델에서 불공정성을 찾아내는 일에 크게 도움이 되는 도구인 SHAP를 배웠다. 마지막으로 공정성이 어떤 식으로 복잡계의 쟁점이 되는지와 복잡계를 관리하는 방법으로부터 얻은 교훈을 적용해 모델이 공정성을 띠게 하는 방법을 배웠다.

여기에 설명된 모든 단계를 따른다고 해서 모델이 공정성을 띠게 된다고 보장할 수는 없지만, 이러한 도구를 사용하면 공정성을 띤 모델을 만들 가능성이 크게 높아진다. 금융 모델은 큰 관심을 받는 환경에서 작동하므로 많은 규제 요건을 충족해야 한다. 그렇게 하는 데 여러분이 실패한다면 이로 인해 심각한 손실을 입을 수도 있다.

이 책의 다음 장이자 마지막 장에서 우리는 확률계획법과 베이즈 추론을 살펴볼 것이다.

10
베이즈 추론 및 확률계획법

수학이라는 공간은 큰 공간이지만, 인간은 지금까지 그 공간에 소량만을 그려서 표시해왔다. 우리가 건드려 보고 싶어 하는 수학 분야지만, 계산적으로 다루기 어려운 분야들이 있다.

뉴턴 물리학과 마찬가지로 다양한 정량적 금융은 우아해 보이는 분야지만, 지나치게 단순화된 모델들을 위주로 모델을 구축하게 된 주된 이유는 계산하기에는 이런 모델이 간단하기 때문이다. 수 세기 동안 수학자들은 수학이라고 하는 우주 속에서 연필 한 자루와 종이를 가지고 여행해 볼 수 있는 작은 길들을 찾아냈다. 그러나 현대적인 고성능 컴퓨터를 이용한 전산 처리 방식이 출현하면서 이 모든 것이 바뀌었다. 이와 같은 방식을 통해 우리는 수학이라는 우주에서 더 넓은 공간을 탐험할 수 있게 되었고 더 정확한 모델을 획득할 수 있는 능력을 갖게 되었다.

이 책의 마지막 장인 이번 장에서 여러분은 다음과 같은 내용을 익히게 될 것이다.

- 실험을 통한 베이즈 공식 도출
- 마르코프 연쇄 몬테칼로(Markov chain Monte Carlo) 작업이 이뤄지는 방식과 그 이유
- PyMC3를 사용해 베이즈 추론(Bayesian inference) 및 확률계획법(probabilistic programming)[1]을 수행하는 방법
- 확률적 변동성(stochastic volatility) 모델에 다양한 방법을 적용하는 방법

---

1 (옮긴이) 확률계획법을 영어로는 stochastic programming이라고도 한다. 수리계획법(수학적 최적화 기법)과 더불어 경영과학(OR, operations research)의 주요한 기법 중 하나이다. 경영과학이나 계량경제학에 익숙치 않은 혹은 이것을 '확률적 프로그래밍'이라든가 '확률론적 프로그래밍'이라고 부르기도 하는데, 적절하지 못한 표현으로 보인다. 확률계획법은 컴퓨터 프로그램 작성과 무관한 일종의 통계 기법 또는 경영과학 기법이기 때문이다. 다만 이 확률계획법을 구현하는 프로그래밍 방법을 확률적 프로그래밍이라고 부를 수도 있기는 하겠지만, 이런 경우에도 차라리 '확률계획법 프로그래밍'이라고 부르는 게 정확할 것이다. 이는 경영과학 기법 중 하나이자 강화학습 기반 인공지능 구현 기법의 근간이 되는 동적계획법(dynamic programming)을 혹자는 '동적 프로그래밍'이라고 잘못 부르는 경우 같은 오류인 것이다. 다만, 여기서 주의해야 할 점은 확률론적 프로그래밍 언어라는 게 있다는 점이다. 이러한 프로그래밍 언어를 사용해 프로그래밍하는 행위는 확률적 프로그래밍이라고 불러야 마땅하다. 결론적으로, 확률계획법과 확률적 프로그래밍은 그 개념이 다른데, 확률계획법을 확률적 프로그래밍으로 오해하는 경우가 있으니, 주의하자는 말이다. 그리고 이 책에 나오는 내용은 확률계획법에 관한 것이라는 점이다. 확률계획법을 '확률적 계획법'이나 '확률론적 계획법'이라고도 부른다.

이 책의 내용은 대부분 금융업과 관련된 딥러닝을 알아보고 그것을 금융업에 적용하는 일을 다루는 데 할애되었다. 우리가 목격한 바와 같이, 딥러닝은 현대적인 전산(computing) 능력을 통해 실용화되었지만, 이처럼 큰 발전으로 혜택을 얻는 기술이 딥러닝만 있는 것은 아니다.

베이즈 추론과 확률계획법은 모두 전산 처리 능력이 커지면서 발전하고 있는 두 가지 기술이다. 언론 기관들은 이 분야의 발전 상황을 딥러닝보다 훨씬 적게 보도했지만, 금융 전문가에게는 이런 발전이 더 유용할 수 있다.

베이즈 모델들은 해석 가능하며 불확실성을 자연스럽게 표현할 수 있다. 그것들은 "블랙박스" 같은 면이 덜하며 대신 모형개발자(modeler)의 가정을 더 명시적으로 만든다.

베이즈 추론에 대한 직관적인 안내

시작하기 전에 다음 코드를 실행해 넘파이(numpy)와 맷플롯립(matplotlib)을 가져와야 한다.

```
import numpy as np
import matplotlib.pyplot as plt
% matplotlib inline
```

이번 예제는 2015년도에 출판된 책인 *"Bayesian Methods for Hackers: Probabilistic Programming and Bayesian Inference"*에 나온 것 중 한 가지와 비슷하며, 이 책은 캐머런 데이비슨-필런(Cameron Davidson-Pilon)이 저술했다. 그러나 우리의 경우에 이 책의 내용을 금융 분야에 맞춰 다시 작성함으로써 코드를 보고 수학적 개념을 직관적으로 알 수 있게 했다.

 http://camdavidsonpilon.github.io/Probabilistic-Programming-and-Bayesian-Methods-for-Hackers/ 에서 예제를 볼 수 있다.

1달러를 지급받거나 아무것도 지급받지 못하는 증권이 여러분에게 있다고 상상해 보자. 이에 대한 청산은 2단계 과정에 달려 있다. 50%의 확률에 맞춰 무작위로 청산이 이루어지므로 50%의 확률로 1달러를 받거나 50%의 확률로 아무것도 받지 못할 수 있다. 돈을 받을 확률 50%는 **진정 청산 확률(true payoff probability, TPP)**인 x다.

이러한 청산 체계(payoff scheme, 만기 손익 구조)가 다음 그림에 표시되어 있다.

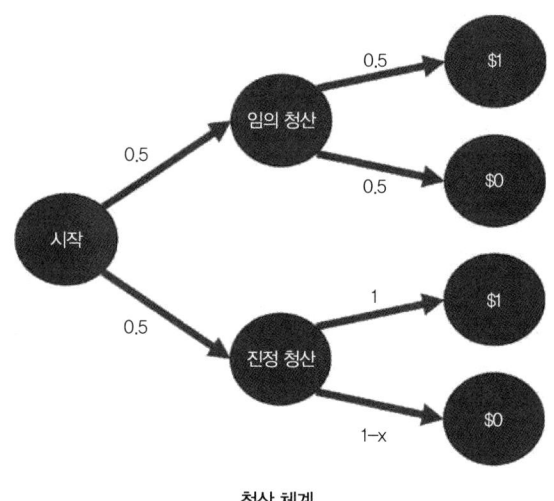

청산 체계

여러분은 거래 전략에 정보를 제공할 것이기 때문에 실제 청산 비율이 무엇인지 알아내고자 한다. 우리의 경우에, 여러분의 상급자는 100단위의 증권을 구입할 수 있다. 여러분은 100개 증권 중 54개에 1달러를 지불한다.

그렇다면 실제 TPP는 무엇인가? 이번 경우에는 가장 가능성이 높은 TPP를 계산하는 분석 솔루션이 있지만, 더 복잡한 경우에도 작동하는 계산 방법을 사용한다.

다음 단원에서는 증권 청산 과정을 시뮬레이션한다.

평탄 사전분포

변수 x는 TPP를 나타낸다. 우리는 임의로 100개의 진릿값을 표본추출하는데, 이때 진정 청산 방식으로 달러를 받았다면 1로 하고 그렇지 않으면 0으로 한다. 또한 앞의 체계에서 시작(Start) 및 임의 청산(Random Payoff) 시점에서 두 가지 임의 선택을 표본추출한다. 모든 실험에서 무작위 결과를 필요로 하는 것은 아니지만, 한 번에 표본을 추출하는 편이 계산상 더 효율적이다.

마지막으로, 시뮬레이션에서 청산에 따른 지분을 얻기 위해 청산을 합산하고 시뮬레이션에 쓰인 증권 수로 나눈다.

다음 코드는 하나의 시뮬레이션을 실행한다. 하지만 우리의 증권 구조에서 어떤 식의 계산이 뒤따르는지를 확실히 이해해야 한다.

```
def run_sim(x):
    truth = np.random.uniform(size=100) < x
    first_random = np.random.randint(2,size=100)
    second_random = np.random.randint(2,size=100)
    res = np.sum(first_random * truth + (1-first_random) * second_random) / 100
    return res
```

다음으로 우리는 가능한 한 많은 TPP를 시험 삼아 써보고 싶다. 우리의 경우, 후보 TPP를 표본추출하고 후보 확률로 시뮬레이션을 실행한다. 시뮬레이션이 우리가 실제 생활에서 관찰한 것과 동일한 청산 내용을 출력한다면 우리의 후보는 진짜 확률이다.

다음 표본추출 방법은 진짜 확률을 반환하거나 시험 삼아 써 본 후보가 적절한 게 아니라면 None을 반환한다.

```
def sample(data = 0.54):
    x = np.random.uniform()
    if run_sim(x) == data:
        return x
```

가능한 한 많은 TPP를 표본추출해야 하므로 이 과정에 필요한 속도를 높이는 것이 당연하다. 이를 위해 JobLib이라는 라이브러리를 사용하면 병렬 실행에 도움이 된다.

 JobLib는 캐글 커널에 사전 설치되어 있다. 자세한 내용을 알고 싶다면 https://joblib.readthedocs.io/en/latest/ 를 방문하자.

이렇게 하려면 병렬로 루프를 실행하는 데 도움이 되는 Parallel 클래스와 병렬 루프 내에서 순서대로 함수를 실행하는 데 도움이 되는 delayed 메서드를 가져와야 한다. 우리는 다음 코드를 실행해 가져올 수 있다.

```
from JobLib import Parallel, delayed
```

세부 사항은 이번 예제와 관련이 없지만, Parallel(n_jobs = -1) 메서드는 머신에 CPU가 있는 수만큼 병렬 실행으로 작업을 실행한다. 예를 들어, delayed(sample) () for i in range(100000)는 예시용 메서드를 10만 번 실행한다.

우리는 파이썬 목록 t를 얻고 t를 넘파이 배열로 바꾼다. 다음 코드에서 볼 수 있듯이 배열의 약 98%는 None 값이다. 즉, 표집기(sampler)가 x에 대해 시도한 값의 98%가 우리의 데이터와 일치하는 결과를 산출하지 못했다는 것을 의미한다.

```
t = Parallel(n_jobs=-1) (delayed(sample) () for i in range(100000))
t = np.array(t,dtype=float)
share = np.sum(np.isnan(t))/len(t)*100
print(f'{share:.2f}% are throwaways')
```

98.01% are throwaways[2]

따라서 우리는 이제 모든 None 값을 버리고 x에 대해 가능한 값만 남겨 둔다.

```
t_flat = t[~np.isnan(t)]
plt.hist(t_flat, bins=30,density=True)
plt.title('Distribution of possible TPPs')
plt.xlim(0,1);
```

이 코드를 실행하면 다음과 같은 결과가 나타난다.

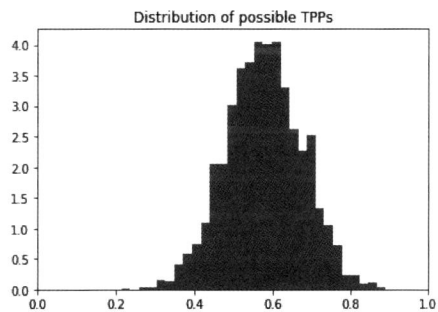

우리의 단순한 표집기(naïve sampler)가 찾은 있음직한 실제 청산 확률의 분포[3]

보다시피, 있음직한 TPP의 **분포(distribution)**가 있다. 이 그래프가 우리에게 보여준 것은 가장 가능성 있는 TPP가 약 50%에서 60% 사이라는 점이다. 다른 값일 수도 있겠지만, 그럴 가능성은 적다.

---

2 (옮긴이) 98.01% are throwaways → 98.1%는 폐기대상이다.
3 (옮긴이) Distribution of possible TPPs → 있음직한 TPP들의 분포.

방금 본 것은 베이즈 방법의 큰 장점 중 하나다. 모든 추정값은 분포로 제공되며, 이를 통해 신뢰구간(confidence intervals), 즉 신용구간(credibility intervals)을 계산할 수 있다.

이를 통해 우리가 사물에 대해 얼마나 확신하고 있는지, 그리고 우리의 모델에서 그 밖의 값 파라미터들이 가질 수 있는지에 대해 더 정밀하게 살필 수 있다. 모델이 내놓는 결과에 따라 투자하는 금융 애플리케이션을 수백만 명이 사용하기 때문에 금융에 대한 우리의 관심과 관련해 이러한 불확실성을 정량화하는 것이 아주 유익하다.

50% 이하 사전분포

이 시점에서 여러분은 여러분이 거래에 이용하는 증권에 관해서는 전문가인 상사에게 여러분의 결과를 보고할 수 있다. 여러분의 상사는 당신의 분석을 보고 "TPP는 0.5를 넘을 수 없다"고 말하며 고개를 젓는다. 그는 "기초를 이루는 사업에서 그 이상을 수행하는 것은 물리적으로 불가능하다"는 식으로 설명한다.

그렇다면 어떻게 이 사실을 시뮬레이션 분석에 통합할 수 있을까? 간단한 해결책은 후보 TPP를 0에서 0.5까지만 시험해 보는 것이다. x의 후보 값을 표본추출하는 공간을 제한하기만 하면 된다. 다음 코드를 실행해 얻을 수 있다.

```
def sample(data = 0.54):
x = np.random.uniform(low=0,high=0.5)
if run_sim(x) == data:
    return x
```

이제 이전과 동일하게 시뮬레이션을 실행할 수 있다.

```
t = Parallel(n_jobs=-1) (delayed(sample) () for i in range(100000))
t = np.array(t,dtype=float)
# 선택사항
share = np.sum(np.isnan(t))/len(t)*100
print(f'{share:.2f}% are throwaways')
```

99.10% are throwaways

```
t_cut = t[~np.isnan(t)]
plt.hist(t_cut, bins=15,density=True)
```

```
plt.title('Distribution of possible TPPs')
plt.xlim(0,1);
```

이전과 마찬가지로 다음과 같은 결과를 얻을 수 있다.

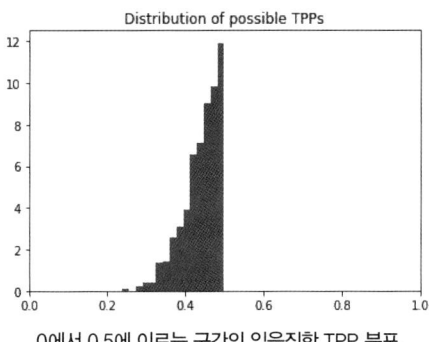

0에서 0.5에 이르는 구간의 있음직한 TPP 분포

사전분포와 사후분포

시행할 값으로 무엇을 선택하느냐가 시뮬레이션 분석 결과에 영향을 미쳤을 뿐만 아니라, x의 있음직한 값에 대한 여러분의 믿음이 반영되었다.

먼저, 여러분은 데이터를 하나라도 보기 전에 0~100% 사이의 모든 TPP가 '같은 확률로'(equally likely) 존재할 것이라고 믿었다. 값의 분포가 모든 값에 대해 동일하고, 따라서 획일적이기 때문에 이를 평탄 사전분포(flat prior, 편편 사전분포, 편평 사전분포)라고 한다.[4] 두 번째로, 여러분은 TPP가 50% 미만이어야 한다고 믿었다.

데이터를 하나라도 보기 전에 x에 대한 믿음을 나타내는 분포를 사전분포 $P(TPP)$라고 부르며, 그냥 사전(prior)이라고도 부른다.[5] 시뮬레이션에서 얻은 x의 있음직한 값의 분포, 즉 데이터 D를 본 후의 것을 사후분포 $P(TPP|D)$라고 부르며, 그냥 사후(posterior)라고 부르기도 한다.

다음 그림은 첫 번째 및 두 번째 어림(rounds, 어림짐작)으로 나온 사전분포 및 사후분포로부터 추출한 표본들을 보여준다. 첫 번째 그림은 flat(평탄) 사후분포를 이용한 결과를 보여준다.

---

4 (옮긴이) flat이라는 말의 적절한 번역어가 아직 없어 보여서 수학 용어에서 차용했다. 이는 옮긴이가 다른 책을 번역할 때 flatten(평탄하게 하다), flattening(평탄화) 등의 번역어와도 일치하게 하려는 이유도 있다. 또한 신경망 등에는 flatten layer(평탄화 계층)가 나오는데, 이 계층에 나오는 확률분포 공간의 성질 또한 여기서 말하는 분포의 성질과 비슷하다는 면도 고려했다.

5 (옮긴이) prior를 '사전'이라고만 우리말로 부르게 되면 문장 속에서 융화되기 어렵다. 이에 옮긴이는 줄임말을 쓰기보다는, prior만 나오는 경우라도 원래 뜻인 '사전분포'로 번역하고 posterior만 나오는 경우에도 원래 뜻인 '사후분포'로 번역했다.

```
flat_prior = np.random.uniform(size=1000000)
plt.hist(flat_prior,bins=10,density=True, label='Prior')
plt.hist(t_flat, bins=30,density=True, label='Posterior')
plt.title('Distribution of $x$ with no assumptions')
plt.legend()
plt.xlim(0,1);
```

이 코드는 다음과 같은 차트가 산출한다.

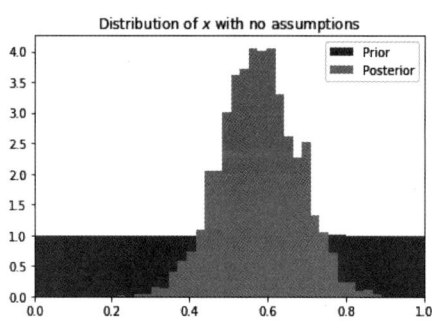

평탄 사전분포를 사용한 표집기의 결과[6]

다음 그림은 50% 이하인 사전분포에 대한 표집기의 출력을 보여준다.

```
cut_prior = np.random.uniform(low=0,high=0.5,size=1000000)
plt.hist(cut_prior,bins=10,density=True, label='Prior')
plt.hist(t_cut, bins=15,density=True, label='Posterior')
plt.title('Distribution of $x$ assuming TPP <50%')
plt.legend()
plt.xlim(0,1);
```

여전히 동일한 표집기지만, 결과가 상당히 다르다는 것을 알 수 있다.

---

[6] (옮긴이) Distribution of x with no assumtions → 가정이 없는 x의 분포, Prior → 사전분포, Posterior → 사후분포

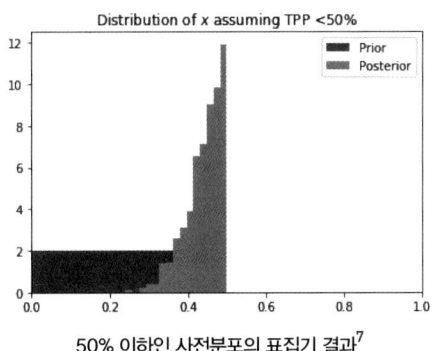

50% 이하인 사전분포의 표집기 결과[7]

무엇인가 이상한 점을 발견하지 않았는가? 두 번째 어림 시의 사후분포 값은 첫 번째 어림 시의 사후분포 값과 대략 동일하지만, 여기서는 0.5로 절사된다.[8] 이는 이전의 두 번째 어림값이 0.5 이상이면 0이고 그렇지 않으면 1이기 때문이다.

데이터와 일치하는 시뮬레이션 결과만을 유지함에 따라 히스토그램에 표시된 유지 시뮬레이션 결과의 수는 주어진 TPP, C, $P(D|TPP)$에 대해 관측된 데이터 D를 산출하는 시뮬레이션을 실행할 확률을 반영한다.

시뮬레이션을 통해 얻은 사후분포인 $P(C|D)$는 주어진 TPP인 $P(D|TPP)$에 $P(TPP)$를 곱한 만큼 시행할 때 데이터를 관찰할 확률과 같다.

수학적으로 이것은 다음과 같이 표현된다.

$$P(TPP|D) = P(D|TPP)P(TPP)$$

직접 대면 회의 등을 통해 데이터를 자연스럽게 얻을 때 우리는 데이터 수집 방법에 있을 수도 있는 편향을 계산에 넣어야 한다. 대부분의 경우에는 이 점을 걱정하지 않고 그냥 무시해 버리면 되지만, 때로는 측정값이 특정 결과를 증폭시킬 수 있다.

이를 완화하기 위해 우리는 데이터 분포 $P(D)$로 나누어 우리의 사후분포 공식에 대한 최종 추가 사항인 다음 공식에 도달할 것이다.

---

[7] (옮긴이) Distribution of x assuming TPP <50% → TPP <50%라는 가정을 할 때의 x의 분포.
[8] (옮긴이) 즉, '0.5에 맞춰 버림한다'는 뜻이다.

$$P(TPP|D) = \frac{P(D|TPP)P(TPP)}{P(D)}$$

보다시피, 이것이 베이즈 공식(Bayes formula)이다! 시뮬레이션을 실행할 때 우리는 사후분포로부터 표본을 추출한다. 그렇다면 왜 베이즈 공식을 사용해 사후분포를 계산할 수 없는가? 간단히 대답하자면 $P(D|TPP)$를 평가하려면 TPP에 대한 통합이 필요하기 때문에 난해하다. 대안이라는 측면에서 보면, 우리의 시뮬레이션 방법은 간단하고 편리한 해결 방법이다.

1차 어림 사전분포(모든 TPP는 같은 확률로 존재)는 값의 분포에 대해 가정하지 않기 때문에 "평탄 사전분포(flat prior)"라고 부른다. 이번 경우에, 베이즈 사후분포는 최우추정량(maximum likelihood estimate, 최대 우도 추정량, 최대 가능도 추정량)과 같다.

마르코프 연쇄 몬테칼로

이전에 나온 단원에서 우리는 사전분포에서 표본을 무작위로 추출한 다음에 추출한 값들을 시행해 봄으로써 사후분포를 근사했다. 이러한 종류의 무작위 시행은 모델에 TPP와 같은 파라미터가 하나만 있어도 제대로 작동한다. 하지만 모델이 복잡해질수록 더 많은 파라미터를 추가해야 하는데, 이렇게 하면 임의탐색(random search) 방법이 더욱더 느려질 것이다.

결국, 우리의 데이터를 생성할 가능성이 없는 파라미터 조합이 너무 많을 것이기 때문이다. 따라서 우리는 더 높은 사후확률을 지닌 탐색 및 표본추출 파라미터를 더 자주 유도해내야 할 것이다.

이런 식으로 유도하기는 하지만 여전히 임의성을 띤 표본추출(sampling, 표집, 추출) 방식을 "마르코프 연쇄 몬테칼로 알고리즘"이라고 한다. "몬테칼로" 성분은 임의성(randomness, 확률성)과 시뮬레이션이 관련됨을 의미하고 "마르코프 연쇄"는 우리가 특정 확률 하에서 파라미터 공간(parameter space, 매개변수 공간, 모수 공간) 위로 움직인다는 것을 의미한다.

이번 단원에서 다루는 특정 알고리즘에서 우리는 파라미터 값의 사후분포 비에 해당하는 확률 한 가지를 지닌 다른 파라미터 값으로 이동할 것이다. 여기서 우리는 파라미터 값의 사후확률로 이동할 생각이다.

확률이 1보다 클 수는 없으므로 우리는 비를 1로 제한하지만, 알고리즘에는 그다지 중요하지 않은 수학적 유한이다.

다음 도표는 마르코프 연쇄 몬테칼로 알고리즘의 기본 작동을 보여준다.

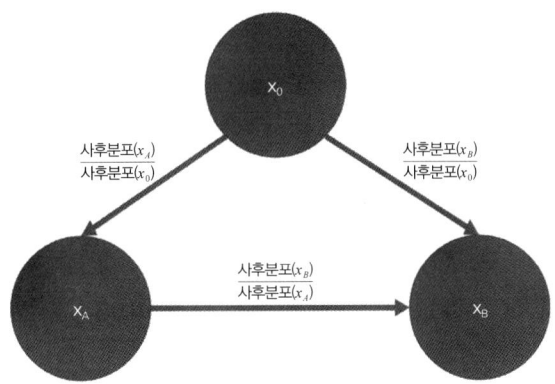

마르코프 연쇄 몬테칼로 알고리즘

이미지가 보여주는 것은 우리가 임의로 다른 파라미터 값으로 넘어가는 "임의보행(random walk, 멋대로 걷기, 랜덤워크, 무작정 걷기)"에 있다는 것이다. 그러나 우리는 전적으로 임의로 이동하는 것이 아니고, 그 대신에 사후확률들이 높은 파라미터값을 선호한다.

이 알고리즘을 실행하려면 다음 네 가지를 수행해야 한다.

1. 우리의 현재 파라미터인 x로부터 새로운 파라미터 값인 x_{cand}를 제안한다.
2. x_{cand}, $\pi(x_{cand})$에 대한 규칙의 사후확률을 추정하자. 우리는 베이즈를 사용할 수 있다.
3. 새로운 파라미터 값인 x_{cand}로 이동하는 확률 α를 계산하자(확률은 1보다 작아야 함을 기억하자).

$$\alpha = \min\left[1, \frac{\pi(x_{cand})}{\pi(x)}\right]$$

4. 확률 α를 사용해 새 파라미터값으로 이동한다.

다음 단계는 이러한 성분을 단계별로 작성하는 것이다.

```
# 첫 부분으로부터 반복되는 부분
def run_sim(x):
    truth = np.random.uniform(size=100) < x
    first_random = np.random.randint(2,size=100)
```

```
        second_random = np.random.randint(2,size=100)
        res = np.sum(first_random*truth + (1-first_random) * second_random) / 100
        return res


# 첫 부분으로부터 반복되는 부분
def sample(x,data = 0.54):
    if run_sim(x) == data:
        return x
```

먼저 우리는 새로운 X_c를 제안한다. 우리가 맹목적인 임의탐색을 바라기보다는 더 세련된 임의보행을 바라므로 이것은 x의 이전 값에 의존해야 한다. 이번 경우에서 우리는 평균이 x이고 표준편차가 0.1인 정규분포에서 x_{cand}를 표본추출한다.

x_{cand}가 x와 관련이 있는 한 그 밖의 분포나 그 밖의 표준편차에 맞춰 표본을 추출할 수도 있다.

```
def propose(x):
    return np.random.randn() * 0.1 + x
```

첫 번째 단원에서 우리는 사전분포로부터 표본을 추출한 다음에 시뮬레이션을 실행함으로써 사후분포로부터 표본을 직접 추출했다. 이제 우리가 제안한 방법을 통해 표본을 추출하므로 우리는 더 이상 사후분포로부터 직접 표본을 추출하지 않는다. 따라서 사후확률을 계산하기 위해 우리는 베이즈 규칙을 사용할 것이다.

우리가 편향된 측정치들을 가정하지 않기 때문에 보통 $P(D)$로 나눌 이유가 없다는 점을 기억하자. 베이즈 규칙은 $P(TPP|D) = P(D|TPP)P(C)$로 단순화되며, 여기서 $P(TPP|D)$는 사후분포이고 $P(TPP)$는 사전분포이며 $P(D|TPP)$는 우도(likelihood, 가능도)다. 따라서 파라미터 값에 대한 우도를 추정하기 위해 x를 사용하여 여러 시뮬레이션을 실행한다.

우도는 데이터와 일치하는 시뮬레이션의 몫이다.

```
def likelihood(x):
    t = Parallel(n_jobs=-1) (delayed(sample) (x) for i in range(10000))
    t = np.array(t,dtype=float)
    return (1 - np.sum(np.isnan(t))/len(t))
```

입문자를 위해 우리는 우선 평탄 사전분포를 다시 사용할 것이다. 각 TPP는 같은 확률로 존재한다.

```
def prior(x):
    return 1 #Flat prior
```

파리미터 값의 사후확률인 x는 사전분포에 우도를 곱한 값이다.

```
def posterior(x):
    return likelihood(x) * prior(x)
```

이제 모든 것을 메트로폴리스-헤이스팅스 마르코프 연쇄 몬테칼로(Metropolis-Hastings MCMC) 알고리즘에 통합할 준비가 되었다!

먼저 x의 초깃값을 설정해야 한다. 알고리즘이 가능성 있는 값들을 빠르게 찾아내게 하려면 최대 우도 값이나 우리가 희미하게나마 가능성 있게 보는 일부 추정량으로 알고리즘을 초기화하는 것이 합리적이다. 우리는 또한 이 초깃값의 사후확률을 계산해야 하며, 다음 코드를 실행해 수행할 수 있다.

```
x = 0.5
pi_x = posterior(x)
```

마찬가지로 우리는 어떤 궤적을 따라 표본으로 추출된 모든 값을 추적해야 한다. 온전히 전시만 한다는 목적에 맞게 우리는 또한 사후확률을 추적할 것이다. 이를 위해 다음 코드를 실행한다.

```
trace = [x]
pi_trace = [pi_x]
```

이제 우리는 메인 루프를 살펴볼 차례다. 그러나 이렇게 하기 전에 알고리즘은 다음 네 단계로 구성된다는 점을 이해해야 한다.

1. 새로운 후보 x_{cand}를 제안한다.
2. $\pi(x_{cand})$의 사후확률을 계산한다.
3. 채택확률(acceptance probability)을 계산한다.

$$\alpha = \min\left[1, \frac{\pi(x_{cand})}{\pi(x)}\right]$$

4. x를 X_C와 확률 α로 설정한다.

```
for i in range(1000): # 메인 루프

    x_cand = propose(x)

    pi_x_cand = posterior(x_cand)

    alpha = np.min([1,pi_x_cand/(pi_x + 0.00001)]) # 몫을 저장한다

    u = np.random.uniform()

    (x, pi_x) = (x_cand,pi_x_cand) if u<alpha else (x,pi_x)

    trace.append(x)
    pi_trace.append(pi_x)

    if i % 10 == 0:
        print(f'Epoch {i}, X = {x:.2f}, pi = {pi_x:.2f}')
```

```
Epoch 0, X = 0.50, pi = 0.00
Epoch 10, X = 0.46, pi = 0.04...
Epoch 990, X = 0.50, pi = 0.06g
```

이 알고리즘을 여러 에포크에 걸쳐 실행한 후에 우리는 있음직한 사기꾼의 몫들을 청산하는 분배를 마치게 된다. 이전과 마찬가지로 다음 코드를 실행해 이를 시각화할 수 있다.

```
plt.hist(trace,bins=30)
plt.title('Metropolis Hastings Outcome')
plt.xlim(0,1);
```

이 코드를 실행하면 출력으로 그래프가 나타난다.

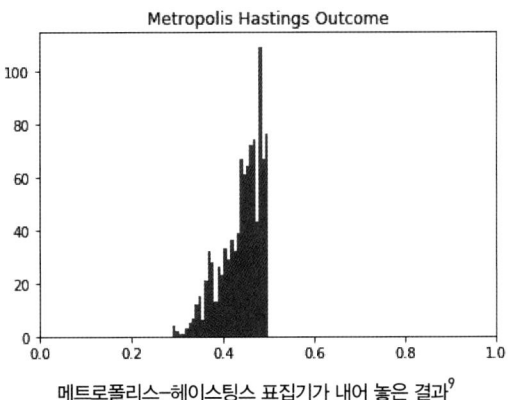

메트로폴리스-헤이스팅스 표집기가 내어 놓은 결과[9]

시간에 따른 궤적을 보면 알고리즘이 임의로 이동하지만, 가능도가 높은 값을 중심으로 이동하는 방식을 보여준다.

```
plt.plot(trace)
plt.title('MH Trace');
```

그러고 나서 우리는 메트로폴리스-헤이스팅스 표집기(Metropolis-Hastings)의 궤적을 보여주는 차트 꼴로 결과를 얻을 수 있다.

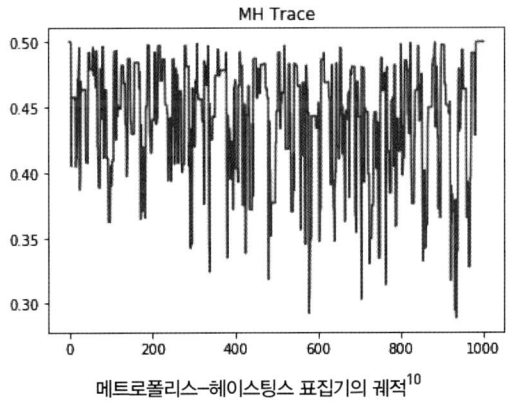

메트로폴리스-헤이스팅스 표집기의 궤적[10]

이해를 돕기 위해 시험 삼아 써 본 값에 대한 사후확률을 그릴 수 있다.

---

9 (옮긴이) Metropolis Hastings Outcome → 메트로폴리스-헤이스팅스 산출 내용.
10 (옮긴이) MH Trace → MH 궤적

```
plt.scatter(x=trace,y=pi_trace)
plt.xlabel('Proposed X')
plt.ylabel('Posterior Probability')
plt.title('X vs Pi');
```

코드를 성공적으로 실행하면 다음 차트가 출력으로 표시된다.

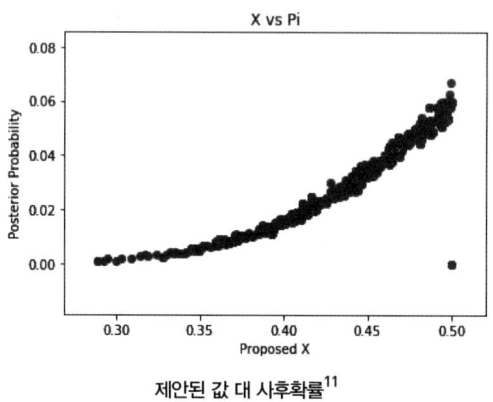

제안된 값 대 사후확률[11]

메트로폴리스-헤이스팅스 MCMC

PyMC3의 강력함과 유연성을 보여주기 위해 고전적인 계량 경제학 작업에 PyMC3을 사용하지만, 우리는 이것에 베이즈를 얹을 것이다.

 이번에 나오는 예제는 PyMC3 설명서에 나온 예제를 그대로 채택한 것이다(https://docs.pymc.io/notebooks/stochastic_volatility.html). 이것은 호프만(Hoffman)이 2011년에 발표한 논문인 "No-U-Turn Sampler"에 나온 예제를 채택한 것으로, 이 논문을 https://arxiv.org/abs/1111.4246에서 볼 수 있다.

주가 및 그 밖의 금융 자산 가격은 변동하는데, 이 중에서도 일일 수익률의 변동을 변동성(volatility)이라고 한다. 변동성은 일반적으로 사용되는 리스크(risk, 위험) 척도이므로 정확하게 측정해야 한다.

여기에서 쉬운 해결책은 시간대를 되돌려 보았을 때의 수익에 대한 분산을 계산하는 것이다. 그러나 실제 변동성에 대한 불확실성을 표현하면 이점이 있다. 앞에서 살펴본 청산 사례와 유사하게 실현된 값을 도출하는 "실제" 값들의 분포가 있다. 관측된 변동성이 실현된 표본으로부터 있음직한 변동성 값들의 분포가 있기 때문에 이것을 "확률적 변동성(stochastic volatility)"이라고도 한다.

---

11 (옮긴이) Posterior Probability → 사후확률, X vs Pi → X 대 Pi, Proposed X → 제안된 X.

이번 경우에 우리는 미국 주식 시장 지수인 S&P 500의 확률적 변동성 모델을 구축하는 데 관심이 있다. 이를 위해서는 먼저 데이터를 적재해야 한다. 야후 파이낸스(Yahoo Finance)에서 직접 내려받거나 캐글(https://www.kaggle.com/crescenzo/sp500)에서 찾을 수 있다.

데이터를 적재하려면 다음 코드를 실행하자.

```
df = pd.read_csv('../input/S&P.csv')
df['Date'] = pd.to_datetime(df['Date'])
```

우리가 살펴보는 예제에서는 종가에 관심이 있으므로 우리는 데이터셋에서 종가를 추출해야 한다. 데이터셋은 최신 데이터를 먼저 표시하므로 이를 반전시켜야 한다. 이를 위해서는 다음 코드를 사용하자.

```
close = pd.Series(df.Close.values,index=pd.DatetimeIndex(df.Date))
close = close[::-1]
```

다음 코드에서 종가를 그려내면 출력된 그래픽을 통해 익숙한 그림을 볼 수 있다.

```
close.plot(title='S&P 500 From Inception');
```

SP500

결과적으로 우리는 다음 차트를 얻게 된다.

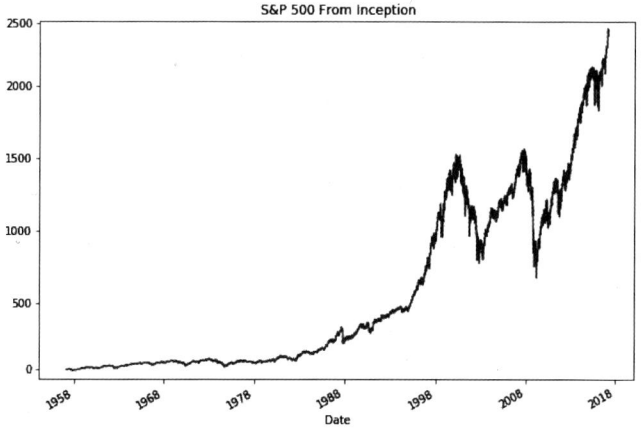

기간의 시초부터 2018년 말까지에 해당하는 S&P 500[12]

---

12 (옮긴이) S&P 500 inception → 초기부터 나타낸 S&P 500, Date → 일자.

데이터셋에는 S&P가 포함되어 있는데, 우리가 쓰기에는 데이터가 너무 많으므로 우리는 1990년 이전 데이터를 자르려고 한다. 다음 코드를 실행해 이 날짜를 지정할 수 있다.

```
close = close['1990-01-01':]
```

우리는 수익에 관심이 있으므로 가격 차이를 계산해야 한다. np.diff를 사용해 일일 가격 차이를 얻을 수 있다. 그림을 더 쉽게 그리기 위해 우리는 모든 것을 판다스 시리즈로 바꿀 것이다.

```
returns = pd.Series(np.diff(close.values),index=close.index[1:])
returns.plot();
```

이 코드를 실행하면 다음과 같은 차트가 그려진다.

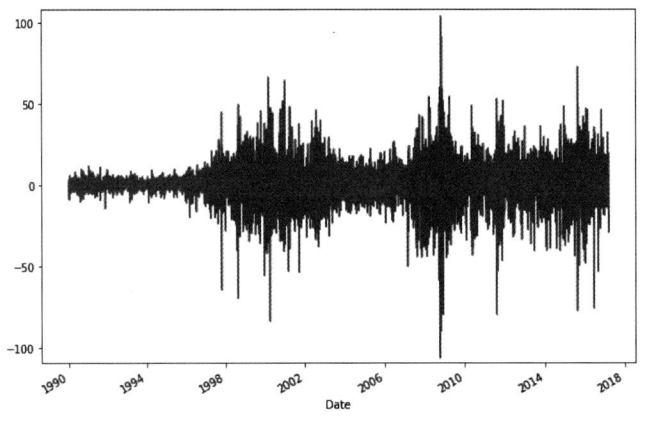

1990년부터 2018년 말까지에 해당하는 S&P 500의 수익[13]

이제 PyMC3의 재미가 시작된다. PyMC3에는 임의보행 같은 시계열 처리를 위한 일부 특수 분포가 포함되어 있다. 이것은 우리가 주가를 모델링해야 할 때 사용하는 것이다.

먼저 PyMC3와 시계열을 위한 도구(임의보행 클래스)를 가져와야 한다.

```
import pymc3 as pm
from pymc3.distributions.timeseries import GaussianRandomWalk
```

---

[13] (옮긴이) Date → 일자.

마지막으로 모델을 설정해야 한다. 다음 코드를 실행해 이를 달성할 수 있다.

```
with pm.Model() as model:
    step_size = pm.Exponential('sigma', 50.)              #1
    s = GaussianRandomWalk('s', sd=step_size,             #2
                           shape=len(returns))

    nu = pm.Exponential('nu', .1)                         #3

    r = pm.StudentT('r', nu=nu,                           #4
                    lam=pm.math.exp(-2*s),
                    observed=returns.values)
```

이제 모델을 설정하기 위해 방금 실행한 명령을 살펴보자. 보다시피, 네 가지 주요 요소로 구성된다.

1. 변동성은 기본 단계 크기를 갖는 임의보행으로 모델링된다.
2. step_size. 단계 크기에 대한 우리의 사전분포는 $\lambda=50$으로 지수 분포(다시 한번 말하지만, 증명을 위한 것이므로 우리가 사용하는 모든 분포의 세부사항까지 이해하지 않아도 된다)다.
3. 그러고 나서 확률적 변동성 자체를 모델링한다. 우리가 어떻게 단계 크기를 연결하는지에 주목하자. 임의보행의 길이는 관측된 반환 값의 길이와 같아야 한다.
4. 우리는 nu 자유도를 사용해 StudentT 분포에서 가져온 실제 재고 수익률을 모델링한다. nu에 대한 우리의 사전분포는 지수 분포다.
5. 마지막으로 실제 수익을 모델링한다. 우리는 확률적 변동성 모델에 의해 생성된 척도구성 인자인 λ(코드에서는 lam으로 표시)가 스튜던트 T 분포에서 도출되게 모델링한다. 관측된 데이터에서 모델을 조정하기 위해 우리는 관측된 수익 값들을 전달한다.

PyMC3의 표준 표집기는 메트로폴리스-헤이스팅스가 아니라 **NUTS(No-U-Turn 표집기)** 다. 표집기를 지정하지 않고 sample만 호출하면 PyMC3는 기본으로 NUTS로 설정된다.

여기에서 표본추출(sampling, 표집)을 원활하게 실행하려면 상대적으로 많은 양의 tune(조절) 표본들을 지정해야 한다. 이러한 표본들은 좋은 출발점을 찾기 위해 표집기가 추출하는 표본들이며, 이전에 태워진 표본과 유사하게 사후분포의 일부가 아니다.

우리는 또한 높은 target_acceptvalue를 설정해 값들을 채택할 때 NUTS에 관대함(lenient)을 알려야 한다. 다음 코드를 실행해 이를 달성할 수 있다.

```
with model:
    trace = pm.sample(tune=2000, nuts_kwargs=dict(target_accept=.9))
```

PyMC3에는 표본추출 결과를 시각화하는 데 사용할 수 있는 유용한 유틸리티가 있다. 우리는 변동성 임의보행의 표준편차인 σ와 실제 수익이 도출되는 StudentT 분포의 자유도에 관심이 있다.

우리가 두 개의 연쇄를 병렬로 실행하므로 여러분은 우리가 두 개의 다른 출력 분포를 얻었음을 알 수 있다. 표집기를 더 오랫동안 실행했다면 이 두 결과가 수렴될 것이다. PyMC3가 예측을 수행하는 평균을 계산해 더 나은 추정량을 얻을 수 있다. 예를 들어 이제 다음 코드를 사용해 시도해 보겠다.

```
pm.traceplot(trace, varnames=['sigma', 'nu']);
TracePlot
```

해당 코드의 결과가 다음 차트에 표시된다.

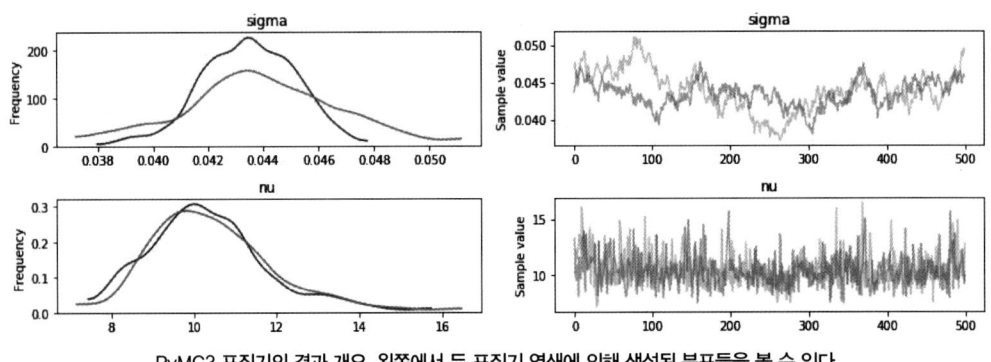

PyMC3 표집기의 결과 개요. 왼쪽에서 두 표집기 연쇄에 의해 생성된 분포들을 볼 수 있다. 오른쪽에서는 분포들의 흔적을 볼 수 있다.[14]

마지막 단계에서 우리는 확률적 변동성이 시간이 지남에 따라 어떻게 작동했는지를 보여줄 수 있다. 2008년도에 일어난 금융 위기처럼 변동이 심했던 시기와 어떻게 조화를 이룰 수 있는지를 볼 수 있다. 또한 모델이 변동성에 대해 어느 정도 확신할 수 있는 기간이 있음을 알 수 있다.

```
plt.plot(returns.values)
plt.plot(np.exp(trace[s].T), 'r', alpha=.03);
plt.xlabel('time')
```

---

[14] (옮긴이) Frequency → 빈도, sigman → 시그마, nu → 뉴, Sample value → 표본 값

```
plt.ylabel('returns')
plt.legend(['S&P500', 'Stochastic Vol.']);
```

보다시피, 해당 코드의 출력은 다음에서 우리가 보는 차트를 반환한다.

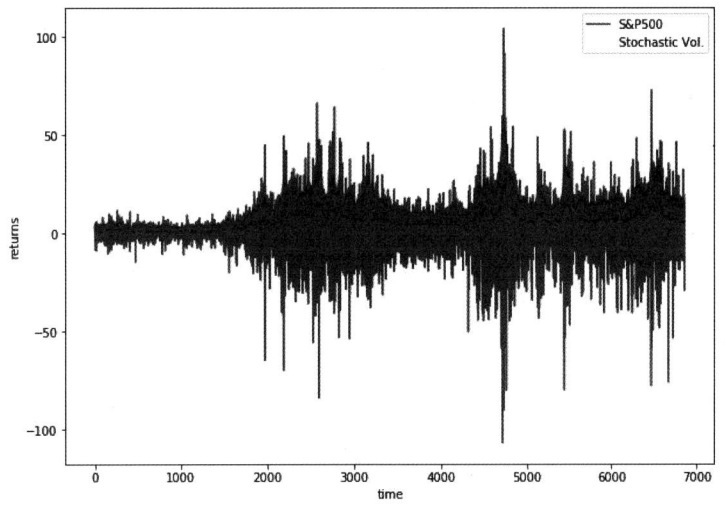

1990년부터 2018년 말까지의 확률적 변동성 추론[15]

비교적 작은 베이즈 모델로도 잘 모델링할 수 있는 많은 애플리케이션이 있다. 주요 장점은 이런 모델은 해석하기 쉽고 불확실성을 잘 표현할 수 있다는 것이다. 확률계획법은 스토리가 모델로 명확하게 표현되므로 데이터 과학에 대한 "스토리텔링" 접근 방식과 잘 일치한다.

다음 단원에서 우리는 얕은 확률계획법에서 깊은 확률계획법으로 옮겨 갈 것이다.

얕은 확률 계획법부터 깊은 확률적 계획법까지

지금까지 개발한 베이즈 모델은 모두 매우 얕다. 그러므로 심층 망의 예측 능력과 베이즈 모델의 장점을 결합할 수 있는지를 자문해 보자. 이는 활발한 연구 분야이며 이 책을 마무리하기에 적합한 방법이다.

심층 망에는 많은 파라미터가 있는데, 이로 인해 파라미터 공간을 탐색하기가 어려워지는 문제가 생긴다. 전통적인 지도학습 방식 딥러닝에서는 이 문제를 해결하기 위해 역전파(backpropagation)를 사용

---

15 (옮긴이) Stochastic Vol. → 확률적 변동성, returns → 수익, time → 시간.

한다. 역전파를 베이즈 모델에도 사용할 수 있다. 하지만 베이즈 방식으로 딥러닝을 하는 것이 유일한 방법도 아니고, 반드시 가장 좋은 방법도 아니다.

베이즈 딥러닝(Bayesian deep learning)을 수행하는 방법에는 크게 네 가지가 있다.

- AVI(automatic differentiation variational inference, **자동 미분 변분 추론**)를 사용하자. 이는 길잡이 모델을 하나 써서 사후분포를 근사한 후에 경사 하강법을 사용해 모델의 파라미터들을 최적화하는 방식이다. PyMC3는 AVI 최적화기를 사용하여 이것을 할 수 있다. 알프 쿠쿠켈버(Alp Kucukelbir) 등이 2016년에 발표한 논문인 "*Automatic Differentiation Variational Inference* "를 참조하자(https://arxiv.org/abs/1603.00788). 대안으로, 여러분은 GPU에 최적화되게 하여 빠른 AVI를 구현하는 Pyro를 사용할 수 있다(http://pyro.ai/). 이 방법에 대한 광범위한 자습서를 제공하기에는 자습서가 너무 많지만, PyMC3 설명서에는 다음과 같은 유용한 자습서가 있다(https://docs.pymc.io/notebooks/bayesian_neural_network_advi.html).

- 사후분포 값이 정규분포를 따른다고 가정한 후에, 케라스와 같은 표준 신경망 라이브러리를 사용하고 모든 파라미터에 대한 평균 및 표준편차를 알아보자. 변분 오토인코더(variational autoencoders, 변분 자기부호기)를 가지고 작업할 때 파라미터화된 정규분포에서 z 값을 표본으로 추출한 것을 기억하는가? 우리는 모든 계층에 대해 이 작업을 수행할 수 있다. 이것은 AVI보다 더 빨리 훈련되고 전산 성능과 기억장치를 덜 사용하지만, 유연성이 떨어지고 비(非)-베이즈 신경망보다 파라미터가 두 배 더 많다.

- 드롭아웃 기법을 사용하자. 시계열로 작업할 때 우리는 테스트 시간에 드롭아웃(dropout, 중도탈락)을 설정하고 추론을 여러 번 실행해 신뢰구간을 얻었다. 이것은 일반적인 신경망보다 더 많은 파라미터를 사용하지 않고 달성하기 매우 쉬운 베이즈 학습의 한 형태다. 그러나 추론 시간이 느리고 AVI의 모든 유연성이 제공되지는 않다.

- 골라서 섞자. 신경망을 훈련하려면 AVI로부터 구할 수 있는 경사도 신호(gradient signal)가 필요하다. 우리는 때때로 특징 추출기(feature extractor)라고 불리는 신경망의 소켓을 정칙적인 방식으로 훈련할 수 있고 해당 망의 머리를 베이즈 방식으로 훈련할 수 있다. 이런 식으로 우리는 베이즈 방법들을 모든 곳에 쓰지 않은 채로도 불확실성 추정값(uncertainty estimates)을 얻는다.

요약

이번 장에서 여러분은 현대 베이즈 머신러닝과 금융 분야에 응용하는 예를 훑어보았다. 이 부분은 가까운 시일 내에 많은 혁신을 기대할 수 있고 아주 활발하게 연구되는 분야라서 우리는 이 부분에 대해서만 다뤘다. 이 분야의 발전에 주목하면서, 이 분야의 애플리케이션을 프로덕션으로 내보내는 과정을 관찰하면 흥미로울 것이다.

이번 장을 회고해 보면서 다음 내용을 잘 이해해 보자.

- 베이즈 공식의 실험적 도출
- 마르코프 연쇄 몬테칼로(Markov chain Monte Carlo) 작업이 이뤄지는 방식과 그 이유
- PyMC3를 사용해 베이즈 추론 및 확률계획법을 하는 방법
- 확률적 변동성 모델에서 이러한 방법을 적용하는 방법

여기서 배운 모든 내용이, 이 책에서 전반적으로 논의한 심층신경망과 같이, 더 큰 모델로 어떻게 전달되는지를 살펴보자. 매우 큰 모델의 경우에 표본추출 과정이 여전히 느리지만, 연구원들은 이 속도를 더 빠르게 하기 위해 적극적으로 노력하고 있으며, 여러분이 배운 내용은 미래를 위한 훌륭한 토대가 된다.

작별 인사

이번 여행의 마지막 여정에 해당하는 이번 장을 마무리하면서 친애하는 독자 여러분에게 작별 인사를 하려고 한다. 우리가 이번 여행을 시작하면서 보았던 목차를 다시 되돌아보자.

지난 10개 장에 걸쳐서 많은 내용을 다루었는데, 다음 목록에 나오는 내용도 포함되어 있다.

- 경사 하강법 기반 최적화
- 특징 공학
- 트리 기반 방법
- 컴퓨터 비전
- 시계열 모델
- 자연어 처리
- 생성 모델
- 머신러닝 시스템의 오류를 수정하기
- 머신러닝의 윤리
- 베이즈 추론

각 장에서 우리는 사용할 수 있는 실용적인 요령과 비결을 다양하게 실었다. 이를 통해 여러분은 금융업을 변화시킬 최첨단 시스템을 구축할 수 있다.

그러나 여러 면에서 우리는 수박 겉핥기에 머물렀다. 각 장의 주제는 한 권의 책으로 쓸 만한 것들일 뿐만 아니라, 심지어 금융 분야에 머신러닝을 적용하는 일에 관해서 모든 것을 적절히 다뤘다고 말할 수도 없을 것이다.

금융 분야에 머신러닝을 적용하는 일은 아직 밝혀내야 할 것이 많아서 흥미로운 분야이므로 훈련해야 할 모델이나 분석해야 할 데이터, 만들어야 할 추론이 아직도 독자 여러분에게 남아 있다!

더 읽어 볼 만한 것

마침내 책의 끝까지 왔다. 이제 어떻게 해야 할까? 더 많은 책을 읽자! 머신러닝, 특히 딥러닝은 빠르게 변화하는 분야이므로 무엇을 읽든지 읽는 순간에 이미 낡은 지식이 되어 버릴 위험이 있다. 그러나 다음에 나열하는 것들은 앞으로 다가올 여러 해에 걸쳐서도 여전히 남아 있을 만한 주제와 관련된 책들이다.

일반적인 데이터 분석

Wes McKinney, *"Python for Data Analysis"*, http://wesmckinney.com/pages/book.html.

웨스(Wes)는 2장 '정형 데이터에 머신러닝을 적용하기'에서 본 인기 있는 파이썬 데이터 처리 도구인 판다스(pandas)의 최초 제작자다. 판다스는 파이썬의 모든 데이터 과학 작업 흐름의 핵심이 되는 요소이며 가까운 미래에도 이런 위치가 계속 유지될 것이다. 그가 제시하는 도구에 관한 지식을 흡수하는 데 시간을 투자할 만한 가치가 확실히 있다.

음향과학 관련 머신러닝

Marcos Lopez de Prado, *"Advances in Financial Machine Learning"*, https://www.wiley.com/en-us/Advances+in+Financial+Machine+Learning-p-9781119482086.

마르코스(Marcos)는 머신러닝을 금융 분야에 적용하는 데 있어 전문가다. 그의 저서는 과적합의 위험과 적절한 과학을 수행할 때 연구원들이 얼마나 주의를 기울여야 하는지에 초점을 맞추고 있다. 고주파 거래에 중점을 두었지만, 이 책의 저자는 매우 명확하게 글을 작성하여 잠재적 문제와 솔루션을 아주 쉽게 이해할 수 있게 한다.

일반적인 머신러닝

Trevor Hastie, Robert Tibshirani, and Jerome Friedman, *"Elements of Statistical Learning"*, https://web.stanford.edu/~hastie/ElemStatLearn/.

통계적 머신러닝 분야에서 "성경" 같은 위치에 있는 책으로, 통계적 학습과 관련된 중요 개념을 알기 쉽게 모두 설명한다. 이 책은 특정 개념을 더 깊이 알고 싶을 때 해당 주제에 관한 찾아 보기용 책으로 가장 널리 사용된다.

Gareth James, Daniela Witten, Trevor Hastie, and Robert Tibshirani, *"Introduction to Statistical Learning"*, https://www-bcf.usc.edu/~gareth/ISL/.

이 책은 *"Elements of Statistical Learning"*의 짝꿍 같은 책이다. 같은 저자들이 쓴 이 책은 통계 학습에서 가장 중요한 개념을 엄밀한 방식으로 소개한다. 통계 기반 머신러닝에 익숙하지 않은 경우에 이상적이다.

일반적인 딥러닝

Ian Goodfellow, Yoshua Bengio, and Aaron Courville, *"Deep Learning"*, https://www.deeplearningbook.org/.

여러분이 지금 보고 있는 이 책은 실습을 위주로 하는 책이지만, 지금 소개하는 책은 딥러닝 이론에 더 중점을 둔다. 광범위한 주제를 다루고 이론적 개념을 바탕으로 실용적인 애플리케이션을 이끌어 낸다.

강화학습

Richard S. Sutton and Andrew G. Barto, *"Reinforcement Learning: An Introduction"*, http://incompleteideas.net/book/the-book-2nd.html.

강화학습에 관한 한 기준이 되는 작품이라고 할 만한 이 책에서는 모든 주요 알고리즘을 자세히 설명한다. 화려한 결과를 보여주기보다는 강화학습 알고리즘의 배경을 이루는 추론과 도출에 더 중점을 둔다.

베이즈 머신러닝

Kevin P. Murphy, *"Machine Learning: a Probabilistic Perspective"*, https://www.cs.ubc.ca/~murphyk/MLbook/.

이 책은 확률론적인 관점에서 출발해서 훨씬 더 베이즈론자에 가까운 관점까지 다가서면서 머신러닝 기술을 다룬다. 머신러닝에 대해 다르게 생각하고 싶다면 아주 좋은 안내서다.

Cameron Davidson-Pilon, *"Probabilistic Programming and Bayesian Methods for Hackers"*, http://camdavidsonpilon.github.io/Probabilistic-Programming-and-Bayesian-Methods-for-Hackers/.

이 책은 유일하게 실제 응용에 초점을 둔 확률계획법 책일 것이다. 무료이며 소스가 공개되어 있을 뿐만 아니라 새로운 라이브러리와 도구를 자주 갱신해 항상 최신 상태를 유지한다.

번호

0차 텐서	41
1개 활성 부호화	62
1차 텐서	41
2차 텐서	167
2SLS	427
3차원 행렬	41

A – B

A2C model	327
A3C	329
A/B 테스트	392
A/B test	392
accuracy	39
accuracy parity	411
action	313
activation	37, 176
activation function	19
active learning	298
activity regularization	113
Adam	101, 104
Adaptive Momentum Estimation	104
adjusted treatment variable	428
advantage	328
advantage actor-critic model	327
adversarial autoencoder	296
adversarial network	413
adversary	418
agent	6, 322
aggregate	76
alternative data	2
Amazon Machine Image	15
Amazon Web Services	15
AMI	15
Anaconda	13
anchor image	125
anchor's embedding	125
annealing	380
approximate	17
approximators	44
ARIMA	130, 157
asynchronous A3C	334
asynchronous advantage actor-critic	329
attention layers	238
attention mechanism	237
augmenting data generator	119
autocorrelation	148
autoencoders	258
automatic differentiation variational inference	464
AutoML	353
autoregression	157
AutoRegressive Integrated Moving Average	130, 157
average pooling	95
AVI	464
AWS	15
back-end	14
back office	124
backpropagation	26, 463
backtesting	153, 166
backward pass	26
bag-of-words	217
base rates	412
batch norm	111, 296
batch normalization	82, 111
batch-wise	111
Bayesian deep learning	182, 464
Bayesian deep networks	183
Bayesian inference	443
Bellman equation	323
best practice	348
bias	19, 27, 88, 404
bias-variance tradeoff	106
bidirectional RNN	231
binary classification	39
binary cross-entropy loss	24
bootstrap	298
bounding box detection	128
bounding box predictions	127
bounding box predictor	127
breaking changes	393

C – D

cache	402
capital asset pricing model	326
capital budgeting	326
carry	179
categorical cross-entropy loss	101
categorical data	61
causal	175
causal convolution	175
causal inference	426
causality	425, 426
causal link	360
causal relationship	426

causation	431
cause	426
CDO	8
cell	110
chain rule	27
character-level translator	242
classes	35
classification network	127
classifier	5, 413
CNN	172
Collateralized Debt Obligation	8
columns	46
Commit & Run	12
communication vector	352
complex system	438
component	263
compressed representation	259
computational graph	42
compute carry	179
confidence intervals	448
confounding variables	427
confusion matrix	54
content	17
contextualizing	2
ConvNet	83
convolution	82, 83
convolutional kernel	88
convolution neural networks	83, 172
count vector	217
covariance stationarity	142
credibility intervals	448
credit assignment problem	314
cube matrices	41
CUDA	14, 396
cuDNNLSTM	247
current state	314
cutoff point	408
Cython	399
data augmentation	82, 361
data frame	63
data shape	89
data trap	56
DCGAN	296
decision boundary	36, 299
decision tree	75
decoder	242
deep convolutional generative adversarial network	296
DeepFakes	257
deep learning	7, 9
deep learning approach	78
DeepLIFT	432
DeepMind	311
deep neural networks	7, 9
demographic parity	409
Dense	37, 38
dense layer	65, 96
derivative	25, 33
deterministic policy	327
development set	69
DFT	145
differencing	143
dilated convolutional networks	175
dilation	175
dilation rate	176
dirty test set	69
discrete Fourier transform	145
discrimination	8, 404
discriminator	286
disparate impact	406
disparate treatment	406
disparity	407
distance function	23
distribution	447
distributive justice	407
do-calcurus	425
dot product	19
dropout	109, 464
dropout rate	200
dummy variable	62
dynamic programming	325

E - F

E2E	46
E2E modeling	79
ECOA	404, 432
edge	42
embedding	63, 125, 223, 225
embedding layer	223
emergent properties	355
Enable GPU	13
encoder	242
encoding	62
endogenous variable	428
end-to-end	46, 241
end-to-end deep learning	122
end-to-end modeling	79

entity	17
entropy regularization	298
epoch	40
epsilon	336
epsilon greedy	320
Equal Credit Opportunity Act	404
equality	407
equal opportunity	410
equilibrium	295
error rate	440
ES	346
estimation	325
evolutionary strategies	346
experience replay buffer	331
explainer	432
exploding gradient	388
exponentially weighted average	103
exponentially weighted moving average	103
eXtreme Gradient Boosting	78
F1 점수	53
face embedding	125
failure	438
fairness	412
false negative	53
false positive	53, 77
Fashion MNIST	129
fast Fourier transform	145
feature engineering	55
feature engineers	47
feature extractor	464
feature map	127
features	429
feature specific	405
FFT	145
filter nets	83
Flash Crash	283
flat prior	449
Flatten	96
flaws	358
FN	53
forecasting	145
forest	76
Fork Notebook	13
forward pass	26
Fourier transformation	145
FP	53
FP parity	412
fraud	45, 55
fraudsters	47
fraudulent cash outs	59
fraudulent transaction	50, 259
fraudulent transfers	59
freeze	118
frontier point	299
front office	124
front-running	284
frozen target network	351
FT	145
fully connected layers	96
functional API	37, 234
function approximators	15
future reward	314

G – K

GAN	257, 285
Gaussian similarity	269
General Data Protection Regulation	366
generative adversarial networks	257, 285
generative models	257
generator	172, 286
genuine	55
genuine transaction	259
global minimum	25
GloVe	227
Google Colab	83
go-to techniques	348
GPU	10
GPU 사용률	397
gradient	28
gradient-boosted trees	394
gradient booster	79
gradient boosting	78
gradient clipping	388
gradient descent	25, 104
gradient signal	464
graphics processing unit	10
graphviz	248
grid	128
ground truth lables	392
group unaware threshold	409
Hamilton Monte Carlo	285
hard labels	293
head model	65
headword	215
heuristic	50
hidden layers	33

high bias	106
higher order effects	391
higher order metrics	391
high variance	106
historical averaging	297
Hyperas	373
hyperparameters	26
hypothesis space	23
hypothesis testing	145
identification	16
image augmentation	114
immediate reward	314
independent samples	360
inference	145
initializer	333
input	27, 176
input shape	92
instances	137
instrument	427
instrumental variables two-stage least squares	427
integrated	157
interest	140
Internet of Things	81
interpretability	425, 431
intuition	55
inverse document frequency	219
inverse reinforcement learning	349
IoT	81
IRL	349, 350
IV2SLS	427
joint probability distribution	141
Jupyter	52
Jupyter notebook	10
Kaggle	11
Kalman filters	160
Keras	14, 36, 51, 82
kernel density estimator	158
KL 발산	276
Know-Your-Customer	82
Kullback–Leibler divergence	276
KYC	82

L – O

L1 정칙화	107
L2 정칙화	106, 107
lag	142
Lambda layer	333

latent Dirichlet allocation	220
latent space	295
latent space algebra	295
layer	18
layer-wise relevance propagation	432
LDA	220
LeakyReLU	288
learning rate	28, 378
lemma	215
likelyhood	18
LIME	370, 432
linear detrending	144
linear model	370
linear operation	93
linear step	19
line search	378
live data	390
loading	99
Local Interpretable Model-Agnostic Descriptions	370
local minima	373
local minimum	25
logistic regressors	18
long short-term memory	178, 231, 389
look-ahead bias	153, 166, 174
look-back	154
lookback window	171
lookup table	223
loss function	23
loss surface	25, 380
low-bias	106
lower-order effects	391
low-variance	106
LSTM	178, 389
machine learning	4
magnitudes	147
majority group data	405
map	16
MAPE	152
margin	126, 267
Markov chain Monte Carlo	285, 443, 465
matmul	42
matplotlib	13, 52, 260, 444
matrix multiplication	42
maximum likelihood	285
maximum likelihood inverse reinforcement learning	350
max pooling	94, 173
mean absolute percentage error	152
meanings	241
mean normalization	368

mean squared error	336
mean squared error loss	265
mean stationarity	142
measurement biases	406
Mechanical Turkers	299
medians	154
memory	176
metric	39, 52, 391, 415
Metropolis–Hastings sampler	457
Metropolis–Hastings MCMC	455
midpoint	154
minimax	287
mini–max two–player game	287
Min–Max	368
minority group data	405
misrepresentations	440
missing values	344
model	17
model decay	389
model–free	325
modeling	9, 75
momentum	82, 103, 104
momentum strategy	50
moving average	157
MTurk	299
multi–armed bandit	348
multiclass regression	100
named entity recognition	192
Nash equilibrium	327
natural language processing	188
NEAT	353
negative advantage	328
negtive's embedding	125
neighborhood	268
NER	192
nested function	27
network	17
neural evolution of augmenting topologies	353
neural evolution strategy algorithm	348
new state	314
next state	313
NLP	188
nodes	42
noise	34
nominal data	61
nominal variable	61
nonlinear step	19
non–stationarity	144
normalizing	368

normal outcome	432
No–U–Turn	461
number of samples	30
numerical data	61
numpy	13, 20, 51, 82, 260, 444
NUTS	461
object	203
object class	128
object locator	128
observation noise	161
odd transaction	61
onehot encoding	62
OpenAI	311
OpenAI Gym	330
OpenCV	82
open domain license	114
optimal economic growth	326
optimal solution	380
optimization	335
optimizer	101, 334
order of magnitude	77
ordinal data	61
orthogonality	106
outcome	429
outlier gradient	103
outliers	154
out–of– sample performance	69
outputs	27
output shape	39
overfit	34, 405
overfitting	64, 68, 106, 154, 218
overhead costs	399
overlaid bar chart	266
oversample	69
overshooting	380

P – R

padding	82, 91, 175
page views	161
Pandas	51, 62
parameter space	452
partial derivatives	278
part–of–speech	201
PCA	259
peaks	145
performance measure	23
permute	239

perplexity	270	random search	373, 452
phrase	204	random seed	20
pip	83	random solution	347
pixel	84	random vectors	228
placeholder	253	random walk	453
point estimates	182	rank	41
Poisson distribution	123	rank 2 tensor	167
policy trace	349	rank-one tensor	41
pool	95	rank-zero tensor	41
pooling	82	raw data	79
pooling layer	94	raws	46
POS	201	R-CNN	127
positional argument	38	recall	53
positive advantage	328	reconstruction loss	279
positive image	125	rectified linear units	93
positive's embedding	125	recurrent dropout	181
posterior	449	recurrent layer	176
precision	53	recurrent neural networks	284
precision parity	412	recursive economics	326
pre-existing social biases	406	recursiveness	326
prejudice	404	recursive structure	325
principal-agent problem	326	regexes	210
principal componets	268	Region-based Convolutional Neural Network	127
prior	449	region proposal network	127
probabilistic programming	443	regular deep networks	183
probability density function	334	regular dropout	182
Prodigy	199, 300	regular expressions	210
production	358, 389	regularization	106
proto-accidents	439	reinforcement learning	6, 311
proximity	268	ReLU	93, 388
pseudo-label	301	replay buffers	297
psychological tolerance bias	153	representation	263
Public	12	rerward shaping	349
Q 학습	313	reshaping	239
Q 함수	314	residual errors	157
QII	432	restart	13
Q-learning	313	returns	143
qualitative rationale	56	reward function	348
qualitative reasoning skills	57	reward predictor	350
quantitative input influence	432	rewards	313
random action	320	risk	458
random embeddings	229	risk-averse trading	349
random forests	75	RL	311
random latent vector	291	RNN	176, 284
random matrix	21	robust	271
randomness	161, 452	ROC AUC	424
random noise	296, 346	rolling mean	138, 320
random normal distribution	338	rolling variance	144
Random Payoff	445	root	203

round	402
rounds	449
rule-based matcher	203
run	13

S - T

s	339
S자	33
S자형 함수	19
saddle points	388
sampler	447
sample time series	138
sampling	452
sampling biases	406
sanity check	154
scalar	41
scale	264, 265
scaling	368
scikit-learn	45, 51, 82, 221
Seaborn	83
seasonality	156
seies	142
self-selection bias	425
semantic embeddings	230
semantics	241
semi-supervised generative adversarial network	302
semi-supervised learning	297, 298
sentiment analysis	213
seq2seq	237
seq2seq 아키텍처	250
sequences	142
sequence-to-sequence	75
sequential API	37, 234
series	141
settings	12
SGAN	302
SGD	39
shallow learning approach	78
Shanon entropy	271
SHAP	431
SHapley Additive exPlanation	431
Shapley regression values	432
Shapley sampling values	432
shift	169
side-by-side split	151
sigmoid	33
sigmoid function	19
silent failures	357
similarity	233
single deviating vector	233
slope	25
smoothing	161
smoothing factor	162
SMOTE	70
Snapchat	81
soft labels	293
softmax	97
solution	346
spaCy	189, 232
sparse_categorical_crossentropy	100
sphere	296
spider	137
spikes	165
spoken language	188
spoofing	284
standardization	368
state	313
state transition probabilities	323
stationarity	156
stationary process	141
statistical analysis	56
statsmodels	143, 157
step	29
step size	90
stochastic gradient descent	39, 71
stochastic policy	327
stochastic process	322
stochastic volatility	443, 458
stop	13
strictly increasing function	349
strides	90
structural break	144
structured data	46, 51
studentize	144
subset	76
sudden change	144
summaries	17
supervised learning	5
survivorship bias	153
swap	239
Synthetic Minority Over-sampling Technique	70
system	439
systematic error	405
t-분산 확률적 이웃 임베딩	268
t 유사도	269
table	46

tagging	193
tanh	33, 387
target	30, 64, 67
target networks	298
taste-based discrimination	410
t-distributed stochastic neighbor embedding	269
TensorBoard	383
TensorFlow	14, 52, 82
tensors	41
term frequency	219
test	153
testing	151
test set	68
TF-IDF	219
time series	131
time step	148
time steps	57
Titanic competition	80
TN	53
tokenizer	215, 243
topic modeling	220
topology	26
TP	53
TPE	373
TPP	444
TP parity	410, 412
TP rate	410
tqdm	83
training	151
training examples	5, 106
training set	56
transfer learning	116, 360
transition matrix	162
treatment	429
treatment variable	428
tree	76
tree-based methods	75
tree interpreter	432
Tree of Parzen Estimators	373
trend	165
triplet loss	125
true negative	53
true payoff probability	444
true positive	53
t-SNE	269
type	64
type of data	46

U – Z

uncertainty bands	186
uncertainty estimates	464
underfitting	106, 108
unit length scaling	368, 369
universe	327
unstructured data	79
utility-based shortfall	349
utterances	370
VAE	273
validation	151
validation set	69
value function	287
vanilla autoencoders	259, 274
vanishing gradient	387
variance stationarity	142
variational autoencoders	258, 273, 464
views	141
volatility	458
walk-forward split	151
weights	19, 27
Word2Vec	227
word algebra	227
word counting	220
word embeddings	223, 226, 232
written language	188, 406
XGboost	394
XGBoost	45, 75, 78
YOLO	128
You Only Look Once	128

ㄱ - ㄷ

가능도	18
가변수	62
가변 오토인코더	258
가변 자기부호기	258
가설검정	145
가설 공간	23
가양성	77
가우스 분포	269
가우스 유사도	269
가중치	19, 27
가치 함수	287
간선	42
간접비	399
감독학습	5
감정 분석	213
값의 종류	46
강화학습	6, 311
개발용 집합	69
개수 벡터	217
개인 정보 보호법	366
개체명 인식	192
거래 기록	303
거리 함수	23, 24
거짓 양성	53, 77
거짓 양성 등가	412
거짓 음성	53
걸음	29
걸음 너비	90
검정	151, 153
검정 집합	68
검증	151
검증 집합	69
격자	128
결과	429
결정 경계	36, 299
결정적 정책	327
결정 트리	75
결측값	344
결함	358
결합확률분포	141
경계 상자 검출	128
경계 상자 예측	127
경계 상자 예측기	127
경계점	299
경사도	28
경사도 강화	78
경사도 강화기	79
경사도 강화 트리	394
경사도 소실	387
경사도 신호	464
경사도 절단	388
경사도 증진	78
경사도 증진기	79
경사도 증폭	78
경사도 증폭기	79
경사도 폭증	388
경사 자르기	388
경사 하강	104
경사 하강법	25
경향	165
경험 재생 버퍼	331
경험적 접근	50
계	439
계급	35
계량	39, 52, 391, 415
계산 그래프	42
계수	41
계열	141, 142
계절성	156
계층	18
계층 단위 연관도 전파력	432
계통오차	405
고급 담보부 채무	8
고분산	106
고속 푸리에 변환	145
고위 계량	391
고위 효과	391
고편향	106
곡선 아래 면적	424
공개 영역 면허	114
공분산 정상성	142
공산	18
공정성	412
공칭 자료	61
과다추출	69
과다표집	69
과대표집	69
과소적합	106, 108
과적합	34, 64, 68, 106, 154, 218, 405
관심도	140
관측 잡음	161
교체	239
구	204
구글 코랩	83
구어	188
구조변화	144

구체	296
국부최소	25
국소적으로 해석할 수 있는 모델 독립적 설명	370
국소최소	25, 373
굴림분산	144
굴림산술평균	138
귀환	143
규칙 기반 정합기	203
그래이디언트 부스팅	78
극단적 경사도 증폭	75, 78
극소	25, 373
극파	165
근	203
근사	17
근사기	44
근사 장치	44
근접성	268
글말	188
급변	144
기계학습	4
기만	45
기반 프레임워크	14
기본 대출 금리	412
기억	176
기울기	25
기존 사회적 편향	406
기준위치 매장체	125
기준위치 이미지	125
기준위치 임베딩	125
기회균등	410
깊은 신경망	7
깊은 학습	7
깊은 학습 접근법	78
나르개	179
나무	76
난수용 씨앗값	20
내생변수	428
내생변인	428
내시 평형	327
내용	17
넘파이	13, 20, 51, 82, 260, 444
노드	42
노이즈	34
높은 자릿수 효과	391
누적	157
눈금	265
눈금잡기	368
능동학습	298

다수 집단 데이터	405
다음 상태	313
다중 계급 회귀	100
단기투자이익	349
단대단	46, 241
단대단 딥러닝	122
단대단 모델링	79
단어 가방	217
단어 대수	227
단어 매장체	223, 226, 232
단어 세기	220
단어 임베딩	223, 226, 232
단어 주머니	217
단위 길이 척도구성	368
단일 일탈 벡터	233
단일 편차 벡터	233
대리자	6
대안 데이터	2
대응	16
대적	418
데이터 덫	56
데이터 모양	89
데이터 보강	82, 361
데이터 증강	82, 361
데이터 증대	82, 361
데이터 증식	361
데이터프레임	63
데이터 확장	82, 361
도구	427
도구변수 이단최소제곱	427
도함수	25, 33
독립표본	360
동결	118
동결 목표 망	351
동결 표적 망	351
동적 계획법	325
동향	165
되돌아보기	154
드러나지 않는 고장	357
드롭아웃	109, 464
드롭아웃 비율	200
디코더	242
딥뉴럴넷	7
딥러닝	7, 9
딥러닝 접근법	78
딥마인드	311
딥페이크	257

ㄹ - ㅂ

람다 계층	333
랜덤 시드	20
랜덤워크	453
랜덤포레스트	75
레이어	18
로버스트	271
로지스틱 회귀기	18
롤링분산	144
롤링산술평균	138
룩백	154
리스크	458
마구잡이 잡음	296
마구잡이 해	347
마구잡이 행동	320
마디점	42
마르코프 모형	321
마르코프 연쇄 몬테칼로	285, 443, 465
막 행렬	21
망	17
매개변수 공간	452
매끈하게 하기	161
매장 계층	223
매장체	125, 223, 225
매핑	16
맥락화	2
맷플롯립	13, 52, 260, 444
머리 모델	65
머신러닝	4
멀티 암드 밴딧	348
멋대로 걷기	453
메커니컬 터커	299
메트로폴리스-헤이스팅스 마르코프 연쇄 몬테칼로	455
메트로폴리스-헤이스팅스 표집기	457
메트릭	39, 52, 391
명목 데이터	61
명목 변량	61
모델	17
모델링	9, 75
모델 무관	325
모델 쇠퇴	389
모델 프리	325
모멘텀	82, 103, 104
모멘텀 계수	105
모멘텀 전략	50
모범관행	348
모수 공간	452
모양 변경	239
모형	17
모형화	9, 75
목적어	203
목표	30
목표 네트워크	298
목표 망	298
목표치	67
무작위 해	347
무작위 행동	320
무작위 행렬	21
무작정 걷기	453
묶음별로	111
문어	188, 406
문자 단위 번역기	242
문자 수준 번역기	242
묻기 계층	223
물체 계급	128
물체 부류	128
물체 위치 입력기	128
미래 보상	314
미분계수	33
미적합	106
바닐라 오토인코더	259, 274
반동	143
반복 계층	176
발견적 접근	50
발화	370
배분적 정의	407
배치 놈	111, 296
배치별로	111
배치 정규화	82, 111, 389
백엔드	14
백엔드 라이브러리	41
백테스팅	153
범주형 교차 엔트로피 손실	101
범주형 데이터	61
베이즈 딥러닝	182, 464
베이즈 심층 망	183
베이즈 추론	443
베이지안 딥러닝	182
벨만 방정식	323
변	42
변동성	458
변분 오토인코더	258, 273, 464
변분 자기부호기	464
병진 분할	151
병합	82
병합 계층	94
보상	313

보상 예측기	350	사전관찰 편견	174
보상 예측변수	350	사전관찰 편향	153, 166, 174
보상 조형	349	사후	449
보상 함수	348	사후검정	153, 166
보상 행동 조성	349	사후관찰 창	171
보폭	90	삼중항 손실	125
복귀	143	상태	313
복잡계	438	상태 전이확률	323
복잡도	270	상태 추이확률	323
복호기	242	새로운 상태	314
본인-대리인 문제	326	생성기	172, 286
부분집합	76	생성 모델	257
부실표기	440	생성 모형	257
부의 임베딩	125	생성적 모형	257
부정사용	45, 55, 259	생성적 적대 망	257, 285
부정사용 거래	50	생존자 편향	153
부정사용에 따른 이체	59	생존 편향	153
부정사용에 따른 현금 인출	59	샤플리 부가적 설명	431
부정사용자	47	샤플리 표집 값	432
부트스트랩	298	샤플리 회귀 값	432
부호기	242	섀넌 엔트로피	271
부호화	62	서브셋	76
분류기	5, 413	서수 데이터	61
분류 망	127	선취매	284
분배적 정의	407	선탐색	378
분산 정상성	142	선형 단계	19
분포	447	선형모형	370
불법적 거래	259	선형연산	93
불확실성 대역	186	선형 추세 제거	144
불확실성 추정값	464	선호 기반 차별	410
비동기 우위 연기자-비평가	329	설명기	432
비동기 A3C	334	성능 측도	23
비선형 단계	19	성분	263
비정상성	144	세기 벡터	217
비정형 데이터	79	세포사멸	109
비표준 거래	61	세포사멸 비율	200
		세포의 사멸	109
		셀	110
ㅅ - ㅇ		셈 벡터	217
		소수 집단 데이터	405
사기	45	소음	34
사기 거래	259	소통 벡터	352
사기성 이체	59	소프트 레이블	293
사기성 현금 인출	59	소프트맥스	97
사례	137	손실 곡면	25
사물인터넷	81	손실 표면	25, 111, 380
사상	16	손실함수	23
사이킷런	45, 51, 82, 221	수열	142
사전	449	수치 데이터	61

수치 자료	61
순방향 전달	26
순서 자료	61
순증가함수	349
순차적 API	37, 234
순환 계층	176
순환 드롭아웃	181
순환 신경망	284
숲	76
스냅챗	81
스칼라	41
스텝	29
스텝 크기	90
스튜던트화	144
스파이더	137
스푸핑	284
시간 단계	148
시간대	57
시계열	131
시그모이드	33, 387
시그모이드 함수	19
시리즈	142
시본	83
시불변 과정	141
시차	142
시퀀스	142
시퀀스 대 시퀀스	75
식별소	16
신경 진화전략 알고리즘	348
신뢰구간	448
신뢰 배정 문제	314
신용구간	448
신용 기회 평등에 관한 법	404
실측 레이블	392
실패	438
실황 데이터	390
심리적 감내 편향	153
심층신경망	7, 9
심층학습	7
심층학습 접근법	78
심층 합성곱 GAN	296
쌍곡탄젠트	33
아나콘다	13
아마존 머신 이미지	15
아마존 웹 서비스	15
안면 임베딩	125
안장점	388
안정화	105
압축된 표현	259

양방향 RNN	231
양산단계	389
양산환경	358
양의 우위	328
얕은 학습 접근법	78
어드밴티지-액터-크리틱 모델	327
어림	402, 449
어림 장치	44
어의	241
어의적	241
언덕 내려가기	104
언덕 내려가기 방법	25
얼굴 매장체	125
얼굴 임베딩	125
에이전트	6, 322
에지	42
에포크	40
엑스지부스트	45, 75, 78, 394
엔터티	17
엔트로피 정칙화	298
엡실론	336
엡실론 탐욕	320
여유도	126, 267
역강화학습	349
역방향 전달	26
역사적 평균화	297
역전파	26, 463
연쇄법칙	27
열	46
영업 부서	124
영역 기반 합성곱 신경망	127
영역 제안 망	127
예측	145
오류율	440
오버슈팅	380
오버헤드 비용	399
오염된 테스트 집합	69
오토인코더	258
오픈시브이	82
오픈에이아이	311
온전성 검사	154
옵티마이저	101, 334
완전 연결 계층	96
왜곡	105
요약	17
용어빈도-역문서빈도	219
우도	18
우선시해야 할 기법	348
우위	328

우위 연기자–비평가 모델	327
운동량	82, 103
운영환경	358, 389
원래 오토인코더	259, 274
원소별 곱셈	88
원시 데이터	79
원인	426
원인성	425
원핫 인코딩	62
원형 사고	439
위상	26
위양성	77
위양성 등가	412
위치 인수	38
위험	458
위험기피 거래	349
유니버스	327
유사도	233
유사 레이블	301
유클리드 거리	269
유형	64
은닉 계층	33
은닉층	33
음의 우위	328
의미	241
의미론	241
의미론적 매장체들	230
의미론적 임베딩	230
이니셜라이저	333
이동분산	144
이동산술평균	138
이동평균	157, 320
이력 평균화	297
이미지 강화	114
이미지 보강	114
이미지 증강	114
이미지 증대	114
이미지 증식	114
이미지 확대	114
이미지 확장	114
이산 푸리에 변환	145
이상점	154
이상점 경사도	103
이웃	268
이점	328
이항 교차 엔트로피 손실	24
이항 분류	39
인과관계	426, 431
인과성	425, 426
인과적	175
인과적 연계	360
인과적 추론	426
인과적 합성곱	175
인구통계학적 등가	409
인코더	242
인코딩	62
인코딩 체계	214
일반 데이터 보호 규정	366
임베딩	63, 125, 223, 225
임베딩 계층	223
임시변수	62
임시저장	402
임의보행	453
임의성	161, 452
임의의 숲	75
임의 청산	445
임의탐색	373, 452
임의 행동	320
임의행렬	21
입력 모양	92
입력치	27, 176
입말	188
입방 행렬	41

ㅈ — ㅊ

자기부호기	258
자기상관	148
자기선택편향	425
자기회귀	157
자기회귀누적이동평균	157
자기회귀적 통합 이동평균	130
자동 기계학습	353
자동 머신러닝	353
자동 미분 변분 추론	464
자리 옮김	169
자리표시자	253
자본예산	326
자본자산 가격 책정 모형	326
자연어 처리	188
작용	313
잔차 오차	157
잠재공간	295
잠재공간 대수	295
잠재 디리슈레 할당	220
잠재 디리클레 할당	220
잡음	34

장단기 기억	231, 389	정칙 드롭아웃	182
재구성 손실	279	정칙화	106
재귀 계층	176	정형 데이터	46, 51
재귀 구조	325	정확도	39
재귀 드롭아웃	181	정확도 등가	411
재귀 신경망	284	조밀	37
재발 계층	176	조밀 계층	65, 96
재발 드롭아웃	181	조정된 처치변수	428
재생 버퍼	297	조치 미적분학	425
재현율	53	조회 수	141
저분산	106	존재	17
저위 효과	391	주가 폭락	283
저편향	106	주기성	160
적대 망	413	주성분	268
적대적 오토인코더	296	주성분 분석	259
적대적 자기부호기	296	주의 계층	238
적응적 모멘텀 추정	104	주의기제	237
적재	99	주인-대리인 문제	326
전수학습	116, 360	주제 모형화	220
전역최소	25	주피터	52
전이학습	116, 360	주피터 노트북	10
전이행렬	162	준지도 생성적 적대 망	302
전진 분할	151	준지도학습	297, 298
절사점	408	중간점	154
점곱	19	중단 변경	393
점 추정량	182	중도탈락	109, 464
정규식	210	중도탈락 비율	200
정규 심층 망	183	중도퇴출	109
정규 표현식	210	중심어	215
정규화	368	중앙값	154
정량적 입력 영향력	432	중앙계급값	154
정류 선형 장치	93	중위수	154
정밀도	53	중위치	154
정밀도 등가	412	중점	154
정밀도 패리티	412	중첩 막대그림표	266
정방향 전달	26	중첩변수	427
정보 우위	1	중첩함수	27
정보 유출	69	즉석 보상	314
정상 결과	432	증강 위상의 신경 진화	353
정상과정	141	지나치게 많은 표본추출	69
정상성	156	지나친 샘플링	69
정상점	145	지도학습	5
정서 분석	213	지수가중이동평균	103
정성적 근거	56	지수가중평균	103
정성적 추론 기술	57	직관	55
정의 이미지	125	직교성	106
정의 임베딩	125	진양성 등가	410, 412
정점	42	진양성률	410
정책 궤적	349	진정사용	55, 259

진정 청산 확률	444
진짜 거래	259
진화전략	346
집단별로	111
집단 불인지 문턱값	409
집단 정규화	82
집합체	76
차별	8, 404
차별대우	406
차별성	407
차별효과	406
차분	143
차수	41
참 양성	53
참 양성 등가	410, 412
참 양성률	410
참 음성	53
창발적 속성	355
찾아보기 표	223
채우기	82, 91, 175
처치	429
처치변수	428
처치변인	428
척도	264, 265
척도구성	368
천층 학습 접근법	78
초기화기	333
최대 가능도 역강화학습	350
최대공산	285
최대 병합	94, 173
최대우도	285
최대 풀링	94, 173
최대 합동	94
최소	25
최소최대	287, 368
최소최대 2인 게임	287
최솟값	25
최적 경제성장	326
최적관행	348
최적치	335
최적해	380
최적화기	39, 101, 334
추론	145
추세	165
추이행렬	162
추정량	325
추출	452
축차	326
축차경제학	326
축차 계층	176
축차 구조	325
축차 드롭아웃	181
출력 모양	39
출력치	27
출시환경	358
측정기준	39, 52
측정 편향	406
측정항목	39, 52, 391, 415
치환	239

ㅋ - ㅎ

카운트 벡터	217
칼만 필터	160
캐글	11
캐리	179
캐리 계산	179
캐시	402
컨볼루션	82
컨볼루션 뉴럴넷	83
컨볼루션 커널	88
컨브넷	83
케라스	14, 36, 51, 82
쿨백- 라이블러 발산	276
크기	147
크기의 정도	77
타성	103
타이타닉 경진대회	80
태깅	193
테스트	151, 153
테스트셋	68
테스트 집합	68
테이블	46
텐서	41
텐서보드	383
텐서플로	14, 52, 82
토크나이저	215, 243
토큰화기	215, 243
토픽 모델링	220
통계분석	56
투자 대상 자산	327
투자 대상 주식	327
트리	76
트리 구조 파젠 추정기	373
트리 기반 방법	75
트리 해석기	432
특징	429

특징 공학	55	표제어	215
특징 공학자	47	표제어 형태	215
특징 설계	55	표준 최대가능도	285
특징 설계자	47	표준화	368
특징 지도	127	표지 달기	193
특징 추출기	464	표집	452
특징 특화적	405	표집기	447
티큐디엠	83	표집 편향	406
파라미터	22	표현	263
파라미터 공간	452	푸리에 변환	145
판다스	51, 62	푸아송 분포	123
판별기	286	풀(pool)	95
패딩	82	풀림	380
팽창	175	풀링	82
페이스 임베딩	125	풀링 계층	94
페이지 뷰	161	풀링 레이어	94
페이지 열람 횟수	161	품사	201
편견	404	프런트러닝	284
편도함수	278	프로덕션	358, 389
편미분도함수	278	프로디지	199, 300
편차	88	플래시 크래시	283
편편 사전분포	449	플레이스홀더	253
편평 사전분포	449	피크	145
편향	404	픽셀	84
편향–분산 상반관계	106	필터 망	83
편향치	19, 27, 88	하드 레이블	293
평가지표	391	하위집합	76
평균 병합	95	하이퍼파라미터	26
평균절대백분율오차	152	하이페라스	373
평균 정규화	368	학습률	28, 378
평균 정상성	142	학습속도	28, 378
평균제곱오차	336	함수 근사기	15
평균제곱오차손실	265	함수형 API	37, 234
평균 풀링	95	합동	82
평등	407	합법적 거래	259
평탄 사전분포	449	합성곱	82, 83
평탄화	96	합성곱 신경망	83, 172
평형	295	합성곱 핵	88
평활 요인	162	합성망	83
평활화	161	합성 소수 과다표집 기법	70
포레스트	76	항목 모형화	220
표	46	해	346
표본 개수	30	해밀턴 몬테칼로	285
표본 시계열	138	해석 가능성	425
표본 외 성능	69	해석성	431
표본추출	452	핵 밀도 추정량	158
표적	30, 64	행	46
표적 망	298	행동	313
표적치	67	행렬	41

행렬 곱셈	42
행위자	6, 322
허깨비 변수	62
허수주문	284
허위주문	284
허위진술	440
허위표기	440
헤지펀드	1
현재 상태	314
혼동행렬	54
혼탁도	270
화소	84
확대	175
확대율	176
확대 합성곱 망	175
확률계획법	443
확률과정	322
확률 매장체	229
확률밀도함수	334
확률벡터	228
확률성	452
확률 임베딩	229
확률 잠재벡터	291
확률잡음	346
확률적 경사 하강법	39, 71
확률적 변동성	443, 458
확률적 정책	327
확률정규분포	338
확률 해	347
확장 데이터 생성기	119
활성	37
활성치	176
활성치 정칙화	113
활성함수	19
회고하기	154
회전분산	144
회전산술평균	138
후단부	14
후선 부서	124
훈련	151
훈련 사례	5, 106
훈련셋	56
훈련 집합	56
휴리스틱	50
희박한 범주형 교차 엔트로피	100